世界名人名传 | 主编 柳鸣九

[德] 理查德·瓦格纳 著
高中甫 刁承俊 译

瓦格纳回忆录（上）

Memoirs

RICHARD WAGNER

河南文艺出版社
·郑州·

图书在版编目(CIP)数据

瓦格纳回忆录:上下册/(德)理查德·瓦格纳著;高中甫,刁承俊译. —郑州:河南文艺出版社,2019.8

(世界名人名传/柳鸣九主编)

ISBN 978-7-5559-0713-8

Ⅰ.①瓦… Ⅱ.①理…②高…③刁… Ⅲ.①瓦格纳(Wagner,Wilhelm Richard 1813-1883)-自传 Ⅳ.①K835.165.76

中国版本图书馆 CIP 数据核字(2019)第 000531 号

瓦格纳回忆录

Wagena Huiyilu

出版发行 河南文艺出版社
本社地址 郑州市郑东新区祥盛街 27 号 C 座 5 楼
邮政编码 450018
承印单位 河南瑞之光印刷股份有限公司
经销单位 新华书店
纸张规格 890 毫米×1240 毫米 1/32
总 印 张 27.625
总 字 数 659 000
版 次 2019 年 8 月第 1 版
印 次 2019 年 8 月第 1 次印刷
定 价 129.00 元

图书如有印装错误,请寄回印厂调换。
印厂地址 河南省武陟县产业集聚区东区(詹店镇)泰安路
邮政编码 454950 电话 0391-2527860
(本书封面图未能联系上作者,敬请作者与本社联系。)

目　录

译者序言

瓦格纳于1865年7月6日开始向科西玛口述他的自传:《瓦格纳回忆录》。他写这部自传的缘起是巴伐利亚国王路德维希二世,他的恩主,他的生活的救助者和艺术资助人流露出想了解他的生平的愿望。这是他写这部自传的主要原因,而非他日后在这部自传的前言中说的那样:是为了满足科西玛想知道他往昔的生活和经历的希望。这有瓦格纳在这一年7月21日致国王路德维希二世的信件为证,他在信中称他正在口授他的自传:"我的女友科西玛不停地提醒我关注我们国王对我流露出的愿望。"事实确也如此,还在5月18日,年轻的国王,瓦格纳音乐戏剧的崇拜者路德维希二世,他爱屋及乌,在一封致瓦格纳的信中写道:"要是您能为我把您的精神道路及外在生活详细地写出来该多好!我可以希望我的这个请求有朝一日得到满足吗?"自1865年7月16日开始口授——这是瓦格纳与年轻国王结识近一年之后的事,几经中断,到1872年8月完成前两卷,1874年、1880年分别完成第三和第四卷,至此这部卷帙浩繁的自传最后杀青。《瓦格纳回忆录》的口授和修改直到定稿持续了10年之久,在此期间瓦格纳除了歌剧创作之外,许多时间都用在这部自传上了。1867年2月,科西玛在致国王路德维希二世的信中写道:“我们现在像蚂蚁那样勤奋地写这部传记。”《瓦格纳回忆录》共分为四卷,篇幅庞大,洋洋洒洒,以译成中文计,近70万字。瓦格纳从他诞生的1813年一直写到1864年5月3日——这是他生活中也是他艺术生命中的一个好运的转折点的前夕。次日,5月4日,巴伐利亚国王路德维希二世的秘书求见他,递上了国王邀请他去慕尼黑的邀请信,他决定应邀前往。自传到此结束。作为自传续篇的《年志》①中,1864年的第一行就是“5月5日,拜访国王”。

在一部世界史中,古往今来,自罗马的奥列留·奥古斯汀起,在诸如《忏悔录》《回忆录》《瓦格纳回忆录》《我的生活》等各种名目下,自传性的著作可谓汗牛充栋,不知凡几;到近代,那些下野或被黜的政治人物更是把自传这一形式当作自我粉饰、沽名钓誉、牟利赚钱的一种手段了。写自传当然不是为了自我消遣,自我欣赏,要藏之深山,而是为了发表。卢梭的《忏悔录》开宗明义,他要把一个真实的人赤裸裸地摆在世人面前,而这个人就是他自己;歌德写他的自传《诗与真》就是为了满足渴望了解他的人的愿望。可是瓦格纳却称,如他在1866年1月3日致他的姐姐路易丝·布洛克豪斯的信所写的:“当然这部口授的东西不是用来发表的,它只是在我死后为那些要向世人描述我生平的人提供真实的支持。”这句话是抱有野心却又是欺人之谈的流露;后来,当他为这部完成了的自传写序言时,他又故作姿态地写道:“如果我们的后人还感到兴趣的话,那它可以公开出版,只是要在我死后一段时间方可。”1870年,瓦格纳自费印制了自传的第一卷,只印了15册,把它们分发给他的一些友人,其中有李斯特、奥托·维森冬克、苏黎世的苏尔

① 《年志》从1864年5月一直记到1868年底。这部中译本没有收入。它的篇幅不长,如译成中文不足万字。

策，当然也有国王路德维希二世。1875 年，前三卷只印了少数样书，他把其中一册附一个献词寄给了他的这位艺术庇护人。到 1880 年全书完成，同样只印制了有限的几册，其中一本送给了国王，完成了他的心愿。然而令人迷惑不解的是，在瓦格纳死后不久，科西玛却要求得到赠书的朋友把书寄回，就是国王也不例外。不知何故，或许是怕自传私下流传开来，会引起涉及当时在世的他的朋友和他的敌人的不满和攻击，或者因为瓦格纳在《瓦格纳回忆录》中在某些事件上撇清自己诿过于人的做法会被人诟病。反正这些只印了少数的样书大都被销毁了，以至在一段时间人们都不相信这部自传的存在。实际上在拜洛依特的瓦格纳资料馆至今还保存有两部完整的自传和一册原由李斯特保存下来的不完整的样书。这部自传确实在瓦格纳死后出版，可这已是在他死去 18 年之后的事了。但是 1911 年的版本由科西玛做了重大删节和改动，共有 17 处之多，此后的 1914 年、1923 年以及 1933 年的版本，都是不完整的，如瓦格纳的研究者马丁 · 格莱戈尔-德林指出的："所有随后出书的各种版本既是不完整的也是不可信的。"现在我们翻译时所据是 1989 年由美因茨-朔特，皮帕尔-慕尼黑出版社的版本，这部自传的出版者马丁 · 格莱戈尔-德林在后记中称："这部完整的版本是以今天保存在拜洛依特瓦格纳资料馆的笔录的手稿为准的。"

在这部卷帙浩繁的自传里，瓦格纳细致入微地，有些地方甚至是烦琐地描述了从他童年直到 1864 年的生活和经历，他与音乐的结缘，他的创作，与对他的人生和性格发生影响的几个女人的感情上的纠葛，他的艺术思想和政治思想发展的道路。所有这些无疑是对后人提供了研究他和认识他的珍贵资料。另外，这部自传也从一个侧面反映了 19 世记初叶直到 60 年代——这大体上相当于歌德时代的晚期到第二帝国建立前夕——德国的音乐生活，即使这种反映有局限性和片面性，那也有助于我们对这个时代的乐坛的了解；尤为重要的是，它对这一时期的德国乃至欧洲音乐生活和音乐创作的叙述和评论以及对他本人的音乐戏剧作品的生成和阐释，都为这幅音乐社会的巨幅画涂上浓抹重彩的一笔。这就使《瓦格纳回忆录》具有一种重要的价值，更由于瓦格纳在乐坛上所处的地位，如音乐史家保罗·朗格所称，他是浪漫主义时期“具有代表性，最完善的大师”①，这就保证这部自传在音乐文化史上的意义。

在瓦格纳所生活的时代，德国以及欧洲的音乐天空群星灿烂，争奇斗艳；他童年时，贝多芬、舒伯特尚在世，而诸如门德尔松、舒曼、麦耶贝尔、马斯内、马施纳、斯蓬蒂尼、肖邦、比才、伯辽兹、罗西尼、威尔第、布鲁克纳等一大批世界级音乐家都与其有过交往，有的甚至是他的至交好友。瓦格纳是一位伟大的创新者，赋予音乐以更深的思想内涵，他在音乐戏剧上所进行的改革使他在这群灿烂的星座中闪烁着异样的夺目光辉，影响遍及欧洲。如果说贝多芬主宰了19世纪上半叶的德国乃至欧洲的乐坛，那瓦格纳无疑是这一世纪下半叶的德国乃至欧洲的音乐戏剧的领袖人物。

人们都错误地认为，一个人写自己的自传是最轻而易举之事了，有谁比对自己更了解自己的呢？歌德在他的自传《诗与真》的自序中谈道，传记的任务就是，“把人与其时代关系说明，指出整个情势阻挠他到什么程度，掖助他又到什么地步，他怎样从中形成自己的世界观和人生观，以及反映作为艺术家、诗人或者作家又怎样把他们反映出来”②。一个为他人做传的作者不仅无法正确无误地认识传主所处的时代，无

---

① 保罗·朗格：《十九世纪西方音乐文化史》，第198页，人民音乐出版社。
② 《歌德自传》，刘思慕译，第3页，人民文学出版社。

法准确理解传主的经历遭际，这就难以准确地描述其精神发展的轨迹和人生观、世界观的形成，而更由于写作者本人的偏见和局限性又不可避免地出现褒贬上的失当，评价和立论上的谬误；若是自己为自己写作，那完成歌德所确定的任务就尤其困难。因为，如卢梭所说，那些写自传的人，都是以写自己的一生为名，实际上都是在为自己辩解。从古至今没有一位自传作者会毫无保留地说真话，把自己一生中所有好事、坏事都如实地写出来。深谙个中底蕴的卢梭写道："最诚实的人所说的，充其量不过是他们所说的话还是真的，但是他们保留不说的部分就是说谎。他们沉默不语竟会这样改变了他们假意要供认的事，以至于当他们说出一部分真相时也等于他们什么都没有说。"①这段话确实入木三分。斯·茨威格是一个写传记的大家，他在《三作家》一书的序言中曾就自传这一体裁做过详尽而深刻的论述，他称写自传是作家一种特别英勇的行为，需要难得一见的勇气，要求每一个自我描述者表现出坦诚的英雄主义。然而由于人先天存在的弱点和后天形成的弊病，就难得一见这样的大智大勇的作家，能成功地如实地描述出自己肖像的人太寥寥无几了。即使在罕见的成功之作中，也存在着如茨威格所指出的，"还有多少遗漏和缝隙，还有多少做作性的补充和不自然的掩饰呀！"②人想如实地自我观察，真实地自我描述时，立即就会产生出一种强烈的相反的愿望：隐而不露他的那些丑恶的秘密，他的见不得人的弊病，他的贻笑大方的浅薄，舍弃或者粉饰有损于他的形象的那一部分；这样以来，他们所做几乎就是自我辩解，就是自我美化了。

瓦格纳的自传《瓦格纳回忆录》，也无法超越大多数自传的局限

---

① 卢梭：《忏悔录》第二卷，远方译，第 824 页，人民文学出版社。

② 茨威格：《世界建筑师》，高中甫等译，第 320 页，北京燕山出版社。

性,他本人也难以克服绝大多数自传作者无法摆脱的弱点。《瓦格纳回忆录》不乏文化历史的价值,为了解 19 世纪上半叶的德国乃至欧洲的音乐生活做出了贡献,它也在资料上具有一定的真实性,但是它绝不是如瓦格纳在前言中所夸口的那样:“这部自传的价值在于它不加任何粉饰的真实性。”公允而论,瓦格纳的自传中所描述的所谈论的,只要不涉及重大的政治事件,不涉及他的人品,那大都是真实的,他愿意把它们如实地展示出来。可一当他面对要害问题时,他便自觉不自觉地掩饰,刻意遮蔽,甚至诿过于人,为自己辩解。这突出地表现在他对 1849 年德累斯顿武装起义时的态度和他与一些女性交往两个重大的问题上。

在《瓦格纳回忆录》的第二卷最后部分,他叙述了他在德国 1849 年 5 月德累斯顿武装起义时期的活动和经历。他把自己描绘成一个好奇者,一个旁观者,一个被煽动起搅进这场革命运动的人。可事实上,他是一个狂热的革命鼓动者,积极的参加者,是这场武装起义中一个重要的领导成员。他在这场革命前和革命期间的言论、行动以及同时代人提供的资料都确凿地提供了佐证。这里我摘引在德累斯顿武装起义前夕,1849 年 4 月 8 日他匿名发表在德累斯顿《人民报》上一篇题为《革命》的文章中的一段,他写道:“我要从基础上毁灭他们赖以生存的秩序,因为这个秩序是罪恶的萌芽,它的花朵就是灾难,它的果实就是罪行;但种子已经成熟,我就是砍伐者。我要摧毁独夫对万人的主宰,死者对活人的统治,物质对精神的控制;我要粉碎强者的暴力,法律和财富的暴力……我要摧毁现存的秩序,这个秩序把统一的人类划分成敌对的民族,划分成强者和弱者,划分成特权的人和无权的人,划分成富人和穷人。我们要摧毁把成千上万人变成少数人的奴隶的秩序。”这是篇多么富有煽动性的鼓吹革命的文章,能说写这样文章的人是这场革命的旁观者吗?这里再援引克拉拉·舒曼在她日记中的一段话,她那时居住在德累斯顿，是这场武装起义的目击者："乐队长瓦格纳也在共和主义者那里起了作用，按照他的指示修起了街垒，还做了另外一些事情。"能说发出这样指示的人不是这场武装起义的一个积极参加者吗？瓦格纳的研究者，《瓦格纳回忆录》校勘本的出版者马丁·格莱戈尔-德林在这部自传的后记中写道："人们从《瓦格纳回忆录》中所获得瓦格纳在革命前和革命期间的思想和活动的图像都是不完整的。"著名学者汉斯·马耶尔在《瓦格纳》一书径直写道："《瓦格纳回忆录》中的辩解都是靠不住的。"①这样的观点已在学术界和瓦格纳的研究者那里得到了认同。

瓦格纳一生可说是绯闻不断，名声不佳。狄特尔·大卫·硕尔茨在1997年出版的《一种德意志式的误解》一书中写道："瓦格纳被他的同时代人称作是好色之徒和卡萨诺瓦"，其他一处有这样的文字："伴随瓦格纳一生直到高龄的是轻佻、放荡、好色和不忠的名声。"②在叙述到1864年为止的《瓦格纳回忆录》中，瓦格纳多次谈到了他与一些女人的关系，可他在这类事情上缺乏歌德在自传中所表现出的忏悔和内疚，缺少卢梭在《忏悔录》中的坦诚和悔恨，他也没有卡萨诺瓦在他的《瓦格纳回忆录》中的坦率和勇气。在与他的妻子明娜的纠葛中，他把自己装扮成一个无辜者；在与杰茜的关系上，他明明是一个引诱者，却把她写成一个耽入空想的无知少妇，自己倒成了被引诱者；他称玛蒂尔德·维森冬克是他第一个也是唯一所爱的人，可他在这部自传不敢承认他对她的感情；他曾在一封信里称他与弗里德里克·麦耶贝尔有过肌肤之亲，可在自传中他没有勇气供认。卢梭在他的《忏悔录》的讷内泰尔

① 汉斯·马耶尔：《瓦格纳》，张黎译，第91页，人民音乐出版社。
② 狄特尔·大卫·硕尔茨：《一种德意志式的误解》，第39页，Parthas出版社。

手稿本序言中写道,那些写自传的人“以写他的一生为名而实际上在为自己辩解,他把自己写成他愿意给人看到的那样,就是一点也不像他本人的实际情况”①。信哉斯言。

政治运动和两性关系是最能检验一个人的情操和品德的两个领域了。瓦格纳在写自传的过程中恰恰在这两点上丧失了一个正直艺术家的勇气。当然我们后世不能因此而忽视和贬抑这部著作应有的价值。托马斯·曼在他那篇著名文章《理查德·瓦格纳的苦难和伟大》一文中写道:“理查德·瓦格纳的精神形象就伫立在我的面前,它经历苦难而又伟大,像他那个世纪一样,它是 19 世纪的完美表现。……他的一生是颠沛流离的,饱经苦难的,狂热的和蒙受误解的,注入世界荣耀的……”他在文章中继而写道:“瓦格纳的艺术是德意志最本质最激动人心的自我描述和自我批判,它让人思考,而热心研究瓦格纳艺术,同时就是热心研究德意志本性本身,这种艺术就是用批判—美化的方式去颂扬德意志本性。”②这两段话充分表明了瓦格纳本人和他的艺术在德国的重要性,他主宰了 19 世纪德国的音乐戏剧,并把他的影响扩展到德国之外。他是这个时代的卓越音乐戏剧家、音乐思想家,他的伟大和苦难,他备受推崇备受责难,追随者狂热,批判者激烈,他本人和他的作品不仅是那个时代而且也成为后代一个重大和长久的研究对象。这一切都保证了《瓦格纳回忆录》的巨大价值。

最后我还要赘言数语:瓦格纳这部自传是他口授,由他当时的情人,1870 年才正式结婚的科西玛(即李斯特之女,原系汉斯·封·比洛之妻)笔录,经他修改而成的。瓦格纳的文字本来就令人感到晦涩,尼

---

① 卢梭:《忏悔录》第二卷附录,远方译,第 813 页,人民文学出版社。

② 转引自汉斯·马耶尔:《瓦格纳》,张黎译,第 286 页,人民音乐出版社。译文稍有改动。

采就常为瓦格纳的文字皱眉；这部自传，由于当时口授者、笔录者的心态和处境，鉴于种种情况使用了委婉的方式，选择了隐晦的用语，甚至是谜一般的表达，奇怪而异样的遣词用字，这更增加了理解上的难度。——科西玛在1871年6月致尼采的信中称，印制这本书的出版人朋方梯尼斯对瓦格纳的语言大为摇头——。我和刁承俊先生在翻译上也不算是新手了，都还积累了一些经验，可我们在这本书的翻译过程中却有力拙之感。当我们终于把它完成时，都呼出了一口长气，总算是卸下了一个自愿背下的重负。至于译文的质量，虽然我们尽力了，但由于我们中外文方面的功力不足，知识面的缺欠，错讹之处恐难以避免，这有望读者指正。还得附带说明，个别地方我们参照了安德列·格雷的英译本，这个译本应当说还是忠实的，但是很多地方做了简明的处理。

瓦格纳的《瓦格纳回忆录》，由于篇幅长和文字上的难度，直到目前都还没有翻译过来，甚至从英文转译过来的译本都还没有。我们希望用我们的这个全译本来弥补这个空白，为音乐界和瓦格纳的研究者和爱好者提供些有益的帮助。

高中甫

2007年8月29日

第一部
（1813—1842）

我于1813年5月22日生于莱比锡布鲁尔区的“红白狮”楼的三层楼上，两天后在托马斯教堂受洗，取名威廉·理查德。我的父亲弗里德里希·瓦格纳在我诞生时是莱比锡警察局的官员，有望得到警察局长的职位；他在莱比锡会战的兵荒马乱期间工作繁重，心力交瘁，传染上当时流行的疾病斑疹伤寒，在我降生的这一年10月故去。我后来才知道些我祖父的事情。他是朗斯台特城门的税收员，家境贫苦，他因使他的儿子受到良好的教育，而在他的同事中间受到敬重；他让他的大儿子，即我的父亲弗里德里希攻读法学，而小儿子阿道夫研究神学。我的叔叔对我的发展起了不是无足轻重的影响。这一点我将在讲述我青年时代发展的决定时期还要谈及。有关我过早逝世的父亲，我后来才知道，他十分热衷于诗歌和文学，特别是对受到教养阶层经常光临的剧院有着一种几乎是狂热的激情。我的母亲告诉我，他曾与她一道前往劳赫斯塔特去观看《麦西娜的新娘》①的首场演出，在那儿的林荫道上对她大谈席勒和歌德，并因为她对这样伟大人物的无知而激烈地责备她。他本人已经陷入对剧院女艺术家的狂热之中。我

① 此系席勒的一部戏剧。

的母亲开玩笑地抱怨说，她在午饭时得长时间等他，而这期间他却去拜访当时一个著名的女演员。面对她的责备，他言之凿凿，说是去交易所耽误了回家，并用沾满了墨汁的手指做证，可强使他伸出手指做进一步检查时却发现非常干净。此外，他对戏剧的巨大热情使他结交了一位知己好友：路德维希·盖尔。如果说主要是出于对戏剧的热爱而与这个朋友成为至交的话，那他同时也使这个朋友成为他家庭的最最高尚的恩人：这位谦逊的艺术家在他的朋友瓦格纳意外过早辞世之后热心地关怀其一大家人的命运，把他下半世都倾注在他们的生活和教育上了。在警察局官员瓦格纳在剧院里度过他的夜晚期间，这位出色的演员多半时间取代了他在家庭中的位置。看来他经常是使抱怨丈夫轻浮的家庭主妇得到了慰藉。这位无家可归、生活艰辛、颠沛流离的艺术家是如何渴求在一个富有同情心的家庭中得到温暖，这从下面的事情上得到证实：他在他的朋友瓦格纳死后一年就与其遗孀结为夫妇，成了留下七个孩子的任劳任怨的父亲。这种困难的处境却意外地使他的地位大为改观。这位被称为是性格演员的艺术家在新建的德累斯顿宫廷剧院得到了一个有利的、体面的和长期的职位。早年他因家境贫困不得不中断大学学习，那时他的绘画才能帮他维持了生活，现在他的这种才能在德累斯顿的职位上重新得到了重视，尽管他抱怨说，绘画使他失去了一种系统的、严格的教育；但他杰出的肖像画画得惟妙惟肖的才能给他带来了重要的订单，这使他作为画家和演员不得不付出双倍的努力，以致遗憾地过早精疲力竭。有一次他在慕尼黑受到邀请参加一次客座演出，由于萨克森宫廷的极力推荐而从巴伐利亚宫廷接受一项重要的委托：为国王一家画肖像画，这使他不得不中断他的客座演出并最终不得不完全放弃。他也富有诗歌才能，他经常写一些华丽的即兴诗，他也写了不少喜剧，其中一部是《伯利恒的幼儿大屠杀》,用亚历山大韵文体写成,经常被演出,也印刷出版,并受到歌德的极为友好的称赞。我两岁时,在这个杰出的人的主持下我的家庭迁往德累斯顿,他与我的母亲还生了一个女儿(赛茜莉),他怀着极大的关怀和爱也承担了我的教育责任。他希望我完全成为他自己的儿子,因此我在上第一个学校时就姓了他的姓,这样我在我的德累斯顿少年伙伴中,直到14岁时留下的是理查德·盖尔这个名字。继父死去多年以后,我的家重新搬回莱比锡,我才重新恢复了我的原来姓氏:瓦格纳。

我最早的少年回忆总是想到我的继父,是他把我引向戏剧。我记得很清楚,我的继父希望我在绘画才能上有所发展。他的工作室里摆着画架,上面挂着绘画,这对我不会没有影响的;我记得我怀着孩子般的热情试着去摹画萨克森国王弗里德里希·奥古斯特的一幅肖像;但是从这种幼稚的涂抹乱画本应朝严肃正经的绘画发展的时候,我却无法坚持下来,也许这是因为我的教师(他是我的一个乏味的表哥)的死板画风所致。在我孱弱的孩提时代由于患了一种发育上的疾病而变得十分憔悴,我的母亲后来曾告诉我,因为我已经无可救药了,几乎希望我死掉算了,但令我的双亲惊喜的是我活了过来。在这种事上,我知道了我那高尚的继父对我是怎么样的关怀备至,尽管一家人都忧虑苦恼,可他从不灰心,从不放弃我会好起来的希望。一股强大的力量把我的幻想引向剧院,我不仅是作为一个儿童观众被领进剧院,从秘密包厢的通道到舞台的上方,不仅仅是通过参观化装室而熟悉它的那些奇形怪状的服装和移动的设备,而且也自己去参加演出。在我惊讶地看到继父在《孤儿和凶手》《两个橹舰奴隶》以及类似的戏剧中饰演的坏蛋角色之后,有几次我自己参加了喜剧演出。为欢迎被俘虏的萨克森国王归来演出了一部即兴剧《易北河畔的葡萄园》,由乐队长卡尔·玛丽亚·封·韦伯配乐，我记得在一个活动的场景里，我扮作一个天使，整个身子都裹在针织紧身衣里，背上插着两个翅膀，做出很难受却是优美的姿势。我也记得，在这个场合里，答应给我一个大糖块，并且是国王本人亲自给我定做的。最后我还记得，我自己在柯茨布的《厌世和悔恨》中出演了一个只有几句台词的儿童角色；由于我没有完成学校的作业，于是这个角色就成为我工作繁重的借口，我声称我在《出格的人》中要扮演一个大角色，得背诵台词。

与此不同，我继父对我的教育是极为严肃认真的，在我完成了 6 年的学业之后他把我带到了乡下——德累斯顿郊区的波森多夫——的一个牧师那里，我应当在这儿与另外一些出身名门的孩子接受一种出色的、严肃的和健康的教育。我对世界的某些最初印象就产生在这次短暂的停留期间：晚上牧师给我们讲述鲁滨孙的故事，并进行有益的讨论。在朗诵一部莫扎特的传记时，给我留下了深刻的印象，报刊登载当时发生的希腊解放斗争的事件使我异常激动。我对希腊的爱起源于对发生在当前事件的热情而痛苦的关怀，它日后使我怀着热情拜倒在古希腊的神话和历史的面前。我记得在稍后的年代，希腊人反抗土耳其人起义①给我的印象总是在希腊人反对波斯人的斗争中再度浮现出来。

在这个乡村待了将近一年，有一天从城里来了一个送信人，他通知牧师，他要把我领回到德累斯顿家中，因为我的继父病危。我们步行三个小时赶回，到家时已经疲惫不堪，我吃惊地看到母亲泪流满面。翌日，我被领到我继父的床边，他同我说话时的羸弱，对严重胸部积水所做的最后的绝望处置，我感到他就像一个梦幻中的人一样。我相信，就

① 此系指发生在 1821—1829 年的希腊独立战争。

是这种充满恐惧的惊讶强烈地攫住我，我都不能哭出声来。母亲把我领到毗邻的一间房间里，要我展示一下，我在钢琴上都学到了些什么，让继父听听开心，我弹了《永远忠贞和诚实》。继父问母亲："他有些音乐才能吧？"翌日清晨，天刚一破晓，母亲就进入孩子们的睡房，走到每一个孩子的床前，抽泣地告知继父已经去世；我们每一个人都像祈福般地说了句关于继父的话，她对我说："他要你成个有出息的人。"下午魏采尔神父来了，他把我重新接到乡下。我们又是徒步，直到夜色朦胧时才到达波森多夫；半路上我问他许多关于星星的事情，他给了我一些这方面的初步知识，8天后我死去的继父的兄弟出现了，他来自埃斯雷本，是为了参加葬礼。他许诺尽全力来维持这个又陷入无助的家庭，并继续承担起我的教育责任。我告别了我少年时代的伙伴，告别了和蔼可亲的神父，几年之后为了参加他本人的葬礼，我又一次回到波森多夫；多年以后，在一次出游时我又一次拜访过这个村庄；那时我作为德累斯顿的乐长经常徒步到乡间游览，使我激动的是，再也找不到陈旧的神父的住房了，代之而起的是一座非常现代的建筑，它令我扫兴，此后我在出游时就再也不到这个地区来了。

我的叔叔这次把我用车带回到德累斯顿；我看到母亲和姐妹们都身穿丧服，我记起来，我这是第一次感受到与我家惯有的那种熟悉的温情不一样的情景，并在几天之后重被带走：我的叔叔把我带到埃斯雷本。我继父的小弟弟定居在那里，是个金匠；我的一个哥哥（尤利乌斯）已经做了他的学徒。他是一个单身汉，年老的祖母也与他生活在一起。这个老女人已经去日无多，人们一直没有把她大儿子之死相告；我也被告知不要泄露此事。女仆细心地把我衣服上的黑纱摘了下来并解释说，若是祖母发现了，那她很快就要死去的。我得经常跟祖母讲述继父的事情；隐瞒继父之死，这事并不使我为难，因为我本人也不甚了了。

她住在一间黑暗的后屋里，外边是一个狭小的庭院，她喜欢红喉雀在她四周飞来飞去，经常在炉旁为它们摆出些新鲜的绿色树枝。有一次我成功地用罩子给她捉住了几只，若没有几只老的就会被猫捉住弄死的。她对此非常高兴，把我打扮得干干净净整整齐齐。她不久就去世了，省下来的那块黑纱可以在埃斯雷本公开地戴上了。这间有着红喉雀和绿树枝叶的后屋就从此与我无关了。这座房子属于一家制造肥皂的人，我不久就博得这家人的欢心，我给他们讲述我的故事。我被送进一个私人学校，它的校长魏斯给我一个严肃和高贵的印象。50年代末我在一份音乐报上非常感动地读到一个关于在埃斯雷本举行的一次音乐演出时上演了《唐豪瑟》选段的消息，我那时的这位校长没有忘记他的学生，亲自出席了这次演出。

马丁·路德的故居就在这座古色古香的小城里，对他居住此地的种种回忆一直到暮年还经常一再在梦中浮现出来。我总是一再地渴望再次去拜访这座城市，去证实我的回忆是如何清晰可靠，奇怪的是我一直没有做到。我们住在市集旁边，这使我能经常接触到独特的演出，一个杂技团的演出：走过悬在广场两端的绳索，很长一段时间使我对类似的节目着迷，我确实这样做了：在庭院里起木桩，挂上绷紧的绳子，拿起一根平衡用的木杆，在上面灵活地动来动去。直到现在我依然对运用杂技用具有着浓烈的兴趣。对我最重要的是在埃斯雷本军营中的一支轻骑兵的铜管乐队的音乐。他们经常演奏的一支曲子当时引起了我的注意，令我感到好奇：这是《神弹射手》中的“猎人合唱”，这部歌剧已经在柏林上演过了。叔叔和哥哥热心地向我问起了这位作曲家，在德累斯顿我在家里看过担任乐长的韦伯。就在同时，在一个朋友家里由一群女孩热情地演唱了韦伯的《处女花冠》。这两个曲子使我对伊普西兰提①——华尔兹产生了偏爱，直到今天我都把这首曲子看作最奇妙的声乐作品。我记得我同当地的孩子打过多次架，用我的四角帽去嘲笑他们去刺激他们。除此在我的记忆里还出现了攀登乌斯特河岸巉岩峭壁的冒险之旅的画面。

我的叔叔终于结婚了，建立了一个新的家庭，这为他与我的家庭的关系也带来了强烈的变化。一年之后他把我带到莱比锡，有几天的时间他把我交给了我生父的亲戚：我的叔叔阿道夫·瓦格纳和我的姑姑弗里德里克·瓦格纳。我的叔叔阿道夫·瓦格纳是一个非常有趣的人，他后来一直对我有着影响。他这儿的特殊环境从现在开始清晰地出现在我的回忆里。他与我的姑姑都与一个奇怪的老处女扬内特·托梅保持着非常亲近的友好关系，托梅是市集旁这幢大房子的共有者，如果我没弄错的话，自从萨克森公爵强大的奥古斯特家族时代以来，这幢三层高的楼房就是为他们在莱比锡停留时租下装修起来的。就我所知，第三层归扬内特·托梅个人所有，她只住在内朝庭院的一套不显眼的房间。因为国王一年顶多只有几天利用他租下来的这些房间，于是扬内特·托梅和她的家人便占用了这些租下来的富丽堂皇房间，而其中一间豪华的便成了我的睡房。这些房间的设备还都是强大的奥古斯特时代的，沉甸甸的丝绸料子和各式各样的罗克克家具，华丽高贵，都已用了有些年头了。在这些巨大的引人遐想的房间里令我最为满意的是，能从这儿望到活跃的莱比锡市集广场，在人群中间令我特别着迷的是那些身穿古德意志学生协会服装的大学生，他们成群结队熙来攘往。只是这些房间里有一个装饰物让我十分苦恼：这就是那些各式各样的

① 伊普西兰提·亚历山大(1792—1828)：希腊自由战士，领导希腊人反对土耳其人统治的民族解放斗争。

肖像画，高贵的夫人身着钟式裙，面孔充满朝气，而头发却是扑上了白粉。我觉得这完全是些妖魔，每当我独自一人待在房间里时，她们就好像活了起来似的，使我恐惧万分。睡在这样一个偏僻的房间里，躺在这样一张老式的华丽床上，近旁有这么些阴森可怕的画像，这令我毛骨悚然。虽然我在姑妈面前，每当她晚间拿着一盏灯送我去睡觉时，我都掩饰起我的恐惧。可每一个夜里我无不被这些可怕的妖魔幻象吓得汗流浃背。

这座楼房三个主要住客的性格特别适合把我这次停留所引发的幽灵般印象转化为童话般稀奇古怪的故事：扬内特·托梅非常矮小肥胖，戴着泰特斯①假发并为有这种往昔的打扮而感到得意。她的忠实女友和护理她的人就是我的姑妈，她同样成了一个老处女，身体修长瘦削，她那通常非常亲切的面庞由于一副特别尖削的下巴更显得古怪，我叔叔阿道夫在庭院的一个阴暗小屋里有着自己的一间书房。我在那儿头一次遇见他时，他埋身在书的巨大沙漠之中，身穿一套不显眼的衣服，戴着一顶高高的尖头皮帽，那个样子就像我在埃斯雷本的演绳技杂技团中看到的滑稽小丑。是一种独立自主的巨大愿望把他逼进到这个奇怪的避难所里。他先是去学神学，但不久他就放弃了，转而去专门研究哲学和语言学。他对被聘为教授和教师的实际工作极度反感，于是很早就试图通过文学工作来满足需求。他有交际的才能，特别是有着一副漂亮的男高音，他也对剧院充满了兴趣，在青年时代他在莱比锡的朋友圈子里，作为一个还是不错的芭蕾舞演员受到了喜爱。在一次去耶拿的旅行——在这次旅行中他与一个年老的伙伴去了音乐-朗诵学院——中也拜访了席勒，他是带着莱比锡剧院经理的一项任务前去的，

① 泰特斯：古罗马皇帝，他留有短发。

因为剧院要取得席勒不久前完成的《华伦斯泰》的演出权。他后来对我描述了席勒的修长高大的身躯和令人难以抗拒的蓝眼睛给他的强烈印象。他只是抱怨,由于他的朋友的一个好心的玩笑而使他陷入羞愧的狼狈境地。这个朋友有意识地把阿道夫·瓦格纳的一个写诗的本子递给了席勒,这个惊恐的年轻诗人受到了席勒的友好的称赞,他从内心认识到,这些赞语出自席勒的人格的高尚。后来他越来越只热衷于语言学的研究。在这个领域里应当提到他最著名的成就之一是他出版了《意大利诗歌集》,他把这部诗集附同一首意大利诗呈献给歌德;这首诗通过一个行家的鉴定,我可以肯定,它只是用一种不常用的和浮夸的意大利文写出来的,虽说如此他依然收到了歌德的一封充满赞扬的美好的信和诗人家中用的一个银质杯子。在我所描述的这 8 年时光里他的出现所给我的印象完全是谜一般的,令人为之诧异的。

几天之后,我重新摆脱了这些影响,随后我被带回到德累斯顿家中。这期间我的家在独自支撑的母亲领导之下重振家声。我的大哥阿尔伯特,先是准备学习医学,但根据韦伯的建议——他称赞他有一副男高音——他就在布累斯劳走上戏剧道路的。在他之后不久,我的二姐路易丝同样做了名女演员献身戏剧了。我的大姐罗莎莉得到了德累斯顿宫廷剧院一个体面的职位;家中还留下几个年幼孩子,她成了这个家的中心,是操劳奔波的母亲的左膀右臂。我还在父亲生前布置的这幢大而舒适的住房里遇见过她,一些多余的房间有时租给一些外人,施波尔①一度也是一个租客。由于母亲的勤奋,一些帮助减轻了负担(其中应当提到的是宫廷为了怀念我的继父而不断给予的照顾),使这个家庭维持着小康的水平,而我的教育也没有受到任何不利的影响。

---

① 路德维希·施波尔(1784—1859):德国作曲家、指挥家、小提琴演奏家。

我的三姐克拉拉由于她极为出色的嗓子走上戏剧的道路；在这之后我的母亲就打定主意不让我也对戏剧感到兴趣。她一直为同意我的大哥从事戏剧而经常自责；因为我的二哥除了铸金别无所长，于是就把继父的希冀和愿望的实现寄托在我的身上，继父说过：“你要成为一个有出息的人。”我被送进德累斯顿的文科中学（十字架学校）学了整整8年，我应该好好学习。我进最低年级，是一个最矮的学生，在最最普通不过的条件下开始了我的教育。母亲对我的精神活动和才能表现出的迹象极为关注。

所有认识我母亲的人都认为她是一位值得敬爱的女人，她虽然缺乏系统的教育，却集市民阶级——家族的进取心和巨大的精神感受力于一身，成为一种独特的混合体。她从没有啰啰唆唆把她的出身讲给她的任何一个孩子听过。她出身于魏森费尔斯，承认她的双亲是那个地方的面包师。但在谈到她的姓时她显得格外拘泥。她说是“帕尔特斯”（Perthes），可我们知道，她实际上是姓“帕茨”（Petz）。令人惊讶的是，她被安顿在莱比锡一所她选择的学校里学习，在那儿受到她称之为“父亲的一位高贵朋友”的关照，后来她告诉我们这位朋友是魏玛的一位亲王，他对在魏森费尔斯她的一家照顾有加。她在这所学校的教育好像是由于父亲的这位朋友的突然逝世而中断了。她认识我父亲时非常年轻，并在少女花季时代与他成婚，我的父亲同样是早熟并得到了聘用。她的主要性格特征是诙谐幽默，温和善良。说路德维希·盖尔仅是出于死去朋友一家的责任感而同已经不再年轻的女人结婚，这是不可信的，事实是他对这个寡妇的钟情和爱慕才使他动心的。盖尔还在我父亲没去世时给她画了一幅肖像画，非常出色地画出了她的外貌。从这时起，她就清晰地出现在我的记忆里，她由于头痛而不得不经常戴一顶帽子，这使我不再对她保持有一个年轻和高雅的母亲的印象了。

对这一家人（我是它的第七个在世的成员）的操劳忧心，克服困难，筹措生计，用十分有限的来源维持一个表面上看得过去的水平，这就难以从她那里听到快乐的充满母爱的语调。我几乎记不起来从她那儿得到爱抚，在我们的家庭里没有出现过柔情怜爱的流露；相反地，是一种匆忙的、几乎是焦急的嘈杂的东西自然而然地成为主宰。在这样的情况下，一天晚上我昏昏欲睡地被带到床上，朝母亲哭哭啼啼地睁开双眼，她快乐地望着我并怀着柔情告诉我她对一个来访客人谈起我的情形，这件事在我的记忆里是划时代的一笔。她对我最主要的影响是罕有的勤奋，她在这种状态时谈到艺术中的高大和美用的几乎是做作般的语调。但她面对我却从不涉及戏剧，而只是诗艺、音乐和绘画，每当我谈到也要去从事戏剧时，她经常是几乎用她的咒骂来对我进行威胁。她的宗教思想也非常浓烈，她经常长时间地充满情感狂热地向我们进行宣讲，像布道一样谈论神和人身上的神性，在这些讲话中她有时突然地降低了语气，用幽默的方式责备我们一通就中断了。在继父死后，她每天早晨都把留在家里的成员集中在她的床的四周，她在床上喝着咖啡，我们中间的一个人从赞美诗中选出一首进行朗诵，可是在选择上却不是都那么得体的，直到有一天我的姐姐克拉拉出于疏忽朗诵了《在战争灾难中的祈祷》，她朗诵得那么令人感动，这使母亲打断了她，说道："喏，算了罢！上帝宽恕我这个罪人，我们不是在战争灾难之中！"从此之后才算作罢。

尽管财力不足，我们时而举办的晚间集会却是活跃的，令我这个孩子感到真是开心极了。在我继父活着的时候，在他最后几年，由于他作为一个肖像画家收入丰厚——指那时而言，我们结识了一些属于受尊敬的和高尚阶层的朋友，就是现在他们有时也与我们交往。那时宫廷剧院的成员本身就形成一个优雅的和精神活跃的圈子，我后来在德累斯顿对他们已不再有什么生动的印象了。到德累斯顿美丽的郊区举行的野餐会特别受到喜爱,在这样的集会上充满了艺术家的欢乐情绪。我记得到罗施维茨去的一次这样的出游,在那儿搭起了一个吉卜赛人似的帐篷,卡尔玛丽亚·封·韦伯亲自掌勺,做出了自己的贡献。大家也用音乐助兴,我的姐姐罗莎莉弹琴,克拉拉唱歌。在父母亲的诞辰时,为了使他们精神上有一种惊喜之感,我们经常准备些不同的戏剧用来演出。我还记得,在一次仿格利尔帕采的《萨弗》而举行的演出,我自己在合唱队中扮演了弗翁凯旋车前的街道儿童的角色。我的这些记忆借助一个漂亮的家庭木偶戏院而变得栩栩如生,我在父亲的遗物中找到这些木偶,那些美丽的布景都是他自己绘制的。我有意通过在这个家庭木偶戏院演出一场精彩的戏而使我的亲人惊喜,于是我拙劣地刻出了不同的木偶,木偶的服装则是偷偷地从我的姐姐们衣服上弄下的碎片拼凑而成。随后我也开始写一部骑士剧,我要自己去扮演它的角色。当我写完了第一场时,我的姐姐们发现了手稿,迸发出了狂放的嘲笑声——胆小的女情人的一句废话"我听到骑士小跑过来",这种做作的朗诵给我带来了长时间的巨大苦恼。

就是现在我们家也一再接触密切的戏剧,使我重新热衷起来。特别是《神弹射手》,但主要是它的充满鬼怪的题材,对我的幻想起了格外巨大的影响。恐怖和对鬼怪的畏惧形成我情感生活发展中一个完全特殊的因素,从孱弱的孩提时代起,某种无法解释和阴森可怖的事情就给我留下异乎寻常的印象。我记得,在那些毫无生气的家具面前,每当我长时间独自一人留在房间里和我的注意力被吸引到它们身上时,我就会害怕得突然大声叫喊起来,因为我觉得它们都活动了起来似的。直到我儿童时代的最后几年,几乎没有一个夜间我不因梦到鬼怪而吓得大声喊叫而惊醒,直到有人的声音了我才能安静下来。强烈地责斥,甚至是肉体上的折磨这对我都是一种得到解脱的好事。没有一个姐姐再愿意睡在我的近旁，我被安排在离其他人尽可能远的地方睡觉，人们从不考虑我的夜里惊叫会因此而更为大声和更为持久，到最后他们都已对这种夜的灾难习以为常了。

强烈吸引我参观剧院——这中间我也对舞台，对后台和化装室有了理解——很少是对娱乐和消遣的追求，如今天的剧院观众那样，而是与一种要素交往上的愉悦，这种要素表现出的与我们常见的生活不同，是一个完全异样的，纯幻想的，经常是激起恐怖的吸引人的世界。在我看来一个舞台布景，即使只是一个——如一束草丛——舞台背景，或一件舞台服装，甚至仅是有特色的一场戏，都是来自另一个世界，在某种意义上有着幽灵般吸引力，与它们的接触对我而言是一个杠杆，我在这上面就能把自己从日常习惯的乏味现实中跳跃到那个富有魅力的神秘世界。就这样，凡是与剧院演出相关的一切对我说来都充满了秘密，甚至是使我着迷陶醉，在我与一些老伙伴试图去模仿演出《神弹射手》并极为热心地去制作服装和用怪模怪样的绘画去制造面具的期间，我姐姐们的化装间里——我经常看到她们在里面穿戴打扮——的那些令人感到亲切的物件激发起了我的幻想；与这些物件的接触能使我激动不已，我的心会忐忑不安地剧烈地跳动起来。尽管如我已经提到过的，在我们家中没有那种柔情、爱抚，可在我的情感发展时期总是处于女性的包围之中，这对我的影响十分强烈。或许正因为这种交往多半采用的是一种不安的，甚至是剧烈的方式，女性通常惯有的属性，一旦她们与幻想的剧院世界相关，就对我有着一种几乎是迷恋般的魅力。

幸运的是，这种充满恐怖直至在柔弱中迷失自己的幻想情绪遭到了我在学校与老师和同年伙伴交往中所受到的影响的抗拒，这种影响是严肃的，它的抗拒是全面的和强有力的。可这儿激起我关注的主要也是幻想的东西。我在学习上是不是如人们所说的，是一个头脑清晰的人，这我自己都不能判断；总的说来，我相信能生动吸引我的东西，几乎不用学就能很快地理解，而对那些远离我的想象的东西，我几乎不去浪费我的勤奋。这一点特别表现在算数和后来的数学上；在这门科学上我从来没有成功过，仅是注意那些布置给我的作业而已。就是用在古老语言上的勤奋也仅是必要的而已，只是为了借助这些知识去把握那些对象，它们性格上的描述激起了我的兴趣。特别吸引我的是希腊语，因为希腊神话的故事使我强烈地着迷，我要这些古希腊英雄用古老语言同我说话，以满足我与他们亲爱无间的渴求。在这种情况下，很容易想象得出，希腊文的语法只是被视为一种厌烦的障碍，而不是一种本身就引人入胜的学科。我的语言学习不是很有基础，这使我清晰地认识到，在以后的年代我很快就得放弃去掌握它们。直到很久以后，我熟悉了学习语言的心理——哲学的一面，如我们新时代的日耳曼语言学者借助雅可布·格林的方法所掌握的那样，从这时起，语言研究才激起了我真正的兴趣。但这对于我来说已经太晚了，无法去更彻底地做这种最终变得可爱的语言研究；在我青年时代求学期间里，没有理解到语言学习上的这种新的观点，这我一直引以为憾。尽管如此我在语言学领域里的成功引起了十字架学校一位青年教师、当时的一位硕士基利希的格外看重。他允许我经常去拜访他并把我的韵文翻译作品以及自己的诗作告诉他。他很喜欢我的朗诵练习。他让一个当时不到 12 岁的孩子有机会不仅只是在讲台上朗诵《伊利亚特》中赫克托的诀别，而且甚至是《哈姆雷特》中的那段著名的独白，由此就可以看出他对我的信任了。当我还是三年级的学生时，我的一个名叫斯塔克的同学突然死了，这件可悲的事情激起了巨大的同情，不仅全班同学去参加他的葬礼，而且校长还布置了任务，通过印制出一首诗以表示葬仪的隆重。校长对所写出的一些诗，其中也包括我在匆忙写就的一首诗并不感到满意，于是他做出了决定，宣布用他亲自写出的一篇讲话来代替。我急匆匆地去找基利希老师，说服他能对我的诗进行有利于我的介入；敦促他对这首用斯坦茨诗体①写成的韵文诗的内容进行细心的修改。在这首诗里出现的是些华而不实的画面，它们都远远超出了我这样年纪的一个孩子的想象力。我记得，有一个地方是受爱迪逊的卡托②自杀前的独白的巨大影响而写出来，这段独白是我在一部英语语法书中找到的。与那首独白无论怎么说都有着直接的相似之处的词句："当太阳在神坛前变得黑暗，群星疲惫地落向地面之际。"这引起了基利希的几乎使我受到侮辱的微笑。即便如此，我感谢他的细心和很快地就清除我诗中这一类荒诞不经的狂想，并最终得到了校长的认可，它真的就印制出来并广为散发。

这次获得表彰的成功极为出色，不仅是在同学中间，而且也在我的家庭里，我的母亲庄重地搓起双手，我已经在我的职业上打定了主意。完全不必怀疑了，我的未来是成为一个诗人。基利希老师要我写一首长篇叙事诗，并指点我把《帕纳萨斯的战斗》作为题材，按照鲍桑尼亚斯③的表现方法去写。他所能做的就是把鲍桑尼亚斯所写的故事讲给我听：在公元前二世纪，联合起来的希腊人反对高卢的野蛮入侵，缪斯们出于惊恐从帕纳萨斯下来参战。我确也开始用六步韵写这首英雄史诗了，但始终是停留在第一歌上。我的学识还达不到自己用这种古老的语言去掌握希腊悲剧家的程度；我偶然遇到了古斯特·阿佩尔斯④

---

① 斯坦茨诗体：八行诗节的诗体。

② 爱迪逊·约瑟夫（1662—1719）：英国作家，卡托系他创作的同名悲剧的主人公。

③ 鲍桑尼亚斯：公元前2世纪的希腊作家，以写游记而著名。

④ 古斯特·阿佩尔斯（1771—1816）：作家，与人合作出版《鬼怪故事书》，其中有小说《神弹射手》。

的诗作，即他的《波利多斯》和《埃托利埃尔》，熟读之后，在其影响之下，我试图机智地去模仿它们的形式按照希腊的模样同样去构建一部悲剧。为此我选择了奥德修斯之死的题材，根据希基努斯①提供的情节，这位老英雄被他与卡里普索生的儿子杀死。可这项工作也停留在开始的阶段。

对于选择了这样一个精神发展方向，我的勤奋就远离枯燥的学校功课了。唯一吸引我的是希腊的神话、传说，最后还有希腊的历史。在生活上我与同年纪的伙伴交往密切并进行一些富冒险性的恶作剧活动。在那个时期我与任何一个我选择的伙伴都成为知心好友。在这些频繁的相互交往关系中，支配我的多半是关心我幻想爱好的伙伴。有时是诗歌和诗歌创作，有时是戏剧活动，偶尔也热衷于四下出游和搞一些有趣的恶作剧，这些决定了我在朋友上的选择。此外，在我满13岁时，我的家庭出现一个重大的变化：已成为家庭台柱的罗莎莉姐姐受聘布拉格剧院，收入优厚。我的母亲和姐姐们在1826年迁往布拉格，完全放弃了德累斯顿的一切。我单独一个人被留在德累斯顿，以便完成在十字架中学的学业，能接着进入大学。为了这个目的，我寄宿到伯母家里，我与伯母的几个儿子在学校都是好朋友，对这个家我早就熟悉了。就是在居住这个不怎么安定和环境差强人意的家庭中的这段时间，我进入了我生活中少不更事的时代。我越来越明显地失去闲暇时的安静以及与我的姐姐们交往时的那种温柔的梦幻般的影响。取而代之的是一种暴躁不安，是闹事，是好斗。在另一方面女性的影响又以一种前所未有的方式出现了。伯母的女儿和她们的女友经常集聚在简陋狭窄的房间里。我最初的一些孩子式的恋爱游戏就发生在这个时期。

① 希基努斯·尤利乌斯：奥古斯都皇帝的图书馆员。

我记得，一个非常美丽的，教养极好的年轻姑娘，如果我记得不错的话，她的名字叫阿玛莉·霍夫曼，她在一个星期天——这种情况很少——身穿洁净的衣服来访，当她踏入房间时，我惊讶万分，半晌无语。另一次，我记得我装作一副昏昏欲睡的样子，为的是让姑娘们把我安顿到床上睡觉。一遇到这类情况，她们都是这样做的，因为有一次我惊奇地注意到，在一次类似的情况下，我得到女性的讨好般地爱抚。

但在这个与我的家庭远离的岁月里，对我影响最强烈的却是我在布拉格的一次短暂访问。那是在严寒的冬季，我母亲来到德累斯顿并把我带走，一共是8天的时间。与母亲一道的这次旅行完全是一种特别的方式：她在她生命的晚年选择了乘坐付费马车进行这次快速的冒险之旅。从德累斯顿到布拉格整整三天在路上，天寒地冻，砭人肌骨。穿越波希米亚群山时，处处充满了危险，幸运地克服艰难险阻，我们终于到达了布拉格，我感到我一下子置身于一个全然新奇的世界。长时间地穿越波希米亚，特别是布拉格，这对来自萨克森的我来说，感受的是一种充满了诗意的魔力。异样的民族，居民说的结结巴巴的德语，女人的那种头饰，当地产的酒，弹竖琴的少女和乐师，最终还有到处可见的天主教标志，众多的小教堂和圣像画，这一切给我留下的经常是一种罕有的、令我着迷的印象。这种印象或许具有这样的意义：我对市民生活习惯的抗拒和对戏剧的热爱。尤为主要的是这座无与伦比的布拉格城，其古色古香的华丽和美对我的幻想施加了一种无法磨灭的影响。就是在我与家庭的交往中，我也发现了迄今一直是我感到陌生的东西。特别是比我仅大两岁的姐姐奥蒂丽赢得了一个贵族家庭的强烈的友谊；这位贵族是帕赫塔伯爵，他的两个女儿：耶妮和奥古斯苔长时间以来一直是布拉格最出色的美女，她俩对我的那位姐姐十分亲昵要好。这两个女孩和这样一种关系对我完全是新奇的，有着一种魅力。此外还有布拉格的一些名人，其中W.玛萨诺，这是一个极为英俊和可亲的人，他经常出现在我们家中。他们时常热烈地谈论埃·台·阿·霍夫曼的小说，当时他的小说还相当新颖并给人以强烈的印象。从这时起通过对这位幻想家的初步的也仅是肤浅的熟悉，我得到了一种激励，随着时间的推移它上升为一种怪僻的兴奋，并借助十分奇异的观察世界的方式而左右了我。

在随后的1827年春天，我又一次从德累斯顿动身去拜访布拉格，但这次却是徒步而行，由我的伙伴卢道夫·伯姆陪同。这次旅行充满了惊险。我们在第一个晚上到达特布里茨，可下一天由于我们的脚受伤了就乘一辆马车继续前进，但只能到罗沃维茨为止，因为我们的钱袋已经空空如也。酷热难当，受着饥饿的折磨，在小路上踽踽而行，穿越了陌生的地带，直到傍晚我们才又走上了大道，正巧遇上了一辆豪华的旅行马车。我鼓足勇气，装出是一个出门旅行的学徒，请求这位高贵的游人施舍，而这同时我的朋友却畏葸地躲在路边的壕沟里。我们决定进入路边一家令人感到亲切的酒店，碰碰运气，能否过上一夜。我们商量：把刚得到施舍的钱用来吃一顿晚餐还是用来租间房子。我们打定了主意，用来吃晚饭，并准备在露天里过夜。在我们用餐期间，一个奇怪的游人走了进来：他戴着一顶黑色的天鹅绒四角帽，上面有着一枚金属制的五弦琴徽章，背着一架竖琴。他幽默地卸下了他的乐器，舒适地坐了下来，点了可口的饭菜，准备在这里过夜，翌日继续前往布拉格。他家在布拉格，这是从汉诺威的返乡之旅。这个快乐的人和蔼可亲，一有机会就说他的口头禅"Non plus ultra"①，他博得了我的好感和信任，我们很快就成为朋友。我的信任从这个流浪的音乐家得到了一种几乎

① Non plus ultra：拉丁语。棒极了，无与伦比之意。

是温柔的爱的回报。我们决定翌日共同继续我们的徒步之旅。他借给我两枚20克罗采的铸钱,并让我把我在布拉格的家住处写在他的信袋上。与他的成功的结识使我感到有些欣喜若狂。这个弹竖琴的音乐家快乐至极,他喝了不少捷尔诺切克酒;他像发狂似的弹起竖琴,唱起歌来,不断地说"Non plus ultra",最后就迷迷糊糊地躺倒在过道上为我们大家准备的草垫子上了。当阳光照进房屋里时,他还没有醒来,我们必须做出决定,我们在清晨就动身提前上路,不叫醒他;这个强壮的人会在当天就赶上我们的。可我们在乡间公路却一直没有等到他,就是在随后的布拉格停留期间他也没有出现。直到很多个星期之后我才在母亲那儿看到了这个奇怪的人,他并不是为了讨账,而是从我们这两个青年朋友这里探听消息,他郁郁寡欢,此后我们就再没有见面了。我们漫游的余下路程还一直使我们年轻的四肢疲惫不堪。我的朋友离布拉格还有一个钟头的距离终于在一块高地上看到了它的景象,他高兴极了。当我们接近市郊时,我们又遇见了一辆华丽的马车,里面有两个美丽的姑娘惊讶地喊我,她们是我姐姐奥蒂丽的朋友。尽管我由于日晒而变得厉害,和一身蓝色亚麻布外罩,头戴一顶高高的红色布帽。她们很快就认出了我。我充满了羞愧,心跳加速,不愿多说些什么,想尽快地到达母亲的住地,想恢复脸上被太阳晒得变样的颜色。为此,我牺牲了整整两天的工夫,用欧芹把脸包得严严的。我又可以愉快地面对世界了。当我在返程中登上那同一块高地重新朝布拉格遥望时,我流下了泪水,躺在地上,我的朋友感到惊讶,长时间都劝不动我继续上路。我一直面色凝重,这次我们在返回德累斯顿的途上没有遇到什么意外了。

我对徒步旅行的爱好在同一年又一次得到了满足,我参加了一个由不同年级和不同年龄组成的一个人数众多的协会,这个协会决定在暑假中做一次集体漫游,前往莱比锡。这次旅行留下的生动印象在我青年时代的回忆之中一再地浮现出来。这个协会的品格上主要特征是大学生气质的一种先兆倾向。我们都用一种奇异的方式,在表情动作和衣着上完全按照大学生的式样。我们乘船直到了迈森,然后沿着公路行进,路过一些我不熟悉却感到亲切的村庄。在这样的轻松冒险之旅中,我们在这样一个村庄——我们在这儿的一个大型谷仓里过夜——的酒馆里,遇到了一个大型的木偶剧团,它的木偶有真人那么大小。我们整个旅游团队都把观众席坐满了,这使一向是为农民观众演出的演出指挥感到非常尴尬。演出的是《杰诺维法》。没完没了的说笑,总是不断地加以插科打诨和嘲弄地打断演员的台词,这都是这些冒失的未来大学生习以为常的,却终于激起了农民观众的反感,他们都真的受到了剧情的感动。我在我们中间是唯一一个对我们的放肆行为感到难为情的人。尽管我的伙伴们对一些俏皮的情节无所顾忌地加以嘲笑,可我却对这个剧和对这些朴实的农民观众怀着好感。在剧中出现的一句俗语一直令我难忘:格罗交给卡斯帕尔一项任务,"从后面去刺激"普法尔茨伯爵,让他"从前面就感觉!"该返回故乡。卡斯帕尔一字不落地向伯爵交代了他的任务,伯爵大骂这个暴露出真面目的坏蛋,派头十足地说道:"噢,格罗,格罗! 你告诉过卡斯帕尔,他应该从后面刺激我,让我从前面就感觉到!"——从格利马出发,这个年轻人的团队坐着敞篷车终于到了莱比锡,可在此之前得仔细地去掉装出的大学生习气,这是出于恐惧,怕我们遇上真的大学生,那是要为这种过分行为吃苦头的。

第一次拜访莱比锡是在我8岁的时候,在与第一次相同的环境下,我又一次顺便地拜访了莱比锡。托姆家给我的奇妙印象又一次浮现出来,只是这次由于我学识上的长进已经可与我的叔叔阿道夫进行一种有意识的交往了。一次这样的机会使我感到惊喜,我知道了,那个立在前厅的书柜里面装满的许多书都是我父亲的遗产,应该是属于我的。我与叔父一起去查看这些书,立即从其中选出一批漂亮的“双桥版本”的拉丁作家的书籍,以及另一些吸引我的诗歌和美文作品,设法把它们寄到德累斯顿。这次访问激起我对大学生风气的研究兴趣。剧院和布拉格的印象又加上了一个新的奇妙的成分,即所谓的大学生夸夸其谈。这是一种颠覆的先兆。我先是一个 8 岁的孩子时看到了大学生,他们的外表都是一身古老的德意志服饰,戴着黑色的四角帽,衬衣的领子围住赤裸的脖颈,长长的头发,这给我留下生动的印象。自从大学生协会——它也是这样的装扮——在政治迫害下消失了之后,现在代之的是这种独特的同乡会的风尚就广为流行起来,它的德意志味道一点也不少。这种同乡会的服饰总的看来已成为时尚,甚至更为夸张,即使如此它通过其五光十彩,尤其是其引人注目的同乡会的相互识别的色彩而比其他阶层优越。大学生的惯用语,简练的学究式的言行举止,使它在市民阶层面前保持着一种反叛的排它的小团体精神,这类惯用语有它的奇怪的一方面,总的说来,德意志的最最市侩气的独特性都有这样一面。对于我来说,惯用语意味着是从学校和家庭束缚中得到解放。成为一名大学生的渴望,与我以一种可疑的方式对枯燥的学习一再增长的厌恶和与我怀着对充满幻想的诗歌艺术关心的一再增长的激情都结为一体了。其结果不久就通过反叛的行为导致了我的情况的变化。

早在 1827 年复活节时,我在坚信节的行动上就以相当粗野的方式朝这个方向发展了,即是明显降低了我对宗教习惯的尊敬。我这个男孩在几年之前还怀着痛苦的渴求望向十字架教堂的神坛,怀着狂喜的热情在十字架旁的救世主前祈福,对我在坚信礼准备时间朝其走去的那个神职人员高度敬重,这一切都已丢失得干干净净,并到了不无兴致对其大加嘲弄的程度,甚至把一部分为我准备忏悔用的钱在好伙伴的赞同下买甜食吃了了事。尽管我怀有这样的情感，可当开始分派圣餐时，从合唱队那儿响起了管风琴和歌声，我站在受坚信礼的儿童行列中，围着神坛行进，在递给我和我接受面包和酒时的惊悚感给我留下难忘的记忆，这都使我永远不再去参加接受圣餐仪式，以避免出现这种卑微情绪的可能性。我由此清楚了，众所周知在天主教里不存在这种强制性的东西。

但不久我利用一次顺便的机会与十字架文科中学决裂了，以便强使我的家庭把我弄回莱比锡去。为了保护自己和反对一项对我不公的惩罚——这是我通常一向非常尊重的副校长鲍姆戛顿-克鲁修斯给我施加的处分，我在校长那儿出示了我突然收到的家中的一份要求，我在莱比锡家庭的意见与我一致，我立刻从这所学校退学。一个季度之前我早已离开了伯母一家，自己一个人住在一个小阁楼里，由一个给宫廷洗银器的寡妇伺候我。她整天给我弄的就是淡淡的萨克森咖啡，这几乎是唯一的营养了。在这个阁楼里除了写诗不做别的，但我也在这儿完成了一部大型悲剧的第一个草稿，后来我就用这个悲剧令我的家庭大为吃惊呢。由于欠缺独立的生活活动力而带来的混乱不堪，这使我忧心忡忡的母亲很容易就同意我去莱比锡了，我这分散出来的家庭一员又回来了。

我对莱比锡的渴望，先是出于在那儿得到的奇妙的印象，随之是我被唤起的对大学生斗气的迷恋，而在最近又受到另外一种刺激。我的姐姐路易丝，当时是一个近22岁的少女，她在继父死后不久进了布累斯劳剧院，我对此一无所知。不久前她从布累斯劳动身前往莱比锡，她已得到了莱比锡剧院的聘用，她要路经德累斯顿，待上几天。与久未晤面的姐姐相逢，她再度看到我们表示出的柔情、喜悦，以及她的风趣，给我留下了极为愉快的印象。与她住在一起我觉得开心极了，母亲和奥蒂丽有时也在她那儿待上一段时间。我第一次得到一个姐姐的亲情。当我这一年(1827年)的圣诞节到达莱比锡时,我的母亲与奥蒂丽和赛茜莉(我的继妹)已经等在那儿了,我兴高采烈,乐不可支。然而出现了一个巨大的变化:路易丝已经成为受人尊敬和富有的书商弗里德利希·布洛克豪斯的未婚妻。与这个完全没有家产的未婚妻的经常会面,丝毫没有使这个心地格外善良的未婚夫和不久的丈夫感到为难。尽管如此,这种处境令我的姐姐感到烦心,不久她就对我白眼相加了。一心想进入更高层的市民圈子的希望能得到认可,这种意图导致一向是那么活泼和机智的姐姐在态度上起了明显的变化,随着时间的推移我心怀痛楚地感受到了,这使我后来有一次就与她完全闹翻了事。遗憾的是我本人的表现确也成为使我受到伤害的斥责的原因。从来到莱比锡时起,我学业上不长进并完全偏离正规的学校教育,或许死板迂腐的教育方法才是罪魁祸首呢。

在莱比锡有两个好学校,老一些的是托马斯学校,年轻一些的叫尼古莱学校。尼古莱学校在那时比托马斯学校享有更好的名声,它接纳了我。我在1828年的新年时进行了考试,学校当局按照他们的标准,安排我在五年级读一段时间,而我此前在德累斯顿的十字架中校都已经读过六年级了。我不得不把荷马——我早翻译过他十二歌了——放在一旁,而去重新读那些容易的希腊散文作家的作品,我没法描述我对此的不满,情绪极为低落。因此我做出不与这个学校任何一个老师交朋友的样了。由此而产生的不愉快的被迫学习激起了我极度的抗拒,这使每天出现在我眼前传播开来的大学生生活越来越用它反叛精神来充实我,这段时间我从另样的、严肃的一面那里意外地找到了蔑视迂腐教育的一种新的激励。这里我指的是我叔叔阿道夫·瓦格纳长时间无意识给我留下的影响,与他的交往对于一个正在成熟的少年的独特的教育有着重大的意义。

我的幻想爱好并不是驰骋于肤浅的消遣上，怀着急迫的热忱我与我学识渊博的叔叔成为好友。他在交往和言谈上富有魅力，有着广博的学问，从语言学领域到哲学和文学——诗艺都同样地热衷；当他用语言来传播时，极为引人入胜。相反地他缺少用文字清晰表达的才能，这同样引人注意。这个人是一个偏才，他在文学领域里的作用孱弱，甚至是经常显得可笑，对此能举出他在辩论时的一些语义极为模糊和极富夸张的句子为证。这个弱点并不使我感到担心，因为一方面是我处于我本人发展中的一个朦胧时期，在这样的时期里文学的夸张在我看来是那么深奥，远非我能理解；另一方面我很少读我叔叔的东西，更多的是与他交谈。与一个年轻的热心的听众交往也使他感到惬意。为了他的健康我每天下午带他在城市大门四周的林荫大道上散步。我猜想，过路人的微笑是他们在听到我和叔叔之间发生的奥妙和经常是富刺激性的争论才露出来的。争论的内容总的说来都是知识领域里的严肃的和高尚的课题。他那藏书丰富的图书馆激起了多方面的热情，我兴奋地从文学领域跳进另一个领域，而没有在任何一个领域达到详细了解的程度。我的叔叔极为高兴地在我身上找到一个十分愿意听他朗诵古典悲剧的听众，在这些悲剧中有他自己翻译的《俄狄浦斯王》①。按照蒂克②——他是叔叔的朋友——的说法他有理由自诩是最优秀的朗诵者之一。我记得，有一次他独自一人坐在我面前读一部希腊悲剧，我完全睡着了，他对此并不生气，事后他也装作不知道有这件事。我晚上在他那儿，还受到了他的妻子亲切的款待。自从我在托姆家很早就与我

---

① 《俄狄浦斯王》系古希腊悲剧家索福克勒斯的著名悲剧作品之一。

② 蒂克·路(1773—1853)：德国著名的浪漫主义作家，也是莎士比亚作品的翻译者和出版者。

的叔叔结交以来,他的生活就起了一个很大的变化。他先是与他的妹妹弗里德利克住在他的女友那里,这个庇护所随着时间的推移给他带来一些无法忍受的义务。由于他的文学工作保证了他有一份像样的收入,终于他觉得应当建立一个符合他身份的自己的家庭了。一个与他年纪相当的女友,不无名声的莱比锡美学家文德特的妹妹,就成了他的家庭主妇。没有对扬内特吐露一个字,代替习惯的下午散步,他去了教堂,就通常的结婚仪式很快达成了协议,在回家的路上通知他要搬出来,今天就要取走他的物件。他的年轻女友对此极感突然,并也进行了责备。他知道要善意对待,直到他生命的晚年他都持续每天按时去拜访经常是闹小别扭的"托姆小姐"。只有可怜的弗里德利克似乎为兄弟的意想不到的不忠不得不付出代价。

我叔叔特别吸引我之处是他对国家中、宗教内、学校里那种现代式的迂腐所持尖锐的然而是幽默的高度蔑视。他对生活的其他看法虽然都抱着很大的克制态度,可他特有的自由精神却起着作用。他对学校的迂腐极为轻蔑,这一点对我的影响极为强烈。有一天我与尼古莱学校的教师协会发生了严重的冲突,校长本人对我的行为向我的叔叔——他是我亲戚中唯一的男性代表——提出了严肃的指责;叔叔借着一次围着城市作通常散步的机会,平静而微笑地问我,像我的一个同龄人一样,我究竟与学校里的人发生了什么事。我把事情向他做了解释,并告诉了他我受到了不公正的惩罚,我对这种惩罚表示不满。他使我安静下来并提醒我要忍耐,我应当用一句西班牙的成语来安慰自己:"Un rei no puede morir."他解释说,就是一个学校王国必然总是有它的正确性。

他当然不可避免地意识到,在与我交往中过高估价了我这个年纪的判断力所带来令他感到吃惊的后果。有一天我希望读《浮士德》,他平静地说，我还不能懂得这部著作，这使我感到恼怒；他在通常的交谈中已经和我说到过这位伟大的诗人，甚至说到过了莎士比亚、但丁；我认为我对这些最崇高的先贤都非常熟悉了，我长时间以来私下里就做过去上演我早在德累斯顿构思出的大型悲剧。自从同学校的关系变坏之后我就把我全部精力贡献在这样的演出上。在这项秘密的工作上我的姐姐奥蒂丽是唯一的知情人，现在她和我单独与母亲住在一起。我记得，我的好心姐姐第一次亲切地宣布我的大型的诗歌活动时所引起我的畏葸和惊慌。即使她对我的这种折磨感到开心，我在那个时候通过极为秘密的但也并非没有效果地给她朗诵了我的大有长进的作品的个别部分。有一次我给她朗诵了最恐怖的一场戏，突然间天气大变，电光霍霍，雷声大作，就像发生在身旁一样，我的姐姐想迫使我停下来。可她很快就看出来，她不可能说服我，于是感动地屈服了，一直坚持听到结束。

然而终于一场暴风雨从我生活的地平线上集聚起来。我对学校的冷落已经达到了不得不同它分手的程度。我善良的母亲对此一无所知，我迎向这场灾难，可很少有什么恐惧，而更多的是怀着一种热望。为了以一种尊严的方式去面向这场灾难，我终于决定用我的已经完成的悲剧去使我的家庭感到惊喜。应当通过我的叔叔使他们知道这个伟大的事件。我相信，由于我们在生活、科学和艺术的最重大事情上都取得了极为一致的见解，他肯定对我的伟大的诗人的职业会热心加以赞同的。于是我把全部手稿寄给了他并附了一封长信，在信里我向他通告了在涉及尼古莱中学事情上我的态度以及我做出的果断的决定，我不想再让迂腐的学校阻碍我的自由发展。我猜想他一定对此大为高兴的。然而事情却是另外一个样子。我极感惊愕。我的叔叔把过错完全揽到了自己身上，在我的母亲和我的姐夫那里，为他所给我的不好影响表示道歉，为给这个家庭带来的不幸感到愧疚。他亲自给我写了一封信，对我的请求严肃地加以拒绝。直到今天我都无法理解，为什么他对我偏离正路的想法没有一点点幽默感，竟然只是令人惊奇的自我责备，是因为这种不适当的交往驱使我走上了歧途，而不是用平易的方式教我克服那种偏离正路的习性。

我这个15岁的少年犯下的罪过，如我所说的，就是一部大型的悲剧，其标题是《罗依巴特和阿黛莱德》。

这部戏剧的手稿遗憾地丢失了，但是我脑子里还清晰地记得起来：手写的文字极为工整；斜斜的朝后弯的高大字母——这是我从我的一个老师的波斯楔形文字书法那里学到的——赋予这部手稿一种独特的模样。我写的是一部戏剧，主要是参照了莎士比亚的《哈姆雷特》《麦克白》和《李尔王》和歌德的《葛兹·封·伯里欣根》。不同的是，我的主人公他在相类似情况下，被谋杀父亲的鬼魂出现和要求复仇而陷入狂暴行动之中，进行了一系列的谋杀行动，最后变疯了。这部戏剧的主架是《哈姆雷特》和《佩西·海斯波仑》的一个混合物。罗依巴特向父亲的鬼魂发誓，要把罗德里希（杀害他善良父亲的卑鄙凶手）家族从地球上消灭干净。在他把罗德里希本人，随之是其儿子们，也把其帮凶的亲戚都杀死之后，阻止他实现以死与父亲相伴的热烈愿望就剩下一件事了：罗德里希家族还有一个后人。罗德里希的女儿住在城堡里，在一场风暴里被一个忠诚的，却被她仇视的求婚者诱拐出来，救了出去。我热情地称这个姑娘为阿黛莱德。在那个时候德意志风已是一种时尚，我引人注意用这个非德意志的名字称呼我的女主人公，只能解释为我出于对贝多芬的《阿黛莱德》①的热狂，它的令人着迷的副歌对我来说

① 此系贝多芬于1795年所写的一首著名歌曲，《阿黛莱德》系德国诗人马迪逊（1761—1831）的一首诗，贝多芬、舒伯特、李斯特等均为此诗谱过曲。

是一切爱情召唤的象征。我这部剧作的发展是通过最后必须进行这场抵命谋杀的罕见的犹豫不决而进行的，它的最主要的障碍是在罗依巴特和阿黛莱德之间发生了一种炽烈的爱情。我成功地表现了在极端冒险情况下这样一种爱情的产生和供认。阿黛莱德又被一个强盗骑士从保护她的未婚夫手中拐走。在罗依巴特杀死这个未婚夫和其全家之后，他也冲到强盗的堡垒前，他不是因嗜血的欲求，而是被死亡的渴望驱到此地。他为强盗的堡垒不能立即就攻陷下来而感到遗憾，因为它太坚固了并且夜的降临也妨碍了他。他不得不搭起帐篷，持久的暴怒使他第一次感到身心交瘁。他父亲的鬼魂再次逼他去完成复仇的大业，而他本人却由于一次夜的偷袭而落入敌人的手中。在地牢里他第一次遇见了他敌人的女儿。她与他一样是被抓进来的，她要设法逃走；在这种情况她给他留下了一种天界般幻象的印象。他们相爱了，共同逃进荒野并认出了他俩原是死敌。罗依巴特在发现她是他的敌人之后，原已明显的、处于萌芽状态的疯狂变得越来越强烈起来，而由于父亲鬼魂——它不断地挤在两个相爱的人的中间——这种疯狂就趋向极端。但不仅是这个鬼魂阻碍了罗依巴特和阿黛莱德的和解，而且罗德里希的鬼魂也参与进来，按照莎士比亚《理查三世》所用的方法，那些被罗依巴特杀害的她的爱人的其他家庭成员的鬼魂与他出现在一起。罗依巴特在一个名叫弗拉明的坏蛋的帮助下，与他一起对抗这些鬼魂的不停的逼迫，保护了自己。麦克白的一个女巫作法降魔驱鬼：由于她无法做到，于是疯狂的罗依巴特把这个女巫也赶到鬼魂一堆去，这个女巫便煽动那些为她服役的鬼魂去攻击早已鬼魂附体的罗依巴特，抓住他的脖子。罗依巴特难以忍受这种折磨，最后便在极度疯狂之中冲向他所爱的人——他认为这一切灾难都是她造成的，他在癫狂之中刺杀了她，随之他突然安静下来，把他的头埋到她的怀里，倒在她最后的爱抚之中,而她的血不断地流淌在死者的身上。

我可以证实,为了使这个题材得到丰富的处理,我什么都没有忽略,无论是那些我知道的骑士故事,还是《李尔王》和《麦克白》中我熟悉的东西,为使我的这部戏剧的场景色彩纷呈,我无不加以利用。可我创作的形象的一个主要配料是取自莎士比亚语言上的热情和幽默的力量。表现形式上夸张和华而不实,这方面的胆量令我的叔叔感到惊恐和诧异。他无法理解,我怎么能从《李尔王》和《葛兹·封·伯里欣根》中偏偏挑选出这种过度放纵的词句并更加夸张地用上去。除了人们抱怨我浪费时间和偏离方向令我头昏脑涨之外,剩下的就是对我遭遇到灾难给予一种奇怪的深情的安慰了。我晓得,还没有人知道,即我的作品配上音乐才能对它做出正确的判断呢。我就是决定为此而写的,我也是有意随后把它谱上音乐进行演出的。

我准备在音乐方面迎头赶上去,必须从头开始。

在我的家庭中我的两个姐姐从事音乐:大姐罗莎莉演奏钢琴,但并不十分出色;相反,我的另一个姐姐克拉拉则有天分,她在钢琴弹奏上有着强烈的音乐情感和美妙热烈的音调,并有着一副深沉动人的嗓音。她很早就崭露头角,在那个时候还得到著名的歌唱教师密克施的指导,还在她16岁时就成熟得能演主角了,那是在德累斯顿上演罗西尼的歌剧《灰姑娘》中扮演灰姑娘。这里附带要提到,正是这种过早的发展使她的嗓音受到了伤害。这对这个可怜女孩的整个一生都起着可悲的影响。如所说的,这两个姐姐在我们家里代表着音乐。特别是克拉拉的遭际使乐队长卡尔·玛丽亚·封·韦伯多次来到我们的家中。有时块头高大的唱女高音的萨萨洛里也会来访。歌唱教师密克施也穿插在这两个分别是德意志和意大利音乐代表之间。我是一个孩子,那时就第一次听到有关德意志和意大利音乐的争论,并知道了要想得到宫廷的恩宠，那就得遵循意大利音乐的方向，而且这一点在我们的家庭里有着举足轻重的意义。在克拉拉的嗓音没有受损时，她的才能是意大利和德意志歌剧的竞争对象。我还记得很清楚，我是赞成德意志歌剧的；也许这是由于萨萨洛里和韦伯这两人形象给我留下强烈印象所致。这个意大利唱女高音的歌唱家是一个庞然大物，圆圆的肚子，他的高高女性声音令我感到可怕，他说话时滔滔不绝，经常是发出尖厉的笑声。尽管在我们家里他是那么和善可亲，但这个人令我极度反感，听他说意大利语和听他唱意大利歌，我觉得这是这架魔鬼机器的魔鬼工作。当我由于我那可怜姐姐遭遇的倒霉事而经常听到意大利的阴谋和诡计时，我就更有理由对这个家伙产生一种强烈的反感了。直到很久以后，我还依然记得，我因此对他产生一种激烈的厌恶。与他相反的是韦伯的为数不多的来访，给予我的印象令我毕生都怀有难以磨灭的好感。与萨萨洛里的丑陋形象截然不同，韦伯的形体特别温和可爱，精神上澄明，激发起令人着迷的兴趣。他有着一副清瘦的面庞，一对活泼可经常却是令人难以捉摸的眼睛，它们使我深深地入迷。这位大师中午时分在劳累的排练之后返家途中经过我们的房子，这时我便经常从窗户上看到他跛行得厉害，在我想象中这位伟大的音乐家有着一种异乎寻常和超人的品格。有一次我的母亲向他介绍了我这个不到10岁的孩子，他问我将来做什么，是否要做一个音乐家；我的母亲告诉他，我对《神弹射手》十分入迷，但她即使如此也没有发现我在音乐方面的才能。我的母亲在这一点是观察得十分清楚的，没有什么比《神弹射手》的音乐能那么强烈地令我感动的了，我想方设法试着把我从这部音乐所接受的印象再现出来，但奇怪的是很少是通过音乐学习本身。我只满足于听我的姐姐们演奏《神弹射手》中的音乐段落。我对这部作品的激情逐渐地强烈起来，我记起来我对一个名叫斯皮斯的年轻人产生了强烈的爱慕之情，其原因仅是因为他能弹《神弹射手》的序曲。每当我见到他到我家来时，我就要求他演奏，我指的是这首序曲的引子，终于我也能不上任何钢琴课的情况下，用我的独特方法自己去弹这个曲子了。在我的兄弟姐妹中间，我是唯一一个没有上过钢琴课的人，这够奇怪的了，也许要归于母亲的担心忧虑，这一类凡是能导致对剧院爱好的艺术练习，她都让我离得远远的。然而在我大约12岁的时候，母亲为我请了一个家庭教师，此人名叫胡曼，就在他那里真的上了钢琴课，即使只是一些初步的。指法上的知识略通一二，我立即就去练习四手联弹的一些序曲，而在这些序曲之中，韦伯成了我为之奋斗的目的。我终于能为我自己单独弹奏《神弹射手》了，即使是用错误百出的方法，我也认为我达到了我学习的目标；我觉得不必用任何方法来迫使自己去为提高自己的钢琴演奏而忧心了。我现在在音乐上已经可以不再依赖别人去演奏了。我自己用我尽管是不正确的方法去弹奏我要熟悉的作品。我也试着去弹奏莫扎特的《唐吉万尼》，可提不起兴趣，因为钢琴改编曲中的意大利文字令我觉得轻浮佻达，产生一种调情和阴柔之感。（我记得，每当我姐姐演唱柴林纳的小咏叹调 *Batti, batt ben Masett* 时，这首音乐是那么软弱和女人气，令人吃惊。）

我从事音乐的兴趣越来越浓了，我也试图把我喜欢的作品抄写下来。我记得母亲给我钱去第一次买乐谱纸时的迟疑神情，我在乐谱纸抄写了韦伯的《吕佐夫的狩猎》，这是第一份我复制的乐谱。但我的音乐活动却一直是我的次要事情。然而我记得，韦伯去世的消息和我要熟悉他的《奥伯龙》的渴望重新燃起了我的陶醉般的热情。在德累斯顿“大花园”的午后音乐会给予了我格外的音乐营养，在这个“大花园”里齐尔曼城市乐队——我觉得这个乐队有伟大的演奏家——经常演奏我喜欢的音乐。在这个乐队的跟前听它的演奏唤起了一种着魔般的愉悦，直到现在仍留在我欢快的记忆之中。还在乐器调音时就使我神秘地激动起来。我记得，在小提琴上拉出五度音时，我感到这像是从幽灵世界向我表示出的欢迎——附带提及这点对我是有着实实在在的意义的。我还是一个小孩子时，这种五度音的声音就与幽灵的东西重叠在一起了。它使我老是激动起来。很久以后我还记得，每当路经德累斯顿东林荫大道的末端时，我总是对安东王子的小宫殿怀有恐惧之心。在这个地带我最先，随之是经常听到近处的小提琴的声音，我觉得这像是从这座小王宫装饰的石像那儿发出来的，它也安排了一些音乐乐器。(当我在德累斯顿任职乐队长时，我去拜访乐队首席摩尔根洛特，一个年纪大一些的先生，他就住在那座王宫的对面，趁着这个机会我证实了，我儿时印象那么强烈的五度音不过是一种幽灵般神秘的东西。)由于我见过那幅有名的图画，上面是一个死人的骨骸在给一个垂死的老人演奏提琴，因此恰恰是孩子幻想的声音就有着格外强烈的幽灵的印记。终于我成了一个大孩子，几乎每天下午都围在“大花园”中的齐尔曼乐队四周，当人们想到乱成一团的各种不同音色——在一个乐队调音时所听到的：双簧管长时间的A，它唤起了其余乐器发出同样的音，像一个幽灵在催促似的——会引起我何等狂暴的恐惧时，那这就决不会不使我的全部神经陷入高度的紧张，当《神弹射手》序曲渐强的C调朝我响起来时，我就径直地，如同迈开双脚一样，进入恐怖的魔法圈里。如果有谁当时观察我，那他就能发觉这对我该是怎么一回事了，即使我的钢琴弹得是那么糟糕。

另一部作品同样吸引我，那就是《费德利奥》E大调序曲，它的引子特别令我着迷。我向我的姐姐们问及贝多芬，得到了他去世的消息。韦伯的死给我留下难以名状的伤感的印象还那么清晰，这位还刚踏入我生活中是那样栩栩如生的音乐大师就去世了。这一新的死亡事件以罕有的恐惧攫住了我，这种恐惧与我在小提琴五度音前的幽灵般的恐怖极为相近。我也要更详细地了解贝多芬：我到莱比锡，在我姐姐路易丝家的钢琴上找到了他为《埃哥蒙特》写的音乐，随后我试着弄到他的奏鸣曲。终于我在布业大厅的一次音乐会上第一次听到了这位大师的一部交响曲，是他的A大调交响曲。它对我的影响是难以描述的。此外还有贝多芬的容貌，当时有传布很广的石板画，知道了他的失聪以及他的离群索居。不久就在我心中产生了一幅无人可以与之相比的罕有的高尚和超人的图像。这幅图像在我内心与莎士比亚的叠合在一起了。在热狂的美梦中我遇见了他俩，看到了他们，与他们交谈起来，醒来时我泪水盈眶。现在我熟悉了莫扎特的《安魂曲》：这是我对这位大师狂热迷恋的起点，他用他的《唐吉万尼》的第二个终曲置身于我的精神万神庙之中。

正如我一向试着去创作一样，现在我也感到有必要去谱曲了：但是这涉及的是一个独立的技术性的综合学习，这比表面上轻而易举地涂写诗行要困难得多。就是这些困难，它们很快就决定了我的生活道路，一个“音乐家”的生活道路，“乐队长”和“歌剧作曲家”给他烙上一度是特殊的流行的印记。

我要给《罗依巴特和阿黛莱德》谱上音乐，就像贝多芬给歌德的《埃哥蒙特》谱上音乐一样；属于幽灵世界不同种类的鬼魂现象通过相应的音乐伴奏才能获得正确的色彩。如何能尽快地掌握必要的谱曲知识，罗基斯的《通奏低音方法》是我要学的，这是人们在一家音乐租借店向我推荐的一本书，说它是能很快学会作曲的教科书。我记得我那时生活中金钱上的困难就是从这儿开始困扰我的：我花钱把罗基斯的这本书借了一个星期，希望用几周的租钱就能学会，无论怎么说我余下的零用钱足够用的了。但几周却延长到了几个月，而我依然不能像我希望的那样去作曲。弗里德里希·维克先生——他后来成了罗伯特·舒曼的岳父,当时是这家租借店的主人——向我提出了警告,这笔租费已几乎与这本书的价格一样高了;我觉得有必要把这件事告诉给家里,他们知道我金钱上的困境是由于我在音乐领域上新的迷误造成的,没有什么好期待的,在最好的情况下,也只是《罗依巴特和阿黛莱德》的一个重复而已。全家十分着急,母亲、姐姐和姐夫忧心忡忡,为了把我从歧途上拉回来,今后该用什么方法去监督我的学习呢。可他们还不知道,我同学校的关系是个什么样子,他们一厢情愿地希望不久看到我离开这条歧路,就像在此之前看到我离开了创作的歧路一样。

除此,我的家庭出现了一些变化,到 1829 年就只有我单独一个人留在莱比锡的家里了。在这段时间我在音乐上的狂热已经达到了一个极富幻想的高度。我在莱比锡乐团的一个干练的音乐家那里私下里上和声学课,此人叫 G.米勒(后来成为阿尔顿伯格的管风琴师)。每个小时的付费稍后给我的家庭带来很大的麻烦,这期间我无法补偿我欠下老师的课时费;我的学习有了明显的进步,他对此十分高兴。他的教法和布置的作业不久就因其枯燥而引起了我极度的反感。对于我来说,音乐完全是一个精灵世界,是一个神秘而庄严的异乎寻常之物:我觉得它使一切中规中矩的东西都变样了。除了从那位莱比锡乐团的音乐家学到的之外,我要找其他相应要学的东西,于是我到霍夫曼的《幻想篇》中去寻找,现在是我真正在霍夫曼的艺术鬼怪幽灵中生活和活动的时代。我脑子里装的都是克莱斯勒、克莱斯佩尔和我喜爱的这位作家笔下的音乐鬼怪,我终于相信生活中也能幸运地找到一个这样的怪物:这是个理想主义的音乐家,有段时间我在他身上幻想我至少是找到了第二个“克莱斯勒”,他就是弗拉克斯。这是一个长长的格外清瘦的人,有着一个特别薄薄的脑袋,在举止和说话时表情极为异样,在全部公园音乐会上——我的音乐形象的主要源泉都是来自这样的音乐会——我都遇见到他，他靠近乐队，靠得越来越近，时而与这个音乐家时而与另一个音乐家匆匆忙忙地说上几句话，他与他们都认识，他们对他显得友好和善。他们大家都开他的玩笑，直到很久以后我才知道，这使我感到羞愧。我记得，还在德累斯顿更早的时候我就注意到这个奇怪的人了，在我听到的谈话中知道他真的同样认识所有的德累斯顿音乐家。这种情况使我对他产生了极大的兴趣，但更主要的是我发现他在听音乐作品时所流露出的表情令我入迷：一种独特的抽搐式的点头和面颊叹气般鼓动，这对我是种魔鬼般的狂喜；除此，我发现他孤单一人，不属于任何团体，唯一的就是追随公园音乐会。在我的心目中这个奇怪的人与那个“乐队长克莱斯勒”完全是同一个人。我必须与他结识，我成功了。当我第一次到他的住处去访问他并在他那儿发现了那么多的总谱时，有谁能描述出我的喜悦！我还从没有看到过一份总谱呢。可令我感到悲哀的是发现这里面既没有贝多芬也没有莫扎特，或者是韦伯的，相反的是我不熟悉的作曲家如斯达尔克尔、斯塔米茨、斯塔依伯尔特等人的大量作品，弥撒曲和康塔塔。弗拉克斯向我谈了好多关于这些音乐家的事情，但这些总谱激起我的尊敬丝毫没有引起我对我喜爱的大师们的怀疑。后来我才知道了，善良的弗拉克斯之所以占有这些总谱恰恰是那些缺德的投机商利用他精神上的弱点的结果，他们利用这些没有价值的东西骗取了他宝贵的金钱。简短地说吧，这是些总谱，这对他来说就足够了。我与弗拉克斯的交往十分密切：人们到处都可以看见一个16岁瘦弱的少年和一个摇晃得出奇的麻秆似的人到处游荡。当时我在自己孤独的家里经常接待这位奇怪的客人，用奶油面包和奶酪，我在他面前演奏我谱的音乐，有一次，他把我的一首咏叹调改编为吹奏乐曲。令我感到惊奇的是这首曲子由金瑟的瑞士人小屋的乐队演出了。

这个人对我的学习毫无帮助可言,对此我并不感到意外,我之所以能与他的怪异密切相处,这是因为他能耐着性子听我出于激情而谱写出的东西,而不是别的什么。在随后的这段时间里,我的朋友的一些熟人也来相聚,到最后我不免看到了,所有的人都把我的这个善良的弗拉克斯当作一个蠢人。一开头时这令我感到难过,可突然间一件奇怪的事情就使我对他的看法改变了。弗拉克斯有一些钱财,正因此一个年轻的值得怀疑的女人对他大献殷勤,他也认为自己强烈地爱上她了。我突然发现他对我闭门不纳,令我吃惊的是,这居然是出于嫉妒。这种关系中出现的不祥,感到这在我的经历中还是头一次以这种形式表露出来,使我心中充满了罕有的恐惧。陡然间我对我的朋友的疯狂念头就一清二楚了,这才是真正的了解呵。我为我这么长时间的盲目而感到羞愧,从这以后人们再也不会有时在公园音乐会上看到我了,我这是出于恐惧,怕再次遇到我这位假"克莱斯勒"。

在这段时间里我谱写了第一首 d 小调奏鸣曲。我也开始写一部牧羊人戏,在写作时我用一种肯定是没有存在过的方式加以处理。我这部剧作的形式和内容取自歌德的《恋人的脾气》,我在台词上几乎就没有什么计划,相反地,在写诗句的同时就谱上音乐和加上配器了,我写下了一页总谱,可在写下一页时却从来就没有预先考虑到台词。我记得,我运用了这种完全幻想式的方法,可如何为乐器谱曲的起码知识都没有,然而我真的写出了一首很长的曲子,它后来成了为三个女声写的一场戏。随这场戏之后是一个男高音的咏叹调。我想为乐队谱写乐曲的愿望十分强烈,在我得到了《唐吉万尼》的一份总谱之后,我开始写一首更大型的女高音咏叹调,我细心地为它进行了配器。在我对中提琴的中音谱号熟练地掌握之后,我也写了首 D 大调四重奏;此前不久我在研究海顿的一首四重奏时,对中音谱号的无知还使我感到手足无措呢。

有了这些作品,于是在这个夏天我就开始了我的第一次艺术之旅。与歌唱家沃尔夫拉姆结婚的我的姐姐克拉拉,她受聘于马格德堡剧院。我以我熟悉的方式徒步进行这次前往马格德堡的冒险之旅。我在亲戚家的这次短暂停留给我带来了某些音乐上的阅历。我在那儿遇见了一个新的奇特的人,他对我的影响难以忘怀。他就是音乐指挥屈恩拉因,是一个极为独特,但也是奇怪的人;年纪大了,多病,但遗憾的是贪杯嗜酒,这个人在表达上极为引人注意的和富有生气的斟字酌句而给人以深刻的印象。他的最强烈的特性是对莫扎特的神化般的迷恋和对韦伯的激烈的蔑视。他只读一本书:歌德的《浮士德》,在这本书上的每一页,没有一行不写上他的边注,不是对莫扎特的神化的阐释就是对韦伯的咒骂。我的姐夫把我带来的音乐作品交给他看,以便他对我的能力加以判断。一天晚上,当我惬意地坐在一家酒馆里时,这个老屈恩拉因走了进来并庄重而友好地走向我们。我相信我从他的表情上看到了好消息。我的姐夫问他,他对我的作品感到怎样?“一无是处”,他平静而柔和地回答。我的姐夫早已习惯了屈恩拉因的乖僻了,他大声地笑了起来,这使我感到几分快意。我没有从屈恩拉因那里得到他做出这一判语和教训我的理由,可相反的是,总是一再地对韦伯大加咒骂和总是只提到莫扎特,他在提起莫扎特时经常是倾注出巨大的一再升温的热情,给我留下了难以释怀的印象。另一方面,借这次拜访之机,我得到了一份珍奇的东西,是它使我又远离开去遵循屈恩拉因的忠告。这就是贝多芬降 E 大调四重奏的总谱,当时这部作品还相当新呢,我的姐夫给我弄来一份抄写本。我带着我的经历和我的这份宝物返回莱比锡,重新回到我进行充满古怪念头的音乐研究的小屋,这是我的孵化之地。但是我无法再长时间对我同学校之间的麻烦关系隐瞒下去,因为这时我们全家又都在一起了,我的姐姐罗莎莉也再度回到了家中。

家里已经知道了,我有半年的时间都没有到学校了。从校长向我的叔叔提出的抱怨得不到足够的重视之后,学校似乎放弃了对我进行的监督,因此我终于有可能,如所说的那样,可以不必去上学应卯了。现在家里重新商议,我该怎么办。因为我对音乐有着强烈的爱好,我的亲戚们建议,我至少要学会一门乐器;我的姐夫布洛克豪斯提出,送我到魏玛的胡麦尔①那里去学钢琴。但我激烈地声称,就我而言,"音乐"就是"作曲",而不是去"演奏一种乐器"。他们屈服了,并决定,让我跟音乐家米勒按时地上和声课,在此前一段时间我就已私下里并免费地上过课了,此外我发誓也要在尼古莱学校继续求学。可不久这两者就成了我的一种折磨了,因为无论是在这儿还是在那儿我都觉得是在强我所难。遗憾的上音乐课也是如此,枯燥的和声学课越来越令我生烦。而这期间我继续去构思去创作我的幻想曲、奏鸣曲和序曲。另一方面,我激励自己在学校里施展身手。利用一次给我们六年级学生布置作业:写一首诗的机会,我用希腊文写了一首合唱,赞颂当前希腊人进行的自由斗争——我估计这首用希腊文写的关于希腊的诗歌像我那时为学习音乐而写的奏鸣曲和序曲都还保存了下来。我的这次尝试受到了嘲笑,退了回来,大丢其脸。我记得,从这时起我对学校就再没什么印象可言了:继续上学,对我来说,这是为了顾及我的家庭而做出的一种纯粹的牺牲;我在课堂学到的,没有任何东西引起我的注意,在这期间我唯一做的就是私下里去阅读那些吸引我的读物。

正如我提到的,我上的音乐课对我毫无裨益,于是我就随意地继续进行自修,这就是我抄写我喜爱的大师的总谱,这使我后来能写一手漂

---

① 约翰·胡麦尔(1778—1837):奥地利著名的作曲家和钢琴演奏家。

亮的好字。就我所知,我手写的贝多芬 c 小调交响曲和第九交响曲现在还是份很好的纪念品。贝多芬第九交响曲成为我奇特的音乐思想和灵感之神秘的吸引力。首先令我倾倒的,肯定不只是当时流传在莱比锡音乐家中得到承认的见解,说这部作品是贝多芬在半疯狂中写成的;这部交响曲集全部神奇和莫测高深于一身,是"non plus ultra"。这个理由就已经激起我研究这个精灵的狂热兴趣了。在我一看到这部费力弄到的总谱时,它就以一种命运的力量吸引了我,这就是那长时间持续的纯五度音,第一乐章就是这样开始的。如我所讲过的,在我少年时代关于音乐的印象中扮演一个幽灵般角色的五度音,在这儿像我自己生活的魔鬼的基音来到了我的身边。这部交响曲必定包含着一切秘密中的秘密。于是我先是通过费力地抄写把这部总谱变成自己的。记得,我在夜间从事这项工作时,黎明突然令我惊恐起来,我高度的激动不安,使我感到阴森可怖,我大声叫喊起来就像躲避一个魔鬼的现身一样,跳到床上躲了起来。那时还没有这部交响曲的双手联弹钢琴改编曲,它还很少得到听众的赞扬,出版家不认为有理由出版这部总谱。我于是自己改编成一部完整的双手弹奏的钢琴曲,我试图自己去演奏。我把这部作品寄给美因茨出总谱的出版商朔特。我得到了回答,出版社称虽然还没有做出出版第九交响曲钢琴改编曲的决定,但愿意高兴地保留我的这部作品,并寄赠给我一份贝多芬 D 大调庄严弥撒曲总谱作为回报,我怀着巨大的喜悦接受下来。

在这次创作之后,有一段时间我也学习起小提琴来了,因为我的和声学老师非常清楚地看出来,多少能掌握这种乐器,对未来的管弦乐作曲家是不可缺少的。我的母亲真的用八个塔勒从现在(1865 年)仍在莱比锡乐团工作的小提琴手希普那里买了一把小提琴,这把小提琴后来的命运如何我不得而知了。我在我的小房间里用它来折磨我的母亲和姐姐们，有一个季度长的时间。直到我能拉出麦赛德[1]的F大调变奏曲，但也只能拉出第二首第三首而已。从这以后任何关于练小提琴的记忆都消逝了，幸运的是，大概是出于自私的原因，我的家庭对待这件事也不是那么认真。

但在这个时候我对剧院又发生了狂热的兴趣。一个在德累斯顿宫廷剧院的领导——此人也担任了莱比锡剧院为期三年的领导之职——赞助下的新剧团来到了我的故乡城市。我的姐姐罗莎莉成了这个剧团的成员，通过她我可以在任何时间观看演出。在我童年时仅只是出于一种幻想的好奇而感兴趣的东西，现在成为一种想究其底蕴的和自觉的激情。《尤利乌斯·恺撒》、《麦克白》、《哈姆雷特》、席勒的戏剧，最终是歌德的《浮士德》使我深深地激动和充满了热情。歌剧院首演了马施纳[2]的《吸血鬼》《圣庙骑士和犹太少女》。意大利歌剧团从德累斯顿来到此地，他们的精湛演出令莱比锡观众欣喜若狂。我也几乎陶醉了，他们对莱比锡施加的迷人力量都使我忘却萨萨洛里先生从前给我留下的深刻印象。作为另外一个奇迹，它同样是从德累斯顿来到我们这里，突然间它为我的艺术情感提出了一个新的、对我的一生起决定作用的方向。

这就是威廉米娜·施罗德-德弗林特的一次短暂的做客演出，那时她正处于艺术生涯的巅峰，年轻、美貌、热情，在我看来从那以后在舞台上还没有出现过这样一个女人。她演出的是《费岱里奥》。

当我回顾我的整个一生时，我几乎找不出一桩就其对我影响而言可与之相比的事件。如果有谁回忆起这个时期的这位有魅力的女人的

---

① 约瑟夫·麦赛德(1789—1863)：奥地利小提琴演奏家、作曲家。

② 马施纳·海(1795—1861)：德国作曲家、指挥家，写有多部歌剧，是韦伯和瓦格纳之间最重要的作曲家。

话，那他就能以某种方式证明，这个无与伦比的女艺术家如此富有人性的——心醉神迷的演出必然令人朝她涌出的几乎是魔力般的热情。在看她的演出之后，我跑到我的一个熟人那里，为的是在他那儿写一封短信，在信中我简洁地对这位伟大的艺术家说，从现在起我的生命有了意义；如果她将来某一天在艺术领域里听到了我的受赞扬的名字的话，那她就能记起来，她在这个晚上使我成为了我发誓要成为的一个人。我把这封信交给施罗德-德弗林特住的旅馆里，然后像疯了一样冲到黑夜之中。1842 年我来到德累斯顿排练《黎恩齐》，那时我经常在这位十分友好的女艺术家的家里逗留，有一次她突然朗读起那封信，这令我惊喜。这封信看来也给她留下了印象，因为她一直把它保存了下来。

我相信我现在认识到了，在我生活的长时间里，特别是在我的创作上所出现的巨大混乱，这是由于这种艺术现象给予我异乎寻常的印象所致。我不知道该怎么办，怎么开始，去自己创作某种能与所接受的印象相提并论的东西。凡是无助于此的一切，对我说来都是乏味的，毫无价值的，我不能去做这类事情。我想写一部配得上施罗德-德弗林特的作品，但这对我无论如何是不可能的，于是对我所有艺术上的奋斗感到失望、沮丧至极，而学校的知识也不能使我就范，于是我像无舵一样随波逐流，与一些气味相投的伙伴一起，放荡不羁，恣意妄为起来。我的荒诞不经的顽皮年代就这样开始了，直到现在我为我那时外表的不雅和内心的空虚还真的感到惊讶呢。我与同年纪人的交往完全是随心所欲，我无法想起来，我在朋友的选择上是出于怎样一种特别的爱好或志趣。我可以肯定地认为，我决不会因为出于对一个有特殊才能人的羡慕而改弦易张；我对在交往伙伴选择上的无所谓态度只能这样去解释：我并不在乎这种交往对我是否有益，仅是在于有某个人，他能陪我去远游，我能随意地向他倾诉我的内心而已，而不是去关心对他会产生什么效果。其结果就是,在长时间的因激动而倾吐衷情之后,终于到达了这样的地步:我停了下来,望向我的朋友。我通常是惊讶地发现,我根本得不到回报,一当我打算从朋友那里得到相应的东西,激发他倾吐衷情时,这种朋友关系便通常是完全破裂了,在我的生活中没留下任何痕迹。在某种意义上,我与弗拉克斯的特殊关系就是我稍后生活关系中多半情况下的典型事例。由于这种方式决不会给我生活中带来一种持久的个人友谊,这就可以解释,我为什么对粗野的大学生生活长时间地趋之若鹜,因为这里个人的交往完全淹没在群体之中。昏天黑地的胡闹,胡喊乱叫的蠢行,置身其中我感到孤独;这种浑浑噩噩有可能形成保护我心灵深处内核的一道表皮,它长时间来需要自然的力量来使之硬固,以免被早熟的生产而过早地弱化。看来我是把自己撕成碎片,向各方面掷去:我必须在1830年复活节放弃尼古莱学校,因为教务联合会对我的印象极坏,毫无希望能从这里进入大学。我决定上半年的私教,然后报名上托马斯学校,在那儿我的关系会大为改观,就能在短时间进入大学。与我的关系一向友好的阿道夫叔叔,他曾激起我对音乐的兴趣并鼓励我上进;尽管我当时的生活方向一片迷惘,他依然一再地唤起我对科学研究的兴趣。我在一个私人教师那里上希腊语,读索福克勒斯的原著。有一段时间我希望接触这高贵的作品能重新唤起我认真地去掌握希腊语言的乐趣,但这次失败了;我没有找到真正的老师。我们在他住的房间里上课,可这里是一个鞣革作坊,它溢出令人反感的气味刺激我的神经,完全毁掉了我的索福克勒斯和我的希腊语。

我的姐夫要我赚一些零钱,于是交给我一份通读校样的工作,这本书是由吕伯尔修订的新版伯克尔《世界史》。这是一个机会,深化我在学校学到的关于世界历史的表面知识,并借此掌握必要的学问,它们在我此后的生涯中是应该学会的,而在学校却多半是我不感兴趣的科目。

我不应当忘记提及，这样进一步学习历史的机会对我也是有吸引力的，他每个印张付给我 8 个格罗什，这样以来我真的赚到了钱，这在我生活中还是稀罕的事。可如果我不想到那些我现在第一次通过对历史时代的严肃观察得到的印象的话，那这对我是不公平的，迄今为止我对历史时代仅一知半解而已。从学校得到的知识，我唯一记得的——通过古代希腊历史得到的——是马拉松、萨拉米斯岛和泰摩菲隘口①，它们是吸引我阅读的名篇。现在我第一次更仔细地去熟悉中世纪和法国大革命了，因为我通读的正是这两卷的校样。我记得法国大革命的描述使我对这场革命主角充满了真正的厌恶之情。对法国此前的历史一无所知，我那柔弱的同情心唯一因革命人的残酷而愤怒起来，这种纯人性的激动长时期一直居主导地位，使我很久以后还记得起这种真正的暴力，它使我付出了代价：把我的注意力都集中到那些巨大事件的纯政治作用上了。

有一天，当我通过发生在当前的政治事件而对校样中接触到的国家命运感同身受时，我的惊喜是怎样的巨大啊。《莱比锡日报》出了号外，报道了巴黎七月革命②的消息。法国国王被推下了王座；拉法耶特③骑着马在人民的欢呼声中又一次穿过巴黎的大街，这像我想象中的一个历史童话一样。瑞士卫队在杜伊勒里宫又一次被击溃了：一个新国王④除了自己装作是赞成共和国之外，没有什么可以向人民推荐的。突然意识到生活在一个发生此类事件的时代，这当然对一个 17 岁的青年人起着异乎寻常的影响。对我而言，从这一天历史的世界开始

---

① 马拉松、萨拉米斯岛和泰摩菲隘口均为古希腊发生战役之地。

② 巴黎七月革命：1830 年 7 月发生的反对波旁王朝的人民起义，国王流亡国外。

③ 拉法耶特（1757—1834）：七月革命中被任命为国民自卫军总司令。

④ 新国王指国王路易·菲力浦。

了。我当然完全拥护革命,它向我表明这是一次勇敢的和胜利的人民斗争的形式,全然没有第一次法国大革命中那些令人毛骨悚然的污点。这场革命不久就震动了整个欧洲,或多或少地激起了强烈的惊恐,就是德意志的邦国也不时受到它的触动。我长时间处于高度紧张状态,并第一次注意起这些运动的原因所在,我觉得这是陈旧和衰朽与新生和人类的希望之间的斗争。萨克森也没有幸免,在德累斯顿发生了一场真正的街垒战斗,这场斗争导致直接的政治变化:事后弗里德里希国王实行共同摄政和实施宪法。这个事件令我神采飞扬,我构思一首政治序曲,它的引子描述了阴郁的压力,在这种压力中一个主题明显地出现了。为了能更清楚地理解,我在这个主题下写了这样的字句"弗里德里希和自由",这个主题越来越强大和越来越庄严,一直发展到完全胜利,随后我希望在莱比锡公园的一次音乐会上能经历这部作品的演出。

可在我对这部政治性音乐作品做进一步构思之前,在莱比锡也出现了骚动。它把我从艺术家领域拽出,直接参与到国家生活之中。这次在莱比锡发生的事件没有其他的意义,只是大学生与警察的冲突。警察是罪魁祸首,他们侵犯了青年人的自由思想。在某一条闹事的大街上,有几个大学生被捕,他们应该被释放才对。几天来,大学生中间一直骚动不安,一天晚上他们在一市集广场上集会;大学生中的同乡聚在一起,围着高年级的学生,形成一个圆圈,按照大学生们的习惯举行隆重的庆祝活动,这给我留下极深的印象:唱 *Gaudeamusigitur*①,列成纵队,那些支持大学生的孩子参加了进来,他们庄重而果断地从广场市集出发前往大学,去冲击学校的禁闭室,解救被捕的大学生。当我与他们一道朝这座巴士底冲去时,我的心激动得直跳。可是事出意料:在保琳

① 拉丁文:我们欢乐。此系中世纪大学生唱的一首歌的开头。

努姆校园里队伍被校长克鲁格拦下了,他光着脑袋,满头白发。他保证说,被捕的学生由于他的介入已经被释放,大学生对他发出雷鸣般的欢呼声,事态像是结束了。

只是革命的紧张情绪太强烈了,必然要为它做出某些牺牲才行。突然间号召我们到一条恶名昭著的街巷里去,跟在一个遭人憎恨的市政官员的后面,他称根据民众的意见把一处声名狼藉的娱乐场所没收,由公众随意处理。我跟随队伍到了那个地方,我看到了房屋已被捣毁,一片狼藉。我想起来这样一场不可理解的狂暴事件所造成的恶果仍感到害怕,我没法否认,毫无任何理由可言,我也与怒气冲冲的青年人一道,像一个疯人一样,参与其中,发狂般毁坏家具物品。我不相信,这种胡作非为在严重伤害道德情感的事件中有任何所谓理由可言,这对我发生了影响。这次事件更像是民众愤怒爆发中纯魔鬼似的东西,它把我如一个疯子般地搅入它的旋涡之中。我自己已经认识到了,这种愤怒的爆发不会那么快就消失,而是按照某种自然规律先是通过其肆无忌惮而发展到疯狂,再到达其独特的结局。当我也置身在人的洪流之中时,就响起到另一个同样地点去的呼声,人群朝城市另一端拥去,在那儿开始了同样的英雄举动和可笑至极的胡砸乱抢。我记不起来,是否酒精饮料的享受对我和我周围的伙伴的昏头昏脑做出了贡献;我只是知道,我最终已到了通常是醉酒的地步。翌日清晨我从噩梦中醒来。我首先记起了一件战利品,一个红色窗帷的布条,这是我戴着它进行英雄行动的一个标志,这表明我昨天夜里真的是经历了这些事件。令我释怀的是,一般说来,尤其是在我的家里,都对年轻人的胡作非为怀着一种好感:年轻人的疯狂举动是对令人愤慨的现状表达了道德上的愤怒,我也可以毫无羞愧地承认参加了这些恣意妄为的勾当,并以此为光荣。

这种由年轻人树起来的危险榜样,在随后的晚上也煽动起了下层民众。尤其是工人无产阶级,他们对他们憎恨的工厂主和这一类的人进行了类似的打砸抢掠。事态变得严重了,私有财产受到了威胁,穷和富之间的斗争狞笑地站在千家万户门前。因为莱比锡已经没有武装力量,警察局完全瘫痪,现在大学生被召来反对下层民众,成为一支保护力量。一个大学生的光荣时代开始了,就像我在中学生的梦境里看到的那样。大学生成了莱比锡的守护神。由官方召唤,为保护私人财产而武装起来,结伙成群。两天前还在狂暴中捣毁一切的青年人在大学校园里聚集一起。同乡会和学生协会这些一度被憎恶的名字,现在由市政大员们和警察局长的口中大声地喊了出来,朝这些武装得奇奇怪怪的年轻人发出了号召,他们被分配到城市各处,在城门岗楼守卫,成队的人被派去保护地方上个别富有的商人以及一些认为有可能受到威胁的地点,其中最受欢迎的酒馆旅店。遗憾的不仅是大学生,我预料到那些学术上有身份的人都会兴高采烈起来,他们部分是鲁莽地部分是讨好地拥到那些我极为敬重的学生领袖身边。我有幸介绍这样一位被称为“鸡头”的人,这是通过我的姐夫布洛克豪斯认识的,有一段时间这些角斗士的营盘就在我姐夫的家里。我姐夫也受到了威胁,只是由于极度镇定和自信他救出了面临被捣毁的印刷机器,特别是平台印刷机。为了保护他的私有财产不受到再次的攻击,一支大学生队伍也被派到他的家园里来了。出色的招待,自由主义思想的房主在他那可爱的花园里的凉亭中为这些快乐的学生兵提供的饭菜,都把大学生联合会中的精英们吸引过来。我的姐姐多个星期来白天夜里都受到保护,免受到暴民的攻击。我在那儿处于大学中赫赫有名的精英们中间,如鱼得水,他们喜欢我,尊重我,是殷勤好客的主人的中介人,我的大学生式的虚荣心得到充分的满足。学生们还长时间地守卫城市的大门。大学生的名声极盛，吸引了近处和远方的同学纷纷前来，每天都有大型的车辆抵达哈雷城门，下来成群的肆无忌惮的大学生，他们来自哈雷、耶拿、哥廷根，甚至有来自更远地方。这些大学生下车后就直接守在城门，多个星期里他们从没有住在旅馆或其他住宅里，因为在这儿他们得到市政当局的免费待遇，警察局提供食物、饮用水，他们唯一忧虑的是怕人们的情绪有可能安静下来，那样他们的警戒就变得多余了。在站岗的期间里我没有耽误过一天，甚至没有耽误过一夜，我也向家里说明我坚持这样做的必要性。当然那些平静下来想学习的大学生不久就从警戒的地方退了回来，只有大学生中的铁杆们仍忠诚不变，都使市政当局难以说服他们不必再履行他们的义务了。我一直坚持到最后，结交了一些与我同年纪的令人赞赏的朋友。这些无法无天的学生中有许多人甚至在不需警戒之后仍继续待在莱比锡，在一段很长时间里与一群放荡不羁的混混儿搅在一起，他们都因为打架斗殴和过错而被各自的大学开除，在特殊情况下来到了莱比锡，开头时他们受到热烈的欢迎，而现在他们在这儿找到了一个庇护所。

我面对这些现象就如同遇到地震一般，它打碎了事物的现存秩序。我的姐夫布洛克豪斯有理由对莱比锡官方在保持平静和秩序方面的无能而提出指责，他现在搅入一个强大的反对派运动之中。他在市议会指向市政官员们说的一句大胆的话，使他赫赫有名。他被任命为新建后的莱比锡地方近卫军的副总指挥。这个机构最终是把我崇拜的大学生从城门的警卫室中挤了出来。不再允许我们拦住流动手工艺人，去审查他们的证件了；可我反过来却感到得意，我把这支新的市民军队看成法国的国民近卫军，把我的姐夫布洛克豪斯看作萨克森的拉菲耶特，这对我的日益增长的激动是一份丰富的营养。我开始热心地读报和关心政治；为了对自己和大学生的交往保持忠诚，与市民世界的个人交际对我已没有吸引力了。我随同大学生从警戒室中走出来,与他们一道进入小酒馆,大学生的光荣就消失在这里面了。

现在除了自己尽可能快地成为一个大学生之外,我没有其他可想的了,这一点只有借助再次在一家文科中学里注册才能实现。托马斯中学的校长是一个孱弱的老人,这是个机遇,我的愿望能很快得到实现;1830年秋我进入了这家学校,这纯粹是想借助成为它的学生就可以堂而皇之地去参加毕业考试。主要的是,我已经在所说的"中学生"中和与我志同道合的朋友建立起一个模仿性的大学生组织。这个团体严格按照大学生的习俗组织起来,练习击剑,用剑决斗,举办酒宴,邀请一些有名声的大学生参加,我作为副头头,身穿白色的皮裤和高统皮靴,提前去品味一个真正的大学生的快乐。然而托马斯学校的老师们却不想那么好心地去满足我成为一个大学生的愿望。他们在半个学年结束时,发现我根本就对他们的功课不感兴趣,并不想证实我具有进入大学攻读学业的资格。事情必须有一个了结:我对家里表明,我已经决定,不上大学去读赚取面包的功课,而是决心成为一个音乐家。注册成为"音乐大学生"没有什么障碍,无须顾及托马斯——王国中那些清规戒律,我倔强地离开了我一无所获的学校,随即立刻到大学校长——在那些起义的夜晚我已与他结识——那里,注册成为音乐系大学生,在应付通常费用上也没遇到什么麻烦。

我心急如焚:8天后复活节假期就要开始了,大学生们离开了莱比锡,在假期结束前我不可能被接纳进同乡会。在这漫长的一周里,留在莱比锡的家里,我没有权利身着我渴望的同乡会的颜色的服装,这对我是一种无法忍受的痛苦。我从校长那里直接就奔向击剑场,向萨克森同乡会出示我的注册表,要求被接纳进去。我的目的达到了:我可以身着萨克森尼亚的颜色服了,这些颜色服受到它的许多成员的特别喜爱并受到尊敬。

在这个复活节假期里我邂逅了最最奇特的命运，我成了这期间留下的莱比锡的唯一一个成员。相互间的联系最初多半是在贵族子弟之间，他们是大学生世界中的最时髦的那一部分。所有这些人都出身萨克森和首府德累斯顿的名门望族，他们都分别在他们的故乡度过了这段假期。假期间留在莱比锡的都是变得无家可归的野大学生，从根本上来说，他们从没有假期，或者说他们永远有假期。在这群人中间，一些肆无忌惮和灰心失望的年轻人组织了一个极为特殊的团体，他们在我提到的那个光荣时代里，在莱比锡找到了最后的庇护所。我还在警卫布洛克豪斯家产那会儿就认识了这些好斗成性的人。在学习时间限在三年的大学期间里，这些人中大部分都六七年一直留在大学里，无家可回。有一个名叫盖勃哈特的令我倾倒，这是一个容貌俊美体格魁梧的人。他那健壮和匀称的身材个头高出所有人一头。当他与两个孔武有力的同伴胳膊搭肩走在大街上时，他突然灵机一动，用胳臂把他的两个朋友抬到空中抡了起来，就像他有了两个人的翅膀一样。有一辆在大街狂跑的马车，他用一只手拉住轮辐，迫使它停了下来。没有人说他笨，是害怕他的力气，这样以来他的愚笨也很少有人注意到了。他力大绝伦，气质温和，这赋予他一种高贵的身份，使其他人无法与他相提并论。他与麦克伦堡一个叫德格洛的人一同来到莱比锡，此人同样魁梧力大和机智灵敏，但一点不像格勒哈特那样匀称，他极为活跃，容貌异常动人，对一切都感到兴趣。在此之前他就已经过着一种放荡不羁的生活了，吃喝玩乐，打架斗殴和拈花惹草成了他的信条。大学生习气，嘲弄般的学究式的冷漠，勇敢的自信和粗野的易于激动，这一切混合起来就成为这类人以及与他相近的人的主要特征。在德格洛身上，借助一种恶意的佻达，粗野、情欲获得了一种特殊的恶魔般的魅力，当他用某种骑士的温柔来对待其他人时,他经常用这种轻浮的举止来对待自己。我与这些最惹眼的年轻人结伙为伍,他们过着一种极端的放荡生活,无所顾忌。一个名叫斯台尔茨的人,是一个真正的尼布龙人式的好勇斗狠者,他有一个绰号“Lope”,他已经读了20个学期了。这些人肯定地并意识到是属于一个陷入崩溃的世界,他们的所作所为只能解释为:他们相信他们面对的是一片连绵不断的废虚。在这群人中我还认识了一个名叫施罗德的人,他的和蔼可亲,他的悦耳的汉诺威语调,他的教养对我有一种特别的吸引力。他不属于那些绝望的人,而是与他们保持一种平静的观照关系,他们所有人都乐于看到他和喜欢他。我也真的与他有了交往,尽管他比我大了许多。通过他我知道了海涅的书和诗歌;从他那里我学到语言表达上某种轻浮的优雅,施罗德肯定对我的言行举止起的影响是有益的。现在我每天都去拜访他。我多半是下午在“罗森塔尔”或去“金舍的瑞士人小屋”里,从来都是与那些奇特剽悍的人在一起,这些人既令我害怕也使我有好感。他们全都属于同乡会,这个团体与我认识的那些团体是相互敌对的。在这些同乡会之间都有着自己的东西,谁要熟悉那时候的习俗,谁就会知道了:仅是看到相互敌视的颜色就够了,最最和善的人立刻就会怒目相向。无论在什么情况下,那些“老鸡”只要在清醒的时候,看到我这个身体瘦弱的男孩子装饰着敌对颜色,那就激起他们一种快意的情绪,相互间会意地望了几眼。但我佩戴的这些颜色完全是另外的样子:我利用我的同乡会在莱比锡短短的8天时间,得到一顶漂亮的用银线织成的萨克森帽子,这是我在一个名叫米勒——此人后来成为德累斯顿很有名的警察——的人那儿看到的,和极为渴望得到的,并把它从他那里买来,因为他需要钱回家。虽说我有这么一顶惹眼的帽子,我依然,如所说的,在那群好勇斗狠的人的虎穴里受到欢迎,我的朋友施罗德做了中介人。

每当格罗格酒——这是这群放荡者的主要饮料——开始发生作用时，我便看到阴森的目光，听到危险的讲话。由于这种厉害的饮料的作用我自己也头脑发涨，一段时间我无法对这些话有真正的理解。

我在这条路不可避免地要与人发生争执，长期以来令我感到满意的是，第一次却缘起于对我而言是一个涉及荣誉的事件，这比那些鸡毛蒜皮的事情要体面得多了。有一天德格洛在一个我们经常拜访的酒馆遇到了施罗德和我，他以一种并不是不虔诚的方式在亲密的谈话中，向我们承认他对一个青年和非常漂亮的女演员的爱慕，可施罗德却对她的才能表示怀疑。德格洛反驳说：不管怎样，他认为这个年轻女人是剧院中一个最正经的女人。随即我问他，他是否认为我的姐姐是不大正经的。根据大学生对荣誉的观念，德格洛——他无论如何绝不可能想到是一种侮辱——在他的平静解释中，除了他肯定把我的姐姐看作品德较差的，他就不能继续讲下去了，然而他坚持他在谈及他提到的那位年轻女士时的看法，我随之毫不犹豫地说出了一句挑衅的话："你是一个蠢家伙。"对着这个已经成年了的混混儿说这样的话，有些可笑。我记得，德格洛不由自主地一怔，他的目光像是闪电般一亮，可他在我朋友在场的情况下十分镇静，遵守挑战的常规，用"弯刀"进行决斗。这个事件令伙伴十分钦佩：我通常的交往更为频繁了，我没有理由不这样做，只是我更注意那群好斗人的态度，这些天来每一晚上在我和一个可怕的好斗人之间都会引发起一次挑战，直到我的同乡会中一个成员索尔姆斯伯爵重返莱比锡才作罢。我对他很信任，他询问了事件的缘由，赞扬了我的态度。但向我建议，直到我们的团体从假期返回时不要戴上我们的颜色，并阻止我不要与我曾在一起鬼混的那些人交往。所幸的是这个期间不长。大学开始活跃起来了，击剑场里又都挤满了人。我的可怕处境使我在一些团体和学生中受到了瞩目。我的"随从"被指派去确定进行决斗的时间，我的学长则使我在必要的时间里保证击剑技术能更加娴熟。面对我有生命之虞的决斗我对命运却泰然处之，在那个时候连我自己都无法理解。在我根本无法取胜的情况下，命运会以何种方式来保全我，直到今天我还认为奇怪至极，事情的发展我还要详细地叙述。

通知那些熟人出现在决斗现场这也是决斗的准备工作。我们“狐狸”这个团体得到了协会尊为荣誉武器的那把轻剑，先得把它磨得锋利，然后把它送到决斗场，这要秘密地进行，因为当时决斗者是触犯法律的：我们得到一项权利，可以旁观那时举行的决斗。当我有了这份出席的荣誉时，决斗场地定在布尔格大街一家客栈的弹子房。球桌被移到两边，里面站着有权利出席的观众：在他们中间我站在高高的上面，心在狂跳不止，面对令人恐惧和感到鲁莽的事情。有人借此机会谈到了我的一个熟人（一个犹太人莱维，但都叫他里帕特），他在这同一个场地上，在一个对手面前吓得连忙后退，有人给他打开门，他就跳下台阶逃到大街上。多次击鼓之后，一个名叫沃尔法特的人——他已经念了14个学期了，在后来的一次决斗中我与他同样受到了聘用他——与“马尔科曼尼”①的一个头头台姆帕尔走向两个决斗者。在这种场合里不允许旁观，因为这可能把未来决斗者的弱点暴露给对手，沃尔法特被我的头头问道，是否他要求我离开，这个人却蔑视地回答，在上帝的名义下，让这只“小狐狸”留下好了。这样我就成了一个击剑手丧失战斗力的目击者，我在这种情况下就能知道和有力地证实，在与他稍后安排的决斗中一开始之前我就会陷入恐慌，没法不失败的。他的右臂动脉

① 马尔科曼尼：古代的一个氏族部落，居住在美因河一带，公元前166年至公元后80年与罗马人交战，4世纪时迁往巴伐利亚。此处为一个学生团体的名称。

被他强大的对手刺穿,这场决斗立刻就结束了。医生向沃尔法特解释说,此人在一年之内无法再拿起武器,在这种情况下,我与他定下的决定立刻被宣布无法进行。我不否认,这件事使我感到一些宽慰。

随后不久在“绿色酒馆”举行了第一次同乡会酒会。这些酒会上就是产生决斗丑闻的温床。在这儿我与一个叫梯舍尔的人惹上纠纷,决定进行一场新的决斗,但我立刻得知,我被两个可怕的年纪大的助手解救出来,因为对手已经消失不见了。而这两个人因为负债逃之夭夭,无影无踪。只是对其中的一个,可怕的斯台尔采,都叫他洛佩,我知道得更多些:他利用了给予逃亡的波兰人的过境权,这时波兰人已拥到边境,越过德国前往法国,假装成自由战士,后来加入了在阿尔及利亚的外籍军团。在从酒会返家的途中,德格洛——我疏远他已有几个星期了——建议我不要理大学生团体的规矩,管它有什么样的惩罚,对手之间是允许相互说话聊天的,除了那些被严格禁止的都可以谈论。我们搭臂靠肩回到城里:我这位可怕的然而又那么有趣的对手带着骑士般的和蔼可亲向我声明,他很高兴在几周之内与我进行比剑,这对他是一种荣誉,一种愉快,他喜欢我,因为我的勇敢举动而尊敬我。难得有这样一种个人上的成功,它使我感到得意。我们相互拥抱并开诚相见,极为庄重的他给我留下难忘的印象。分手时他告诉我,他要先去耶拿用剑与人进行一场决斗。8天之后德格洛死亡的消息传到莱比锡,他在耶拿的这场决斗中被刺身亡。

我一直像在梦中一样,通知我与梯舍尔进行决斗这件事把我从梦中唤醒。这个人是一个强大有力的击剑手,他被我的头头挑选出来作为我第一次剑斗的对手,因为他的个头相当矮小。我对我在匆忙中练到的自然并不怎么出色的剑技没有抱什么希望,对这第一次决斗也就不放在心上。当时我的皮肤有一处烫伤,有人告诉我,这特别危险,因此他们建议中止了这次决斗，即使这违反大学生协会的规矩，我觉得皮肤的灼伤是个机会，尽管我够谦卑的了，但是我不怕受伤而要扬名。上午10点我被叫醒，笑着离开了家，心中在想，如果稍后几小时在可预见的受伤情况下被送回家里，我的母亲和我的姐姐们会怎样说呢。当我到了我的头头的住房时，他向我致意，这是一个安静的青年人，和善可亲，他叫许恩菲尔德。他手拿一个弯弯的烟斗，从窗户里对我说："你可以回家了，小家伙。没什么了，梯舍尔躺在医院了。"当我上去时，我发现协会的许多头头都集在一起，从他们那里我得知，昨天夜里梯舍尔由于醉酒而对一家娱乐场所的人做出了最最可耻的行为，受了重伤，被警察送到医院里去，面临被学校开除，尤其是被驱出学生团体的处分。

我记不清楚了，有一两个天不怕地不怕的家伙离开莱比锡的命运如何，在那些花天酒地的日子里我是与他们混在一起的。我仅知道，与他们的交往使我的大学生荣誉倒退到另一个方向了。我们"狐狸"协会开始乘坐四驾马车，长长的行列，穿越城市而出，谁都可以参加这样的出游。协会主席突然表现得那么庄重使我格外激动，我的虚荣心得到了满足，我是最后一批由协会送回来的人。我就这样在外边住了三天三夜，绝大多数时间是在赌博中度过的，从第一夜开始，赌博就把我抛到这恶魔的刃锋上了。一些纨绔子弟，差不多有六个人吧，在第一个早晨就聚在一起，组成了一个赌博团伙的中坚分子，白天更有新从城里返回来的人加入。许多人来凑凑热闹，许多人来了又走了。只有我，与那六个中坚分子，白天黑夜坚持到底，毫不动摇。开始时我参加只是怀着赢两个塔勒、上交协会酒费的念头。我成功了。这鼓舞了我，想通过这种赌博方式把我那时所欠的债务都还清了事。这完全与用罗基尔的方式谱曲一样，欲速不达，意想不到的困难使我长时间地沉溺其中。我成功地用这样的计划来快速地改善了我的财政状况，赢钱并不是那么快,三个多月来我沉迷于赌博之中,这使所有其他的爱好都变得无力,从我的情感中退了出来。在击剑场里,在酒吧间里,在决斗场上再看不到我的身影了。整个白天我都在思索我的可怜处境,想方设法去弄到必要的金钱,好整个晚上和整个夜里去进行赌博。对我的种种荒唐行为还一无所知的母亲,用她所有的方法阻止我的夜间外出:在我下午离开家之后,我就没有回到我那间位于角落的房间里,只有在翌日清晨天一放亮时候,我跳过庭院的大门——他们拒绝给我钥匙,才回到家里。我的狂热由于赌运不佳而上升成为疯狂:我对一向有吸引力的大学生活变得麻木不仁,对我的那些大学伙伴的劝告无动于衷,从众人的目光中消失不见,只是与大学生协会中那些最最放荡不羁的混混儿一起到莱比锡的小型赌场里去。我甚至对我姐姐罗莎莉的蔑视不理不睬,她和我母亲对我这个无法理喻的浪荡仔——我面色苍白神情恍惚地在她们面前出现——几乎不屑一顾。我的绝望日增,最终我抓住机会,通过和与我为敌的运气进行大胆的较量,彻底摆脱窘境。我认为,只有下大赌注才能赢大钱;因此我把母亲那笔数目不算少的年金用来赌博,在那天晚上我输掉我带来的全部,只剩下最后几个塔勒。激动之下我把这剩下的钱也同样押在一张牌上,这种激动的心情对我这个年轻的生命而言,与所有其他的经历不同,完完全全是新的:对它没有一丁点的品味,我不得不一再地离开赌桌,为的是去把这种东西呕出吐掉。我用这最后的塔勒在赌我的生命:因为不会想到再回到我的家里,我已经看到自己越过田野穿过森林,作为一个迷失的儿子,无目的地逃向远方。充满绝望的情绪突然那么强有力地停住了,我的牌赢了——我立刻把赢来的钱重新下注,这样的过程重复了多次,我赢的钱真的已到了相当可观的数目。我不断地赢。我变得那么自信,我敢于进行豪赌了:突然间我心里一亮,我今天是最后一次赌博了。我的运气是这样势不可当,庄家认为还是结束为好，真的，在这一夜里我不仅把此前输掉的钱都赢了回来，而且把所欠的债务也都能还清了。在这一过程中我那一再增长的高兴劲儿充溢了我的全身，这完全是一种神圣的东西。我清楚地感觉到，随幸运一道而来的是上帝或他的天使，他们像站在我的旁边一样悄声地在警告我和安慰我。我又一次在黎明时分跳过大门回到我的房间里，随即酣然入睡，直到很晚我才醒来，感到力量充沛，如同新生。没有任何羞耻之心阻止我向我的母亲——我把钱交给她——把这关键一夜发生的事情和我对她个人财产的侵犯罪过都主动地说了出来。她搓起双手，感谢上帝给予我的恩宠，也表达了她的信任，她认为我得救了，我不可能重犯类似的罪过。任何一种诱惑确也失去了主宰我的力量。那个我一直陶醉于其中的世界我一下子就感到是最最不可理解的和最最没有吸引力的了。赌博的狂热业已使我对大学生的种种虚荣都觉得无足轻重。从赌博中解脱出来的一个崭新的世界突然出现在我的面前，从现在起我属于这个世界，通过一种我前所未知的勤奋致力于我的音乐教育，我现在登上了音乐学习的一个新的阶段。这是一个学习上真正严肃认真的阶段。

就是在我生活中最狂暴不安的时期，我的音乐发展也没有完全停止不前。现在音乐越来越明确地成为使我的精神生活变得令人瞩目的唯一方向了。只是我对所有的音乐学习却感到陌生。直到今天我都无法理解，我居然在那个时候找到时间完成了相当数量的谱曲工作。我曾把一首 C 大调序曲（6/8）和一首四手联弹 B 大调奏鸣曲——我与我的姐姐奥蒂丽练习过，因为我们两人都喜欢它，并为乐队配器，对此我都没有清晰的记忆了。可是一个划时代的记忆却留在脑海里，这就是我在那段时间写的另一部曲：一首 B 大调序曲。这部乐曲是我学习贝多芬第九交响曲，以同样的方式创作的，就如我的《罗依巴特和阿黛莱德》是在学习莎士比亚中产生的一样。特别是作品里有着我赋予乐队的一种神秘意义:我把它分成三个不同的、相互斗争的成分。我考虑的是,使读总谱的人通过一种醒目的颜色能立刻就了解这些成分的性质,只是我不知道怎么弄到绿墨水,这种情况妨碍了我进行这项绘画式的复制乐谱的工作。铜管乐器我要用黑墨水,弦乐器则相反用红墨水,吹奏乐器用绿墨水写出。我把这份独特的总谱呈给当时莱比锡剧院的音乐指挥海因利希·多仑,此人还是一个非常年轻的人,一个娴熟的音乐家,一个活泼的人,我和莱比锡听众对他有很好的印象。直到今天我都无法对自己解释,是什么触动他竟然满足我的愿望公演这首序曲。后来我与熟悉多仑喜欢戏谑的人都倾向于认为,他是想利用这个机会开一个玩笑。他经常坚持说,他对这首作品感到兴趣,只要说是贝多芬一首不被人知的作品,听众即使是不理解,那也会怀着敬意予以接受的。那是多灾多难的1830年的圣诞节,在神圣之夜,按照惯例戏剧演出停止,代替的是在莱比锡剧院举行的只有少量观众的穷人音乐会。节目单上的第一个节目是引人注意的,题目是《新序曲》,再没有标上什么。我忧心忡忡地在一个角落里观看了排练。我从多仑的冷冰冰的表情上得到一个有利的印象,乐队的乐师在演奏这首谜一般的乐曲时出现狐疑的动作,面对这种情况,他显得格外笃定,异常镇静。快板的主题是四节拍的自然泛音;可在每第四节拍之后插入一个完全在旋律上没有听到过的第五个节拍,这个节拍通过一种特殊的手法敲在第二个四分之一节拍上的鼓声来表现出来。因为这一击极为个别,鼓手经常认为这是错误的,他就困惑不解,敲不出我记在总谱上的力度。这令我自己对我的意图也感到吃惊,可对此我私下里感到满足。然而令我真正不快的是,多仑把这个使我羞愧的击鼓放到显著地位并坚持,鼓手总是要击出我标出的力度。在排练后,当我向音乐指挥谈及我在这个值得怀疑地方的忧虑时，我没有成功地说服他对这个灾难性的击鼓进行柔和地处理；但是他坚持，事情这样处理正好。虽经他的安慰，我却忧心忡忡，我没有胆量，事先就告诉我的熟人我是这首序曲的作曲家。我只劝说我的姐姐奥蒂丽与我一道去听这首作品的演出，她早听到过我的《罗依巴特和阿黛莱德》的朗诵了。那是圣诞节在我的姐夫弗里德里希·布洛克豪斯家里分发礼物的晚上，我像我的姐姐一样，对分发礼物感到兴趣。她在我姐夫家里应当帮忙料理，只能抽出很短时间脱身离开，因此必须准备车辆，以便姐姐能尽快地返回。我利用这个机会能庄重地出席我的作品进入音乐世界的第一场演出。马车飞驶到剧院门前，奥蒂丽进入我姐夫的包厢，而我却得在后排去找一个座位。我忘了去买一张门票，被守门人拒绝。我听到了乐队一直在定音，我怕耽误了我的作品的开始，于是就向守门人暴露了我是《新序曲》的作者，以便说服他让我例外，可以无票入内，我成功了。我一直挤到前厅的前排，在那心神不宁地坐了下来。序曲开始了：在“黑色”的铜管乐器庄重地奏出主题之后，“红色”的快板主题出现了，如我所说的那样，这个主题通过来自“黑色”世界在每第五个节拍上的击鼓而被打断。后来出现的管乐器的“绿色”动机以及最终的“黑色、红色和绿色”主题对听众起什么样综合效果，我根本就不清楚，因为用幸灾乐祸的粗暴敲出那种灾难性的鼓声产生了一种如此激动的效果，使我失去所有进一步思索的能力。特别是这种效果长时间有规律地反复很快激起了听众的注意并最终使听众活跃起来。我听到我的邻座他预先就料到了和宣布了这种反复。在这种情况下我的难过的心情是无法描述的。我失去了一切感觉。当序曲突然停了时——我鄙视给序曲加上庸俗的结尾形式，我就像从一个无法理解的梦中醒来一样：一首霍夫曼的幻想曲对我的作用与这种特殊的场合相比失去了光泽，我就在这种场合里，当我看到了听众在我的作品结束时的惊奇时，我恢复了自我。我没有听到不满声、嘘声、责备声，甚至没有笑声，而是对一个如此少有的事件的巨大的惊奇，每一个人都一样，如同从一个闻所未闻的梦中醒来。痛苦的是我得快速离开前厅，立刻陪我的姐姐返回家中。我得振作起来，穿过前大厅的坐凳朝出口奔去，这太可怕了。但我现在得重新面对守门人，还有什么难堪能与此相比吗？他投向我那奇怪的眼神给我留下难以磨灭的印象，从这以后我长时间都离莱比锡剧院的正厅远远的。现在还得去接姐姐，她同情地经历了这个事件，我与她寂寞地赶回家中，去迎向一个家庭节日的辉煌，它像一道耀眼的讥讽之光照亮了我浑浑噩噩的黑夜。

我试图去抗拒这种印象，我相信我能用同样是一部旧的作品来安慰自己，这就是为《麦西纳的新娘》谱写的序曲，我认为它比上演的那首序曲更成功些。然而不可能设想这是一次补偿，因为我长时间以来对莱比锡剧院的经理部疑虑重重，尽管有着多仑的友谊。我现在着手构思为歌德《浮士德》谱曲，其中一些直到今天我还保留下来，然而狂暴的大学生活把我音乐上的这项严肃工作也从我心中排挤掉了。

我自己认为，我既然已经是个大学生了，那我必须去听讲座。我尝试去听特劳哥特·克鲁格的基础哲学，此人是那次学生起义中我熟悉的一位和蔼的胜利者；唯一一个钟点就够了，我再不去进行这种尝试了。可我去听了一个年轻一些的教授瓦依斯的美学课，有二次到三次之多；能如此坚持下来，这要归之于我对瓦依斯的兴趣，我在我的叔叔阿道夫那里认识他本人。瓦依斯那时翻译了亚里士多德的《形而上学》，如果我记得不错的话，在一种争论的意义上，他把它提献给黑格尔。在叔叔和他交谈时我听到了关于哲学和哲学家的事情，这给我留下了极为引人注意的印象。我记得，瓦依斯漫不经心的性格，他那匆忙的和断断续续的说话样子，特别是有趣的沉思的面部表情令我十分着迷；涉及他文字风格晦涩而受到责备时，他以此为自己进行辩解，说人类精神最深刻的课题是不可能为群氓解释清楚的。这个我自认为有说服力的信条立即就成为我写的一切的准则。我记得，有一次我受母亲委托给我的哥哥阿尔伯特写一封信，他对我写的信和信的风格极为诧异，他怕我是完全陷在概念里疯了。尽管我对瓦依斯怀有强烈的好感，可我没法坚持去听他的讲座，因为我那时狂热的生活倾向除了美学的学习又转到了另外的事情上了。在这同时我的母亲为我操心，要我重新去认真进行音乐学习；一直是我的音乐老师的米勒已经不能使我对音乐有持久的乐趣了，于是就从中想到，是否一个新老师能够唤起我的兴趣，使我认真地对待音乐学习。

托马斯教堂的合唱队主事和音乐指挥泰奥托尔·瓦因利希当时担任了莱比锡传统上的这个最重要的职位，此前席希特和塞巴斯梯安·巴赫曾任这个要职。他的音乐教育属于老意大利学派，在博洛尼亚的马尔梯尼学校学习过。在这个方针下，他通过声乐谱曲而著名，在这个领域里他对声音的出色处理受到赞扬。他自己告诉过我，他的一些唱法练习书给另一个出版商带来很好的生意，如果他把他的一些新的唱法练习书留给他的话，他会得到一笔不错的报酬；可他在那个时候没有现成的这一类的作品。当这个出版商要出版他的什么东西时，他给他一首弥撒曲，出版商拒绝了并说："谁想得到肉，那他也得啃骨头。"瓦因利希在谈这件事时表现出的谦逊是这个出色的人的特点。当我的母亲把我带到他那儿请他接收我学习音乐时，他先是拒绝了，他衰弱多病。母亲多方劝说，可他长时间进行招架，最后看了我带去的一首赋格曲，了解了我音乐教育上的缺欠，对我表示出了一种友好的怜悯。他对我说，只有在这样的条件下才收留我：半年之内不能谱曲，只能按照他的规定上他的课。我答应老老实实地遵守条件的前一部分，这是因为大学生生活把我扯进各式各样的娱乐中去了。可当我长时间唯一只能与严格的风格上的四声和声练习打交道时，不仅是我这个轻浮的大学生，就是写过一些序曲和奏鸣曲的我这个作曲家也感到极度的厌恶。瓦因利希也对我抱怨有加，并终于决定完全对我放弃了。在这个时候我生活方向出现了一个转折点，那就是在赌场那个令人震惊的夜晚所带来的灾难。几乎与这个事件同样令我吃惊的是，瓦因利希声称再也不要与我打交道了。我羞愧和激动地请求这位温和的、我的确十分敬爱的老人原谅，并向他发誓，从现在起我下决心坚持下去。一天早晨 7 点，瓦因利希出现在我的身边，他要一直到 12 点亲眼看我去完成一首赋格曲的结构。他确实把一上午的时间都用在我的身上，他对我写出的每一个节拍都提出了他的意见和他的有益的看法。12 点时他离开了我并留下了作业：在家里完成副音部的草稿。当我把我完成的赋格曲带给他时，他把他创作的同一主题的赋格曲递给我作为对比。这种共同创作赋格曲的工作奠定我与这位可亲可敬的老师之间的一种极为有益的友好关系，从这时起，此后的学习对他如对我一样，都成为一种极其愉快的消遣。我很惊奇，用在这上面的时间竟那样飞逝而去。在两个月的时间内，我写出了一批极富艺术性的赋格曲，除此还很快地学习了最困难的对位演化方式。有一天我给老师带去了一首配置极为丰富的双重赋格曲，当他对我说，我应当把这首曲子藏在镜子后面，他已经没有什么可教我的了。我真的对此异常吃惊。因为我没感觉到我在这上面花费什么样的力气，其结果是我经常忧虑，我是否能成为一个真正有素养的音乐家。瓦因利希对我从他那儿学到的毫不看重，他说："您也许永远不要写赋格曲和卡农了，您应当自学的是独立。现在您已经自立了。如果您认为必要，那您就能掌握艺术技巧。"

他对我影响的主要结果就是对清晰和流畅的喜悦，这是他通过自己的榜样所起的作用。我必须为那些声部填写上歌词，因此唤起了我对歌唱的爱好。他在同时要求我写一首奏鸣曲，以使我完全地置于他那和蔼可亲的令人慰藉的力量之下。这首奏鸣曲是我对他的友谊的一个证明，我要把它建筑在最清醒的和声的和主题的诸种关系上，他把一首最幼稚的普莱耶尔①的奏鸣曲介绍给我作为模式。谁熟悉我不久前谱写的那些序曲，谁就一定感到惊奇，我这部被要求谱写的奏鸣曲现在还由于布拉依柯普夫——海尔特尔音乐书店的不慎泄露而重新出版。令我感到惊讶的是，为了酬报我这一时期的自我克制，瓦因利希很高兴地通过那家书局把我的这部差强人意的作品印刷出版。从现在开始他什么都允许我做了。我可以完全按自己的爱好写一首 f 小调钢琴幻想曲，我在形式上随心所欲，宣叙的和旋律性的，这使我得到快意的满足，同时我得到瓦因利希的称赞。不久又谱写了三首序曲，它们都得到了他亲切的首肯。在随后的冬天我这些作品中的一部（d 小调）在布业大厅的音乐会上演出了。

在这所学院里当时还十分的舒适：器乐作品并不由指挥领导，而是简单地由第一小提琴马泰在指挥台上用提琴指挥，只是不久由于歌唱的加入，于是那个大腹便便的音乐指挥便出现了。这便是在莱比锡特别受到喜爱的波仑茨，他执一根令人瞩目的蓝色指挥棒，站在乐谱架旁。每年都用这种方式演出贝多芬的第九交响曲成了特殊的事件之一了。在头三个乐章由乐队顺利地像海顿的交响曲一样演完之后，波仑茨出场了，这次不是指挥一首意大利咏叹调、一部声乐四重唱或一首康塔塔，而是一件对一个指挥极为困难的大事，是领导这部高度复杂和由

---

① 伊格纳茨·普莱耶尔（1757—1831）：奥地利作曲家，钢琴教育家，海顿的学生，后成为音乐商和钢琴制造商。

器乐部分作为先导的谜一般的乐声作品。我出席的第一次排练令我难忘,过分小心的四分之三节拍造成的印象,通过这个节拍铜号便高亢地吹了起来,最后部分便开始了,在波仑茨沉重地挥动指挥棒下,便成了一团糟的胡言乱语了。选择这样的速度是为了配合低音乐器的宣叙调的奏出。可是从没有成功。波仑茨汗流浃背,可是宣叙调总不到位,我真的担心地怀疑起来,是不是贝多芬实际上是写了没有意义的东西。低音提琴演奏家泰姆勒,乐队的一个卓有贡献的元老,豁达、粗暴,最后向波仑茨提出了强有力的告诫,他最好是放下指挥棒!宣叙调最终是成功了。可自从出现这种曲折情况,到现在我都无法解释,听了这最后一部分之后,我心中便开始产生了一种压抑的怀疑,我是否真的理解了这部极为稀有的声乐作品,或者是不懂。我长时间完全摆脱了对此的冥思苦索,毫无做作地投入令人慰藉的清澈的音乐元素之中。特别是我的对位学习使我愉快地认识了莫扎特对音乐的最困难的技术性的课题能如此轻松和流畅地处理。他那部伟大的C大调交响曲的最后乐章是我最为值得仿效的榜样。我的那首还是在很大程度上根据贝多芬《科里奥兰》序曲写的d小调序曲幸运地得到演出,并也受到听众亲切的欢迎,我母亲第一次向我露出了希望的微笑,在此之后我完成了我的第二首序曲,即C大调序曲,它真的用一个"赋格段"来做结束,我相信这是我在那个时候为了向我的新榜样所表示的最好的尊敬。

这首序曲不久也在受欢迎的女歌唱家帕拉柴希(来自德累斯顿意大利歌剧院)的一次客串演出的音乐会上演出了。在此之前我在个人音乐协会"欧依泰波"举办的一次音乐会上听到过我的这部作品并且是我自己指挥的。在这个场合里我母亲发表过意见,这个特殊的印象我记得很清楚。这部保持着对位风格的作品没有真正的狂热的激情,这给她一种感到陌生的印象。在同一场音乐会上,前面演出了贝多芬的《埃哥蒙特》序曲，她对此大加称赞，而她也告诉了她对我的这部作品感到奇怪。她说："贝多芬这样形式的音乐远比这样一首愚蠢的赋格要感人得多。"我也为劳帕赫①的《恩齐奥国王》写了一首序曲（即我的作品第三号），在这部作品里贝多芬的成分再度强烈地显现出来。由于姐姐罗莎莉的努力，这部作品得以在剧院演出这部戏剧之前进行演出了。出于谨慎它在第一次演出时并没有事先宣布，但是这场演出是由音乐指挥多仑指挥的。因为这次演出没有异议，观众也根本没有进行干扰，于是在此后演出这部一段时间里受欢迎的戏剧时，演奏我的这部序曲时便经常要提到作曲家的名字了。我现在要谱写一部大型的交响曲（c 小调），我要在这部作品里表现出我所学到的，并把我向贝多芬和莫扎特的学习效果融合一起，写出一部可上演和可听的声乐作品，就是这次在最后部分也用上赋格，最后部分所有乐章的主题多半是这样处理的：它们在对位上彼此紧密地连接起来。尽管这是更为狂热的、大胆的成分，可《英雄交响曲》第一乐章对我的构思的影响不是不明显的。在行板中甚至可以听到与我早期音乐神秘主义的相似之处，一个不断反复的询问声，从小调三度音程进入五度音程，在我的意识之中，这部以清晰占主宰地位的作品与我早期的儿童狂热联在一起了。翌年我要争取我的交响曲在布业大厅演出，为此我拜访了弗里德里希·罗赫里茨（此人当时是莱比锡音乐美学家和音乐协会理事会中的一位深孚众望的长者），他已事先阅读了我的总谱，他看到我时极为惊讶，我居然是如此的年轻，因为这部作品已经给他留下我是一个年纪较大的、经验十足的音乐家的印象了。

可在这部作品上演之前，还经过一段较长的时间，现在我要进一步

① 劳帕赫·恩斯特（1784—1852）：德国晚期浪漫主义剧作家，写有 117 部历史剧。

叙述我在这段时间的生活情况。

我的短暂却是狂热的大学生活使我充分认识到的不仅仅是我的艺术教育的意义，而且也使我关心纷至沓来的所有世俗的和宗教的事情。如我所表现出来的，在我从没有对音乐疏远的期间，我对政治事件的兴趣重新苏醒了，对荒唐的大学生的胡作非为我第一次感到恶心，不久它就像一场荒诞不经的噩梦一样完全被我抛于脑后了。波兰人反抗沙俄强权的自由斗争很快就令我欢欣鼓舞起来。他们在 1831 年 5 月所赢得一个短时间的胜利把我置于惊奇和狂喜之中，我觉得世界通过一个奇迹重新被创造出来。与此相反，奥斯特罗文卡①战役的消息却使我好像感到世界重新毁灭了似的。我感到惊奇，我在酒馆置身于同学们中间时，每当我提及这样一个消息时，都会受到粗鲁和恶意的嘲笑。在这里我感觉到了德国同乡会性质的可怕的黑暗一面。每一种热情在这儿原则上都被扼杀了，并被引导到一种学究式的娴熟的轨道上去，这种娴熟唯有通过枯燥和装腔作势的冷漠而凸显出来。冷血，没有一丝幽默感，酗酒和负债，几乎像在决斗中一样勇敢。直到后来，与这种堕落的大学生精神相比，我才清楚地理解了德国大学生协会②的高贵意义。当时，当我对那场发生在奥斯特罗文卡的战斗悲哀地进行抱怨时，我因此而受到了侮辱性的训斥，我对这件事极为愤怒。我必须保持我的尊严，这一类的印象使我很快就与那些粗野的学生团体脱离开来。在我跟瓦因利希学习期间，我允许我唯一的放纵行为就是每个晚上去修道院巷的金希咖啡馆那里热心阅读新到的各种报纸。在这里我找到一些

---

① 奥斯特罗文卡：1831 年波兰起义，与沙俄军队于此地发生战斗。奥斯特罗文卡系波兰一个省份，其省府亦称奥斯特罗文卡。

② 德国大学生协会：1815 年建立起的一个全德大学生统一的自由运动组织，在当时的德国政治运动中起了很大的作用。

志同道合的人，我也特别喜欢听某些年长的人热心议论政治的谈话。我也开始对一些纯文学的刊物发生了兴趣：我读了许多东西，可是没加仔细的选择。在我的读物里机智和灵气开始吸引我，往常只有幻想和怪异才使我感到兴趣。但主要关心的是波兰斗争的结局：华沙的被围和被占领使我就像经历了一场个人的不幸似的。

当波兰军队流亡残部在前往法国途中第一次经过莱比锡时，我的激动是难以描述的，这第一批不幸者的队伍被安排在绿盾的屠户巷里宿营，看到这种景象令人难以忘怀。我沮丧至极，可当晚当我在莱比锡布业大厅的正厅中看到很多波兰起义的著名领导人出席贝多芬c小调交响曲演出时，我很快就陷入狂热的迷恋之中。尤其是一个名叫温岑斯·梯斯基耶维施的伯爵，他的异乎寻常的孔武有力和极富阳刚气质的容貌吸引了我，他那令我迄今感到陌生的安详而高贵的举止显出了自信和镇定。看到这样一个身着紧身装和戴着一顶红色绒帽的如此庄重稳健的人，立刻就使我原先对我们大学生世界中那些不成气候的英雄的尊敬消失殆尽。令我惊喜的是，不久，恰恰是在姐夫弗里德利希·布洛克豪斯的家里又遇到了这个人，他几乎像家里人一样可亲。我的姐夫对这些不幸的波兰斗争者极为关怀，他领导着一个委员会，不断地奔波操劳，自己在这项工作上做出了值得称道的贡献。布洛克豪斯的家有极大的吸引力。对于我们大家来说，温岑斯·梯斯基耶维施是这个波兰人小世界里的北斗星，长期以来一些富有的流亡者都集聚在他的四周，其中一个名叫邦泽梅的骑师一直留在我的记忆之中，他极公好义乐于助人，但也不无轻狂浮躁，他有一辆漂亮的四驾马车，穿越城市时疾驶狂奔，令莱比锡的市民感到愤怒。我也记得，有一天我与伯穆将军同桌用餐，他领导的炮兵在奥斯特罗文卡战斗得十分英勇。另外一些流亡者进出我姐夫的好客之家，他们时而是通过温文尔雅，时而是通过感伤的战士的举止都给我留下很深的印象,然而印象持久的是一个真正的男子汉的理想人物:我唯一所爱和所敬的温岑斯·梯斯基耶维施。

这位卓越的人物也确实激起了我的兴趣:我几乎每天都在他那里,经常参加那种半军事性的会餐,在这些场合里他有时喜欢与我一道退席,到一个安静的地方,在与我交谈中流露出他的忧郁的情绪。他还不知道他的妻子和他的小儿子的命运如何,他们是在沃尔希尼亚分手的。除此他还有一个阴影挥之不去,这使他牵肠挂肚:他把他一度遭遇到的可怕的命运告诉给我的姐姐路易丝。他曾经结过一次婚,与他的第一个妻子一道前去他自己的一处偏僻的宫殿。夜里在他卧室的窗边出现一个鬼怪的身影,一再喊叫他,他为了逃避危险就抓起了一支枪射击,可他射杀的是自己的妻子,她出于古怪的念头扮作一个鬼怪来拿她的丈夫开心取乐。不久当他的家庭得救的消息传来时,我也分享了他的快乐。他的妻子终于带着漂亮的三岁小男孩(雅努什)到了莱比锡。使我苦恼的是我对这个女人没有像对她丈夫那样的同情心,看到她浓妆艳抹,这给我留下十分不快的印象。这个劳顿得精疲力竭的女人奇怪的是想试图借助这样的化妆来掩饰她那松弛的和苦难的面部表情。她不久就又前去加里西亚,想看看能否从她那里的家财中救出点什么。这同时也想为她的丈夫从奥地利政府那里弄到一张护照,以便能随后前去加里西亚。现在5月3日到了。在莱比锡还留下的18个波兰人在莱比锡郊区的一家酒店里联合举办一次宴会:这是为了庆祝他们制定宪法的重大节日。只有莱比锡波兰协会的领导人和出于特别照顾和关爱的人才得到了邀请,我也列身其中。这是令人印象深刻的一天。这次男人们参加的宴会成了一次狂饮欢筵,从城里请来的一支铜管乐队不停地演奏波兰民间歌曲,大家在一个名叫桑恩的立陶宛人领唱下参加了进来，如歌如泣，如怨如诉，尤其是那首美丽的《五月三日之歌》唤起了一种令人震惊的热情。哭泣、欢叫变成了一种前所少见的胡闹，直到成群结伙都跑到庭院的草地上，一对对情侣分散开来，缠绵缱绻，情话喁喁；可祖国“却成了主导的词儿，到最后醉意陶然的面纱把一切都慷慨地裹进黑夜之中”。这一夜的幻梦稍后就成为我的一首序曲形式的音乐作品《波兰》，有关这部作品的命运我以后还会谈及的。

我的朋友梯斯基耶维施的护照到了，他准备通过布吕恩到加里西亚，他的朋友一向都是这样做的。在我心中升起一种去外界闯荡的欲望。梯斯基耶维施建议我与他一道同行，母亲同意我前去维也纳做一次旅行，这一直是我梦寐以求的。我带上我上演了的3首前奏曲和那部尚未上演的大型交响曲的总谱上路了，我可以陪我亲切的波兰朋友，乘坐他的专用驿车直到摩拉维亚的首府。在德累斯顿做了短暂的停留，随后那儿受尊敬的和少数的流亡者为他们爱戴的伯爵在皮尔纳举办了一个热情的告别宴会，在宴会上香槟酒满场飞，为未来的“波兰专政者”高呼万岁。我们终于在布吕恩分手作别，翌日我从这儿出发乘驿车继续前往维也纳。我单独一人在布吕恩停留了一个下午和一夜，可在这期间我却突然对霍乱的传播感到了恐惧。我第一次在一个地方意外地得知，这儿正在发生霍乱。我刚刚与我的可靠的朋友分离，孤独一人留在一个我完全陌生的地方，人生地不熟。当我知道这个消息时，好像是一个狡诈的恶魔把我引诱到这个陷阱，要把我无声无息地吃掉。虽然我在旅馆里没有发现什么，但是当我被人领到一间非常偏僻的房间突然留下我孤零零一个人睡觉时，我不脱衣服就埋头床上，又一次经历了我孩提时代曾受到的恐惧鬼怪的折磨。霍乱就活生生地站在我的面前，我看见了它，能够用双手抓住它。它与我一道上床，拥抱我，我的四肢僵得像冰一样，我感觉我的心在死亡。不管我睡着了还是醒着，我已经完全丧失了意识，只是当我在黎明时活生生站了起来和感到健康如常时，我简直是奇怪极了。我终于幸运地逃到了维也纳，在那儿我很快就对当地流行的瘟疫能保持完全无所谓的态度。

1832年盛夏。在这座生气勃勃的大城市里我停留了整整6周，由于被介绍给我家的几位好友，我很快就对一切熟悉起来。我此次前来并没有实际的目的，母亲的想法只是规定我做一次一般性的出游，而不是一次几乎是奢侈的旅行，因此给我的钱不多。可我却不然，我去剧院，听施特劳斯的演出，做短途旅行，优哉游哉，于是负了一些债务，直到我后来担任德累斯顿的乐队长时才把这些债务还清。但令我非常激动的自然是在这儿所感受到的音乐和戏剧印象，长期以来维也纳是我想象中独特的民族的创造力的化身。在这种意义上，最令我感到满足的是维也纳剧院做出的成绩了，它演出的一部怪诞的魔法闹剧《秘耳图娜在水中和在陆上的冒险》——在这部剧中有一个角色叫了一辆"到黑海去的出租马车"，它给我留下了一个非常生动的印象。在音乐上我处于两种强大的力量之间。一个年轻的朋友骄傲地领我去看格吕克的《伊菲格涅在陶立斯》的演出，特别值得提出的是它由著名的维尔德、斯陶梯格尔和宾德尔出演；只是我必须老实地承认，总的说来这部作品使我感到乏味，这令我难为情极了，因为我不敢公开说出来。通过霍夫曼的《幻想篇》，格吕克在我心中不由自主地早已成为一个富有魔力的巨人了；我还没有研读过他的作品，我猜想他具有一种引人入胜的戏剧性的热情，并把我在他的这部最著名作品的一次演出上所感受到的，拿来与我在那个难以忘却的晚上看到由施罗德-德弗林特演出贝多芬的《菲德利奥》加以衡量。我费力地使自己在奥列斯特与复仇女神那场重头戏里置身于一种类似的极度兴奋之中。可所有其他各场戏，我紧张期待的效果根本就没有出现。——然而我在当时维也纳两个歌剧院——凯恩特纳门剧院和约瑟夫剧院几乎每天都要上演的歌剧《泽姆帕》①的演出上触摸到了维也纳戏剧口味的独特的神经。两座剧院为了这部格外受到喜爱的作品的演出进行如火如荼的竞争。如果说观众看《伊菲格涅》是在陶醉,那他们在看《泽姆帕》时是一种真正的疯狂。当人们刚看完《泽姆帕》异常兴奋地从约瑟夫剧院走出来,进入邻近的那家“小施特劳斯”咖啡馆时,在施特劳斯的火一般的领奏之下,响起来的是由《泽姆帕》曲调组合成的一首混成曲(potpourri),这使在场全部听众几乎肯定陷入一片狂热之中。我不能忘怀施特劳斯演奏的每一首曲子,是那么挥洒自如,得心应手;神奇的约翰·施特劳斯,近似疯狂的热情。这个维也纳音乐精神的精灵,他在一首新的圆舞曲开始时颤动起来,那就像女预言家皮提亚坐在三足神鼎上,这些被他的音乐而不是被饮用的饮料弄得如痴如醉的听众狂喊乱叫,把这个魔法师般的小提琴领奏者的热情驱向一个令我几乎是恐惧的高度。对我来说,维也纳炎夏的空气中几乎只是弥漫着《泽姆帕》和施特劳斯。音乐学院学生的一次特别寒酸的排练——演奏是凯鲁比尼的一首弥撒曲的部分,——在我看来仿佛像是对古典音乐培植上一种必须付出的施舍。在同一场排练上,一个我不认识的教授——我被介绍给他——试着开始演奏我那首已在莱比锡上演过的 d 小调序曲,我不知道这个教授和进行这次尝试的学生们意见如何,我只是记得,我的这首作品很快就被放弃了。

总的说来,我的鉴赏的方向就这样被引入值得忧虑的歧路上了,在这座巨大的欧洲艺术城市我进行了我的第一次教养之旅,随后我乘坐驿马车踏上了返回波希米亚的归程,这是一次廉价的却十分乏味的旅

---

① 《泽姆帕》,三幕歌剧,法国作曲家埃罗尔德的一部当时极负盛名的作品。

行。在波希米亚我去拜访了我青年时代回忆中令我感到快慰的巴赫塔伯爵一家,他的府邸位于普拉沃宁,离布拉格一侧有 8 里远的地方。这位老先生和他的两个漂亮的女儿极为友好地接待了我。在这儿受到了多方面都是令人激动的款待。作为一个 19 岁血气方刚的年轻人,两位年轻的女士通过我姐姐的介绍信已经引起了她们对我的注意,与如此妩媚和善良的姑娘们经常近距离的接触不能不激起我的幻想。耶妮是姐姐,她身材苗条,浓黑的头发,浅蓝色的眼睛,面部的线条出奇地优雅;妹妹奥古斯苔,身材稍微矮小,丰满,富有光泽的皮肤,金色的头发,褐色的眼睛。她们与我交往中的无拘无束和姐姐般的关爱不会使我错误地认为我爱上了她们中间的一个。两位姑娘兴趣甚佳地观察我在选择上的尴尬处境,我费尽力气带来的结果是她们不停地拿我开心取乐。遗憾的是我在对待两位年轻女友的态度上并不适当,她们受的教育不多,勤俭朴实,但由于她们独特的出身却在于攀附名门望族或选择殷富的市民之家之间犹豫不定。我并不看重的那种奥地利特有的骑士教养,明显地低下,几乎是一种中世纪式的,可对我的两个年轻女友的教育遗憾地却是举足轻重的。在审美领域里她们的知识浅薄,相反地,对所有涉及表面的东西却出奇地了如指掌,我很快就看到这些,这令我反感。那些唯一激起我共鸣的高层次的生活元素,我热情地传达给她们,可得不到任何回响。我激烈地攻击那些劣等的小说,它们是她们唯一的读物;攻击奥古斯苔唱的那些意大利咏叹调,最后还要攻击毫无灵魂的以追逐女性为乐的轻薄儿,他们总是围在耶妮和奥古斯苔身边,以一种使我受到伤害的恶劣方式献媚求宠。我激烈反对的最后一点不久就给我带来了很大的苦恼。我变得暴躁和出言不逊,高谈阔论法国大革命精神直到向她们提出父亲般的劝告,愿上帝保佑,最好是与有教养的市民相处,和这些傲慢粗鲁的先生断绝关系,与他们交往只能败坏她们的名声。这样一些劝诫引发起的愤怒，有时我必须进行严厉地批驳，我从不请求原谅，而是试图借助假装的或真正的左右我的嫉妒，把我的满肚子怒火用一种尚可忍受的讨好逢迎最终引导到另一条轨道上。不管是爱上了或是苦恼，但我们的相处是融洽的，在寒冷的 11 月里的一天，我与两位美丽的姑娘告别，以便能很快地在布拉格与全家再度团聚。我在布拉格还待了很长时间，但我没有去拜访伯爵一家。

在布拉格的停留我重又拾起我的音乐教育。我结识了音乐学院的指挥狄奥尼斯·韦伯，通过他我的交响曲第一次演出了。除此我的大部分时间都用于与演员莫里茨的交往上了。他是我们家的一个老朋友，我被介绍给他，在与他的交往中我不久就与同样是一个年轻音乐家的吉特尔成为好朋友。莫里茨看到我每天都为音乐的事情到可怕的音乐学院指挥那儿跑来跑去，于是有一次他就随意仿席勒的《保证》写了首诗给我，才允许我离开：

瓦格纳溜到指挥狄奥尼斯那里，
长袍里揣着乐谱；
学生们给他上了镣铐：
“你带着乐谱要干什么，快说！”
暴君阴沉地回答：
“把城市从恶劣的口味中解放出来！”
“在评论里你会为此感到后悔。”

事实上我不得不采取一种狄奥尼修斯暴君的方式。这位指挥他对贝多芬只看重到第二交响曲，认为第三交响曲《英雄》完全是这位大师的败坏胃口之作；唯一只有莫扎特受到推崇，除此在新的音乐家之中就是林德帕因特内尔了。这个人不容易打交道,我必须采用一种方式,人们得利用暴君才能达到他的目的。我故意装作惊奇地谈到他观点中的新奇之处,当然不是去反驳,而是向他表明与我的看法的共同之处;这提到的是我的序曲和我的交响曲的结尾赋格曲,这两首C大调作品表明都是受到了莫扎特的影响。我的努力没有白费,狄奥尼斯以一种年轻人的热情排练我为乐队写的作品。音乐学院的学生不能不在他那枯燥却大声叫嚷得可怕的指挥下高度精确地排练我的新交响曲。在我带来的朋友们面前——其中也有身为音乐学院领导人的帕赫塔伯爵,——我们也真的第一次演出了我迄今最大型的一部作品。

在我庆贺我在音乐上取得成功的期间,我继续进行我在帕赫塔家中那幢富有魅力的房屋中那种别样的爱的追逐,然而是在最最奇妙的不同的情况下。作为一个同命运的人,我有了一位与我同病相怜的人,此人名叫哈萨,是开点心铺的。这是一个瘦长的、异常干巴巴的年轻人,像大多数波希米亚人一样,他除了有一家规模像样的点心铺也喜欢音乐,奥古斯苔唱歌时他做伴奏,因而就陷入了情网。他像我一样,极为憎恨在这座都城里经常出现的那些追逐姑娘的浪荡儿;我对此的不满多半是以幽默的方式表达出来,而他则是以充满阴沉和伤感的方式。他的愤懑使他笨手笨脚,有一天晚上,为了等候一个主要求婚人的到来,他去点燃枝形吊灯,可他高大的身体上那颗突出的脑袋却碰到了枝灯上,一下就撞碎了,房间无法灯火辉煌,这使我的女友们的母亲大为光火。从此以后,他觉得还是放弃拜访伯爵一家为好。我记起爱情痛苦感受的最初一些痕迹,感受到嫉妒的一种别样的折磨,但事实上并不是真正的爱情。发生了这样一件事,一天晚上我去做客,我被她们的母亲紧紧地留在前厅里,而这期间我从一些迹象看得出来,那两个精心打扮的年轻姑娘却在客厅里与我憎恨的高贵的年轻先生们在开心作乐。

那些在霍夫曼小说中的撒旦式的私通一直使我感到茫然不解,现在一切都活生生地呈现在我的眼前,我第一次搅进我此前尚不熟悉的激情的圈子里,对那些人和物怀着一种显然是有些夸张和并不公允的看法离开了布拉格。

我从这第一次闯荡世界中带回了另一个收获,这就是我在普罗瓦宁写的诗和谱的曲。我的音乐作品是根据我的青年朋友台奥多尔·阿佩尔写的一首题为《钟声》谱写的曲子。在上一个冬天我虽然还为女高音和乐队写了一首大型的咏叹调并在一次剧院音乐会上演出了,但这部新作品却是第一部有着真实情感的声乐作品。从它的一般性质而言,那是出自贝多芬声乐作品留下的印象。主要是他的《歌集》,即使如此我回忆起它时,它是我自己的作品,抒发的是我温柔的陷入陶醉的情感,它借助梦的陪伴而生动地表现出来。我的诗歌创作涉及的是一部悲剧性的歌剧题材的草稿,在布拉格时我就已经全部完成,冠上了《婚礼》的标题。可当时没有人注意到我做的这项工作遇到了怎样的困难,因为寒冷我无法在我没有生火的小客房里进行写作,而不得不躲到莫里茨的住处,每天上午都在那里。我记得,每当我的朋友突然踏进房间时,我就手忙脚乱地把手稿藏到沙发的后面。

这部戏剧作品的题材有一个特别的前因。早在多年以前我读毕辛①那本关于骑士性质的书时偶尔熟悉了一个悲惨的故事,从那以后我就再没有接触过它了。它讲了这样一件事:一个贵族夫人在一天夜里受到一个秘密爱着她的男人的暴力袭击,她为维护自己的名誉竭力反抗,这个男人掉到了城堡的院子里。这个男人的谜一般的死亡一直是个秘密。直到在举行这个人庄重的葬礼时,来参加的那位贵族夫人

① 毕辛(1783—1829):德国古代史研究学者,著有《骑士时代和骑士本质》。

也猝然倒地死去。这种激情的,深埋于心的情感的秘密力量使我的幻想栩栩如生地活跃起来。还是使用了霍夫曼小说中对此类现象那种处理的方式,我构思一个故事,其中同时注入了当时我极为重视的音乐神秘主义。事件应该是发生在一个有钱的艺术之友庄园里,一对未婚夫妻要举行婚礼,新郎的朋友,一个有趣的内向的年轻人也被邀请参加。参加这个婚礼的人群之中有一个交往密切奇怪的老管琴师。在这个老乐师、忧郁的年轻人和新娘之间有何种神秘的关系,应当随着这些纠葛的发展就明确了,这导致发生了一个与前面提到出自中世纪相同的事件。那个在感人的葬礼上演奏管风琴的老乐师陪着躺在棺材里死因不明的年轻男人和在他旁边同样死因不明的新娘,在连续不断的三和弦中也同样坐在木凳上死去。我没有完成这篇小说,因为我要写一个歌剧剧本,于是就重新拾起这个原有的题材,按照它的基础从中构思出下面的戏剧情节。

两个大家族长期以来成为世仇,它们决定重新修好。一个家族的女儿与一个忠实的追随者在举行婚礼时,这个白发苍苍的家族头领邀请他的敌人的儿子参加庆典。这次婚礼将会是一个和解的节日。众多的宾客心存猜疑,害怕被出卖,这同时在他们年轻的头领的心中却对他的新盟友的新娘燃起了一种阴郁的情欲。他的阴郁的目光也令新娘心神不安。新娘在节庆队伍的簇拥下前去新房,去等待新郎的到来。这时她突然在她高处塔楼上房间的窗户旁发现了那同样的目光带着可怕的情欲在望向她,她立刻就认识到了,这是关于生与死的大事。这个入侵者用发疯般的热情搂抱住她,她把他推向阳台,他越过了栏杆,坠到地上死去;他的伙伴发现了他的尸体,于是立即集聚起来,反对他们认为是背叛的行径,高喊复仇:宫殿陷入一片混乱;这场遭到可怕破坏的婚礼就要成为一个凶杀之夜。这位受人敬重的家族首领成功地避免了灾难的发生,向谜一般亡故的死者家里派出了使者;为死者举行极其隆重的葬礼,作为对这次不明其详的事故而赔罪,受到怀疑的这一家族全体都要参加悼念。通过这样的仪式让上帝来判明,是不是这个家族成员中有人犯下了这个罪行。在这次葬礼的准备期间,在新娘那里发现了一种越来越厉害的发疯的迹象;她逃离开她的未婚夫,拒绝与他结合,把自己关闭在她塔楼的房间里。只是在夜间葬礼时她盛装打扮走了下来,她面色苍白,缄默地走在女仆们的前面,出席在小教堂举行的追思弥撒;由于传来了敌对人群和死者的亲戚持械来袭的消息,仪式的阴郁而庄严的气氛为之中断。当复仇者终于拥进小教堂并呼叫凶手出来时,惊恐的城堡主人指向他已经死去的女儿,她背向她的未婚夫,倒在死者的棺材旁边。

这部黑色的以黑夜为背景的作品是我早期青年时代的《罗依巴特和阿黛莱德》的一种完美的回响,我拒绝任何一种亮光,尤其拒绝任何不相关的歌剧式的装饰,这是黑上加黑。然而业已触动了柔和的琴弦。第一幕的序奏(通过为声乐七重唱写的柔板,同时表现了两个敌对家庭的和解,新婚夫妇的情感以及那个暗恋者的阴郁的热情)给我带来了瓦因利希鼓励性的称赞,谱写这部作品一开始时,我在返回莱比锡时就给他看过,他对清晰性和可唱性表示了首肯。但我认为首要的是,我能否为我的这部作品从我的姐姐罗莎莉那里得到赞赏。她对我的诗不满意,可她对我几乎是有意忽略掉的却耿耿于怀,希望把简单的关系铺展开来,加以润饰,使之丰富多彩。我很快就决定下来,毫不怜惜地把文稿毁掉,不留下任何痕迹。

我这样做的原因不是因为我的虚荣心受到了伤害,而是我要向我的姐姐证明,一是我对我的这部作品并不看重,二是我对她如何地看重。如果说罗莎莉在我们家里享有母亲和姐姐们的特别尊敬和关爱的话,那这大部分的原因在于,她多年来已成了家庭的台柱;她作为演员得到的为数不少的收入成为维持家庭生活的重要来源。她的职业也带来了某些好处。她的房间经常是布置得舒适和保持必要的安静,以利于她的研究和工作。在市集的日子里,我们其他人在饮食上可以马马虎虎,只有她一人依旧是她习惯的好吃好喝,什么都不缺少。但使她超出家里其他人之上的是她选择那种友爱的严肃的表达方式,她温柔的深思熟虑的举止在我们中间几乎从没有失去主宰性的和有些活泼的气质。在任何情况下,我都是家里使母亲和母亲般的姐姐极为操心的一个人。在那荒唐的大学生时期,她对我的疏远给我留下生动的印象。当她终于又对我的成长有了信心时,我感受到了快意的温暖。这个过去一直把我看作不会成材的姐姐终于能认真地怀着尊敬和巨大的期望来关注我的作品了,这对我的志气是一种特别的激励。在这种情况下,在我的心中最终形成了对罗莎莉的一种温柔的、几乎是迷恋般的爱慕;这种爱慕在纯洁上和无邪的热情上只有男女之间最高尚的关系可比。罗莎莉的特有的性格肯定也不是没有影响的。她没有什么独特的才能,这是说在剧院里,她的表演多半是学究气,不是自然的。然而她的外表的优雅华贵以及她那高贵女性的纯洁和端庄引起了大家的高度敬重,人们对她们表示出极为尊敬的诺诺也一直令我难忘。但这样的密切接触却从没有与一种持久交往的前景联系在一起,一种我尚不清楚的命运终于使我的姐姐到了成熟的少女的年纪,在婚姻上她有着自己的理想,但这种希望却离她越来越远。我相信我在那时用我的方式观察到了罗莎莉对她命运安排所怀有的痛苦之情。我特别难以忘却的是,有一天晚上我听到她独自一人在黑暗的房间里长吁短叹和自怨自艾,这令我铭感于心。在我悄悄地溜了出去之后,从这时起怀着越来越多的和温情的敬意,顺从她的意愿,通过我的成功使她快乐。我们的继父盖尔曾亲切地给这个温柔的姑娘起了个绰号，称她是“小精灵”，这不是没有道理的。我前面说过，她的演技不是出色的，可她对艺术和对一切高层次的东西的幻想和思想却格外地活跃。从她那里我第一次听到了使我本人此后极度感动的倾诉心曲，在任何时间任何地点身边都集聚一小群能干的和志趣高尚的人，在这样的交往中不掺杂有任何种类的矫情虚饰。

我从长时间的出游返归时，在麦宁根和罗莎莉的圈子里认识了一个新人亨利希·劳伯①，他在这里受到了友好的接待。

那正是七月革命的余波在德国知识界的运动中表现明显的时候。在这个运动中劳伯很快就受到了器重。他作为一个青年人从西里西亚来到莱比锡，以便借助这个书籍贸易城市取得必要的联系好前往巴黎，伯尔涅②通过他的书信而在我们这里引起了巨大的注意。劳伯利用这个机会出席观看了路德维希·罗伯特③的戏剧《机遇的力量》，并借机为《莱比锡日报》写了一篇评论；他的犀利而生动的文笔立即激起了巨大的反响，以致《时尚世界杂志》编辑部立即邀他写稿以及有关书籍出版方面的建议。他在我们家被当作一个闪光的人才受到欢迎。他的犀利、短小精悍和经常是尖厉苛刻的风格——这种风格说是诗意的因素显然是难以成立的，——为他博得了独特和勇敢的名声；他的正直、诚实和无所顾忌使他具有一种受到锻炼的品格，他有过一个艰辛的青年时代。劳伯给我留下一个激励人向上的印象，我指的是他对我是如此地看重，这几乎令我感到惊讶。他第一次听了我的交响曲就在他发表

---

① 亨利希·劳伯(1806—1884)：青年德意志运动作家、新闻记者。著有书信体小说《年轻的欧洲》，后任维也纳霍夫堡剧院经理。

② 路德维希·伯尔涅(1786—1837)：德国著名政论家，1830年流亡巴黎，著有《巴黎书简》等。

③ 路德维希·罗伯特(1778—1832)：德国作家。

的文章中宣称我有音乐才能。

这次演出在1833年年初时在施奈德旅馆进行的,"奥特尔帕"协会就迁到了这个令人敬重的地方。这是一个肮脏的、狭隘的、灯光黯淡的场地。我的作品第一次在这里与莱比锡听众见面了,乐队的效果极为一般。这一个夜晚完全就像一场噩梦一样留在我的记忆里,而劳伯对这次演出却欣然接受,这就令我格外惊奇。我因此满怀美好的希望,能随后不久看到这部作品在布业大厅演出,在这里一切都会按照我所希望的那样光彩夺目。我的这部作品的演出得到了赞许,在所有的报纸上人们都在评论我,没有任何地方对我怀有恶意。某些报道都是鼓励性的,这个早已成名的劳伯声称,他要为我写一部原先是准备为麦耶贝尔写的歌剧剧本。这令我吃惊。虽然我至少没有想到要证明我自己是一个诗人,但是我只是想为我自己写一部真正的歌剧台本,除此我并没有任何其他想法。当我知道了劳伯要写的题材时,我那时就已经对它有了自己的构思,要写这样一个歌剧剧本,立即来证明我的情感的正确性。劳伯告诉我,他要为我写一部关于克茨袭斯克的歌剧,没有什么比这更有意义的了。我对此又为之一惊,因为我猜想到,劳伯对一个戏剧性事件的本质在处理上会产生一种错觉。当我问及情节时,劳伯感到很惊奇,除了这位波兰自由战士大量英雄事迹的生活史之外,还有其他什么可要求的吗?他从中已有足够的情节去表现一个民族的不幸了。除此之外也不会缺少一个可爱的波兰女人,她与一个俄国人相爱,借此也就营造出了悲剧性的爱情氛围。我立即向我的姐姐罗莎莉解释说,我不想为这个题材谱曲,她支持我,但只是请我稍后再把决定告诉劳伯。我不久就要前去乌尔茨堡旅行,这使我有可能经过一段时间用写信的方式把我的拒绝通知他。他忍受了这次小小的屈辱,心情并没变坏,但是他在我毕生中从没有宽恕我,我为自己写歌剧中的诗歌。

当他知道我拒绝了他那光彩夺目的政治诗歌而用了自己选择的题材时，他对我的评价不高。我的题材选自哥齐①的一篇戏剧性的童话《毒蛇女》，冠上《仙女们》的标题。我从奥西安和类似的诗歌中为我的主人公命名。我的王子叫阿林达尔。一个仙女阿达爱上了他，这个仙女使他远离他的国家，把他留在她们的仙女国里。他的部下来寻找并最终找到了他。告诉他，他的国家已经崩溃，敌人已经攻占了王都，要他返归。爱他的那个仙女亲自把他送回故国，因为根据神谕，她必须使自己的爱人经受种种严重的考验，只有在胜利地克服了这些困难之后他才有可能使她解除仙女的不死的本性，成为一个凡人的可爱妻子共同去分担他的命运。王子回到被蹂躏的故国，灰心绝望。在这极度沮丧的时刻他的妻子出现了，这是为了通过最最难以理喻的残忍有意来动摇他对她的信赖。阿林达尔由于诸多惊恐而陷入疯狂之中，他被一个凶恶的魔法师所引诱，他试图通过对阿达的诅咒而解脱掉这个魔法师的魔力。这个不幸的仙女由于痛苦愤怒地瘫倒在地，并向这个她永远失去的人揭示出了他们共同的命运。她因为违背了神谕而受到了惩罚，永远变成了石头（在哥齐的故事中是变成了一条蛇，我做了改动）。立刻就证实了，所有那些通过仙女们招来的惊恐都只是假象：战胜了敌人，国家就像变魔术那样快地繁荣和昌盛起来；只有阿达被神谕的女执行者（另两个仙女）所控制。阿林达尔返了回来，陷入疯狂之中。但是对这两个残忍的神谕女执行者来说，疯狂的折磨还是不够的，为了使他完全毁灭，她们出现在这个进行赎罪的亵渎神明者的面前，伪善地要求他到地狱里去采取行动解除阿林达尔身上的魔法。他们前往下界，阿林达尔的疯狂变成了崇高的热情，一个忠于王室的魔法师给他装备了

① 卡洛，哥齐（1720—1806）：意大利作家。

神奇的武器和工具，他带着这些装备跟随在跟他为敌的仙女们后面。当她俩看到阿林达尔战胜了地狱中的一个又一个怪物时，就陷入惊奇和恐慌之中，她俩把他带到深渊，指给他里面的一个人形石头，她俩要看到这个大胆的入侵者如何失败，因为阿林达尔本人就被固定在里面，他必须解除石头上的魔法，否则他本人就会如同阿林达尔一样被变成一块石头。阿林达尔已经用过那位友好的魔法师赠给他的宝剑和盾牌，他也带来一把琴，但此前一直不知有何用处。现在他弹起这把琴倾诉他对受魔法所困的妻子的哀怨，他的懊悔和他的炽热的思念。石头上的魔力褪了，他的妻子得救了，仙女世界的神奇多彩显现出来了，它向这个勇敢的凡人敞开了大门，阿林达尔虽然由于他的不坚定而失去了摆脱不死的权利，但仙女王国却为这个强大的阿林达尔本人在阿林达尔的旁边安排了一个永生不死的座位。

如果说我在创作《婚礼》时，拒绝所有的歌剧的修饰并赋予素材最最黑色的性质的话，那这次我却使这个题材尽可能地变得丰富多彩。除了这对理想的爱人之外，我又塑造了第二对现实的情侣，与他们并列甚至还有显得滑稽的第三对，当然这第二对是青年贵族，第三对是与一个侍女的。我并不看重诗歌的文风和诗行的处理，几乎是有意的漫不经心。我绝不想去对我从前博得诗人荣誉的倾向增添分量，我真的已经成了一个“音乐家”和“作曲家”了。我要给自己写一个合适的“歌剧剧本”，我看到了没有人能为我写这样一个剧本，这是因为一个完全适合自己的歌剧剧本是有些特别的，一个诗人和一个作家根木就无法写出来。

带着为这部歌剧谱曲的任务，我在1833年1月离开了莱比锡，去拜访当时在乌尔茨堡剧院工作的哥哥阿尔伯特。现在是时候了，我该为我的音乐才能寻找实践的机会。我的哥哥在较小的乌尔茨堡剧院能对我进行援手。我乘坐邮车经过霍夫到了班贝格，在一个名叫松克的年轻的社交圈子里逗留了数日，此人原是一个吹法国号的乐师，现在是一个演员，我在那儿怀着极大的兴趣听到了当时引起很大轰动的卡斯帕尔·豪塞①的故事，如果我记得不错的话，人们还亲自把他指给我看。我很喜欢市集上女人的独特服饰，我想起来霍夫曼曾在此地逗留过，这里也是他创作《幻想篇》的地方。我继续前往乌尔茨堡，乘坐一辆农夫的马车，十分寒冷。现在我的哥哥阿尔伯特以一个相当新的形象出现在我的生活里，他试着使我将就地适应他那并不宽敞的家庭。前一些时候我曾给他写过一封信，他接到后就猜想，我这个人不是那么古怪，对此他感到高兴。首先他为我在剧院谋取到了一份额外的工作：合唱队的指挥，每个月能拿到10个古尔盾的报酬。这个冬天的其他时间我都把它用在音乐指挥的实际练习上了。我要在短期内熟悉就要演出的两部大型新歌剧，即马施纳的《吸血鬼》和麦耶贝尔的《魔鬼罗伯特》，在这两部作品中合唱有着很大的分量。在合唱队指挥这个职务上，我是一个完全的新手，一开始碰到的是我根本就不熟悉的一份总谱：帕埃尔②的《卡米拉》。我留下的印象是好像我根本就没什么事可做，我觉得自己真的是一个门外汉。但不久马施纳的总谱就激起了我的兴趣，我的艰苦工作得到了回报。而对《魔鬼罗伯特》的总谱我却非常失望，根据报纸上的报道，我期待的是完全神奇的独创性和独树一帜的新颖性；可我在这部一眼就看透的作品却什么都没有发现，一部其结尾像第二幕的结尾一样的歌剧，我无法把它列入我喜爱的作曲家的作品之内的，只有阴界的短号，作为最后一幕里母亲的鬼魂声给我留下了

① 卡斯帕尔·豪塞：一个在1828年5月28日出现在纽伦堡的弃儿，他的出身有多种猜测，1833年被杀害。

② 费狄南多·帕埃尔（1771—1839）：意大利歌剧作家。

印象。值得注意的是，在我继续进一步与这部作品打交道时，审美上对非道德的经验却不管用了。对那些肤浅的、极端乏味的，尤其令德国音乐家极度厌恶的作品，我早先所持的反感，现在逐渐地在兴趣的身后消失了，我看到表演上的成功是必要的了，这样以来到最后我对那些贫乏的、矫揉造作模仿现代俗套的旋律，除了加以喝彩，赞扬他们的能力之外还能有什么呢。此外，事情涉及我做一个音乐指挥的未来生涯，在为我操心的哥哥眼中，不拘于古曲的条条框框对我是有利的。这样以来我对古曲作品的鉴赏力便逐渐地在一段时间里持续地败坏下去了。但是在此之前我并没有很快摆脱掉我用轻率的风格所进行的毫无经验的尝试。我的哥哥希望在贝里尼①的《斯特拉尼拉》中插入《海盗》中的一首独唱歌曲。但是没有这份总谱，于是他委托我为它配器。我从钢琴改编曲中不可能熟悉在音乐上是如此特别薄弱的重复间奏曲和幕间曲的笨重配器，我这个谱有一部带有赋格结束的 C 大调交响曲的作曲家只能借助几个用三度音程演奏的长笛和单簧管来完成它。在乐队排练时这首独唱歌曲听起来是那么空洞，没有效果，这使我的哥哥放弃把它插入进去的做法，他因为浪费了复制乐谱的费用而对我大加责备。但是我知道如何去回报他：我为马施纳《吸血鬼》中的奥伯里男高音的咏叹调添加上了一个新的快板乐段，我也亲自撰写了歌词。我的这项工作渲染出了一种魔鬼气氛，效果极佳，赢得了听众的欢迎和我哥哥的鼓励性的赞扬。

我以同样的德国风格在这一年（1833 年）也为我的《仙女们》谱写了音乐。我的哥哥和嫂嫂应外地朋友之邀在复活节后离开了乌尔茨堡，留下了我和三个孩子：三个小姑娘。这把我置于一种奇特的境地，

① 温琴佐·贝里尼（1801—1835）：意大利作曲家，作品有《斯特拉尼拉》《海盗》等。

成了一个得负责任的照料人，可我在那个时候却不能胜任这个角色。部分是因为我的工作繁忙，部分是因为我耽于愉快的交际，我不能留在家里去照顾我看管的孩子。在我那儿的朋友中间亚历山大·缪勒对我有着特别的影响，他是一个能干的音乐家、钢琴演奏家，一个幸福的年轻的追求音乐的人。尤其是他在即兴演奏上技巧娴熟，给我留下很深的印象；给他一个主题他就能即席演奏，听得我几个小时都不能移步。我与他和另一些朋友——其中有瓦伦丁·哈姆，他那古怪的体形，他小提琴演奏上的才能，特别他在钢琴上的异乎寻常的跨度（他用一只手弹出十二度音阶），使我感到十分有趣——经常到周围地区旅行，快活地啜饮巴伐利亚的啤酒和弗兰肯的葡萄酒。一个名叫“最后的机会”的庭院酒店坐落在一个风景优美的高地上，它是我们几乎每个晚上喝得醉醺醺，闹得昏天黑地的见证人。在那些暖洋洋的夏夜里我从没有回到我要照料的孩子们那里，在这种奇特的狂热之中我再没想到世界和艺术。我也记起来一次恶作剧，它在任何时候都是情感上的一个黑色的污点。在我的伙伴中间有一个名叫弗瑞利希的施瓦本人，他满头金发，异常的热情，我同他交换过各自亲手抄写的c小调交响曲。他是一个格外软弱却易于冲动的喜欢感情用事的人，他对一个名叫安德烈的人非常反感；安德烈的形象猥琐，我也不怎么喜欢。弗瑞利希强调说，若是他在那儿遇到安德烈的话，那这个晚上就算毁了。可这个被憎恨的不幸人却对此并不在意，依然经常与我们在一起。于是发生了摩擦，那个安德烈一再挑衅般地出现。一天晚上弗瑞利希失去了耐性。在一次侮辱性的答话之后他要用木棍把安德烈从桌旁赶走：出现了殴打的场面，弗瑞利希的朋友出于对安德烈的厌恶参加了进来。我也愤怒起来，我与另一些人朝向我们憎恨的家伙打去，听到我的棍棒打到安德烈脑袋上的声音，我自己也看到他把目光望向我。我讲这个故事表示对我所犯过失的一种忏悔，对我这次可耻行为的责备，我永远不能忘记。我只能把这个可悲的回忆与我孩提时代的一件往事相提并论，那是在我叔叔家——他那时住在埃斯雷本——旁一个池塘里一条小狗费力挣扎终被溺毙的情景，给我留下极为恐怖的印象。其他人的痛苦，也包括动物在内，经常使我几乎是一种过分纤弱的同情心不知所措，近些年来每当突然想起来时就陡生厌恶之心，也正因此我所提到那些跋扈的和无知的行为就更生动地留在我的记忆里。

我对我的第一次爱情的回忆就显得尤为无辜了。事情发生得很自然，她是一个年轻的女合唱队员，我每天都要对她们进行声音训练，她善于引起我的注意。她叫台蕾莎·林格曼，是一个掘墓人的女儿，有着一副漂亮的女高音嗓子。这诱使我认为她能成就为一个伟大的女歌唱家。自从我把我的想法告诉她之后，她就在合唱排练时打扮得格外引人注意，用一副雪白的珍珠项链绕住她的头发，以此来激起我快意的遐思。当我夏天独自一人留下来时，我按时地给台蕾莎上歌唱课，用一种我到现在仍不甚了了的方法。我经常去她的家拜访她，虽然从没有遇到她那不祥的父亲，却经常遇到她的母亲和妹妹。除此我们也在公园里见面。可一种并不怎么可爱的羞愧感阻止我向我的朋友们承认我的这次爱情。我无法准确地判定，其过错是否是因为卑贱的家庭地位，台蕾莎所受的不多的教育或许使我对我这次爱情的严肃性产生怀疑，我只知道，当我被迫要挑明关系时，此外我还由于嫉妒的怀疑心作怪，这次爱情不久就消失得无踪迹了。

对弗里德利克·戛尔瓦尼产生了一种更深沉的爱情。她是一个机械师的女儿，有浓重的意大利口音，富音乐才能，有一副甜蜜的形象感的嗓音；我的哥哥把她置于自己的保护之下，帮助她登台，她确也顺利地证明了自己的才干。她身材矮小，但有一对黑色的大眼睛和温柔的品性;她爱上了一个忠实的音乐家,此人是乐队有才干的第一双簧管演奏家,她用爱把他牢牢地拴在自己身边。他被看作她的未婚夫,只是顾及他昔日一件为难的事情,他有意地一再推迟婚期,还一直没有踏入她的父母的家门。当这一年的秋天来临时,我被一些朋友,其中也包括这位双簧管演奏家和他的未婚妻在内,邀到离乌尔茨堡有几个小时路程的农村去参加一次婚礼。那儿的一切都是农家式的,饮酒,跳舞,异常快乐,我自己也试着表现一下我的小提琴的娴熟技巧,可我就是拉第二小提琴也没有使我同来的乐师们感到些许满意。但是我本人却在好心的弗里德利克那里获得了巨大的成功,有几次我与她跳舞,疯狂般地穿过农夫的行列,直到欢乐的情绪使所有的拘谨和顾虑都被置于脑后。在情侣们翩翩起舞时,我俩也不由自主地拥抱和接吻起来。这位未婚夫发现了弗里德利克对我表现出温柔的无拘无束感到悲哀,但是他无法不听之任之,这第一次激起了我生平的一种扬扬得意的满足感。我还从没有找到个机会,使我产生了这样的虚荣心:我能给一个姑娘留下这么好的印象。说到我的外貌,或者说我的可爱之处,我从没有过顶点的幻想,我也从来没有注意过,我会吸引一位可爱姑娘的目光。相反的是我在与成年人伙伴的交往中逐渐地产生了一种自信,我的异乎寻常的活跃和经常的兴奋状态,与同我交往的所有人相比,在我的意识中最终会出现一种具有某种力量的感情,它能感染我的那些迟钝的同伴,或者使他们陷入昏迷。那位双簧管乐师发现他的未婚妻对我火一般地接近,可他所持的态度却是安安静静地忍受,非常克制;这使我,如所说的那样,第一次有了这样的感觉:我不仅在男人中间,就在女人中间我也算是个人物。弗兰肯的酒帮了大忙,带来了越来越厉害的混乱,在这种混乱场面的保护下,我最终同弗里德利克被公开地当作一对情侣。在深夜,都快到黎明时分了,我们乘上一辆马车踏上返回乌尔茨堡的归途。这是我一次快意的冒险之旅的愉快凯旋：当所有其他人，也包括那个忧心忡忡的双簧管演奏员在内，都在朝霞中酣然入睡时，我却醒着，偎依在弗里德利克的面颊上，在云雀的歌唱中迎向升起的太阳。

在随后的日子里我们几乎没有想到发生的事情。一种并非不快意的羞赧使我们保持着距离；但我很容易能进入她的家庭，并从这时起我们每天都能高兴地见面，几个小时地在她的家里逗留，交往上流露出不加掩饰的好感，而那个不幸的未婚夫却被排斥在外。从没有任何只言片语谈及这最后的关系，弗里德利克也从未产生一种改变的想法。没有一个人想到我该来取代她未婚夫的位置。所有的人，尤其是弗里德利克却对我充满了信任，事情在顺其自然发展，就像冬天结束春天就来到了一样。没有去考虑什么市民的规范，有的只是青年时代的第一次爱情中的亲昵和得意，在相互交往期间不会有任何方式会引起越轨的忧虑和担心。这种关系直到我离开乌尔茨堡才结束，离别时我们还怀着柔情蜜意，眼泪盈眶，依依不舍。我长时间难以忘怀，可我们没有相互通信。两年后我在一次短暂旅行期间又看到弗里德利克，这个可怜的孩子在接近我时十分害羞。她的双簧管乐师一直对她忠心不贰；她虽然没有能够与他结婚，但已经成为母亲了。此后我就再没有听到有关她的消息了。

在这令人激动的生活中，我勤奋地谱写我的歌剧。我姐姐罗莎莉的亲切关怀使我的心绪极佳。进入夏季了，我担任合唱队指挥的工作停止了。我的姐姐又开始关照起我，她给了我一笔足够用的零用钱，这使我没有什么可担心的了，也不会去拖累任何人，唯一的就是全力以赴，去完成我的作品。好久以后我找到那时我给罗莎莉写的一封长信，信里充满了我对我高贵姐姐的一种温柔的、几乎是迷恋般的爱。当冬天来临时，我的哥哥返了回来。剧院演出季节又开始了，我虽然不再与剧院有聘用关系，但我因此可以更多地出入音乐协会的音乐会了。在这些音乐会上我演出了我的大型的 C 大调序曲和交响曲，最终也演出了我新歌剧中的片段。弗里德尔小姐是一个嗓音极出色的业余歌唱家，她唱阿达的那首大型咏叹调，此外还加上一首三重唱，我的哥哥参加了这个合唱，他向我承认，这个三重唱感人至深，令他十分惊喜，都使他错过了他登场的时间。

圣诞节时我的作品完成了，总谱抄写得极为清晰洁净；我要在新年时返回莱比锡，以便使那儿的戏院接受我这部歌剧。在归途中我访问了纽伦堡，在我姐姐克拉拉家里停留了 8 天，她的丈夫受聘于当地的剧院。我记得在姐姐家做客时的愉快情景，姐姐和姐夫几年前——那时他们在马格德堡，我在那里做过逗留——还为我投身音乐的决定感到担心。现在我真的成了一个音乐家了，写了一部大型的歌剧，一些片段已经演出，且很成功。我的自我感觉很好，并且使我的亲人不无得意之感，他们现在看到了，我的所谓不幸归终给我带来了益处。我感到快活和放松，不仅是我姐姐家中的聚会，而且纽伦堡令人愉快的酒馆生活都使我十分惬意。我信心十足和心绪极佳地返回了莱比锡，回家我就可以把我的厚厚三大本的总谱放到心花怒放的母亲和喜形于色的姐姐面前了。

我的哥哥尤利乌斯从长期的漫游中返回家中，家里可谓人丁兴旺了。他长时间在巴黎做铸金手艺，回到莱比锡亦要以此为业，他也同其他家人一道希望听到我的歌剧，可这有困难，因为我缺少才能，无法把它熟练易懂地演奏出来，于是只能竭尽所能，全神贯注，力图做得最好。罗莎莉知道，我的目的在于博得她对我的关爱，我自己也不清楚，在我唱完了阿达的那首大型咏叹调之后，她对我的拥抱和姐姐式的吻真的是由于感动或者更多的是对我充满爱意的关切。她的热心显而易见，与剧院经理林格尔哈特、乐队指挥和导演周旋，竭力使我的歌剧能够上演，她很快得到了许诺。我极感兴趣地获悉，剧院经理处要立即为我这部戏剧的服装着手工作，可我惊讶听到，他们要的是“东方的”，而我剧中人物名字的选择清楚地表明是北方的性质；但是他们觉得这些名字是不合适的，因为仙女的题材不是在北方，而只是在东方才有，如哥齐的原型显而易见的都是有着东方的性质。我极为愤怒地反对那不可忍受的缠头巾和长袖的长袍这类服装，竭力地去宣扬遥远的中世纪的骑士服饰。现在得使乐队长斯台格麦尔详细地了解我的总谱。这个矮小而又肥胖的人有着一头金色的卷发，性格极为活泼，他可是难以说服的。令人惊奇的是我们在酒馆里很快就相互理解了。可一旦我们坐在钢琴旁时，我就听到了他提出莫名其妙的反对理由，对他的倾向我长时间不清不楚。事情由于反反复复都不知道怎么办了，于是我与歌剧的导演，莱比锡当时极受欢迎的歌唱家和艺术之友豪塞尔取得了密切的联系。在这个人身上我得到了极为奇特的经验：莱比锡的观众赢得此人在《魔鬼兄弟》[①]中饰演“理发师”和“英国人”。在他的家里他突然向我表明，他是最古老音乐的一个狂热的追随者。我惊讶地听到他甚至对莫扎特几乎毫不掩饰的轻蔑，相反的令他唯一感到惋惜的是我们还没有塞巴斯梯安·巴赫写的歌剧。他与我争论，戏剧音乐还没有写出来，而只有格吕克显出了他这方面的才能，随后就谈及我自己歌剧的某种要改进的地方，但是他向我提出的不是能使我的作品得以演出的修改意见，而是表明，我们每一部作品中的错误倾向，在与这个人讨论

---

① 《魔鬼兄弟》，法国作曲家奥柏·达·弗埃（1782—1871）所谱的一部歌剧，剧本作者为法国剧作家斯克里布。

我的每部作品中的错误倾向，我忍受闻所未闻的痛苦，热血不断上涌。我把遭受的这种巨大打击告诉我的母亲和我的姐姐。这一切的拖延已经使我的歌剧不可能在业已确定下来的时间内演出，现在它已被推迟到下一年(1834年)秋天的8月。

一次难以忘怀的经验使我重新振作起了勇气。年迈的毕莱是一个有才干的经验老到的音乐家，他本人就是一个作曲家，长期领导过布累斯劳剧院，独具慧眼，他当时生活在莱比锡，也是我们家的好朋友。我的母亲和姐姐也请他对我的歌剧的演出可能性进行判断，因此把总谱交给他一阅。令我极为感动的是，这位老先生有一天出现在我的家人中间，他异常激动，称像我这样一个年轻人居然写出这样一部总谱，简直不可思议。他说我有着巨大的才能，这太有感染力了。这令我十分惊讶，对询及这部作品是否可以演出，效果会如何的问题，他立即回答说，他唯一遗憾的是他现在不再是一家剧院的领导了，否则他会立即要把我这样一个人长期聘作己用，这将是他的巨大的幸运。他的话在我的亲人中间激起了一种期待的气氛，他言之凿凿，大家都不会把这位老毕莱看作一个愉快的饶舌者，而是当作一个练达老成阅历甚广的老人。

对这种拖延只能用好的心境去加以忍受，我可以在一段时间里把希望寄托在对未来的等待上了。在这种期待中我重新拾起与劳伯的交往，他现在正处于他荣誉的顶峰，虽然我并没有给他的《光施修斯科》谱曲。他用书信体写的小说《年轻的欧罗巴》的第一部已经出版，用一种充满青春的希望——我当时身上正充溢了这样的希望——使我格外感动。从更深的层次上看，它只是海因泽①的《阿尔丁格罗》的一个复

① 海因泽·约翰·雅可布(1749—1803)：德国狂飙突进时期的作家，他的小说《阿尔丁格罗在幸运岛上》名噪一时。

制品,在倾向上它流畅地表达了当时青年知识分子身上那种骚动不安的因素。这种方针的主要情绪在文学批评上是反对我们不同的文学王座半古典的占有者们外表上或实际上的无能。那些被认为是过时的人,其中也包括梯克在内,都看作纯粹的绊脚石和障碍,他们阻挡了一种新的文学的出现。促使我异乎寻常地在我的判断上也去反对我一向高度敬重和爱戴的那些孚有声望的德国作曲家,部分是由于这种无所顾忌的批评争论,但主要的是由于施罗德-德弗林特在莱比锡的一场做客演出造成的印象所致,她在贝里尼的《罗密欧与朱丽叶》出演的罗密欧使所有的人为之倾倒。但它的效果与此前所经历的无法相比,这位充溢青春活力的爱情主人公,其形象是勇敢的和思想丰满的,看到他在一种如此明显肤浅和空洞的音乐的基础上的演绎,这无论如何要求我们究其原因,为什么繁荣的德国音乐迄今以来应用到戏剧上竟然是这样的无所作为。现在我并没有深深地在这种思虑中迷失,置身在这激动得火热般的青春感情的洪流中任其驱使,身不由已地倾向于避开所有那种在我早年时期规定我走向一种崇高的神秘主义的冥思苦索的庄重严肃。波仑茨通过他指挥的第九交响曲,维也纳音乐学院,狄奥尼斯·韦伯和某些拙劣印象——古典音乐就是有过这些印象而使我真的感到平淡无味——还没完全做到的,可非古典的意大利的音乐借助施罗德-德弗林特饰演罗密欧的迷人和热情演出就取得了这种无法理解的效果。这样强烈的就其原因我不明其详的效果对我的判断产生什么样的影响,它表现在我以轻率的方式在《时尚报》上为韦伯的《欧里安特》所写的一篇短文上。这部歌剧是施罗德-德弗林特不久前在德累斯顿的个人登场前演出的。冷漠和苍白的歌唱家迎合时尚,华而不实;他们费力和毫无爱意,仅是为了满足经典作品的要求而去演出,做了他们力所能及的;这也使我青年时代对韦伯音乐的迷恋印象化为乌有。当劳伯的一个志同道合的人向我指出这部歌剧是一种折磨时，我不知道该如何回答；他随即有了机会，去大谈那个罗密欧晚上令人倾倒的印象如何如何。我面临一个课题：我当时正思考如何解决和也能轻而易举做到这点，并表明自己的勇气，通过刚才提到的那篇短小的评论文章与那种偏见决裂。在这篇短文中我坦率地嘲弄了《欧里安特》。如果说我的大学生时代结束了，我即进入成人的年轻气盛的年代的话，那么我现在在我的艺术鉴赏力发展上也勇敢地步入同样的道路。

5 月，这是春光明媚的日子。我现在与一个朋友去我青年时代罗曼蒂克的旧地——可爱的波希米亚做一次愉快的旅行，使疏狂的青年欧洲的心绪得以张扬一番。这个朋友是台奥多尔·阿佩尔。我早就认识他了，并为得到他的心仪而感到特别得意，他是希腊诗歌的学识渊博的诗韵学者和翻译家奥古斯特·阿佩尔之子，此人是我在这儿第一次得以结识的名人后代，我对他怀有一种充满敬重的偏爱。他的家庭富裕，孚有名望，在与他的交往中除了些在我生活并不经常出现的事情之外，我接触了高级的市民阶层的舒适生活。我的母亲非常高兴我与受到尊敬的家庭往来，我则为我在这样一个圈子里受到接纳，体验到出自衷心的热情而扬扬得意。阿佩尔希望成为一个有名气的诗人，我所做的就是为他的奋斗目标提供他们所需要的，把我的全部空闲时间供他支配，他的富庶的家庭情况使他毫无后顾之忧，不需要为生活操心。奇怪的是他的母亲——她在我朋友的有名气的父亲死后与莱比锡的一个法学家再次结婚——恰恰在这点上忧心忡忡，希望她的儿子成为一个有才干的法学家，因为她对儿子的诗歌才能根本就不看好。我设法与这位夫人建立起一种特别密切的友谊，为我的朋友施加影响，避免家庭的不和，也为他成为一个诗人取得支持。我的这种奢望很有刺激性，对朋友的诗歌才能我谈了我的肯定性的意见，坚定他选择诗歌职业的信心，使他面对家庭能用感人的言辞去说服他们。他对此很满意。因为他也学习音乐，曲谱得蛮好，这使我与他十分相投。在我陷入大学时期胡闹滋事的疯狂年代，他不是在莱比锡，而是在海德堡求学；这样他就与我那时种种放荡不羁的行为毫不搭界。当我们在1834年春天在莱比锡重逢时，我们的交往仅限于美学上的生活倾向，现在我们也要试图赋予生活享受方面一种意义了。在我们生活的环境和整个市民阶级世界允许的情况下，我们高兴做独创性的冒险。我们怀着紧张的好奇心情计划好了我们前往波希米亚之旅，也就是仅此而已。可依然有些不同的，我们这次不是乘驿车，而是有一辆自己的马车，使我们有着真正的享受，如在泰布里茨我们能停留数周，每天都在一辆漂亮的马车里兜风闲逛。我们在“威廉斯堡”饭店晚餐吃鳟鱼，喝斯柴诺泽克酒加比林矿泉水，再加上我们对霍夫曼、贝多芬、莎士比亚、海因泽的《阿尔丁格罗》和某些相关的热烈讨论，以及在朦胧的夏夜我们舒服地躺倒在我们漂亮的马车上，回到我们居住的“普鲁士国王旅馆”的二层楼里，在这样的时刻我们相信我们像是年轻的神一样在生活，除了我们间可怕的争吵，出于傲慢自负我们不知道有什么可做；争吵时，当窗户敞开时，旅店门前的场地经常聚集起一些胆小的听众。

有几个美好的早晨，我偷偷离开我的朋友，为了独自一个人在“施拉肯堡”享用我的早餐并借此机会在我的记事本上起草我的一部新歌剧的诗歌。我取材自莎士比亚的《一报还一报》，它非常适合我此刻的心情，我以极为自由的方式改写成一个歌剧，冠上《禁恋》的标题。《年轻的欧罗巴》和《阿尔丁格罗》借助我的特殊的情绪而变得更犀利了，我的这种情绪就是反对古典的歌剧音乐，表达出我的观点的基调，这就是特地把矛头对准清教徒的虚伪，对“自由的性欲”进行大胆的赞扬。我竭力所做的就是，只有在这个意义上才能理解莎士比亚的这个严肃的题材。阴沉的、恪守道德清规的总督,他自己因可怕的充满欲念的爱而拜倒在一个美丽的见习修女面前,她是为了她犯下一桩爱情之罪被判死刑的弟弟而来向总督请求赦免。通过她的人性情感的炽热热情,她在一个僵化的清教徒身上燃起了毁灭性的火焰。在莎士比亚这部戏剧中这种强烈的题材发展得极为丰富,因之在正义的天平上就变得尤为重要,对此我完全不予顾及。我所关注的是揭露伪善的罪恶和残酷的道德判决的非人性。这样我就完全背离了《一报还一报》,而通过复仇的爱情唯一地惩罚了伪善者。我把这个题材从温文尔雅的维也纳移到了热情似火的西西里首府,在这座城市里一个德意志总督对他无法理解的当地居民的自由风俗极为恼火,他要贯彻一个清教徒的改革的企图遭到了可怜的失败。大概这里有着《波尔蒂契的哑女》①的些许成分;也会使人回忆起《西西里的晚祷》②;当我考虑到,到最终甚至温和的西西里人贝里尼也在这部作品中参与了进来时,那我一定会对奇特的人物混淆发出微笑,在这儿这种混淆产生了最独特的误解。

现在它停留在草稿上。直到在去波希米亚的幸运之旅的途中,我的这部作品才算成型。我兴高采烈地把我的朋友带到布拉格,让他能有和我本人在那里曾有过的同样生动的印象。我们与我在布拉格的美丽女友会面了,年迈的伯爵帕赫塔之死给这个家庭带来了一些本质的变化,这两个女儿不再去拜访普拉沃宁了。我的态度傲慢和谈笑自若,这是对我那时告别时的酸楚感情的一种富有风趣的复仇。家道的中衰越来越逼使这两个妩媚可爱的姑娘要对有关她们未来的终身大事做出一个抉择,一个有钱的市民,只要不是商人,而是有祖传的家产,那对这

---

① 《波尔蒂契的哑女》系丹·奥柏所做的一部歌剧。奥柏(1782—1871),法国作曲家。

② 《西西里的晚祷》系威尔第的一部歌剧。

忧心忡忡的母亲来说就是一桩好事。没有任何恶意，既不是去显示也不是去感受，我对由于把台奥多尔引进这个家庭所造成的少有的迷惘困惑表现出我的愉快心情。我在极为快活和极为疯狂的恶作剧中，只是与年轻的女人打交道。她们无法理解我有这么明显的变化：在我身上再没有好斗的渴望，没有教训人的怒气和规劝人的热心，从前使她们感到烦心的一切都消失得无踪影。但是我也不再说一句正经的话。现在她们想与我严肃认真讨论些事情，可从我这儿得到的回答，除了胡闹和玩笑之外别无其他。在这种场合里我像一只放飞的鸟儿一样可以无所顾忌地做出些鲁莽的行动，她们不知该怎么办，这更加刺激了我的傲慢脾气。当我的朋友受我的影响试图模仿我的样子时，却引起了对他的反感。相互间只有一次真正认真的接触：我坐在钢琴旁，听我的朋友如何向女士讲述，说我有一次在旅馆的谈话中找到了一个机会，对某个人极为热情地谈到了我的女友们的家庭情况和她们的出色的性格。我的朋友所说的这些，其结果令我异乎寻常地感动，这两个可怜人所遇到种种恶劣的遭际涌上心头，我态度中的本性流露对她们不啻是一种完全意外的幸福。耶妮冲我走了过来，极其热情地拥抱我、吻我。这无可争辩地承认了我从现在起就被挑选出来有了可以不拘小节的权利，可对耶妮的热情流露我也仅是用调侃和装傻来回答。我们的旅店——当时是非常有名的“黑马”，成了我的胡闹的用武之地，在帕赫塔家我的那份精力还远没有用尽。在一些饭桌上和旅游的伙伴中，我们有了一个追随者，他跟着我们一直胡闹到深夜，这是一个胆小却要装出胆大的人，他是来自奥得河畔法兰克福的一个个头非常矮小的商人，出乎意料地，他遇到一个同样住在奥得河畔法兰克福的人。谁知道，当时在奥地利竟管得这么宽，我的胡闹竟然引起了注意。事情是这样的：有一次我使我的伙伴在旅馆大厅里高唱起《马赛曲》，一直闹到深夜。在这次英雄壮举之后，我脱掉衣服，然后顺着外墙从一扇窗户爬到三层楼的另一扇窗户，这自然使另一些人惊慌起来，他们对我早在儿童时代就爱好的杂技般的本事一无所知。如果说我对爬墙这样的危险毫不在意的话，可第二天早晨被传唤到警察局就使我清醒起来，因为我记起来《马赛曲》的事情，这使我感到十分忧虑。由于一种奇特的误会我在办公室里待了很长时间，但这样却使一个官员对我严加审讯的时间变得很短了，问了一些无关紧和有关我要在此停留多久的问题之后，我就被释放了。但在双头鹰翅膀①下我们不再经常做这些恶作剧的事来开心取乐了，这对我们看来是不无益处的。经过几次绕路②，我们终于返回了莱比锡。在路上渴求冒险的不知疲惫的欲望在诱惑着我们，可实际上只能幻想而并没有付诸行动，所做的是些非常一般的旅行娱乐罢了。随着这次返乡我生平中欢乐的青年时代就结束了。如果说直到现在我还没有从严肃的困惑迷惘和激情的冲动中摆脱出来的话，那忧愁却开始进入我的生活中了。

我的家人正盼望我的返归，以便告诉我，马格德堡剧院协会已准备聘我担任音乐指挥。这家协会在这一年的夏季要在劳赫斯台特浴场做客演出。协会经理对所聘用的一位无能的音乐指挥不满意，于是无奈之下前来莱比锡，想尽快找一个人替代。乐队长斯台格麦尔没有兴趣在炎热的夏天排练我的《仙女们》，于是就十分热心地推荐我去担任音乐指挥一职，想用这个办法摆脱我这个顽皮的鬼精灵的纠缠。我一方面希望能自由地和无拘无束地在艺术冒险的激流中畅游，我也渴望独

---

① 奥地利帝国的国徽。

② 瓦格纳在这里亲笔写道："补记：在从卡尔斯巴特前往泰布利茨途中的一个小城，在乌曼家发生的故事，这个小城的名字我忘记了。阿佩尔恋爱——我胡闹。全要追补，口授者注。"

立，这只有通过自谋生路才有可能，我的家庭一直给了我大力的经济上的支持。但是一个预感在告诉我，满足我所渴望的这样一种坚实基础恰恰在劳赫斯台特是无法得到的，想顺利地使我的《仙女们》得以演出，这对我也不是一件易事。于是我决定对劳赫斯台特进行一次顺便的访问，以探究竟。

这个小型浴场在歌德和席勒的时代已有极高的名望了。以木头为材料的剧场是按照歌德的计划建成的。它第一次演出的戏剧是席勒的《麦西纳的新娘》。虽然我自己知道这一切，可这个地方还是给我留下一个疑虑重重的印象。我去剧院经理家中拜访，他外出了。他的儿子，一个脏兮兮的小男孩带我去剧院找他“爸爸”。可在半路上我们遇到了他，一个身穿睡袍，头戴一顶帽子的稍微显老的男人。他愉快地对我表示欢迎，可这愉快由于对身体不适的抱怨而中断了，他的儿子要赶快到附近的店铺去买一瓶酒，于是他夸耀地把一枚真正的银币塞到儿子手上。这位经理叫海因利希·伯特曼，他是死去的著名女演员伯特曼的丈夫，她在德国戏剧的美好年代中成名，长期受到普鲁士国王的恩宠，这种恩宠在她死后一直延续到她的丈夫。伯特曼从普鲁士宫廷经常得到一笔可观的年金，长时间受到宫廷的庇护，若不是宫廷的这种恩宠，他的冒险的和游移的本性早就会使他丧失一切。目前由于他对剧院的领导无方已走向了末路。他的话和他的表情流露对一个昔日时代的甜蜜的怀念，而在同时他证明他所做的和他周围的一切都已耻辱般地颓败衰亡。他把我带回他的家中，向我介绍了“经理夫人”，她一条腿瘫痪，卧在一张奇特的长沙发上。这期间一个有些上了年纪的男低音在她的旁边抽着烟斗，伯特曼毫不掩饰地对我抱怨此人的过分忠诚。随即这位经理领我去见他的导演，此人也住在同一幢楼房里。这位导演正在与一个剧院仆役，一个牙齿都没有的骨瘦如柴的老人在谈论剧院的保留节目，他向我交代了签约的必要手续，这位导演施玛莱先生在谈及这件事时面露微笑，摇晃着肩膀。这同时他对我说，经理的办事方式就是把什么都推到他的肩上，自己对什么事都不管不问。他坐在这儿和克雷格在商量下个星期天能上演什么，都谈了一个钟头了。他要上演《唐吉万尼》，但如何安排一次彩排是个问题，因为组成乐队的麦尔珍堡市的乐师们星期六晚上不知能否前来。这当儿施玛莱不断地吃着一个个樱桃，一把樱桃核朝敞开的窗户外边吐了出去——他就是从这棵树摘下樱桃的——还发出了一种异样的声音。特别是这件事对我的影响起了决定性的作用，因为我极为奇怪的是对水果有种天生的厌恶。我向导演解释说，星期天上演《唐吉万尼》他没法指望我了，如果他们要是上演时把我的首次亮相考虑在内的话，那经理的计划无论怎样都要落空的，因为我必须立即返回莱比锡，以便在那儿把我个人的事情料理完毕。我心里立刻就做出了次定，可是这样一种婉言谢绝还需要装装样子，看有什么需要我在劳赫斯台特帮忙的，其实这完全无关紧要，因为我已做出了不再返回的决定。他们要帮助我找一处住处，一个我在乌尔茨堡偶然结识的青年演员成了我的向导。在他把我带入他熟悉的一处漂亮的楼房时，他告诉我，他会使我立刻就接受下来的，带我去见同楼住的房客，一个刻下在劳赫斯台特的极为可爱和极为可亲的姑娘，她是协会的第一号台柱明娜·普拉涅尔，我肯定听到过这个人的。

真正是巧遇，就在这幢房屋的门下，我们所想的就成了现实。她的出现和举止与我在这个不祥早晨在剧院留下的恶劣印象形成极为鲜明的对比。这位年轻的女演员有着优雅而清新的容貌，举止稳重、端庄和雍容大方，她的亲切和面部表情具有一种令人乐于倾倒的尊严。出奇的洁净和得体的衣着使人为之惊喜的意想不到的印象更趋完美。在走廊里我被介绍给她，说我是新来的音乐指挥，她对我这个如此年轻的新来的人有这样的头衔感到惊讶，她把我亲切地介绍给女房东，要她给我一个好的住处，随后她迈着矜持而平稳的步子走到大街前去剧院排练。我当场就租下了房间，答应星期天参加《唐吉万尼》的演出。我感到后悔的是我没有把我的行李从莱比锡带来。我要尽快返回莱比锡，好尽快重新返回劳赫斯台特。

骰子就这样掷了下来。生活的严肃性随即迎向我走来，充满了酸甜苦辣。在莱比锡我与劳伯告别，这是一次难以割舍的告别。由于普鲁士的指责，他被萨克森王国驱逐，并预计到这个事件会带来的后果。1830 年初期赤裸裸的反对自由主义运动时代开始了，劳伯并没有参加任何政治运动，而只是致力于文学活动的美学目的，警察的惩处令我们难以理解。莱比锡当局对询及他被驱逐的理由时所做的回答矛盾百出，这使他很快就满肚子怒火，对他采取的措施极为愤懑。因为莱比锡是他进行文学活动的一处不可替代的宝地，能够留在它的附近，这对他是十分重要的。我的朋友阿佩尔在离莱比锡几个小时远的地方有一处漂亮的骑士庄园，位于普鲁士的土地上。我们希望劳伯隐匿在那里。我的朋友有能力为被迫害的劳伯提供一个重要的庇护所，同时并不去触动法律的规定。他立即爽快地满足了我们的希望，但在第二天，他在与家庭就此事商谈之后，就称他认为难以做到。劳伯面带微笑，流露出一种我无法忘却的表情。从这种表情中，我也注意到他对我的神情掠过的眼神，这令我毕生难忘。他告别了。不久我得悉，他由于从前参加大学生联合会再度被聆讯而遭到拘禁，被关押在柏林的地方监狱。我从此事得到两个铅一般沉重的经验。我打点好我必要的行装，与母亲和姐姐告别，迈开双脚果断地踏上我的音乐指挥之路。

为了把明娜住的这幢楼房中的这间小屋看作我的新家，我也必须对经理伯特曼的剧院经营加以好心地对待。不久真的要演出《唐吉万尼》了，这部歌剧是以这次艺术演出为骄傲的经理提供给我这个出身良好家庭的年轻有为的艺术家一次首次登台的机会。虽然除了我自己的一些器乐作品之外，我还没有指挥过任何歌剧，可排练和演出进行得相当顺利，只是安娜的宣叙曲有几次不够准确；我没有招来任何敌意，当演出《流浪汉卢姆帕奇》①——我对它进行了完整研读时，我的表现十分平静和勤奋，他们很快就给予我这个新人以充分的信任了。我的音乐才能用的实在不是地方，但这并没有使我感到酸楚，甚至相反是情绪很佳，这倒很少归之于，如我们提到的，我胡闹年代养成的鉴赏力，而主要是由于与明娜·普拉涅尔的交往所致，她在那部闹剧中饰演了"仙女阿姆罗扎"。在这片轻浮和卑贱的乌云中间，她的出现真的像一位仙女，人们不知道她怎么会掉进这个旋涡里边，事实上她从没有随波逐流，甚至从没有接触过它。在歌剧中的那些女歌手中间，看到的都是烂熟的滑稽丑脸和怪相，可这个美貌的女演员却由于不加粉饰的端庄和出奇的洁净以及远离一切矫揉造作和装腔作势而与众不同。只有唯一一个年轻人有着我在明娜身上看到的相似品性而受到我的器重，他就是弗里德里希·施米特，有一副天生的男高音的好嗓子，他刚刚闯入剧院生涯，想在歌剧中找到成功之路；他与众不同，对角色的研究和演出十分严肃认真。他的胸音充满了深沉的阳刚之音，他的发音高尚纯正，这一切经常是作为楷模而留在我的记忆里的。由于他完全缺少戏剧才能，在舞台上显得拙笨和拘束，他的发展很快就停滞不前了；但对我来说，他是一个失败了的具有特性的人，品格可靠，令人尊敬，是唯一值得与之交往的人。

---

① 此系奥地利剧作家内斯特洛伊(1801—1862)所写的一部闹剧。

与住在同一幢楼里的可亲女伙伴的交往很快就成狂热的习惯了，她以某种善意的惊奇回答了一个21岁的音乐指挥的热烈的逢迎，她与所有那些献媚求宠和意有所图的人都保持距离，这使我很快就与她建立起一种亲近的友好往来。有一天晚上我很晚才回到我的那间租房，可因为我忘记了带钥匙，就只好越窗而入，这声音惊动了住在相邻的明娜，她走到了窗前。我求她要一直站在我的窗台旁边，允许我向她道个晚安。她没有丝毫反对的意思，只是这只能在窗户旁边，因为她经常让她的房东把她的房间锁上，这样就没有人能进入那里。她亲切地把她的手递了过来，上身深深地探了出来，这样我站我的窗户旁边抓住了她的手。那时我经常患有丹毒，面部有些异样，有意地躲在自己那间可悲的房间里，避开众人。可明娜一再地来拜访我，关心我，她说，脸部的异样不会有什么事的。我又康复了，我去拜访她，并抱怨我嘴边留下的一个病瘢，这个东西使我感到不舒服，我指给她看，请求她原谅。她觉得这没有什么，可我认为她因此没有给过我一个吻呢。她立即用事实表明，对此毫不害怕。她亲切安详和泰然自若地吻了我，几乎是母亲般的，毫无轻浮和冷淡之意。

几周之后，这个协会离开了劳赫斯台特，要在夏季的余下日子去卢多尔斯塔特做客演出。我非常关心明娜与同伴们一起要做的这次在当时会有许多麻烦的旅行。如果我能成功地从伯特曼那里拿到我所得的音乐指挥的薪水的话，我就能按我的愿望行事了。但是我遇到了特大的困难，这种困难在灾难的年代里与日俱增，已经成为最奇特不过的痛苦了。还在劳赫斯台特我就知道了，只有一个人才能真正地得到他的薪水，这就是那个男低音克那依泽尔，即我第一个认识的那个在臀部瘫痪的经理夫人身旁抽烟斗的人。有人向我保证，如果我要想按时得到我的工资的话，那我就得去讨好伯特曼夫人。可我这次却宁愿再次向家庭求助，因此路过莱比锡，这令我的母亲吃惊并忧心忡忡，我得到了必要的资助，独自一人前往卢多尔斯塔特。阿佩尔在我之前去莱比锡时他到劳赫斯台特接我，路经他的庄园做一个旅行。在劳赫斯台特接我时，他在一家饭店里为我举行了一次狂放的宴会，这一直留在我的记忆里。在这次聚会中间我和其中一个人成功地完全毁坏了饭店房间里一个建造得坚固异常的瓷制壁炉。这究竟是如何发生的，在第二天清晨我们大家全都感到茫然不解。

在去卢多尔斯塔特的路上我第一次经过魏玛，在那儿我在一个雨天去歌德故居，进行了参观，怀着新奇却没有激动之情。我想的是另外的事情，期待的是卢多尔斯塔特活跃的戏剧生活，它会给我留下紧迫的和更为生动的印象。我在那儿不能亲自指挥，因为公爵的宫廷乐队负责我们的演出，它的指挥必须担任这项工作。尽管如此，我忙于研读许多歌剧和歌唱剧，公爵领地举行射鸟节时在这期间都要用这些节目来招待四方的观众，十分繁忙，我没时间到这个小公国风光优美的地区出游。此外，除了这紧张和费力不讨好的劳累之外，在停留在卢多尔斯塔特的6周期间，有两种激情在紧紧束缚着我：一是耽于写《爱的禁令》中诗歌的欢乐，二是对明娜的爱慕愈加强烈。但我在此期间也仍然起草了一部音乐作品，这就是E大调交响曲，它的第一乐章（3/4拍）也已经完成了。这部作品的风格和结构上都是受到了贝多芬第七和第八交响曲的启发，就我所能回忆起的，我相信我不会为这部作品的成就而感到羞愧，不管我完成了它或者甚至只是我保留下来完成的片段。但就是在这个时候我已经形成了这样的观点：在交响曲的领域里我不可能按照贝多芬的发展做出新的和值得重视的成绩；相反的，在我越来越感到亲切的歌剧上并没感到有真正的榜样，这是一个能以多种多样形象出现的吸引人的艺术形式。我激情洋溢地在保留给我的极少空闲时间里完成了我新歌剧中的大部分诗歌,在语言和诗行上我花费的精力远比在完成《仙女们》的歌词上要多得多。我也在形象的塑造和紧张场面的处理上更为精心细密,这在我此前的作品上是没有过的。

另一方面我也遭遇到了由爱的嫉妒而产生的初次忧心和苦闷。在明娜身上迄今在对待我的那种无拘无束和亲昵好感的态度起了一种我感到莫名其妙的变化,好像我求得她欢心所做出的追求根本目的不是去想建立一种关系,而是在这种追求中一个经验老到的观察者被一个受到器重的女演员吸引来进行评论和判断,以满足轻易获得的虚荣心似的。从她的态度,和最终从她的解释中我惊奇地得知,她感到有理由对我的追求的严肃性重新加以审视和考虑带来的后果。正如我此前所知道的,她正在与一个年轻的贵族关系亲密往来频繁,在劳赫斯台特我在他访问明娜时认识此人,发现他毫不掩饰地对明娜一往情深。在她的女友们中间,她已经把这位先生①看作自己的人了。可不久就清楚了两个人不可能结婚,因为这位先生根本就没有财产,尽管是出自名门望族。他被迫地看到,他的社会地位和他所选择的生活道路已经牺牲了于自己更为有利的婚姻。好像是在卢多尔斯塔特期间,明娜已经得到了一种明确的回答,这使她严肃地,甚至是悲哀地对我的强烈的接近企图做出了冷冰冰的克制的反应。不管如何,经过仔细的考虑,我认识到了,不能在这儿让《青年欧罗巴》、《阿尔丁格罗》和《爱的禁令》中的故事发生,而且舞台上的仙女阿姆罗莎和"诚实的市民孩子"之间有着非常大的差别。我十分苦闷和沮丧,我把我的《爱的禁令》中狂暴的场面进一步尖锐化,晚上则与几个浅薄的伙伴在卢多尔斯塔特的公共园地里的火腿香肠的气味中游来荡去,甚至在这里我重新沾染赌博的恶

① 估计是曾为明娜早年画像的画家奥特尔斯台特。

习，这次只是摆在公开集市上的一种非常简单的方式：掷骰子和轮盘，它们短时间使我耽入迷恋之中。

终于离开了卢多尔斯塔特，到了马格德堡，在这个协会所在地待上整个冬季，有六个月的时间。这正合我意，特别是因为我在那儿又能成为乐队的头头了，这会使我的音乐活动得到进一步的成功。在我进军马格德堡之前我还必须在伯恩堡度过一段辛苦的时光，伯特曼经理，除了他的另外一些安排之外，也答应在伯恩堡进行演出。我必须带领协会的少数人在路过那里时挑选一些歌剧，还是由那儿的公爵乐队长进行指挥。伯恩堡的生活苦闷令人忧心忡忡，滑稽般可笑，这几乎使我觉得——如果不是永远如此，至少这次是这样，——这会使不幸的剧院音乐指挥这门行当变得索然无味的。但事情毕竟过去了，马格德堡将把我带到我所选择的职业上的辉煌时刻。

站在不久前居恩腊因大师用熟练的音乐指挥艺术给狂热迷乱的青年人留下印象的指挥台前，我感到自己不久也要成为大师，这对我不是没有吸引力的，因为事实上很快就顺利地确保得到乐队指挥的位置了。乐队的那些有才干的乐师在短时间就乐于看到，他们在我通常结束时用极快速度指挥他们演奏的热情序曲经常博得观众的喝彩声。我在演出上火一般的，经常是自负的努力得到了观众的热情赞扬，这种努力也在歌手们那里赢得了好感。在马格德堡，至少是在那个时代，在戏剧评论方面还没有大行其道，因而对我的普遍赞许用鼓励的方式表达出来。到我担任马格德堡音乐指挥的第一个季度末尾时，我已不无得意地成了歌剧的王牌了。在一次特别成功的前提下，处于这种情况，一对我怀有好感的导演施玛勒为新年元旦写了一部节庆剧，他要我为这部作品完成必要的音乐。事情以极快的速度完成了，一首迷人的序曲，多首道白音乐和合唱很快就如愿谱出，这种即兴的作品如果没有节日的机缘那是赶不出来的。我们博得了如此广泛的喝彩，这使我们能够再度上演这份新年贺礼。

除此，1835年的新年成了我生活关系上的一个决定性的转折点。我和明娜之间的交往自从在卢多尔斯塔特中断和相互几乎不再见面以来，在马格德堡再次相逢时我们关系依然是冷冰冰的和有意地疏远。我知道，在一年前她在这里登台演出过，以其美貌激起了很大的注意，特别受到一些贵族的追求，都以得到她的接待为荣，她表现得并不是无动于衷。如果说她的机智和严肃的举止确实没有给她的名声造成伤害，可我对这种形式的交往十分厌恶，这也许是由于对在布拉格帕赫塔家所遭到的痛苦记忆犹新。明娜向我保证说，这些先生是戏剧的爱好者，出身市民阶层，他们的态度非常谦恭非常有礼貌，远比那个年轻的音乐指挥做得好得多。话虽如此，可她从没有成功地阻止住我对她的这种爱好所表达出的愤恨和好斗的情绪。我们在日益加剧的相互疏远的情况下，三个月苦闷的时光就这样过去了。而在这期间我自欺欺人，在几乎是沮丧的不加选择的交往中随心所欲，胡闹鬼混，这使明娜，如她后来向我保证地说，对我十分关切，心怀同情，且忧虑忡忡。我这个年轻的音乐指挥也引起了歌剧中的一些女性的不无异样的关注，有一个名声并不太佳的年轻女人明显地向我抛出了她的情网，大概是这种担心激起了明娜做出了关键性的决定。我有了个念头，在除夕时把我们歌剧院中那些佼佼者请到我的房间聚会，用牡蛎和潘趣酒进行招待。请男士携带夫人，问题是我是否也能把未结婚的明娜·普拉涅尔小姐列在其中，邀她与会。她很爽快地答应了。在我的这个年轻人聚会中，她出现了，像通常一样打扮得整洁得体。这次聚会很快就变得恣意放纵起来，我事先已经向房东打了招呼，不要担心家具受到损坏，出现这种情况会得到赔偿的，他乐于不管不问。香槟酒起不到的效果，终于由潘趣酒顺利地完成了。一切通常用来束缚我们这群人的那些必要的习俗都破除得干干净净，戏谑、调笑，闹得不亦乐乎，没有人有什么异议。可明娜在这群人中间依然保持着安详得体的态度。她从没有失去端庄的举止，没有人敢于嬉皮笑脸地去接近她。因此，当明娜对我亲切和热情的体贴没有任何摈斥的表现，这就更有意义了，这也使整个聚会的人都清楚，我与明娜之间的关系绝非一般情况可比。看到那个名声不佳的年轻女人在发现这件事之后怒火中烧的样子，我们感到特别开心。

从现在开始我与明娜的亲密交往就一直持续下去了。我不相信，她感受过或能感受到某一种临界于激情的爱慕，爱的固有的情感，相反地，我只能把她对我的情感标志为一种由衷的好感，是为我的美好未来和顺利发展出自内心的祝愿，是极为友好的关怀和真诚的愉悦，她时时怀着惊奇之情，这一切最终成了一种经常的和快意的习惯。显而易见她对我的才能做出了极为有利的判断，并对我以富有魅力的方法迅速取得的成功感到惊喜。她善于通过她富有风趣的安详非常舒服地缓和我古怪的性格，我的这种性格刺激她继续地运用她自己感到十分得意的这种力量，丝毫没有向我显示出任何一种要求，一种渴望，甚至是热情，可对我的鲁莽举动也根本不是冷眼相对。在马格德堡剧院我与一个业已不再年轻的女演员哈斯夫人结识，这次结识很有趣，她扮演着“保姆和教师”的角色。她对我的关心很快就达到一种特别的程度，因为她是劳伯的青年时代的女友，并且一直深切地关怀着他的遭际。她很聪明，但是非常不幸；随着年代的流逝，风韵不复存在，容貌已失光彩。她有一个孩子，生活拮据，总是感伤地回忆过去美好的时光。我先是从她那里探听劳伯的消息，到后来就经常习惯地与她在一起了。她是明娜的好朋友，我们三个人时常一起度过愉快的晚上；可当这位年纪较大的女人对这位年纪较小的女人流露出嫉妒之心时，这种愉快就蒙上了阴影,令我感到不悦的是她对明娜的才能和智力的挑剔和批评。有一天晚上,我答应在明娜那里与这位年龄大些的女朋友一道喝茶。可此前我却出于疏忽去参加了一次玩惠斯特的牌局,虽然我对此感到乏味,可还是拖延下来,很晚才去拜访明娜,想知道这位变得不耐烦的女人是不是已经走掉了。我只有借助喝酒才会有这样奇特的经历:从一次清醒的惠斯特牌局到一种醉眼蒙眬的状态,我完全不知不觉地陷入了这种连我自己都不愿相信的处境。这种浑浑噩噩诱使我前去参加这么晚的茶会。令我感到极为不快的是这位年纪大的女友依然还在,这立刻就使我的醉酒发作起来。当这位夫人对我的这种令人厌恶的失态用开心的口吻惊讶得大叫起来时,我用极为粗野的方式对她大加嘲弄,使她立即拂袖离去。我还能清楚地回忆起明娜对我的这种举止流露出惊奇。她心情安详地从速做一项困难的决定,因为我现在的情况,若是没有人照看,打发我回家那是会出事的。她对我怜惜有加,对我加以照料,我很快就沉入梦乡。她毫不迟疑地为我腾出了她的床,我一觉睡到大天亮。当我醒来时,我知道了,从这个早晨起那种拖得如此长久,充满不祥的关系就变得越来越清晰明了了。预想到的忧虑踏入我的生活。没有任何轻松的玩笑,没有矜持,没有任何欢乐的心绪,我俩一本正经和规规矩矩地共进早餐。为了在这种处境中不致尴尬相对,我与明娜上午在城门前做了一次长时间的散步。随后我们分手,从现在开始我们就以一对情人的身份公开出现,不再羞于对我们之间的亲密关系追根问底了。

我的音乐活动逐渐转向一种特别的方向,它通过我在那个时代得到的成功或失败而赢得新的推动力量。在一次共济会举办的音乐会上我以非常吸引人的方式演出我的《仙女们》的序曲,受到极大的欢迎,但与此同时我也得到了莱比锡剧院经理部就有关应允上演这部歌剧做出的不利的决定。谱写《爱的禁令》一开始就使我处于一种心态，即很快就失去对那部旧作的关注，这样以来我就以一种傲慢的冷静对待争取在莱比锡演出所做的努力，作品的序曲所得到的成功足够我在这部歌剧所得到的酬报了。在马格德堡第二次停留的短短半年时间里，除了另外的工作，我已经完成了这部新歌剧中的许多场景。在一次剧院举办的音乐会上我演出了两首二重唱，它们获得的效果足够驱使我兴致盎然地去继续谱写我的作品了。在演出季节的后半个时期，我的朋友阿佩尔来拜访我，来分享我在新的音乐指挥上赢得的喜悦。他写了一部戏剧《哥伦布》，我把它推荐给剧院经理上演。得到这份恩惠再容易不过了，因为阿佩尔自己担负这部歌剧的新的制景费用，由阿尔汉布拉绘制。此外，在他这部戏剧出演的演员——他们的工资受到那个长期来得到"女经理"恩宠的男低音克那依泽尔的压低和克扣——都很清楚他的难处。我觉得这部戏剧里有着好多好的东西；它表现了这位伟大的航海家在他的第一次发现之旅启航之前所进行的奋斗和斗争。哥伦布船只的这次闻名世界的出航从帕罗斯海港启碇扬帆，充满着希望，渴望着成功，剧本到此结束。按照我叔叔阿道夫——阿佩尔依我的愿望把它交给我叔叔一阅——的判断，这部作品生动的和富有特性的群众场面极为出色，只是插进去的一段爱情故事显得多余和苍白。除了被从故土格拉纳达驱逐的摩尔人在移居途中的一小段合唱和结尾部分的一首短小的乐队乐曲之外，我还用极为骄傲的速度为我的朋友的这部戏剧谱了一首序曲。整个草稿我在明娜那里用一个晚上就写成了，这期间我让阿佩尔和我的情人在一旁愉快地大声聊天。这部虽遗憾却是异常仓促谱就的作品，表现了一种朴素的、在变化上是令人惊奇的基本思想：乐队描绘了——在音型的选择上并不费力——大海，也按我的所愿描绘了舰船；强力的，充满渴求的和奋斗的动机是在环境的动荡中唯一可把握的东西。这种合奏被重复，通过一种异样的，在高音提琴的朦胧的嗡嗡声中极其轻微地，像是海市蜃楼一样急剧地脱离开描述的主题而中断了。我使用了不同音准(stimmung)的三对小号，以最最轻柔的色调和最最不同的转调演奏出这个辉煌的和诱人的朦胧的主题：这是主人公的目光所寻找的可预见到的土地，他不断认为是看到了的却是虚幻，总是又消失在海洋里；但终于，在极端艰苦的寻找和奋斗之后，这群海洋之子的眼前真的看到巨大的未来土地清晰地在清晨的天空中升起。现在我的六把小号在主调中联合在一起，在辉煌的欢呼中吹响起它们的主题。

可这个演出季节的主要事件发生在季度的末尾。我设法使居留在莱比锡的施罗德-德弗林特到我们这儿来做客演出几场。我本人极感快意和享受了这种热情的激动，亲自指挥了她演出的歌剧，一共两次，与她一起直接地进行艺术上的合作。她饰演的是“苔丝德蒙娜”和“罗密欧”，尤其是后一角色，她再次激昂慷慨，使我重又兴奋得如火如荼。这次我也能与她进行更密切的交往，她对我十分友好和关心，主动提出参加我为自己筹资安排的一次音乐会，这是要在她从一次短暂出游返回之后举行的。在这种情况下我对这次音乐会抱有很大的希望，它的结果对我的处境有着一种特殊的重要意义。我从马格德堡剧院经理处得到的一笔微不足道的薪金，原本认为能有一小笔积累，已经完全成为泡影，这使我的生活需求，特别是我经常招待我的那些奇奇怪怪的歌手和乐师们的花费，只有一个办法好想，这就是最终负下了一笔为数不菲的债务。虽然我不清楚这笔债务究竟多高，但我相信我对我的这次音乐会收入有一个大体上的概念，这两笔我都不甚其详的数额应当是差不多的；因此我用这笔像样的收入来应付我所有的债权人，在音乐会后的翌日付钱给他们。在这幸福日子的早晨我把他们全都召到旅馆，一个受到热情欢迎的伟大女艺术家，她特地为了这个目的重新返回马格德堡，我筹办这件事当然指望有可观的收入，因此在音乐上搞得奢华些，邀请一支出色的大型乐队和进行多场的排练，我毫不顾及在这些方面的花费，我做这些是没有什么不当之处的。但是不幸的是没有人相信这位把其时间看作宝贵资本的著名女人会垂青于我这个渺小的马格德堡剧院音乐指挥，能再次返回来。人们几乎普遍认为大肆宣扬她的返归是一种骗人的炒作，正是有着这种看法，人们对高价的音乐会门票大为光火。其结果是大厅的观众人数寥寥无几，这对我，而首先是对这位亲切的宠爱我的人，造成了伤害；正如我毫不怀疑地那样，她为了支持我准时出现了，在这么少得可怜的观众面前现身，这对她是异乎寻常的。幸运的是她至少心情不错（如我后来知道的，事出有因，与我本人无关），她唱了一些歌，其中有贝多芬的《阿黛兰特》，令我自己感到惊奇的是我为她用钢琴伴奏。她唱得迷人极了。我的这次音乐会的一个意想不到的失败是乐队管弦乐曲的选择，在“伦敦城”这样一家旅馆里的一个共鸣声很强的小厅无法忍受喧闹的效果。我的《哥伦布》序曲中的六把小号已经使所有的听众感到惊恐了；而在贝多芬的《维多利亚之役》——我热切希望借助这首乐曲通过可观的收入来弥补我在乐队上的花销——结尾处，精心地使用了特殊构造的机器，大炮和火炮齐放，无论是朝着法军方面还是朝着英军方面，鼓加了一倍，号角加了两倍；开始了一场战役，它还很少在一个音乐会上如此可怖地打响过；因为乐队以压倒的优势朝为数不多的听众发起了冲击，他们最终完全放弃了抵抗，发出了咒骂声。施罗德-德弗林特依然亲切友好，她坐在演出的第一排，也在尽可能忍受这样的惊恐，出于友谊没有对我表示不满。可当英国人向法国人发起了一轮新的绝望的攻击时，她终于几乎是绞起双手也发出了咒骂声，这是一种真正令人恐怖的惊恐的标志。

大家都冲了出来,到最终只剩下我和乐队孤零零为庆祝惠灵顿的胜利进行一番尽情的发泄了。这次值得纪念的音乐盛会就这样结束了。施罗德-德弗林特随即继续她的旅行,让我自己一个人听从命运的摆布,为她良好的愿意遭到的挫折感到惋惜。我到忧心忡忡的情人那里去寻找安慰并为明天的战役——看来是不会以胜利交响曲结束的——来装备自己,随后我在翌日清晨返回我的旅馆的房间,穿过由先生和女士分成两列排起来的长长队伍,他们为他们的特殊要求在这个早晨的时刻被邀到这里。我保留着选择的权利,从我的客人中挑出个别人与我依次进行协商。我首先把乐队的两位负责票务和音乐的小号演奏家带到我的房间里。他们的计算表明,由于我慷慨热情答应给乐队的高酬劳,我还得从我的口袋里掏出一些塔勒和银币来付清这笔款项。这件事解决了,情况清楚了。先于众人,我现在把哥特夏克夫人,一个知心的犹太女人请了进来,与我就面临的急迫问题进行商谈。她看到了,这必须有一笔特殊的援助才行,我在莱比锡并不缺少有钱的亲朋。于是她就十分谅解地承担起向其余债权人担保的责任,让他们放心,并对他们拙劣地出现在当场非常不满。通过她,虽然也不无令人遗憾的抗议,终于使我门前的走廊又可以畅通无阻了。

演出季节结束了,协会面临解散,我的职务没有了。剧院经理从慢性的破产到急性的破产。他用整版的演出门票来付酬,并保证这些演出一定会举行的。明娜凭借她的聪明从这些独特的债券还得到了一些好处,她过着一向节俭和精打细算的生活。此外,只有歌剧部分完全解散,而戏剧暂时还算是属于剧院的成员,我返回莱比锡,热切盼望不久我们能再度团聚,并期待利用这段假期不久就能去德累斯顿拜访她的双亲,也想到她来莱比锡的时候拜访我。

5 月初我再次回到故乡的亲人中间,这第一次争取市民的独立,自己赚钱养活自己的尝试,在马格德堡以负债结束。我带着一只伶俐的褐色卷毛狗,它陪伴我从马格德堡回家,把它当作唯一的所获介绍给我的家庭,给它找个住处和加以照顾。我的母亲和罗莎莉依然对我的未来生涯抱着美好的希望,不管怎样我都会胜任做音乐指挥的。可是重新回到我稍早的生活环境的念头使我不得安静,尤其是我与明娜的关系激励我尽可能快地重新进入我中断了的生活之路。明娜在她旅行路经莱比锡时为了我做了几天的停留。她的亲切和妩媚的出现在提醒我,对于我来说,家长式的家庭依附的时代该结束了,面临这种巨大的改变愿望极为明显在催逼着我。我与她商议重新去马格德堡剧院工作的事情,答应她我不久就去德累斯顿访问,并为了使她与我的母亲和姐姐见面,请她在一个晚上来家喝茶。罗莎莉借这个机会看出来是怎么回事了,但她除了拿我的恋爱开开心之外,没有做得更多。事情看来不会有什么意外,可对我说来情况是不一样的,因为这种爱情与我对独立的渴求和在艺术世界中谋取一个职位的希望息息相关,完全重叠在一起。

除了莱比锡这个时期音乐上的转向之外,我对这座城市的厌恶越来越甚。当我在马格德堡草率地陷入轻浮的剧院口味,以此开辟了我的音乐指挥的生涯时,这期间门德尔松——巴尔托狄同时通过作为布业大厅——音乐会指挥的登台而开辟了莱比锡音乐鉴赏力的一个意义重大的时代。莱比锡听众用他们的幼稚来判断迄今以来他们感到惬意的订票音乐会的做法结束了。当我在一次由受到喜爱的年轻女歌唱家莉维亚·格哈特义演音乐会上,演出了我在马格德堡受到热烈欢呼的《哥伦布》序曲时——由当时我还没有完全摆脱掉的好心的老波仑茨的介绍,——我感到惊讶的是,莱比锡的音乐之友突然间有了另一种鉴赏力,他们甚至使用了我自己都不能如此娴熟使用的六把小号。这种经验增强我对任何做做出的那种古典气味的东西的反感，这样以来我就与诚实的波仑茨奇怪地志同道合了，他对美好的古老时代的没落总是好心地抱怨不已。

由弗里德里希·施奈德尔①领导的在德绍举办的一次音乐节给我提供了一个受欢迎的机会，我可以离开莱比锡了。这次旅行徒步需要7天，我办了一张8天有效的护照，这份证件在我生活的漫长年代里起了重要的作用，因为它曾是也一直是唯一一份后来在欧洲不同国家用来证明我的身份的文件。由于在萨克森我逃避了服兵役的义务，从这时起直到我在德累斯顿任乐队长起就再没有能得到一份正式的护照了。伴随着这份护照这次带给我的艺术享受微乎其微，相反的是它增强了我对古典主义的仇恨。我听了一个外貌像似醉酒的萨蒂尔的人——我对他充满了无法压抑的厌恶——指挥演出的贝多芬的c小调交响曲，虽然有一组低音提琴——这通常在音乐节上是一种讨好，——可演奏得毫无表现力和没有思想可言，这使一再感觉这部作品在我内心中栩栩如生的幻想图画和经常只有我个人听到同一部作品的生动的演出之间难以理解的距离，这是一个令人畏惧和惊诧的问题，我苦恼地避开去加以解决。这种受折磨的情绪通过听“年老的大师”施奈德尔的清唱剧《阿布萨洛姆》被引到滑稽可笑的地步，现在我感到了开心和平静下来。

在明娜首次开始在剧院登台的德绍，我听到那些轻佻的年轻男人对年轻漂亮女演员的品头论足。我极力地去对抗那些胡言乱语，去羞辱那些肆意诽谤的人，我注意到了我越来越热切地关心起我情人的处境。我返回莱比锡，没有跟家人照面，准备立即去德累斯顿旅行。当时

① 弗里德里希·施奈德尔(1786—1853)：德国作曲家，作有歌剧和清唱剧等多种。

乘快速马车,在半路上我就遇到了明娜,她由她的一个姐妹陪同正在返回马格德堡的路上。我立即弄到了一张返回莱比锡的车票,并且也真的赶上了我的情人。我成功地在到达下一站时说服了明娜返回德累斯顿,由于驿车已经起程,她就乘上一辆特快邮车。两位姑娘对我的陪同显得心情极佳,也感到惊奇。显然通过我的令其惊讶的出现而把她们带入一种期待的快乐冒险之中。由我来照料她们完成这次冒险之旅。我在德累斯顿一个熟人那里弄到了必要的费用,以便在一辆大的马车里把我的两位女友带入萨克森的瑞士,我们在这儿度过了几天愉快的、充满了最最纯洁的青春朝气的日子,只是有一次由于我这方面的一种嫉妒情绪的出现而蒙上了暗影。在这些天本不应当如此,但在我内心深处由于昔日的印象以及对未来的一种恐惧的预感和我迄今在与女性打交道时的经验而产生了这样的情绪。即使如此,这次旅行和在桑多浴场度过的一个几乎未眠的愉快的天气最美的夏夜,几乎成为我整个青年时代的幸福回忆。对于我来说,我此后与明娜的最最痛苦和最最辛酸苦恼的纠缠在一起的关系,经常是对这些无忧无虑的短暂享乐的日子的一种持续不断的赎罪。

我陪同明娜到莱比锡,从这儿她继续前往马格德堡。我又一次回到家中,对德累斯顿之旅缄口不谈,只是像一个自知犯有过失的人一样,热切地改变自己处境,这会尽可能快地重新把我带到爱人的身边。为此必须与贝特曼经理就下一个冬季新的聘任进行接洽。在谈判期间我不在莱比锡,而是在纽伦堡附近的屈珍浴场对劳伯进行了一次访问。此前不久劳伯在被拘禁近一年之后才从柏林的监狱里放了出来,受尽了折磨,并得做出保证,在案件判决之前不得离开本国。他利用拜访屈珍浴场的机会,秘密地到莱比锡,在一个晚上拜访了我们。他的面容憔悴,他虽然从容镇定,但是灰心失意,不再像从前那样英气逼人,对未来充满了期待,这给处于那种境况的我留下了特别的印象,它是保留在我记忆里的种种最最悲惨和最最不幸的印象之一。在屈珍我把《爱的禁令》中许多诗歌给他看了,虽然他对我狂妄地给自己写歌剧剧本仍不释怀,但对它们依然给予不无鼓励的肯定之词。我在焦急地等待从马格德堡的来信,这不是因为我怀疑这次聘任会落空——正相反,我有理由被看作经理贝特曼一个很好的招徕观众的音乐指挥,——而是因为我被重新带到明娜身边的时间还不够快。当我快速地为一个富有灿烂前景的马格德堡歌剧演出季节做必要的建议进行准备时,那些所需的消息还没有音讯。在这时期那位经常破产的剧院经理由于普鲁士国王的不倦的恩宠得到一次最后的援助,国王给一个由有声望的马格德堡市民组成的委员会汇去了一笔可观的金钱,用于贝特曼领导的剧院。当人们考虑到,我们城市中的这样一些可怜剧院怎样在挣扎着维持生存,而马格德堡的艺术界突然借此获得怎样的名望时,这对我意味着什么就可以理解了。我立刻准备进行一次旅行,去设法寻找好的歌剧演员。我得自己去想法筹措费用,自己承担风险,经理部提供给我的只是希望通过一次义演的收入来尽可能加以补偿。我很高兴接受了下来,经理给了我全权,此外还有特别的祝愿。在这短暂的停留期间,我与明娜——此刻她的母亲与她一起——生活在一起,十分亲密,现在为了完成我的大胆的行动重又分别了。

在莱比锡筹集那笔用于在马格德堡我计划中的旅费一开始是困难的,我向我好心的姐夫谈到的普士国王对我们剧院活动施加保护的恩宠并不能使他糊里糊涂地就慷慨解囊,费了好大的、卑恭的力气才能使我这次考察之旅得以成行。我当然得首先去我的美妙的波希米亚,这次在布拉格只是匆匆而过,没有与我的女友们会面,随之就去卡尔斯巴特观察在沐浴季节停留在那儿的歌剧演员。为了不使我的旅行费用一无所得，我变得异乎寻常地热衷，要尽可能快和尽可能多地去寻找那些有才能的人。我怀着热切的发现杰出人才的愿望观看了《白衣女人》的演出。除了我选中了唯一的一个演戈维斯通的男低音格拉夫，其他所有的歌唱家的才艺平庸无奇。格拉夫后来在马格德堡登台，并且，正如我无法否认的，他有着充分的权利发泄他的不满，这个招徕观众的演员对我的嘲笑，我竟没法进行严肃的回答。如果说迄今我的这次旅行目的一直不顺利的话，那么在卡尔斯巴特的停留就尤为令我感到惬意。我的行程穿过埃格尔，越过费希特山脉，到达了在晚霞中熠熠闪光的拜洛依特，直到很久很久这次旅行一直留在我的记忆里。

我的目的地现在是纽伦堡，我的姐姐克拉拉和她的丈夫还在剧院工作，我相信通过这层关系可以对我的寻找大有好处。首先我在我的亲戚家受到了很好的招待，重要的是我得设法为我的业已告罄的旅费加以补充了。这时我特地想到出售一只烟盒，是由白金制成的，这是我从一个朋友那里得到的礼物，出于秘密的原因我一直好好地保存下来；此外再加上一枚金印章戒指，这是我的朋友阿佩尔为我给他的《哥伦布》谱的序曲而馈赠予我的。典当出这两件属于我的珍贵物件，遗憾的是其中那个我认为是有价的烟盒所得不多，只够继续到法兰克福之用。到达了那里并在莱茵河附近我得到了给我的答复，在我成功地说服了我的姐夫和我的姐姐到马格德堡工作之后，现在主要还缺少一个首席男高音和一个首席女歌唱家，迄今我根本就寻找不到。

在纽伦堡的逗留此外还延误了与施罗德-德弗林特的一次愉快的重逢，她此时正在那里短期做客演出。与她再度晤面使我们分离后笼罩在我艺术活动上空的乌云一扫而尽。纽伦堡歌剧舞台没有给予这位女艺术家施展身手的场地，除了《费岱里奥》就只有《瑞士人之家》①了。她抱怨说，这是她早年饰演的一个年轻人角色，现在对她不再合适了并经常令她感到厌倦。我对《瑞士人之家》也感到不快，甚至几乎是担心，因为这部苍白的歌剧和老式的感伤角色埃美林娜会削弱这位女艺术家迄今经常在演出中给予观众和我本人得到的深刻印象，我相信只会如此。当我在这个晚上认识到这位不可理解的女人的极富魅力的伟大时，我的感动和我的惊奇是多么巨大呀。像这个瑞士少女的表演，它不能作为所有时代的纪念碑那样固定的流传下来，我现在还是不得不认为这是在这类条件下极为崇高的一种牺牲。处于这样条件下，美妙的戏剧艺术唯一地表明，一旦这种现象出现时，为什么它根本就不能保持足够的高度和神圣。

除了这次对我的整个一生和我的艺术发展十分重要的新的心灵经历之外，我的这次在纽伦堡的逗留从另一个方面来说给我留下了一种特殊的印象，这个印象虽不显眼，甚至机缘是平庸的，却以巨大的力量依附于我，在此后的日子里它以独特的重复出现的形象在我的身上复活。我的姐夫沃尔弗拉姆是一个快乐的机智家伙，大受纽伦堡戏剧界朋友的喜爱。他的谈锋甚健，机智风趣，我在我也参加的酒馆晚间聚会上对此得到了愉快的验证。有一个名叫劳尔曼的木匠师傅，年纪已不小了，身材矮小，说着一口极重的方言，外貌滑稽可笑，他在一家我的朋友们光顾的酒馆里被我看作一些怪人中的一个，这一些怪人多是成为取笑的谈资。劳尔曼自认为是一个出色的歌唱家，出于这种臆想，他特别感兴趣的是按照他的见解他认为是有歌唱才能的人。尽管他因为这种罕见的特性经常成为笑柄和逗乐的对象，他依然在每个晚上按时出

① 《瑞士人之家》是奥地利作曲家约瑟夫·韦格尔(1766—1846)写的一部歌剧。

现在拿他取笑的众人中间。想使这个经常受到嘲弄和讥笑而受到伤害的人的艺术素养有所改观，这太难了。最终呢，人们只能通过假模假样的姿态使他的虚荣心得到满足。我这个陌生人的到场被利用来玩这样一次游戏，这位可怜的歌唱大师如何地缺乏判断，令我惊奇：我的姐夫把我当作意大利伟大的歌唱家拉布拉什①介绍给他。为了表示对他的尊敬，我必须承认劳尔曼长时间以一种狐疑的态度来衡量我，对我的年轻的外貌，尤其是对我的声音的明显的男低音表现出谨慎的疑虑。为了使这位可怜的热情人相信不可相信的，酒馆聚会的伙伴们玩起了他们长期乐于玩弄的把戏来了。我的姐夫使这位木匠师傅相信，我为自己的演出得到高额的报酬，每在公共酒馆客店都是通过伪装而避开观众的。若是事关劳尔曼和“拉布拉什”之间的一次相遇，那自然是大有好处的；但是要听劳尔曼的演唱，而不是听“拉布拉什”的，因为是这个人得向那个人学习，而不是那个人要向这个人学习。在狐疑不信和被刺激起的虚荣心之间的一场罕见的斗争使我真的对这个可怜的木匠发生了兴趣。我开始尽可能灵活地扮演起分配给我的角色，极有特殊趣味的两个小时过去之后，真的成功使这个奇怪的人——他长时间激动地把闪闪发亮的眼睛瞄向我——把他的肌肉怪物样地活动了起来；当发条在他身上发动起来时，我们相信，我们真的看到了一个音乐自动机在活动：嘴唇在震动，牙齿在嚓嚓响，眼睛痉挛般在转动，终于响起了一首异常平庸的街头小调，声音嘶哑臃肿。在唱歌时，他用伸出来的一个大姆指的僵化动作在耳朵后面来做伴奏，这时他那肥肥的脸烧成炽热的红色，遗憾的是全体听众很快就爆发出一片狂笑，使这位不幸的大师

① 拉布拉什·路易吉(1794—1858)：意大利著名男低音歌唱家，曾一度成为伦敦和巴黎歌剧界的宠儿，他的音域宽达两个八度。

立即怒气冲冲。这种愤怒得到的回答是那些一直虚假奉承他的人的肆无忌惮的嘲弄，这把这个可怜人带到了唾沫飞浅的地步。在这些恶作剧朋友的可怕的叫骂中，这个不幸的人准备离开酒馆，一种真正的同情驱使我走向他，请求他原谅，想方设法去安慰他。可困难的恰恰是因为他把我当作他的最新的敌人，对我恨得咬牙切齿，我这个敌人欺骗了他，冒充起拉布拉什。但最终把他从门槛上劝了回来。这群无所顾忌的伙伴现在老实了，一声不响，甚至赌咒起誓，要在这个晚上再次听劳尔曼唱歌。这是怎么成功的，在我的记忆里很难保存下来，酒精起了作用，它最终大概也控制住了劳尔曼，在这个闻所未闻的漫长的酒馆之夜发生的奇特事情使我自己的感觉都陷入混乱之中。在劳尔曼再次经历同样的嘲笑之后，所有的人都感到有义务把这个不幸的人送回家里，我们在门前找到了一辆手推车，把他放在上面；我们像凯旋一样把他推到老城他家门前一个漂亮的狭窄胡同里。从睡梦惊醒的劳尔曼夫人，把她丈夫扶了下来，从她的咒骂中我们猜想到他们的婚姻和家境情况。她也清楚对她丈夫歌唱才能的嘲笑，只是对那些没有规矩的淘气孩子大加申斥，这些孩子拿他的痴心念头取笑，影响了他用来赚钱的工作，甚至到后来出现了类似现在的场面。但这时这位受伤害的歌唱大师的傲慢重又振作起来：在他的妻子费劲地拖他上楼期间，他否认她有权利对他的歌唱艺术用最最严厉的表现方式做出的判断并要她闭上嘴巴好好休息。

但是这奇妙的历险之夜还远没有到尽头。整个一群人又一次回到酒馆，可我们在酒馆面前发现了另一批人，其中有手工艺学徒，因为已经到警察局规定的时间，他们都被关在门外。我们中间的一些老顾客和那些与酒馆主人关系要好的人，认为可以允许破例进入。熟悉他的朋友们的声音的酒馆主人，很难对他们闭门不纳，却拒绝新来的那群人。在这种情况下就出现了混乱,喊叫和咆哮以及争斗的人数越来越多,演变成一种魔鬼式的场面。我觉得好像随即就要在整个城市引起一场暴乱了,我真的相信我再次成了一场革命的目击者了,可对这场革命没有人能理解它的真正原因何在。猛然间我听到一个人倒地的声音,像借助魔法一样人们争着朝各个方向奔跑。一个老主顾,他精通一种古老的纽伦堡的武艺,为了结束这意想不到的混乱,打开一条回家之路,就朝一个争吵最凶的家伙的眼睛猛击了一拳,此人虽然伤得不重,却扑倒在地。这产生了效果,人群争相散去。就在成百人剧烈争吵一结束,一分钟没停我就与我的姐夫手挽手平静地戏谑和大声笑着穿过空无一人的月光照耀的大街回到家里,半路上我从他那儿惊讶地知道,他对这类每个晚上都会发生的事情已司空见惯了。

终于是时候了,我要再度认真地去实现我这次旅行的目的。经过乌尔茨堡时我待了一天,重晤我的亲戚和熟人没有在我记忆里留下什么,但去弗里德利克·戈尔瓦尼家进行的一次伤感的拜访是个例外。到了法兰克福我立即找了一家像样的旅店安顿下来,等待从马格德堡剧院经理部得到为我努力取得成功的援款。我把为我们歌剧活动赢得一些台柱演员寄托在威斯巴登,有人告诉我那儿一个优秀的歌剧协会正面临解体。到那儿去的这次短途旅行对我来说格外困难。我成功地出席了一次《魔鬼罗伯特》的排练,男高音弗拉依米勒的演出十分精彩。我立即找上这个人,我发现她也乐于接受我的建议,前去马格德堡;我与她就必要的商定达成了一致,随后我不得不急速地返回我在法兰克福的住地“杨柳树”旅馆。我在这儿还要待上痛苦的一周,因为要求马格德堡方面支持的下一步旅行费用毫无音信。为了消磨这段时间,除了一些事外,我就掏出我旅行袋里一个大的红色封皮的记事本,标上日期,记下了将来写传记用的材料。我目前手头有的这些东西,使我能重温往事。从那以后我在不同的生活时期都不间断地继续下来。马格德堡经理部的漠不关心使我困顿的处境终于陷入一种极为独特的混乱之中,我在法兰克福招揽人才是极为幸运的,可是这种混乱却是我不能忍受的。我出席了当时的"天才指挥家"声名显赫的乐队长古尔领导的一次《魔笛》的演出,对极为出色的歌剧组感到十分惊奇赞叹。当然无法想象把一流中的一员引诱到我的网内,然而我犀利地注意到了,发现演唱《魔笛》中第一男孩的年轻小姐林姆巴赫是一个值得渴求的才女。她接受了我的聘请,可对她来说问题在于要脱离她在法兰克福的工作。她决定偷偷离开法兰克福。她把她的决定对我做了解释并要求我帮助她完成这个计划。这件事不能拖延,否则经理部就会知道的。这个年轻的女人猜想我无论如何都会有马格德堡剧院委员会——我对她大加赞扬了这个委员会——提供给我用于这次官方的公务之旅的大量费用。可我却为了自己能离开这里不得不把我必要的旅行包作为抵押,我竟落到了这样的地步。但要为一个女歌唱家逃走拿出一笔费用,这我根本就做不到。为了遮掩我们经理部的恶劣行径,我不得不向这位年轻女人撒谎,做得很拙劣,她颇感奇怪地悻悻离去。我为这次遭遇感到十分羞愧,在风雨交加的天气我路经莱比锡,带上我那条褐色卷毛犬,回到马格德堡,从 9 月初起我又担任起我的音乐指挥了。

我这次旅行目的结果使我怏怏不乐。经理向我得意地说明,他已经终于给法兰克福那个旅馆的地址寄去了五枚路易金币,虽然对我的那位男高音和那位年轻的女歌唱家发出了签约的文件,却没有寄给他们所要求的旅行费用和预付的款项。一切都落空了,只有男低音格雷夫从卡尔斯巴德按时到达,他立即激起了剧院中那些喜欢开玩笑的人快意的品头论足。他在一次排练《瑞士人家庭》演唱得学院式的单调乏味,使我尴尬至极。我能干的姐夫沃尔夫拉姆和我的姐姐克拉拉同时到达了，演歌唱剧比演大型歌剧带来更大的益处，除此也给我带来了巨大的和深感忧虑的痛苦。因为这些老诚的、习惯于稳定环境的人很快就看出了在一个像贝特曼如此缺少良心的经理领导下，剧院关系的处境恶劣——尽管有国王的保护，以及由此会导致他们家境令人忧心地变得越来越糟。我正当勇气尽失，万念俱灰的时候，一个年轻女士波莱尔特夫人，娘家姓查依毕希，与她的丈夫，一个演员偶尔路过马格德堡，她有一副好嗓子，是个才华出众的歌唱家，暂时要她客串出演主要角色。经理部终于排除了困难，使男高音弗拉依米勒在最后关头也来到这里，特别令我感到满意的是，爱情迅速地攫住了他，他爱上了法兰克福那个年轻的林姆巴赫，这位有进取心的男高音顺利地把那个女歌唱家诱骗来了。对她我羞愧万分，感到自己是那样无能。这两个人来时神采奕奕，与他俩一起同样聘任的还有喜欢表现自己的波莱尔特夫人，她虽然自负甚高，也找到了一个受过良好音乐教育的男中音克鲁格先生——他后来成为卡尔斯鲁厄的合唱队指挥——于是突然间我就成了一个名副其实的优秀歌剧团的领头人了，只有男低音格雷夫不得不费力地通过遮遮掩掩才把他安置在歌剧团里。不久我们就顺利地有一系列并不与以往完全相同的歌剧演出，我们保留上演的节目涵盖了各个方面，不只是为剧院写的那一类作品了，但我尤为高兴的是施波尔的《耶松达》的上演，这真的是一次庄严的演出，它使我们在有素养的音乐朋友们那里得到了巨大的尊敬。我不倦地利用一切可能来提高我们的演出水平，超出这样一类简陋的城市剧院所能取得的成就。我不停地通过加强乐队的做法与经理伯特曼抗争，他是要为乐队的扩大付钱的；我又通过加强合唱队和戏剧音乐而得到了他完全的好感，这样做用不着他掏腰包，却能使我们的演出更加光彩。剧院的预定票观众和其他观众空前地增多。我把普鲁士团队里的乐师和军队中组织良好的歌手们弄来参加我们的演出,而给予他们的酬报就是让他们的亲属免费入场。这样我就做到了,我们在演出贝里尼的《诺尔玛》时能按照总谱的要求,在剧院里安排一支规模巨大完整的音乐队伍,给我提供一批甚至更大舞台都几乎难以容纳的男声合唱队员。他们的齐唱当时给我留下了深刻的印象。在巴黎的一家出售冰淇林的咖啡馆——我经常在这里与奥柏[①]先生一道吃冰淇林——里向他保证说,我要把一支足额的连队弄到台上去演唱那些在他的《莱斯弗格》中进行叛乱的军人,他那时还惊喜地对我表示感谢呢。

在这种令人鼓舞的情况下,我为《爱的禁令》的谱曲也快速地接近完成了。我把这部作品作为答应偿还我旅行花销的义演之用,在这同时我在为树立我自己的声誉而努力,并且也不无期待以此来改善自己的经济状况,我甚至把本应守在明娜身边的为数不多的时间都用在我的总谱的谱写上了。这种勤奋甚至都感动了为我们爱情关系而担心的明娜的母亲,她自夏天来看望女儿就一直留了下来,料理明娜的生活。由于她的意想不到的到来,我们的关系出现了一种新的、急于认真解决的紧张。结婚的问题提到日程上了,这是很自然的事。我必须承认,我已经是个大青年了,可结婚的念头使我依然充满了畏惧,我没做理智的考虑和权衡,仅是一种简单的本能的情感就使我从事关一生的重大决定面前退缩回来。再加上我们的经济情况令人担心,这使明娜更多地是为了改善这种处境,而非以此来表明一次婚姻的完成。随之在她那方面出了问题,她不久就由于在涉及她在马格德堡剧院的位置陷入了苦恼。她在她的本行里有了一个竞争者,此人的丈夫是一个总导演,有着极高的权力,这样以来这个竞争者就成了她的非常危险的对手。在

① 奥柏(1782—1871):法国作曲家,写有多部歌剧。

这年冬初，明娜从当时名重一时的柏林王家城市剧院的经理部那里得到一份很有利的提议，于是她抓住这个机会与马格德堡剧院来个一刀两断，而我因此感到极为担心，可她似乎对我根本就不放在心上。我不能阻止明娜以完全毁约的方式离开此地前去柏林客座演出。她动身了，我十分痛苦，并对她的做法疑虑重重。我强烈的不安，写信给她，要求她回来，劝说她不要把她的命运与我分开，并正式地声明我们尽快地举行婚礼。在这同时我的姐夫沃尔弗拉姆与经理贝特曼闹翻，与他解除了已签订的合同，同样去柏林王家城市剧院客座演出。我的好心的姐姐克拉拉在这种令她不快的环境中留了下来，她发现她那一向兴致勃勃的弟弟正很快被一种痛苦的忧虑的情绪所吞噬。有一天她找了个时间把她丈夫的一封信交给我看，他在信里谈了些柏林的事情，也谈到了明娜，他从心里为我对这个姑娘的爱情感到惋惜，这种激情使我有失自己的身份，如他在旅馆——他与她同住在一家旅馆——有机会观察到的，她在交往和举止上都很不得体。这令人惊讶的信息给我留下异乎寻常的印象，它促使我把迄今我在爱情关系上对亲戚所做的保留抛到一旁了。我给柏林的姐夫写信，告诉他我的想法，我对明娜·普拉涅尔的依恋是如何认真，如能从他那里得到他所指责的事实真相，这对我做出决定是如何的重要。我从我那一向枯燥和喜欢嘲弄人的姐夫那里得到了复信，这使我的心充满了温暖，他承认他过去对明娜的责备草率了，他为他的饶舌、他的无稽之谈感到后悔，这很容易成为一种诽谤的依据；他声称，在经过与明娜的进一步接触和交谈之后，能极为满意证实她性格上的卓越和正派；他衷心祝愿我与这个诚实的姑娘能缔结良缘。现在我心中掀起了风暴。我恳求明娜立即返回来，并且从她那方面高兴地得知，自从她看到，柏林剧院的轻浮佻达的倾向之后，她也不再想在那儿得到一个位置了。我现在唯一想到的就是使她在马格德堡能够重新得到聘用。为此目的我在剧院委员会一次会议上面对经理和他的那位我憎恨的总导演，为保护明娜和反对他们两人对明娜的不公而慷慨陈词，这种热烈的袒露情怀，都使会议的参加者为之怔然，我的愿望没有遇到抗拒，得到了满足。于是我在恶劣的冬天，在一个深夜里乘上特快邮车迎向返归的情人。在欢喜的泪水中欢迎她，凯旋般地陪她回到她那舒适的、我感到可爱的马格德堡的家中。

在我们经过短暂中断的共同生活现在变得更加紧密的期间，1836年新年之际，我完成了《爱的禁令》的总谱。我对这部作品的成功寄予不小的希望，要以此来确定我对未来的计划。明娜似乎也不是不乐于对我的希望助上一臂之力。我们有理由不无忧虑，进入新的一年棘手的剧院经营给我们带来的麻烦不断。尽管有国王的支持和剧院委员会管理上的介入，我们那位可尊敬的经理依然是赤字不断，剧院由他继续经营下去，用任何一种形式都无济于事。于是借助给我提供的这群真正优秀的歌剧演员演出我的歌剧应当成为改变我的不利处境的一个根本性的起点。为了弥补我上一个夏季花销的旅行费用，我必须要求举办一场对我有利的义演，当然我要选择我自己的作品，并想方设法使对我表示出这份善意的经理部尽可能地少花些费用。因为经理部在为新的歌剧筹措一些资金，我答应第一场演出的收入交给经理部，而第二场演出的收入才归于我的名下。排练的时间已延伸到季节的末期，这对我似乎不无好处，因为我可以相信，经常受到异常欢迎的歌剧演员在最后几场演出会受观众的热情关注。但遗憾的是事情根本就没法拖到这个美好的直延续到 4 月底的演出季节的末尾，因为早在 3 月，由于不能按时得到薪金，那些最受喜爱的歌剧团成员他们都在另谋出路，而经理部却没有资金可供支配，于是他们纷纷提出辞职。令我担心的是，我的《爱的禁令》的演出就成了问题了。所有的歌剧团成员，都十分喜爱我，就是因此，歌唱家们不仅一直坚持到3月底，而且也承担起在短时间进行如此吃力的排练我的歌剧的任务。要进行两场演出，这个时间够紧的了，我们只有10天的时间供我们进行所有的排练。我的这部作品不是一部轻松的歌唱剧，尽管音乐上轻快，它却是一部大型的歌剧，有着大量的和复杂的合唱重唱乐段，这项活动可称为疯狂。可我这些特殊的努力获得了成功，特别是那些歌唱家，他们从早到晚不间断地排练，乐于承担这项任务；虽然不可能有十足的把握，特别是在这些辛苦的人的记忆上，可我最终指望奇迹出现，我在指挥上业已达到的娴熟会使我达到目的的。我有着怎样的一种特有的能力，去帮助歌唱家在他们即使没有很大的把握，也能保持排练的顺利进行。这在很少几次乐队排练上充分展示出来了，在这些场合里我借助经常的提示，大声地同唱和强有力的喊叫而把全体引入正轨，这都使人相信，演出不会有什么意外。但我们遗憾地没有顾及，在有观众在场的演出中间，这一切促进戏剧-音乐机器运动起来的有效手段只能局限在我的指挥棒和我的面部表情的动作上。歌唱家们，特别是那些男歌唱家，格外缺乏信心，这样就在演出时从开始到结束都出现了拘谨呆板的情况。记忆力特差的男高音弗拉依米勒试着用他在《魔鬼兄弟》①和《泽姆帕》②中所达到的娴熟，但也借助他那肥厚的和飘动不已的彩色羽冠而使他扮演的鲁莽的路西奥角色变得活脱脱和激动起来。歌唱的情节模糊不清，这不能怪观众，因为经理部并没有把歌词台本印制出来。女歌唱家的一些部分是个例外，她们受到了赞许，整体上都是舞台上的一个音乐影戏，乐队经常是用夸张的声音无法理解地尽情发泄一番。我要提到在音色上极

① 此系奥柏的一部歌剧。

② 此系埃罗尔德的一部歌剧。

具特色的是一支普鲁士军乐队的指挥——他对这部作品十分满意——向我提出在我未来的作品里使用土耳其鼓是必要的,这对情节的理解大有好处。在我谈及我这部青年时代作品的下一步命运之前,我要对这部作品的人物做个简短的说明。

这部以莎士比亚作品为蓝本的戏剧在我的笔下是这样处理的:

一个不知姓名的西西里国王离开了他的国家——我猜想是去那不勒斯旅行——把国家交给他任命的总督,为了使这位总督有着德意志人的性格,简单地叫他弗里德里希,赋予他国王的全权和手段,去对首都的道德状况进行一次彻底的改革,严厉的市议会对此感到忧心忡忡。戏一开场人们看到官方的暴力在恣意横行,城市巴莱摩一个近郊的娱乐场所部分被封闭,部分被捣毁,一些居民、酒店主和侍者被绑起带走。群众起来阻止,引起了混乱:警长布里杰拉(男低音丑角)在拥挤的人群中在擂动叫人安静的鼓声之后,宣读总督的命令,为确保一个良好的道德状况,必须采取严厉措施,普遍的讥讽和嘲笑的合唱插了进来;卢西奥,一个年轻的贵族,耽于享受的浪荡仔(男高音),似乎要成为民众的头头,当他看到他的朋友克劳狄奥(同样是男高音)被带到狱中并从克劳狄奥口中得知,他是犯了禁止恋爱的法令而被判处死刑时,他立即找到机会介入进去关心这些被迫害者。由于父母的反对,克劳狄奥一直无法与所爱的女人结合,可她已有了他的孩子;他遭到她的亲戚的仇恨,又触犯了弗里德里希的清教徒式的禁令。他害怕最坏的事情发生,只希望得到赦免。只要他的姐姐伊莎贝拉能为他求情,就有希望使那颗冷酷的心改变主意。卢西奥向朋友发誓,立即去“伊丽莎白修道院”找伊莎贝拉,她不久前去了这家修道院做了见习修女。在修道院平静的院墙里我们认识了克劳狄奥的姐姐,她正在与她的好友也是同样不久才来修道院做见习修女的玛丽安娜进行一场交心的谈话。玛丽安娜向长时间没有见面的女友坦露了她被带到此地的悲惨命运。一个身居高位的男人曾保证对他和她的秘密的恋情永远忠诚;可她最终发现她被他遗弃,甚至对她进行迫害,因为这个背叛爱情的人是这个国家最有权势的人,他就是国王现在任命的总督。伊莎贝拉听罢义愤填膺,随之她冷静下来,决心逃离这个罪恶竟不受惩罚的无耻世界。这时卢西奥闯了进来,告诉了她自己的亲兄弟的遭遇,她憎恶自己兄弟所犯下的过失,但这种憎恶很快就转变成对伪善的总督的罪恶行径的愤怒。自己兄弟犯下微不足道的错误却要遭受残酷处死的惩罚,这种错误根本就构不成背叛的行为。她的激情不经意地燃起了卢西奥对她的爱情,要她永远地离开修道院,接受他的求婚。她知道如何控制这个鲁莽的人,但她毫不犹豫地使他去总督的法庭。法庭的场面出现了,我借助警长布里杰拉对不同罪犯触犯道德的一种诙谐的审讯而表现了法庭的场景。弗里德里希的阴暗形象出现,他要求吵吵嚷嚷的人群安静并亲自以最严厉的方法对克劳狄奥进行了审判,形势因此变得明显地严峻起来。正当要宣布严肃的判决时,伊莎贝拉要求与总督私下面谈。在面对她感到害怕但也轻蔑的总督时,她十分镇静,一开始时只是请求他宽容和赦免。他的责斥使她情绪激昂起来,她谈到她兄弟所犯的微不足道的过失,请求宽恕人们难免犯下的不是不可原谅的错误。她的热烈的慷慨陈词触动了总督严厉的封闭的心灵,现在他自己的感受唤起他对她祈求赦免的允诺。心灵之冰已经融化了:在美丽的伊莎贝拉面前他不再觉得自己那么强大了。他答应了伊莎贝拉的要求,代价是她自己的爱情。这大出她的意料,对这种奇耻大辱她极为愤怒,走到门前和窗前喊来群众,要在大庭广众面前揭露这个伪善的人。众人狂乱地拥进法庭,可弗里德里希却在绝望中来得及成功地用极少几句有分量的话就使伊莎贝位的计划成为泡影:他会否认她对他的指责,说他会利用她的祈求作为一次轻率的求爱的手段是不可信的。伊莎贝拉自己感到羞愧、迷惘,陷入沉默的绝望之中。当弗里德里希对人群再度宣布了他的严厉措施和他对被告人的判决时,伊莎贝拉想起了玛丽亚娜的痛苦命运,陡然间想出一条挽救的办法,通过一个计谋,得到公开的暴力所得不到的东西。她的情绪从深度的悲哀一下子就跃入狂放的喜悦之中:她要用自己准备的一种极为快乐的冒险来帮助她那可怜的兄弟、她的惊恐的朋友和无助的同胞,因为总督严厉禁止的狂欢节这次要开禁了,大家都能尽情地欢乐了;那个令人害怕的下禁令的人表面上装作如此残暴,他欣然参加他下令禁止的狂欢节,这就会使人倍感惊奇。大家都认为她疯了,甚至弗里德里希也用狂热的重词责备她的愚蠢,可她很少几句话就把总督弄得晕头转向,因为她私下亲昵地悄声答应他,在她收到他送来一份赦免她兄弟的通知的下一个夜晚,她就满足他的希望。第一幕在高度的激动中结束了。

这位女主人公如此快速制定的计划是什么呢,我们在第二幕一开始就知道了。她到监狱里去看望她的兄弟,这首先是为了看看她的兄弟是不是值得一救。她向他说出了弗里德里希的可耻的提议,并问他是否愿意以他姐姐蒙羞的代价来拯救他的生命?克劳狄奥十分气愤,他宁愿自己牺牲,随之他向姐姐诀别并请姐姐代他向他可悲的情人致以最后最热烈的问候。这不幸的人由于伤感最后变得软弱了,竟恳求姐姐救他。已经要宣布救他的伊莎贝拉惊愕地呆住了。她看到了她的兄弟从最最高尚的热情的顶峰滑到苟全性命的地步,这使她自问,拯救他的代价对她说来是不是太昂贵了。她怒气冲冲,把他从自己身边推离开去,并对其宣布,他就是被处死也极度地蔑视他。在她重新把他交给狱吏之后,她的情绪很快就变得兴致勃勃了。她虽然决定要这个动摇不定的人再受些惩罚,让他知道命运未定的痛苦,但她把他从可憎的伪善者的世界解救出来的决心却没有丝毫动摇。她告诉玛丽亚娜，要她在约定会面的夜晚代自己去见弗里德里希，并给他送去会面的邀请信；为了使这个敌人陷入更为狼狈的处境，要戴上假面具并在一个由他查禁的娱乐场所晤面。伊莎贝拉同样要惩罚那个鲁莽的向她表达爱情的浪荡仔卢西奥，她向他说出了弗里德里希对她的追求和她假装顺从他的追求的决定，她在谈这件事时表现得是难以理解的轻率，这使这个一向轻浮的浪荡仔陷入真正的惊恐和充满绝望的疯狂之中：他发誓，这种奇耻大辱即使最高贵的少女要加以忍受，那他要用暴力使她免遭羞辱，使整个巴莱摩变成一片大海和陷入暴乱也在所不惜。他真的这样做了，他召集他的亲朋好友在被禁止的狂欢节开始时齐聚在林荫道口。当夜幕降临时，那儿的人们已经在恣意狂欢，卢西奥在唱起一首狂欢节的歌曲，结尾的副歌是："狂欢节上谁不快乐，就把刀子插进他的胸膛！"煽动起群众进行公开的流血的反叛。在警长率领下一队警察来了，驱散人群，镇压暴乱的场面；卢西奥现在顺从了，溜到附近的一个地方，这儿就是伊莎贝拉告诉他她与总督约定会面的地方。卢西奥埋伏在这儿等着总督。他真的等到了，一下子就认出来戴着精心选择的面具的弗里德里希，把他拦住，总督极力摆脱开他；隐藏在树丛中的伊莎贝拉出现了，她很高兴在这个时候把背叛玛丽亚娜的人弄到此地，她相信能拿到许诺她赦免她兄弟的文书，这样她就准备放弃她进一步报复的计划。她在火把下看了文书，令她大吃一惊，却是执行判决的命令，她原以为这份文书是赦免她的兄弟，通过贿赂警长才拿到手中的。弗里德里希无力克制令他无法安静的情欲，在经过强烈的内心斗争之后他决定即使成为一个罪犯，也要把伊莎贝拉弄到手，毁灭亦在所不惜。把她拥抱在怀中，待上一个小时，然后死去，按照同样判克劳狄奥死罪的法律执行。伊莎贝拉看到这个伪善者犯下的又一个罪行，在痛苦的绝望中她暴发了。在她的号召下，全体民众立即起来反抗这个凶残的暴君，一场暴乱马上就要开始了。同样在场的卢西奥却极力劝阻民众不要相信这个女人的狂喊乱叫，她是在蒙骗大家，因为他由于她的不忠而变得失去了理智。伊莎贝拉迷惘、绝望，突然间从后台传来了警长布里杰拉的奇怪呼救声，他本人正处于醋意大发的时刻，出于误会他抓住了戴假面具的总督，并揭露出他的真面目。弗里德里希被认了出来，偎在他身旁的颤抖的玛丽亚娜去掉了面具。惊讶声、愤怒声和欢呼声响彻四周。很快真相大白；弗里德里希阴沉地等待返归的国王在法庭对他判决死刑。被狂呼的民众从监狱里解救出来的克劳狄奥教训他说，死刑在任何时候都不是为爱而制定的。使者报告了国王的速至，正在港口上。民众决定，戴着假面具排成行列队去迎接受爱戴的国王，他满怀欣喜地看到，用德国人的冷冰冰的清教主义来治理热情的西西里是如何不得人心，他高兴地取消了那些法律。卢西奥说道："多彩的节日使他快乐，胜过他的悲哀的法律。"弗里德里希与他再度成婚的夫人玛丽亚娜走在队伍的前面，随在其后的是第二对情侣：永远离开了修道院的见习修女和卢西奥。

我用得体的语言和仔细斟酌的诗句处理了这些生动的和设计得大胆的场景，它们得到了劳伯的重视。警察局先是对这部作品的题目反感，若是我不改动的话，那会使我的整个演出计划泡汤。我们正处在复活节前一周，在这个时间所有欢快的甚至是轻薄的作品都被禁止演出。幸运的是我不得不与之打交道的市政主管人没有仔细地审查，并且我保证这是根据莎士比亚一部非常严肃的作品改编的，只要把惹麻烦的题材改动一下就可以了，用《巴莱摩的见习修女》代替原来的名字并不是件严重的事情，有关不妥当之处不会引起什么疑虑。另一方面，随后我试图在莱比锡用我的这部新作品去代替那部没有上演的《仙女们》。

我表明要经理在歌剧院登台的女儿饰演玛丽亚娜这个角色,希望以这种讨好的方式使我的作品能够演出。但他从我的这部作品的题材的倾向中找到了不中听的借口,对它加以拒绝。他强调说,即使莱比锡市政当局允许这部作品演出——出于对当局的崇高尊敬,他怀疑作品会得到批准,而他作为有良知的父亲也同样不会允许他的女儿参加演出。我的这部歌剧中台词和诗行所持有的令人疑虑重重的特点,在马格德堡演出时却奇怪地根本就没遇到麻烦。它的题材,正如我前面说过的,由于表演时的模糊不清观众并不十分理解。它的倾向根本就没有什么反对,这也就使第二场演出成为可能,它没有遇到来自任何方面的抗议,因为没有人关心这件事。感觉良好,我的这部歌剧没有给人留下什么印象,观众对此的情绪没有什么异样,觉得有什么要说的。鉴于这种情况在演出最后一场我指望能有一笔好的收入,因此我也没有阻止我们的演员要求的所谓“全费”入场票。是否在序曲开始时已经有几个人到场了,我没有仔细地观察;在预定开始大约一刻钟之前我只看到戈特夏克夫人和她的丈夫以及一个非常显眼的波兰犹太人身着礼服坐在前排的座位上。我没有注意他,希望观众能迅速增多,突然间在后台出现一片混乱的场面。我的第一女歌唱家(饰演伊莎贝拉)的丈夫波莱特先生在推搡第二男高音施拉依伯尔,这是一个非常年轻可爱的人,他饰演克劳狄奥,长时间以来波莱特先生就醋意大发,觉得自己受到了伤害。女演员的丈夫曾与我在舞台幕帷旁谈论过观众的情况,现在他认为他盼望的时刻已到,在不会对剧院活动造成损害的场合里,他必须向他妻子的情人进行复仇。克劳狄奥被他连踢带打狠狠地揍了一顿,不得不血流满面躲到化装间里去。伊莎贝拉得到消息,绝望地冲向她的丈夫,他猛烈地给她一击,她瘫倒在地。演员们很快就乱成一团,分成了两派,几乎要引发起一场群斗的场面,好像彼此双方积怨已久,今天晚上到了最终清算的时候了似的。导演出现在舞台前，向坐在剧院大厅里特别挑选出的一小群人宣布，由于“出现故障”歌剧的演出无法进行。

我充满希望和以一部相对说来是大型歌剧为开始的指挥、作曲生涯在马格德堡结束了。“艺术的快乐”要完全让位给“生活的艰辛”。我得考虑我的处境，发现没有什么可高兴的。我的全部寄托在我的作品成功的希望，包括我与明娜共同的希望，消逝得无影无踪。指望得到一笔好收入的前景破灭，那些债主怀疑我的才能，看到我只是一个平凡的人，他们准备要尽快地对我提出诉讼。位于“宽广大街”上我的那座小住宅，每当我回家时都会发现钉在门上的法庭传讯的通知书，这个住房令我极度地反感起来。从这时起我就尽可能避开它，连我的褐色卷毛狗也消失不见了，它直到现在都是我在这个庇护所里使我得到快乐的伙伴；我把它的消失看作我的处境完全潦倒的一个凶兆。现在明娜以令我感到宽慰的信心和坚定给予了我一种最后的极为善意的支持。首先她细心地为她的前途做打算，准备与普鲁士的昆尼希堡剧院经理部签订一份条件不错的合同。也同时设法在那个地方为我找到一个音乐指挥的职位。这个职位已经有人了，因为昆尼希堡经理从我们的通信已经知道，明娜的接受聘任也与我在同一家剧院获得职位的可能性连在一起，他明确了在近期解决我的职位前景并同意把这个位置留给我。随之我们取得了一致，明娜先去昆尼希堡，我随后再去。在实行这个计划之前，我们还在马格德堡城墙内度过了一段担心的、在我的记忆里十分不安的时光。虽然我在莱比锡还做了改善我的处境的一些努力，其中就有与剧院经理就上面提到的我的新歌剧上演进行的谈判。但我不久就看出来了，停留在故乡城市和在令我畏惧的家庭跟前——他们令我不得安宁，根本就不再有什么指望了。我的家人看到了我陷入深度不安、忧郁和封闭的情绪之中。母亲恳求我，不管我选择什么，只是我不要在这么年轻的时候就结婚成家。我沉默不语，我告别，罗莎莉送我下楼梯；我敷衍说，在处理必要的事情之后不久就会回来，告诉她这只是一次短暂的告别。她握住我的手，长时间凝望着我，说道："上帝知道我什么时候再见到你！"这话使我黯然伤神，深深刺中我的不幸的预感：这句话同时是她的早逝先兆。我再没有见到她，当我差不多两年后得到她突然逝世的消息时，我才理解了这次不幸的诀别。

我还在马格德堡明娜那里度过了几周，隐居起来；她事事尽可能自己办理，不来打搅我。在等待分离和行期不定的日子里我几乎不再离开明娜了，我们唯一的休闲就是到城郊僻静的地方去散步。一些凶兆使心情感到压抑，五月温暖的阳光照耀着我们，像嘲弄这被遗弃的处境似的，照耀着马格德堡悲惨兮兮的街道。有一天完全变得昏暗无比，我从没有经历过如此的阴暗，使我充满了恐惧。从一次散步返归，当我靠近易比河桥时，发现一个人正巧坠入水中。我们赶到河边，呼喊救人；在河上有几处磨坊，被淹的是一个磨坊工人，他被激流冲到这里，正在水中挣扎。他被朝着一个磨坊冲去，那儿有一个隔栏，这个不幸的人抓住它就能得救。我们怀着难以描述的恐惧目睹这性命攸关的时刻，他朝隔栏抓去，但是他抓空了，在同一瞬间他就在水磨下面消失了，再没有浮出水面。在同一天早晨，我把明娜带到驿站，准备在这儿与她进行伤心的告别；可这时城里的人都从一个城门中拥了出来，他们要在一个宽广的牧地上看一次车礫的执行。罪犯是一个士兵，他因为嫉妒而蓄意杀死了他的未婚妻。当我在旅馆里用最后一次晚餐时，我听到四周的人都在议论普鲁士国家执行死刑方法的令人恐怖的细节。一个年轻的陪审推事，此人是一个狂热的音乐之友，他讲述了他与一个从哈雷请来协助的死刑执行官的谈话，他同他谈起为了加速被执行者的死亡应采取人道主义的方式。这同时他想起了那个可怕的人的雅致服装和姿态，不禁打了个冷战。这是我的一些最后印象，我带着它们与我进行艺术活动和谋求自身独立的第一个地方告别。从那以后，每当我怀着永不再来的情感离开那些我试图在其中寻求我的艺术活动的繁荣和自身发展的城市时，这些印象经常以罕见的固执再度浮现出来。我在离开每一个地方时，不管待在哪儿有什么打算，我的感情都不是完全一样的。

1836年5月18日我第一次到达了柏林，也认识了这座壮丽的国王都城的独特面貌。我在此前几个月明娜住过的“王储”旅馆落脚，怀着最渺小的希望，毫无把握地寻找一个能将就的职位。得到一个在柏林能重新见到劳伯的线索，他正在这里等候对他决定性的判决，这期间他忙于处理个人的和文学上的事务。他对我的《爱的禁令》怀有好感，建议我利用现有的个人关系，设法使这部歌剧在王城剧院上演。这家剧院在一个最杰出的管理者之一的领导下成为柏林居民心爱之物，此人叫舍尔夫，得到普鲁士国王的强力支持，有了一个“委员会顾问”的头衔。对他从宫廷方面所得到的宠爱，没有什么理由去一一列举，这些宠爱使他在这座剧院的特权异乎寻常地扩大起来。王家剧院中大歌剧团上演轻松作品导致的不景气，在王城剧院的舞台上却幸运地得到扶植，获得观众的巨大宠爱。由于这种成功而扬扬得意，经理支持那一类人的判断，他们解释说一个剧院的聪明领导者所期待的是那些普通的和没有素养的人。他毫不掩饰地自信成为这样意义上的一个人，并在各方面去炫耀他那幸运的愚昧无知。他只信赖他的“慧眼”，对他剧院里的艺术人员颐指气使，独断专行，一切均以他的好恶行事。这种特性似乎对我有益：舍尔夫在我第一次拜访时说，他很满意我，却希望我最好去唱“男高音”；他对我请求上演《爱的禁令》一事很少加以思考就立即答应了。但他要把我安排做音乐指挥。他准备更新他的歌剧团;他已经看出来,他的乐队长格拉瑟尔,《鹰巢》的作曲家,由于对老演员的垂青会与他的观点相悖。他之所以聘我到他的剧院工作,是为了要有一“看重新演员”的人。这一切来得如此轻易,都来不及表示我的感谢,我相信我的命运已到了特别有力的转折点,我的忧郁的心灵通过美好的希望感到轻松起来。可当我几乎按着友好的期待来改善我的处境时,我就清楚了,这一切都是建筑在沙滩上的东西。他用权贵的方式直截了当和权威十足流露出对我的恩惠;可他收回他的许诺和冷漠的通知却通过他的职员和秘书来告诉我;他对我另眼看待的态度一下子就沦为依附于他的权贵的普通一族了。此前他警告过我和要与我联合起来的那些人,当舍尔夫希望在不带来任何损失的情况下摆脱我时,我就与他们在所有发生于我们中间的事情取得了某种程度的一致看法。乐队长、导演、秘书和其他人等都向我表明,我的希望不可能实现,经理对我在等待他实现他的诺言所付出的时间不会做任何赔偿的。我回想起来,这次经验的艰难和周折的进程令我毕生充满了不祥的痛苦。

此外,我的处境因此比此前变得更为恶劣。现在我从明娜发自昆尼希堡的信中得知,有关我在那儿工作的希望根本就没有什么可指望的:那儿的剧院经理对他的音乐指挥态度暧昧不明,这件事直到后来我才清楚了,这种态度使我所希望得到的职位以一种难以理解的方式被搁置起来。但好像我在秋天一定能得到昆尼希堡的那个职位;在柏林我完全是无着无落地逛来逛去,而回到莱比锡是根本不能考虑的,我在艰难地用渺茫的希望来建造我的船只,它应当把我从柏林的沙海之中驶向波罗的海的可靠的海港。

但是我只有在我的内心中对我与明娜的关系经过认真和困难的斗争之后,对我而言这才成为可能。这种看来一向如此简单的女性性格的一种难以理解的特点使我年轻的心陷入深深的不安。一个善良而有钱的犹太商人，名叫施瓦伯，此人迄今一直在马格德堡做事。他在柏林与我套近乎，不久我就知道了，他的这种关心主要是出于一种他对明娜的激情关注。后来我才清楚，在这个人和明娜之间有了一种不应看作对我不忠的关系，因为它在发展过程中这位竞争对手的追求遭到拒绝，这对我当然有利，只是这件事是在秘密中进行的，迄今我一无所知，并且我也猜测，明娜的诸多关系大多都归于这个人的友谊，这样一来就使我闷闷不乐，充满了疑虑。如我所说的，从根本上看，我不能认为这是一种不忠，我感到的更多只是一种烦人的和令人担心的不安，它逼使我半是绝望的，想通过情人的完全保证以恢复我的平衡。这好像我作为市民的信心和我的艺术的成长皆借助与明娜的一种密切联系而得到保证似的。我在剧院生活的两年一直令我心烦意乱，它几乎使我内心深处充满了折磨：我阴暗地认为我走上了一条恶劣的歧路；我渴求集聚力量和安宁，希望通过这种关系的最最合适的结局找到它们，这种关系已成为我严重不安的源泉了。劳伯大概注意到了我这个心绪恶劣、看起来狂热而憔悴的年轻人，他就尽力把我拉入使我总是得到些慰藉的交往之中，这是我从柏林得到唯一一些值得一提的印象。在那儿最为重要的一个印象是来自斯旁蒂尼[1]亲自领导的《斐迪南德·科尔特兹》的演出。这个人的才智以一种几乎无法理解的方法令我惊奇。演员的表演，尤其是主要演员——他们都不再是柏林歌剧院风华正茂的人物了——的表演冷冰冰的，演出的效果也不能与施罗德·德弗林特给我的印象相提并论，但这个格外准确、热情和人才齐备的剧团整体上却令我感到新颖。我对大型剧院演出的特有的庄严性有了新的看法，这些

① 斯旁蒂尼（1774—1851）：意大利作曲家，写有多部歌剧。

演出的所有部分借助鲜明的节奏感上升为一种独特的、无可比拟的艺术样式。这种十分清晰的印象在我身上强烈地持久地存在，并在我构思《黎恩济》时指引着我，在艺术上，柏林在我的发展道路上留下了它的痕迹。

现在得改善我的变得格外恶劣的境况了。我决定前去昆尼希堡并把这一决定及其理由通知了劳伯。我这位出色的朋友没多说，就强力促成我离开柏林和通过许多与劳伯友好的人帮助我到达下一个目的地，把这一切当作他的任务。在离别时这位朋友提醒我——他对我的关心细致入微——在我的音乐指挥道路上的发展不要陷入剧院生活的平庸之中，在疲备的排练之后，不要拈花惹草，而最好是手捧一本好书，这对提高我的素质是不可缺少的。我沉默不语，没有告诉他，这类事情对我来说早就结束了，完全知道在剧院中的桃色事件中如何保护自己。7月7日我动身前往遥远的昆尼希堡，这在当时是一次格外困难和吃力的旅行。

当我整天穿越边境地带的沙漠时，我好像是从世界走了出来似的。昆尼希堡的外表印象首先就令我感到悲惨和压抑，我在靠近剧院的郊区特拉格海姆的一个像是乡村的巷子里找到明娜住的那间不像样的房子，那儿的景象窳败至极。但她那欢快和乐天的镇定很快就使我有归家之感。她在剧院受到喜爱，经理部和同人都十分器重她；我在公开场合被看作她的未婚夫，这对我大有好处。尽管我的职位还没有清晰的前景，但我们一致认为，我得首先等待一段时间，事情会有结果的。这也是昆尼希堡一位杰出的戏剧之友，奇特的阿布拉罕·莫勒的意见，他对明娜并且最终也对我极为友好极为关心。这位业已年迈的人属于现时在德国大概已经完全死光了的那一类狂热的戏迷，在早期的演员历史上就提及过有关他们的一些事情。与这个人——他一向是做一些极为冒险的投机生意——在一起，没有一个小时不听到他兴致勃勃地谈及早年剧院时代的辉煌。从前他是一个有钱的人，性喜与几乎所有伟大的演员，无论是男的或女的，进行交往，甚至成为好朋友。由于过于慷慨，家道日衰；于是他被迫通过各式各样的不需要任何投资的特殊生意，去得到金钱。出于对剧院的迷恋和热爱，去保护剧院的人员，他用这笔钱作为对景况日下的剧院一种微薄却是非常及时的支持。这个奇怪的人——剧院的经理安东·许布施有理由对他心存几分惧意——他要设法安排妥我的职位。但是阻碍出自下述的原因：来自里加的非常有才能的音乐家路易斯·舒伯特，此人在早些时期担任马格德堡乐团的第一大提琴手时我就知道了；里加的剧院要解散一段时间，他把妻子留在那里，自己来到昆尼希堡，担任音乐指挥之职，得直到里加的新剧院重新落成他才会返回那里。本应在这一年的复活节揭幕的里加剧院却延期了，于是他就不离开昆尼希堡了。因为此人非常能干，是个内行里手，这就使剧院经理陷入窘境。舒伯特的留或走，完全取决于外部原因，这同时要保证在他提出辞职时有一个继任者顶替上来。这样说来，一个无论如何都要前来昆尼希堡的年轻的音乐指挥作为备用以便及时地顶上是受到欢迎的事情。经理也已准备向我付一笔资助费，直到我正式上任时为止。可舒伯特对我的到达却极为恼火，不久就返回里加的必要性消失了，因为那儿的剧院重新揭幕的时间已经不定期地推迟。但他停留在昆尼希堡除此还有一种更为关心的事情，这就是在他身上激发起对昆尼希堡歌剧团中第一女歌唱家的特殊好感，是这个女人遏止了他返回他妻子身边的愿望。这样一来昆尼希堡的职位就把他紧紧地桎梏住了，并把我视为他的死敌，他运用自己握有的一切手段对我在昆尼希堡的停留和等待他离去之事进行百般阻拦并从中作梗。此前我在马格德堡期间与乐师和歌手们处得十分友好并得到观众的极为善意的敬重,可在此地不久我就得应付来自各个方面的心怀恶意的敌视。这种情形很快就使我在昆尼希堡有流放之感。恰恰在这样的环境之中我应该与明娜结合,我的这种激情表现为一种极为令人忧虑的勇敢举动。

8月初剧团为了一个夏季的演出要去美美尔待上一段时间,几天后我随明娜前行。这次旅行大部分时间乘船,在库里珍泻湖上航行,天气恶劣,狂风疾雨;这是我所经历的一次最为忧郁之行了,路经把泻湖从波罗的海分离开来的细砂地带,我看到了伦泽顿宫,霍夫曼就到这里写下了他的一篇极为恐怖的小说《长子继承权》。我恰恰在这儿,在这个荒凉的、阴郁的地方,长期来第一次又与我幻想的青年时代印象连在了一起,对我的心境起了奇怪和可怖的作用。在美美尔的悲惨的逗留,我在这儿所扮演的忧郁的角色,这两者的共同影响,就使我在明娜身上去寻找唯一令我感到慰藉的支持,我是因为她又一次陷入这种不安的境况之中的。我的朋友阿布拉罕从昆尼希堡来到我们这里,他是为了我之故用各种方法进行一场特殊的游戏,公开地去煽起经理和音乐指挥之间的不和。有一天舒伯特由于一次夜间酒馆聚会中与许布施发生了争吵而真的就称自己病了。不能进行《欧丽安特》的乐队排练,这就使经理有理由把我快速地推到指挥台上。这个竞争对手心怀恶意,认为,由于我对这部很少演出和非常困难的歌剧完全没有准备,一定会在这样一次机会中把事情搞砸,露出令他这个敌人高兴的弱点。尽管我此前还从没有看过《欧丽安特》的总谱,可事情并不如他所愿,他宁愿为了演出重新健康起来好自己亲自指挥;若是由于我的无能歌剧不能演出的话,那他就不会这样做了。令人忧虑的处境,受到伤害,一种就是在夏天傍晚也冷得可怕的恶劣气候,在这样的环境我只能集中力量去抵御极端痛苦的生活磨难,完全丧去了我的艺术发展的宝贵时间。

直到最终返回昆尼希堡，特别是在我的朋友莫勒的监护之下，我才对出现的问题进行了认真的考虑。从但泽方面来了一份聘任我和明娜的条件不错的建议，这是通过我的姐姐和我的姐夫沃尔弗拉姆的斡旋而成的，他俩曾到过那里。我们的那位戏剧之友利用了这个情况，说服了经理许布施——他是为了留住明娜——与我签订一份庄重的合同，根据这个合同我在下一年从复活节开始在任何情况下都要立马上任，成为他的剧院的名副其实的音乐指挥。答应为我与明娜举办一场婚礼义演，为此我们选择了《波尔第奇哑女》，由我指挥乐队。莫勒认为，我们必须结婚和举行婚礼，这件事不能再拖了。明娜没有反对，我迄今的努力和决定业已表明，我除了驶入这个港湾去寻求安宁之外，没有什么更热切的追求。抛去这些不说，我的内心深处在那个时候也够奇怪的了。

明娜的生活和品格我知道得足够多了。我是那么清楚我们之间性格不同的重大分歧，如果我在那时能相应成熟到去做出这一判断的话，那这种分歧远比我迈出这如此重大一步的必要性要清楚得多。我要与之成婚的女人生在萨克森山区的奥得朗，双亲生活艰辛。她的父亲是一个有着特别强大生命力的特别的人，晚年有精神错乱的症状。年轻时曾做过萨克森军队司令部的司号员，参加过远征法国以及瓦格拉姆战役；随后他就改业从事机械工作，制造梳理机，由于他在制造梳理机上有一项特殊的改进，一段时间来他的生意兴隆。开姆尼茨的一个富有的工厂主在一年年末时向他订了一大批货，他的孩子们的柔弱的手指也为这批订货日夜劳作不停，父亲许诺他们一份非常丰富的圣诞礼物，因为他指望会有一批可观的收入。当渴望的时刻到来时，他得到了订货商破产的消息。已经提供的货物丢失了，库存的材料无望售出。这个家庭陷入不幸，再也没有从中恢复过来。全家移住德累斯顿，父亲在那里做了灵巧的机械工，制造钢琴，提供制造的零件，这是份收入不错的工作。除此他把用来制造梳理机用的精细金属丝在这儿尽可能出售,卖个好价钱。10岁的明娜把这些金属线擦洗干净拿去卖给人造花的制造厂。她拿着装有金属线的沉重盒子,懂得如何说服人家买自己的东西,不久她就顺利地和有利地把整个库存的东西卖得精光。从这时起她就有自己的愿望和渴求:用自己的劳动来帮助越来越变得贫困的家庭,并尽可能快地使自己独立起来,免除双亲对她的牵挂。她长大了,她的姣好的外貌很快变得惊人的妩媚,很早就吸引了男人们的眼球。一个来自艾因泽德尔的先生要死要活地爱上了她,用他的情欲在一个不加防范的时刻摧残了这个不谙世事的年轻姑娘。半是暴力半是引诱她成了他的牺牲品。家庭陷入极端惊恐之中:只有母亲和大姐姐才可以知道明娜处于怎样可怕的境地,可对父亲隐瞒起了这件事——他若发起火来那太可怕了,一个不满17岁的女儿成了母亲;在危及她生命的情况下生了一个女孩①。从这时起明娜——她没有从那个诱骗者那里得到任何权益——就感到有双倍的理由追求自己的独立和从双亲的家庭中出走。通过一个熟人她与一个剧团有了接触,她在这家剧团一次演出中引起了王家宫廷戏院成员们的注意,特别是在场的德骚宫廷戏院经理的看重,她立即就得到了他的聘请。她高兴地找到了这条出路,使自己摆脱掉令她感到压抑的处境,因为它向她展示出了通过戏院的一个可能辉煌的生涯同时是一个使她的家或许有朝一日能富庶起来。她对戏院没有任何激情,从不轻浮佻达,从不卖弄风情,她把戏院生涯只看作一个很快小康甚至富裕起来的手段。在艺术的敏感性上,她没有受过任何教育,她把戏院只看作演员们的一个公司。对她说来喜欢还是不喜欢并不重要,她看重的是这为她带来了经济上的独立。

① 这个女孩指纳塔莉·普拉涅尔(1826—1892),后与一个姓毕尔茨的人结婚。

为了在这条路能确保做到这点，她的所有手段都用得实实在在，就像对一个商人所不可缺少的那样，把他的商品都在橱窗里诱人地展现出来。使经理、导演、最受喜爱的同事成为自己的朋友，在这方面表现出了她的极为有必要的聪明之处。那些借助她的判断或她的口味而获得观众和又得到经理部青睐的戏院朋友，她把他们看作帮助她达到她内心愿望的人。她从不为自己树立敌人，这对她说来，其必要性是自然而然的。她保持善待一切的心态绝不是有悖于或顾及个人的自我感受，她的待人接物有着一种特殊的聪明，它一方面避免了惹是生非，但另一方面却是对不辨是非的一种辩解。这样以来就产生了一种矛盾的混合物，她没有能力去把握这种矛盾的值得忧虑的思想。明显可见的是，她缺少固有的温情，表现出的只是灵活的情感，怀着这样的情感她考虑做的是“正当的事”，而不去理解其意义是多么卑微。她对艺术的感情缺少所有的认同，与它完全脱离开来，她同样不具有戏剧的才能，她的喜悦源于她那可爱的表象，我不能断定，她是否随着时间和实践而成为一个好的女演员。她支配我的独特的力量绝不是来自对我起巨大作用的事物的理想的一面，完全相反的是她通过性格上的清醒和坚定而影响我，这种性格当我漫不经心在歧途上追求一个理想的目标时向我提供了必要的支持。我很快就习惯了，从不把我的理想需求显露在明娜面前，每当要谈及时我便露出善意的微笑，诙谐地一掠而过，但我却因此对来自女人性格方面产生的惊恐不安更为敏感，我相信明娜必定从中认识到一种我自己感到快意的优势。她对戏院中那些她认为是有威望的庇护者的某些亲昵和追求行为，甚至对他们那些人所持的奇怪的宽容态度使我受到极大的伤害，她把我的责备满脸严肃地视为侮辱，这令我感到沮丧。她同那个商人施瓦伯的关系我一直不清楚——那是我在柏林第一次听说的——在偶然的情况下，我发现了这个人的一些信，这使我惊奇地知道了更多的细节。这令我嫉妒,对明娜的人品深感怀疑,我很快做出决定,解脱自己,立刻离开这个姑娘。这是一种层出不穷的激烈场面,以后出现的类似场景,以高度的精确证实了它的典型性。我在发火之中显然做得过分了,一个对我没有真爱,更多只是对我的进攻表现出善意,而且从根本上就不属于我的女人,我这样对待她,好像我有了占有她的真正权利似的。为了使我陷入狼狈周章的境地,明娜只需向我指明,在令人尊敬的市民意义上,她拒绝了许多条件优厚的求婚者,而这同时她怀着友爱的关心和献身精神让步于一个年轻人的粗鲁逼迫。他没有财产,生活艰辛,而其才能还没有得到外界的验证。但主要的是我的赫然而怒和疾言厉色有损于我,它使受伤害的人感到是奇耻大辱,这使我认识到,对这种过甚之举经常只有通过承认错误和求得原谅而得到被伤害者的宽恕。这一次,也像此后所有类似的场面一样就这样结束了,女性一方总是取得表面上的胜利。可永久的和平却被埋葬了,尤其是明娜的性格在经常重复类似的事件时却经历了一种严重的变化。如她在后期由于我令她越来越变得无法理解的艺术观点和其相关的重要性而陷入越来越惊异一样——这种惊异使她在与此相关的判断上感到一种强烈的困惑不解——从现在开始我那与她截然不同的感情在有关道德的态度上越过更高一级的温情体谅把她带入一种不断增长的混乱状态,因为她不能理解和不赞成我的观点中的某些自由东西,她就用一种与她的冷静本性原本陌生的激情充实了自己。这样一种与年俱增的激情要在形式上表现出来,如在低层市民阶级家庭中的教育和氛围所具有的,这就不足为奇了,因为代替应有的教养,这个穷苦人出身的女孩占有的就只是市民等级的可怜兮兮的表象了。但是这样激烈的言辞必然使我逐渐失去了明娜特有的本性所给予我的最后支持,这就成了我们后期共同生活的真正痛苦。在那个时候我心中有的还只是对灾难的一种模糊不清的预感,我与明娜的成婚的脚步把我们带入这种灾难之中。她的愉快的和安详的特性还占据主宰地位,对我有好的影响;而我内心中预言阴暗的不幸的声音,由于我天生的巨大的轻率,也同样由于我抗拒所有劝阻的固执一样,沉默不语了。

自从到了昆尼希堡我就与我的家庭,即我的母亲和罗莎莉没有什么联系了;我没有把做出的决定通知任何人。在我的老朋友莫勒的大胆的指点之后我解决了所有法律上的困难。按照普鲁士的法律成年人结婚可以不需要双亲的同意,但按照普鲁士的法律我还没有达到成年的年龄,于是我援引萨克森的法律,以我的生年计算我已到了 21 岁,已经成年了。我们公开的结婚预告的地点是我们在最近一年停留的地方,这一点是重要的;这种宗教上的宣告没有遇到任何异议,平静地完成了。可也不能缺少明娜双亲的同意,为了把一切准备停当,还只有去特拉格汤姆教区共同去拜访牧师这件事了。这次拜访进行得够奇怪的了。那是在举行我们义演之夜的上午,明娜在这次演出中饰演《费内拉》的哑女角色;她的结婚服装还没有备妥,还要定制和试衣。11 月的天气,下着雨,寒冷,这使我们心绪不佳,我们在牧师家的走廊里长时间地等着接见。这期间我们之间发生了口角,很快就怒目相向了,这使我们准备跑开了事,可这时牧师打开了他的门,看到了我们在争吵,他要求我们进去。于是我们有必要重又做出了和解的表情。这样一种奇特的处境使我们快活起来,牧师感到宽慰,婚礼定于翌日 11 点举行。

经常导致激烈争吵的另一些烦心事是因为家里的家具引发起来的,我把这些尽可能是舒适和美观的家具看作我所企求的安静的幸福的一种保证。对我的未婚妻的精心的展示我感到不耐。我面临的是前程似锦的年代,这应当完全与家庭舒适相适应的象征一致。家具、器具和一切必备之物都以贷款偿付的方式购置。至于嫁装、陈设和一切都是最普通的市民生活所常用的，都根本不成问题，这使一次结婚成为一个富裕生活的起点。我们的婚礼证人和参加婚礼的客人都是我们在昆尼希剧院偶然会在一起的演员同人。我的朋友莫勒弄到了一个银质汤匙，另一个戏院朋友恩斯特·卡斯台尔添加上了一个银制的糕点小盒子。此人是一个年轻人，很有特点，在我的记忆里是一个有趣的人。在结婚前夜举办的义演《波尔第奇哑女》十分顺利，带来了预期的收入，我以全副热情指挥了这场演出。在闹婚之夜①，我们从戏院返回家中，度过了一个平静和疲倦的夜晚。这是我第一次有了新住宅，但我却没有躺在为结婚而打扫干净的婚床上，而是卧在一个硬硬的长沙发上，胡乱盖了盖被，在寒冷中迎向明天到来的幸福。当翌日清晨装满明娜的家当的箱子和篮子被运到这里来时，这使我快乐地激动起来。就是老天也作美，雨过天晴，阳光普照；只是我们的客厅还不暖和，我因为疏忽了取暖的问题而长时间受到明娜的责备。终于我换上了新装，选择的是一件带有金纽扣的深蓝色的燕礼服。车辆来了，我动身去迎接新娘。碧空如洗，我们所有人都情绪愉快，我心境极佳，看到了身着华丽的、由我选择的新娘服装；她情感真挚神采奕奕地迎向我。这美好的天气是一个好迹象，我们动身去举行我们突然感到快乐起来的婚礼。我们享受愉悦，教堂里像一次辉煌的戏院演出一样人满为患，想穿过人群挤到神坛前还费了不少力气，我们的婚礼证人集在一起都盛装打扮庄重地迎接我们。但在所有在场人中间没有那位真正的好友，缺少了我们的老朋友莫勒，因为他没有合适的女伴陪同，这令人深感不自在。四周的冷漠般的无聊举动以及由此而影响的婚礼进程，没有一瞬间不使我的感情觉得陌生。牧师在婚礼上讲话，我就像在梦中一样，不知听了些什

① 德国风俗，结婚的前一个夜晚为闹婚之夜。

么，事后有人告诉我，此人在过去把昆尼希堡搞得如此偏狭固执不是没有份儿的。几天以后我被告知，有人在城里散布流言，说我因牧师讲话中含有粗暴的侮辱之词而控告了他。我不理解他们指的是什么，我猜想是有一段令我感到困惑不解的话被夸大，加以渲染造成的。这位布道者在他的讲话中谈及我们面对的充满痛苦的时代时，说到了我们并不认识的一位，这令我朋友感到有些紧张，这大概指的是一位神秘的有影响的保护者。他以这样一种奇怪的方式通知我要更多地去对他加以了解，我好奇地望着牧师：他像是惩罚似的特别着重地谈到我们不认识的这位朋友，他是耶稣。我在他的话中绝对不觉得如城市里所流传的，是一种侮辱，而只是感到失望；另一方面我认为这一类的告诫在婚礼讲话仪式上是否合适。但是从最深的基础来说在这个令我难以理解的行动中，我的精神恍惚到了这样的地步：当牧师把合上的祈祷书递向我们，以便我们把婚戒放到上面时，明娜严肃地触了我一下，让我跟着她那样去做。在这一瞬间像是借助一个幻象我清楚了，我这整个人如同站在两股激流的交合点一样，它们把我向完全不同的方向扯去：上面的那股，朝着太阳的方向，扯动我这个像做梦的人，而下面的那股在深深的无法理解的恐惧中紧紧束缚住我的本性。我的巨大的轻率会突然促使我犯下罪过，可也同样快地重又驱掉犯罪的念头，现在它在真正出自内心的热情上找到了一个友好的、宽恕一切的支撑点。怀着这样的热情我望向其举止和所处环境都罕见和独特的姑娘，她是那么毫无依靠，现在与一个同样是毫无依靠的青年人结合在一起了。这时是 1836 年 11 月 24 日中午 11 点，我 23 岁零 6 个月。在从教堂回家的路上我的快乐情绪占了上风，压倒了所有的忧虑。明娜立即着手准备接待客人和请客人吃饭，饭桌已准备好了，菜肴丰盛；我们婚姻的强有力的推动者阿布拉罕·莫勒，尽管为没有参加教堂仪式而感到一些不快，也来了年轻女主人事前就发现,可长时间没有得到改善的房间给她带来了很大的苦恼,可阿布拉罕·莫勒的到来给房间带来了温暖。

生活依旧,一切照常。我快乐而清新的心绪延续到翌日上午,这时我不得不第一次前去城市法庭聆讯,回应来自我在马格德堡的那些债权人的控告,他们把对我的控告寄到了昆尼希堡。我的朋友莫勒为了帮助我去对付我面临的攻击给我出了个强词夺理的主意,让我援引普鲁士的法律证明我那时尚未成年而把这笔债务案子拖下来,使我得到保护,直到我设法弄到援助再还清债务。法庭陪审推事听到我提出拒绝控告的理由感到吃惊,因为他还知道了我前一天举行婚礼的事情,这次婚礼由于我提出了一份我已成年的文件才得以举行。当然也只赢得了一个很短的时间,这方面给我带来的长期苦恼从我们结婚的第一天起就开始了。

戏院在无所事事之中发生了一些令我不愉快的事情。我必须利用我在到达的港湾进行休整期间从事艺术创作,在这些作品中有一部大型的序曲《统治吧,大不列颠》,还有我在柏林逗留期间在波兰节庆时就已提到过的,我写了一首题为《波兰》的序曲。《统治吧,大不列颠》是能引起巨大的群众效果的题材,这部序曲是朝着这个方向迈出的一大步,在这首作品的结尾除了一个庞大的乐队之外还要有一支强大的军队乐队,我这是为了下一个夏季计划在昆尼希堡举办的音乐节而准备的。除了这两部作品我还写了第三部作品,是一首序曲,题为《拿破仑》。我事先就为效果所运用的手段做了选择,我在考虑美学的两难处境:是否可以借助一种鼓声象征法国皇帝在俄国所遭到毁灭性的打击。我认为这是我对这种鼓声可信性感到一种特别的疑虑,就是因为这种疑虑我现在没有完成我的计划。相反地,我却借此机会对我的《爱的禁令》演出的失败进行了思考,我要构思一部戏剧,为此我要考虑在我唯一能使用的较小的城市戏院里我所熟悉的演员阵容,以及与歌唱家和合唱队素质之间的正确关系。《一千零一夜》中的一个奇特的故事成了我手中的这样一部轻松作品的题材。如果我没有弄错的话,这篇故事的题目是《男人比女人更狡黠》。我把情节从巴格达移到我们的时代,身着现代的服装。一个年轻的金匠在他的店铺的招牌上挂有这样的格言:男人的计谋胜过女人的计谋,这激怒一个年轻的女人。她蒙着面纱进入他的店铺,问他——他在他的铸金艺术上展示出了他的精致的鉴赏力——如何品评她的身材体形,从她的脚、她的手开始,并最后揭开了她的面纱,她已注意了她已经令他惶惑不安了。她对这个为她的美丽而着迷的金匠抱怨说,她的父亲想方设法要把她留在自己身边,而对每一个求婚者都把他的女儿描述为一个可怕的怪物。而她猜想,父亲是为了节省嫁妆才这样说的。这个年轻人发誓,如果她的父亲也反对他的求婚的话,那他不会因她的父亲的刁难而被吓退的。说到就做到了。这位奇怪老人应允了这位诚实的金匠向他的女儿的求婚。在他签署了有关文件之后,她被带到未婚夫的面前,他发现了她并不是他看的那个女人,她的父亲根本就不是一个说谎的人。这个漂亮的青年女人再次来到感到绝望的新郎面前,来看他的笑话并答应他,如果他把他牌匾上的这句格言取下来的话,她就帮助他从可怕的婚事中解脱出来。从这时起我脱离开原书的主题,杜撰了下述的情节:这个愤怒的金匠准备把他那倒霉的牌匾摘下来,但是一件奇怪的事阻止了他的行动。在大街上出现了一个耍熊的人,他要他那笨重的动物跳舞,这个不幸的情郎一眼就认出了耍熊人是他因奇特的遭遇而失散的父亲。他遏制住父子相认的激动,因为他陡然间想出了一个基于这个发现的计划,帮助他从与那位以贵族身份为骄傲的老人的女儿的可憎婚事中解救出来。他请耍熊人在举行隆重的订婚典礼晚上到花园里为邀请的客人进行演出。但他对那个年轻的女对手解释说，那块牌匾暂时还要挂在那儿，因为他希望还能保留住这句格言。在这庄严的场合集聚起一大批人，都是些在法国大革命时期里最傲慢的法国贵族流亡者中的精英，要在这个集会上宣读婚姻契约，要授予这个年轻人贵族头衔。就在这当儿耍熊人的哨声突然响了起来，他同跳舞的熊进入了花园，对这种庸俗的取乐大家都感到不快，而当未婚夫不顾一切冲向耍熊人搂住他的脖子喜极而泣并大声呼叫这是他失散多年的父亲时，在场的人都惊讶得愤怒起来。可当那只熊抱住即将成为老贵族的乘龙快婿时，人们的惊讶就达到了顶点。因为他就是他的亲生兄弟。在他们的那只真熊死后，他的这个兄弟就披戴熊皮继续以此来维持生活，这是他们唯一的活路。他暴露出他的低贱出身，这桩婚事立刻就完结了。那个年轻的女人被男人的智慧战胜了，作为对重新获得自由的金匠的赔偿她把她的手递到他的手上。我把这个平淡的题材冠上《幸福的熊家庭》，添上对话，它后来受到霍尔泰①的极力称赞，我现在也准备用轻松的法国风格给它谱上音乐。但是我的生活境况变得越来越严重，阻止了这项工作的进一步发展。

首先我在与戏院音乐指挥的尴尬关系上成了一再不断痛苦的根源。我没有任何机会和任何手段来证明自己，我明知道我的敌人身居有利地位无时无地不对我进行诽谤，毁坏我的声誉，其意图就是要毁掉我已有合同保证在复活节时上任的音乐指挥的职位。如果说我并不因此而失去了自信的话，可这种长时间处境中的羞辱感和压抑感却令我十分痛苦。4 月初，长期担任音乐指挥的舒伯特离职的时间终于到了，我走马上任成了音乐指挥。这个人窃窃自喜地看到，不仅歌剧团由于

---

① 霍尔泰（1798—1880）：德国作家，写有多部小说、戏剧，也经营过戏院。

第一女歌唱家的离去而受到了削弱，而且戏院的继续经营也陷入令人怀疑的地步。在德国所有类似的戏院活动都在衰败的春季中受到人员减少的影响，昆尼希堡戏院也不例外。经理想方设法费尽力气通过客座演员和招聘以补歌剧团人员的不足，在这件事上我的积极活动对他极为有益。我表现出了我的巨大能量，通过不断地劝告和热心的工作，使这艘遭到损伤的船——我现在才可以靠近它——又顺利地航行了。我必须长时间泰然地忍受来自一个大学生帮伙的最最粗野的行为，我的前任在这个帮伙中找到了一些与我为敌的死硬派。我通过坚定的寸步不让的领导改变了敌视我的乐队开始时的反抗。我费力地赢得了个人的威望，但我却发现经理许布施的领导为了成功地渡过灾难性季节的难关，已经做出了巨大的牺牲。他在 5 月里向我表明，他已到了不得不关闭戏院的地步了。我费尽口舌劝说，并呈上会为他的经营带来好机会的演出计划，终于成功地说服他重新坚持下去，但他认为只有这样才有可能，即戏院人员暂时放弃一部分薪金帮助他共渡难关。这招致一些不理解的人的普遍不满，我对这些因为采取这种措施而受到损失的人进行了善意的责备，这对戏院的经理相当有利，可这同时我个人的处境却因此而一天比一天困难，这些困难在过去就不断地产生，积累得越来越多，越来越令我难以忍受。如果说我本人并没有失去勇气的话，可明娜这次相反，她作为我的妻子失去了迄今她在类似情况下对她有利的手段，她感到她的命运面临一种无法忍受的转折。

这样就不可避免地在一种早就在这对年轻夫妇中酝酿的种种不和的极度可悲的后果出现了，这些不和的起点都是在我处于极为担心的地方出现的，还在我们结婚之前我们之间就经常发生如此激烈的场面。在冬天里我要借助我的工作和我的天才能力去维持我们的体面的地位，可这样的机会越少，我就越认为，明娜通过她的使人喜爱的做法引人注意地承担起这样的责任，令我感到难以忍受的羞愧。经常看到类似的事情，如我从前所描述的和她对自己在戏院地位的独特理解以及与此相关的不得不为的事情都对此做了毋庸置疑的解释。这就出现了这些令人反感的场面。我想使这个年轻女人理解我的那种受到伤害的感情完全是不可能的，使那种尽可能的理解一下子破灭的是我在语言上和态度上的暴怒和伤害性的尖刻。这样场面的重复出现导致我的妻子的痉挛，这对我来说是一种极为令人不安的性格。如人们很容易想到的，最终是让她满意，与她和解，这是留给我的唯一的结果。可我们双方的态度使我变得越来越不可思议和难以理解。这种越来越经常和越来越厉害的争吵，使明娜所感受到的爱情业已减少到令人忧虑的地步，可我没有想到，对明娜而言，只需要一个认为合适的机会，她就会做出最最绝望的决定。

为了弥补我们歌剧团所缺少的男高音，我把我在马格德堡第一次停留时期与我友好的、业已提及过的弗里德里希·施米特聘到昆尼希堡。他郑重其事地答应了我的请求，尽可能地帮助我克服了戏院活动上以及我个人经济状况上所遇到的困难。为了得到观众的欢心，同样在他的协助下，我尽力利用了社会关系，很少有什么克制和选择。一个有钱的商人狄特利希在最近一段时期自命为戏院中女人世界的庇护者。而对这个戏院中的男人世界轻蔑视之，他邀请她们中间的佼佼者到他那里就餐。按照一种装腔作势的英国人的规矩摆阔，这是北方商业城市中德国商人的最高理想了。我对他向我们提出的邀请极为恼火地加以拒绝。首先很简单出于这样的理由，因我讨厌他的外貌，可明娜觉得我做得不对。我断然地拒绝与这个人继续交往下去，尽管明娜有时并不接受他的拜访，但是我反对这个介入者的理由却引起了我与明娜之间的苦恼场面。有一天我的朋友施米特认为有责任告诉我，这位狄特利希先生在一次公开的聚餐时用一种不得体的方式谈及了我，使众人都怀疑他与我的妻子有着某种可疑的亲密关系。我自己也发现了疑点，看到明娜——她并没有发现我——把我对她的态度以及我们摇摇欲坠的处境都告诉给了这个人。我在施米特的陪同下到这个危险人的家里去理论，他先是通常地否认，但随后就谈及了他与明娜的秘密会晤；明娜相信现在她有了新的理由，抱怨我对她的粗暴态度。我们的关系令人担心地进一步恶化了，在有些事情上都缄口沉默。在这同时，1837年5月底，戏院的经营已到了前面我已经描述的转折点。经理为了保证戏院的继续经营，只能求助于戏院全体人员做出牺牲。正如同样已提到的，我个人的境况也处于这极不利的一年中最糟糕不过的地步的起点。可除了默默地忍受这些困难之外，我似乎别无选择。我独身承担，没有明娜的介入，但有我的好朋友弗里德里希·施米特的帮助，为保证我在昆尼希堡的地位做出必要的安排。我为戏院事务无休止的参与忙得不可开交，得经常离家外出，使我在这些天来对明娜的沉默和冷漠的态度无暇顾及。5月31日上午我告别明娜，去戏院排练和处理一些事务，估计要到下午很晚时候才能结束。明娜长时间来把她的女儿纳塔莉——她对任何人都称这是她最小的妹妹——留在身边，这也是我衷心赞同的。现在当我平静地要与她们说再见时，两个女人都冲出门来到我面前，热烈地拥抱起我来，明娜和她的女儿一样都泪流满面，这使我感到惊讶，问这么激动的原因何在，没有得到解释，但我得离开了，并在思索她们的态度为什么如此奇怪，我不清楚其原因，但也有一丝预感。我在下午很晚的时候返家，由于劳累和疲惫不堪，面色苍白，饥肠辘辘。一到家感到惊愕，饭菜没有准备，明娜不见了。女仆告诉我，她与纳塔莉外出还没有回来。我耐住性子，精疲力竭地在临近的桌子旁坐了下来，精心地把桌子打开，发现里面空空如也，我惊讶极了。

我有了一个不祥的预感，冲向衣柜，一下子就知道了，明娜不再住在这所房子里了。我的妻子的出走把女仆都瞒过去了，真是用心良苦。像死去一样，我冲出了家，想把明娜的消失弄一个究竟。狄特利希的敌人老莫勒思想缜密，很快就断定，她乘上午的快速驿车离开了昆尼希堡，前往柏林方向去了。我恐怖至极。必须想办法把出走者接回来。这只有花费很大的一笔钱才有可能。我没有钱，费尽力气才筹到一部分。按照莫勒的劝告，我把银制的新婚礼物用来补足所需，随之我与关怀我的这位老朋友一道，同样乘上特快驿车，几个可怕的钟头之后就上路了。我们必须成功地在很短时间赶上先前出发的邮政快车，因为我们设想明娜在离昆尼希堡这么远的距离，一定同样要乘这辆车继续前行。但不可能做到，翌日黎明时分到了易北宾，我们发现我们的钱因为乘特快驿车已经告罄。为了返回，甚至乘简单的驿车我们都不得不把糖罐和糕点小篮都搭上。返回昆尼希堡这段路程是留在我青年时代生活记忆中最最悲惨的一页。我当然没有一瞬间想继续留在这个地方，而只是我尽可能地离开。可由于我的马格德堡债权人的法庭控告和我为了家庭的设备而应还清拖欠下来的分期付款，我的离开只有秘密出走才有可能。考虑到从昆尼希堡到德累斯顿——我到那儿去找我的妻子——的长途旅行需要弄到一笔够两天用的钱才行。从明娜那里，没有得到任何消息，只是通过莫勒我才知道，明娜到德累斯顿去了，狄特利希在所谓的友好的帮助下只陪她一段路程罢了。我认识到，她只是想从一个她感到绝望的境遇中解脱出来，并因此接受了一个因她的处境而受感动的男人的帮助，回到双亲那里寻求安静和安身下来。这使我开头时对这件事的暴怒和缓下来，甚至我越来越对这个绝望的人有了同情之心，因为我的做法和因为我把她带入不幸而感到自责。这次艰难的旅行终于在6月3日动身，通过柏林前往德累斯顿，在这段时间我的这种认识决定性地左右了我的所有想法和我的感情。我在明娜的双亲的寒酸的住宅里看到了她，这时我所能表达的只是后悔和痛苦的同情。这证明了，明娜看起来受到了我的虐待，被逼采取这个绝望的步骤，因为她看到我对我们所处的恶劣境况不闻不问。她的双亲对我并不表示欢迎，他们女儿激动而痛苦的状态仿佛表明她对我的怨恨有着十足的理由。我几乎无法准确地判断，我的痛苦状态，我的急速赶来以及内心流露出的悲哀是否会给她留下一个对我有利的印象，她对我的那种混杂一起的态度是那样模糊不清，部分是无法理解。可是当我告诉她，在有利情况下新揭幕的里加戏院向我提出了担任音乐指挥的职位的建议时，她就注意起来。我认为现在不应仓促安排我们未来的生活，首要的是去更严肃地关心改善生活关系的基础，为了这个目标，在痛苦万分的环境里，在充满不安的 8 天共同生活之后，我抓紧时机前去柏林，为了在那里与新上任的里加戏院经理签订聘任合同。事情成功了，而且条件有利，它们使我有可能在我的收入的基础上让明娜完全退出戏院专心主持家务，这样我就能在未来远远离开那些羞辱和恐惧。

返回德累斯顿①，我为呈现给我的前景感到高兴，得到明娜的不算太坏的支持，她离开了双亲的狭隘的家，在德累斯顿近郊的布拉泽维茨找到了一个简朴的住处，等待我前去里加任职。这段时间我们住在易北河边的一家旅店，在我更早的青年时代我就经常拜访这家旅店的酒馆。明娜的情绪看来好多了，依照她提出什么都不要打扰她的请求，凡事我尽可能地小心翼翼。几周之后，我有理由相信，担惊受怕的时间不久成为过去。令我感到极为奇怪的，这种情绪——我无法解释其原因何在——不久就又出现了。明娜告诉我她从不同的戏院收到的条件优厚的建议，

① 在旁边有科西玛亲笔写的字："特里伯森，1866 年 5 月 17 日。"

有一天她宣布要与一个年轻女友的家庭一道做一次短暂的休闲旅行，这令我惊讶。因为我觉得不应给她施加压力，于是对这次为期8天的旅行计划也就没有什么可反对的。我陪她回到父母家中，答应她我在布拉泽维茨安心地等她回来。几天之后她的大姐来拜访我，请我写一份书面证明，允许为我的妻子签发一份护照。这令我诧异，我去德累斯顿岳父母那里询问，他们的女儿准备要做什么。使我惊愕的是我在那儿受到了恶劣的对待，他们粗暴地责备我对明娜的态度，我甚至都不能养活她，我唯一想要知道的就是她在何处停留，她要做什么事，可我被他们用不着边际的言辞打发走了。脑子里被痛苦的念头所折磨，对过去的一切感到茫然不解，我返回我住的村镇。在那儿我收到了莫勒寄自昆尼希堡的一封信。这封信使我清楚了我痛苦的原因何在了。那位狄特利希先生到德累斯顿旅行来了。莫勒也告诉了我此人所住的旅馆。一道令人恐怖的光芒通过这个通知照到了明娜的身上，我很快就一清二楚了。我急忙进城，到那家旅馆去打探消息。那个人真的就在这家旅馆落过脚，可是又走了。明娜也像他一样消失不见。我在问我的命运，为什么要给我这个老青年的整个生活安排了一种如此可怕的、恶毒的经历。

在这无边无际的痛苦之中，我向我的姐姐奥蒂丽和她出色的丈夫赫尔曼·布洛克豪斯那里寻求安慰。他们结婚有些年头了，这段时间住在德累斯顿郊区的一幢令人感到亲切的夏季别墅“大花园”里。在我第一次到达德累斯顿时我就去拜访过他们。他们对我的处境几乎一无所知，我没有告诉过他们有关我的事情，很少在他们那里露面。现在我被迫克制我的倔强，几乎是毫不掩饰地倾吐了我的不幸。亲缘关系的巨大长处和血亲之间紧密的绝对的信赖第一次使我的感情体会到了亲情挚爱。这里不需更多的解释，兄弟和姐妹本是一体，他们从孩提时代就亲密地生活在一起，不需解释，一切自明。我不幸，她幸福，安慰和帮助随之而至。

她就是我的那个姐姐:我曾在闪电和雷鸣时给她朗读《罗依巴特和阿黛莱德》,她曾充满惊奇和同情地出席了我的第一首序曲在那个圣诞之夜充满灾难的演出。她不久就认识我的大姐夫弗里德里希·布洛克豪斯的最小的弟弟,一个极为可亲可敬的人,东方语言学家,很快就成名的赫尔曼·布洛克豪斯,并结为夫妇。他们已经生了两个孩子,家道殷实,生活无忧无虑。那一天,我徒步从布拉泽维茨前去著名的"大花园",当我一踏入那幢别墅时——我知道我在这里会受到一个幸福之家对我亲切的款待,——就好像我从荒凉的不毛之地进入一个天堂似的。与姐姐的相处不仅使我的情感得到很好的安抚,而且同极富才智和学识渊博的姐夫的交往也使我沉睡已久的求知欲望重新被激发起来。我意识到了,我青年时代的婚姻虽然是可原谅的,却以一种无害的方式把我带入名副其实的混乱之中。我的精神也重又获得进行艺术创作的活力,而且这次不必考虑去草率地适应我所熟悉的戏院演员的现有条件了。我在与明娜一起待在布拉泽维茨的苦闷日子里,我读了布尔维①写的关于科拉·黎恩济的长篇小说。我与我的亲人相处期间身心得到了慰藉、康复,在这期间我制定了把这部引起我的兴趣的题材写成一部大型歌剧的计划。如果说我首先也感到有必要使自己再度适应于一个较小的戏院的话,那么我现在却从现在起为未来我的影响范围的扩大而努力。我把我的序曲《统治吧,大不列颠》寄往伦敦爱乐协会,并试图与巴黎的斯克里布②就一部取自昆尼希·H③的小说中的题材,而由我

---

① 爱德华·布尔维-黎顿(1803—1873):英国作家和政治家,《黎恩济,最后的护民官》是他写的一部历史小说。

② 斯克里布·欧根(1791—1861):法国戏剧家。

③ 昆尼希·H(1790—1869):德国作家。

草拟的《高贵的新娘》取得联系。这年夏天的其余时间我就是这样度过的，是留在我难以忘却的美好回忆，到8月底我已兴致勃勃地登上了前赴里加之旅。尽管我也知道我的姐姐罗莎莉不久前在莱比锡与奥斯瓦尔德·马尔巴哈教授结婚，可我为了不致感到羞愧难当就避免在那儿停留。到了柏林，我得到了我未来经理的一些更详细的指示，也为自己办妥了一份护照。在这儿我遇见了明娜的小妹妹阿玛丽·普拉涅尔，这是一个有天赋的女歌唱家，嗓音很美。在马格德堡时我们曾短期把她拉入歌剧团。当我向她谈起了明娜的事情时，这位好心的姑娘极为震惊。她流出了泪水并抽泣不止。这使我得到极大的慰藉，随之我经过斯威林——我错误地认为会在这里寻找到明娜的踪迹——前往吕贝克，以便在那儿等候一条前往里加的商船起航。我们都已经到了特拉夫明顿，可这时风向变坏了，在8天之内不可能航行。我只得在一家寒酸的船家小酒馆里打发这百无聊赖的时间，没有什么娱乐，我就抓起一本民间故事书《奥伦斯皮格尔》读了起来，这本书使我脑海里酝酿起了一部真正的德国喜歌剧的念头。当我在很久以后起草我的《年轻的齐格弗里特》时，我想起了在特拉夫明顿停留的可悲时光，对这段时间和对《奥伦斯皮格尔》的回忆重又在我心中苏醒了。经过4天的航程我们终于到达了波尔德拉海港。首先就是与俄国当局打交道，这令我感到一种特有的畏怯，我从青年时代对波兰人怀着同情，而对这些俄国人充满了本能的恐惧。我觉得好像海港警察发现了我对波兰人的热情，并要立即把我发送到西伯利亚似的。可我的完全可信的德意志特点也使我感到更为快意的惊喜，它使我在里加，特别是在所有与戏院相关的事情上都得到了重视。

在我对较小的德意志戏院的特点有了那么多恶劣的经验之后，这儿新建的戏院的现状首先就使我感到舒适、安心。一群有钱的戏剧之友和富庶的商人建立了一个协会，他们自愿筹措到必要的金钱，为一个所期望的有作为戏院经理部建立起坚实的基础，并把经理部交给在戏剧界有着一定声望的、也是一个受到喜爱的戏剧诗人卡尔·冯·霍尔泰管理。这是一个独特的人，他在那个时候属于业已消失的戏剧倾向的流派，极善交际，与20年前一批戏剧界名人有着异乎寻常的友谊。他是所谓的"可亲的浪子"团体中的一员，这个团体里的人也乐于自视为富有才智，把戏院看作他们这批怪僻人的游戏场地——他们这样做得到了公众的宽容。市民生活整体上排斥他们，更高层次国家的知识阶级总是无望地想把他们从早年戏剧热情中重新拉回来。柏林的王家城市戏院——霍尔泰的第一个妻子作为一个受喜爱的女演员在很早以前就在这家戏院里红过一时——在那个时候极为繁荣，拥有著名的亨利埃特·佐恩塔克，是鼎盛时代，她就是出自霍尔泰戏剧审美观的流派。在那里除了他的歌唱剧——其中有受到喜爱的《年迈的统帅》——特别是他根据毕尔格的谣曲改编的音乐剧《雷诺尔》为他作为一个戏剧作家赢得了广泛的尊敬。他把他的整个身心都投入戏院，受这种欲望的驱使，他对前往里加的邀请特别高兴，因为他在这个偏僻的地方可以毫不畏缩地按照他的爱好行事。借助他那平易可亲的举止，他那妙趣横生的性格，以及他那处理事务的异乎寻常的轻松方式，他赢得了里加商人的特殊好感，他们追求的只是从他那里得到他能提供给他们的快乐和消遣。为此他们提供给他所需要的全部财力物力，以无条件的信赖满足他各方面的愿望。对我的聘请很容易就通过了。他要摆脱开那些动辄发火的迂腐的学究，宁愿要些年轻人；他对我了解得足够了，知道我是一个他熟悉和与他友好的家庭的一员，此外他也知道我勤奋和热心地转向现代意大利和法兰西歌剧，他相信我正是他找到的正确人选。他从贝里尼、多尼采蒂、亚当和奥伯尔的全部歌剧中拿出了一大批总谱,我要以最快的速度把它们尽善尽美地呈现给善良的里加人。

在我第一次前往霍尔泰家进行拜访时,我遇到了来自莱比锡的老熟人,我从前的保护者亨利希·多仑,他在里加有了一个固定的职位,任教堂和学校的城市音乐指挥。他很高兴看到我这个富于梦幻的年轻人独立承担起真正的音乐指挥的职务,当他发现我这个独特的贝多芬分子完全转向贝里尼和亚当时,他为我身上发生的变化感到惊奇。他带我到他的夏季住宅去,按着里加的话来说,这座住宅是“在绿地”而实际上是在一片沙石上建造起来的。我向他谈起了我的一些遭遇,这当儿我发现我置身于其中的这种罕见的荒凉。它突然间令我不安起来,先是一种无家可归的惴惴不安的情感,随之从开头时的不快逐渐升到一种痛苦的渴望,使自己从这一团糟的戏剧界中解脱出来,就是这种状况把我引诱到这样一个没有开化的地方。轻率在马格德堡使我的音乐鉴赏力堕落的同时,也使我对毫无价值的剧院交际感到快乐,现在它在这种不安的渴望情绪面前一再地退让,我在里加工作的这段时间在我身上就由此而形成了一种倾向,这种倾向使我与戏院越来越感到陌生,它也使霍尔泰经理对我怀有一种失望的不满情绪。

开始时我并不感到严重,既来之则安之。在歌剧团人员尚不完备之前,我们必须演出。我们只能演出布鲁姆①的一部小型的喜剧《玛丽,马克斯和米歇尔》。为此我要为霍尔泰写的一首咏叹调谱上曲子,这是他为有才能的男低音君特写的。作为加演的节目,这首咏叹调由一个引子和一首欢快的军队回旋曲组成。后来在演出《瑞士家庭》时

---

① 布鲁姆(1786—1844):德国作曲家和剧作家,柏林歌剧院的导演,著有50多部舞台剧。

我还为男低音莎依勃勒谱了一首加演的节目，它不仅得到观众的喜爱，我自己也极为满意，它是音乐发展上发生巨大转变的证明。为尼古拉皇帝命名日我为由布拉克尔写的《国歌》谱写了乐曲，我试着赋予它一种尽可能是专制——宗法式的色调，这带来不少的荣誉，因为在一段时期里每年在同一天都要进行演出的。霍尔泰要我为我们现有的歌唱演员写一部轻松的、快活的歌剧，最好还是“歌唱剧”；我又一次翻阅了我的《快乐熊之家》，正如我先前已提到过的，霍尔泰对这部作品也非常满意，可我在重新阅读业已在昆尼希堡写下的少数音乐时，却觉得这种谱曲方式令我作呕。我把剧本赠给一个好心的却笨拙的朋友，我的指挥助理吕勃曼，在我的一生中我再没有去关心它了。与此相反，我开始着手写我已经在布拉泽维茨草拟的《黎恩济》，要按照一种巨大规模的戏院标准来加以处理，使我在这部作品的构思上有意地阻断了环境对我加以引诱的每一种可能性，要我的作品与在欧洲的任何一家大型舞台上演出的都不相同。

在我一再地奋斗，想从卑微的屈辱的戏院现状中挣脱出来的同时，一些新的困扰又进入我的生活，它们使我的情感面临越来越厉害的危机并给我的奋斗带来了困难。霍尔泰所期待的大牌女歌唱家没有来，我们只能在没有女歌唱家的情况下演出严肃的歌剧。在这种情况下霍尔泰非常高兴地接受了我的建议，立即把明娜的妹妹阿玛丽聘到里加，她很高兴接受这项聘任，愿意在我的身边工作。那时她在德累斯顿，她在从那里寄给我的答复中同时谈及了明娜已返回到她父母的家中。她的处境痛苦、悲惨，疾病缠身。我对这个消息自然是十分冷淡的，自从她最近这次离开我之后，有关我听到明娜的事情，促使我交给我在昆尼希堡的一位老朋友一项任务，去着手处理我们离婚的法律上的事宜。毫无疑义的是明娜与那位可厌的狄特利希长时间就住在汉堡的一家旅馆里,她那样冷酷无情地离开我,这使我的名誉在戏剧界里受到了损害。我很简单地通知阿玛丽,请她不要再用她姐姐的消息来伤害我。

在这之后①明娜本人给我写了一封十分感人的信,她在信中公开承认了她对我的不忠。正如她由于绝望而被驱赶到这条路上一样,她同样也由于对她陷入不幸的绝望而从这条路又走了回来。这表明了,她对她的引诱者的性格感到失望,她认识到了她陷入一种道德上和身体上都极为痛苦的可怕处境。她患病,痛苦,现在要从这样的处境中回到我的身边,承认她的过错,请求我的原谅,绝对向我保证,现在她才真正地认识到了她对我的爱。我从没有从明娜的嘴里听到过一种类似这样的语言,而除了在很久以后的一次令人感动的时刻——在这个时刻里她的表达对我的感情的影响是同样的感人和有说服力,像这第一次接到她的出色的信函一样。我给她写了回信,我把发生的事情的大部分过错归于自己,我们之间再也不谈这件事了。我可以自豪的是,我不折不扣地做到了我所说的。因为她的妹妹的聘请已如愿以偿。于是我邀请明娜与她的妹妹立即前来里加。两个人很高兴地接受了我的邀请,并在这一年的10月19日从德累斯顿来到我的新家。明娜的健康确实很糟,我愧疚地觉察到了,我尽我的所能使家里舒适和安静以利于她的康复。这有它的困难,因为我作为音乐指挥收入微薄,而我们又坚持明娜再也不去戏院工作了。贯彻这样的决定——它对我们的收入带来影响,另一方面把我搅入一些奇怪的纠葛之中,有关其性质在很久以后才有人给我解释清楚,它同时使我对经理霍尔泰的道德品性有了些极其令人惊愕的体验。而此刻我只能容忍,被认为是对我妻子的嫉妒。我倒是有理由让人们这样看我的,我平静地加以忍受,并高兴地看到一

① 在旁边注有日期:“特里勃森,1866年10月5日。”

个祥和的婚姻关系的重建，尤其高兴地看到我们简朴的家庭状况能幸福快乐地维持下去的可能性。明娜开始在家务方面发挥她的才能了。我们的婚姻一直没有孩子，为了活跃我们的家庭生活，我们习惯于养一条狗，而这次我们有了个奇怪的念头，去寻找一条幼狼，把它带到家中饲养。可我们发现，这种尝试没有给我们的家庭生活带来更多的愉快，于是几周之后我们就把它放弃了。与阿玛丽在一起更为快乐，她心地善良，朴素无华，诚实可信，在一段时间里她对这个不完整的家庭的康复起了不小的作用。两姐妹都没有受到应有的教育，经常用她们童年习惯的快乐方式开心取乐。当她唱二声部的民歌时，明娜虽没有学过音乐，可总是知道如何帮助她的妹妹；我们的晚餐有俄国的沙拉，盐渍鲑鱼或者新鲜的鱼子；我们三个人在遥远的北方感到快乐和惬意。

阿玛丽的美丽声音和歌唱才能一开始就得到观众的喜爱，这使我们三个人都感到高兴。可由于她的身材矮小和缺少广泛的表演才能，她的影响范围就受到局限；不久她就被一群幸运的女竞争者明显地超出了，她可以把这件事视为她的生活幸运中的一件特别有利的事，因为俄国军队中一位真正的军官，当时是骑术教练，现在是将军的卡·冯·麦克极为迷恋地爱上了这个朴实的姑娘。一年后她就结婚了。遗憾的是，由于这件事情先是带来了某些麻烦，在我们的共同生活中出现了最初的乌云。随着时间的推移两姐妹完全闹翻了，我不得不去克制这烦人的苦恼，终于这对姐妹在同一个住宅里住满了整整一年，她们再也不说话和不见面了。

进入 1838 年的冬天，我们还是在老城里的一个狭隘的不舒适的住房里度过的，直到春天我们才搬进近郊的彼得堡镇的一座舒服的住宅，在这里虽然姐妹俩不断争吵，可是我们的社会交往却相当地活跃起来，我们经常愉快地款待朋友和熟人。除了戏院的同事之外，我们也间或招待一些城里的熟客。我们接待和拜访音乐指挥多仑一家,我与此人结为好友;可戏院乐队第二指挥弗朗茨·吕布曼待我更为忠诚,此人虽没有多大天赋,但值得敬重。总的说来我在交往上的范围仅是一般而已,从现在开始我的交往越来越以我生活的主要倾向为准,不久就变得越来越少,在我后来离开停留不足两年的里加之后,使我依然对这个地方不无陌生之感和了无依依之情,就如从前我离开马格德堡和昆尼希堡一样。但使我离去的令我极为不快的一系列的感受,它们都是极为可厌和使我的精神受到逼迫,接触的总是这样一批类似的家伙,我一直都在设法避开他们。

随着我过早受到损害的青年时代的婚姻幸福的复苏,在一段时间里我开始感觉到我的艺术活动与我早期的相比有了本质上的改善,这一点是逐渐意识到的。戏院经营在物质上得到了保证,在这种良好的影响下,艺术成就上也出现了某些可喜悦的现象。戏院甚至显得拥挤不堪了,小得可怜的舞台同样很少考虑到戏剧豪华场面,也同样没有想到在一个受到高度限制的乐队场地如何安置更多的乐队成员。这两方面都受到了束缚,但我依然懂得在这样一个乐队——其实只有两个第一小提琴,两个第二小提琴,两个中音提琴和一个低音提琴,这是一个弦乐四重奏的阵容——空间里逐渐地把它加强到十分可观的程度,我的这种成功的努力先是激起了霍尔泰的不满。我不久就组成了一个像样的乐队了。对我来说排练梅于尔①的歌剧《约瑟夫进埃及》是一种鼓舞,它的音乐令人为之动容,心情激荡,其高贵和简朴的风格对我迄今由于戏院实践而被毁掉了的鉴赏力的有利转变做出了不小的贡献。我非常高兴的是,我又可以通过朗诵剧的精彩演出激发起我先前的严肃

① 梅于尔(1763—1817):法国作曲家,其歌剧《约瑟夫进埃及》作于1807年。

爱好了，特别是《李尔王》的一次演出令我难以忘怀，我不仅是怀着极大的兴趣出席了它的多次演出，而且也出席了它的排练。可这些有利的印象也只是使我对戏剧的理解逐渐地越来越感到不快乐，因为一方面是戏院里的头面人物越来越排斥我，另一方面经理部对我的不满有着日愈增加的倾向。由于我已不再像从前在马格德堡那样轻率地在交往上不加选择，这样以来不久我就在这批缺乏教养、完全粗俗的人身上极为反感地体会到了思想贫乏、虚荣傲慢和极端的自私自利。很快歌剧团只有少数成员，我与他们不是在反对所谓某种上面谈及的特性的斗争中而闹翻的。但极为可悲的是我发现在这样的斗争中不仅没有从经理霍尔泰那里得到支持，而且他本人因此还把我视为敌人，事实上我是为了成功地获得艺术的共同成就才进行这样一场斗争的。霍尔泰不久就找到机会公开声称，我们的戏院为了适应他的口味，已经有了一个更为值得尊敬的人选了。他试图以此来教训我，戏院佳绩是来自一群浪荡儿的。正如他把戏剧艺术尊严的概念径直地称为一种学究式的无聊一样，他认为只有半是感人半是轻佻的轻松喜剧（vaudeville）才是值得重视的。他极端敌视严肃的大型歌剧，特别是大型的乐队。于是我的要求遭到了他的嘲笑和恶意的拒绝。他的艺术倾向与他道德领域里的偏爱所特有的联系，我逐渐地也了解得一清二楚了。这令我感到惊愕。现在，他发表的艺术上好恶的言辞，使我充分地感觉到他对我的反感，我越来越沉浸在对戏院工作日益增长的厌恶情绪之中。可我还是对一些好的演出感到高兴，这些演出都是在有利的情况下在米陶的大型戏院里举行的，夏季初我们剧团全体在那里待了一段时间。在这段停留期间我做出了秘密的决定，从与戏院的交往中解脱出来，这是我直到现在唯一可能要追求的目的。在停留于米陶的时间里我多半是阅读布尔维的长篇小说《黎恩济》。

我在里加停留初期就已完成了歌剧《黎恩济》的剧本，为它谱曲应当是为我架起一座通向我所渴望的壮丽世界的桥梁。我把《快乐的熊家庭》抛弃掉，出自这样的理由：因为这部作品的轻松处理会把我重新诱入我所蔑视的戏院关系，如果我这样说的话，那么《黎恩济》就给我带来了一种很大的安慰。我在这部作品里运用了丰富的艺术手段，它的演出要求我离开我迄今所习惯的小型的戏院，必须去寻求与一个大型戏院建立起新的关系。从米陶返回之后，1838 年的盛夏我开始谱曲，因此我滋生了一种热烈的心境，面对我实际的生活处境，染上了一种沮丧的情绪。每一个我向其告知我计划的人，仅从我所选择的题材上就清楚了我在与我迄今的地位进行决裂，在这样的地位上根本就不能想象我的作品能得到演出，因此我在我熟人的眼中是傲慢的，同时也是轻率的。

现在我也被看作不实际的和奇怪的，我再度避开我前一时期对平庸的歌剧趣味的轻浮的喜悦。这就是说也避开了我莱比锡时代那些值得注意的序曲的前保护者。他在发表于《音乐新杂志》上一篇报道此前在冬末由我举办的一场音乐会的文章里，毫无顾忌地对我的两部作品，那部在马格德堡写的《哥伦布序曲》和业已提及的序曲《统治吧，大不列颠》肆意地加以取笑。我本人在经历这两部表明我对小号强烈偏爱的序曲的演出时没有高兴过，现在演起来我觉得是一种令人不舒服的恶作剧了，因为我对我的里加乐师们显然估计过高了，我必须忍受各式各样的不幸的判决。多仑对我的规模宏大的《黎恩济》完全持反对的态度，他认为应当实际地去创作一部使我们里加戏院维持下去的歌剧。《巴黎陪审员》是一部历史喜歌剧，时代是在贞德围困下的巴黎，为了得到作曲家的欢心，我们排练并上演了这部作品。这部歌剧演出的成功并没有理由使我放弃我的《黎恩济》的计划，我对《巴黎陪审员》的成功感到高兴,没有任何嫉妒之心。我完全不想去进行竞争,我越来越想从里加的艺术界中退出来,仅限于去履行我合同上应当做的事情。我去谱写我的这部大型歌剧的头两幕,丝毫不去操心,我能否使这部作品得到演出。

如果说我早期所获得的酸楚严肃的生活经验规定我内心渴望返归我更早的青年时代本性中更为严肃的一面的话,那这些生活经验新近通过特别伤感的印象还要被涂上更浓的色彩。在我与明娜重新和好后不久,我就从故乡得到了我的姐姐罗莎莉逝世的消息。我一生中第一次体验到了一个最亲近的人去世的情感。恰恰是这个姐姐的逝世使我震惊得如受命运的严重一击,正是为了她的爱和敬重,我才那样果断地改掉了我青年时代的放荡不羁的恶习,为了报答她的关怀,我特别勤奋地创作了我最初的一些作品。当我的生活遭到严重的挫折,从家庭出走四处漂泊时,她知道我内心的苦楚,在那最后一次莱比锡辞行时,她向我喊出了不祥预感的永别的言辞。在我消失的年代,当家庭知道了我的任性而为的结婚和随之而来我的生活境况的失败时,正是她,如我母亲后来告诉我的,从没有放弃对我的信心,而是经常怀着希望——我的本性会得到发展,会有所成就的。在听到她逝世的消息时,我回想起我们那次郑重的诀别,它像一道闪电似的照亮了我面前与这位姐姐高贵的关系所包容的整个地带,她对我有什么样的影响,直到后来我才清楚。当我取得了明显的成功时,我的母亲含泪哭诉说,罗莎莉没有能亲眼看到。我也感到欣慰的是我又与家庭有了联系。母亲和姐姐们用自己的方式知道了我的遭际。我从她们那里又收到了书信,使我深深感动的是,她们在信中对我的固执和看来是冷漠的态度没有丝毫责备,只是表达出了同情和衷心的忧虑。我的家庭也知道我妻子的情况,了解了她的善良特性,这使我感到特别的欣慰,因为我就不必再为她们对我的忧虑进行辩护了。这样此前还一直激动不安的内心现在平静下来，出现了一种令人欣慰的道德上的安宁。以如此强烈的激情驱使我走上这样一种草率的和过早的婚姻和随之把我折磨得如此厉害的东西，现在像是和缓和平静了。如果说生活的忧虑经常以令人极为反感和令人非常忧愁的形象长年伴随着我的话，那年轻人渴求而引起的焦躁不宁却以一种形式被压抑下去了，缓和下去了。从此，直到我艺术上的独立性为止，我的本性的追求只限于达到这种理想的目的地。当前，这个目的地就是以《黎恩济》的构思为起点，它唯一地指引着我生活中的全部定夺。

后来通过一个里加人的报道，我在里加的生活才被人所注意。这个里加人感到惊奇地听到了一个人取得的成功，此人在立陶宛首都停留了两年，其意义却毫不被人所知。没有一个有名望的人对我感到兴趣，我完全是个孤家寡人，与所有人都形同陌路。如所提到的，我也怀着越来越多的反感远离戏院的人，这样在那儿度过的第二个冬末，1839年3月经理部宣布对我的解职，虽说这个行动有理由令我感到惊讶，但我完全同意这种强迫性的做法，感到有必要去改变我的生活计划。然而我必须把这次解职的方式看作我生活中最最厌恶的经历。在一次身患重病时，我业已为霍尔泰反对我提供了机会。严冬季节我在一次戏院排练时患了重感冒，它由于戏院活动的卑劣行为而给我带来的经常苦恼和愠怒变本加厉，神经系统受到了损害。但恰恰在这些日子我们剧团要在米陶客场演出一场歌剧《诺尔玛》。霍尔泰懂得逼我从病床上起来去进行这次严冬之旅并在寒冷的米陶戏院使我的病情加重。结果是转为一种伤寒热，它很快把我折磨得憔悴不堪。这使霍尔泰认为我的情况已经不再能在戏院担任指挥，我该"走人了"。我的得救和康复得归功于一个出色的顺势疗法医生普鲁茨纳博士。在此后不久，霍尔泰就永远离开了我们的戏院和里加，他所说的“十分坚实的状况”对他说来已经变得无法忍受，此外他的个人生活，由于他的妻子也给他带来些麻烦，这使他离开里加，与这里一刀两断就不难想象了。现在我也惊奇地认识到，我也在一直不自觉地遭受他带给我的那些痛苦。当霍尔泰的继任者歌唱家约瑟夫·霍夫曼在经理部对我出示了他的前任与音乐指挥多仑签订的一项聘书，把我一直在戏院担任的职位转让给他，而我的重新任职已不可能时，令我惊讶的是我的妻子对此中的早就熟知的原因做出了解释，这就是霍尔泰对我们两个人特别的反感。明娜为了不使我对我的经理霍尔泰怒目相向，一直对事情隐忍不发，极力保持沉默，现在真相大白了，令我感到悚然。我记得很清楚，明娜抵达里加不久，霍尔泰就迫切地劝告我，不要阻止对我的妻子的聘任。我请求他不要用这件事来打扰我，我要保证明娜远离戏院，这是我们取得一致的意见，但这不是出于我这方面的片面的嫉妒心理。我忙于在剧院进行排练的时间里，这位经理与我的妻子进行了面谈。在这样的晤面之后，每次返回家中我多次发现明娜十分激动并终于从她那里得到斩钉截铁的声明，在任何情况下，她都不接受霍尔泰建议的聘任。除此我注意明娜对我的态度，她在令我不解地研究我乐于允许霍尔泰试图劝说她的原因。如我在这种灾难已发生之后所知，霍尔泰利用这种见面进行露骨的爱情追求，这种追求的性质和倾向，在更多地知道事实真相之后，这个人的特点变得难以理解，直到这一类的另一些企图都真相大白时，人们才从中了解，霍尔泰认为漂亮女人的流言蜚语对自己大为有利，这可以转移观众对他不体面的古怪行为的注意。但明娜感到极为愤怒的是，霍尔泰在他自己的追求遭到拒绝之后，却成了另一个人的求爱者。在谈及这个人时他表明，如果年轻的女人拒绝了业已头发斑白和没有家产的男人，他并不因此而责怪她，与之相反他要给她推荐一个年轻可亲的和又非常富有的男人:商人勃朗顿堡。他遭到两次拒绝而引起的恼怒,受到那么明显的屈辱,在明娜觉察到之后,似乎就变得更厉害了。我现在理解了,他经常对“戏院的坚实状况”大放厥词不是什么独创性的夸张,而是他经常有理由对来自这方面令他最恼火的伤害的诉苦。这种轻佻的企图变成了一种把戏,如他对待我妻子的那样,可这并不能去欺瞒那些观察越来越犀利的观察者,转移对他做的那些堕落勾当的注意,到最终他似乎无法躲避了,了解他的那些与他较好的人毫不掩饰地承认,怕真相被揭穿的恐惧使他很快就完全放弃了他在里加的职位。好多年之后我还听到霍尔泰对我的激烈的敌视,除了其他的事情之外,他极力地反对“未来音乐”和它的威胁到纯情感的质朴性的倾向。像我提到的,他这个人有着那么强烈的七情六欲,业已在我们在里加共处的最后一段时间里向我表现出了对我的敌意,我乐于认为这种敌意真的只是归于我的偏离开来的艺术倾向。

如果说我得到的教训令我惊讶的完全只是由于我个人的原因的话,如果说我不得不感到某种羞愧的是:通过我对一个我认为是完全极为忠厚的人所表现出的毫无保留的信赖而不得不看到我对人的认识实在浅薄的话,那我的朋友亨利希·多仑所展示出的性格几乎令我还要更为迷惘不解。我们在里加持续交往的这段时间里,这个人的态度像是一个好心的老哥哥一样成为我的一个值得信任的朋友。我们几乎每天见面,每天拜访,经常在家庭的圈子里往来;我在他的面前没有任何秘密。他的《巴黎陪审员》在我的领导下的演出像他自己亲自指挥一样出色。当我听到我的职位转让给他时,我想到的只是得问问他,以便知道,他那方面认为我在戏院迄今的位置上的做法是不是一个错误。然而我从一封书面的回答中看出来了,多仑真的利用了霍尔泰敌视我的情绪,从霍尔泰的离职中签订了有利于自己的一份继任人的协定。

作为我的朋友他知道这份协定只有我真的放弃我在里加的职位才会有用处的，他丝毫没有想到，在我们迄今一直是信赖的交往中应当尽可能地避免去接触到我的离去或留下来的问题。相反，他提出来，霍尔泰向他表明，他在任何情况下都不会重新聘任我，因为我不善于和团里那些歌唱家友好相处；他的《巴黎陪审员》的成功为戏院带来新的活力，他抓住这个有利的机会才让他担任这个空缺，不应因此而责备他的。除此他从我信任的相告中知道，我处于困境，并且我的薪水由于霍尔泰先前的减少而不可能满足我的昆尼希堡和马格德堡债权人的过高要求，这些人已经有了一个与霍尔泰友好的律师与我做对。因此我的情况十分不妙，这使他认为我不会在里加待下去。这样他就是接受了霍尔泰的提议他也是我的朋友，在良心上不感到有什么愧疚。为了使他的这种自欺欺人不是那么心安理得，我要让他的良心苏醒过来，他不是不知道，如果我继续任职的话，我的第三年的合同保证我有一笔更高酬金；除此通过创办乐队音乐会——已经有了一个很好的开始了——这就会使我在克服了搬迁和安家的困难时期之后，就有可能偿还我过去所负的债务。于是我就问他，如果我解释说，我看到我保留我迄今的职位会给我带来好处的话，他是否会撤销他与霍尔泰的协定，再说此人在他离去之后就不存在导致我解职的借口了。直到今天我都没有收到多仑对此的答复，相反的是1865年夏天，令我吃惊的是多仑本人未经通知就出现在我在慕尼黑的家中。他很高兴我认出了他来，他迎向我做出一个显然要拥抱的动作。我避开了这样亲热的表示，并很快就看出来，阻止他用亲近的“你”来称呼我的困难，因为这样就要费些口舌对过去的事情进行争论，会增加我不必要的激动（那时正是我的《特里斯坦与伊索尔德》上演期间）。这就是那个亨利希·多仑，那个时候他在三部歌剧失败之后快快不乐地离开了戏院并转向音乐的纯商业性操作。他的历史喜歌剧《巴黎陪审员》在里加取得的地方性成功，通过背叛友谊得到霍尔泰经理的提拔，弗朗茨·李斯特出于疏忽把他从遗忘中拉了出来，这样他在德国的戏剧音乐上才取得了一个持久的地位。弗里德里希·威廉四世国王对教会事务的兴趣帮助他赢得了他在德国最大的抒情戏院，即王家歌剧院的重要职位。因为戏剧缪斯很少光顾他，他希望在一个德国大城市找到一个好的职位，如我上面说过的，由于李斯特的介绍他被任命为科隆大教堂的音乐指挥。借一次大教堂建筑节庆的机会，他作为一个音乐家要用普鲁士君王的宗教情感来指导这次活动，国王授予他宫廷戏剧的乐队长的头衔，作为这样一个人，他长时间就负有使命与威廉·陶伯特①共同去维护德国戏剧音乐的荣誉。

现在我必须对里加戏院经理 J.霍夫曼大加赞扬，他心里总是想着我的朋友对我的背叛，他向我解释说，多仑的任职只有一年，会很快与我签订下一年的合同。为此里加的音乐之友鉴于我的音乐授课，音乐会的创办以及其他，等等，他们请求弥补我这个音乐指挥一年的薪金损失。这是对我赞赏的证明。但正如我已表明的，远离迄今我所熟悉的戏院世界的渴望是那么强烈地攫住我，我要果断地把握住这个强迫性的机会，脱离我直到现在所走的生活道路，而投进一条全新的。我也不无巧妙地利用了我妻子对我遭到的背信弃义表现出的痛恨情绪，为了使她平静下来，我要带着我的古怪想法前去巴黎。如果说我在构思《黎恩济》时眼睛里看到的还只是宏伟的戏院的话，那么现在我要跨过所有中间站立即就奔向欧洲巨大的歌剧中心。早在马格德堡时我就从亨利希·昆尼希的小说《高贵的新娘》中按着法国的规格撷取了一部大型

---

① 威廉·陶伯特（1811—1891）：德国指挥家、作曲家，柏林宫廷音乐会的领导，柏林宫廷歌剧院的乐队长。

的五幕歌剧的题材。我让人把完成的草稿译成法文,把它从昆尼希堡寄给巴黎的斯克里布。并附上了给这位著名的歌剧剧本诗人的一封信,在信中我向他提出了,只有在我为巴黎谱写这部歌剧的条件下,我的草稿才可以使用。为了证明我有为巴黎写一部歌剧音乐的能力,我同时也给他寄去了我的《爱的禁令》的总谱。除此我也给麦耶贝尔写了封信,使他知道我的计划并请求他的帮助,我虽然一直没有得到答复,但这并没有使我感到不安。相反,我能够满意地说,我早已"与巴黎有了联系"。事实上,当我在里加准备我这项大胆的行动时,我已经有了一个相当坚实的起点了,我的巴黎计划并不完全是空中楼阁。但这里我要做些补充,我最小的妹妹赛茜莉是属于布洛克豪斯公司的一个书商爱德华·阿万纳留斯的未婚妻,阿万纳留斯担任了这家德国公司巴黎分支机构的领导。我现在求助于他,以便从斯克里布那里得到消息和对我几年前请求的回答。阿万纳留斯去拜访了斯克里布并证实了他收到我从前寄去的东西。斯克里布也向他证实他回忆起了我告诉他的题材,就他所能记得的,在这个题材出现了一个"弹竖琴的女人",她受到了她的兄弟的虐待。他恰恰只记得这个情节,这就使我相信,斯克里布的所知不会超出第一幕,因为他提到的事件就发生在第一幕里。谈及我的总谱时他只是说他让音乐学院的一个学生从中弹奏了些东西,仅此而已,他不能故做奉承,有意识和明显地说些我中听的话。当我看到了斯克里布在给阿万纳留斯的信中谈及我的事情时,这对我而言是一个明证,说明斯克里布知道我,说明我与他有联系。甚至斯克里布这封信是那么强烈地影响了我妻子从来就不活跃的想象力,她越来越有力地克服了与我一道去巴黎进行冒险的恐惧。我们终于下定了决心,在我的第二个里加合同期满时,也就是在即将到来的1839年夏天,直接由里加前往巴黎,好在那儿寻找我当一个歌剧作曲家的唯一的幸福。

我创作我的《黎恩济》有了越来越大的意义，还在动身之前我就完成了第二幕的谱曲，其中穿插有规模宏大的一首英雄般的芭蕾舞音乐。我觉得要快点学习法文，我在中学学习时极为蔑视地把这门语言抛在一边。我现在想用4个星期把所有耽误的追补回来，于是我请了一个很能干的法语教师。可我很快就发现，我在这么短的时间里根本就不会成功，这样我就把授课时间在练习的借口下，让我的老师把《黎恩济》的歌词译成散文。我用红墨水立刻把它填写到我完成的音乐部分的总谱里去，以便以这种方式在我抵达巴黎时能立即把我完成一半的歌剧摆到法国艺术行家面前。

我这次行动一切都已就绪，现在剩下的就是筹措所需的金钱了。但情况并不乐观。出售我简朴的家庭设备，一次义演所得和少许的积蓄恰恰只够满足我的那些马格德堡和昆尼希堡债权人在里加对我的追债所需。还清这笔债务我就连一个铜板都不剩了。得找人出主意，我的老朋友阿布拉罕·莫勒能轻而易举地想出一个使各方面都不会掣肘的主意。在这个麻烦的时候，他第二次到里加来拜访我们。我向他抱怨我的困难处境，以及实现我去巴黎的计划所遇到的种种障碍。他简洁明快地建议我，把我所有的积蓄都用于我们这次旅行，当我在巴黎取得成功手上有钱再满足我的债权人的要求。为了实现这样的计划，他要我们乘他的旅行马车，越过俄国边境把我们带到东普鲁士的一个港口。没有护照穿越边境必会引人注意的，因为外国债权人的利益是受到保护的。他让实行这项高度危险的计划十分容易，他在与边境相邻的一个普鲁士庄园有一个朋友，他会提供有力的帮助。不惜任何代价离开我所处的境地和尽可能快地到达伟大的目的地——在那儿我期待我的雄心壮志能迅速地得到实现——这样的欲望使我对所有实行这个计划而必然带来的诸多困难都不当作回事了。霍夫曼经理全力帮助我,使我能轻易地成行,他在我的合同期满之前的几个月就允许我动身了。6 月时我还在米陶的演出季节指挥了歌剧演出,我们就从那里出发,在莫勒的保护下,乘坐他的马车秘密地开始了这次旅行,目的地是巴黎,我们要历尽千辛万苦百般磨难才能到达。

夏天在草木葱茏的 7 月穿过丰沃的库尔兰,现在我与一个我憎恨的生活方向告别,进入一条新的命运之路,油然而生的愉悦就在这次旅行的一开始由于恼人的折磨而蒙上了黑影,这是因为一条纽芬兰大狗"罗勃"引发起来的。这条狗原属于一个里加商人,它对我特别依恋。我待在米陶的那段较长时间里,罗勃一直留在我那空洞洞的住房里,它十分恋家,使管家和邻居特别感动,就用邮车把它送到了米陶;我感动至极并发誓,不论怎样困难我都要把它留在身边,把这条大狗带到巴黎。可把它装到车上,看来是根本不可能的。车里无法给它腾出一个位置;这条毛茸茸的北方动物在炎热的阳光下整天地在车边跟着奔跑,看到这个景象我感到揪心般的痛苦。它精疲力竭到了极点,我终于灵机一动,在满满的车厢里为这条大狗挤出个地方。第二天晚上我们到达了俄国和普鲁士边境,为了秘密地偷越国境莫勒面色变得凝重起来,我们也知道这是一次危险的举动。我们遇到了边境那一边的可信赖的朋友,按照约定改乘一辆小车,从大马路动身绕个弯,他把我、明娜和罗勃带到一个地点,从这儿他领我们徒步进入一座外貌十分可疑的房子,把我们交给一个向导,随后他就离开了我们。我们在这里一直等到太阳西沉,无事可做,于是我们进入一家走私犯聚集的酒馆,逐渐地来了一群外表污秽不堪的波兰犹太人,越来越多,挤得满满的。终于我们的向导叫我们跟着他走。几百步远的地方是壕沟的丘陵一侧斜坡,这条壕沟就是俄国的边界,经常有哥萨克人守卫,岗哨之间距离很近。我们只能利用换岗的这很少几分钟时间，快速地跑向丘陵，爬过壕沟，然后继续快速奔跑，直到越过射击线，因为哥萨克一旦发现我们，即使我们已经越过了壕沟，那他们也要开枪射击。我十分关心明娜的安全，可我看到罗勃的机警劲儿，真感到少有的快乐，它好像也知道危险似的，一声不响地趴伏在我们身边，我一点也不担心它会在危险关头做出反应。终于我们又遇到了那位可信赖的向导，他很激动地拥抱我们，重新用他的车把我们拉入普鲁士边境的一家客店里。我的朋友莫勒由于害怕而病倒了，他从床上一跃而起，喘着粗气，欢叫起来。回想起来，我不但把自己，而且也把可怜的明娜带入这样的险境，我的无知使我听从了莫勒用这样轻率的方式让我们偷越国境的主意。我无法用言语向我累得死去活来的妻子表达我的后悔。

然而我们刚刚克服的这些还仅仅是一系列新的困厄的开始，它们一直伴随着对我生活如此重要的和冒险的旅行。第二天我们穿过富庶的梯尔斯特低地，又鼓起勇气驶往昆尼希堡附近的阿尔瑙。我们确定了下一步的旅行计划：从普鲁士港口匹劳乘一艘帆船先前往伦敦。原因主要是考虑到陪伴我们的那条狗，乘船就容易把它带上同行。乘坐驿车从昆尼希堡到巴黎是无法安排它的，那时人们对铁路还一无所知，无从想象。但除此也由于我囊中羞涩，费尽力气筹到的金钱不足一百杜卡登，这不仅用在路上花费，而且还要支撑我在巴黎停留到我能赚到钱的时候为止。在阿尔瑙的客店里我们休息了数日，然后，依然由莫勒带领乘上一辆乡间用的马车继续前行。这辆车与一辆两侧有遮拦的马车没有什么不同，越过一些小的村落，驶行在糟糕的公路上，避开昆尼希堡，直奔向海港小城匹劳。但就是这样一条短的路程也还是发生了意外。这辆笨拙的车在一家农民院子里翻倒，明娜受到强烈的惊吓，我费力地把已完全瘫软的明娜搀扶到一个农民家中，为了使伤者得到恢复，我们不得不在这里与那些肮脏而忧郁的人一起度过令她感到十分痛苦的一夜。在匹劳帆船的起航时间推迟了多日，这种情况倒是对明娜的康复十分有利。我们没有护照，船长接纳了我们，可我们如何登上他的船这就颇费周折。我们必须在破晓时乘上一艘小船偷偷地越过港口警察，再爬上我们船的甲板；我们到了那儿，费了很大力气才不使罗勃激动起来。我们爬上了倾斜的船身，立即就躲在下面的一个房间里，以便船在起程前不让检查员发现我们。终于起锚了，当陆地慢慢从我们的眼睛中消失了时，我想我们可以呼吸和感到安心了。

我们站在甲板上，这是一艘小型号的商船，叫“泰狄斯”，船头竖着一个仙女胸像，包括船长在内共有 7 个男人。遇着好天气，如在夏天，在 8 天的时间船就可以到达伦敦。可在波罗的海时海面风平浪静，我们长时间停止不动；我利用这段空闲阅读乔治桑的长篇小说 *La dernière Aldini* 来增加我的法语知识。除此我们与水手交往，散心解闷。有一个名叫科斯克的老水手，出奇地寡言少语，我们对他一直进行观察，一向和善的罗勃对他有着难以消解的反感，这给我们在危险的时刻带来了令人可笑的困难。7 天航行之后我们才到达哥本哈根，我们没有下船，利用这个机会去补足各种食品和饮水，我们在船上只有很少的必需品了。我们愉快地从美丽的海辛格尔宫殿旁驶过，它的景象直接触动了我青年时代对哈姆雷特的印象，帆船穿过卡特喀特朝斯卡格拉克驶去，开始风向不顺，得费力抢风行驶，第二天这次新的航程就完全置身于一种激烈的风暴之中了。我们与风暴搏斗了整整 24 小时，这是一种全新的磨难。我们拥挤在船长狭小得十分可怜的船舱里，我们俩连个自己的地方都没有，把自己交付给晕船和所有恐惧。不幸的是，在我躺的木凳下面的一个桶里放了一桶烧酒，水手们在艰苦的劳动中用它来鼓起自己的勇气，而那个科斯克是到这儿来取酒来得最勤的一个，每一次他都得与罗勃进行一场生死的较量。罗勃对他是愤怒剧增,每当科斯克从狭窄的楼梯走下来时,我虽然由于晕船而精疲力竭,可每一次我不得不奋斗一番,这使我的不适上升到值得忧虑的灾难的程度。7月29日,狂暴的西风最终迫使船长在挪威海岸去寻找一个港口。怀着欣慰的感情我看到绵延不断的岩石海岸,我们以极快的速度朝那里驶去。一个挪威领航员乘着一条小船迎向我们,用灵活的手接过了忒堤斯的舵盘,很快我就经历了我生平中最最奇妙的和最最美好的景色。在远处我看作绵延相连的海岸崖石链条,到近处一看是一系列单一的、从海中突兀出来的柱状崖石;从它们旁边驶过,我发现,不仅在我们前面,在我们两侧,而且也在我们后面都是这样的峭壁巉岩,我们处在它们的包围之中;在我们身后它们重又连在一起,像是形成唯一的一条崖石链条。这同时风暴被后面崖石挡住了,我们朝前穿过这一再变换不定的迷宫,海水这时就越来越平静,进入一条长长的河道,穿过一条巨大的崖谷,一个挪威港湾就呈现在我们前面,海水终于完全安详平稳地承载着我们这艘帆船向前驶去。

当水手在抛锚和升帆时喊的号子从花岗岩壁上发出巨大的回声时,一种莫可言喻的愉悦感攫住了我。这种号子声的短促节奏像是一种强烈的慰藉的预感占据着我的内心,不久它就成为我的《漂泊的荷兰人》中的水手之歌的主题。那时我正在酝酿这个题材,而这时获得的印象赋予它一种诗意的——音乐的色彩。我们在这儿也上陆了。我得悉我们上陆的这个小渔村叫桑德维克,离较大的阿仑达尔有几海里远。一个出海的船长之家接待了我们,让我们进行休息。海上依然持续不断的风暴逼使我们在这里停留了两天,这对我们的恢复大有好处。7月31日,船长坚持继续航行,尽管领航员一再劝阻。我们又站在忒堤斯的甲板上了,在我们的生活中我们第一次吃到一只龙虾。在起程几小时后，船长和水手们对领航员发出了一片激烈的叫骂声，我恐惧地看着他费力地操纵着舵盘，使船避开从海面突兀出来的一块礁石。我们惊恐万分，乱作一团，情况已经到了千钧一发的危险关头。船真的撞上了一块巨大的礁石，在我的想象中它会闪电般把我们的船撞裂开来。所幸我们的船只是一侧撞了个裂口，眼前不会有什么危险。可船长依旧要把船驶向一个海港，以便对船进行必要的检查。我们返回海岸的另一个地方，船再次抛锚，船长请我们与他和两个水手乘坐一艘小船到几小时远的一个较大的城市特罗姆松去，请求港口当局去检查他的船。这次散步般的出行极为迷人和令人印象深刻。港湾直延伸到内陆，纵目远眺，我的幻想油然而生，一个我陌生的、充满恐怖而庄严的荒原印入我的脑海。从特罗姆松到高原的长途散步使我的这个印象更加深刻。这黑色沼泽荒凉得令人感到可怕，没有树木，没有草丛，顶多是覆盖着一些少得可怜的苔藓，在阴沉的天际中一切都在地平线那儿混沌一片消失不见了。我的妻子对这次出游极度地畏惧，深夜时我们返回我们的小船，翌日我们知道了船的损害没有什么危险，感到心安，终于在 8 月 1 日趁好风之际重新踏上了航程。

在 4 天的平静航行之后起了一股强烈的北风，它以异乎寻常的速度沿着极佳的方向驱使我们的船疾驶而行。我们认为这次旅行不久就可以结束，可在 8 月 6 日晚风向逆转，同时掀起了一股前所未见的强烈风暴。8 月 7 日，星期三，中午两点半，这是我们性命生死攸关的时刻。不是因为把船抛向浪底峰尖的可怕力量，不是完全屈服于大海这个怪物的随意摆布，才唤起我对死的恐怖，而是水手们的怯懦使我感到厄运当头。我看到水手们绝望的凶狠目光，在他们迷信的眼中我们似乎成了这次海难的原因了。他们不知道我们这次秘密旅行的微不足道的缘由，就使这些人产生了这样的想法，我们的出逃就可能有着一种严重的甚至是犯罪的性质。甚至船长本人像是也为把我们收留到甲板上而感到极端的后悔。因为他在夏天经常走这条航线,没有发生过什么困难,很短时间就可以到达目的地,显然这次是我们给他带来了厄运。在这白昼时分暴风急雨,波浪滔天,明娜说出了她热切的愿望,宁愿闪电把她与我一道劈死,也不愿活着就被沉入可怕的海水之中。她也请求我,用一些布条把她和我捆在一起,这样我们沉入海水时就不会分离开来。在这持续不断的、只有借助最可怕的疲惫才得以减弱的恐惧之中,我们度过了一夜。翌日风暴停了,风向不利,但是很弱。船长费劲地用他的天象仪来测定准确的方向,看我们处在什么位置。他抱怨多个日夜天空都被乌云遮盖,哪怕只有一丝日光或星光就好了。他没有掩饰我们察觉到的不安,他无法确定我们在海中的位置。可使他感到安慰的是他在同方向几海里远的地方看到位于我们前面的一艘帆船,他通过望远镜极为注意地观察它。突然间他惊恐地跳了起来,十分焦急地命令转向。他发现了我们前面的那艘帆船已陷入沙洲,他说,从那儿就再也出不来了。他确切地知道我们现在就处在荷兰海岸延伸出的沙洲中最最危险那一部分的近处。灵活地操纵船帆我们朝相反方向的英国海岸驶去,在8月5日晚我们真的就到了索斯伍德的附近。当我们在离这儿很远的地方就注意到领航员向我们的船驶来时——在英国海岸,领航员之间可以自由竞争,因此他们就冒着风险在离海岸尽可能远的地方迎向驶来的船只,我的血就燃起了生命的热情。来的领航员是一个头发灰白孔武有力的人,可波浪一再地把他驾驶的轻舟从我们的船旁抛了回去,经过无数次的努力他终于用淌着鲜血的双手抓住甩给他的缆绳,——缆绳一再地从他的掌上滑落,这使他双手流血受伤——登上了“忒堤斯”的甲板。我们这艘可怜的历经磨难的船还依然叫“忒堤斯”①，尽管在卡特戛特经历的第一场风暴时，它的保护神神女的木制胸像就被波浪卷走了，当时水手们认为这是一个不祥的预兆。舵轮现在掌握在一个英国水手手里，这是一个安详的人，他的性格使我们感到极为亲切，他就是能把我们从可怕的苦难中解脱出来的保证，这使我们充满了一种宗教般的幸福感。但我们还远没有到头呢，伴随着沿着英国海岸穿越这段沙洲的航程，无数危险现在才开始呢。有人告诉我，每年在这里遇难的船只平均有 400 艘。从 10 日晚到 11 日晚，整整 24 个小时，在沙洲内刮起了一股猛烈的西风，它使我们无法前行，直到 8 月 12 日夜里才驶入泰晤士河口。在进入前的这段航程中有无数的各式各样警告标志，多半是些带着鲜红颜色的，并且发出响声——因为有雾——的警示小船。这个景象使我的妻子怯生生的想象力竟是那样活跃起来，她白天和夜晚都窥视着，向水手们指指点点，眼睛都闭也不闭；而对我则相反，这些标志，巡逻船就在近旁，表明就是有事也可以得救，于是我安下心来，即使明娜责备也罢，我沉入长长而解乏的酣睡之中。我们在泰晤士河口处下锚，安心地等待着天明。在明娜和疲惫不堪的水手同时都在熟睡期间，我却精神抖擞地欢快地打扮起自己来了，换上了新的衣服，在桅杆旁的小房里刮光了胡须，怀着一再增长的紧张和越来越强烈的激动观察这条著名的河流。船又开始逆流缓慢地驶行，完全从这个变得如此可厌的监狱般的帆船中解脱出来的渴念，促使我想更快地到达伦敦。靠近伦敦，河上布满了越来越多各式各样的船只，两岸的房屋和街道，著名的船坞和海军建筑物栉比鳞次，这让我们越来越目瞪口呆。

① 忒堤斯系希腊神话中的海女神，阿喀琉斯之母；神女(Nymphe)数目众多，海中神女，她们都归忒堤斯统领。

当我们终于到达伦敦桥，进入这座无与伦比的，生活充满了纷扰和玄机的世界城市时，经过了三周多可怕的海上航行，我们的双脚第一次踏上了坚实的陆地。已经习惯在颠簸的船上行走的脚步使我们像醉酒似的蹒跚而行，四周沸沸扬扬，置身于从未经历过的纷扰之中感到一阵愉悦而幸福的晕眩。就是罗勃也是如此，它像着魔地朝街角蹦来跳去，好像每一刻它就要走失似的。幸好一个马车夫帮助了我们仨，他按照船长的指点把我们领到伦敦塔附近的一家水手酒店“马蹄铁酒馆”，我们得在这儿考虑征服这个巨大的城市怪物的计划。

置身于这儿的环境，我们必须尽快地熟悉它。一个驼背的汉堡犹太人好心地接待了我们，他指点我们去西区的较好的落脚地方。到那儿用了整整一个小时，这在我的记忆里留下了十分激动的印象。我们乘了一辆当时常见的出租马车（cab），它十分狭窄，里面只能乘两个人，相对而坐，我们不得不把我们的大狗横放在车窗中间。在这一个小时的行程里我们所观察到的，完全超出了我们迄今对一个大城市所想象的生气勃勃和熙攘庞杂。我们的兴致极佳，到了老康普敦大街上那家公寓。如果说我在12岁时用很短时间在英语课上就翻译了莎士比亚《罗密欧与朱丽叶》中的一段独白的话，那现在在这个时刻对我毫无帮助，这家名叫“国王徽章”的公寓女管家听不懂我说的英语。这个女人——她是一位船长的未亡人——认为用法语与我交谈会好些，她的企图使我感到奇怪，如何用我俩都不懂的语言进行交流呢。可更令人激动不安的事情立即就发生了：我们发觉罗勃根本就没有随我们进入房内，而是在门口就消失不见了。我们为这条出色的狗担心和抱怨起来，费了这么大的力气才把它带到这里，就是为了随即失掉它？在我们下榻的房间里的头两个小时里，我们不断地在窗前探望，突然看到罗勃从旁边一条马路街角出现，无拘无束地朝着我们的房子奔来，这真是使我们喜出望外。后来我们才知道,我们的狗由于新奇直跑到牛津街去了,它返回它此前还未与我们一道进入的房子,真是令人难以理解。我把这当作动物记忆本能的令人惊叹的准确性的一个有力证明,留在我的脑海一直难以忘怀。

我们现在才有时间感受这次海上之旅带给我们巨大烦恼的后果了。我们感觉坚实的地面在不停地摇晃,每走一步就陷入可笑的窘境,跌跌撞撞,绊绊磕磕,仿佛我们在取乐似的。但当我们躺在那张巨大的英国式双人床上以求难得的休息时,它不停地上下摇晃起来,一旦我们闭上眼睛,它就可怕地深深陷了下去,这使我们呼救般地蹦了起来,变得无法忍受,我们觉得这可怖的航行会在我们毕生中一直持续下去。除了这种苦难,还有极为折磨人的不安,船上的饮食已大大败坏了我们的胃口,我们现在极想找些刺激性的食物。

被这些头痛的事情弄得疲惫不堪,这都使我们忘记了重要的头痛之事,这就是没有去考虑我们手中的金钱,而仿佛我们在进行一次开心的旅行,充满了对这座世界城市的惊奇。翌日我们立刻就乘坐一辆出租马车,按照伦敦地图制定出一份计划,开始一次丰富多彩的发现之旅。看到的一切令我们喜悦和惊奇,这使我们完全忘记掉了我们要克服的种种困难。我为在伦敦逗留 8 天的巨大花销进行了辩解:一方面是为了明娜得到必要的休息,另一方面是为了找机会与艺术界进行接触。我早在德累斯顿时就把我在昆尼希堡写出的序曲《统治吧,不列颠》寄给了伦敦的约翰·斯玛尔特爵士,他是这儿爱乐协会的主席,可他对我寄去的东西一直没有回答,我想与他就此谈一谈。我在考虑如何运用我的语言知识能彼此相互了解,这期间我用几天的时间去打听他的住址,终于有了结果,得知斯玛尔特根本就不在伦敦。我又用了几天的时间在设想,如果我去拜访布尔维,也是件好事,告诉他我正在把他的长篇小说《黎恩济》谱写成一部歌剧。我还在大陆时就知道，布尔维是国会议员，于是我径直去国会打听。在那儿我的十分蹩脚的英语帮了我的大忙，使我受到意想不到的和照顾周到的接待。在这座巨大的建筑物里没有一个我遇到的低级官员懂得我，不知我要什么和要找什么。这些人指点给我地位越来越高的官员，我被当作一个莫名其妙的人介绍给一个刚从大厅出来的外表高贵的先生，明娜一直在我的身旁，罗勃留在"国王徽章"里。他用法语问我有什么愿望，好像他对我问及著名的布尔维没有什么好的印象，他还是告诉了我，布尔维不在伦敦。但我又问他，我能否列席旁听一次国会会议，这位先生告诉我，由于不久前老国会大厦中一些大厅失火，现在用于开会的临时地方受到极大的限制，访问的入场券发放的数量不多。我执意的恳求使我的这位好心人——因为我们当时正在上议院的外面，我大概不无理由把他本人当作一位上议员——很快就打开了一扇门，我们径直地进入英国上议院会议厅中的一个狭窄的保留下来的旁听房间。这使我有异乎寻常的兴趣。我见到了也听到了当时的首相麦尔本涅勋爵，布洛汉姆（我觉得此人似乎扮演了一个极为活跃的角色，我认为他在多次提示麦尔本涅）；此外惠灵顿公爵完全是交谈式的发言给我一个极为令人敬畏的愉悦印象，他头戴一顶灰色的高帽，双手插在裤兜里，通过身体的摇动来强调他的讲话。另外林德霍尔斯特勋爵也引起我的兴趣，他是布洛汉姆的死对头。在他发言期间，令我极为惊愕的是，他就十分舒服地坐在他的身边，我觉得他是在提示他。正如我事后从报纸上读到的，那次会议讨论的是谴责葡萄牙政府大力进行奴隶贸易的议案。在这里我也听到了伦敦主教的发言，在这些先生中间，他的语调和姿态是唯一令我感到不快的人，也许这是由于我对教士的偏见所致。

在这次幸运的经历之后，对我说来伦敦这次也就够了。尽管我没有能够列席下议院的会议，可我的那位乐此不疲的好心人——我在房间时又偶然遇到了他——把我带入众议院的会议厅，在那儿向我讲解了一切有关的事项，也让我看了看发言人的羊毛袋子以及藏在桌子下面的这位高官的权杖。他对各种各样的东西给我讲得非常清楚，这使我现在相信我对不列颠帝国首都的所有应当知道的都已清清楚楚了。我并没有少想去观看意大利歌剧，可我相信是因为昂贵的门票大大败坏了我的兴致。我们还不断在这座城市的主马路上漫步，一直到巨大的入海口，伦敦的星期天给我们留下令人恐惧的魔鬼般的印象，最终与“忒堤斯”船长乘坐一辆蒸汽机车出游，这在我是生平头一遭，我们直驶到格拉沃桑德公园。在 8 月 20 日我们乘一艘汽轮前往法国，当晚我们到达布洛涅，在这儿与大海告别，怀着炽烈的愿望，再也不要乘船航行了。

在到达巴黎前我们都对预感到的失望怀有某种不安，但彼此都隐而不谈；除了其他一些原因之外，就是这种不安使我们首先在布洛涅或布洛涅附近逗留了几个星期。无论如何我们要在这个季节较早时刻去拜访对我在巴黎的计划有帮助的一些重要人物，现在就在这儿遇到了。使我喜出望外的是听到麦耶贝尔本人就在布洛涅。此外，我还必须为《黎恩济》第二幕的一部分配器；在进入豪华的巴黎时我至少得把我的作品完成一半才能拿得出来，留在布洛涅附近待段时间看来是最好不过了。我们先得在周围寻找个住处，在通向巴黎的公路上，离布洛涅有半个小时的路程，在一个乡间酒商空置的住宅里短期租了两间几乎没有家具的房间。明娜出色地把它们布置得实用便当，虽然寒酸，但已足够了。除了一张床和两把椅子，还有一个桌子，一旦我的《黎恩济》谱纸从上面拿走，那就用它当餐桌，饭菜都是我们在壁炉上做的。

在这儿我第一次拜访了麦耶贝尔。从报纸上经常读到这个人有口皆碑的和蔼可亲和仁厚善良。他没有答复我从前寄给他的信,我乐于原谅他;我的好意确也没有失望,他友好亲切地接待了我。无论从哪方面说他都给我留下一个很好的印象,他当时的年纪还没有像犹太人面貌通常表现的那样松弛乏力,而是由于眼睛周围的秀丽轮廓明显地呈现出唤起希望的脸部表情。他认为我在巴黎成为一个歌剧作曲家的计划不是没有希望的。他允许我给他朗诵我的《黎恩济》的歌词,一直听到第三幕的结束,并翻看了我完成了的第二幕的乐谱。在稍后的一次拜访中他向我表明了他对我的作品的毫无保留的关怀,可这对我却有几丝困扰,他不断地极力地称赞我的秀丽的书法,说他重新认识到了"撒克逊人"的长处。他许诺为我给大歌剧院经理杜邦歇和这家歌剧院的乐队长哈伯内克写介绍信。我有充分理由相信去赞美我的命运,它借助充满苦难的冒险把我驱赶到法兰西的这个地方。当我现在这样快就得到法国歌剧最著名的作曲家的关心时,在如此短的时间里赢得了这一切该是怎样巨大的成功啊!麦耶贝尔也领我去拜访同样在布洛涅逗留的莫歇尔斯①以及布拉埃德卡②,我早就知道她是一个著名的女钢琴演奏大家了。我出席了他们两个人的亲切的音乐晚会,第一次与音乐界的名流交往,这种交往迄今我还一直是陌生的呢。

我给巴黎我未来的姐夫阿万纳留斯写信,让他为我找一个合适的住处。9 月 16 日我们搭乘一辆驿车动身前往巴黎,我把给我依旧带来麻烦的罗勃放到高高的车顶上。我怀着极度紧张的心情到达了渴望的巴黎,先是感到遗憾,这座城市没有给我留下此前伦敦给我留下的那样宏伟的印象。在我想象中的那条著名的林荫大道是那么壮丽,这使我

---

① 伊格纳茨·莫歇尔斯(1794—1870):德国钢琴家和作曲家,是门德尔松的老师。
② 布拉埃德卡·玛丽(1811—1887):女钢琴家。

觉得一切尤为狭窄和压抑了。我的这种苦恼没完没了,我们那辆大型驿车在一条可憎的狭隘的巷子里——它叫尤瑟内街——停了下来。我第一次踏上了巴黎的土地。我也去黎希留大街拜访了我姐夫的书店,这条大街根本无法与伦敦西区的大街相比。我从这里前往为我租到的带有设备的房间,被指点去木桶大街的一条狭窄的侧巷,它与圣·奥诺莱大街相连,这条街上有一个名叫伊诺岑斯的集市,到了这儿我有如被贬谪发配之感。我的这家带有设备的旅馆的楼房有着一个令人感到慰藉的名字,在莫里哀胸像下面题有这样的文字:"莫里哀住过的房子"。这使我刚才留下的卑微印象得到某些安慰,该是一个好的兆头。我们廉价租的房间位于五层,虽然窄小但装饰得却舒适,令人感到亲切,从窗户俯望很快就对大街上乱糟糟的市集感到越来越甚的担心,我不能理解,我在它的附近能做些什么。

阿万纳留斯不久就要到莱比锡去与我最小的妹妹赛茜莉结婚,并把她带到巴黎。他把我介绍给他唯一认识与音乐有关的熟人 E.G.安德尔斯,这是一个德国人,在王家图书馆音乐部任职。他不久就来莫里哀诞生的这座楼房来拜访我。我很快就看出了这是一个少有的人,即使他对我的帮助不大,可在我的一生中一直保存着对他的怀念之情。他没有结婚,50 岁的年纪,很快他就告诉我他有过一段辛酸的经历。从前他富有、一帆风顺,可厄运把他推到可悲的境地,难得在巴黎找到一份职业。从前出于爱好他对图书目录学有着非凡知识,尤其是在音乐领域里,这帮助了他。他从不告诉我他的真名实姓,像他的命运一样,要在死后才向我公开,现在他除了叫"安德尔斯"①之外,再没有披露什么;他出身贵族家庭,从前居住在莱茵河畔,他的轻信和善意

① 安德尔斯(Anders):德文本意为另外的、不同的。

得到的是背叛和出卖,失去了一切,只有他丰富的藏书挽救了他。在他那简陋的住房里,四壁密密匝匝全是书,这证明了他的收藏之广。他带着一份重要的推荐信来到了巴黎,可不久他就不得不抱怨残忍的敌人无处不在。尽管他有着丰富的知识,但是他在图书馆多年来只能担任一个所谓的"雇员"的最低下的职位,而那些无知无识的人却被擢升高位。后来我才知道,这个人由于从前生活的娇宠而变得无能和软弱才是真正原因,因为他已经不能发展他的才能了。这样以来他用他那可怜的1500法郎的薪金过着艰辛的、困难重重的生活。孤独、衰老,正如他认为的那样,他只能在一家养老院完结他的一生。现在我们的结识,虽然我们也极度的需要,可对他来说他却鼓起了勇气,看到了充满希望的未来,重又恢复了生机。我的活力和锲而不舍的能量使他对我的成功充满了希望,他从现在开始异乎寻常地亲切和无私地关怀我的工作,奔走帮忙。他是莫里茨·施莱辛格出版的《音乐杂志》的合作人,但他不知道施加哪怕是一点点的影响,因为他缺任何评论的功力,这家杂志的编辑部几乎只是用他来编写书籍简讯罢了。我就与这个完全碌碌无为和不谙世事的人一起讨论我夺取巴黎音乐界——这是由所有那些不值得敬重的家伙们联合而成的——计划,在商讨中间总是只往好处想,我们相互为希望所鼓舞,这大概是某种预想不到的侥幸在激励我吧。

为了帮助出主意,他找来了他的朋友和邻居哲学家莱尔斯,我与此人的结识不久就成为我生平中的最美好的友谊之一。莱尔斯是昆尼希堡的一个著名学者的弟弟,几年前他从那儿来到了巴黎,想在这里通过哲学研究谋取一个能独立生活的职位,即使在困难的情况下,他想找一个当老师的位置,就像在德国这是学者谋生的唯一之路。不久他就得到了一份工作,在书商狄多那里协助出版一套希腊古典作家大型丛书。

出版商利用了这个年轻学者的窘境,他更多的是关心他的商业活动的成功,而不是使他得到进一步的发展。这样以来莱尔斯不得不去克服巨大的困难,但他永远保持高尚的心情和无论从哪方面来说都是一个无私和助人的罕见的榜样。他对音乐一无所知,也对此毫无兴趣,他首先把我看作一个需要人出谋划策的人,不久我们就成了巴黎厄运中的难友。我们成为知己,几乎每个晚上他与安德尔斯按时地来到我这儿。对安德尔斯而言,有朋友陪伴就已经十分有益了,他步履蹒跚,经常拄着一根手杖,并同时拿着一柄雨伞,因为在夜晚穿过喧闹的街道是非常令人担心的。他也乐于要莱尔斯先迈进我的门槛,好避开罗勃,他对罗勃十分恐惧。这个通常非常善良的动物真的对安德尔斯大为恼火,不久就发展成为一种攻击性的倾向了,就像在“忒堤斯”号上对水手克斯科一样。这两个人住在赛纳大街上一家带有家具设备的旅店里,他们都对女店主十分不满,她没收了他的收入,完全成了他们的监护人。为了摆脱开她,安德尔斯几年来一直想从她那儿搬走,事情却没有办成。不久由于我们彼此的处境,我们之间就没有任何秘密可言了,即使分住两处,我们通过同样的苦难而融为一体。

我们讨论的题目首先就是为了达到我在巴黎扬名的目的应当走哪一条路。先是麦耶贝尔推荐信使我们充满了希望,歌剧院经理杜邦歇尔先生也真的在他的办公室里接见了我。他把眼镜①夹在右眼,读了这封信,没有流露出丝毫的激动。看来是麦耶贝尔的这类推荐信他看得太多了。在我与他告别后就再也没有从他那里得到任何一点消息。相反的是老乐队长哈伯内克却带着并不是虚伪的关切之情接待了我。他对我的希望表示,准备在最近的空闲时,在音乐学院——音乐会的一

① 此系当时常用的单柄眼镜。——译注。

次乐队排练中间演奏些我的东西。遗憾的是,除了我的那首独特的序曲《哥伦布》,我没有现成我认为合适的独自成篇的器乐作曲。这首序曲从前在勇敢的普鲁士军队号手的帮助下在马格德堡剧院的演出给我赢得了巨大的喝彩声,我一直把它当作我笔下最经得起考验的作品。我把总谱和乐队声部交给了哈伯内克并在我们晚间的聚会上把这第一步的行动报告给了我的朋友。

关于我现在与斯克里布本人进行联系的尝试,朋友们劝阻了我,根据常识他们认为我很容易遭到拒绝,一个如此忙碌的作家与一个毫无名气的年轻音乐家进行交往根本是不可想象的。相反是安德尔斯把他认识的一个朋友杜迈桑带来与我见面。这位白发苍苍的先生是小型滑稽歌舞场的作者,已经写了上百部的作品了,并非常想在他死之前能够看到他的作品在一家大型的抒情剧院演出。他完全没有作家的虚荣心,也愿意把一部歌剧歌词译成法文诗句。于是我们建议他为当时的第三抒情剧院改编我的《爱的禁令》。这家剧院叫文艺复兴剧院,在它被大火烧毁后重新建起来的旺达杜尔大厅演出。这部歌剧有三段原是我为试听用的,他现在立即逐字逐句地译成了规规矩矩的法文诗句。除此他邀我为狂欢节在杂耍剧场演出的一部滑稽剧《花园的坡地》谱写一首合唱曲。这是第二个前景。但朋友们劝告我,首先写一些小型的声乐曲,提供给那些受欢迎的歌唱家在经常举办的音乐会上演唱。莱尔斯和安德尔斯写歌词,安德尔斯给我带来他认识的一位年轻诗人的一首非常纯真的诗歌《睡吧,我的孩子》,这是我第一次为法文作品谱曲。我谱得蛮好,后来当我晚上在钢琴上多次弹奏时,我的妻子从床上向我喊道,这用作催眠可真是好极了。此外,我为雨果的《东方集》中的《期待》和龙萨①的一首浪漫曲《迷娘》谱写了乐曲。我不为这些小作品感到羞愧,后来我把它们发表在当时由雷瓦尔特②出版的《欧罗巴》的音乐副刊上,1841 年出版。但我又产生了个念头,为拉布拉歇写一首有合唱伴唱的大型的男低音咏叹调,插进他在贝里尼《诺尔玛》中饰演的奥拉维索的乐段之中;莱尔斯得找到一个意大利政治流亡者,好从他那里得到这样一首咏叹调的歌词。事情成了,我用贝里尼的风格谱了一首效果极佳的乐曲,它还保存在我的手稿里,这是我当时直接提供给拉布拉歇的。这位著名歌唱家的仆人是一个友好的摩尔人,在前厅接待了我,他要我不须禀报就立即去看他的主人。我以为去造访这样一位先生会是十分困难的,做好了被拒绝的准备,因此我把我的请求都写在一封信里,我想这样会比通过口谈更好被理解。因此这个黑人仆人的信任使我感到窘迫,我把我的总谱和我的信塞给他,请他转交给他的主人,不去理睬他面露友好的惊讶一再提出让我自己进去与他的主人面谈的要求。我匆匆地离开这幢房子,以便在几天后得到给我的答复。当我再度来时,拉布拉歇极为友好地接见了我,并肯定地对我说,这首咏叹调写得很好,只是完全不可能在经常演出的贝里尼歌剧中插入进去。想借助这首咏叹调进入贝里尼歌剧阵地的企图就这样失败了,这样的打算很快就被判定为毫无成效可言。我看到了,如果我希望我的另一些乐曲能够演出的话,那我就得亲自到歌唱家那里自我推荐去。

麦耶贝尔终于回到了巴黎,对此我高兴极了。我向他谈到他给我写的推荐信没有什么效果,他对此毫不感到惊讶;相反地,认为我注意到在巴黎一切都是很困难的,这是件好事,我最好是先找些报酬微薄的

---

① 彼埃尔·龙萨(1524—1585):法国文艺复兴时期的诗人。

② 雷瓦尔特·奥古斯特(1792—1871):德国作家,是在斯图加特出版的周刊《欧罗巴》的出版人。

事情来做。就是在这种意义上他把我带到他的出版人莫里斯·施莱辛格那里，把我的命运交付给这种奇怪的结识，随后他就到德国去了。一开始施莱辛格不知道对我该怎么办，在他的提携下，我在他办公室认识了一些人，其中有小提琴演奏家潘诺夫卡，可也还是一无所得。我回到我的家庭顾问一会议，他们已经给我带来了些东西了，如一个巴黎教授翻译海涅的《两个掷弹兵》，我很快就把它谱成我感到满意的一首男中音歌曲。按照安德尔斯的建议，我自己去为新近完成的乐曲寻找歌唱家。我首先去找了保琳娜·瓦尔多夫人，她非常友好地与我一道研读了我的一些作品，也向我承认她对它们的喜爱，却肯定地告诉我，没有机会演唱它们。在魏德曼夫人那里遇到的也是类似的情况，她在我面前用美丽女高音充满感情地演唱了我的《睡吧，我的孩子》，可她不知道下一步该怎么办。大歌剧院的第三男高音杜邦先生试了试我为龙沙特诗歌谱写的乐曲，但他解释说，诗的语言不合现在巴黎听众的口味。一位非常受欢迎的音乐会歌唱家和歌唱教师热拉尔德先生，我拜访了他多次，他解释说，我给他看的《两个掷弹兵》不可能演唱，因为我在结尾的伴奏采用了《马赛曲》的旋律，当前在巴黎只有在马路上响起了大炮和射击声时才会经常听到这支歌的。

只有哈伯内克唯一地履行了他的许诺，借乐队一次排练的机会为我和安德尔斯演奏了我的《哥伦布》序曲，因为我看到这首乐曲在著名的音乐学院音乐会演出的尝试绝对是不可能的，故我把这位老先生的这样做法看作令人鼓舞的善意。我知道它现在不会给我继续带来任何有利于我的结果，因为我本人也发现，我的这首我青年时代异常仓促的作品只能使乐队对我产生一种混乱的看法。可我在这样一次排练时却意想不到地获得如此意义重大的印象：它为我现在新建立起的一种艺术发展起了一个重要的决定性的作用。这就是我听了这个著名的乐队演奏的贝多芬的第九交响曲，这是一种无可比拟的持续研读的结果，它以一种如此完美和如此感人的方式演绎了这部作品。在我狂热的青年时代，我对这部神奇的作品臆造出的图画，在听了在循规蹈矩的保伦茨领导下演出的这部作品之后完全都被涂抹掉了。现在它一下子变得那么清晰地立在我的面前，都能用双手触摸得到我从前在我眼前看到的只是神秘的幻象和无声的魔法般的形体。现在它像从无数永不枯竭的、用一种无名的力量攫住心灵的旋律的泉源中涌现出来。

我的粗俗的鉴赏力的整个时代开始于那个时候对贝多芬音乐的错误理解，而在与可怕的剧院的肤浅交往中变本加厉，现在它在我面前就像沉入羞愧和懊悔的深渊之中一样了。

如果说近年来这种内心的转折，也通过充满痛苦的生活经验的影响，为我做好了非常有益的准备的话，那现在，借助第九交响曲演出得到的难以名状的印象——此前我无论怎么说对它都是懵懂无知——这种获得的思想才真的赢得了生命力，因此我把这个思想与给予我十分重要的、有着类似决定性的印象，即我在 16 岁时从施罗德-德弗林特饰演的费岱里奥获得的印象相提并论。

下一步就是我内心渴望创作出某种能为我做内心补偿的作品，恰恰是在现在，在我越来越清楚我在巴黎的困境和我从内心深处对在那条路上取得的成功发生怀疑的时候。于是我为《浮士德》写了一首序曲，按照计划它只是一整部《浮士德》的第一乐章，因为我同样在脑海里业已在酝酿第二乐章《甘泪卿》了。就是这部乐曲，在我已失去了对它的注意之后，15 年后由于索斯特的诚恳指点和期望我把它改编为几个部分，它现在一首《浮士德序曲》的标题下由我一再公开地进行演出，并也继续地受到重视。当时我有一种野心，看到这样一部乐曲能被音乐学院乐队在一次它举办的音乐会上演出。可我获悉，他们对我表示的已足够重视了,希望把我搁置一段时间。

一切都归于失败,于是我给麦耶贝尔写信,请他把我推荐给需要的歌唱家。令人惊喜的是麦耶贝尔从柏林写信,把我郑重地介绍给一位名叫古因的奇怪的人,他是一位邮局官员,是麦耶贝尔在巴黎的总代理人,此人从他那里得到详细的指示,尽一切可能满足我的愿望。麦耶贝尔用这种方式首先指点我去找文艺复兴抒情剧院的经理安东诺尔·尤利先生。古因先生在他那里几乎是轻而易举地得到许诺,上演我的歌剧《爱的禁令》,只是这部作品还得翻译呢。可问题在于我得在一次试听中给剧院委员会演唱我音乐作品中的一些乐曲。我已经把业已由杜麦桑翻译好的三首歌曲交给剧院的歌唱家做练唱之用,但我却遗憾地拒绝了,因为他们眼下都十分繁忙。古因又出了主意:他从麦耶贝尔大师那儿得到的全权能够把为大师多次效力的歌唱家供我所用。大歌剧院的女台柱多路丝-格拉斯夫人、魏德曼夫人和杜邦——后两者我已在为我的小型乐曲演唱所做的无效努力中认识——都答应在试听时给予我帮助。

在半年之后,近1840年的复活节,我走到了这一步,基于古因的协议而带来的我认为是极度可靠的希望,也由于莱尔斯鲁莽的劝告,我改变了我迄今所遵循的闯荡巴黎的道路,这同时我决定搬出愚昧的居所,迁往巴黎的邻近艺术家的地段。这种做法意味着什么和在怎样情况下来实现这一勇敢行动,当我现在进行详细地描述我们在什么样的环境下如何拖着脚步度过我们的巴黎处境时,那就一目了然了。

尽管我们一到达巴黎就立即省吃俭用,比如我们的午餐是在一家小饭馆,每顿只用一个法郎,可我们无法防止我们尚存的杜卡顿不久就告罄了。我的朋友莫勒曾说过,只要我有困难就去找他,因为他经营的买卖有很好的收益,为我们积蓄了一些,现在除了去向他求助,我没有别的办法了。在此期间我们得去典当我们还有的一些贵重的小物件。哪儿有家典当铺，因为我羞于去讯问，于是我就在法文字典里去找一个表述这样地方的法文字，以便在马路上去寻找这样的招牌。在我的一本小型法文字典里找到的这个字是lombard①；在巴黎地图上我在一个混乱的地区找到了一个小巷名叫伦巴底街。我在那儿转悠了好长时间，我的讯问得不到任何一个对我有用的答复。相反的，在一些透明灯光广告上经常出现"Mont de piété"②的文字，这引起了我的好奇，想知道这是什么意思，当我向我的家庭顾问请教时，令我惊喜：这正是我要去寻求的幸运的地方。于是我先是把我们的结婚礼物银制品拿到虔诚山的柜台上去；随后是我妻子的小型首饰，她从前的戏院服装的余物，其中有漂亮的镶有银边的蓝色拖裙，它从前是德骚女公爵之物。我一直没有从我的朋友莫勒那里得到消息。日子一直拖了下来，从昆尼希堡那儿等不到任何渴望寄来的东西。有一天我们不得不把我们的两枚结婚戒指拿到虔诚山去。援助一直无望，这时我知道，我手上的这些典当凭据本身还是最后的救助之源呢，它们同时可以连同被典当之物一起出售。我们终于走到了这一步，那件德骚拖裙就是在这种情况下完全失去了。事实上我们再也没有听到莫勒的消息。后来当我成为德累斯顿乐队长时，他又来拜访了我，他承认，在我们分离之后，通过一些我们侮辱他和蔑视他的传闻，他觉得自己受到了我们的伤害，因此他同我们的友谊只能作罢。我们确实地清楚了，我们受到了诽谤，这样一来在困难能得到所期望的援助也就成泡影了。

在我的困难时期刚露出苗头时发生了一件事，我们把它看作一个

① 法文lombard，有典当、当铺之义，但主要的意思是意大利的伦巴底人。

② "Mont de piété"，法文，意为"虔诚山"。

不祥的预兆:失去了我们千辛万苦带到巴黎的漂亮的狗,它无论怎么说都是一个非常宝贵的动物,在任何地方都激起人们的注目,可以肯定它是被人有意地诱拐走了。就是在熙熙攘攘的巴黎大街上它也能像在伦敦那样确切无误地返回家中,这已经都得到过最最辉煌的验证。在最初一些日子里它私自前去皇家宫殿的花园,同许多狗成群结伙在一起,此外与那些淘气的孩子玩耍,从那儿的水塘中的水里叨取些小物件取乐,散步,然后安静地返回。在新桥河畔它习惯于求我们允许它到水中洗澡,这时很快就在四周聚集起一大群人驻步观看,它潜入水中和把沉在河底的衣服和物件叨出水面激起了观众的喝彩。这使警察找到我们,为防止酿成骚乱叫我们赶快结束。一天早晨,像通常一样我们让它到大街上去玩一会儿,它就再也没有回来。尽管我坚信它会回来的,可它却无影无踪地消失了。这个损失看来对我们这两个忧心忡忡的人倒是一种幸运,因为人们会轻易地感到奇怪,我们毫无经济来源居然除了我们自己还能喂养一条如此魁梧的大狗呢。

那个时候,大约我们待在巴黎的第二个月份里,我们与从莱比锡来的姐姐路易丝和她业已长时间在此地等她的丈夫弗里德里希·布洛克豪斯联系上了。他们意欲前往意大利做一次愉快的旅行,路易丝利用在巴黎的逗留进行大量购物。我觉得他们对我们如此毫无意义的移居巴黎的后果绝不会感到同情和尽些责任,这是很自然的,不想造成一种假象,使他们认为我们的处境不错;可我依然没有从这种亲戚关系中得到丁点儿好处。明娜甚至好心地陪同他们去进行豪华的购物,而这同时我们唯一担心的是唯恐我们的有钱亲戚感到不快,我们想唤起他们的一些关怀。

相反的是我的姐姐使我结识了一个出色的朋友,这个朋友不久就对我遭遇的一切给予了巨大的关怀。他是来自德累斯顿的青年画家恩斯特·吉茨，是一个有着侠义心肠的性情中人。他擅长用彩色粉笔绘制肖像画，这种才能使他在他的故乡受到了年轻人的喜爱，通过自己所获得的成功他决定到巴黎来使他的才能得到更高的发展。他在巴黎已住了有一年多的时间了，并在德拉罗歇的画室里学习。由于他的少有的、几乎是孩子般的轻率天性，缺少严肃的教育和性格上异乎寻常的软弱，他选择的道路，尽管他有真正的才能，不久就陷入不可挽救的境地了。因为我与他保持着友谊的关系，我惋惜地越来越清楚地看到了这一点。现在这个孩子式的善良可爱的人使我，尤其是我那可怜的并十分孤独的妻子感到非常愉快，他的古道热肠和慷慨好义使他的友谊在我处于绝境时甚至成为救助的一个源泉。他被引入我们晚间家庭聚会的圈子，无论从哪一方面说他在与怯生生的老安德尔斯和严肃正经的莱尔斯的交往都显得是那么奇特。他的异乎寻常的和善和他经常涌出异想天开的古怪念头，对我们说来就成为不可缺少的了。他热衷于用法语交谈，毫不感到丁点儿尴尬，这种勤奋令我们感到开心，可他就是在此后20年的留居之后依然只能用一两个相连的字来正确表达他的意思。他在德拉罗歇画室里学习油画；很显然他在这方面也表现出他的才能，但这却是他遭到失败的障碍。在调色板上进行调色和涮洗画笔占去了他那么多的时间，使他很少能进行真正的绘画了。在深冬季节，每当他把调色板和画笔准备停当时，天就已变黑，什么都看不见了，就我所知，他只完成了唯一的一幅肖像画。那些被介绍向他订画的人，在他只完成一半时就经常离开巴黎。最终他抱怨这种完全是独特的不幸：他的顾客还在画像期间就一命呜呼了。只有他的房东——他经常拖欠房租——善于利用机会，吉茨完成的肖像画恰恰就是这个可怕的人的肖像。就我所知，这是吉茨唯一完成的一幅肖像画。相反的是他喜欢一些小型的速写，在我们晚间聚会时，我们谈话的主题激起了他的兴致，他立即就借助素朴的想象力和轻快的笔法很好地画了出来。就在第一个冬天，他也用心地给我画了一幅铅笔画，在他对我有了更好的认识之后，两年后重又对这幅画进行了加工，这就是我直到现在仍保留的那幅画。他很喜欢在晚上交谈时，在我生气勃勃欢快时观察我的情绪。事实上没有一个晚上我的情绪不是由于白天苦恼的努力和经验经常是陷入绝望的情绪，到最终变成了我特有的轻松愉快。这激起吉茨的兴趣，把处于苦难时期的我描绘成一个对成功满怀信心和微笑的面对生活的人。

还在1839年末之前①，我的最小的妹妹赛茜莉随同她的丈夫爱德华·阿万纳留斯也来到了巴黎。我们所处毫无前景的只能将就生活的困境，见到她——她对她的丈夫唯诺是从——其窘相就不难理解了。因此我们宁愿等待他们来拜访我们，而不是经常去探望他们，反正我们有足够的时间呢。

与此相反，与亨利希·劳伯的一段较长时间的重逢使我们感到温暖。他在1840年新年伊始就与他的妻子，娘家姓伊杜纳·卜多依斯，来到了巴黎。她是莱比锡一个有钱医生的年轻的孀妇。在我们与劳伯在柏林最后一次分离后，他是在一种特殊的情况下与她结婚的，这次是为了散散心来这里住上几个月的时间。前面提过他有段时间处于被拘留审查状况，就是在这段时间，这个青年的女人为他的遭际所感动，在此前也对他了解不多，却对他表现出了极大的关怀和照顾。当我那时离开柏林时，好像不久劳伯的判决也就下来了，出乎意料的温和，只判了一年监禁。他被允许根据他的选择在西里西亚的姆斯考城市监狱里

---

① 此处有误。——编者注。

服刑，这儿就在与他友好的皮克勒公爵[1]的附近。这对他有利，监狱长是公爵的下属，在他的特殊照顾下他能与公爵进行通信，甚至能亲自去拜见他。劳伯的女友决定，就在他入狱服刑的开始时与他成婚，以便姆斯考能在他身边照顾他。如果说在老朋友处于现在这样好的境遇下重新见到他使我喜悦的话，那看到他从前对我一向的关怀仍丝毫未变，这令我感到快意的满足。我们经常在一起，我们两人的妻子也十分相投。劳伯是第一个怀着好心的幽默理解我的疯狂的巴黎之行的人。在他那里我也认识了亨利希·海涅，两个人交谈时经常拿我所处的独特处境开些善意的玩笑，都使我畅怀大笑起来。劳伯不可能认真看待我在巴黎要做出一番事业的计划，因为他看出我用一种又使他感到惊讶的心绪去对待希望如此渺茫的处境。相反的，他并不对我选择的生活道路提出异议，而是考虑如何帮助我。因此他希望从我这儿得到一份我下一步行动的可行计划，以便随后在德国——他不久就要返回——能对我提供支持。就是在这个时候我与文艺复兴戏院的经理相处得极为融洽，似乎找到了一块落脚之地，我相信，如果我在半年之内没有后顾之忧的话，那我在这段时间就一定能搞出些名堂的。劳伯答应由他设法履行他的诺言。他在莱比锡指定他的一个有钱的朋友，把一笔钱转给我的家庭，由这里的阿万纳留斯按月付给我一笔资助。

随后我们决定，如前面提到的，离开公寓迁入赫尔德大街的一幢独居的住宅。妻子的谨慎和坚定的性格通过必要的措施来料理我们已陷入动摇和危险境地的生活问题，这部分是由于我对这一类事的不闻不问和索性而为所造成的。她认为比起公寓住宿和饭馆里用餐，有一个自己的家要节省得多。她的这种想法也证明其结果是正确的。在搬家

---

① 皮克勒公爵（1785—1868）：德国著名的园庭设计家和散文作家。

这件事上，深深懂得巴黎生活特点的莱尔斯也同样出了主意。根据他的观点，我迄今在巴黎的全部活动只有通过一种与我的胆量相适应的成功才能表明是正确的。因为我根本没有金钱在巴黎耐着性子长时间地等待下去，这样我就必须考虑到有一种特殊的良好的环境或者干脆放弃。所期待的成功必须在一年之内实现，要不我无论怎么说都必然失败。这样做就意味着冒险，因为我既然叫“瓦格纳”①，那他就不应当从这个名字中引申出“车辆”的意思。我用1200法郎租了一套房子，租金分季度付款。关于住宅的家具和设备，莱尔斯通过他的女房东的介绍，让我去找一个木匠，此人提供所有的必需品，条件优厚，分期付款。莱尔斯也告诫我，如果我外表上显示不出自信的话，那我在巴黎会一事无成的。我的试听的日子就要到了，我对文艺复兴戏院很有把握。杜麦桑正急于把我的《爱的禁令》全部译成法文。我的冒险开始了。我们在4月15日迁往相当舒适的新居，所携的行李少得可怜，这使位于赫尔德大街的这幢房子的门房感到惊奇。

我在寄予厚望的新居中接待的第一个客人是安德尔斯，他告诉我，文艺复兴戏院已刚刚宣布破产并已经关门。这个消息对我犹如五雷轰顶，对我来说这似乎远比一件通常的不幸要严重得多：它像闪电一样立即把敞开在我面前的前景一下子就击得粉碎。我的那些朋友时常说起，麦耶贝尔大概对他向我介绍的戏院——从大歌剧院开始——的情况所知甚详。我还不能继续停留在去观察与此相关的事情上，因为我有足够的理由感到痛苦，一旦我考虑到，我现在该拿我布置得如此惬意的住房怎么办呢。

---

① 德文 wagner 本意为车夫，源出 wagen，而这个词作为动词是冒险、大胆之意，而作为名词则意为车辆。——译注。

因为我的那几位歌唱家为了试唱都对《爱的禁令》中规定唱段做好了充分的准备,我至少想从中捞点好处,让一些有影响的人物来听听他们的演唱。但这只是小型的试听会,不会产生相关的效果。在杜邦歇尔卸任后被任命为大歌剧院临时经理的爱德华·蒙内先生不愿意拒绝我的邀请,免得造成这样的后果,使参加的人比试唱的人——这都属于他的机构的歌唱家——还少。我去拜访斯克里布,同样请他参加我的试唱会;他欣然允诺,答应了我的请求。于是有一天就在大歌剧院的歌唱家休息室里,我在上面提到的两位先生面前演出了我的三支曲子,由我自己进行钢琴伴奏。他们觉得音乐"charmant"①。斯克里布声称,他乐于相助,一旦歌剧院的管理部门能上演我谱写的曲子的话,他就立即为我写一份歌词。蒙内先生除了说这样一种演出是不怎么可能的话之外,他没有什么可反对的了。我没有忽视,这都是些友好的客套话。我发现,尤其是斯克里布非常乖巧,他到这儿来就是要说这些友好的客套话的。

只是在我的内心深处,我为演出这三首我轻浮的青年时代的作品而感到羞愧。我理解我这样做当然是为了借助这种轻薄的鉴赏口味能尽快在巴黎搞出点明堂来。我早就准备与这种鉴赏方向背离开来,现在对我而言它与我对巴黎全部希望的破灭一道完结了。我的处境竟是这样软弱,我不能对任何人,特别对我可怜的妻子表明这种重大的内心变化,我陷入一种郁郁不乐的状态。但如果说我继续下去依旧曲意逢迎的话,那我决不再想我在巴黎会有成功的可能。一种不可见的灾难正迎面而来,我感觉在巴黎5月的煌煌阳光中看到一个真正的恐怖形象笑着出现在我们的眼前。巴黎进入了对任何一种艺术活动来说都是

① 法文,可爱、迷人之意。

不利的时候。在我怀着自欺欺人的希望敲开每一扇门时,都被用单调得可怕的“先生到乡下去了”打发掉了。在漫长的散步中间,在熙熙攘攘的人群中间我们感到竟是那么无止无休的陌生,这时我就经常为我可怜的妻子幻想是在南美的自由国家。在这些国家里人们完全远离开这些不祥的鬼怪,不再知道什么歌剧和音乐,通过勤奋的劳动就能轻易地建立起一种理性的生活。明娜不懂得这是什么意思,我指给她看一篇我前不久读过的小说,硕克①的《马里兰州的建立》,这篇小说以一种诱人的方式传达给我的备受折磨和遭到迫害的欧洲移居终于能轻松呼吸了的情感。明娜想得很实际,她克服困难,使我们能在巴黎坚持下来,因此她想尽办法勤俭持家。而我则起草一个计划,把《漂泊的荷兰人》写成诗篇,在着手创作时我脑子里还一直想着在巴黎演出的可能性。我要把这个素材写成一部独幕歌剧,首先这个题材本身就决定了我这样做,因为我用这种方法可以抛掉所有现在令我反感的歌剧零碎,而把力量集中在主要人物之间的朴素的戏剧性的事件上。从实用方面考虑,我相信,我计划中的这部作品有被接受的最好前景,这种独幕歌剧就像人们称之为 lever de ridean② 在大歌剧院经常在一个芭蕾舞前演出的。为此我写信给在柏林的麦耶贝尔,请他采用。除此我又拾起《黎恩济》的谱曲工作,不间断地一直把它完成。

这期间我们的处境越来越糟了,劳伯给予的资助我已被迫地提前用光。我的妹夫阿万纳留斯对我们居留在巴黎越来越不理解,他使我经常感到更多的是疏远。一天早晨,我们正苦于无法筹措缴付到期的租金,这当儿一个邮差给我带来一个从伦敦寄来的邮包,我把这看作天

---

① 硕克·亨利希(1771—1848):瑞士德语作家。

② 法文,意为开场小戏。

赐的礼物，打开了签封，一本书被推到我的面前，要我签收，这同时我看到了我要付 7 个法郎的邮资。令我惊骇地认出了在邮包里的是我的序曲《统治吧，不列颠》的总谱，伦敦爱乐协会把它给我退寄了回来。我愤怒地对邮差说，我不收这个邮包，他提出强烈的抗议，因为我已经把邮包打开了。可这也帮不了他的忙，我现在就没有 7 个法郎。我解释说，他要我付邮资的通知太晚了，逼使他把我的序曲唯一的一册退给拉斐特①和加亚尔先生，作为他们的私人财产，随他们去支配好了。这部手稿后来如何，我从没有兴趣去打听了。

吉茨突然间想出了好主意去摆脱这种厄运。他从莱比锡一个非常富有并也出奇吝啬的处女莱普雷小姐那儿得到一项委托，在巴黎为她和吉茨本人的继母——她俩结伴旅行——找一处廉价的下榻之地。

我们的住宅虽说不是很大，但它已超出了我们的需要，这多余的部分很快就成为我们极为痛苦的负担。于是我们没有片刻的犹豫，即把最好的房间租给她们，供这两个女人在巴黎停留两个月之用。除此我的妻子像在公寓一样为这两位客人准备早点，她很高兴能从中赚几个苏②，看作她挣的钱。这个吝啬的老处女的怪癖那么令我们生厌，可与她达成的这项交易却多少有助于我们克服这段困难时期。虽说家里乱作一团，但我不受干扰地继续谱写我的《黎恩济》。在莱普雷小姐走后，我们把一个房间重新租给一个商务旅行的德国人，这时情况就变得更糟了，他在闲暇时老是一个劲地吹笛子。这个人自称布里可斯，他是一个朴素和蔼的人，是我新结识的画家朋友帕希特把他介绍来的。我通过吉茨认识了帕希特，他俩同在德拉罗歇的画室里学习。此人与吉茨

① 拉斐特，此处可能指法国银行家雅克·拉斐特（1767—1844）。
② 苏：法国最小的辅币。

完全不同，显然他的天分不高，但他十分执着，要在困难的环境里以一种异乎寻常的勤奋和认真，在尽可能短的时间里学会油画。他受过良好的教育，用勤奋以达到进一步的提高，表现得一丝不苟，严格和可信。在我们的交往上即使在亲密的程度上不像我的那三个老朋友，可从现在起他是我患难中的至交，他几乎每晚定时来到我们这里。

劳伯对我继续友好的帮助，有一天我得到了令我惊喜的新的佐证。一个名叫库舍列夫伯爵的管家来到我这里，并简短扼要地询问一些我当前的处境，劳伯在卡尔斯巴特向他主人谈起了我的情况。这位管家称他的主人希望能有助于我和希望与我结识，他意欲在巴黎聘请一个小型喜剧团的演员，随他前往俄国他主人的一个庄园。为此他要找一个十分能干的音乐经理，帮助他在巴黎搭建这样一个班子。于是我便心甘情愿地去伯爵所住的旅馆听他吩咐，在那儿我看到了一位精神矍铄、表情和蔼、年龄稍大的先生，他让我演奏了我的一些小型的法语歌曲。这位谙于世事的先生一眼就看出来，我不是他的人选，并做出了种种友好的表示，不再谈及曾通知我的有关歌剧事宜了。然而在同一天他送给我 10 个拿破仑金币和一张短柬。我不知道这是怎么回事。因此我写信给他，请他做进一步说明，他希望我做些什么，我请求他定做一首乐曲，因为我想，他这是为此预付给我的酬劳。我没有得到答复，我多次想再次去拜访他，却没有成功。后来从另一个途径我才知道，库舍列夫伯爵只欢喜亚当的那一类的歌剧，按着他的爱好他聘请的歌剧演员是为了用于一个小型的后宫而不是一个艺术机构。

与音乐商施莱辛格打交道到现在我一无所获，我不可能说服他出版我的一些短小的法语歌曲作品。但为了在这条路上我也搞出点名堂来，我决定自费用腐蚀版出版我的《两个掷弹兵》。吉茨用石版画了一幅漂亮的封面。最后结算下来我欠施莱辛格 50 个法郎。这部出版物的命运越来越受到关注。施莱辛格的出版公司负责销售，其收入当然归于我的名下，因为所有出版费用由我负担。说这本小册子一本也没有售出，我不得不相信出版商后来对我做出的这种保证。后来我在德累斯顿通过我的《黎恩济》很快地博得名声，随之美因茨的音乐出版商硕特——他的出版社几乎只是出版从法文翻译过来的作品——就为德国印制了这首《两个掷弹兵》。在法文翻译过来的歌词下面附上了海涅的德文原诗。但是这个法文译文相当自由，就是在诗节上也和原诗完全不同，与我的音乐搭配得稀奇古怪。我对这种羞辱感到愤怒，我认为有必要对硕特出版社在我一无所知的情况下再版这部作品提出抗议。可硕特却威胁我，要控告我侮辱罪。因为按照已签订的协议，它的版本不是一种再版，而是一种复印。为了不进一步惹一些麻烦，我被劝说向出版商道歉了事，称自己无法区分再版和复印之间的差别。1848年，我在巴黎看到了施莱辛格的继任勃朗杜斯，向他询问起我这本小册子的命运，他告诉我，已经出了一个新的版本，他们对我应得权利丝毫不予我闻。因为我已没有乐趣用自己的钱去买我的这本小册子，从那以后直到今天我手头都没有属于我自己的财产。后来在出版我的作品类似的大赚其钱达到什么样的程度，我将在下面一一说明。

现在的问题是要偿还施莱辛格的50个法郎，他建议我为他出版的《音乐杂志》工作。因为我没有足够的能力用法语进行写作，这样就得把我稿酬的一半付给翻译。尽管如此他安慰我说，我依然还可以为提供的印张得到60个法郎。这是怎样的一个印张。我很快就知道了。我为了拿到钱得经常到极其令人厌恶的出版商那里去，这个家伙手里拿着一个用数字测量行间距离的令人反感的工具，把它放在文章上，精确地标出标题和署名所占的空间。这样以来我当作一个印张到他那里就变成了半个印张。不说也罢，我开始为这个怪怪的施莱辛格的刊物写文章。我的第一篇篇幅较大的文章是《论德国音乐》,在这篇文章里我论述了德国音乐活动内在的和严肃的性质,用一种当时我感到是必要的和狂热般的夸张方式,这都使我的朋友安德尔斯评论说,若是在德国真的是这样那可就好了。我感到一种令我惊喜的满足,那是我看到这篇文章在一份米兰音乐报上被刊登出来。它出现了一个现在几乎不可能出现的疏忽,用了这样一个标题 *Dottissimo Musico Tedesco*,这令我莞尔一笑。我的文章现在受到了注意,情况不错。施莱辛格鼓动我就俄罗斯将军里沃弗①改编佩尔戈莱西②的《圣母悼歌》写一篇介绍性的文章,我要把它写成符合我的目的的篇幅。出于个人的动机我写了一篇态度和善的文章《论演奏家的技能和作曲家的独立性》。

这期间令我惊喜的是麦耶贝尔在仲夏季节来到了巴黎,他要在这里停留 14 天。他表现得非常热情和友好。我向他谈到了我为芭蕾舞开场前写了一首独幕歌剧,请求他介绍我与大歌剧院的新任经理莱翁·彼莱先生认识,可他最终也没有想到带我去拜访这位先生和把我推荐给他。这两位先生在郑重其事商谈我该做些什么,麦耶贝尔建议我可以与另一位作曲家为一场芭蕾舞演出合写一个独幕歌剧。我当然什么都不想知道,相反的是我递交给彼莱先生一份简短的《漂泊的荷兰人》题材的提纲。当麦耶贝尔再次离开巴黎——他这次做了长时间的停留——我与他打交道就是到了这个地步。

我长时间没有从彼莱先生处得到任何消息,在这期间我继续勤奋地谱写《黎恩济》,但我不得不时常中断,得为施莱辛格干活,这是帮我维持生活的工作,为此我感到极大的苦恼。因为我为《音乐杂志》撰稿

① 里沃弗(1798—1870):俄国作曲家,俄罗斯宗教音乐收集家。

② 佩尔戈莱西(1710—1736):意大利作曲家。

的收益甚微，有一天施莱辛格委托我为短号写出一种深化的方法。我感到惊讶，不知该怎么办，他给我寄来了5种已出版的不同流派的短号演奏法，短号在当时是巴黎年轻人极为喜爱的个人乐器。我应当从这5种方法中新整合出非常简单的第6种来，施莱辛格就是要出版这样一份东西。我真的开始绞尽脑汁考虑我该怎么办时，施莱辛格重新把我从这种无理要求中解脱出来，因为他刚好认同了一种已经完成了的方法。相反地我应当为短号写不少于14首的“组曲”。其中要采用歌剧旋律中的乐段，为了提供给我素材，施莱辛格把不少于60部歌剧改编的钢琴曲寄到了我的家里。我翻阅了它，为我的组曲选用了合适的旋律。我在每一本里，在我找到的地方夹上了纸条，这60部改编的钢琴曲在我的书桌四周形成了一个别具一格的建筑，这便于我能从座位上按可能的变化顺手找到旋律素材。在这项工作中间施莱辛格通知我，巴黎的首席短号演奏家舍尔茨先生——他在我的练习曲付刻前必须进行审阅——声称，我根本就不懂得这种乐器，选择的调式一般都过高了，巴黎人都吹不出来，我对此感到极大的满足，可我的妻子却感到惊讶。席尔茨表示他准备进行加工，在这样的情况下，当然要从我的这些成果得到的酬劳中抽出一半来，但随后我就从这类订货中摆脱出来，那60本钢琴改编曲重新回到黎希留大街那间奇特的图书仓库里了。

我的收入又变得糟糕极了，家里的困难越来越多，我当然又有自由的时间最后去把《黎恩济》完成了。11月19日我这部篇幅最大的歌剧终于杀青。我已经决定在德累斯顿宫廷戏院首演这部作品，以便在幸运的情况下重新为我搭建起返回德国的桥梁。我决定选择德累斯顿，那是因为我知道那儿的梯沙舍克是担任主角的最佳男高音；再加上我考虑到与从前就一直对我友好的施罗德-德弗林特，她因为我的家庭的关系在那个时候就把我的《仙女》推荐给了德累斯顿宫廷戏院，即使没有成功，也做了不少努力。此外我认识戏院的秘书宫廷参议温克勒(他叫台奥多尔·赫尔)，他是我们家的一个老朋友；我也熟悉乐队长腊侬希格，那是在那次与阿佩尔一道前往波希米亚旅行时，在德累斯顿度过一个愉快的晚上结识的。我给上面这几个人写了言辞恳切和有说服力的信，并给戏院监督封·吕梯绍先生寄出一封正式的信函，甚至向萨克森国王提上了一份合乎规范的申请，一切都已准备停当，以便寄出。

在此之前我没耽误，要借助节拍器的帮助给我的歌剧标上速度的准确记号。可我没有这样的仪器，只得向别人借。一天早晨我把这架节拍器掩藏在我薄薄的大衣内，前往它的主人那里去把它归还。这一天是我一生中最最奇怪的一天，因为我当时处境的全部不幸都以充满恐怖的方式凝聚到这一天了。此外，我每一天都不知道该从何处弄到少数几个法郎让明娜来维持起码的生活，有几张票据已经到期了，这是我按照巴黎的习惯为布置我的住宅在那个时候开出的票据。我期待某种救助，首先我必须到票据的持有者那里去试图说服他准予延期兑现。因为这样的票据作为商业——证券经常辗转易手，我得到各处去寻找它的持有者。这一天我就要去老区一幢六层楼里找它的持有者，一个奶酪商，设法使他安下心来。但与此同时我准备去我的姐夫弗里德里希·布洛克豪斯——他在这时来到了巴黎——那里去寻求帮助。在施莱辛格那儿我要弄到足够的钱，以便把我准备好的乐谱付寄。我带上了我借的节拍器，在清晨畏怯地与明娜告别。她出于经验知道，当我外出找钱时，不到很晚我是不会回来的。大街上浓雾弥漫，当我迈出家门时，我首先看到的是一年前被拐走的我的那条狗罗勃。我先是以为看到了一个幽灵呢，但我急忙用尖厉的声音喊叫它。这条狗像是认出了我，向我靠了过来。可我匆忙地向它伸开了手臂，这条狗畏缩地退了回去；它怕受到责打，在我过去和它相处的那段时间里，有几次我就用这种愚笨的方法惩治过它，它对那些记忆倒是蛮清楚呢。它退了回去，我就尾追不舍，它在我前面跑得越来越快。当它在街角畏怯地回头望我时，我越来越清楚，它认出我来了；因为它看到我像一个狂人似的紧追不放，它就又发疯似的逃离开来。我穿过在浓雾中几乎辨认不出的人流追得汗流浃背，气喘吁吁，又受身上带着的节拍器所累，直到圣洛歇教堂附近，它终于从我的眼中消失，再也见不到了。有一段时间我像僵化了似的站在那儿，凝视着浓雾。我在问自己，我冒险旅行中的伙伴，在这个可怕的日子里与它幽灵般地再见意味着什么呢。它在它的故主面前像一只野狗似的逃离开来，使我的心充满了稀有的辛酸，这是一个恐怖至极的征兆。我两膝颤抖，惊恐地继续做我要做的可悲的事情。亨利希·布洛克豪斯斩截地告诉我，他不能帮助我，我羞愧地离开了他并在他面前竭力掩饰了这种羞愧带来的痛苦。我的其他一些办法也都毫无希望地归于失败。最终我在施莱辛格的办公室里不得不上小时地忍受我的面包施主的客人故意拖长的闲聊，随后我一无所获地在夜幕降临时分又出现在我的住宅的窗户下面。忧虑不安的明娜一直在盼望我的归来，她发现了我，她已预料到我一事无成的，这期间她向我们的房客和饭食搭伙者，吹笛子的布里克斯——他为人和善，我们才竭力忍受他的笛声——好意求助预付一笔小钱，这至少使我能饱餐一顿。从现在起在一段时间里，其他的援助，即使对我来说是一种重大的牺牲，那是来自一部多尼采蒂歌剧的成功。

《宠姬》是这位意大利大师的一部极为乏力的作品，却因两个歌舞班的演出而受到趣味低下的巴黎听众的热烈欢迎；在最近经营哈莱威①两部歌剧出版上遭到重大损失的施莱辛格买下了这部歌剧，他要

① 哈莱威(1799—1862)：法国歌剧作家。

利用我眼下所处的无助处境。一天早上他面带怪异的欢快笑容冲到了我的家里,要我拿出笔和纸来,算出了一笔异乎寻常的收入数目,他果断推向我,摆在我的面前。他写下:“《宠姬》,完整的钢琴改编曲;钢琴改编曲,不带歌词,双手联弹钢琴改编曲,四手联弹;一部完整的四重奏改编;为两把提琴,为四把提琴和为短号的改编曲。为这些工作付 1100 法郎。先付 500 法郎。”我掠了一眼,我承担这样的订货是怎样一种痛苦,可我没有瞬间的犹豫就接受了下来。当我把 5 法郎一张的共 500 法郎笔挺的纸币带回家中并快意地把它们堆在桌子上时,正巧我的妹妹赛茜莉·阿万纳留斯来拜访我们。我们眼下的这种富裕景象打消了她一直以来在与我们交往上的恐惧,从现在起我们经常见面了,并经常得到他们星期天共进晚餐的邀请。可我不再有任何闲情逸致了,前一段时期的悲惨景象太令我心惊胆战了。我现在就像为我犯下的罪愆赎罪似的,屏住气息献身给这项屈辱的却是唯一经济来源的工作,以此来进行忏悔。为了节省,我们只在我们的卧室里生火,这间睡房同时也是我们的起居间、餐室和工作室。我两步就从床上走到书桌,把椅子转过来就是我们的餐桌,从椅子上站起来就又走到床前。每 4 天我们只出去一次散步休息。这种苦修的日子一直延续了整个冬天,因此为我余下的一生或多或少留下了经常困扰我的下腹疼痛的病根。

由于特别耗费时间和苦恼的通阅多尼采蒂歌剧的校样,他找不到人来做这项工作,于是我就承担下来,从他那挤出了 300 法郎,我的收入增加了。这同时我还要找出时间自己谱写我的《浮士德序曲》乐队声部,我一直还希望它能在音乐学院里演出。为了消除这种有害的音乐劳动某种程度上给我造成的恶劣印象,我写了一篇小说,题目是《朝拜贝多芬》,法文的标题是《拜见贝多芬》,发表在《音乐杂志》上。施莱辛格毫不掩饰地向我承认,这篇小说引起了注意,得到了异乎寻常的欢迎,它也在许多消遣性的报刊上全部或部分的被转载了。他要求我继续下去,写些类似的东西。我用一个题为《一个音乐家在巴黎之死结》——法文题为《一个外国音乐家在巴黎》——的续篇为我所遭到的全部耻辱进行了复仇。施莱辛格很不喜欢这篇作品,但他的穷苦伙伴却极受感动,表示欢迎,亨利希·海涅称赞说:"霍夫曼都写不出这样的东西。"甚至柏辽兹都为之动容,他在发表在《战斗报》上的一篇评论中赞扬了我的这篇小说。他在另一篇音乐文章《论序曲》中表达了——只是在交谈中对我说明——他与我同感,即我在谱写这种音乐体裁上的原则清晰地表明,我是以格吕克的序曲《伊菲格涅在陶立斯》作为榜样的。

这种观点上的接近鼓励我试图与柏辽兹建立更密切的友谊。在很早之前我在施莱辛格的办公室被介绍给他,自那以后我也经常见到他。我曾送给他一册我的《两个掷弹兵》,但他对此却毫无反应,只是用吉他弹了少许,没有在钢琴上进行演奏。相反的是在上一个冬天我听了他自己领导下的他的那些大型的器乐作品,这给我留下了异常激动的印象。在那个冬季他指挥了三场不同的演出,我出席了其中一场,第一次听了他的《罗密欧和朱丽叶》交响曲。这对我来说是一个新的世界,就我感受到的印象而言,我试图以一种毫无偏见的态度在这个世界中去摆正自己。首先乐队演奏技艺的出色出乎我的意料,其力量令我晕眩。奇妙的独创性和高度的准确性,这两者的大胆联合向我袭来,像是用手都感受到一样,以一种无情的狂暴把我自己的音乐—诗意的情感驱回到我的内心。我只有用耳朵来感觉我此前毫无概念的事物,我必须试着来自己去解释它们。当然我在《罗密欧和朱丽叶》中经常和长时间地感觉到空虚和无意义,另一方面在这部因其冗长的拼凑实际上是一部失败的作品中有着各式各样的迷人的瞬间,我觉得自己被它们所主宰，使一种矛盾性的任何可能都被消除掉，可比起这一点，这部作品的空虚和无意义使我感到更多的痛苦。随这部新交响曲之后，柏辽兹在同一个冬天再度演出了他的《幻想交响曲》和《哈罗尔德在意大利》。如果说我在《幻想交响曲》中无论怎么说几乎都能以惊奇的激动心情听到《哈罗尔德在意大利》中的那些交织在一起的音乐风俗画的话，那么这位神奇大师的最新作品《七月革命牺牲者葬礼交响曲》使我完全认识了这位无可比拟的艺术家的伟大的力量。这部作品是在1840年的夏天为安葬七月革命的死者在巴士底广场的石柱下演出的。但如与这种现象的整体印象相比，我依然没有能克制一种稀有的深刻的和严肃的压抑感。一种胆怯使我后缩了，就像在一种我根本不熟悉的陌生东西之前一样；这样一种胆怯具有一种认真思考的性质，我对一部大型的柏辽兹的作品既感到被吸引也同时感到难以抗拒的厌恶，有时简直就是乏味。长年来面对柏辽兹这个课题使我一直处于痛苦的紧张之中，直到多年以后我才晓悟并加以解决了。

在那个时候我在柏辽兹面前肯定感到自己是个小学生，现在当施莱辛格为我的小说的成功并要求我，在一个由《音乐杂志》编辑主办的音乐会上演出我为乐队谱写的乐曲时，这真的使我陷入窘境。我知道，我没有什么现成的乐曲适合这样的场合。我还不敢相信我的《浮士德序曲》，这是因为它的柔弱的结尾，我认为这样的结尾只有在对我友好的听众那里才能取得成功，受到看重。此外只是由一个二流的乐队演出，即当时的圣·奥诺尔大街俱乐部的瓦伦亭乐队，还有只给我一次排练的机会。这样我面临这样的选择：或者放弃，或者再一次演出我青年时代匆忙中完成的作品，即那部在马格德堡写的《哥伦布序曲》。我决定选择后者。我去哈伯内克那里取回这首序曲的声部，他还把它保留在音乐学院的资料室里；他干巴巴却好心地警告我，在巴黎观众面前演出这首作品的危险,他说它太“vague”[①]了。一个巨大的困难是如何找到6把小号的号手,这种乐器在德国精于此道者很多,可在巴黎的乐队中配备的罕有佳者。为我短号组曲进行校阅的施尔茨先生好心地毛遂自荐。我不得不把小号的数量减为4把。他向我保证,只有两把就能很好地达到我的要求。在排练时寄予厚望的效果却使我感到沮丧;柔和的高音乐段没有一次不是跑了调的。除此,由于我不是亲自指挥,我不得不同一位乐队指挥打交道。我看得出来,此人认为我的这部作品毫无意义,整个乐队似乎也都持此种看法。柏辽兹在这次排练时在场,他一直保持缄默,他既不鼓励但也不阻止,而只是叹息地微笑,证实这在巴黎是一件难事。在1841年2月4日演出的晚上,大部分观众都是《音乐杂志》的订户,他们是我的小说的读者,对我都抱有好意。他们也向我保证,我的序曲即使所有人都感到乏味的话,若不是那倒霉的小号手在充满效果的柔和音符上不断地跑调而激起观众费力才克制下去的不快的话,那肯定会得到喝彩的。巴黎的观众通常只是在演出精彩的,如顺利地通过了某些危险性的音调,那才会引起他们的注意。我不掩饰我的失败,在这场灾难之后巴黎对于我已不再存在了,我现在除了把自己关在我做综合用途的卧室里重新去改编多尼采蒂的歌剧之外,不再做其他事情了。

我闭门索居,埋头工作,像一个赎罪者一样不再刮胡子并让它长起来,在我生平中这是第一次,也是唯一的一次,这引起了我妻子的忧虑。我忍受一切,可住在我隔壁房间的一位几乎是整天练习弹奏李斯特幻想曲《拉美莫尔的露契亚》的钢琴师却使我真的绝望了。我要用我的办法来使他知道他给我带来的痛苦,有一天我把我声音走调得厉害的

---

① 法文,意为模糊、含混。

钢琴从客厅移到我的卧室，直接靠在邻居的墙壁上，要求布里克斯把他的短笛拿来，为我伴奏我刚改编好用钢琴和提琴（或短笛）演奏的《宠姬》序曲。这个效果似乎使我的邻居，一个很年轻的钢琴教师真的感到惊恐。在另一天女门房告诉我，他搬到另一个住处去了，这又使我感到某种愧疚。我们门房的妻子同我们有着一种密切的关系，开头时我们让她顺便料理家务，厨房的工作，清洗衣服以及擦鞋，但最终为此付出的些许工钱也成为我们的负担了。明娜不得不屈辱地承担下所有这些劳动，自己做最卑微的家务，这就不必付任何报酬了。因为我们的转租房客对此一无所知，我的妻子不仅要自己下厨，而且也要涮洗碟碗，甚至不得不为我们的客人擦刷靴子。但主要的是我们在我们的女门房面前感到羞愧，令我们沉重得难以忍受。可我们这样做确有不当之处；这些人对我们越来越客气，尊敬我们，并也得到一些信赖。门房经常跟我谈论政治，那时正是四国联合对抗法国，梯也尔那时的处境十分紧张，有一天我的门房安慰我说："先生，这四个欧洲人叫：路易·菲力浦国王，奥地利皇帝，俄国沙皇，普鲁士国王。那好啊，这四个人都是坏家伙，可我们不是坏家伙，可我们不喜欢战争。"①

晚上我通常是和我的少数几个忠实朋友度过的，他们已习惯与我一道去翻看堆放在我面前的写出的那些乐谱，一直到深夜。1840年的除夕夜到了，我为一次令我感动的方式的聚会而惊喜不止，这是他们私下约好的。莱尔斯按了门铃，他带来了一只牛后腿；吉茨带来了兰姆酒、糖和柠檬；帕希特拿来的是一只鹅；安德尔斯带来了两瓶香槟，这是他的存货，是一个乐器制造厂为他写的一篇推荐此人的钢琴的文章而送给他的礼物，他一直保留下来找个机会欢庆用的。现在我把该诅咒

① 原系法文。

的《宠姬》推到一旁，兴高采烈地冲到朋友们中间。大家都来帮忙，首先在客厅生火，在厨房给妻子做帮手，取缺少的调料。夜宵变成了大吃大喝，喝罢香槟又开始喝潘趣酒，我发表了一通热烈的讲话，因为它引起了朋友们没完没了的笑声，我就不想把它结束。这使我狂热到这种地步，我在激昂慷慨之中站到了一把椅子上，到最后竟然登上了桌子，从上面我向我的听得入迷的听众宣告蔑视世界的最最荒唐的学说的福音和赞扬南美的自由国家。我的听众忍俊不禁，笑得喘不过气来，到最后我们都得和衣而卧，因为他们都不可能回家了。1841 年的元旦我又得完全为我的《宠姬》进行赎罪了。第二个也是无可比拟的节庆晚宴，我记得是著名的小提琴演奏家威克斯泰姆普斯的来访，他是吉茨的一个青年时代的熟人。我很高兴看到当时巴黎的非常受欢迎的年轻艺术家用他的提琴以出色的演奏使我和我的朋友整个晚上都这样快乐，这赋予我的沙龙一种意义异乎寻常的重大的声望，为了答谢他，吉茨把他驮在肩上从我的住处一直背到处于同一条街道上他下榻的旅馆。

这一年的一开始，因为我对巴黎规矩的无知出于疏忽而倒了大霉。我们等到了适当的日期，去退掉我们的住宅。因此我亲自前去房主的家里，这是一个年轻富有的寡妇。这个女人窘迫地接待了我，她告诉我说，她会与她的管家商谈我的退租的，叫我到她的管家那里去。她向我出示了文字材料，我的退租只有在此前的晚上提出方能接受，由于这个疏忽我不得不按照我们签订的协议赔偿第二年的租金。我极度惊愕地到我的女房东的管家那里。在这儿我费了很大力气才遇到了一位老先生，好像他由于重病而瘫痪，四肢摊放，动也不动地躺在那里。我毫不掩饰地向他谈到我的处境并请他好心地支持我解除我的合同。可我从他那里没有得到别样的回答，只是说，我迟了一天宣布退租，是我的错，不是他的错，我现在所能做的就是想法去筹措下一年的租金。我非常惊慌地把这件事告诉给了我的门房,他安慰我,在谈及那位管家时他说:“这事前我也告诉过您,我的先生,您看,这个人都不比他喝的水有价值。”①

这种完全没有预料到的失策可毁掉了我们为摆脱我们狼狈处境所做的全部努力,前景一片渺茫。有一段时间我们把希望寄托在找到一个新的租户,但归于失败。眼看复活节到了,这是新的租年的开始,可我们一筹莫展。终于门房向我们介绍了一家外国人,他们想把整个住宅里带同家具租几个月。我们高兴地抓住了这个机会,用这个办法至少下一次应交的租金有了着落。我们希望,如果只要我们能从这座倒霉的住宅里搬了出去的话,那我们也就能找到完全摆脱它的办法。于是我们开始在巴黎的郊区寻找一处廉价的夏季用房。人们指点我们去莫冬,我们决定在那儿的路边上租下一处住房。这条大路把莫冬与邻近的伯来沃联在一起。我把赫德尔大街上的这所住宅全权交由门房做转租之用。我们把我们这个庇护所尽可能好地加以布置,首先也要把我们的热心肠的老租户,吹笛子的布里克斯收容过来,因为这个可怜人正陷入尴尬的境地。如果现在他被赶出我们家的话,那囊空如洗的他就会狼狈至极。在4月29日我们搬家了,这是无奈之举,实际上这是从无能为力朝向茫然无知的一次逃亡,因为我们根本就不知道我们这个夏天如何活下去,施莱辛格那边已经断流了,再也没有新的源头了。

看来我除了给报刊写文章已经没有别的出路,尽管收入菲薄,但这同时毕竟能为我创造几次成功的机会。在去年冬天我为《音乐杂志》提供了一篇大型的文章《论韦伯的〈神弹射手〉》。这是为当时这部歌剧准备在大歌剧院演出而写的,这次演出要加演柏辽兹的《宣叙调》。

① 此处原系法文。

好像我的这篇文章招致柏辽兹对我的反感。我不能不对这样一种做法的不当不给予注意，恰恰是这部按其形式基于古老歌剧的作品通过添加的节目才列入那个戏院豪华的保留节目之内的，可这类添加的节目必然完全扭曲了它的原有的难度。其演出的效果也完全符合了我的预料，而参加这项活动的人因此对我感到不悦。但我却因此得到了一种几乎是受宠若惊的补偿：我的文章引起了著名的乔治桑的关注。她写了一部以法国外省生活为题材的小说，这促使她着手撰写论述传奇性和神秘的民间特点的固有性，去驳斥对法国人能力的某些怀疑，而我在《神弹射手》要求的正是这种民间特性的固有权利，这样她就对我的文章发生了兴趣。撰写文章的一个新的动机就是设法使我的《黎恩济》在德累斯顿能被采用。那儿的戏院秘书是前面提到过的温克勒，他详细地告诉我事情的进展情况。他出版的《晚报》当时景状不佳，于是也抓住了这个机会，让我做他的报纸的免费通讯记者，要求我经常写些报道。如果我要从他那儿得到某些我的歌剧被接受的消息的话，那我就得自动地通过寄去一些通讯来使他乐于相助。由于与宫廷戏院的谈判要延长很长一段时间，这样在此期间我就从巴黎寄去数量可观的通讯稿，可这同时我陷入一种奇特的尴尬境地，因为我很长时间都闭门素居，对巴黎完全一无所知。

对巴黎艺术界以及社会现象的疏远成了一个十分严重的问题。部分是我充满灾难的经历，但部分却是因我受的整个教育而从内心深处对那些艺术活动和社会活动的厌恶——这类活动从前曾是那样强烈地吸引我——令我睨而视之，退避唯恐不及。我在这儿经历的第一次的《胡根诺教徒》的演出使我眼花缭乱，出色的乐队，精心的和极富效果的演出使我有一种入迷的印象，应用的卓越的艺术手段保证了这样的可能性。但它并没有格外地吸引我去经常观看这样的演出。我觉得歌唱家们的举手投足不久就成了漫画式的了，我能通过模仿最新的巴黎歌唱风尚和他们败坏胃口的夸张使我的朋友们开怀大笑。就是作曲家——他们滥用这类风尚可笑的东西来保证他们的成功——最终也必然遭到我的讥评，这是无法阻止的。到最后一部如像多尼采蒂的《宠姬》这样如此浅薄的，甚至是非法国的拙劣作品竟能长时间占有如此骄傲的剧院，这使我失去了最后的耐性，不再对这座“世界一流抒情剧院”的成就怀有我费力保留下来的敬重了。我想，我在巴黎停留的全部时间里进入这座大型歌剧院的次数不会超过四次。“喜剧院”占主导地位的表演方式的冷漠和其音乐的糟糕透顶令我退避三舍。这同样的冷漠使我对意大利歌剧歌唱演员的成就丧失了兴趣。多年来经常演唱四部歌剧的艺术家们，他们的名望都无法弥补我发现他们身上所缺少的任何一种戏剧热情，如我在施罗德-德弗林特身上所享受到的。我已看透了，这儿的一切都正在堕落，而且同时既感觉不到希望也感觉不到欲求。我更喜欢小的戏院，它们清晰地向我展示出了法兰西的才能，只是我过于想为我内心的兴趣寻求接触点之故，这样就对那些我完全缺少同感的长处不去进行纯粹无益的观察了。此外我从一开始就如此的困苦坎坷，越来越清楚自己在巴黎的事业一无所成，这使我很快就对这种或那种的要求都怀有恶感和冷漠。有很多次我把“法兰西戏院”拉赫尔[1]的演出赠券都退了回去，这使明娜很不高兴，只是在后来我有一次去了这座剧院，那是为了我的德累斯顿老板撰写通讯的需要才去的。

为了填满他的《晚报》的版面，我采用了一种名副其实的不光彩的方式，把安德尔斯和莱尔斯从没有经历的东西，部分是他们从报纸上部分是在茶余饭后的谈话，拼凑在一起，用时下报纸上流行的海涅的风格

① 拉赫尔(1820—1858)：女演员。

以刺激性的方式表达出来，这都使我真的相信，我的善良的宫廷顾问温克勒有一天定会猜出我的巴黎知识的秘密。还有一篇论述《神弹射手》演出的大型文章，作为韦伯作品的监护人他对这篇文章特别感兴趣，这是我自愿为他那份已经日落西山、不再有人阅读的报纸提供的。他向我保证，在我的《黎恩济》没被采用之前他不会放弃努力，我向他道了千恩万谢，并也把我的那篇贝多芬小说的德文原文寄给了他。在德累斯顿阿尔诺德那里出版的这份杂志的1841年卷就依据手稿刊出了这篇作品，现在这个刊物已经完全消失不见了。

由于文学月刊《欧罗巴》出版人莱瓦尔德的要求我进入了临时性的文学活动的另一个领域。他是第一个时而在读者面前提到我的名字的人。我在昆尼希堡时就已经注意到了，他的这份时尚的并在一段时间流传相当广的杂志也加印音乐附页，那时我就给他寄去我的两篇乐曲，想以这个方法公开发表出去。它们中一篇是我为硕依埃林的感伤的诗歌《孩子和枞树》谱写的歌曲(这篇作品到现在我依然乐于提及)，另一篇是我的《爱的禁令》中那首有名的《狂欢节之歌》。现在我产生了这样的念头，想以同样的方法把我的小型法语歌曲作品呈现给读者，因此我把《睡吧，我的孩子》，雨果的《期待》和成龙沙特的《迷娘》寄给了莱瓦尔德；他采用了它们，不仅仅给了我一笔小的稿酬——这是我从谱曲上得到的第一笔——他还要求我给他提供大型的尽可能是娱乐性的文章，写我对巴黎的印象。于是我为他的刊物写了《巴黎的消遣》和《巴黎的厄运》，在这两篇文章中我用海涅的风格，以诙谐的方式表达了我对巴黎的失望和我对它的活动的蔑视。在第二篇文章我利用了一个名叫赫尔曼·普弗的人的遭际，这是一个奇特的废物，在我最糟糕的莱比锡青年时代我把他看作是一个最有希望的人。从去年冬天开始他就长时间在巴黎四下游荡，成了一个流浪汉。我在《宠姬》上收入的代价就是我重复了他那可怕的悲惨的命运,我为此可怜自己。当我利用他的巴黎遭际为莱瓦尔德刊物写文章并以此种方式为自己赚取一些法郎时,我这样做有着一种经济上的正当性。

通过我与大歌剧院经理莱翁·彼莱的谈判,我的文学活动开始转向另一个方面。经过长期的努力,我终于知道他对我的《漂泊的荷兰人》的草稿感兴趣。他同时向我提出了他的建议,把这个草稿出让给他,因为有合同上的义务,为不同的作曲家提供类似的题材,谱成小型的歌剧。于是我竭力口头或书面向彼莱证明,他要想取得剧本和谱曲上的成功,唯一只有我做才是最佳的人选,因为这是我真正的领域,通过这部使他感到满意的草稿表明我只是才把他领进这个领域而已。但这一切都无济于事,这位经理有必要理性十足地向我解释,事情会是怎样的情况了,我不得不相信麦耶贝尔向他介绍我是怎么回事了,他在任何情况下,只要他还在经理部位上的话,在最近 7 年之内,他都不会给我一项谱曲,甚至是一部小歌剧的委托;因此我应当理智些,把我的草稿让给他选择的一位作者,换取一笔补偿,如果我要不久在大歌剧院去试试当作曲家的运气的话,那他建议我同芭蕾舞主管谈谈,让他安排我谱写个额外的节目。可我毫不掩饰对这类东西的厌恶,予以回绝。我忍气吞声,在长时间没有结果的努力之后,到最终我去请王家剧院特派员同时任《音乐杂志》编辑爱德华·蒙内——他对我很友好——加以斡旋。他在此期间看了我的草稿,并坦率地说,他不理解为什么彼莱对它感兴趣。他劝告我只要我的出让会带来好处,那就尽快接受。因为他已获悉,保罗·福歇先生,此人系维克多·雨果的姻亲,正被委托写这个题材的一个“脚本”。此外他还格外强调说,这个草稿在他看来根本就没有新的东西,因为幽灵船的题材在法国也是熟悉的。现在我知道我怎么办了,同意满足彼莱先生的愿望,在一次商谈时福歇先生在场，在这次商谈中，我的草稿被估价为500法郎，由彼莱先生使用，这笔钱作为预付，算在未来的那位作者的稿酬之内，先由剧院支付给我。

现在我在莫冬林荫大道旁的夏日庇护所有了一个特殊的面貌了：这500法郎立刻就派上了用场，我可以为德国写《漂泊的荷兰人》的诗歌和音乐了，把“幽灵船”在法国的命运抛到一旁了。

这笔交易结束的同时就使我迄今越来越拮据的境遇有了某种改善。我们在经常是越来越窘迫的情况下度过了5月和6月。美好的季节，清新的乡间空气，从屈辱的音乐劳役——我就是在这种劳役中度过了冬天——中解脱出来的情感都使我充满了希望，激发我完成了一篇小型的艺术小说《一个幸运的傍晚》，它被译成法文刊于《音乐杂志》。但不久随着所有经济来源的枯竭，我们进入了一筹莫展的艰难境地。当我的妹妹赛茜莉由于我的搬迁而鼓动她的丈夫也步我们之后搬进毗邻我们的一座夏季住宅时，我们感受到的艰难就另有一种独特的酸楚滋味了。我们的亲戚过得即使不是那么豪华，却是无忧无虑，他们就住在我们旁边，每天都与我们交往，我们认为最好不要让他们知道我们的这种没完没了的狼狈处境。有一天这种窘相以最最令人心酸的方式显露出来了。我们已经一文不名，于是我天一破晓时就徒步上路，前往巴黎，因为坐火车付不出来钱，想在那儿设法弄到5个法郎。一整天我在马路上都游来荡去，直到近晚时分我都一无所获，就又不得不痛苦地徒步返回莫冬。当我向迎接我的明娜告知这糟糕的结果时，她绝望地告诉我，前面已提到过的那位赫尔曼·普弗先生的悲惨处境，他仅是为了弄一顿饭吃而逃到我们这里。她已经把早晨从面包师那里拿到的最后一块面包给了他。尽管如此我们还有一线希望，已成为我患难之交的房客布里克斯同样今天早晨前去了巴黎，无论如何他这次之行会带回些成果的。他终于回来了，汗流浃背，精疲力竭。他迫切渴求弄点吃的,他在城里没有碰到他要找的熟人,连顿饭都没有混上,他只乞求一块面包。这种绝望的状况终于使我的妻子兴奋起来,他认为她负有使命至少使男人们免受饥饿之苦。在法国土地上,面包师、肉铺老板和酒商第一次在可信服的借口下,不要付现款就提供了所需的一切,这还是第一次呢。当明娜在一个小时之后把她准备好的精彩的饭菜摆在我们面前时,她的眸子炯炯发亮、神采奕奕,偏巧这时阿万纳留斯一家碰上了,他们肯定感到欣慰,我们的生活过得相当惬意呢。

在7月初,出售我的《漂泊的荷兰人》使我格外窘迫的情况得到了一段时期的缓解,我也就放弃了我对巴黎的成功希望。只要500法郎拿到了手,这就使我的工作得以顺利地进行,第一项支出就是租一架钢琴,多少个月来我缺少的就是这样一件乐器。首先它会使我重新恢复信心,我还是一个音乐家,从去年秋天以来我仅是个新闻记者和歌剧改编者,这些工作占据了我的整个精神。我克服了一些困难很快完成了《漂泊的荷兰人》的诗歌写作,它激起了莱尔斯的极大关注。他径直地说,我不会再创作出比这更好的东西了,《漂泊的荷兰人》是我的《唐璜》。现在就是要给它谱上音乐。在去年冬天结束时我还希望,把这个题材写成一部法国歌剧,那时我把已经完成的其中一些抒情部分的诗歌和音乐,让艾米尔德尚翻译出来,并希望试听,但一直没有成功。这就是《漂泊的荷兰人》之中的《森塔》谣曲,挪威水手之歌和《幽灵之歌》。从那以后我就对音乐极为疏远了,这都使我当钢琴搬到我的夏季住宅里时,有整整一天我都不敢触摸它。我真的害怕,我再不会有灵感了;我突然想起来,我还忘记把第一幕中的《舵手之歌》谱写下来,尽管我不再记得我是否构思过,因为我是刚把诗歌写出来的。我成功了,我感到满意。类似的情况还有《织工之歌》,我把这两首作品写下来,经过深思熟虑,我必须对自己说,它们确实是我刚才的灵感所至的产物,我对这个发现喜出望外。在7周之内《漂泊的荷兰人》的全部音乐以及配器都完成了。

一切都复苏了,我极为欢乐的情绪使所有人都感到惊奇,我的妹夫阿万纳留斯确实认为我的生活过得很好,经常与我进行愉快的交往。我到莫冬森林深处进行散步,在那里我甚至经常帮助明娜采集蘑菇,遗憾的是对明娜来说这成了我们森林独处的主要乐趣了。当我带着我们采集的蘑菇返回来时,我们的房东便充满了惊恐,他坚持说,我们吃这些蕈会被毒死的。几乎一直把我带入险境的命运也在这儿显示出它的最最奇妙的原始力量,并且不仅仅只在莫冬的周围,在巴黎也出现了。这次是一位名叫雅丹的先生,他年龄很大——都记得起来他曾在凡尔赛亲眼见过朋巴铎侯爵夫人①——却老当益壮,精神焕发。他的目的有如就是要让人们对他的实际年龄总是感到惊讶似的。他凡事都自己动手,他自己也制造了一大批各式各样极不相同的假发,从显示青春的金黄色直到端庄凝重的白色,这中间有灰白色的,各种颜色相间的,视他的情绪而定,他轮换地戴这些假发。凡是他喜欢的事情,他都乐于去做,而他对绘画更情有独钟。他的房间四壁排满了动物世界里的极为稚态可掬的漫画,甚至在他的窗帘上也装饰上非常可笑的绘画,这丝毫不妨碍,倒是使我坚信,他不喜欢音乐。可使我惊奇的是,一种走调得厉害的竖琴声从一个搞不清楚的地方朝我涌来,是从他的地下室里。他在那儿摆有两架供演奏用的竖琴——钢琴,他告诉我,遗憾的是他长时间荒疏了,现在他要勤奋地再勤学苦练,好使我感到快乐。我向他证实,医生禁止我听竖琴,因为它对我的神经有害,我便这样成功地劝阻了他。在我最后一次看到他时,他像霍夫曼童话世界里的一个人物似

① 朋巴铎侯爵夫人(1721—1764):路易十四的情妇。

的留在我的记忆里。深秋时我们又搬回了巴黎,他求我们在我们的行李车上给他捎上一节大得可怕的炉筒子,他不久就到我们那里去取。在一个非常寒冷的日子,雅丹真的出现在我们巴黎的新居里,穿着一身极为轻浮的、自己缝制的服装:一条薄薄的浅黄色裤子,一件非常短小的浅绿色后摆长长的礼服,露出来尖尖的衬衣胸部襞饰和袖口,戴着浅金黄色的假发和一顶那么小的帽子,老是从头上掉下来;再加上一大堆假的珠宝饰物,这一切毫不掩饰地表明,他在时尚的巴黎不能像在乡下那样简单地马马虎虎了事。他就这样来拿他的炉筒子,我们问他,谁来拿这个东西。他面露笑容,对我们的笨拙感到惊讶。他把炉筒子扛在肩;当我们要帮他忙,跟他一起下楼梯时,他率直地拒绝了。费了整整半个小时,他那不屈不挠的灵活劲儿总算把炉筒弄得服服帖帖的。这是一场怎样的表演啊。这幢楼房像座迷宫,可他没有迷路,带着他的炉筒子无误地朝门走去,沿着人行道,摇晃着优雅的脚步,直到他从我们眼里消失了,永远地消失了。

在这段短暂而内容丰富的时间里,我能随心所欲地完全献身于纯艺术创作的愉悦,我没有什么可书的,只有在创作临近结束时,我现在怀着欢快的情绪迎向可以预见到的障碍重重和困难迭至的漫长时期。它们也准确而至,当我的 500 法郎用光了时,我的最后一场戏刚好结束。但已无法再保证我能安心地去谱完序曲了。我只好把它拖到情况好转时再说,而现在得重新想方设法费时费力地去为糊口奔波,再没法安下心来了。赫尔德大街上的那个门房告诉我们,一直租用我们家住宅的那神秘的家庭已经退租搬走,我们现在又得要付租金了。我斩截地说,无论如何我坚决不去关心这所住宅,把它交还给房东,出售我们留下的家具作为赔偿。这当然要遭受一笔可观的损失,我购买的这些家具还欠下一大笔债务未还,现在把它们当作我们不再居住的住房的租金就算了账。

在这种无法名状的匮乏情况下，我依然尽可能挤出些空闲时间，为谱好的《漂泊的荷兰人》进行配器。狂暴的秋天意想不到地来得如此之早，住在夏日别墅里的人都搬回巴黎，阿万纳留斯一家也搬走了。只是我们还没有这种想法，因为我们还没有弄到搬迁所需的钱。我对为此感到惊讶的雅丹诡称，我的工作紧迫，甚至这陋舍的寒冷也不能让它中断。我们就这样直等到我在昆尼希堡认识的一位非常富有的年轻商人恩斯特·卡斯台尔的解围。他是来巴黎花天酒地一番的，不久前曾到莫冬拜访过我们，并答应我们，尽快给我们一笔在他是微不足道的款项，把我们从窘境中解脱出来。为了使我们在可悲的被遗弃的处境中得到些慰藉，有一天吉茨带着他的大型画夹和夹在胳膊下的一个枕头来到我们这里。他要画一张表现我在巴黎的苦难的漫画，来使我们得到快乐，而枕头则是要放在我们硬邦邦的长沙发上，供他休息之用，便于他的脑袋能抬高。他知道我们很难弄到取暖用的材料，于是就带来了几瓶罗姆酒，以便在寒冷的晚上用来暖暖身子。在这个时候我给他和我的妻子朗读霍夫曼的小说。终于从昆尼希堡来了消息，这使我受到教训，不要认真对待那个青年的浪荡儿所许下的诺言。我们无助地呆呆望着即将到来的严冬的寒雾。但吉茨却声称，现在是他想办法的时候了。他整理好他的画夹，胳膊下夹起他的枕头，前去巴黎，翌日他带着 200 法郎返了回来，他为此做出了自我牺牲。于是我就立即在巴黎租了一处小的住房，靠近我们的朋友，在雅可布大街 14 号楼房后楼的一座房子里。后来我知道，在我们搬进后不久，蒲鲁东①也住进了这同一幢住宅。

---

① 蒲鲁东（1810—1875）：法国无政府主义者，一段时间对瓦格纳的影响颇大。

10月30日我们又搬回了巴黎。这所狭小而寒冷的住处很遗憾地对我们的健康造成了负面影响。我们用从赫尔德大街那所住宅中挽救出来的很少一些残余家具把它布置得像样一些,在这儿等待我的作品在德国被采用演出的成功。首先要安下心来,不管付出什么代价我都要把时间用在《漂泊的荷兰人》的序曲上。我向吉茨解释说,他得在我完成这首作品和把这部歌剧完成了的总谱寄出之前为我的家庭生活弄到所需的费用。在他长年留居巴黎同样是画家的叔叔的帮助下,他成功地给我提供了10个或5个法郎的必要资助。在这段时间我经常怀着快意的骄傲显出我的长筒靴,它名副其实地成了我的双脚的遮羞物,因为我已完全没有袜子可穿了。

在我从事《漂泊的荷兰人》和吉茨为我维持生活的这段时间里,除此没有什么可说的了,因为我闭门不出。12月初我把完成的总谱寄给了柏林宫廷戏院监督,现在不能再长时地忍受这样的穷困的境况了。我必须自己设法去寻求帮助,这在巴黎意味着什么,那个时候我在出色的莱尔斯的悲惨遭际上算是认识到了。类似一年前同一时间我不得不经受的苦难迫使他在刚过去的夏季中灼热的一天,穿行巴黎城各个不同的地区去兑换他的一张失效的汇票。他试图喝点什么缓解一下他的苦恼,一杯凉饮下肚,他立刻就说不出话来。从这一天起他就变得嘶哑,这使长期潜伏在他身上的肺痨病菌以惊人的速度发展成不治之症。几个月来他身体越来越虚弱,使我们忧心忡忡,可他本人相信,只要现在他住的房间暖和起来,他的卡他①就最终会好的。有一天我去他的住处看望他,发现他在阴冷的小屋子里蜷缩在书桌前面。他抱怨说,为狄多工作对他来说太沉重了,尤令他难过的是由于他从狄多那里拿到

① 卡他:katarrn,感冒、黏膜炎。

了预付款而不得不强迫自己。他说,如果他不是认为,在这样可悲的时刻心怀喜悦,想到我毕竟会完成我的《漂泊的荷兰人》并为这些朋友启开成功大门的话,那他是很难忍受这样的苦难的。怀着剧烈的痛苦,我向他发誓,至少我们家的壁炉还是热的,他应当到我那里去工作。他对我的孟浪莞尔一笑,在那个房间里几乎都难以容纳下我与我的妻子,居然还想到去帮助他人。可有一天晚上他来到了我们这里并一言不发地把当时的文化部长维尔曼致他的一封信递给我,这位部长在信中极为热情地表达了他的巨大歉意。他刚得悉,一位如此杰出的学者处境艰难,健康情况受到损害;这位学者以其渊博的学识所从事希腊古典作家的狄多版的工作为国家荣誉做出了贡献。为了支持这项学术计划,遗憾的是目前只能拨给他数额为 500 法郎的资助,请他把随信附上的这笔款项看作是法国政府对他的成就的承认,不要加以拒绝。与此同时他将认真考虑去彻底改善他的处境。这件事使我们大家都为可怜的莱尔斯而深受感动,此外这件事也像一个令人惊讶的奇迹。如果我们也认为,维尔曼先生这样做是受狄多——此人的心肠极坏,在无耻地剥削我们的同时又借这种方式解脱他对莱尔斯的经济上的帮助——的催促的话,那我们根据我们业已熟悉了的推理——这种推理通过我后来的经验已得到充分的证实——就可以形成这样的观点:一个部长的可亲和及时的关怀在德国土地上是不可想象的。莱尔斯又可以生火取暖和工作了,但遗憾的是他的健康日渐衰弱,令我们感到不安。翌年春天,当我离开巴黎时,我们知道我们不会再见到我们忠实的朋友了,我们的分别十分痛苦。

在我自己的巨大困顿之中我还得恼火地为《晚报》无偿地撰写通讯,因为我的庇护者宫廷顾问温克勒依然没有就我的《黎恩济》在德累斯顿的命运给我一个准信。在这种情况下,我终于又把阿莱维的一部歌剧看作我的幸运。施莱辛格对阿莱维的《希波女王》的成功非常兴奋，他要我把这位新崛起的歌剧之星的音乐改编成钢琴曲和不同的声乐和器乐作品，于是我得坐下来又通过阿莱维歌剧的改编为谱写我的《漂泊的荷兰人》的过错进行赎罪。这项工作对我来说十分轻松。我要把握住从我的巴黎流放中完全解脱出来的希望，除此，把这最后一次与苦难的斗争看作一场决定性的斗争，再说与一份阿莱维的总谱打交道比起屈辱地费力改编多尼采蒂的《宠姬》来，是一种非常有趣的付酬劳动。为了听这部《希波女王》，我在长时间之后又一次去了大歌剧院。如果说有许多可笑之处，整体风格上的巨大弱点和经常十分可笑的表演方式都逃不过我的眼睛，可我这次为能真正地重新认识到阿莱维的好的一面感到高兴，从他的《犹太女人》起他就赢得了我的喜爱，我极为欣赏他的卓越才能。施莱辛格还要求我为他的报纸撰写一篇大型的文章论述阿莱维的新作。我在这篇文章中着重表达了我的愿望，通过学习德国人而获得自己长处的法国学派不应当再倒退回浅薄的意大利模式。借这个机会，同样是为了鼓励法国学派，我不揣冒昧地指出奥柏和他的《波尔蒂契的哑女》的独特意义，以此引起对罗西尼承载过重的旋律的注意，这种旋律看起来经常与一种视唱练习没有什么两样。我在审阅这篇文章的校样时发现，关于罗西尼的这段话被删掉了。爱德华·莫内对我说，他作为一份音乐杂志的编辑不得不克制自己，因为他认识到，如果我要表达对罗西尼的某种怀疑的话，我可以随自己的意愿在任何一类报刊上去发表，只是不能刊在一份音乐杂志上，因为人们在这上面不能说这一类荒唐话的。我的文章赞扬了奥柏，虽然他也感到恼火，可他却保留了下来。我从此中认识到某些东西，这就是歌剧音乐以及与此相关的今日法国人艺术鉴赏力的堕落。我也为我在德累斯顿的尊贵朋友温克勒就这同一部歌剧撰写了一条长文，他还一直没有透露出最终采用我的《黎恩济》的消息。这时乐队指挥弗朗茨·腊赫内尔①所遇到一件不幸的事使我感到高兴。当时的慕尼黑戏院监督居斯特纳尔②为了支持他的朋友就在巴黎的圣-乔治·卡尔③那里定制了一部歌剧剧本,这种对所宠爱的人的父亲般的关怀是一个德国作曲家梦寐以求的至高幸福。当哈莱维所写的歌剧《希波女王》已经出现时,现在发现它与腊赫内尔谱写的是同一个题材。重要的并不在于是不是一个真正好的歌剧剧本,购买的价值而是在于是一部只能用腊赫内尔的音乐来进行阐释的作品。也发现了圣-乔治寄给慕尼黑戏院监督的剧本做了某些改动,可却把许多有趣的部分都删除掉了。慕尼黑的那位监督为此大为光火,然而圣-乔治却感到惊讶,那些人怎能认为他为德国所付的那么一点可怜的报酬就会提供一个德国戏院所需的剧本呢。因为我对法国歌剧剧本的性质已有了自己的特殊的看法,并且在那个时候世界上没有东西能使我去把斯克里布或圣-乔治的最最富有效果的作品谱成音乐,这样以来这个事件就使我格外地觉得好玩,我兴致极佳地为《晚报》的读者报道了此事,我希望后来成为我的"朋友"的腊赫内尔不属于这些读者之列。

改编哈莱维的歌剧也使我对他本人有了进一步的接触,并与这个特别忠厚的——但遗憾的是未老先衰——十分朴素的人进行了一些有趣的谈话。施莱辛格对他的出奇的疏懒极为不满。哈莱维审阅了我的钢琴改编曲,为了便于容易演奏的目的他意欲进行多处改动,但他只想不做。施莱辛格没法重新拿到校样,出版遇到了阻碍,他怕在校样发出之前歌剧就又会失去它的号召力。于是他催逼我在清晨时

① 弗朗茨·腊赫内尔(1803—1890):德国作曲家,指挥家。
② 居斯特纳尔(1784—1864):1833—1882年任慕尼黑宫廷戏院经理。
③ 圣-乔治·卡尔(1801—1875):法国戏剧家,歌剧剧本作家。

分就去哈莱维的住处缠住他，迫使他与我一道进行改动。我第一次在上午10时许到了哈莱维那里，碰见他刚起床，他表示他得首先吃早点。应他的邀请我坐了下来与他一起吃了一顿相当丰富的早餐。他似乎对我的谈话很感兴趣；他的朋友们来了，最终施莱辛格也来了，他看到这些人并没有在赶他急需的校样，便大发雷霆，可哈莱维却镇静自若，不为所动。他心情极佳地抱怨，唯一愉快的是当他又一次取得了成功时，就是扰乱了他所喜爱的平静，上次他的歌剧失败时他的生活就几乎没有被打断过，每次失败之后他就再没有事可做了。他好像也不理解，为什么恰恰是《希波女王》受到欢迎。他认为，这次成功是施莱辛格安排的，就是为了以此来折磨他。当哈莱维在与我交谈说了几句德语时，在座的一位客人对此感到惊讶，施莱辛格解释说：犹太人都能说德语。有人借这个机会问施莱辛格，他是不是犹太人；他对此解释说，他从前是，但为了他妻子他成了基督徒。这种无拘无束的谈话令我感到一种快意的惊愕，我们德国人在类似的情况下却认为这是对有关人的一种侮辱，小心翼翼地加以规避。因为校样的工作根本就没有进行，于是施莱辛格责成我紧紧缠住哈莱维，直到我们把事办完为止。哈莱维如此冷淡地对待他获得的成功，其秘密我在我们的进一步交往过程中才弄清了，我得知他正准备和一个有钱的女人结婚。如果我先是倾向于认为，对财产的热衷能有力地激发起他青年时代的才能的话，那从此中看到的这不过是一种卑劣的自白而已，并且我觉得此中有着对此的一种解释：这样的人经常只是一次性地创作出一部超越平庸的艺术作品而已。除此在哈莱维的身上，一方面是对其成就表现出的是一种谦逊的独特混合物的态度，他认为他从来就不是一个伟大的作曲家；另一方面这也表达出对那些作品真实性的怀疑，那个时代一些热衷名利的幸运作家为法国戏院创作的就是这样一类作品。

我在他身上第一次看到了,他在这个令人忧虑的艺术领域里对我们现代艺术上取得成就的真正价值的怀疑,并坦率地把它说了出来。自从我以与他一起工作的理由为借口谈论起我们艺术的本质时,我就观察到所有的犹太人都持有这种怀疑,仅是没有以这样的谦逊态度表达出来而已。在我终于起程返回德国时,哈莱维怀着善意认真地祝愿我的作品取得成功,他认为我的作品应该得到成功,这在他是仅有的一次。在1860年我又一次看到了他。我得知,在巴黎评论家对我当时举办的音乐会大加讨伐期间,他为我说了好话,这促使我去Palais de L'Institut拜访他。长期以来他就是这座学院的终身秘书。他似乎对从我这里听到的消息十分好奇,其中有我提出的关于音乐的新理论,他对此听得特别入神。随后,他果断地说,他在我的音乐中只是认识到是音乐而已,与其他音乐不同的也仅是他觉得我的音乐大多半是很好的罢了。这引起我与他进行了愉快的争论,他对此以善意的幽默表示同意,也再度祝愿我在巴黎取得成功,只不过这次不像我上次返回德国时那样认真而已,这表明他对我在巴黎获得成功的可能性有所怀疑。这最后拜访给我留下的忧郁的印象表明,法国最后一批重要的音乐家之一的道德上和美学上的松弛无力,认识到在那些被认为哈莱维后继者身上居主宰地位的伪善或明显厚颜地玩弄深沉。

在我再度为糊口而工作期间,我的整个思想都在渴望返归德国,现在德国向我展示出一种崭新的理想的辉煌。我试图用各种不同的方法来慰平这吸引我和用思念填满我情感的一切。与莱尔斯的交往使我又以热烈的兴趣转到我从前严肃地去把握对象的方向,这个方向一段时间以来由于我与戏院的密切接触而被转移开来了。由此就形成了对哲学对象进一步进行研究的基础。我感到惊讶地听到一向如此严肃而纯洁的莱尔斯时而竟毫无遮拦说出,生命在死后的继续存在是大可怀疑的，这完全是不言而喻的事。他强调说，这样一种看法，即使是不说出来，是那些大人物进行大事业的特有的动力。与这种看法相连的后果是什么不久我就一目了然了，但我并没有感到令人畏惧的惊恐，我更多地觉得此中有一种极为令人激动的诱惑，我看到了在我面前封闭起来的一片莫测高深的思考和知识的地带。此前我只是草率地漫不经心地接触过它。我再次地去读希腊古典作家的原文著作，莱尔斯却以一种善意的安慰使我免做徒劳无益的努力，在我的身上是音乐，我在这儿没有文法书和辞书，我学不到必要的知识；学习希腊文得带着一种真正的享受去学，这可不是开玩笑的事，也不是附带就能学好的。

相反，德国历史更强烈地吸引了我，过去在学校时这门功课就是这种情况。我先是手头上有了一部劳麦尔①的《霍恩斯陶芬王朝史及其时代》，书中我遇到的伟大形象栩栩如生，特别是睿智的腓特烈二世紧紧地攫住了我，他的命运激起了我巨大的关注，我徒劳无功地试图用合适的艺术形式把我的这种关注表达出来。相反的是在他儿子曼弗雷特的命运上在我看来是一个更为强烈的对立面，按其性质而言具有同样的意义。据此我草拟了一部大型的五幕剧的计划，这部诗作同时要完全适合谱成音乐。激起我去发现一个极富浪漫主义意义的重要女性形象，这源于历史事实：年轻的曼弗雷特被众人所背叛，受到教会的蔑视，所有的追随者都离他而去；他出逃，穿越普利亚、阿布鲁齐，在卢切拉他被萨拉森人热情地收留下来，得到了支持，帮助他一路凯旋直到最后的胜利。还在那个时候我就有喜欢用德意志精神去进

① 劳麦尔（1781—1873）：德国历史学家，著有《霍恩斯陶芬王朝史及其时代》《腓特烈二世》《曼弗雷特》等。

行观察的能力，它能超越出民族性的狭隘局限，把身着任何一种异国服装的人理解为纯粹的人，在我看来这是与希腊精神有着血缘的一种精神。腓特烈二世就向我展示出了这种能力所达到的巅峰状态。源之古老的施瓦本部落的金黄色头发的德意志人，作为西西里和那不勒斯的诺尔曼帝国的继承人，意大利语言的最初的创始者，他们为那儿的科学和艺术的发展奠定了基础。此前那儿有的只是宗教的狂热和封建的野蛮之间的相互争斗，在他的宫廷里集聚着东方国家的诗人和智者，他把阿拉伯人和波斯人的高贵优雅，无论是生活上的还是精神上的都联合在自己的身边。他是罗马教士恼恨的人，他通过与苏丹缔结了一项和平和友好协定而结束了他的十字军东征，在十字军东征中他被罗马教士出卖给不信神的敌人；他在与苏丹缔结的协定中为基督教徒在巴勒斯坦赢得了他们几乎在流血的胜利中才能赢得的好处。这个神奇的国王被教会革除教门，并最终与他的世纪的偏狭进行了一场绝望而徒劳的斗争，在我看来他是德意志理想的最高的体现者。我的作品以他的爱子曼弗雷特的命运为题材，父亲的帝国在他的长兄死后陷入完全崩溃的境地，这时曼弗雷特在教皇至高无上的权势下只是徒具虚名地掌管着普利亚。我们先是在卡普阿的周围地区见到了他，他在享受一种宫廷生活，在这样一种宫廷环境中他那伟大父亲的精神以一种几乎是衰哀征和虚弱的形式在苟延残喘。他怀疑复兴霍亨斯陶芬皇朝的可能性，于是做一个诗人和歌唱家去排遣他的烦恼。这时一个来自东方的萨拉森的年轻女子进入这个圈子，她负有使命要求正陷入苦恼的曼弗雷特加强东西方由他父亲而缔造的联盟，守住皇帝的遗产。她经常装作一个热情的女预言家，并善于与不久就陷入热恋的国王儿子保持使他可望而不可即的距离。她总是先他而行，她知道通过一种勇敢的逃亡就能使他躲避开密谋作乱的普利亚大人物的跟踪和教皇现在加于他的一项诅咒的影响,她带领他穿越荒山野岭,他身边只有少数随从。一天夜里,腓特烈二世的鬼魂在荒山野岭中出现,把疲惫不堪的曼弗雷特和他的队伍带到阿布鲁齐,以便从这里把他领到前面提到的卢切拉,这是一个教会国家,腓特烈把他从前萨拉森部队的残余部分一直安置在西西里群山之中,现在他把他们移居住到这里,赋予他们完全占有这座城市的权力——这引起了教皇的极度不安——这样就使经常处于敌对国家之间的曼弗雷特,把他们视为忠实的同盟者。法蒂玛(我的女主人公的名字)通过她忠实的朋友为收留曼弗雷特做好了准备,通过一次骚乱城市的教皇城防司令官被清除掉,随后曼弗雷特进入城内,城市居民认出他是他们敬爱的皇帝的儿子,于是狂热地把他举为他们的首领,领导他们去反对他们死去的恩人的仇敌。就在曼弗雷特从胜利走向胜利,夺取了整个普利亚国家期间,这位胜利者对由我虚构出的这位神奇的女主人公的越来越炽烈的相思就成为情节的悲剧性的中心了。她是那位伟大皇帝和一位高贵的萨拉森女人的爱情结晶;母亲在临终时把她派到曼弗雷特那里,并向她预言说:如果她不屈服于他的爱的话,那她会对他的成功起到神奇的作用(是否法蒂玛应该知道她是曼弗雷特的姐妹,我在草拟计划时还没有做出决定)。她忠于她的誓言,决定她只是经常在关键时刻和以一种无法接近的方式出现在曼弗雷特面前。现在她看到他在那不勒斯加冕,认为她的工作已经完成,于是秘密地永远离开了这位国王,从遥远的故乡来回望她完成的事业。一个萨拉森的年轻同伴努莱丁独自陪她返归故里,她主要是依靠他才得以救助了曼弗雷特。早年时她曾答应了这个狂热地爱着她的年轻人,现在她怀着感伤的绝望心情允诺做他的妻子。可是他对他的未婚妻的一些看来是不忠的举动极为恼火,因为在秘密离别前她还又一次来到熟睡的国王跟前,为他祈福，这令他醋意大发。法蒂玛从远处把她的目光望向加冕后返归的国王，做最后的诀别，这激起这个嫉妒者为他被牺牲的荣誉进行复仇的欲望。他把这个女预言家刺倒在地，她面带微笑对他表示感激，感谢他把她从一种她无法生存下去的境地中解脱出来。曼弗雷特在看到她的尸体时，他知道他的幸福永远离他而去了。

我为这个题材设计了许多丰富的场景和错综复杂的环境，一当我把这个题材与其他我熟悉的素材进行类似的比较时，我可以认为它是相当令人信服的、有趣的和富有效果的。尽管如此我不会有足够的热情，认真地想到把它完成。相反地，另一个题材却强烈攫住了我，这便是一本偶然落到我手中关于《维纳斯山》的民间故事书。

如果说我有着一种不由自主的冲动，我怀着深沉的热情，渴望去理解"德意志"的东西的话，那这儿的这个传说在简朴的、基于熟悉的古老歌曲《唐豪瑟》基础上的描述便陡然地在我面前为之一亮。尽管我对所有与它相关的人物业已通过蒂克的小说《芳塔素妍》都熟悉了，可这个题材却更强烈地把我带回到幻想的，从前通过霍夫曼在我身上所开拓出的领域，当然我不能被误导从这篇形式完整的小说中截取素材写成一部戏剧作品。这本民间故事书对我而言，它的一个重大的优势在于《唐豪瑟》在这里与《瓦尔特堡的歌手之战》联系在一起，即使只是浮光掠影的联系。就是这一点我也在霍夫曼《谢拉皮翁史弟》中的一篇小说中熟悉了，只是我觉得这位作家把这个古老的题材歪曲了，我试图去揭示出这个吸引人传说的真正的形象。这时莱尔斯给我带来了昆尼希堡德意志协会出版的一本年鉴，其中收有卢卡斯·C.T[①] 详细评论

① 卢卡斯·C.T在文章中试图证明亨利希·封·奥夫特丁根与唐豪瑟是同一个人；但不足为信。

《瓦尔特堡之战》的文章，而且也有原文。尽管这篇有根有据的文本在材料上对我毫无用处可言，但他却用一种简洁的色彩向我展示了德国的中世纪，而此前我对此一无所知。

在同一册年鉴中我也发现了一篇谈及《罗恩格林》诗歌的评论，它是研究瓦尔特堡诗歌的读编，它详细地介绍了这篇纷繁庞杂的叙事诗的主要内容。

一个崭新的世界在我面前升了起来，开头我还找到把握住《罗恩格林》的形象，可这幅图画却不可磨灭地继续活在我的心中，这使我后来熟悉罗恩格林传说的一些枝节时这幅图画能很快地在我心中清晰而栩栩如生地活起来。如同现在的《唐豪瑟》的情况一样。

在这样一些印象的影响下，我尽快返归德国的渴望日益炽烈，在创作的安闲中享受重新回归故国的喜悦。但我还不可以去从事我喜欢的这些工作，我还得去克服把我羁留在巴黎的那些困难。这样做的同时，我也要顺便找到机会去提高我这方面的才能。这时德索埃·约瑟夫①先生找到了我，他是一个著名的——但特别是由于他的癔症而使他的熟人无法忘却——有才华的犹太音乐家和作曲家，我早年在布拉格就认识他。现在他是施莱辛格的得力台柱，施莱辛格要提拔他，交给他一项为歌剧院谱写一部歌剧的委托。德索埃知道我写的《漂泊的荷兰人》的诗剧，现在他要我为他草拟一个类似的题材，因为莱翁·皮莱先生的《幽灵船》已交给合唱指挥迪施·皮埃尔·路易②先生进行谱曲了。德索埃从同一个经理那儿得到一项同样的委托，他现在在答应我用200法郎转让一部类似的草稿，这个草稿适合他的癔症的性格。这

① 德索埃·约瑟夫(1798—1876)：波希米亚作曲家，谱有歌曲、歌剧等。

② 迪施·皮埃尔·路易(1808—1865)：法国作曲家和指挥家，谱有歌剧《幽灵船》等。

次我来榨取我对霍夫曼的记忆,并很轻松地完成了《法隆的矿山》。我确也成功地依我所愿运用了这个引人入胜的题材,德索埃也证实,这个题材值得他花费力气把它谱成音乐。皮莱拒绝了我们的这个草稿,原因是难以搬上舞台,特别是第二幕,每次要给它穿插上芭蕾舞时都遇到无法克服的困难,这使德索埃感到极大的遗憾。现在他希望我为他写一部《玛丽亚·玛格达琳娜》的清唱剧的歌词。就在他向我提出这个愿望的这一天,恰恰是他的癔症发作了。他强调说,他早晨看见他自己的脑袋摆在他的床前,这时我不能拒绝他的请求,但我请他给我时间,遗憾的是直到今天我都没有抽出时间来。

就在这样一些变化的情况下,冬天过去了。在此期间缓慢的和考验人耐性的返归德国的前景逐渐地变得有希望了,越来越近了。我不断就《黎恩济》与德累斯顿方面通信,终于我看出来正直的合唱队指挥费舍尔是一个诚实的好心肠的人,他把我的事情进展情况如实和信赖地通知了我。1842 年 1 月初我得知又一次被推迟的消息,随后我得悉《黎恩济》到 2 月底才能做好上演的准备,这使我感到不安,因为我不相信那时我有可能动身前往。但不久这个消息就不算数了,诚实的费舍尔通知我,我的歌剧必须推迟到秋天。我看出来,如果我本人不在德累斯顿的话,那这部歌剧是不会演出的。由于我终于在 3 月份从柏林王家戏院的监督雷德尔伯爵那里得知,我的《漂泊的荷兰人》已被那儿的歌剧院接受,这使我有足够的理由,不惜任何代价要尽快地返回德国。

德国的戏剧经理们对我的《漂泊的荷兰人》都有什么样的想法,我已有了各种不同的经验了。巴黎歌剧院的经理对这个题材感到极大的兴趣,这使我对它很有信心,于是我首先把它寄给莱比锡戏院经理、我早年就认识的林格尔哈特。但这个人自从我的《爱的禁令》以来就对我有一种毫不掩饰的反感。这次他不可能提出我题材中的“轻佻”问题，但会以过于忧郁的严肃为由而拒绝接受。当时慕尼黑宫廷戏院的监督宫廷参议居斯特纳尔先生在巴黎定制《希波女王》时我认识了他，现在我给他寄上我的《漂泊的荷兰人》，附上我的同样的请求。他也把它给我退了回来，并肯定说它既不适合德国的戏院现状也不适合德国观众的口味。因为他回慕尼黑定制了一部法国的歌剧脚本，从中我就了解了，他的这种看法意味着什么。当总谱终于完成时，我把它寄给柏林的麦耶贝尔，附上一封致雷德尔伯爵的信，我请求麦耶贝尔，为我的这部作品直接地施加他的影响；他在巴黎声望极好，可对我毫无帮助。两个月之后，从伯爵那里我得到我的作品被采用的消息并附有迅速的和善意的保证，对此我真的感到惊喜，并从心眼里感到高兴，我把这看作是麦耶贝尔对我真心和有力关怀的一种表示。我回到德国不久，就意外地得知，雷德尔伯爵从柏林歌剧院监督的位置退下来已有好长一段时间了，来自慕尼黑的居斯特纳尔先生已经被任命接替他的职位。这意味着，雷德尔伯爵对我的许诺很客气，但不可能是认真的，因为实施这件事不取决于他，而是被推给他的继任者。结果如何，不久就知分晓。

最终使我如此渴望和预示有良好前景的返归德国之行成为可能，是我家庭中有钱的成员对我的处境终于变得关心起来所致。如果说狄多先生有他的理由促使维尔曼部长资助莱尔斯的话，那我在巴黎的妹夫阿万纳留斯肯定发现了我在困难的斗争中所表现出的性格，借助我姐姐路易丝的干预，一天给我带来了一笔出人意料的帮助，这令我惊喜不已。在上一年(1841 年)的 12 月 26 日，这次是我带着一只鹅回到明娜面前，鹅的嘴里塞着一张 500 法郎的纸币，这是通过我姐姐路易丝的居间斡旋，她的一个非常有钱的朋友商人施莱特受阿万纳留斯的委托转给我的。我异乎寻常拮据的家庭情况愉快地恢复了生机,现在我不仅能由衷地快乐起来,即使是不能把我从我的巴黎处境中完全解脱出来,确也使我越来越清楚地看到了前景。因为我已从德国的有些戏院得到了上演我的两部作品的许诺,我相信现在我可以把我的成功连同我返归的消息也通知我的姐夫弗里德里希·布洛克豪斯。去年我在最困难的时候曾向他求助,可他因为"不赞同我的生活方向"而加以拒绝了。这次我没有失望,当动身的时刻来临时,我从他那里也得到了所需的旅费。

有着这样的前景,我的处境得到这样的改善,在此情况下我心情极佳地度过了1841至1842年的冬天。通过我同阿万纳留斯的亲戚关系在我四周经常是形成了一个小圈子。我与明娜频繁地去一些家庭做客,在这些家庭中我怀着美好的记忆,要提到一家私人学校的领导居恩先生及其夫人。在这些晚间拜访中我的言谈和我的善意的幽默,以及即兴地弹琴为他们跳舞伴奏,使这类相聚变成了小型的晚会,我很快在这儿成了一个几乎是既难缠又喜爱的人物。

解脱的时刻终于到来了,我从心底为能永远离巴黎而感到高兴。这一天是4月7日,巴黎已是万物复苏的春天。从我们的窗口望去,在冬天原是一片荒凉的庭园,现在树木碧绿,鸟儿歌唱。与我们贫苦而忠实的朋友安德尔斯、莱尔斯和吉茨的告别令人异常感动,依依难舍。安德尔斯垂垂老矣,健康不佳,来日无多。对莱尔斯,如我此前提到过的,根本就不存有什么幻想,令我忧心忡忡的是,据我两年半在巴黎所付出的代价的经验,他会穷途潦倒一蹶不振。苦难总是要纠缠善良高贵的,甚至部分是卓越的人。我对吉茨的未来倒不是为他的健康担心,而是在道德上令我放心不下。他的毫不顾己的、几乎是孩子般的好心再次令我们感动不已;他认为我们的旅费不够,于是强迫我——我百般推辞——接受他的一张5法郎的纸币，这大概是他眼下自己财产的全部剩余。他还把一包上好的法国鼻烟给我塞进驿车的袋子里，终于我们乘上这辆驿车越过公路朝城口驶去，这时我们再也忍不住泪如泉涌了。

第二部
（1842—1850）

从巴黎前往德累斯顿的旅行在当时要持续五天五夜之久。在德国边界的弗尔巴哈小城我们遭到了大雪天，我们刚经历过巴黎的春天，现在凛冽的寒风砭人肌骨。在继续的旅途之中，穿越重新目睹的德意志故土，真的没有什么令人愉快的事情。我突然想到，那些法国旅行者，当他们从德国返归时，一踏上法兰西的土地定会是轻松地呼出一口气来，松开身上的衣扣，就像是从冬天进入夏天一样；可我们现在却正好相反，得想方设法用我们的衣服来抵御起了明显变化的温度。我们在从法兰克福前往莱比锡的旅途中间陷入前去参加博览会的人潮之中，在莱比锡复活节博览会期间这条路上车水马龙，熙熙攘攘。对于这些人说来，这种坏天气就成为一种完完全全的折磨了。在持续的雨雪交加的风暴之中，那些糟糕的驿车挂车得不断地更换。这两天一夜的旅行对于我们就成了一种冒险，差不多就像我们早些时候经历的那次海上之旅一样。我们路经瓦尔特堡的时候灿烂的阳光出现了，这是在这次旅行中真的令我们感到欣慰的唯一的时刻。当人们从富尔达方向走来，望到山上宫殿的景象壮丽非凡，使我心里感到异乎寻常的温暖。远方一侧的山脊我立刻把它命名为“霍尔泽山”，通向山峪之路就形成我《唐豪瑟》第三幕的场景，从这以后这幅画就一直萦回在我的脑际，后来巴黎的布景画家德斯普莱辛把我的这个设计极为精确地描绘出来了。如果说从巴黎起程的返乡之旅提醒我现在才越过了传奇般的德国莱茵河的话，那我第一次看到有着悠久历史的神秘的瓦尔特堡生机勃勃矗立在我的面前，使我感觉到了一种充满预言性的关系，从这种印象中得到浓浓的暖意，抵御住了暴雪寒风、犹太人和莱比锡博览会，我终于在 1842 年 4 月 12 日与我可怜的心力交瘁和冻得发僵的妻子顺利地和感觉良好地重新回到了德累斯顿，上一次我就是从这里与我的明娜悲哀地离别，登上了我的北方流亡之路。

我们在"哥达城"旅馆下榻。我曾在这个城市度过了我意义重大的童年和少年时代，在阴沉和恶劣的天气的影响下，它给我留下了一种寒冷和死寂的印象；我真的感觉到，凡是使我能忆起我青年时代的一切都已经死去，没有一个好客之家接待我们。我们在一所简陋狭小的住房和寒酸的环境里见到了我妻子的双亲，我们必须立即去为自己找住处，在"陶器匠巷"租到了一所小的住房，每月 7 个塔勒。我为《黎恩济》进行了必要的拜访，明娜在我不在的情况下把家安顿下来，在这之后我 4 月 15 日就立即动身前往莱比锡，在那里我 6 年来第一次又见到了我的母亲和姊妹。在这段对于我来说充满苦难的岁月里，由于罗莎莉的死，家境发生了巨大的变化。母亲生活在一个宽大的和欢乐的住宅里，靠近布洛克豪斯一家，衣食无忧，幸福愉快，不需要自己去操持家务。从前她整年都忙于料理一个大家庭，安排繁杂的生活。她性格中的倔强和暴躁现在都消失不见了，有的只是对她结婚了的女儿一家幸福的关怀。一个如此平安和愉快的晚年，这大部分要归功于她的女婿弗里德里希·布洛克豪斯的悉心照顾，为此我向他表达了我由衷的感激之情。当母亲意外地看到我踏入房间时，她喜出望外，惊讶极了。我们之间的任何一种酸楚都完全消失了，她只是抱怨，我不能待在她的身边，来取代我的那个不幸的铸金匠弟弟尤里乌斯，她与他处的一点儿也不好。他相信我的事业会得到成功，并由于善良的罗莎莉的最后一些预言而坚信不疑，罗莎莉在她死之前不久还为我说了不少好话。

现在我在莱比锡只能停留很少的日子，首先我得前去柏林，与冯·雷德尔伯爵就《漂泊的荷兰人》上演之事取得联系，探听他对此的明确态度。正如业已得到的暗示那样，我立即就得悉，这位伯爵正准备卸去剧院监督一职，因此他把所有其他的决定都推到了新任监督居斯特纳尔先生那里，但此人还没有抵达柏林。我突然就明白了，这种奇怪的处境意味着什么，并发现为了柏林的事情我还不如留在巴黎好些。也通过拜访麦耶贝尔更证实了我的这种印象。我觉得他认为我这次柏林之行的热情太高了。他虽然对我亲切和怀有好感，只是他遗憾地说，他正准备动身出行。后来每当我在柏林去再次拜访他时，遇到的总是这样一种情况。门德尔松这时也在柏林，他因被普鲁士国王任命为音乐总监而来到此地的。我也同样去拜访他，早年还在莱比锡时我就向他介绍过我自己。从他那里我得知，他不相信他在柏林会有什么大的作为，他宁愿返回莱比锡。我的那部早年在莱比锡演出过的大型交响曲的总谱，在多年以前我怀着急迫的心情把它寄给他，其命运究竟如何，我没有问及。他也没有向我透露他回忆起这份奇特的礼物。他的处境优裕，给我留下一种冷漠的印象，但当我心不在焉时，他也很少对我表现出厌恶的意思。我也去拜访了莱尔斯塔布·路①，我随手带一封我的姐夫、他的出版人布洛克豪斯写给他的一封信。在他这儿倒是很少圆滑世故，可我却感受到了冷遇。他流露出的表情让人毫不怀疑地感到，

① 莱尔斯塔布·路(1799—1860)：柏林《沃斯报》的戏剧、音乐评论家。

对我根本不感兴趣。我在柏林觉得十分痛苦，我几乎真希望能再次见到委员会顾问舍尔夫。我在多年以前也曾经历过这样的倒霉时刻，可我在那时还遇到了一个尽管言辞生硬对我却关怀备至的人。我徒劳地试图找回那个当时我与劳伯一道散步的柏林，它充满着青春的活力。在我熟悉了伦敦，尤其是巴黎之后，这座大而无当的城市给我留下一个令人感到沮丧的印象，我在告诉自己，如果我一生根本就搞不出名堂的话，那我宁愿留在巴黎而不是在柏林。

这次出行一无所获，返回之后我首先要去莱比锡待上几天，这次我住在我的姐夫布洛克豪斯家里，他现在是莱比锡大学东方语言的教授。他又多了两个姑娘，家庭安适愉快，生活蒸蒸日上，一切都那么富有生机，这使我这个无家可归的游子深受感动。一天晚上我的姐姐在照料乖巧的孩子，亲切地领他们去睡觉，在藏书丰富的宽大图书室里进夜宵时我们本该进行长时间的交谈，可我却号啕大哭起来。我善良的姐姐好像是懂得了我的感受，五年前还在德累斯顿时她就知道了我在婚姻上所遇到的苦恼。由于我的姐夫赫尔曼的发起，我的家庭给我提供了一笔借款，作为我在德累斯顿等待我的《黎恩济》演出的这段时间之用。他们这是出于关怀，简单地认为这是一义务，我没有任何顾虑接受了这笔借款。一共是在半年之内每月分付 200 塔勒。因为我没有任何其他收入，这就得靠明娜节俭持家了。即使如此，我仍可以怀着满意的心情返回德累斯顿。我在我的亲戚面前也第一次连贯地弹奏了《漂泊的荷兰人》。我觉得我激起了相当大的兴趣，当我的姐姐路易丝后来在参加德累斯顿这部歌剧演出时，她抱怨说，有许多效果没有达到我这次演奏所达到的程度。我也拜访了我的老朋友阿佩尔，这个可怜的人完全变盲了，但他对处境所持的乐观和满意心情令我感到惊奇，他认为我没有任何理由为他而抱怨。他坚持说，他看得清我穿的蓝色上衣，可我穿的却是褐色的,我觉得这甚至更好,不与他进行争论。怀着敬仰的心情告别莱比锡,在这里一切都是那么顺利和满意。

我在4月16日再度返回了德累斯顿,又开始忙于我自己的事情。与一些有关《黎恩济》演出的人进行了活跃的交往,唤起了我的希望。虽然与总经理吕梯绍,乐队长腊依希格的会面结果是冷淡的和失望的——他俩对我到达德累斯顿感到惊奇——甚至连经常与我通信的我的庇护者宫廷顾问温克勒也是如此,他宁愿我还是待在巴黎为好。但迄今并也从今起,经验告诉我,对我的热情关怀总是来自低层,从来就没有来自更高的层面。在这里我首先得到此前从不认识的合唱队指挥威廉·费舍尔衷心的热烈接待,这使我感到十分温暖,他是唯一的一个熟悉我的总谱的人,对我的歌剧的成功抱有强烈的希望,极力主张接受这部歌剧。我首先去他那里,当我踏入他的房间并说出自己的名字时,他高叫了一声冲到我面前拥抱我,我一下子就陷入充满希望的气氛之中。除他之外我遇到了演员斐迪南·海涅和他的一家,从这家人那里我得到了支持,出自衷心和深沉的友谊。早在我儿童时代我就已经认识了这个人,在那个时候我的继父盖尔身边集聚一些年轻人,他就是其中的一个。此人在绘画才能上无足轻重,可他的交际才能极为出色,这使他进入了我们家庭圈子里。他矮小而消瘦,我继父给他起了个亲昵的绰号"小大卫",他参加了我们那时组织的——甚至卡尔·玛利亚·韦伯也参加了——一些集体郊游活动。他属于老一代"好的"流派,虽然是一个有用处的,却没有成功的德累斯顿演艺界中一个出色的演员。他有着广泛的学识和能力,能成为一个有才干的导演,可他却从不善于利用他的长处去赢得经理的好感。他只是作为一个服装的绘制人来施展他的才能,他也是因为《黎恩济》的演出被拉来出谋划策,这样他有了机会,与他曾度过青少年时代的家庭中一个成员所写出的作品打起交道来了。我立即被他当作家中的孩子接纳下来,我们这两个无家可归的人在这完全陌生的故乡里又找到了故乡的土地。在海涅那里我们多半是与费舍尔老爹一起度过我们的夜晚,在充满希望的谈话中享受土豆和青鱼,这是我们经常食用的饭菜。

施罗德-德弗林特不在,她去度假了。梯沙舍克同样准备去度假,我只能去稍做问候,与他匆匆地谈了谈他参加演出《黎恩济》的事。他的性格活跃潇洒,嗓音出色,有着很高的音乐才能,这保证他会喜欢《黎恩济》的角色,我对此有了感到特别宽心的把握。此外,海涅向我保证,许多新的服装都有望解决,尤其是梯沙舍克所饰角色的一副崭新的银制装备,无论有什么麻烦我都可以指望他的。这样我可以做进一步的准备,在女主角从假期返回之后,晚夏一开始就可以进行工作了。主要是我必须自愿地对我过分庞大的总谱进行压缩来安慰我的朋友费舍尔。他十分坦率地认为,我会高兴地与他一道进行这项繁重的工作。在宫廷剧院的排练室里,我在一架老式的三角钢琴上为这个面带惊愕的人不遗余力地演奏和演唱我的总谱,费舍尔不喜欢关注钢琴,只是关心我的胸部。在会心的大笑声中,每次在争论要删减的段落时,很快就完全放弃了他的意见,因为在第一处他认为可删去的地方,我用充足的理由证明,这恰恰是最重要之处。他与我在广袤的声音荒原里徜徉流连,他所能做的只能是拿出他的怀表,说明时间过去多久了,可我就是对他的怀表的正确性最终也表示怀疑。我心甘情愿地把第二幕的哑剧场景和多半的芭蕾舞删掉,作为他的所得,我相信,这样我们就能节省整整半个小时。这份巨大的总谱于是就交给复制人去复制,其余的都不会成为问题了。

现在我们要关心的是我们在这个夏天该做些什么了,我决定在泰布利茨待上几个月,这是我青年时代热心出游的地方,据我的看法,那儿的美好空气和浴场对明娜衰弱的身体会大有益处。在我们实行这项计划之前,为了确保我的《漂泊的荷兰人》演出无虞,我还得在莱比锡进行多次的拜访。5月5日我去那里与不久前到达莱比锡的新任柏林王家剧院总监居斯特纳尔先生商谈。这个人的处境独特,这部不久前他在慕尼黑拒绝了的歌剧要在柏林演出,因为这部歌剧被他的前任接受下来了。他答应我考虑他在这种引人注意的情况下该如何做出决定。为了弄清楚这种结果,我决定在6月2日去柏林拜访居斯特纳尔,可在莱比锡就得到了他给我的一封信,信中我被请求再忍耐一段时间才能得到更为准确的决定。我利用这个空隙到哈雷附近做一次出游,去那儿拜访我的大哥阿尔伯特。他的志向高远,在戏剧演唱上才能出色,可身处像哈雷剧院这样如此卑微如此猥琐不堪的环境里,状况令我为之叹息,心情十分压抑;看到这样的处境——我本人也曾一度濒临这样的境地——现在使我感到难以描述的惊愕。但尤为令人沮丧的是,我遗憾地是从他的言谈中听出来,他已屈服于这样的遭际了。只有一点使我宽慰,即我哥哥的15岁继女约翰娜有着一副极为优美的嗓音,她以动人的方式为我演唱了施波尔的歌曲:《玫瑰,你是多么的美丽》。

我从这里返回德累斯顿,以便与明娜和她的一个妹妹在风和日丽的日子前去泰布利茨做一次舒适的旅行。6月9日我们抵达了那里,在勋瑙的"橡树"楼里找到了一个刚够用的住处。在这儿不久我们就遇见了我的母亲,当她知道会在这儿见到我们,就格外高兴地来到这儿,她每年必来一次泰布利茨温泉浴场。如果说她从前对明娜怀有反感和偏见,不满我与她过早结婚的话,那现在借助其操持家务的了解,就有足够的理由对我在巴黎患难与共的妻子怀有尊敬和爱意了。在与母亲的相处中我非常高兴,另一方面她要求对她的任性脾气能够加以忍让,特别是她现在一直强烈保留下来的几乎是孩子式幻想的激动性格。有一天早晨她抱怨说，我在前一个晚上给她讲的《唐豪瑟》故事使她整整一夜都没有睡觉，这种失眠虽然是快意的却是十分激动的。

我写信给莱比锡富有的艺术资助人施莱特尔，请他想办法对留在巴黎陷入窘境的吉茨加以照顾，为明娜看医生，为解决我自己经济上的困难做些安排。一俟这些事毕，我就以从前习惯的方式去波希米亚山区进行一次多日的徒步之旅，为我的《维纳斯山》的计划从这样一次出游中获取愉悦的印象。除此，令我感到刺激的是，我在奥乌基格富浪漫情调的施莱肯斯坦一家小旅舍里逗留了多日，夜里我却睡在一张草席上。每天去攀登"沃斯特拉依"，它是周围最高的山峰，这使我感到清新。幻想般的孤寂又再度激起了我青年时代的勇气，我在一个圆月之夜偃卧在一条光秃秃的床单里。我在施莱肯斯坦的废墟上四下攀登，想把自己变成这儿缺少的一个幽灵，希望有某个人惊恐地发现我，这个想法令我感到开心。在这儿我把三幕歌剧《维纳斯山》的详细计划写到我的笔记本里，稍后我完全依此写成了诗行。有一次登上"沃斯特拉依"，在折向一处峡谷角时，高处一个牧人吹起一支快活舞曲的口哨，这令我感到惊讶。我立即就发现我身处一群朝圣者的合唱队之中，他们正穿越山谷从牧人身边走过。但后来我一直没有能回忆起牧人吹的旋律，因此我不得不用熟悉的方式来帮助自己。带着这样的收获我返回泰布利茨，心绪极好身体极佳。在这儿不久我就听到梯沙舍克和施罗德-德弗林特即将返回德累斯顿的消息，为了不耽误开始排演《黎恩济》，但更多的是避免剧院领导用另外的节目来取代我的这部作品，明娜让我从母亲那里返回，我在 7 月 18 日回到了德累斯顿。

我在一幢特别的、现在已破败的楼房里租到一所小的住宅，从这里能望到马克斯米连林荫大道，随后我就更为热心地与返归剧院一些主要歌唱家建立起联系。当我现在在歌剧院更频繁地见到施罗德-德弗林特时,我对她旧有的热情重新活跃起来。我先是又一次听到她在格雷特里的《蓝胡子》的演出,这给我留下一种独特的印象。因为我记得,这部作品是我5岁时第一次看到的歌剧,同样是在德累斯顿,这第一次神奇的印象我记忆犹新。我的这些最早的儿童时代的印象借助这次演出变得鲜活起来。我想起了,是蓝胡子骑士的咏叹调:“哈哈! 你这个不忠的女人! 把门打开!”我自己做了一顶纸盔,把它戴在头上,为了取悦全家我就格外一本正经地唱这首咏叹调。我的朋友海涅还知道这件事哩。此外,歌剧院的一些演出没有给我留下特别好的印象了,我非常惋惜的是错过了听巴黎弦乐乐队声音洪亮的演出。我注意到,人们在出席富丽堂皇的新剧院大厦揭幕演出时完全忽视了因场地的宽大而增添的弦乐乐器。舞台上在许多重要的地方经常是可怜巴巴的布景,这给我烙上德国剧院某种穷酸的印象,尤其是在演出巴黎歌剧院保留节目,再加上蹩脚的歌词翻译,情况就更为明显不过了。如果说我在巴黎业已就对这种歌剧状况深感不满的话,那现在这种情感就重新和更强烈地返了回来——那时我就是被德国剧院驱赶到巴黎的——这使我有再度退化之感。并在内心深处滋生出一种轻蔑,它现在是如此的强烈,竟使我根本不再想与甚至是最好的德国歌剧院之一继续去打交道了。我不断地问自己,为了在这个特殊世界中的沮丧和愿望之间坚持下来,我究竟该怎么办才好。

我借助给予我很多关心的那些人的异常禀赋才能清除我的忧虑。首先得依靠伟大的天才演员施罗德-德弗林特,与她共同工作,这曾是我最渴求的荣誉。当然我青年时代对她最早的印象已经过去有许多年头了。在随后的冬天,那时来到德累斯顿的柏辽兹在一篇巴黎报道中谈到她的外貌时已经有所挑剔,说她身宽体胖,饰演年轻人的角色难以激起人们的想象,特别是身着男装,如在《黎恩济》中的情况。她的声音从来就不是出自出色的器官，经常感到力不从心，这位歌唱家需要在速度上好好地练习。可现在比起她这些形体上和嗓音上的不利之处，给她的成就带来影响更多的是她所处的境况：她饰演的是受到数量限制的光彩夺目的角色——她经常是那么出色地演出了她们——经常是为了有意识地考虑效果而在一种风格的意义上表现出某种固定性，这样一种风格通过爱好夸张有时达到了令人感到难为情的程度。如果说这一点我无法避免的话，可我却特别有能力躲开这些业已存在的弱点，还一直以入迷的清晰性去把握住她的伟大和无可比拟之处。真的也只是需要令这位女艺术家特别激动的机缘而已，像她在动荡的生活中还一直所经历过的那样，使她鼎盛时期的创作力再现辉煌，在这方面我有着出色的经验。只是目睹德国剧院对这位女艺术家的天生高贵和伟大性格所起的破坏性的影响令人忧虑和担心。从这同一张嘴里，我一方面听到了这位伟大的艺术家的充满热情的语言，另一方面听到了与剧院所有那些女台柱说的没有什么不同的言语。有一副天生的漂亮嗓子，甚至只是身材上的优势，都能够成为她的竞争者，得到观众的宠爱，她对此无法忍受；她很少有一个伟大艺术家应有的高尚的观念，这使她对名利的热衷逐年变本加厉，到了令人痛苦的地步。现在我越来越多地注意到了这点，已超出我不得不忍受的程度。她不能轻而易举地把握音乐，研读新的角色对她来说有不少困难，这对向她弹奏其作品的作曲家是相当痛苦的，所有这些给我带来了巨大的烦恼。由于她非常缓慢地熟悉她担任的新的任务，就是因此，后来她在《黎恩济》中饰演阿德里亚诺角色导致了失望，这为我带来了极大的麻烦。

如果说这里所担心的是一种棘手的性格上的问题，那么与此相反的是我在与有着幼稚的局限性和肤浅的才能却格外耀眼的梯沙舍克打交道时异常轻松。他不能很好地熟悉他扮演的角色，因为他是那样地富有音乐感,这使他能演唱最最复杂的乐谱,认为任何一种研读都不需要,而这期间其他歌唱演员却正忙于钻研乐谱。如果说他在充分的排练中能经常足够地从头到尾演唱他的角色的话,以此表明他的记忆力足敷所需,那其他的一切都迎刃而解,不管用什么方式他都能满足歌唱艺术和戏剧表演上的要求。他的声部上的书写错误,他不去改正,并且熟记在心,不管是错误的台词还是正确的台词,他都用同样清晰的力量把它唱了出来。这里要注明的是,他对改正的建议都极力拒绝,他强调说,“这不是问题”。事实上我很快就完全放弃了要求这位歌唱演员用全副精力去理解我的主人公的企图,可我由于他对角色投入的极为可敬的热情和他的辉煌的声音所富有的魅力而得到了所期望的补偿。

除了这两个饰演主角的演员之外,还有不少中等演员可供我支配。到处都得到很好的支持,为了促使乐队长腊依希格能勤奋地用钢琴进行排练,我使用了一个机灵的手段。他向我抱怨得不到一个好的歌剧剧本,并认为我习惯自己给自己写歌剧剧本的做法是十分理智的。他想做类似的事情,去成功地成为一个戏剧作曲家,这方面他诸事俱备,遗憾的是他在青年时代错过了。我自己也必须承认,他有“非常多的旋律”,但仅凭这点是不能激起歌唱家的热情,他本人就不得不经历过,如施罗德-德弗林特在唱同一个终场的情形:她在贝利尼的《罗密欧和朱丽叶》总是激起听众的狂喜,而在他的《弗瓦的阿德尔》里却唱得完全缺乏热情,关键在于题材。我立即答应给他提供一个歌剧剧本,他可以在这个剧本里把这样一些和类似的旋律用高度的效果加进去。他对此极为高兴,我决定把我根据昆尼希的小说改编的一个旧剧本《高贵的新娘》改写成韵文,作为一个实用的歌剧剧本,提供给腊依希格。在每一次钢琴排练时我都答应给他带去一页诗行。我一丝不苟地这样做,直到整个剧本完成。令我惊奇的是,一段时间之后我得知,腊依希格让演员克里特又为他写了一个新的歌剧剧本,标题是《美杜萨的沉船》。我知道了,乐队长那位乖僻的夫人对我的乐于助人把一个新的歌剧剧本转让给她的丈夫的做法怀有极大的忧虑。两个人虽然都觉得剧本很好,富有魅力,只是他们猜想此中必有一个令他们担心的圈套,为避免中计无论如何都需要加以必要的防范。这样以来我就又可以支配我自己的这个歌剧剧本了,后来我提供给了我在布拉格的老朋友刻特尔,他用他的方式谱成了歌剧《尼斯前面的法国人》,他向我保证,这部歌剧经常在布拉格演出,受到了欢迎(我从没有听过这部作品)。在这种情况下我甚至受到一位布拉格评论家的训导:这部作品证明了我作为一个歌剧剧本作者的独特才能,而我也去作曲的话,那只能是一种错误;与此相反的是,劳伯在看到我的《唐豪瑟》后强调说,我不去为自己的音乐找一个聪明的剧本作者来给自己写一部正规的歌剧剧本是我的不幸。

现在我的这项工作得到了预期的成功:腊依希格在《黎恩济》的排练时坚持了下来,尽自己的本分,比起我提供给他的歌剧诗行,有更多的理由安于排练,歌唱家们日益增长的信心,而主要是梯沙舍克对此的真正热情。他原本要为了一次狩猎集会而放弃在剧院排练场钢琴房的快乐,可现在对他来说,《黎恩济》的排练很快就成了真正的节日,他总是表现得神采奕奕和兴致盎然。我不久就觉得如同身处持续不断的狂喜之中;在每次排练时,一些特别心爱的段落得到歌唱家们的喝彩,第三幕终场时的一个群众场面——遗憾的是后来由于太长的原因而在所有演出中被删掉了——它在这样一些机会里甚至都成为我的一种收益的来源。梯沙舍克着重指出,这个 h 小调太美了,人们必须每次为它付钱,于是就拿出了一枚银币,并要求其他歌唱家仿效他。大家的兴致极佳,纷纷做了捐献;每当我们排练到这里都说:“现在到了银币的场景”

了。施罗德-德弗林特夫人也掏出她的钱包,她声称,“这样的排练会把我变成穷光蛋的”。我每次都得到这样一笔特殊的版税,没有人会想到,这种玩笑式的报酬正是我和我的妻子经常期望的,能用它来准备我们每天的膳食。

8 月初,明娜有段时间是在我母亲的陪同之下,从泰布利茨返回德累斯顿。我们住在一处寒酸但也充满了希望的房屋里,遗憾的是事情一再延宕。一个德国歌剧院在上演保留剧目时的摇摆不定和挑挑拣拣,就是在这类经常发生的干扰下,8 月和 9 月就过去了,这是我的这部歌剧的准备时间。直到 10 月联合排练才有了眉目,这为一次不久的演出提供了保证。集体和乐队的排练一开始就使每一个参加者坚信必获得巨大的成功,大型的彩排真的令人心醉神迷。当演出第二幕第一场和平使者一登场时,大家都感动至极,甚至施罗德-德弗林特——她因为没有在这部戏剧里担任主角而一直感到恼火——含着眼水,哽咽地回答我向她提出的问题。我相信,所有剧院人员,直到极下层的员工,他们都像爱一个真正的奇迹那样爱我,如果说对一个年轻人的关心和令人感动的同情,有助于大家对其异乎寻常的生活困难的了解并使之从完全默默无闻之中突然变得一鸣惊人的话,这并没有错。在总排练的休息时刻,成员部分散到不同方向,以便通过一顿早餐恢复业已疲惫的神经,而我静静地坐在舞台的一个木板支架上,避免让人注意我的尴尬处境。一个残疾的意大利歌手,他在《黎恩济》中饰演了一个小角色,他注意到了这种情形,于是好心地给我送来了一杯酒和一块面包。令我感到遗憾的是,在这一年里他不得不又一次接受了这个小角色,这招致他的妻子对他的恶劣对待。从这时起,婚姻方面原因的逼迫,他成了我的敌人。1849 年我逃离德累斯顿,此后我得知,他向警方告密了我,因为据称我参加了德累斯顿的起义。我想起《黎恩济》总排练时的那顿早餐,我认为这是对我的不知感恩的一种惩罚,因为我觉得后来使他的婚姻陷入困境是我的过错。

我的作品的第一次演出,其气氛出乎我的想象,此前此后我所经历的无法与之相比。此期间从开姆尼茨来德累斯顿拜访我们的善良姐姐克拉拉体验到了这种气氛,分享了我的喜悦;她在开姆尼茨过的是一种寒酸的市民生活,我的这位穷姐姐有着巨大的艺术天赋,但过早地枯萎了,现在作为妻子和母亲在平庸的市民环境里艰难地挣扎着,她在我日益成功的影响下感到由衷的高兴。我们与她和出色的合唱队指挥费舍尔一道在海涅家里度过我们的晚上,总是有土豆和青鱼,气氛经常是十分美好和谐。在首演的前一天晚上甚至还有了潘趣酒来庆祝我们的运气。在美酒和欢笑中我们像一群幸福的孩子踉踉地分手作别,白天去睡一会儿觉,这个白天该会是做出一个伟大的决定的日子。1842 年 10 月 20 日早晨,我打定主意不去打搅我的那些歌唱家,可尽管如此我遇见了有些乏味却值得敬重的歌唱家里斯先生,他是我的歌剧中的一个小角色,唱低音,为人呆板和市民气。这是一个有些凉意的晴朗的星期天,前几天一直是气候恶劣。这个奇怪的人像着魔似的站在我的面前表示致意,可一句话都不说,只是惊奇地和神采奕奕地看着我的脸,像是要弄清楚,一个在这一天迎向一个异乎寻常命运的人是什么样子。我微笑并在想,他一定是有什么事情,我答应里斯,明天我在"汉堡城"同他喝一杯好酒,他结结巴巴地向我表示,这太好了。

我参加了《黎恩济》的首演,从那以后我没有怀着类似的感觉再次经历这样一种类似的事件了,哪怕只是相对而言。为了成功而那种有理由的担心,在此后我的作品的首演经常处于主宰地位,这使我从来就不再有过某种享受或从观众方面得到一种特殊的重视。较晚年代我在极端麻烦条件下彩排《特里斯坦和伊索尔德》时所感受到的,与《黎恩济》第一次演出时给我的印象是那么截然不同,从另外一种意义上而言,两者完全无法相比。演出的第一次成功是毫无疑问的,这点在事先都已想到了。观众有着自己的主见,是那样的异乎寻常,这向我表明,像类似德累斯顿城市的观众从不能对一部作品在其首演之后做出有效的判断,因此对没有名声作者的作品抱有冷淡的偏见。但在这种情况下出现了一个例外的情况,因为此前许多剧院和音乐界人士在城里对我的这部歌剧做了十分有利的宣传,这使整个城市居民怀着热烈的紧张情绪期待着这预言的奇迹的发生。

我与明娜、我的姐姐克拉拉和海涅一家坐在一个包厢里,如果说我要重新谈起这个晚上我的处境的话,那这没有别的可说,只能是一个梦,有着梦的所有特点。我根本就感受不到喜悦和感动,我对我的作品感到完全陌生;相反的是座无虚席的剧场大厅令我真的害怕,这使我都不敢向观众投向一眼。觉得在他们近旁像是在发生一件大事,差不多像是一场持续不断的暴风雨,我躲在我的包厢的角落里,像是在房檐下避雨一样。我根本就没有觉察到欢呼声;当一幕演出结束时,观众热烈地呼唤我,要我登台,每一次都是我的朋友海涅提醒我注意,并把我推上台去。可这时一个主要忧虑却使我越来越感到恐惧:即我注意到,在第二幕结束时已经很晚了,用于整部《神弹射手》演出的时间都够了。第三幕是战斗的混乱场面,特别地引人入胜,到这幕结束时已经10点钟了。演出业已持续了整整4个小时。我陷入真正的绝望之中。在这一幕结束之后我又一次被唤到台前,我认为这是观众的最后一次雅量大度,他们在这个晚上这样做肯定是足够的了,随后会大规模地离开剧院了事。因为我们还有两幕要演出,我断定我们不会演完的。我感到后悔的是我没有把它缩短到适当的幅度,这使我陷入一种闻所未闻的境地:一部受到格外欢迎的歌剧就是因为它可笑的长度而不能演到终场。歌唱家的勇气极佳,特别是梯沙舍克,时间越长,他的感觉就越是生气勃勃和心情愉快;我把这解释为好心的骗局,人们要用这个骗局来蒙骗我,表示这不是不可避免的丑闻。到最后一幕,这时已是午夜时分,我惊奇地看到还一直是座无虚席,我完全感到困惑不解。我不再相信我的耳朵和我的眼睛了,把这个晚上发生的整个事件看作不可思议的。当我终于最后一次在观众的雷鸣般地喊叫声中站在我的那些忠实的歌唱家身边时,午夜已经过去了。

有关我的歌剧由于奇长引起我充满怀疑的情绪因为我自己亲戚的忧虑而更为增强了,这些亲戚都是在演出之后不久遇到的。弗里德里希·布洛克豪斯一家与几个熟人从莱比锡一道来此,并邀请我们去一家旅馆,为庆祝这次愉快的成功而举行一次晚餐会,以便为我的健康进行碰杯。但那里厨房和酒台都已关门打烊了,于是大家都极感兴趣地听我讲述一部歌剧从6点持续到午夜的演出经历,这是闻所未闻的一次经历。没有什么不同的表示,我们在一种晕晕乎乎的状态中分手了。第二天清晨8点我开始进行一次音符——探险之旅,为的是在声部上做必要的删减,若是还有第二次演出的话就可用了。此前在夏天我与忠实的合唱队指挥费舍尔对每一个节拍进行过争论并知道如何证明,它们是不可缺少的,此刻我就盲目地乱删一气,我觉得在我的总谱上没有什么是必要的了。观众在前一个晚上所不得不吞下的东西,在我看来只是一大堆纯粹无用的东西,它们都可以删掉,一点也不会有影响或造成某种含混不清的印象,因为我觉得除了把这个庞然大物放进某种正规的模子里去,别的我什么都不去想了。我想借助我进行的无所顾忌的压缩,希望同时也能避免一种灾难发生。因为我猜想,总经理与城市和剧院的意见是一致的,他会在这几天向我表明,像我的《最后的护民官》这样的演出,由于其独特的情况只能是一次性的,不能再多次看到了。因此我整天都设法避开与剧院进行接触,以便为我的英雄般的压缩赢得时间。这期间有关这方面的消息应该传播开来。只是下午我去乐谱抄写员那里,再次审阅,看是不是一切都按我的指示在进行;在这里我得知梯沙舍克同样来过这里,他看到我规定的删减地方并表示反对,禁止这样做。合唱队指挥费舍尔也因为压缩问题要与我交谈,这项工作暂时中止了。我觉得面前的是一场大混乱,我不知道我该说什么好,并害怕这项吃力的工作若是耽误的话,会发生不幸。终于在晚上我在剧院找到了梯沙舍克,我不容他说话,而只是气恼地问他,为什么他让抄写员中断工作。他用半是窒息的声音,短促而倔强地回答说:"我不让删去任何东西,它太美了!"我呆呆地望着他,突然我感到自己像着魔了似的:这是对我的成功的一个闻所未闻的明证,它必定使我从我的奇怪的忧虑中摆脱出来。其他人也是如此,费舍尔由于喜悦而神采奕奕,并对我大加嘲笑。一切都向我表明的是整座城市显现出的热情,剧院总监给我写了一封信,对我的美好的作品表示感谢。除了拥抱梯沙舍克和费舍尔以及走我自己的路外,我别无其他,我向明娜和克拉拉告知了事情发生的原委。

歌唱家们休息了几天之后,10 月 26 日举行了第二场演出,进行了一些压缩,我费了很大力气才说服了梯沙舍克。我没有听到对演出时间过长有什么特别的抱怨,并最终同意了梯沙舍克的看法:如果他坚持的话,那观众也是能坚持下来的。我就这样进行了 6 场演出,它们经常得到观众的热烈掌声。我的歌剧也得到王家宫廷那些年纪大些的公主的关心。她们对这部受到过长攻击的作品,虽然她们不愿意为删减而看不到全部,可也不是那么容易忍受下去。吕梯绍先生于是向我提出建议:完整地演出这部歌剧,但是分成两部在两个晚上进行。我觉得这样做是对的,在多周的休息之后我们宣布:第一天演出《黎恩济的伟大》,第二天是《黎恩济的毁灭》。第一个晚上演出头两幕,第二个晚上演出后三幕,对这后三幕我特地谱写了一首导入的前奏曲。这完全符合高贵人士的愿望,特别是王室的两位年迈的夫人:阿玛利和奥古斯塔公主。但一般的观众却另有看法,为了同一部歌剧要两个晚上看完,付两次入场费,他们称这种新办法完全是一种欺骗;这种不满确实威胁到了《黎恩济》的演出,分成两部演出了三场,随后经理部就又回到早先一次性的完整演出,这使我又有可能乐于去重新进行压缩的工作了。

从现在起,只要一提到它,那它就成为家庭的重负,它的持续成功不久就使我完全清楚了,它从某些方面给我招来了妒忌。在第一次演出的翌日,我就在诗人尤利乌斯·毛森那里体会到第一次令我难过的经验。我在夏天第一次到德累斯顿时找过他,我高度评价他的才能,不久就与他过从很密,这使我感到愉快、有益。他交给我他的一本戏剧集,说我对它会格外感兴趣的。在这个戏剧集里也有一个悲剧《克拉·黎恩济》,它的题材有部分令我感到新颖,并且处理方法是感人的。面对他的这部作品,我请求他根本不必顾忌我的歌剧,因为作为创作,我的歌剧与他的戏剧毫无可比性,他有些勉强地接受了我的请求。但在我的《黎恩济》演出前不久他在德累斯顿演出了他的一部极为不走运的戏剧《魏玛的伯恩哈德》,他没有得到多少成功的喜悦,因为戏剧苍白无力,只是些政治上的夸夸其谈,这种倾向必然导致偏离正道的遭遇。我看到他对我的《黎恩济》的演出怀有几分不快,并痛苦地向我承认,他的同名悲剧在德累斯顿不可能被接受了。估计是因为有些强烈的政治倾向,这种倾向在同样的题材上,在戏剧中比在歌剧中会更为明显,在歌剧演出中人们根本就不去注意台词。我出于好意鼓励他在这种受到轻视的戏剧种类上要有信心,当我在我的作品首演的当天在我的姐姐路易丝那里遇见他时,他径直地在对我的成功大为气恼,大加嘲弄轻视,这使我格外感到怔然陌生。可这同时他遭遇到的却是我内心中产生的一种奇怪的情感,这就是对我在《黎恩济》所代表的这种歌剧种类取得如此良好的成功实际上感到微不足道,这都使我对他毫不掩饰的恶毒的长篇大论怀有一种私下的羞愧之情,无法进行认真的辩解。我所能做的差不多是最好的回答就是我自已也不是理解得那么清楚,它也不是那么明确地表明我的特别方向的一部作品。我不能把我要说的表达出来,我首先只是与这位不走运的诗人一道感到遗憾而已,与其我急于要证明什么,还不如把他的愤懑看作内心的满足,这表明我从他那里知道了这是一次巨大成果,而我本人对这种成果还不能够详细地解释清楚。

另外,《黎恩济》首演也为此后一再与报纸评论家发生的不快埋下了种子。卡尔·邦克先生一直是德累斯顿音乐评论界的主要人物,我在马格德堡时就已知道他的大名了。他在那里曾一度拜访过我,让我为他弹奏了我的《禁恋》中的一大部分,并感到真心的喜悦。这个人不能原谅我,因为我们在德累斯顿再度相逢时,我无法给他弄到《黎恩济》首演的入场券。我与尤利乌斯·施拉德巴赫先生的情况也是类似,此人那个时候同样住在德累斯顿从事音乐评论。我愿意满足每个人的愿望,可我在任何时候都有着一种难以克制的厌恶,出于特别考虑的原因对某一个人因为他是评论家就加以照顾。随着时间的推移,这几乎已形成一种僵化生硬的做法了,它为我整个一生招惹来大部分的新闻界的闻所未闻的纠缠和折磨。但现在这种可憎的东西还不是特别那么强烈,因为那时在德累斯顿新闻界还不是那么有影响,很少有人从德累斯顿为外地的报纸写文章,另外,当地的艺术事件也很少引人注意,这当然对我又并不是有利的。这样以来我的成功所引起的令人不愉快的一面根本就没有触动我,在一段不长的时间里我觉得在我的一生里第一次也是唯一的一次感到舒心惬意,这使我错误地认为我的所有生活苦难完全变成了一片美好。

我的成功所引起的另外一些并且是迄今一直没有考虑到的事件很快以令人惊奇的方式发生了。当然这很少涉及物质上的利益,因为这次我得到300古尔盾,这笔报酬是总经理作为稿酬例外付给我的,通常只是20个路易斯金币。想把我的歌剧卖一个好价钱给一个出版商,我没有这种奢望,因为它在另外一些著名的城市演出之前,是办不到的。是命运使然吧,王家音乐指挥拉斯特莱里的猝死——就在头几场演出之后不久——突然就空出了一个职位,立刻有许多双眼睛就望向了我。

在商谈持续的期间,总经理对我的才能做出了几乎是狂热的证明。《漂泊的荷兰人》的首演根本得不到柏林剧院的关注,可德累斯顿却对这个荣誉给予了肯定。因为柏林剧院方面不会对我进行阻挠,我非常愿意把我最新的作品同样交给德累斯顿剧院。由于找不到男高音主角,也指望不上梯沙舍克的帮忙,于是我更多地得求助于施罗德-德弗林特的有力协助,因为这次她被定为女主角,这个角色比她在《黎恩济》中的更为合适。我能把希望完全只寄托在她身上太好了,由于她在《黎恩济》的成功上所占的分量不够重,她对我抱有怨言。我努力去做这件事,向她指出我的作品在另一方面的十分不利的夸张成分,这是由于我径直地强迫当时卓越的,但业已有些身体欠佳并从任何方面考虑不适合承担我的任务的男低音维希特尔担任了男主角,没有去考虑他本人对此的正当异议。事实上这位受到我高度敬重的女艺术家,当我把我的台本交给她时,她对饰演森塔这一角色极感兴趣,这使我十分满意;在研读森塔这个角色的时间里,我十分频繁地与她交往。我对处于完全独特环境下的这个不平凡的女人的性格和命运怀有严肃的个人同情,这段时间成为我生平中最为激动和极有教益的一段时间。

这位伟大的女艺术家对我十分恼火，因为我为德累斯顿写了一部如此辉煌的作品，如《黎恩济》，却没有为她量身定制出一个女主角。这种不满更由于当时她探望在此地逗留的享有名望的母亲索菲·施罗德而变本加厉和激动不已，尽管如此她的宽大胸怀还是克制了这种地方主义的倾向。她承认我是一个"天才"，并对我表示特别信任，她认为这种信任只能给予一个天才。如果说这种信任对我来说很快就表现出它的值得忧虑的一面——因为她在发生不愉快的事情时，在她的心里把我当成她的知情人和出谋划策者——可首先却是这样的情形：她在大庭广众中用极为讨好的方式公开地承认她是我的女友。

我先是陪她一道去莱比锡旅行，她在那儿为她的母亲举行一次大型的音乐会，她把《黎恩济》中的阿德里亚诺咏叹调和黎恩济的祈祷（由梯沙舍克演唱）安排在节目单上，并由我亲自指导演出，她相信这样会使音乐会格外吸引人。与她友好的门德尔松也被拖来参加这次音乐会，他演出他那时的新作：《卢依-布拉斯序曲》。借这次在莱比锡的机会，是在令人激动的第二天，我才与这个人有了第一次近距离的接触，此前我与他交往只限于几次完全无关紧要的拜访上。在我的姐夫弗里德里希·布洛克豪斯家里，门德尔松为施罗德-德弗林特演唱大量的舒伯特歌曲进行了伴奏。我观察到一种独特的不安和激动，门德尔松当时的荣誉和影响正如日中天，他这个依然一直是年轻的大师怀着激动在观察我，或者不如说是在琢磨我。我清楚地看得出来，他对一次歌剧的成功，并不怎么看重，在他的眼里我无疑是属于那类他并不重视和不愿与之打交道的音乐家。然而恰恰是这种成功引起了他的某种惊奇。门德尔松长时间以来不想别的，就想创作一部成功的歌剧。在他还没有做到之前，恰恰是这样一种成功却以笨拙的方式，借助一种他认为完全有理由看作不好的音乐，意想不到地出现在他的面前。或许这令他感到气恼。而他认为是天才的和对他殷勤有加的施罗德-德弗林特却那么昭然和大声地为我忙前忙后,这也使他感到不快。当门德尔松通过一种十分引人注目的言词向我径直粗暴地表明这样一种意思时,这一切在我的意识里就逐渐地明确了。在一次共同的音乐会排练之后,我陪他返家并十分热情地谈论起音乐时,这位一向寡言少语的人极为激动而迫不及待地打断我,讲了一通,说音乐只能激发坏的东西,它不仅有好的而且也有恶劣的特性,就像嫉妒这样的东西,它比所有其他的艺术都要强烈。我羞愧得满面通红。他的这番言辞该是对我有感而发的,我知道我完全无辜,因为我作为一个青年音乐家也从来没有想在我的能力和成绩上与门德尔松相比,一丁点儿也没有过。但奇怪的是他恰恰在这次音乐会上不去炫耀自己,不想表现出与我做任何比较的意思。他的《赫布里底群岛序曲》的演出与我的两首歌剧咏叹调放在一起,我大可以不必羞愧地站在他的一侧,因为我们的成就之间的距离遥远得根本无法相比。但是他选择《卢依-布拉斯序曲》表明了他的一种意图,借这机会表明他在歌剧音乐这个类型上也能运用自如,使他的作品取得同样的效果。显然这部序曲是为巴黎听众准备的,率直的罗伯特·舒曼在这部作品演出后走向乐队并向他露出善意的微笑,表达他对这首“轻快的乐队作品”的惊奇,这令门德尔松显得十分意外。但这里为了尊重事实应当提的是,不论是他还是我都没有在这个晚上获得成功。年迈的索菲·施罗德朗诵了毕尔格的《莱诺雷》,她给人留下的巨大印象使我们显得相形见绌。如果此前当地的报刊都责备她的女儿,说她借助她母亲这些音乐上而实际上与音乐没有多大关系的新玩意,以不适当的方式引诱莱比锡的观众参加一种义演,那我们这些音乐界的救助者的救助者在听由这位几乎老得没牙的女人用令人惊讶的美感和高贵朗诵毕尔格的诗时,就像是一群真正懒散的骗子了。我在这很少的几天里所经历的，有许多可思可想的东西，对我是这样，对某些人也是如此。

在同一年的12月我与施罗德-德弗林特又共同做了一次旅行，这次是前往柏林。这位女艺术家应邀去参加一次大型的宫廷音乐会，而我是要与总监居斯特纳尔就《漂泊的荷兰人》进行磋商。我个人的事情没有取得任何成果，可这次在柏林的短暂停留却使我产生了一种特殊的兴趣，这就是与弗朗茨李斯特的会面，这次会面的后果有着无可比拟的重大意义。事情发生在特殊的环境里，使他和我都陷入一种异样的尴尬境地，这是由于施罗德-德弗林特的挑战性的脾气用一种傲慢的方式而造成的局面。

此前我曾有机会向我的这位保护人谈起过我与李斯特早期的一次会面，那是我在巴黎停留充满苦难的第二个冬天，那时我正通过为施莱辛格的辛苦工作来养家度日和幸运地保护了自己。有一天一直关怀我的劳伯告诉我一个消息，说李斯特将前来巴黎，他在德国曾与李斯特谈起了我并向他做了介绍。因此我不要错过这个机会去拜访他，因为李斯特是“大度”的，他肯定知道如何帮助我。当我知道他抵达时，我就到他住的饭店请求接见。那是一个很早的上午，我被通报并且在客厅里先遇到几位陌生的先生，一段时间之后李斯特身穿便装也来到这些先生中间，他友好和健谈。我无法参加他们用法语进行的交谈，他们在谈论李斯特最近这次在匈牙利的音乐之旅。我听了一会儿，感到乏味，到最后李斯特友好地问起了我，他能为我做些什么。他好像记不起劳伯的介绍了。我对他的询问所能做的答复就是表达出我与他结识的愿望，他对此好像没有什么反对，并向我表示，他不会忘记首先为我提供一张他即将举行的一场大型早场演出的入场券。我的整个企图，即与他进行一次关于艺术的谈话，能做的就是问了一个问题：李斯特除了舒伯特的《魔王》之外是否知道吕沃谱写了一首《魔王》。他对这个问题做了否定的回答，随之我的这种相当拘束的企图就破灭了。我递上我的住址，这次拜访也就告终，不久我就从他的秘书伯洛尼那里收到了一张在艾拉德大厅由大师本人独自举行的一场音乐会的门票。我来到了拥挤的沙龙，向台上望去，上面有一架羽管键琴，台下是巴黎女性世界的头面人物，她们怀着炽烈的热情，称颂这位令世界为之惊愕的演奏大师。我听了好多首他的极度精彩的作品，如《恶魔罗伯特幻想曲》，我得到的印象除了昏眩之外没有别的。这是我从一条违反我的内在天性的歧路彻底转向的时刻，我怀着默默的辛酸平静而决然地离开这条路。这样我就成了唯一一个能恰如其分对这个人物表达出尊敬的人，恰恰此时在白天的明亮阳光中他光华四射，而我从这个白天转向黑夜。我再没有去拜访李斯特。

正如我说过的，我曾偶尔把这件事讲给施罗德-德弗林特听过。但这个女人却以特殊的兴趣把它记住了，因为我在她那儿遇到的是艺术家相互嫉妒的弱点。李斯特同样是应普鲁士国王的邀请前来参加这次大型的宫廷音乐会，在第一次与他见面时，李斯特就以巨大的关注向她询及了《黎恩济》的成功。她随即便注意到了，李斯特根本就不知道《黎恩济》的作曲者是何许人，于是她立即就以一种独特的幸灾乐祸的心情对他的缺乏眼力的弱点大加斥责，因为他现在怀着极大兴趣询及的作曲家正是他不久前在巴黎用“傲慢态度予以排斥”的穷苦音乐家。她兴高采烈地向我讲述了这件事，这令我感到极度的不安，我觉得有必要立即消除我从前的故事给她留下的印象。当我们在她的房间里正谈论这件事时，这时从邻室里突然传来了《唐娜-安娜》中的复仇咏叹调中著名的一个男低音经过句——是在钢琴上用八度音程快速弹出的——这打断了我们的谈话。“这就是他本人弹的。”她叫了起来。李斯特走了进来，他是来接女歌唱家去参加音乐会排练的。她怀着一种恶作剧的乐趣，把我作为《黎恩济》的作曲者介绍给他，这使我太难为情了。这个他希望认识的人正是此前他在巴黎遭过拒绝的人。我极其严肃地证明，我的女保护人出于玩笑歪曲了我对她讲述的从前拜访李斯特的事情，这显然使他安下心来，另一方面他对这位狂热的女艺术家也是有所了解。他承认他记不起我在巴黎对他的拜访，尽管如此这件事令他感到痛苦，并吃惊地体会到了，任何一个人都有理由对他所受到这样恶劣的待遇进行抱怨的。李斯特用这种言之拳拳的朴素语言谈及了他对我的误解，这给我留下一种异乎寻常的好感和有益的印象，与这位无所顾忌的女人肆意取笑形成了对照。他的态度就是试图去化解她的不留情面的嘲弄式的攻击，这些态度令我感到新奇并使我对他的可亲可敬和无可比拟的人性有了一种深切的理解。到最后她扯到了他不久前从昆尼希堡大学得到的博士头衔一事，她故意把它与一个"药剂师"混淆起来。李斯特终于拱手投降，面对她的嘲笑的攻击声称他完全无法抵御，只能乞求宽恕。他转向我，亲切地对我做出保证，他还要找机会听《黎恩济》并无论如何要向我好好地谈谈他的看法，若是他的直到现在的华盖运允许他的话。之后我们这次会面就这样分手了。在每句话和每一个表现上所流露出的几乎是单纯和朴实的印象都给我留下的是难以磨灭的、每个人也都从这里所描述的李斯特的特点得出的印象，借助这种印象我才能够第一次解释出李斯特能使每一个接近他的人所感受的魅力，迄今我对其原因抱有一种错误的看法，而现在我才真正地清楚了。

到莱比锡和到柏林的两次旅行只是短暂地中断了我们在家里用在《漂泊的荷兰人》的研读时间。我首要的就是在于使施罗德-德弗林特能对她的任务保持热烈的兴趣，因为我感觉到，在其他角色软弱不力的情况下我只能期待她了，只有她才能相应地再现我的作品的一种精神。除此她真的适合饰演森塔这个角色，在这同一时间，她所处的特殊境遇对这个热情女人起了一种异乎寻常的激励作用。作为她的一个信任的人，我知道她正准备中断与一个十分庄重的、她爱慕的、非常年轻的男人迄今一直培育的多年的爱情关系。这个年轻人叫缪勒，是前文化部长的儿子，当时王家卫队的少尉。她这样做是想快速地与另一个建立起联系，而此人却很少有值得称道之处。这个新选中的人是她在柏林结识的闵希豪森先生，同样的年轻、高大和修长，这是我在与我的女友交往的过程中从她本人那里了解到的。她在这个机会所给予我的高度信任，使我感到她不必为她受折磨的良心而有所畏惧：她知道，她认真爱过缪勒——此人因其良好的品性也成为我的朋友——她现在在毫无理由的借口下中断关系会使她受到不忠的责难。她似乎也必须斩截地说，这个新入选者对她毫无价值，只是出于轻浮和利己的意图才把他吸引来的。她也知道，没有人，特别是那些并非经常关心她的老朋友不会赞同她的行为，她真诚地向我做了解释，她对我的信任使她觉得有必要这样做，因为她把我看作一个天才，我会理解她这种违反本性的做法。这当然令我感到一种非常独特的愉快。她的倾向和这件事本身使我十分反感，但使我惊奇的是我却不可以不承认，这种令我高度厌恶的欲望竟以一种如此强大的力量攫住了这个少有的女人，使我不能不对她怀有某种同情，甚至是一种严肃的关心。她苍白憔悴和心烦意乱，几乎不进食，处于一种生活中诸种力量的过度张力之间，这使我不得不相信，她正面对的是一种致命的沉疴。长时间以来她都难以成眠，当我带着我的不幸的《漂泊的荷兰人》到她那儿去时，我万分惊讶，认为去进行研读是绝无可能的了。但她却是紧紧抓住我不放，逼使我到钢琴旁弹奏，她一下子就陷入她的角色，像陷入死亡和毁灭一样。由于她在音乐的熟悉上有难度,只能借助经常不断的排练才能胜任她音乐上的任务。她热情地长时间唱个不止,这都使我担心地跳了起来,求她好好保护自己。于是她莞尔一笑,又指了指她的胸部,扭动她那依然还是姣好的身体,向我保证,没有什么能使她送命的。她的声音在这段时间也保持着一种青春的生气和持续的力量,这经常使我感到惊奇,我不得不诧异地承认,这种怪异的激情使"森塔"这一乏味的、卑劣的人物变得引人注目了。这个超度紧张起来的女人有着强大的毅力,使她不顾身体就在同一天同意进行首演的彩排,这另一方面是因为时间紧迫,和避免给我造成一种不利的拖延。

这次演出在新的一年(1843年)的1月2日进行。它的结果对我来说格外富有教益和使我以后的命运发生了一种决定性的转折。首先我从这次完全是不成功的演出中得到了教训:为了保证我的新作品的戏剧表演上取得相应的结果,需要深思熟虑,谨慎从事。我认识到,我或多或少是赞同这样的意见:我的总谱必须是清清楚楚、易于理解,我的歌唱家们必须做到使我满意。我的忠实的老朋友维希特,在亨利埃特·佐恩塔格时代是家喻户晓的"塞维尔理发师",正如我提到的,他从一开始就谦逊地持有另外一种观点。他饰演我剧中的强悍有力的、身受痛苦折磨的和阴森可怕的荷兰航海人的重要角色,可他完全缺少这样的能力,遗憾的比起施罗德-德弗林特,他在剧院的排练中投入得太迟了。这个身宽体胖得令人发愁的维希特,滚圆的面孔,他的手脚的怪动作——这使他的整个身体像是一个树墩子——使激情的"森塔"陷入了绝望。在一次排练第二幕那个巨大场景时,她应当像天使般对他进行一种高贵的安慰,宣告对他的拯救,可她却突然中断了排练,气急败坏地发起了脾气,对着我的耳朵说:"我一看到他那双葡萄干小眼睛,我该怎么办才好?上帝,瓦格纳,您这是又在搞些什么呀?"我尽可能地安慰她，我把希望暗暗地寄托在闵希豪森先生身上；他答应我这个晚上出现在剧场正厅的前排座位上，这样德弗林特就一定能看见他。尽管她在舞台上处于一种可怕的单调之中，我的这位伟大的女艺术家的出色才能与她在第二幕的演出激起了巨大的热情；在第一幕里令观众感到的只是维希特先生和那位里斯先生的一场乏味的交谈——这位里斯先生在《黎恩济》首演当天曾邀请我饮一杯美酒，然后是第三幕，在这一幕里乐队的极度喧闹并不能使波浪不兴的大海翻腾起来，没能使魔船极度小心地显现出来。这两幕使观众惊讶，我在《黎恩济》之后怎么能够上演这样一部完全平淡无华的、寒酸的和阴森森的作品，而在上演《黎恩济》时，每一幕里都有那么多的事件发生，梯沙舍克在每一幕都是一套新的服装，灿烂夺目。

施罗德-德弗林特不久就要离开德累斯顿较长一段时间，《漂泊的荷兰人》只演出了四场，越来越少的观众足够说明，我的这部作品不太符合德累斯顿人的胃口。经理部看到有必要为了使我的名声更好地保持下来，尽快再度上演《黎恩济》，我有必要思考这部歌剧的成功和《漂泊的荷兰人》的失败。我怀着一种奇怪的恐惧不得不对自己说，尽管我明显地看到《漂泊的荷兰人》表演上的极大不足，但《黎恩济》的成功实际上并不完全归于它的正确的和相应的表演。如果说维希特完全不能胜任《漂泊的荷兰人》中的任务的话，那我也不能隐瞒，梯沙舍克几乎同样程度在饰演《黎恩济》的角色上难说是令人满意的。这个角色表演上的极大错误和不足是我永远不会忘记的。黎恩济本性上的阴沉的恶魔般的气质，这是我在题材的关键处无误地要着力加以强调的，可梯沙舍克却连一瞬间也不会借过去突出他作为耀眼的男高音主人公的才能，一直到第四幕，黎恩济在受到革除的诅咒之后瘫软下来和在抒情的自怨自艾其不幸的遭际。他不顾我的设想：

黎恩济虽然陷入沉思,但应当看起来几乎像是一个雕塑,恰恰这一幕的结束的巨大效果应按着“他的理解”去演绎,警告我不要做任何改动。如果说我在考虑是什么使《黎恩济》获得成功,那这一方面基于经常是欢欣鼓舞的歌唱家们的辉煌的异乎寻常洪亮的嗓音,合唱队的非凡的效果和丰富多彩的戏剧场景。但我还要着重地指出一点,当我们把这部歌剧分成两部演出时,无论是从戏剧上还是音乐上,显然观看更重要的第二部的观众比看第一部要少,而且我清楚其原因何在。这就因为第一部分里有芭蕾舞。这部歌剧吸引人的场景还有一个更朴素的证明,它来自为看这次演出专程从莱比锡来此的我的好兄弟尤利乌斯。我与他坐在一个包厢里,整个观众都看得见我们,我请求他不要有任何鼓掌的表示,即使只是向歌唱家也不要;在整个晚上他都克制住鼓掌欢呼,只是在进行到一次芭蕾舞场景时他的热情失去了节制,竟对观众的欢呼狂暴地鼓起掌来并向我表示,他无法再克制下去了。值得注意的是,后来在柏林我这部受到冷遇的《黎恩济》同样是这场芭蕾舞的场景得到现在的普鲁士国王的持续的偏爱——他在多年之后还希望这部歌剧再度演出——尽管这场演出绝不是由于它的戏剧内容而得到观众的热情欢迎。在稍晚的时候,我出席了这部歌剧在达姆斯塔特的一次演出,我发现这部作品中的最好部分以闻所未闻的方式压缩了。可这场芭蕾舞都加以重复和延长了。但芭蕾音乐——这是我从前在里加准备逃亡的日子里用几天的时间拼凑出来的,当时毫无创作激情可言——有着十分明显的弱点,使我在德累斯顿那段日子里感到羞愧,特别是因此我不得不压缩掉剧中的最好的部分,即悲剧性的哑剧。因为在德累斯顿根本没有舞蹈设计来满足我在古代竞赛和富有意义的严肃的轮舞的要求——如后来在柏林演出时的那样——我就只能屈辱地满足于让两个小舞蹈演员跳一段时间愚蠢的 pas①，但最终一队士兵出场，他们用盾牌在他们头上搭拼成一个屋顶，以便使人想到这是古罗马的 testudo②，跳芭蕾舞的演员借助它的帮助，身穿肉色的紧身衣跳上盾牌搭成的房顶，做几次倒立动作，按着他们的想法，这象征着古罗马角斗士的战斗。就是在这个时候整个剧院响起了雷鸣般的掌声，我只能对自己说，每当这个瞬间出现时，我便得到了成功的桂冠。

在我的内心向往和我的表面上的成功之间产生的独具特点的相互背离，以这种形式出现了，我感到它越来越充满了不祥的预感。在另一方面我发现自己受逼于环境的异样优渥，通过接受德累斯顿乐队指挥的职位会把我的命运带到一个充满灾难的方向，如我在结婚时所发生的那样。这方面的商谈我从一开始就抱着一种迟疑不决的冷淡态度，这种冷淡绝不是装腔作势。我对剧院的蔑视是全面的，这种蔑视通过我对那些表面高贵的宫廷戏院、监督的详细了解丝毫没有减少，它们的使命仿佛就是用盲目的无知华丽去掩饰现代戏剧倾向的耻辱。25 年来一个世所公认的不学无术和粗俗鄙陋的人领导着德累斯顿宫廷剧院和它的乐队。关于此人的这两种特性流传有大量的逸闻，只要与他有少许的事业上或社交上的往来那就足够惊奇地感到，一个有教养的君主通过这样一个人怎么能与一个艺术机构保持接触呢。这一点几乎只能这样来解释：这个君主本人缺乏真正的教养，即是说他对艺术的轻视。这样人们也就可以知道了，要君主对他的监督的无知和粗野做出判断发出警告完全是不可想象的。因此恰恰是在处理敏感的艺术中的细腻和温情的领域里处于主宰地位的是专横，它毫不逊于野蛮的俄罗

① pas：法语，舞步。

② testudo：拉丁文，本意是龟甲，这里指古罗马攻城用的龟形掩护工具。

斯专制独裁。在这样环境里，剧院里每个成员身上的全部更高尚的冲动都在这种方式下被扼杀了，到最终只有一个最空虚和最轻浮的兴趣的综合体借助一种僵化得可笑的官僚主义的机构保持了下来。这样我现在就更有把握地认识到，在我必须与剧院打交道时要遇到的那些我所能想象到最最令人厌恶的东西。恰恰现在在德累斯顿由于我前面提到的腊斯特莱里的死亡而出现了一种诱惑，它要使我对我内心不忠，但我立即向我的老朋友们发声明，我没有想到去接受这个腾出来的职位。

但所有能动摇一个人决定的一切都联合起来反对这个决定。通过获得一份持久可靠的薪俸来使我的生活状况得到保证，这首先就有着暴君般的吸引力。我通过我作为歌剧作曲家的成功与这种诱惑进行抗争，我希望这至少给我带来足够的收入，有两间住房，生活上的要求不高，能不受干扰地进行新的创作就可以了。可恰恰是因为我的创作问题，人们反驳我，说我有一个固定的事务不会太忙的职位会比以往更好地促进我的创作，从完成《漂泊的荷兰人》之后，我已经有一年多没有休息只是工作了。我坚决不让步，称接受已死去的腊斯特莱里的音乐指挥职位之下的乐队指挥一职从任何角度来讲都有损于我的尊严。我对此不予回应，并借此使总经理部另去物色他人。这样不需再谈论这个职位的任命问题了，但就此期间我得知，此前不久由于乐队指挥莫尔拉奇之死又空出了一个王家乐队指挥的职位，可以期待的是，国王倾向于我，认定由我来担任这个空缺。在德国，尤其是在王国的都城，这是一件极为重大的事情，由一个德国音乐家终身担任一个王家的职务，这是他所能得到的最高的尘世幸福，是一个辉煌灿烂的“金饭碗”。这个前景出现了，它开始使我善良的妻子高度激动起来。为了恢复此前一些不熟悉的交际，我在某些方面开始着手进行一些友好和愉快的接触。过上好的生活，无家可归的人所渴望的那种温暖，在极受尊敬的王国保护下的安居乐业，这都是在流离颠沛时刻中所痛苦追求的安定无虞的幸福，这样的思想占了上风。最后是卡尔·玛利亚·封·韦伯的未亡人卡罗琳对我的心情的改变起了重大的作用，卡罗琳是活跃的和可亲的，我现在经常在她的家中露面，通过与她的交往唤起了对我一直衷心喜爱的大师的生动回忆，这对我特别有吸引力。卡罗琳怀着真挚的情感叫我不要抗拒命运的意义重大的眷顾。她有一个理由要求我留在德累斯顿接受她的丈夫死去所留出的空缺"您想一想，"她对我说，"当我不得不告诉韦伯，他的那部用生命培育出的作品现在竟变得一片荒芜，那我还有什么脸面九泉下再见到他；您想一想，当我现在看到那个懒惰的腊依辛格站在充满活力的韦伯曾站立的地方，我该是一种什么样的心情；当我听到他的歌剧一年比一年无聊乏味地演出时，我是什么样的感受。如果您爱韦伯的话，为怀念他您就有义务站到他的位置上，使他的作品继续演下去"。就是在谈及这件事的实际的一面，这个生活阅历丰富的女人也说得头头是道。有件事她说到我的心里去了，这就是想到我的妻子的生活保证，如果我突然死去的话，接受职位会提供给她足够的赡养费用。

可比起所有这些实际的理性的和重大的事情，更多的是我本人的考虑，这就是我生活中没有一个时刻不存在的狂热的信念：把可能性变成现实。因为，不管命运把我导向何处，我现在在德累斯顿找到了一个地点，从这里那种习惯的东西开始转向，那种前所未闻的东西进入生活。到最终需要一个热心奋斗的人出场，如果他幸运的话，那就能使荒芜再生，能施加真正高尚的影响，能使处于耻辱束缚中的艺术得到解救。为我命运带来如此之快的转折必定使这样一种信念得到营养，我内心的这种值得注意的变化确实对我起了诱惑的作用，总经理吕梯绍先生的整个态度促进了我的这种变化。这个奇怪的人向我表示出一种此前没有人从他那儿得到过的热情，对他个人的善意，就是在我后来与他不断发生不和的时期里，我依然没有半点怀疑。尽管如此这项决定以一种令人意外的方式宣布了：1843 年 2 月 2 日我被极为亲切地邀请进入总监的办公室，在那儿看到王家乐队的主管人员，吕梯绍先生在这些人中间，他让剧院秘书、我难以忘怀的朋友温克勒对我十分庄重地宣读一项王国的公告，我立即被任命为国王陛下的乐队长，终生享有 1500 塔勒年金。吕梯绍先生随后相当庄重地讲了话，他认为我应当对国王的恩宠表示谢恩。在这次隆重的仪式中令我难忘的是，大家都曾就我的这么高的薪俸的可能缩减一事进行过磋商，以及甚至附加在韦伯身上的条件，即他拥有王家音乐指导的头衔的一年试用期，而我是一个极端的例外，这一切都免去了。我的新同事们立即向我表示祝贺，吕梯绍先生边愉快的交谈边陪我一直到我的家门口，一回到家我扑到我那高兴得头昏脑涨的可怜妻子的怀里，这都使我觉察出来，我的表情现在就已经在庆贺我自己当上了王家乐队队长了。

在一次隆重的会上，我作为王国的一个仆人宣了誓并由王国的总经理把我介绍给乐队全体人员，说了几句热情的话，随之在几天之后我受到国王的接见。当我看到国王是那么亲切、友好和朴素时，我不由自主地想起我青年时代所构思的那首以《弗里德里希和自由》为题的政治性的序曲。当国王表示他对我在德累斯顿上演的两部作品感到满意时，有些拘谨的谈话开始活跃起来。如果说他流露出了某种愿望的话，那就是他用亲切的犹豫态度所表达出的：我的音乐剧中的个别人物应更清晰地突现出来。他认为，好像《黎恩济》中的民众、《漂泊的荷兰人》中的大海这样的成分都起了不利的影响。我觉得我好像十分理解他的意思，我真的高兴他的这种表示以及他的严肃的关切，这是他的天才的判断。除此他预先向我告罪，如果他不能经常地去看我的歌剧的话，因为这纯粹是与他向来对到剧院看演出怀着一种特有的反感相关。遗憾的是由于他的教育的一种原则而造成的，根据这个原则他和他的兄弟约翰——他也同样——长期被迫定期在剧院观看演出，可他不愿意，正确地说，他宁愿远离开这种礼仪，而去做自己愿意去做的事情。此后不久我就得知，作为宫廷朝臣精神的一种标志的特征，吕梯绍先生——他在我受到接见时只能在前厅等候——对持续这么长时间的等待大发牢骚。在这一年的过程中我还有两次机会与善良的国王接触和进行一次谈话：一次我把我的《黎恩济》钢琴改编曲的一册奉献给国王；第二次，我成功地改编和上演了他特别喜爱的格吕克的歌剧《伊菲格涅亚在奥利斯》，因此极为亲切和友好地被他留了下来共同散步，并为我的工作向我表示祝贺。

随着国王的那次接见，无论怎么说，我为如此之快迈上的德累斯顿幸运之路已经达到了顶峰，从现在起忧愁又以各式各样的形象出现了。我很快就看到了我所处的物质状况上的困难，可以想象，我迄今所获得的和通过我的职位所得到的益处与我自从独立谋生以来所能做出的牺牲和所尽的义务是无法相称的。那个从里加完全消失的年轻音乐家突然成为萨克森王国的乐队长，他令人诧异地重生了。我的幸运引起了广泛的注意，其后果就是咄咄逼人的警告和威胁性的追踪，首先是来自昆尼希堡的那些债权人，我在里加借助那次苦难和沉重的逃亡才摆脱掉了他们。除此之外还有那些来自某地出于某时自认为有理向我提出某种要求的人，甚至也有些是来自我大学和中学时代。这使我有时不得不惊奇地喊叫起来，我在估计，还会收到我的奶娘喂我奶时的一份账单呢。当然这一切涉及的数额并不大，我要着重提及的是那个恶毒的谈及我当时负债累累的谣言。它有时传播得很广，如我晚年所知道的，说我从施罗德-德弗林特夫人那里借来了要付利息的1000塔勒，用这笔钱不仅还清了这些债务，而且也完全偿还了吉茨在我在巴黎的苦难岁月里无偿给予我的帮助，此外，甚至对这个朋友显示出了我的慷慨大度。只是我从哪弄到这笔钱？因为迄今我的处境一直是十分拮据，这都使我不得不催促施罗德-德弗林特设法去加快《漂泊的荷兰人》的演出，并强调这十分重要，因为这样我就能得到一笔酬劳。我要搬家，找一处必须与一个王国乐队长的级别相称的住房，这需要一笔钱，甚至还要置一套可笑却是昂贵的宫廷制服。没有任何补助，得不到没有利息的贷款，因为我一无所有，这些都茫无头绪，不知怎么办才好。谁若是听到了《黎恩济》在德累斯顿取得极大的成功，那他就不会不相信，我的歌剧会很快在德国剧院广泛地演出，我的那些亲戚，尤其是善于思考的奥蒂丽，抱有坚定的信心，她认为我的歌剧至少会给我带来双倍的收入。事实上一开始就出现一个好的兆头，卡塞尔宫廷剧院以及里加的著名老剧院很快就预订了我的《漂泊的荷兰人》的总谱，那儿的人要看我的这部作品，并根据传闻认为这部歌剧比起《黎恩济》来不是那么庞大，布景也不是那么豪华。我在1843年5月也得到了这两个地方演出成功的好消息。但事情到现在也就止步了，在过去的整整一年里，再没有人向我提出预定我的歌剧总谱的要求了。试图出版《漂泊的荷兰人》钢琴改编曲以便得到一笔收入，这在莱比锡出版商哈尔德尔先生那里也碰了钉子，他虽然说准备出版我的歌剧，但前提是我放弃任何稿酬的要求。我之所以要只出版《漂泊的荷兰人》是因为《黎恩济》在取得广泛的成功之后无论从哪方面来看，我都要把它作为有利的资本保留下来。

这样以来我暂时只能满足于我的成功所带来的幻想了，再加上德累斯顿观众对我的喜爱，我的荣誉以及对我的关注。可即使如此我的这种美梦不久也受到了干扰。我认为从我在德累斯顿一登场，那儿的新闻界和评论界就开始了一个新纪元，我的成功激起了他们的恼怒，从此中他们获得了一种活力。两位我业已提到过的C.邦克先生和J.施拉德巴赫先生在那个时候刚在德累斯顿找到坚实的立脚之处。我知道邦克在搬迁时遇到了些困难，是在我的同事腊依辛格的支持和担保下才克服了的。如果说这些先生——他们在德累斯顿的报刊上写音乐评论——对我的《黎恩济》的成功就已经感到十分不快的话——这是因为我根本就没有做出取得他们好感的表示——那我这个受到普遍喜欢的年轻音乐家得到善意的观众关爱就更令他们感到恼火，他们把那腐蚀性的碱液泼向我。但令人惊讶的是我被任命为王家乐队长，于是某种人性的克制便一下都消失了：现在"我很好"，甚至是"非常好"；嫉妒找到了它最好的营养，有些东西被它咬坏了，这是肯定的也是可以理解的。不久，全德报纸都传布开来从德累斯顿传来的有关我的消息，它们的声音有一个基调，它一直到今天都没有改变，唯一例外是某种程度上的修正，那是在我作为一个政治逃亡者停留在瑞士期间出现的，在报纸上涂上了相应的色彩，但只是暂时的。可自从由于李斯特的努力的我的歌剧即使是在我流亡时期也在德国传布开来，在报纸上这种色彩很快就又都消失了。在德累斯顿演出之后立即有两个剧院预订了我的一部歌剧的总谱，这无论如何只能缘之于我的新闻记者们一直要加以妨碍的环境；对出现的这种需求的沉默，我以为这是由于报纸上登载的那些错误的和诽谤的文章起到的影响所致，这样的解释绝不是没有道理的。我的老朋友劳伯立即努力设法改善这个局面，他是一位著名的新闻记者。1843年新年一开始他接手了《时尚世界日报》的新编辑部，并要求我为他的报纸的第一号写一篇自传性的短文。他非常高兴地以这种方式凯旋般地把我介绍给文学界，为了更有效果，在他的报纸的这一期还附上由吉茨给我做的一张肖像石版画。可一段时间之后他自己变得忧心忡忡并对我的成就在判断上有了成见，因为他觉察到这种成就变得越来越少，被贬低和受到诽谤。他后来向我承认，他没有想到我当时陷入与整个新闻界作对的这种绝望的境地。因为他在这一点上认识了我的思想，于是他微笑地把我作为一个纯粹的失败者加以祝福。

但不久在我能直接施加新的影响范围的关系上就有了变化十分明显的氛围，它就又成了那些新闻倾向的极受欢迎的营养。我不会为任何形式的虚荣所左右，因此我不在乐队亲自去指挥我的作品。可我发现，乐队长腊依辛格在领导《黎恩济》的每一场演出时都是那么马马虎虎，而乐队全体都陷入一种明显的毫无表现力的拖拖拉拉时，我亲自领导了我的这部作品的第六场演出，因为这时我的任命就要下来了。我亲自指挥，此前没有一次排练，也没有觉得自己是德累斯顿乐队的头头。事情进行得好极了，歌唱家和乐队激发起了活力，一切都证明了，这是《黎恩济》最成功的一次演出。出于这个原因，《漂泊的荷兰人》的研读和指导都交给了我，因为音乐指导腊斯特莱里的死使腊依辛格的事务工作太忙了。此外，我也要去指挥一部外人的总谱，以此来直接证明我的能力，这就是指挥韦伯的《欧里安特》的演出。各方面都对此感到满意，韦伯的未亡人那么热心于我来接任德累斯顿乐队长的位置，就是要使这项演出符合韦伯的思想。她说，自从她的丈夫死后她第一次又听到了他的作品在正确的思想和在正确的速度上的演出。我的任命使腊依辛格受了伤害，他原本希望的是一个低于他的音乐指导，可现在却是一个与他地位一样的同事。即使他的天性疏懒，渴望安适倾向于与我友好相处，可他那爱好虚荣的妻子却提醒他对我戒备。但这从没有导致他那方面对我的公开的敌意，只是我从现在起觉察到了，在报纸上透露出的某些东西向我表明，我的这位朋友对我不再是那么和蔼可亲，此前他与我交谈从来都是热情诚恳的。

但突然间我引起了一个人极为炽烈的嫉妒,我从来没有想到他竟会如此,完全出乎我的意料。此人就是王家第一小提琴,那时很有名望的小提琴演奏家卡尔·里宾斯基,他多年来一直在德累斯顿担任此职。这是一个热情和有才能却十分爱慕虚荣的人,这种虚荣通过他的那种好动和多疑的波兰人性格而变得令人忧虑地毫无忌惮。我与他打交道经常是不得不忍受痛苦,他在小提琴的技术成就上起了很重要的作用,然而作为一个乐队的第一小提琴却是不利的。这个奇特的人总是竭力赢得总经理吕梯绍的赞赏而表现自己;他总是要比其他小提琴演奏员早一点进入,在节奏上扮演一个示范者的角色。可他经常超前,在音调的精细差异的地方随意而为,在应当微弱时却经常是狂热地尖厉起来。对此完全无法与这个人交谈,只能通过讨好的方法才能商量一下。我只能忍受,所能做的就是不得不做出友好表示来减弱他对乐队带来的伤害。尽管如此,只要我在指挥,他还是不能容忍。乐队取得出色的成绩,因为他看重的是,在他是第一小提琴的乐队里,取得出色成绩的是在于谁站在指挥台上。当有着新的想法的新头头被任命时,乐队的成员把那些繁杂的、直到今天没有完成的任务的解决寄希望于我,这是很自然的。里宾斯基利用了这时出现的一个特殊情况,他对此的恼火很快就导致一种独特的背叛行为。一个年纪最大的低音大提琴手去世了。里宾斯基催促我关心这件事,要我不要按通常的做法从乐师们中间选人接替,而是由他向我提出的一个重要的演奏家室内乐师缪勒担任。那位首先由于这样做法而受到威胁的乐师来找我,要我维护他的按资历提拔的权利。可我依然忠实于我对里宾斯基做出的诺言,并表示出对这种按资历提拔做法的忧虑,为忠于我对国王做出的誓言,我认为首要的是维护这个机构的艺术上的利益。但很快令我感到极大惊讶的是,整个乐队像一个人一样反对起我来。当在我和里宾斯基之间就他对我提出的众多的指责而引起一场争论时，他也真的向我发难，说我在低音提琴演奏员的事情上的做法威胁了乐队成员的正当权利，我们本应父亲般地关心他们的利益。要远离德累斯顿一段时间的吕梯绍先生，也因腊依辛格正在度假，对音乐事务上陷入如此严重的不和感到极为不安。这种虚伪和无耻是我前所未经历过的，它使我豁然开朗。我立即安静下来，向忧心忡忡的总经理做出诚恳的保证，我知道我是在同谁打交道了，此后我不再让他操心担忧了。我忠实地履行我的诺言，再没有陷入与里宾斯基或任何一位乐队成员间的冲突，全体乐师不久便也长时间对我怀有好感，我在任何时刻都能为他们的忠诚感到骄傲了。

可从这一天起有一件事情我同样清楚了：我不会为做德累斯顿的乐队长而死。从现在起我的职务和我在德累斯顿的整个活动成了我的负担，它通过我取得的一些个别的，有时确也是美好的成果使我只是感受得越来越清楚。

命运通过这次任命给我带来了一个唯一的朋友，他与我的亲密的关系和在德累斯顿共同的音乐活动一直在持续下去。除了两位乐队长还要任命一位音乐指导。这要的并不是一个负有声望的音乐家，一个有才干的和顺从的人，首要的是一个天主教徒，因为两个乐队指挥都是新教徒，这已经引起了天主教的宫廷教堂领导机构的不满，因为王家乐队在宫廷教堂里要举行无数的活动。胡迈尔的侄儿奥古斯特·吕克尔从魏玛来谋求这个空缺的职位，他符合了这个要求。他出生于巴伐利亚的一个老式家族，父亲是一个歌唱家，《费岱里奥》首演时在贝多芬面前饰演了弗洛雷斯坦这个角色，并且与大师本人保持着长期的友好往来，就是通过他，人们才了解了贝多芬的一些不为人所知的特点。他后来成了一名歌唱教师，也参与过剧院的领导。他是第一个在巴黎人面前演出一部德国歌剧的人，而且饰演的是一个极为幸运的形象，法国观众借助《费岱里奥》和《神弹射手》的巨大影响而熟悉了他们此前还一无所知的德国歌剧。这要归功于他的努力，施罗德-德弗林特也是通过他的这些活动才为巴黎人所熟知。在这次和在类似的活动中，当时还十分年轻的奥古斯特参与其中，并很早就成了一个身体力行的音乐家了。他父亲的活动也长时期延伸英国，奥古斯特通过多方面与人合作而增长了许多实际的经验，也通晓法语和英语；他对音乐的爱好决定他选择的生活方向，他在音乐上所表现的一种巨大和轻松的能力有理由也使他对成功抱有极大的希望。他钢琴弹奏得十分出色，能快速地阅读总谱，有十分敏锐的听觉，这样就完全具备了一个实际音乐家的能力。在作曲方面创作的冲动比起强制性的创作要弱得多，这是要表明他也是有能力的，并试图看他能否借助顺利的创作为他带来成功。取得这样的成功，他与其被承认是一个重要的音乐家，毋宁说只是被看作一位机智的歌剧作家。怀着这样的倾向他完成一部歌剧《法里奈利》，他自己写了这个剧本，在这方面没有更高的要求，像他的姻兄洛尔青一样。他带着这份总谱也来找我，可他请求——这是他的第一次来访，那时他还没有在德累斯顿听到我的歌剧——我为他弹奏我的《黎恩济》和《漂泊的荷兰人》中的片段。他那坦率的友好的性格促使我尽力满足他的愿望，我很快就给了他一个十分深刻和意外强烈的印象，这都使他从这时起就决定不再用他的歌剧总谱来打扰我。直到我们成为朋友和彼此都相互关心之后，他才允许自己，出于对他的作品评估的需要，也仅是在一种友谊的意义上，把他的总谱交给了我。我给予他一些修改上的建议，但不久他自己的作品令他感到十分沮丧，使他不仅仅只是把作品扔在一边，而且决不再动手去做类似这样的事情了。在他更详细地熟悉了我完成的歌剧和新作品的草稿之后，他径直地向我声明，他感到他的任务就是关注我和忠实地帮助我，去理解我的新构思，尽全力去减少我职务上以及在与外界交往上所遇到的不快或完全地加以排除,省去自己去做可笑的事情:作为我的朋友在我的身边也去谱写歌剧。我虽然试图迫使他去好好利用他自己的能力去进行创作,并且我也提供给他很多题材,其中有一部小型的法国剧《克伦威尔的女儿》的素材,一个充满感情的乡村故事的题材,这是我在一本通俗读物中找到的,为了改编它我给他列出一个详细的计划。可我这些努力最终都成为徒劳,这大概表明他的创作力已经衰弱了。另一方面他的家庭情况变得格外困难和十分悲惨,这个可怜的人——他为养活一个妻子和经常是不断增加人口的家庭而奔波受苦——不久就以一种完全不同的方式激发起我的关心和我的同情,不再仅仅是关注他艺术上的发展了。他的思想异常开放,自学成才,知识渊博,阅历丰富,忠贞不渝,心地善良,不久就成为我不可缺少的朋友和同志。他过去是并也一直是了解我对周围世界所持立场的人,他也是唯一一个我能与之倾诉自己的忧虑和痛苦并能理解我的人。我们彼此的命运以这种方式给我们带来何等可怕的考验和经历,何等充满痛苦的忧愁,不久就会看到。

我在德累斯顿安下家来的初期还给我带来了一个忠实的终身朋友,虽然按他的性格而言对我此后的生活发展所起的作用并不是有很大的决定性。此人就是安东·普辛内里,一个年轻的医生,他就住在我的旁边;他通过与我有接触的德累斯顿歌曲俱乐部而结识了我,那是在这家俱乐部为我30岁的生日而举行的小夜曲音乐会上。他为人严肃,异乎寻常的亲切诚恳。不久就与我过从甚密,成为对我们关怀备至的家庭医生。在我困难日益增多的德累斯顿时期给予了我最有力的帮助,他的富足的财力使他有能力为我做出了巨大的牺牲。他为朋友竭心尽力,古道热肠。

我同德累斯顿社交圈子个人关系的扩展上的另一个值得提及的就

是与侍从官居内尔尼茨一家的交往,他的妻子玛丽亚·封·居内尔尼茨,娘家姓芬克,是伯爵夫人伊达·哈恩的一个女友,她对作为作曲家所取得的成功特别赞赏,几乎是怀着一种狂热般的忠诚。她的家经常吸引我前往,在她的家里我也与德累斯顿贵族圈子有了更多的接触,但这只是些表面上的交往,根本谈不到有真正的彼此吸引的地方。我在这里也认识了伯爵夫人罗茜,著名的佐恩塔克,令我感到真正惊奇的是我得到了她日益热烈的欢迎,这使我后期有机会在柏林接近这位夫人。后来她令我感到特别的失望,对此我还会加以详细地叙述。这儿我要提到的仅是,正如我在这个圈子里通过我早年的生活经验业已对这种假象有了相当的戒备心,我的那种接近她们的倾向很快由于出之这个圈子里的那完完全全的绝望和毫无生气而消失了。如果说居内尔尼茨夫妇在我生活在德累斯顿的年代里依然一直对我保持友好的话,那这种关系无论是对我的发展还是对我的职位都没有起到任何一点影响。只有吕梯绍先生强调说,在我与他之间出现危机的时刻,居内尔尼茨夫人通过她过度的吹捧而迷恋上我并抬高了我的地位,忘记了我是他的下属。可他忽视了,如果说在高贵的德累斯顿女界中有一个女人对我的内心骄傲能施加有力影响的话,那这个女人就是他自己的妻子伊达·封·吕梯绍,娘家姓克努伯尔斯道尔夫。这是一个有教养的、温柔的、高贵的女人,是我生活中接触到的这类女性中的佼佼者,如果我与她能够更经常和更密切的交往的话,那这种印象对我会有一种巨大的意义。这倒不是因为她是总经理先生夫人之故,而主要是她的经常多病和我的奇怪的反感,恰恰是在这样麻烦多事的环境里妨碍了我与她的进一步的交往。在我的回忆中一想起她就感到与想起我的姐姐罗莎莉有几分类似,我没有忘记一种柔弱的名利心促使我在这个感情细腻,在粗俗的环境中受疾病折磨的女人身上唤起对我的一种热心关怀。为了满足这种名利心,我的第一个希望就是赢得她对我的《漂泊的荷兰人》的关注,尽管在《黎恩济》之后德累斯顿观众对这部歌剧感到极为陌生。在我的这条新路上,她是我遇到的第一个逆潮流而动的人。这使我喜悦非凡,在我后来出版这部歌剧时,我把它题献给她。借助她我获得了对我的新发展和我最密切的艺术任务是怎样的热情关心,我将在我在德累斯顿年代后期发生的一些特殊事情中对此加以叙述。正如我已提到的,我与吕梯绍夫人的交往仅仅泛泛而已,我在德累斯顿的生活也并没有因为她而结交什么重要的人物。

与此相反,剧院方面的结交却以一种不可抗拒的急迫性拥到我生活的前台。自从我取得一些巨大的成功以来我也一直得益于这个舒适亲切的环境,我就是在这个环境里为我的这次成功做好了准备。除了我的老朋友海涅和费舍尔老爹还有梯沙舍克与他的那些奇怪的追随者。谁在那个时候生活在德累斯顿并偶尔认识了宫廷版画家富尔斯顿瑙,当他知道,我与梯沙舍克的这位知心好友的家庭交往竟是如此的密切;这种奇怪的交往有怎样的意义,人们从此中可以看到:我后来与他完全断绝往来恰恰是我在德累斯顿的公民地位完全坍塌之时。泛泛之交的圈子的扩大导致我愉快地接受了当选为歌曲俱乐部理事会的成员。这个理事会由一定数量的年轻的商人和公务员组成,他们似乎对任何形式的社交娱乐都比对音乐更感兴趣,可他们却是由吕伟教授,一个功名心很强的人,为了特殊的目的热心地聚拢在一起的。为了达到目的他需要一个像我当时在德累斯顿这样的权威。在这些目的之中,他首要的就是把卡尔·玛利亚的骨灰从伦敦移回德累斯顿。因为我对此事也非常关心,于是我乐于向这位功名心很强的教授伸出手来。但当务之急是,由在音乐上无足轻重的歌曲俱乐部牵头,把全萨克森男声歌唱协会召到德累斯顿,举行盛大的节庆演出。为了完成这个计划成立一个委员会，事情进展得很快，不久吕伟就把这个委员会组成了一个革命论坛，时间变得急迫，他作为主席夜以继日狂热地工作，我把他称之为“罗伯斯比尔”。虽然我也是这项活动的领导之一，可我幸运地从他的恐怖主义般的工作狂中抽身出来，因为我要完成我答应为这次节庆演出谱写的一首大型作品。分配给我的任务就是为男声写一首大型歌曲，演出的时间是半个小时。我考虑到单调得令人疲惫的男声歌唱即使是通过乐队也仅能带来少许的活力，只有借助应用戏剧性的主题才可以令人忍受。于是我设计了一个较大型的合唱场面，为此我把万圣节的圣餐同圣灵降临节一道加以描述，在整体上用这种方式，为这个目的所要求的那样，完全避开了独唱部分，仅仅有分成不同的合唱组。这样就产生了我的《使徒的爱的圣餐》，它在最近时期不时地演出；这部作品是我在一个限定的时间所提供的，因此我乐于把它归于应制类的乐曲之列。通过这部作品排练上的成功，我不无喜悦之情，在这些排练中德累斯顿男声合唱队只是在我个人领导下进行的。我的这部作品要在圣女教堂演出，为此有1200名男歌唱家从整个萨克森来到我的身边，令我感到惊讶的是所产生的效果却并不相称，我耳朵里充满的是这群人拥来挤去的嘈杂声，这乱成一团的音乐活动令我今后对类似的做法感到了极度的厌恶。

费了很大气力我成功地又摆脱了德累斯顿歌曲俱乐部的事情，我感到高兴的是我给吕伟教授带来了另一个功名心很强的人：费狄南·黑勒先生。我在与这个社团联系中完成的一件极为光彩的事情就是终于实现了韦伯骨灰的迁移。关于此事我稍后还要谈及。现在要考虑的是另一部应制乐曲，这是我作为王家乐队指挥得到的一个机会。这一年（1843年）的6月7日由里特舍尔领导为国王弗里德里希·奥古斯特纪念碑揭幕，在德累斯顿茨温格尔宫举行了演出，除门德尔松我承担了一部节庆歌曲的谱写以及音乐演出的领导。我写了一首简单的男声歌曲，而门德尔松则承担了复杂的任务，他谱写男声合唱还编纂一首《上帝拯救国王》，或用萨克森话来说，“祝你，头戴菱形王冠的国王万寿无疆”。他借助一部对位的艺术作品把它完成，从他的旋律的第一个八拍起一首铜管乐就同时奏起了盎格鲁撒克逊民歌。我的那首简朴的歌曲听起来像是来自遥远的地方，显得非常优美，相反地，我得知，这首由门德尔松大胆组合成的作品却完全没有起到好的效果。因为人们不明白，为什么在铜管乐奏起时歌手们不一齐唱起来。可本人在场的门德尔松却用文字表达了对我细心地安排他的作品演出的感谢之情，我也从节庆委员会方面得到了一个与我的男声歌曲的价值相称的一个金烟盒，令我惊喜的是在这个鼻烟盒上刻有一幅狩猎图，可是刻得太大意，好多地方的金属都刻破了。

我的生活状况有新的和强烈的变化，我必须从这类精力涣散的活动中振作起来，对我的成功的本质有更深刻的再认识。还在5月，在我30岁的生日那天，我完成了《维纳斯山》的剧本，那个时候我还把它题为《唐豪瑟》。对中世纪诗歌我在那个时候还没有达到真正有研究的程度：我对中世纪的诗歌艺术的了解还仅仅是出自我少年时代的回忆以及偶尔的随意浏览——那是在巴黎我通过莱尔斯的介绍而接触到的——总的说来还是一片模糊。我已经有了一个毕生的王家职位，家庭生活有了充分的持久的保障，这使我有可能重新拾起我迄今只是通过剧院生活和在巴黎年代由于生活困苦而中断了的研究。按照一个制定好的和能带来成果的计划进行这项工作对我有着很大的意义。我的这项研究通过我的正式职务而得到了加强，从没有因为剧院工作过多过重而受到影响，有关此事总经理处对我破例地加以照顾。只是在一两个月之前我在夏初得到了再次去泰布利茨休假的机会，我的妻子业已提前去了那里。

从去年起我高兴地感受到了生活状况的改善，我搬出那时对我已显得狭小的住房，迁入勋瑙的“橡树”。这次是六间宽敞的房间，感到舒适极了，我们邀请我的姐姐克拉拉前来做客；我那善良的母亲因为痛风每年都要来泰布利茨温泉治疗，这次她也与我们住在一起。我自己利用这段时间来享受矿泉水带来的益处，希望借此来治疗自巴黎时期就经常困扰我的下腹的疼痛。遗憾的是我感到这种治疗的效果正好相反；当我抱怨我产生的痛苦而激动不安时，我知道，我不需做这样一种泉水疗法：在我喝矿泉水期间，他们驱我早晨散步，快速地穿过邻近的图伦公园的林荫大道，并要我明白，这样一种疗法只有在极度舒适的休闲和极为快意的游荡才能起到好的效果。除此他们注意到，我总是带着一本相当厚的书，在一处寂静之地休息，身旁放着矿泉水的瓶子。这本书是雅可布·格林的《德国神话》。谁读过它，谁就会明白，它那异常丰富的、每一页都庞杂的，几乎只是对研究者有用的内容是如何令我激动，我渴求看到那些鲜明生动的形象。从一个沉没的世界中的断简残片中，我发现的是一个乱成一团的建筑物，在这个世界里几乎没有留下任何具有形象感的文物；这幢建筑一眼看来完全像是一个犬牙交错的悬崖绝壁，没有一页是完整的，有的只是类似建筑构造上的线条，我经常试着从中为自己建造点什么，毫无希望地白费力气。然而那些神奇的魔法却紧紧地迷住了我。极其简陋的传说令我感到无比的亲切，很快就攫住了我的想象力的全部情感。它在我身上越来越清晰可见，重新获得了一种早已逝去和总是一再寻找的意识。在我的灵魂前面不久就树立起了一个形象的世界，它们表现得是那么令人意外的栩栩如生和亲切熟稔。当我清楚地看到他们就在我的面前并在我的内心听到他们的语言时，我真的不能理解，这种几乎可触摸到的熟稔和他们言谈举止的准确性从何而来。我把这种成功归之于我内在的精神状态，它不是别的，是一种完整的新生，正如我们在孩子们身上看到他们接触到新奇的闪电般的知识时所感受到的心醉神迷的狂喜一样。我自己的目光为一种类似的东西而闪闪发亮，有如通过奇迹我认识了一个世界，此前我只盲目地预感到了，犹如母腹中的孩子一样。

这首先对我的创作意图起了作用，我草拟了一些《唐豪瑟》的音乐，没有特别有用的东西。我在"橡树"里摆放了一架钢琴，敲击了所有的琴弦，可没有搞出什么真正的东西。我费尽辛苦地设计了《维纳斯山》的开头音乐，幸运的是它的主导动机很早以前就已在我的头脑中成形了。相反的是我抱怨我激动不安和血往上涌，我想我是病了。整天躺在床上，读格林的德意志传奇故事，总是一再拾起那部令人不安的神话。当我终于想到我该到布拉格去做一次旅游以摆开这些烦恼时，我感到快乐了。在敞篷车里我与我的妻子经过了我与她曾一同登过的米里绍山，又一次下榻在可爱的"黑马"旅馆，看到了我们的老朋友吉特尔，他已经变得心宽体胖了。与他一道出游，这座古老的神奇的城市令我感到欢欣；我也高兴地得知，我的两位美丽的青年时代的女友耶妮·帕赫塔和奥古斯特·帕赫塔都已幸福地结婚，嫁给了高贵的贵族之家。我感到一切都是如此的精彩，于是我又踏上返回德累斯顿的归途，重新去做我的萨克森王家乐队长的工作。

这里要谈及迁入位于奥斯特拉林荫大道我的那幢宽大的住宅的布置和装饰的事情，从这幢房子可以很好地望到茨温格宫。一切都安排得有条不紊，凡是一个30岁的男人为他的全部生活所应有的一切都具备。因为我没有从任何方面得到任何补偿，我不得不贷款付息；我指望我的歌剧在德累斯顿成功，除了我尽快地得到一大笔收益，还有什么比这更自然的了？在我这所乐队长豪华的住宅里有三件主要的东西比任何其他物件都更为珍贵:一架布拉依克普夫——海尔特三角钢琴,这是我引为骄傲的私有财产。第二件是一个庄重的斜面写字台,它上面的折叠写字板,有着漂亮的哥特式的框架,写字板的第一面有个题图,是由彼得·科内留斯①绘的尼布龙人的图画,这个写字台现在归室内音乐家奥托·库麦尔所有——这是我保存至今唯一的一件。但主要的是我把我的房间变成了一个感到亲切的图书馆,这是我按照我先前制定的研究计划很快就系统地建成了的。这个图书馆在我的德累斯顿生活崩溃时以一种特殊的方式转移到了亨利希·布洛克豪斯先生手中,那时我欠他500塔勒,他提出要求以这个图书馆做抵押,我的妻子对此一无所知;我再也不可能从他那里收回我这些宝贵的藏书了。其中最为珍贵的是古老的德意志文学,首先是中世纪的,购置的某些宝贵的作品,如稀有的古老的小说《十二对》。相并列的有中世纪以及德意志民族的优秀的历史著作,但我同时也收集了各个时代和各种语言的诗歌和经典文学,其中有意大利诗人和莎士比亚以及法国人的原文作品。我急需熟悉它们,我希望我能找到足够的时间还能好好学习这些我疏忽的语言。希腊和罗马的东西我通过我们那些已变成经典的翻译著作可以很轻松地掌握,因为我已有一部荷马的附有希腊文的译本;除了我的乐队长事务之外,还有相当多的事要做,没有时间用来重新恢复我早年学习过的希腊语言的知识;此外,我要彻底地进行通史的研究,为此不能放弃那些多卷本的著作。我相信我克服了千辛万苦装备了我的职业和我的职位所需要的一切,在这一年的10月我心情愉快地迁入了我的即使不算是豪华但也是壮观和坚实的乐队长住宅,怀着这样一种希望:终于能过上长期和安适的家庭生活了。

① 彼得·科内留斯(1783—1867):德国画家。

除了我的职务上的事务和在我的新家中怀着极大的爱进行研究的乐趣之外，现在要做的第一件事就是谱写《唐豪瑟》，它的第一幕在1844年1月完成了。这个冬天我在德累斯顿的活动很少有什么留在记忆里，主要是两次外地演出成为标志性的了：第一次是新的一年开始时前往柏林参加我的《漂泊的荷兰人》的演出，第二次是稍后在3月前往汉堡演出我的《黎恩济》。

第一次演出留下的印象最为深刻。从柏林剧院总监居斯特纳尔那里得到的即将首演《漂泊的荷兰人》的消息令我感到意外的惊讶：因为差不多一年了，自歌剧院被烧以来还一直没有用来演出，我在安静地等待重新揭幕演出的时间，从没有因为我的歌剧而向柏林方面催促此事。由于我的作品在德累斯顿演出时出现舞台表演上的缺欠，并且因为我已认识到一场精心的和完美的演出对我的戏剧总体设想是何等的重要，我期望的是柏林歌剧院演出上杰出的周详考虑和准备工作，因此我对柏林歌剧院总监把我的歌剧也作为演出歌剧的柏林话剧院的替代品一事极为恼火。但提出的异议毫不起作用，因为他们并没有通知我，歌剧将会排练，而是它已经排练了并且第二天就要搬上舞台。这种安排当然表明我的歌剧只是在柏林上演的保留节目中的一个过渡现象而已，不会考虑到它以后在歌剧院会被重新演出的。在这件事上他们借助施罗德-德弗林特会参加《漂泊的荷兰人》演出来说服我，她此时正在柏林进行一次大型的做客演出。他们认为我看到这位伟大的艺术家的登台一定会高兴的。我也能对自己说，我的歌剧是施罗德-德弗林特的做客演出的“替代品”才被挑中的，因为她的保留节目使歌剧院处于一种尴尬境地，这都是所谓伟大的、为歌剧院保留备用的歌剧，也包括有麦耶贝尔的，为使新歌剧院有一个特别辉煌的前景，他们要把这些节目保留下来。由此我便认识到了我的《漂泊的荷兰人》是被柏林宫廷剧院列入乐队长歌剧那一类的，它的平庸的命运事先就已经决定了。对待我和我的作品都是与这种令人沮丧的做法相一致的，但考虑到施罗德-德弗林特的参加演出，我克制住我的这种令我厌恶的预感前往柏林，尽全力去使这次演出得到成功。我很早就认识到我的到场是十分必要的，在指挥台上我遇到乐队长海宁（或称海宁格尔），此人按照资历从极为普通的音乐家行列中升了上来，他对乐队的指挥所知很少，对我的歌剧就更没什么概念了。我自我介绍，走上了指挥台，指挥了彩排和两场演出，可施罗德-德弗林特并没有参加。这支乐队弦乐器弱些，这对乐队的声乐带来了不少伤害。却没有白费力气，演员的能力和他们的勤奋都令人满意，在极富才智的导演布鲁姆的领导与娴熟和极富幻想力的机械师们的合作下产生了极为愉快的惊人效果。

我极为好奇地想知道，这种使我感到如此令人鼓舞的安排，最终得以的演出对柏林观众会起怎样的影响。我在这方面感受到的十分奇特。显然对如此众多的观众来说，我在形式和方法上都是令他们感到不快的一个难题：在第一幕进行中间似乎已经看出了，我是属于那些乏味人之列的；没有人鼓掌，后来有人向我保证说，这是一种巨大的幸运，因为那种鼓掌的做法立即会被理解为那些人是花钱雇来的，会受到强烈的抵制。只有居斯特纳尔先生后来对我说，尽管幸运地缺少这样的掌声，他感到惊讶的是我在第一幕结束之后离开了乐队而走到舞台上露面。我自己对演出满意，即使没有掌声，我也不愿意放弃；但我知道，我的歌剧的决定性的效果是在第二幕呢，我心里更多考虑的是取得良好的结果而不是去琢磨柏林观众所持的这种态度的原因何在。事实上，在第二幕坚冰就被打破了；观众似乎不再考虑把我列入那些乏味人之列了，掌声起来了，到第二幕结束时爆发出雷鸣般的热情的掌声。我在暴风骤雨般的呼叫声中走到前台，与我的歌唱家们一道表示感谢。第三幕太短了，没有出现单调乏味的情况，舞台上的戏剧效果新奇、感人，在这部三幕歌剧结束时一再爆发出的掌声使我们只能相信我们得到的是一场真正的胜利。门德尔松在一个前台的包厢里观看了这场演出，他在那个时候在柏林与麦耶贝尔同时任音乐总监；他面色苍白地观察了整个过程，现在他走近我，带着一种泛泛的热情对我轻声说道："哟，您能满意了！"我在停留柏林这段时间多次去看望他，也在他那里度过了一个晚上，听了各种不同的室内乐；他除了询及第二场演出德弗林特或是其他人是否会登台之外，再没有谈过一句有关《漂泊的荷兰人》的话。相反地我也体会到了，他对我在提及他的《仲夏梦之夜》——这部作品那时正经常上演，而我是第一次听到——的音乐所表现出真正的热情，做出的反应是同样漠然处之，只是对饰演波顿的演员盖尔稍许深入地谈了些意见，他认为此人的表演过分了。

几天之后我指挥了第二场演出，演员的阵容是相同的。我在这个晚上所经历的，与前一天完全不同。显然我通过第一场的演出赢得的一些朋友又出席了这一场的演出，因为在序曲之后有人开始鼓掌了；但相反地却遭到了有力的嘘声，在整个晚上就没有人敢于再鼓掌表示欢迎了。我的老朋友海涅从德累斯顿来到此地，他是受经理部的委托为我们的剧院研究《仲夏夜之梦》的舞台设置的，他出席了第二场演出。他的一个亲戚邀请我在这次演出后在菩提树下大街的一家酒馆里共进晚餐。我精疲力竭地随他们进入一家恶劣的、照明很差的酒店里，喝了杯酒暖和一下身体，心情不佳，听我的好心朋友和他的陪伴者之间的尴尬般的交谈；我看到面前的几份今天出版的日报，它上面登载着对我的《漂泊的荷兰人》第一次演出的评论，随意地浏览起来。当我看到这种卑鄙的腔调和不知羞耻的无知时,感到一种锥心般的痛苦,这是它们第一次认识我的名字和我的作品。我们的这位柏林朋友是一个地道的小市民,他说,他已经知道今天剧院会发生什么样的事情,因为他在早晨就已读了这些评论,柏林人现在才等到了莱尔斯塔布和他的同伙所说的,他知道他会如何对待他们。这个奇怪的人想法要使我愉快起来,不断给我叫来各式各样的酒;我的朋友海涅在忆起我们德累斯顿人在演出《黎恩济》时的快乐。到最后我晕头晕脑,摇摇晃晃地由他们两人陪我回到家里。这时已是午夜了,仆役为我照亮了通向我房间的走廊,这时一个面色苍白的黑衣人迎向我走来,他说他希望与我交谈。他向我保证,从今天演出结束之后他就一直在等我,并下定决心,不管怎样都要与我交谈,所以一直等到现在。我向他告罪,现在说什么工作繁忙都不合适了,因为,正如他已注意到,显然我已经喝了太多的酒了。我结结巴巴地说了几句话,我无法拒绝这次奇怪拜访。他陪我到了我的房间,并解释说,恰恰是现在更有必要与我交谈。我们坐在冰冷的小屋里,烛光微弱,他十分流畅和紧迫地谈了起来,他说他也出席了今晚的《漂泊的荷兰人》的演出,并能很好地理解我对今天所经历到的是怎样一种心情,正因为如此他不管怎样他都要与我交谈,为的是告诉我,我写的《漂泊的荷兰人》是一部前所未有的杰作。如果我从今晚起由于柏林观众的卑鄙举动而丧失信心,哪怕是一点点,也是件坏事,他在今晚通过对这部作品的熟悉而看到德国艺术未来的一种新的和没有料到的希望。我的毛发突然竖立起来:一篇霍夫曼的幻想故事活生生地出现在我的生活里,我什么都没说,只是问了问他的名字,他对此感到惊讶,因为一天之前我在门德尔松那里与他已交谈过了。正是在那里我的谈话和我的态度引起了他的注意。他当时突然感到后悔,他对歌剧的反感而没有去看《漂泊的荷兰人》的第一次演出,并答应不会耽误看第二次演出；他是魏尔德[①]教授，我觉得无所谓，他得把他的名字写给我。我找到纸和墨水，他满足了我的希望，告别而去。随后我就迷迷糊糊地躺倒在床上，睡了一个好觉。翌日清晨我精力充沛，去拜访了施罗德-德弗林特，她答应出演下一场的《漂泊的荷兰人》。我收到了我的100杜卡顿酬劳，途经莱比锡返回德累斯顿。在莱比锡我用我的杜卡顿偿还我在德累斯顿初期为维持生活而向我亲戚所借的款项，以便重新支配我的那些图书，并思考魏尔德夜访给我留下的巨大印象。

在同一年的冬天结束之前我还收到了前往汉堡参加《黎恩济》演出的邀请，这项邀请是由经理科内特发出的。如他向我所承认的，他正在为他的剧院出现的一种糟糕的情况而采取措施，需要一次巨大的成功。他在德累斯顿听了《黎恩济》之后，相信可以对这部歌剧寄予希望。这样我在3月踏上了旅途，在这个季节旅行还相当地艰苦，因为从汉诺威出发乘驿车还得经过没法通行的依然结冰的易北河。汉堡城由于一场大火正着手重建，在城市中心地带依旧被一片废墟所覆盖。寒冷和经常是阴霾的天气，使我后来在想起我在这座城市稍长时间的停留时，几乎是一种令人厌恶的回忆。我在排练中用的是那些仅适用于最平庸戏剧的手段，这使我备受折磨，精疲力竭，备受严寒之苦，休息时间我几乎只能躲进我的那间孤独的客房里。我早先身受的那些浅薄的剧院之苦，现在又一次降临了。令我特别抑郁的是，我发现我成了科内特经理的一个不自觉的同谋犯，被拽进他的那种卑劣的倾向之中。他关注的仅是炒作出一种耸人听闻的东西来，让我按照他的意见想办法去取得成功，而答应给我一笔少得可怜的酬劳和未来支付的版税。他也根本不理解舞台布景的重要性，完全用那些可笑的不伦不类的物件敷衍了

① 魏尔德(1806—1893)：黑格尔的学生，美学家和戏剧家。

事，服装则是库存的仙女跳芭蕾舞用的那种，他认为只要看起来五颜六色，能吸引观众，这就能保证我的成功。最可悲的是演黎恩济的那个歌手，是一个上了年纪的、虚胖的、清音的男高音，这位乌尔达先生在扮演黎恩济时用的是他喜爱的角色《梦游女》①中的艾尔维诺的表情。他简直令人无法忍受，在演到第二幕时，这使我突发奇想，这座剧院干脆倒塌下来，把他埋在废墟里算了。一个唯一的女歌手使我抱有希望，她饰演阿德里亚诺的角色十分投入，令我高兴。她是费林格夫人，后来，当她已步入峰底时，李斯特还把她招来魏玛饰演《罗恩格林》中的奥尔特鲁德。在这种情况下演出我的这部歌剧，没有比这更苦恼的了。可这次表面上的失败并没有那么明显，不管怎样经理希望把它长期作为保留上演的节目，直到梯沙舍克来到汉堡，他才会给汉堡人带来真正的理解，在下一年的夏天发生的事情确实也是如此。

科内特先生注意到了我的沮丧和恶劣的心绪，于是他表示希望送给我妻子一只鹦鹉，作为对我的一种安慰，这是一只品种极为可爱的鸟儿。我把它装进一个狭窄的笼子里，踏上了可悲的归途。当我发现它对我的照料很快就显示出巨大的依赖性时，我十分感动。明娜因为这只鸟儿也对我笑逐颜开，因为从这只美丽的灰色鹦鹉上明显地看得出来，我在这个世界上还真会迷恋上什么呢。除了这只鹦鹉还有一条可爱的小狗，这条狗是《黎恩济》在德累斯顿首演那天在我们房东家生下来的，它因为对我的强烈依赖以及另一些明显的特性而受到格外的垂青；而这只鹦鹉绝不是个常品，十分好学，它替代了我们缺少的孩子，使家里充满了生气。我的妻子很快就教了它《黎恩济》中的一段，这只可爱的鸟儿，每当它听到我踏上楼梯时，就总是欢快地唱起来欢迎我。

① 《梦游女》：意大利作曲家贝里尼（1801—1835）所谱的一部歌剧。

这样以来，我的这个家就尽一切可能布置成一个舒适而亲切的安乐之窝了。

但我再没有为我的歌剧的演出去做旅行，主要原因是现在不再有这样的演出了。我注意到，我的作品在剧院的传播特别的缓慢。我相信其过错归于我的歌剧改编的钢琴曲没有广泛传播开来的缘故。因此我当下迫切要做的就是不惜任何代价把它出版。为了同时确保带来所希望的利润，我想自费出版。因此我与德累斯顿的宫廷乐谱商F.费舍尔——此人迄今还从没有出版过一首舞曲呢——商定，与他签订合同。他与他的商店是我的歌剧的形式上的出版人，实际上他只从中取百分之十的利润，出版的费用由我筹措。要出版的是两部歌剧，其中的《黎恩济》是一部篇幅极大的作品；为了发行上有利可图，除了通常的钢琴改编曲之外，还要有其他的改编曲，如不附歌词的钢琴双手或四手联弹，这样就需要一笔相当多的资金。为了重建和布置我的新家已经用了我的大笔款项，现在想弄这笔金钱我必须环顾四周，看从哪儿搞得到这样一笔大的数额。那个时候（1844年复活节时）施罗德-德弗林特为一次新的演出又返回德累斯顿，我把我的计划和我的用意告诉了她。她相信我的作品有美好的未来，认识到我的地位的特殊性以及我的意图的正确性，她不顾任何牺牲，声称愿意为我的歌剧出版提供必需的资金。她把自己的波兰国家债务供我使用，付给她相应的利息。事情竟如此容易，仿佛一切都已妥善解决了。我立即与莱比锡的一个雕版家达成必要的协议，着手进行我的歌剧的出版工作。

当我们委托的工作已经进行到付款的步骤时，我向我的女友提出了第一笔资金预付的要求。但现在这位著名的女人却遇到了她生活上的一个新的阶段，它把她带到一个完全想不到的，对我是一个糟糕至极的处境。她在与那个不幸的闵兴豪森先生长时间完全分手之后，怀着疚悔之情返回到我的朋友赫尔曼·缪勒身边，恢复了从前的关系，但事实表明，这种新的结合并没有满足她的需求。一个近卫军上尉冯·杜林先生，一颗希望的新星在她的生活中升了起来。她以一种急迫的速度，对她的老朋友采取了可怕的背叛态度，选择了这个修长的年轻人，此人道德上和智力上的不佳人所共知，她要与他白头到老相伴终生。这个人也十分认真地对待他就要得到的幸福，不是儿戏，主要是要支配他的这位未来妻子的财富，因为他觉得这笔钱是非常不可靠和不保险的，他知道能使它增值的办法。我的这位女朋友极难为情和尴尬地向我解释说，她已经放弃了支配她的财产的权利，因而不能履行她对我做出的许诺。这个意外转折使我在迷惘和困难不断地打圈圈，从现在起它们就不间断地主宰我的生活，令我陷入忧虑之中，成为我所有活动的一个可悲的标志。首先显而易见的是我的这项活动不能取消；这种业已出现的困难的一个令人满意的解决办法就是把这项活动继续下去和确保它的成功。这样我必须考虑的首先是从我的熟人那里筹到必要的款项，在紧急的情况下，不惜用任何方式，甚至是短期的高利贷，这可使我的歌剧出版一事得以继续，在我的歌剧中不久还要加上《唐豪瑟》。这表明，我现在要不断地面对出现的灾难。

我的处境依然是希望渺茫，我的歌剧最终会在德意志的剧院中传播开来，可我据德意志剧院性质而得到的经验，这是件缓慢的事。除了柏林和汉堡两地的令我厌恶的经验之外，也有另一些令人鼓舞的迹象。首先是《黎恩济》在德累斯顿经常得到观众的喜爱，特别是在夏季月份来到德累斯顿的数量更多的来自世界各地游客的观看就具有了一种巨大的意义。在其他地方还听不到我的歌剧，来自德意志各国和非德意志国家的游客他们提出了这样的要求，他们都对《黎恩济》怀有惊奇的满意之情。这就使这部歌剧的演出，特别是在夏天，经常像是一种狂欢的节庆，为此我得到极大的鼓舞。

在这群游客中间有一次李斯特也在其中。在他到达的时间《黎恩济》没有列在保留上演的节目之内，他向总经理提出迫切的安排专场演出的请求。演出中间我在梯沙舍克的化装室遇见了他，为他的几乎是惊喜般的赞赏而由衷地感到温暖和感动。如果说李斯特当时处在一种独特的生活方式之中的话——这种方式使他经常保持的是一种漫不经心和易于激动的状态，使这次机会还没有成我们之间带来富有成果的接近——那我从这一时起不断地得到他对我留给他的印象严肃而认真越来越多地推崇，以及强有力的关心。他时而在此地时而在彼处，凡是在他不断地凯旋之门中间，多半都对他认识的上层人士提起我。这些人在德累斯顿要求听《黎恩济》，他们都是经李斯特的推荐，也大概通过他根据我的作品而随意弹奏的一些个别片段，这使他们都怀着某种热切的渴望。除了李斯特表示出的这种热情的友好关怀，还有另一些令我内心感动的密切交往。在柏林演出第二场之后魏尔德夜间来访，随后很快时间是一个我同样素昧平生的女人的一封倾诉衷情的来信，从这以后她就成为我的忠实的女友，她就是阿尔维纳·弗洛曼①。她在我离开柏林之后又两次听了施罗德-德弗林特在《漂泊的荷兰人》的演出，那封谈及了我的作品给她的印象的书信里第一次向我表达了一种可信和伟大的赞赏所流露出的热烈和亲切之情。她的这种赞赏就是在伟大的大师那里也是极为罕见的。

在我担任乐队领导的最初几年中间，有关在我逐渐习惯的圈子里所取得的成绩并没有给我留下什么特殊的回忆。为了庆祝我的就职，交付给我的是格吕克的《阿尔米德》，这在某种程度对我是一种荣誉；

① 阿尔维纳·弗洛曼(1800—1875)：画家，普鲁士公主的朗读人。

这部作品还在1843年3月,在施罗德-德弗林特短暂离开之前曾上演过。这次演出有一种特别的分量,原因在于在同一时间麦耶贝尔在柏林就职音乐总监而演出同一部作品。在柏林有关格吕克的演出活动享有特别的敬重;人们告诉我,麦耶贝尔携着《阿尔米德》的总谱到《沃斯报》的戏剧和音乐评论家莱尔斯塔布那里去,求教于对这部作品的正确理解。在这之后不久我也听到一个有关两个银制烛台的奇怪故事,说是著名的作曲家带着他的《西里西亚的军营》总谱去求助于一个并非不著名的评论家。我想他在《阿尔米德》上所得到的劝告对我没有什么价值,我要完全自力更生,通过对僵化的总谱的细心揣摩,借助尽可能的动作上的层次感试图使演出得到几分软化。我的这种理解后来得到一位杰出的格吕克专家爱德华·德弗林特①出奇的热烈好评,此人在我们这里听过这部歌剧,并把它与柏林的演出做了比较,他称赞我们演出上柔和的灵活动作,而柏林那边则是极为粗糙的迟钝笨拙。他特别怀有好感的是第三幕(C大调)的一支男声小合唱队和一支由仙女组成的小合唱队。我借助一种和缓的速度和一个极为柔和的弱音而化解古代的那种粗鲁性。德弗林特在柏林听到的就是这种粗鲁性(这大概是历史的真实)。我运用的这种最为纯洁的手段是为了打破原作中乐队运动中令人痛苦的僵化,这是对在不断的四分之一运动中出现的通奏低音的一种精心的缓和,在这里大都必须用连奏部分用拨奏来帮助完成。经理部十分注重外表,运用了许多布景,这部作品作为一部豪华的歌剧吸引了相当多的观众,而无比高贵的《伊菲格涅亚在陶力斯》尽管使施罗德-德弗林特取得了值得称道的成就,可它都只有寥寥无几的观众,格吕克的《阿尔米德》的演出使我博得了一个特别善于演出格吕

① 爱德华·德弗林特(1801—1877):导演,剧院经理,作家。

克作品和甚至是与其最为接近的乐队指挥的名声。

我的这份荣誉维持较长的时间，除了经常上演一些通常保留的节目，在我的经理部的催促之下也上演莫扎特的歌剧，这些歌剧的习惯倾向令那些看到我在《阿尔米德》上获得成就的人感到特别不快，他们现在曾把希望寄托在我领导的这些演出上，因而对此不满。甚至那些对我友好的听众都在猜想，我在莫扎特身上弄不出什么名堂的，我不理解他。可他们没有注意到，在这些随意而为的演出中，我作为指挥只是起着一种辅助作用，根本就不可能施加任何影响①，这些演出经常不加排练就登台了。当然我也经常发现自己处于一种尴尬的地位，因为我无法加以改变。这使我更多地看到了，我的新职务和我对一种平庸的剧院旧习的顾忌使我在繁忙的事务领导上变得越来越不可忍受，其程度比我此前所想到的更甚，尽管我业已对这种糟糕的情况有了清醒的认识。我向我的同事腊依辛格抱怨说，总经理部对我们在歌剧领域里为保持演出成功而提出的要求很少加以顾及。他安慰我，随着时间的推移我会像他一样，都会放弃这种念头，我会顺从不可避免的乐队指挥的命运的。说这话的同时他骄傲地敲了敲他的肚子，祝愿我不久能像他一样的大腹便便。

这种因循陋习变得越来越清晰可见，就在这时我也得到了使自己的精神为之一振的机会，去处理我们大师的作品。还在第一年邀请门德尔松来我们这里在当时著名的棕榈星期天音乐会上指挥德累斯顿乐队演出他的《圣·保罗》。我趁这个机会熟悉了这部作品，这使我感到十分高兴，我想借此时机重新去亲切和无私地接近门德尔松。就在这次演出之后的当晚我与他进行了一次特殊的交谈，这次交谈以奇怪的

① 在由M.格莱戈尔-德林所加的注释中，此句话应改为："施加一种影响。"

方式很快就抑制住了我的这种愿望。在清唱剧之后腊依辛格又指挥演出了贝多芬的第八交响曲。在此前的排练时我已经注意到,腊依辛格犯了所有那些平庸的指挥家所犯的错误,把第三乐章的“小步舞曲的速度”演奏成一种毫无思想的华尔兹的速度,这样以来整部作品不仅完全失去了它的庄重性质,而且三声中段(Trio)由于大提琴在这样的快速度下无法把握,于是就有一种完全可笑的性质了。我曾告诉过腊依辛格,他同意我的观点并答应我在演出中用我提醒他的小步舞曲速度。我把我的这种处理讲给了门德尔松,他在指挥完《圣·保罗》后在休息,在包厢里与我坐在一起听这部交响曲的演出。他认为我说的正确并认为应当像我说的那样处理。第三乐章开始了,可腊依辛格却缺少使乐队立即成功地改变速度的能力,按照他的习惯,把“小步舞曲”的速度又是用通常的华尔兹的速度演奏出来。我正要指出我对此的不满,而这时门德尔松朝我亲切地点头表示:这正是他的想法,他对此感到满意。我对这位著名的音乐家的感觉如此迟钝极为惊讶,使我无言以对,从这时起我对他形成了我的特殊看法,这种看法后来也得到了罗伯特·舒曼的证实:他向我表示他对我在贝多芬第九交响乐曲第一乐章的速度处理十分满意,他此前每年在莱比锡听到由门德尔松指挥的第九交响曲都是用那种不正常的匆忙演奏的。

一方面我从这稀有的机会中渴求在演出我们高贵的大师作品中得到有益的精神上的影响;另一方面,如我所说的,我却经常不得不在极度的不满足中蹒跚而行,这种不满足是由于对通常上演节目的理解而造成的。1844 年复活节,我刚从不快的汉堡之行返回,我演出贝多芬《田园》交响曲的要求得到了满足,在棕榈星期天的音乐会上我被指定指挥这部作品的演出。虽然还有一些麻烦的事情有待处理,对此我只能采取困难的迂回办法加以解决。主要是在这些著名的音乐会演出时乐队的位置安排，在这些演出中乐队围着歌手合唱队形成半圆形长长的行列。这是不可理解的错误，为了向我解释这样一种毫无道理的做法，腊依辛格需要给我一个理由。他对我说，所有这种种安排皆由已故的乐队指挥莫尔拉奇定下来的。此人作为一位意大利作曲家，不管多么重要，他对乐队的需求同样是一无所知。当我问道，为什么他自己不懂的东西竟然做如此的安排时，我得知，卡尔·玛利亚·封·韦伯面对这位受到宫廷和总经理部偏爱的意大利人也无可奈何，不能提出反对意见，我们要想改正这沿袭下来的错误，就是现在还会有很大困难的。因为高层人士继续主宰一切，他必定理解得更为清楚。我儿童记忆中的阉人歌手萨萨洛里幽灵般地又穿过了我的脑际，我想起韦伯的未亡人提醒我在德累斯顿继任韦伯的乐队长的意义。尽管《田园》交响曲的演出超出了期待，人们从我指挥的贝多芬作品中得到了无法相比的、如此亲近的享受，可我首先感到的是他的那种再生力量。吕克尔极动情感地向我谈及他的享受，他支持我用眼和耳所做的所有尝试，与我一道去听，一道去做。

如果说这儿已取得一种可喜的成功的话，那在这个夏天还有一项另外的活动使我感到惬意，这虽然没有非常伟大的音乐意义，却有着社会意义。我曾提到的"弗里德里希亲王"，我对他怀有一种特别的爱慕，现在是萨克森国王，他前往英国旅行，正准备返回。有关他在那里的报道令我的爱国主义情感充满了喜悦。这位十分朴素的国王受到了豪华的和炫耀式的接待，在他访问英国的这段时间里他完全意外地遇到了俄国尼古拉皇帝，为了向他表示敬意举办了盛大的节庆活动和军事检阅，我们的国王克制了对此的反感也不得不参加，他受到了英国人的特别热烈的欢迎，而他们对那位沙皇却并不怀有好感。就是报刊上也持这种倾向，从英国飘向弱小的萨克森的是一股令人得意的温暖之风，这使我们对我们的国王充满了一种骄傲的喜悦之情。我沉浸于这样的气氛之中,我得知人们要去莱比锡准备举行一个特别的、有门德尔松的音乐助兴的隆重欢迎仪式。我思索,我们在德累斯顿该做些什么,我得悉,国王在他返回时根本不在德累斯顿停留,而是立即回到他的夏宫皮尔尼兹。迅速考虑之后,这是一个能满足我的愿望的好机会,使国王得到热烈欢迎的喜悦,因为我作为国王的一个仆人还没有在德累斯顿的公开场合里向国王表达出这样一种敬意呢。我想方设法,把不管是吹奏的还是歌唱的,都把它很快地织为一体,以便在国王抵达的早晨演出我快速完成的一首欢迎歌曲。可我遇到了特别的困难,我的总经理吕梯绍不在,他回到他的庄园去了。若是与我的同事腊依辛格去做商议,那就会耽误时间,整个事情就会引入一种官方欢迎的轨道上去。如果出现什么事情的话,那就会丧失时间,因为国王就在近日抵达。于是我以歌唱俱乐部指挥的名义,要求那些有名声的歌唱家和音乐家参加,也邀请了剧院和乐队的成员。我极速赶到皮尔尼兹,与主管的宫廷元帅商定此事,他对我的这项活动极为高兴。就在这短暂的往来奔波期间,我抢时间完成了我的诗作并谱成了歌曲,回家后我得立刻把它们都交给复制人和刻版人。在夏日的空气里和在可爱的环境里的这种令人快意的忙碌,怀着对一位德意志国王的衷心爱戴,就是这种爱戴促使我做了这件事。这一切把我带入一种激动的氛围,在这种氛围中我找到了《唐豪瑟》中进行曲的装饰音形式,它在这次欢迎国王的场面里变得引人注意,不久我就把它进一步地加工,成了我的一首最为普及的作品。另一天必须排练了,共120名音乐家和300名歌唱家,我把他们全体都安排到宫廷剧院的舞台上,一切都进行得好极了。所有的人都非常高兴,我也很高兴,这时总经理的一位使者出现了,他突然间来到城市,要求与我商谈。吕梯绍先生从腊依辛格那里及时得到了我一手办理这件事的消息，他对此极为恼火。如果说他头上戴着男爵头冠的话，那它就会在这次的机会中掉下来。这件事我是直接与一个宫廷机构商妥的，我也告诉他，我办理的这件事会很快达到一个有利的目的。这使他大为光火，因为要显示出他的重要性，想在这条路上达到目的格外困难和极为麻烦。我乐于立即把一切停止下来，这又使他感到惊愕。我问，若是事情继续办下去的话，那他究竟做如何想法。他好像自己也不清楚，他只是觉得我太不够朋友了，在这件事上我不仅跳过了他，而且也跳过了腊依辛格。我立即声明，把我的谱曲以及领导工作交给腊依辛格。可这对他又过于多了，因为我很清楚，他知道腊依辛格是无法胜任的。令他感到特别不舒服的是，这件事我恰恰是通过宫廷元帅莱依特森斯坦办妥的，而此人是他的私敌。他告诉我，我根本就不知道，他在这个人身上克服了怎样的一些刁难。他的这种快意的发泄使我感到轻松下来，对这个忧郁的宫廷官员流露出一种几乎是毫不掩饰的同情，他耸耸肩对这个不愉快的故事就听之任之了。

这位宫廷监督刚大发雷霆过，比这更糟的是威胁我这次活动的恶劣天气，下了一整天大雨。它一直持续下去，我几乎不可能翌日清晨在约定的5时动身，与我百余名伙伴乘租好的汽船前往有两小时路程的皮尔尼兹举行一个早晨音乐会。面对这种厄运我真的绝望了。只是吕克尔安慰我说：我可以相信，我们明天会有一个好天气，因为我是幸运的。他的这种保证还留在我的记忆里，那是很久之前的事情，我的事业经常遇到倒霉的事，他的保证总是一种恶兆。但这次我的朋友却是对的。1844年8月12日，太阳升起，直到深夜都是最美好的一个夏日，这是我一生中能忆起的好天气。心情极佳，穿过预示着幸运的晨雾，我的团队中那些情绪昂扬的音乐家和歌唱家齐集在汽船上，我胸中涌起我定会获得成功的美好信念。我的友好的狂热成功地化解了腊依辛格的不满，并促使他来指挥我的乐曲的演出，借此来与我分享这次活动的荣誉。一切都出色极了，国王和王室一家十分感动，在后来恶劣的时刻里，如我所知道的，萨克森王后还十分感动地把这一天和这一个早晨当作了她生活中最美好的时刻。在腊依辛格十分庄重地挥动指挥棒和我作为男高音在合唱队参与演出之后，我们这两个乐队长被召到王室家庭跟前，国王对我们表示了他衷心的感谢，这同时王后给予我们极大的夸奖，称我谱的曲子和腊依辛格的指挥都极为出色。国王请求重复演出最后三节，因为当时他牙痛而不能长时间停留在露天场地里。我很快就构思出了一首即兴作品，异乎寻常的幸运演出使我得到特殊的荣誉。我把整首歌曲重复了一遍，但按照国王的愿望只演出一节，采取的是半圆形的排列方式；第二节时我让我的400个未经训练的音乐家和歌唱家改变方向，他们在最后两节时迈着步子穿过花园，越来越远地离去，用这种方式使最后的声音传到王室一家的耳鼓时就像一种逐渐消失的梦中之音。这种退场由于我的出色的领导节奏和演出进行得毫无差错，从整体上看来，可以说是一次充满艺术性的剧院检阅。到了王宫内院，王后亲切地为我们所有的客人在绿地上准备了一顿丰盛的早餐。在王宫的走廊里，我们看到王后本人激动地监督这次早宴。在窗户内处不断地走动，忙碌不停。所有人的目光都望向我这个幸运人，这一天的喜悦可谓只能天上有啊。我们在这个可爱的环境里——这可是我童年时代里亲切的梦境之地——畅游了一番之后，在深夜里我们都兴致极佳地返回了德累斯顿。

翌日我再次被召到总经理部。大概是吕梯绍先生要有什么动作。在我再次为给他带来的不安而衷心地要向他表示告罪时，这个个头高大的人看到我时有些尴尬，面色僵硬，干巴巴的，他在与我说话时却带着一种他从没有过的神采奕奕的表情。他称现在不必谈什么不安了，我是一个名人了，在我还受到敬重和爱戴时，根本就不会想到他了。我极为震惊，我正要为他的这种发泄而表示我的愧疚时，他友好地打断了我，并亲切地试图为他本人的激动找一个台阶。他微笑地谈起我在这样一个特殊的场合把我的一个荣誉位置转让给毫无贡献可言的腊依辛格，我为什么这样做。当我向他保证说，我真正感到满意的是，我能使我的同事接受这项工作，他承认他当然能完全理解我，却很少能理解腊依辛格，这个人怎能让我叫他站到本不属于他的地方。较长一段时间里吕梯绍对我就是这样一种情绪，这使我们在事务上有了几乎是一种信赖的气氛。尽管随着时间的推移事情也发生了某些糟糕的变化——这使我们的关系发展成公开的敌对——但在这个奇怪的人那里，他待我始终是一种独特的温和态度，这却是显而易见的，他后来某些激烈的发泄听起来像是被拒绝了的爱情引发起有些变得异样的抱怨。

9 月初我享受这一年的休假，移居到离著名的芬德拉得尔葡萄园附近离洛施维茨不远的一处夏日别墅。6 周都是在郊外度过的，我身心都得到了休养和激励，直到 10 月 15 日这段时间，我谱写了《唐豪瑟》第二幕的音乐。在这同时有一场《黎恩济》的演出，为领导这次在重要的观众面前的演出我回到城市。在露天剧场的舞台上遇到了斯蓬蒂尼和麦耶贝尔，俄国国歌的作者里沃夫将军也在场。我没有找到机会听到这些音乐界大人物对我的歌剧的评论，我感到特别愉快的是为他们演出了一部我经常上演的作品，剧场里座无虚席，欢呼声连续不断。结束时我在剧院发现了我的小狗帕波斯跑了很远的路尾随而来，这令我十分感动，于是立刻返回我安静的葡萄园，临走时没有与这几位欧洲的著名人士打招呼致意。明娜在家迎接我，她特别高兴的是她认为是走脱了的小狗帕波斯又返了回来。在这儿我也接待了一位来客，他是在柏林以极为感人的方式赢得我的友谊的朋友维尔德，这次不同于那次，他是在明晃晃的白日里,在晴朗的天空下,与我惬意地讨论《漂泊的荷兰人》的价值;现在我满脑子都是《唐豪瑟》,对那部作品持有某种不满的态度。我的朋友却在这点上与我争辩,并对我的《漂泊的荷兰人》的意义大加称道,这事显得有趣。

我们又迁回冬天的居所,我试图在谱写《唐豪瑟》第二幕和第三幕期间不要长时间被中断,如我在第一幕和第二幕时所发生的情况那样。尽管忙碌不堪,年终之前,在 12 月 29 日我完成了第三幕的音乐,经常独自散步,对我的创作十分有利。

在此期间特别使我关心的是斯蓬蒂尼在我们这里停留了较长时间,他在忙于他的《贞洁的修女》的演出。与这个著名的白发大师的轻松交往给我留下极为生动的回忆,想起交往中的特殊事件和富有个性的特点,就是今天还是值得把它们描绘出来。

由于施罗德-德弗林特的参加我们可以有很大把握确保这部歌剧演出的成功,我就设法引起吕梯绍对斯蓬蒂尼——此人在柏林正遭到极大屈辱,老是在想离开那里——在这种处境下表现出好心的关注,并邀他对这部如此著名的作品亲自进行指导。吕梯绍同意了,我被委托领导这部歌剧,接到特殊的任务去与这位大师进行协商。好像我的那封信尽管是由我亲自用法语写成的,依然令他对我的热心怀有好意,因为他在一封极为庄重的复信里向我表达了他的特殊愿望,这就是为他参加而举办庆祝活动。在涉及歌唱家的问题上,因为他知道有施罗德-德弗林特参加,他感到十分放心;在涉及合唱队和芭蕾舞演员问题上,他提出了先决条件,不能缺少高贵的布景服饰;他也认为,乐队会完全满足他的要求,提出乐器的必需数目,他表示整体上要配置 12 把优秀的低音提琴。这些大话令我的心冷下来,因为这样的数字使我对他随之而来的要求规模有了一个概念,于是我匆忙地跑到总监那里,要他有所准备,这件事并不是那么容易进行下去的。他对此的惊愕是巨大的和正确的;必须找到个办法撤销这次邀请。施罗德-德弗林特夫人知道了我的困境,她了解斯蓬蒂尼,对我们天真的轻率像个淘气鬼似的大笑起来,我们居然如此轻率地发出邀请;她找到了个借口,称她身体不适,我们可以以此作为尽量推迟的借口。斯蓬蒂尼大力催促我们加快这次演出的工作,因为他在巴黎焦急地等待,只有很少时间来满足我们的愿望。我现在编造了一段无辜的谎言,撤销向这位大师先前发出的邀请。我们松了一口气,进行我们的排练,在举行预定的彩排前夕,近中午时分一辆车停在我家门前,这位骄傲的、通常只以西班牙大公头衔身份出现的大师,热情地下了车,没有任何人陪伴就进入我的房间,他展示出了我的信件,并从我们的通信中指出,他从来没有拒绝我们的邀请,而且,很清楚,满足了我们所有的愿望。看到这位奇怪的先生真令我感到高兴,能在他的领导下听到他的作品,这使我忘掉所有预先想到的那些困难,立即想方设法要使他满意。我十分热情地向他做了解释。当他听到这一切时,他微笑起来,几乎是孩子式的笑容,只是当我简单请求他立即自己接手指挥明天排练时——我这样做是为了消除他对我指挥的正解性的忧虑——他突然变得严肃起来,仿佛在考虑某些面对的困难。但他在激动中没有做出明确的表示,这使我感到为难,想知道通过什么样的安排才可能说动他领导这次排练。几经考虑之后,他问我,我们指挥时用的什么样的指挥棒。我用手向他描述了一个用普通的木头制成的指挥棒的大小和硬度,它是用白纸包裹起来,总是由乐队的仆役提供新的。他叹了口气并问我,我能否在明天为他提供一个用黑色乌檀木制成的指挥棒,他用他的胳膊和手比画了它的长度,描述了它的硬度,并在指挥棒两端装上相当得体的由象牙制成的棒头。我答应他,无论如何要给他弄到一个看来十分相似的指挥棒为下一次排练之用,但为了演出我一定设法搞到一个与他所要求的材料相符的指挥棒。他现在显然安心了，并允许我通知经理部，他接任明天的指导，随之，在他又一次仔细叮咛他对指挥棒的要求之后，他就回到他住的旅馆。

我像半在梦中一样，去匆忙地通知相关的人，我们都陷入忙乱之中。施罗德-德弗林特成了个替罪羔羊，我与剧院的木工就指挥棒一事进行了详细的商讨。他的建议非常之好，它有着相应的长度和硬度的材料，看起来是黑色的，上面有白色的大型把手。排练如期举行了。斯蓬蒂尼在乐队中站在他的位置上，非常显眼，并首先希望双簧管安排在他的背后。因为位置的改变现在在乐队的排列中引起了巨大的混乱，我答应他在排练后再做改动。他沉默不语并抓起了指挥棒。我一下就明白了，他要求的这种形式有一种怎样大的意义：他采用这种方法不是像我们其他这些指挥一样，而是要在中间挥动拳头，动作起来，人们清楚地看到他抓起指挥棒不是用来打出拍节，而是把它当作一根元帅权杖用来发号施令。在第一场进行中间不久引发起混乱，这简直是灾难性的，远比这位大师用蹩脚的德语在向乐队和歌唱家做出指示而引起的巨大混乱更甚。但不久我们就注意到了，他的主要想法就是使我们不要认为这是一次彩排，相反地他看作对这部歌剧的一个新开始的研讨。我的善良的合唱队指挥和导演费舍尔此前对斯蓬蒂尼的聘请饱含热情的期待，现在当他发觉上演的节目竟出现这种无法避免的干扰时，他绝望极了。这终于引发起公开的愤怒，在这样的盲目愤怒中，凡是斯蓬蒂尼要做的，只理解为是新的刁难，毫不掩饰地用极为粗鲁的德语加以回答。一次斯蓬蒂尼把我召到他跟前，就有关一首刚结束的合唱轻声说道："您知道吗，您的合唱队唱得不错。"①费舍尔不满地看了看他，

① 原系法文。

发火地问我:“这条老狗又在搞什么名堂?”我几乎难以成功地使这个急转向的热情人平静下来。在第一幕的凯旋进行曲时出现时间停滞不前。主要是大师焦急地对民众在修女行进时的冷漠无情极为不满;他没有注意到,按着我们导演的规定,在修女们出现的时候,所有的人都跪下低下头,这位极度近视的大师眼睛里什么也看不到。他所要求的是,罗马军队用他们的长矛猛烈地敲击地面来表示神圣的尊敬。这场戏排了多次,但是有些长矛不是敲击得过早就是敲击得过迟。他自己亲自用指挥棒敲击谱架做了几次实验,可这没有用处,敲的声音不够果断不够有力。于是我想起了在演出《斐迪南·科尔特兹》类似情况下发生的值得注意的精确和几乎是惊人的效果,早年在柏林这场演出给我留下很深的印象,于是我理解到,在我们这里在这样的场景里通常软弱无力的,它需要一种紧迫的和费时的磨炼,以便能满足这位性情古怪的大师的要求。在第一幕之后斯蓬蒂尼走上舞台,向德累斯顿宫廷剧院的艺术家详细地讲解他的理由:他必须推迟这部歌剧的演出,为的是赢得时间,通过不同形式的排练能使演出符合他的思想。但大家都准备解散了,歌唱家们、导演都像在风暴中朝各个方向分散而去了,用自己的方式抒发一下心中的闷气。只有剧场的工人、灯光管理人和几个歌唱家留在那里,围在斯蓬蒂尼身边,形成了半圆,他们想仔细瞧瞧这个奇怪的人,是如何强调真正的戏剧艺术要求的,是怎样奇妙的效果。我走上乱糟糟的舞台,亲切而毕恭毕敬地告诉他不必过分操心,我保证一切都会按他的希望去做,这也包括爱德华·德弗林特先生的希望,此人在柏林担任了《贞洁的修女》的演出,完全符合他的精神,德弗林特先生来此是排练合唱队和修女们举行隆重仪式的场景。我连哄带骗把斯蓬蒂尼从这种令我感到吃惊的不光彩的场合领走了。这使他安心下来。我们制定了一个按照他的愿望进行排练的计划,不管怎么说,事实上我是唯一一个希望事情发生变化的人。因为在斯蓬蒂尼的多半是滑稽的表情里我看到了一种异乎寻常的能力。他用这种能力去追逐和坚实地把握我们时代已几乎变得模糊不清的戏剧艺术的目的,即使这种能力是以罕见的,但对我说来是越来越可以理解的扭曲形式出现的。

我们开始时首先是用钢琴进行一场排练,在这场排练中大师特别对歌唱家们表达了他的希望。我们从他那儿听到的从根本上说没有什么新的东西,他对我们很少有对排练中的个别部分提出意见,就一般的理解发表一通言论,这同时我注意到了,他对有名望的歌唱家如施罗德-德弗林特和梯沙舍克,却十分体谅。对梯沙舍克,他只是禁止用"未婚妻"这个词,男主人公利辛纽斯得用译成德语的"朱丽叶"来称呼。"未婚妻"这个词听起来令他的耳朵感到恐怖,他不理解人们怎么能把这个听起来如此庸俗的词儿用到音乐上。对那个没有多大才能的和相当粗糙的唱大祭司的歌手,他倒是不厌其烦地就如何理解他饰演的角色做了讲解,他在这儿看到,整体上都基于教士的欺骗,都在于对迷信的利用。大祭司承认,他不怕他的对手本人居于罗马军队的高位,因为他为最坏的情况做好了准备,这就是只要不出岔子,通过一个奇迹重新燃起修女熄灭了的圣火,借此,即使朱丽叶避免了死亡,那祭司的权力也不会受到触犯。有时我与斯蓬蒂尼就乐队问题进行讨论,求教他为什么通常强有力地运用长号,可恰恰在第一幕的雄壮的凯旋进行曲时却让长号沉默下来。他十分惊奇地反问:"难道我没有用长号吗?"①我指给他看总谱,于是他请求我给这首进行曲加上长号,这样在下次的排练时尽可能用上它。他也告诉我:"我在您的《黎恩济》中听到一种乐器,您称它为低音大号,我不想把这种乐器从乐队中赶走,您

① 原系法文。

为我在《贞洁的修女》中设置一个声部。”①这使我很高兴，按照他的愿望，谨慎而有选择地去做了。当他在排练中第一次听到它的效果时，他把感谢的柔和目光投向了我。对他的总谱的这种轻而易举的丰富，给他的印象是那么持久，致使他后来从巴黎给我的一封非常友好的信件中表达了他的愿望，请求我寄给他这份由我补充的乐器的压缩总谱，只是他的骄傲不允许他承认他要求的是我谱写的那一部分，而是写道："请您寄给我一份用于凯旋进行曲的长号总谱，也要低音号那部分，即在我指挥下在德累斯顿演出的那部分。”②我毕恭毕敬地按照他的愿望热心地为他整理出了一份完整的乐器在乐队的配置。这个愿望涉及的是他的惯常很少关系到什么系统性。其重要性对他而言，就是在习惯上觉察不出丁点变化，当他向我解释他的指挥方法的特点时，我就清楚了。他指挥——他这样说道——乐队全凭他眼睛的目光："我的左眼是第一小提琴，我的右眼是第二小提琴，为了使目光发挥作用，因此不能戴眼镜，即是近视眼的指挥也不能戴。”——他私下里承认——“看不见一步远，但我通过我的眼睛使所有的人都顺从我的意志。”他偶尔习惯的乐队安排上的细节，完全不合道理，无论怎么说这是从很早以前一支巴黎乐队那里沿袭下来的，是恰恰借助某种需要才造成的，于是就成了习惯，把两支双簧管直接地安放在身后，这样它们就使乐器的喇叭口避免朝向听众的耳朵。我们查出双簧管演奏员对这种无理要求大为光火，我只能以特殊的开玩笑方式成功地使他这次安静下来。此外，斯蓬蒂尼习惯于一种非常正确但对大多数德意志乐队却完全认为是错误的体制，根据这种体制弦乐器四重奏组平均地分散在整个乐队，弦乐器通

① 原系法文。
② 原系法文。

过在一点上的集中而与被压低了的铜管乐器和打击乐器分离开来，分成两翼，柔和的管乐器以适度的接近成为小提琴之间的环节，甚至现在在大型的和著名的乐队，乐器整体的通常的安排是分成两半：弦乐器和吹奏乐器，这对一种密切交融的、传播到各处的乐队声音的美是种真正的粗俗和冷漠的处理。我非常高兴借这个机会在德累斯顿能进行幸运的改革，因为受到斯蓬蒂尼要求的推动，事情就变得容易了。能在国王那里得到命令，把这种改变保持下来。在斯蓬蒂尼离开之后，我在他的要求中的一些偶然的东西和特殊的东西进行了平衡和改动，以便从现在起使乐队达到一种满意的和非常有效的安排。

在斯蓬蒂尼指导排练中出现的所有特殊的东西，是这个奇怪的人吸引乐师和歌手们都能异乎寻常地和全身心地投入演出上去。他极具特色地用力推动一种经常是漫散开来的剧烈的节奏重音，他在与柏林乐队的交往中习惯于在要强调的音符上标上开头我并不明白的“这个”的字样，这样做特别使梯沙舍克——一个真正有节奏感的歌唱天才——感到高兴，因为他有着同样的习惯，在重要的进入时借此激发起歌手达到特别的精确性，他强调说，关键只在于正常地去强调第一个音符，其余的就顺应而来了。从整体上说，逐渐地确立了一种良好的对大师感到亲切。只是中提琴演奏员长期对他还有一种惊恐之感。在第二幕终场时，中提琴在伴奏朱丽叶悲哀的小歌曲时，并没有按照他的愿望奏出可怕的微弱的伴奏来。他突然转向他们，并用一种空洞的愤怒声音说道：“中提琴都死了？”两个面色苍白、患有不可救药的疑心病痛苦的老人，他们拉中提琴第一二把，虽然面临退休可令我遗憾地却一直牢牢占住位置不放，他们带着真正的惊恐呆呆地望向斯蓬蒂尼，认为听到的是一种威吓。我不得不向他们委婉地试着解释斯蓬蒂尼的希望，以便使他们慢慢地振作起来。

爱德华·德弗林特先生在舞台上对一个有表现力演出集体的形成做出了有力的促进，他也善于去正确地满足斯蓬蒂尼那些令我们大家陷入尴尬境地的要求。按照所有德意志剧院的压缩传统，我们也决定这部歌剧在利奇尼马斯和朱丽叶得救后以热情的、由合唱队伴唱的二重唱作为结束。只是大师坚持，法国正歌剧的正宗结束场面还要加上一个愉快活泼的合唱和芭蕾舞。他完全反对他的一部光彩的作品在一场悲惨的葬地上结束。布景必须变化，在最欢快的光线中展现出维纳斯的玫瑰丛，在其神坛旁，在快乐的舞蹈和歌唱中，那对经过考验的情侣由头饰玫瑰花冠的维纳斯的修士和修女们伴同，庄重地举行婚礼。事情也这样做了，但遗憾的是并没有取得所希望得到的效果。

在高度准确性和美好的热情的演出中，有关主角的安排上却出现了麻烦，我们事先没有人注意到这点。我们伟大的施罗德-德弗林特显然在年龄上，她的有些母亲般的外表已不适合扮演一个最年轻的修女的角色了。人们认为她与扮演女祭司长的一个无法掩饰其少女般的年轻美人同台，这种情况就尤为突出。而这个美女就是我的侄女约翰娜·瓦格纳，她当时只有17岁，她那时候有着迷人的美丽嗓音和戏剧表演上的出色才能，这就会不由自主地激发起每个听众的愿望，把她和伟大的施罗德-德弗林特饰演的角色弄混了。目光犀利的德弗林特并没有忽略这个不利于她的处境，她认为借助提供给她的戏剧性的效果手段试图成功地改变她的不利地位。于是她就经常地使用一些夸张做法，可在一处重要时刻里却成了一种真正不雅的过火了。当她在第二幕的那首大型的三重唱之后——她退回前台，离开她刚出逃而得救的情人——在精疲力竭中，从备受压抑的心中喊出："他自由了！"真是鬼使神差，她不唱出来，而是说出来。一句效果上过分的、庶几与纯说话音调相近的、喊出来的重要话能引出怎样一种效果，这在《费岱里奥》

中经常是使观众极度入迷,因为她在那场戏中喊出“再走一步,那你就是死!”时,死这个字几乎是说出来而不是唱出来的。我恰恰也感受到了这种巨大效果,可它却是建筑在奇妙的惊恐之上的,这种惊恐紧紧地攫住我,把我从理想的领域——音乐本身也提升了最最惊恐不安的场面——抛出,突然看到自己被直掷到极度可怕的现实的赤裸裸的土地上,就像借助刽子手中的利斧一劈似的。这里宣告的是对崇高的极致化的直接认识,我忆及这种印象时是把这种极致化描述为闪电般的瞬间,它照亮了两个全然不同的、既相互接触又断然分离的世界,这使我们为了这一瞬间把目光同时投入两个世界。但这与这样的瞬间有怎样巨大的职责,用这样的瞬间不能出于私利去进行表演,我今天才从这位伟大的女艺术家意图上的完全失败得到了了解。用嘶哑的声音挤出来的这句话就像一阵冷水洒到我和整个观众的头上,这使我们大家除了看到一种微乎其微的效果之外,别无其他。观众的期待过于高了,他们用双倍价钱除了看稀有之物,还要看斯蓬蒂尼的指挥。这部法国古代题材作品尽管音乐华丽和优美,但难免有些陈旧,或者归终说来它那不幸而黯淡苍白的结尾几乎和德弗林特没有达到的戏剧效果一样。简短地说,它没有获得真正的热情,这天晚上的成功只能看作对一位世界中著名大师表示出一种有些平淡的敬意而已。他戴着他的那些勋章,当他在观众的短时间的高声呼唤中怀着感激登上舞台时,呈现在我面前的是令人为之难过的感人现象。

除了斯蓬蒂尼,没有人看不出这不算是一种成功。他坚持会有一种更好的结果,并运用他在柏林习惯运用的手段,以使他的观众能经常座无虚席和令观众激动起来。于是他总是选择在星期天演出。因为经验向他表明星期天剧院盈满,观众活跃。这样在德累斯顿的下一个星期天,他要再次指挥他的《贞洁的修女》,离开这一天还有几天的光景,他延长他的停留时间,这使我们享受到了一些特别乐趣,他经常地与斯蓬蒂尼交往,部分时间是在德弗林特夫人那里,部分也在我的家里,与斯蓬蒂尼交谈度过的时刻一直留在我的记忆里,这记忆是那么的清晰,我愿意在这里做些叙述。

一次在施罗德-德弗林特那里举行的餐会令我难忘,我们与斯蓬蒂尼和他的妻子(她是著名的钢琴制造商艾拉尔德的姊妹)长时间在一起兴致勃勃地交谈。他对谈话的习惯性参与是安静地听取别人的谈话,他的倾听像是在表达一种期望,要别人听取他的见解。一旦他说话时,那就显出修辞的庄重性,用十分精确的词句,有不容置疑的倾向性,强调地表示任何反驳都是一种侮辱。被邀请做客的斐迪南·黑勒先生在谈话中提起了李斯特。在这个话题较长时间谈论之后,斯蓬蒂尼以特有的方式得出了他的断语,它向我表明,他从他的柏林皇座上对这一世界性的现象做出的判断恰恰是不无偏见和不无苛刻。每当他使用这类词句时,他不会由于某种嘈杂声来干扰他的。当在享用餐后小吃时,声音变得激动起来,德弗林特夫人在斯蓬蒂尼一次相当长的谈话中面朝一侧微微地笑了起来。斯蓬蒂尼朝他妻子射去一瞥愤怒的目光,德弗林特夫人立即告罪,说她是想起一节宣传糖果的诗行才不由自主地笑了起来的。斯蓬蒂尼对此说道:“可我肯定,是我的妻子引头笑起来的。我不愿意,人们在我面前发笑,我从不笑,我喜爱严肃。”①可他依然得到了某种愉悦。比如,他高兴他有一副出色的牙齿,能咬动坚硬的糖果,这令我们赞叹。当我们饭后相互靠拢坐在一起时,他就越发激动起来。他尽可能地向我表示他对我的特殊好感。他公开声明,他喜欢我,并要借此向我证明这点,他要我在不幸面前保护好自己,继续作为

① 原系法文。

一个戏剧作曲家闯荡下去。他大概相信,他很难说服我这样一种友谊带来的价值,但他认为用这种方式去关心我的幸运是重要的,为此他在德累斯顿停留半年也不会感到厌倦,这样我们就能同时利用这样的机会,在他的领导下演出他的另外一些歌剧,特别是也提到了他的《霍亨斯陶芬的阿格尼斯》。

为了说明他对作为斯蓬蒂尼接班人的一个剧作家经历上的不如意处,他以一种少有的赞美言辞夸耀我的《黎恩济》。他说:“当我听到您的《黎恩济》时,我说,这是一个天才,但是他做的远比他能做的更多。”①为了表明如何理解他在这种佯谬后面所要说的,他坚持下面所说的话:“我是在格吕克之后用《贞洁的修女》进行一场伟大革命的人。我在和声上引入了‘六度延留音’②,并把鼓引入乐队;在《科尔特兹》中更进一大步,在《奥林匹亚》《努马哈尔》《阿尔奇多》以及我在柏林初期所创作的作品中进了三大步。我向您坦承,这都是些应时的作品,但我在《霍亨斯陶芬的阿格尼斯》前进了一百步,在这里面我考虑这样安排乐队:完全用管风琴来加以代替③。”从这时起,他再次试图创作他的《雅典女人》,甚至亲王,现在的普鲁士国王,都极力催促他完成这部作品,与此同时他从他的皮包里拿出这位国王的几封信诵读,以此证明他所言非虚。在此之后,他继续说道,尽管有这种令他感到得意的催促,他还是放弃了这部非常好的题材的音乐创作,因为他认识到,他不可能超过他的《霍亨斯陶芬的阿格尼斯》,也不会找到什么新的东西。结论是这样的:“或者,您怎么能要求有人还能发现什么新的东西,如果我斯蓬蒂尼说了,我不可能超越我此前的作品,另一方面自《贞洁的修女》

① 原系法文。

② 瓦格纳在这里亲手写了一个问号。

③ 原系法文。

之后，没有人写出哪怕是一个音符不是从我的总谱中偷窃出来的。"①他的这种论断不只是一种空话，而且是建筑在最详细的科学研究的基础之上，为此他援引了他妻子的佐证，她与他一道朗读了法兰西科学院一位著名院士的一篇大型的论文，但此人的文章由于某种原因却没有印出发表。这篇洋洋洒洒的论文中证明了这样一种巨大的科学价值：没有斯蓬蒂尼在《贞洁的修女》中所发明的"六度延留音"，那整个现代旋律都不可能存在，从那以后人们所使用的每一种旋律形式都是取自他的作品。我目瞪口呆，但还是希望这位不容置疑的大师至少就保留给他自己本人的这种可能性做一番更好的说明。我承认，他肯定会像那科学家一样对此进行证明，但我还是问他，他是不是不相信，如果由一种新的他还不熟悉的诗歌倾向所创作出的一部戏剧诗作还是会激发起新的音乐发现的冲动。他同情地微微一笑，解释说，我的问题中同样包含有一种错误：这种新的东西存在于何处："在《贞洁的修女》中我已为一部罗马题材谱了曲子，在《斐迪南·科尔特兹》中为一部西班牙-墨西哥的题材，在《奥林匹亚》中为一部希腊一马其顿的题材，最后在《霍亨斯陶芬的阿格尼斯》为一部德意志题材谱了曲子，所有其余的都没有什么价值了。"②可他并不希望，我在思想上有所谓的以《神弹射手》为样式的浪漫主义式的种类吧？没有一个严肃认真的人会有这样一些幼稚可笑的念头，因为艺术是种严肃认真的东西，而他已没有任何严肃认真可言了。有哪一个民族的作曲家能超过他？不是那些意大利人，他很简单地把他们骂成是猪；不是那些法兰西人，这些人只是可怜地模仿他，也不是那些德意志人，他们永远跳不出那些孩子般的把戏，

① 原系法文。

② 原系法文。

如果说在他们中间有出色的天赋的话,那现在早已由于犹太人而全部毁掉了。"噢,相信我吧,只要我在柏林是音乐的统治者的话,那德意志是有希望的。但从普鲁士国王把他的音乐委托给他召来的两个犹太人,一切希望都化为泡影。"①

我们可亲的女主人认为,让这位容易激动的大师有点什么消遣可做,会是件好事。剧院离她的住处只有几步路远,她邀他前往剧院一看,由我们的朋友海涅——他也是客人之一——陪同他前往。剧院刚上演过一场《安提戈涅》,他定会对按照瑟姆帕②出色设计的舞台上古代布置感兴趣。他本要拒绝,因为他坚持说,这一切他已从他的《奥林匹亚》中很好地见识到了。但还是说服了他。只是在很短时间他就又返了回来并面带蔑视地微笑解释说,他已经看够了,也听够了,这都使他进一步坚定自己的看法。海涅告诉我们,在他和斯蓬蒂尼登上圆形露天剧场的几乎是空荡荡的舞台之后,这个人在走到酒神合唱队席开端处时转向他说:"这是柏林歌唱学校我们走吧。"从敞开的门射出一束光,照到一个柱子后而此前没有看到的一个孤零零的人的身上,海涅认出了是门德尔松,于是他立即断定,他一定会听到斯蓬蒂尼的这番话。

从这位大师的这些非常激动的言辞中令我们清楚地看到,他的目的在于促使我们让他更长时间留在德累斯顿并演出他的全部歌剧。但施罗德-德弗林特夫人认为,她使他避免一次令人恼火的大失所望的失败才是聪明的做法,不要接受《贞洁的修女》的第二场演出,称其是在他在场的情况下,阻止这样一场演出,这是为斯蓬蒂尼本人的利益着

① 原系法文。

② 瑟姆帕(1803—1879):德国建筑家。

想。她又一次制止了不愉快的发生，我从经理部那里接受了一项委托，让斯蓬蒂尼清楚，事情要拖很久呢。这次拜访令我十分难过，我由获得斯蓬蒂尼同样好感且法语说得远比我流利的吕克尔陪我一道前往。我们怀着一种真正的畏葸心理踏入他的房门并猜想，一定会经历不愉快的场面。令我们惊奇的却完全相反，当我们看到大师时，他面露快乐的表情，施罗德-德弗林特早已通过信柬友好地通告了他此事。他向我们宣布，他得尽快地前往巴黎，以便尽早地从那里前往罗马。教皇在那里要面见他，赐他"圣·安德莱亚伯爵"的称号。这同时他还向我们展示了第二份文件，丹麦国王授他为"丹麦贵族"，这即是授予大象勋章骑士的称号，这当然表明他有了贵族的身份。但他只提到了贵族而没有提到勋章，因为这对他太普通了。他的这种骄傲的满足感表现出的几乎是一种孩子似的喜悦，他从德累斯顿这次《贞洁的修女》演出行动的狭窄圈子里解放出来，像是借助一种魔法似的，被安排到光荣王国里，从这里他怀着天使般的快意俯瞰着这个世界的歌剧上的磨难。教皇和丹麦国王受到了我和吕克尔的衷心称颂。我们感动地与这位奇特的大师作别，为了使他感到快乐，我向他许诺，在歌剧谱曲上我会很好地考虑他的朋友般的建议。

后来我得知，斯蓬蒂尼又一次谈起了我，即我作为一个政治流亡者离开了德累斯顿正在瑞士寻找庇护所。他认为，这是由于我参加了反对萨克森国王的一项叛国罪所致，正是这位国王把我任命为乐队指挥，他是我的一个恩人，因此他痛苦地惊呼起来："怎样的忘恩负义啊！"①有关他最终死亡的事，一直守护在他的病榻前的柏辽兹告诉我说，大师

① 原系法文。

极力地抗拒死亡,他一再地喊叫:"我不想死,我不想死!"[1]柏辽兹安慰他:"您怎能想到死呢,您,我的大师,您是不死的!"[2]这时这个斯蓬蒂尼恼怒地训斥他:"您不要开这种恶劣的玩笑!"[3]我是在苏黎世听到他死亡的消息,尽管有那么多的奇怪的经历和回忆,这消息依然令我十分感伤:我在《同盟报》上发表了一篇文章表达了我当时的心情和我对他的评论,在文中我特别地强调,与现在居于统治地位的麦耶贝尔,甚至与还在人世的白发老人罗西尼相反,他对自己对他的艺术的信心坚定不移,几乎令我感到惊愕的是,这种信心已畸变成一种魔鬼似的迷信了,可我并没有公开谈及我的这种看法。

我并没有忘记在当时在德累斯顿的氛围中找到机会,对我与斯蓬蒂尼的会见所得到的极为奇特的印象进行深入的思考,使我的印象与我并不因此而减少对大师的高贵尊敬相一致,显然我只认识到他的漫画性的一面,对自我意识如此惹眼进行夸张的才能,当然从他血气方刚年代中就保留下来的性格中已明显可见了。我认为这个时代音乐戏剧的艺术倾向本质上的堕落的影响也同样的明显可见。这个时代把处于一个如此混乱和毫无价值的环境中——如他在柏林职位所遭遇的那样——的斯蓬蒂尼看成是过时的老朽人物。由于他把他的主要功绩令人奇怪地放在次要的地位,这表明他的判断变得十分幼稚可笑。但在我的眼里他的作品的非凡价值并不因此而受到忽视,尽管他本人对这种价值做了异乎寻常的夸张。驱使他如此漫无边际地高估自己,他与那些现在挤对他的艺术大人物相比较,如果我处于他的位置,可看作他的一种辩解,因为他对这些大人物的藐视使我从内心里感到与他亲近,

① 原系法文。
② 原系法文。
③ 原系法文。

远比我当时承认的要多。可以说,在德累斯顿这次奇特的邂逅尽管有那么多几乎是罕见的可笑的特点,在总的方面我对这个人充满了一种几乎是可怕的同情,我再没有遇到与他一样的人了。

在随后这段时间里,在我的生活中与我们时代重要的艺术界人士的交往带给我了另外一些阅历。这些阅历明显地大不相同,现在我要谈其中最为出色的一段,即与亨利希·马斯涅有关的事情。

马斯涅很年轻就被韦伯任命为德累斯顿乐队的音乐指挥。在韦伯死后他自认为能取代韦伯空出来的职位。但他的期望落空了,这并不是与他迄今很少表现出的成就有关,而是由于他本人的有些令人反感的举止所致。有一天他的妻子得到了一笔意外的遗产,这令他惊喜;这使他有了可能,不需要职位就能以歌剧作曲家的身份努力地去进行闯荡了。在音乐主宰我的年轻狂热时代里,马斯涅生活在莱比锡,他的有名的歌剧《吸血鬼》和《圣庙骑士和犹太女人》首先就在那里上演的。有一次我的姐姐罗莎莉把我领到他那里,以便让他对我做出一个判断。他并非不亲切地接待了我,但结果却是无关痛痒。我还看过了他的歌剧《驯鹰人的未婚妻》的首演,可演出并不怎么成功。他的那部在柏林首先演出的歌剧《汉斯·梅林》我是在乌尔茨堡才知道的,它向我表明倾向性的摇摆和形象塑造力的衰退。从那以后他又创作了更多的歌剧,如《阿特纳宫》和《贝布》,它们都从来没有传播开来。他总是被德累斯顿剧院经理部所忽视,像有陈年旧怨似的,只是他的《圣庙骑士和犹太女人》经常上演。这部歌剧的指挥分配给我的同事腊依辛格,可在他不在时我也指挥过一次,那时我正在创作我的《唐豪瑟》。我记得,尽管我早在马格德堡时就经常演出这同一部歌剧,但这次混乱的和不熟练的配器却极为痛苦地刺激了我,使我真的感到是种折磨,在腊依辛格返回之后我极其严肃地请他无论如何要接手这部歌剧的指挥工作。我则立即去准备《汉斯·梅林》的演出，这仅仅是出于一种艺术上的荣誉。当时演员阵容不整，不可能带来演出上的一次巨大的成功，但无论怎么说，这部作品的倾向显而易见是过时了的。我得知马斯涅完成了一部新歌剧《拿骚的阿道夫》，在一份我拿到的广告上称马斯涅的这部最新的作品特别强调了“爱国的、高贵的德意志倾向”，可它的真实性如何我还不能判断。我认为，德累斯顿剧院有着首创精神，于是我说服封·吕梯绍先生，在这部作品还没有在任何地方上演之前就立即在德累斯顿演出它。马斯涅好像并没有得到汉诺威剧院当局的特别看重，于是十分热情地接受了这项邀请，寄来了总谱并声称，准备亲自来德累斯顿参加这次演出。吕梯绍先生并不想在乐队指挥台上再次见到马斯涅本人，而我也觉得，太经常地招外地的指挥来亲自领导其本人作品的演出会带来一些混乱，他们并不总是那么有趣和有益的，如斯蓬蒂尼来访问时的那样。于是这部歌剧就交给了我本人来领导。我多么后悔这件事啊！总谱到了。由卡尔·戈尔米克写的一部可怜的作品，由《圣庙骑士》谱曲者以如此浅薄形式谱曲，其主要的效果竟放在一首四声部的酒歌上面，在这首歌里用著名的男声四重唱的形式对“德意志莱茵”和“德意志美酒”大唱赞歌。我立即就变得沮丧起来。但事情已无法挽回，我必须设法，借助一种严肃的表情，使歌手们能坚持下去。可这很难。梯沙舍克和密特乌尔采饰演男主角；两人在音乐造诣上都是出色的，他们立即唱了全部的歌，每唱完一首就望向我，问我是什么想法？我强调说，这都是很好的德意志音乐，他们只是不要唱错就行了。他们诧异地彼此面面相觑，不知道该对我怎么办。到最后他们终于绷不住了，当我依然一本正经面容严肃时，他们就大声笑了起来，我也憋不住地跟着笑起来了。我必须让他们知道我的困难处境并对他们断言说道，事情无法改变，我这不得不装出来的一本正经同样得继续下去。一个维也纳花腔女高音斯帕采·金蒂鲁莫是最新的艺术流派，她是从汉诺威来到我们这里，马斯涅对她参加的演出寄予厚望。她对所饰的角色倒是相当喜欢的，因为她觉得，这里面照顾到了“华彩”的需要。确实在一个终场里，我的“德意志大师”试图超越多尼采蒂：公主由于一个金玫瑰——这是美因兹的凶恶的主教送来的礼物——而中毒，陷入一种昏迷状态；拿骚的阿道夫与德意志的骑士发誓进行复仇，在一种由合唱队伴唱的密切和应（Sterefta）中倾泻出那么多难以置信的愚蠢和庸俗的东西，这无论如何都会使多尼采蒂对他的这位微不足道的学生甘拜下风。在彩排时马斯涅来了，非常满意，并愉快地给予我机会在艺术上进行这样的实践，不要欺骗，不要克制自己的看法，对我们的客人要细心和热情加以照顾。但在演出时观众的情况就如歌手们在排练时所发生的情况一样。我们把一个死胎带到世界上来了；可这使马斯涅完全得到宽慰的是，他的饮酒四重唱——它有点类似贝克尔·尼的歌：《他们不会得到它，自由的德意志的莱茵河》①——被要求重唱。在演出后我同几个朋友在家里招待作曲家宵夜，遗憾的是我的那些歌唱家没有来。斐迪南·黑勒先生是一个镇静的人，他在一次向马斯涅敬酒时说道，这儿要重视的是德意志大师和德意志作品。可马斯涅却滑稽地对他的看法加以否定，相反的是他教训我们，说德意志歌剧作曲困难重重，人们必须更多地照顾歌唱家的需要，关心他们出色的歌唱才能，遗憾的是他直到现在都做得不够。

真正有才能的德国音乐家的巨大堕落大部分是因为一种真正的倾向所致，这种倾向在逐渐变老的大师身上引起一种重大的——如他所

---

① 贝克尔·尼（1809—1845）在1840年写的一首诗，它被谱成歌曲在法国觊觎莱茵河时，广泛流传开来。

相信的那样——和非常成功的变化。在稍后的年代里我在巴黎又一次遇见了他，那正是我的《唐豪瑟》在那儿进行冒险演出的时期。这次我没有兴趣去接近他，因为我觉得，正确地说，省得成为他那时在德累斯顿向我们申明的思想有了彻底改变的证人。我得知，他在处于相当无助的幼稚可笑的状态下，受一个很年轻的爱慕虚荣的女人摆布，这个女人想为他去赢取在巴黎的一种最后荣耀。这期间我有机会在广告上读到夸耀马斯涅的文字，说巴黎观众不应当相信，我目前代表着音乐中的德意志精神；因为这种精神，如人们所证实的，如果让他马斯涅来说的话，那人们会体验到比在我的作品中更多的顺从和法国人更乐于享受的精神。在马斯涅的妻子还未能对此提出佐证之前，他就死了。

与此相反，在那个时候斐迪南·黑勒在德累斯顿却是十分可亲和可信赖的。那时麦耶贝尔有时也来德累斯顿，不知道为什么，有一次他在皮尔纳租了一座小型夏日别墅，他在庭院中的一棵树下让人摆放了一架钢琴，在田园式的隐居生活中创作他的《西里西亚的军营》。可他极少引人注意，我对他一无所知。但斐迪南·黑勒在德累斯顿的音乐界中的活动却是异乎寻常的广泛和扎实，这并不是由于他领导王家乐队所致，而是由于多年来的努力工作。他有一些钱财，在我们附近有一套安适的住宅，很快大家都把它誉为“舒适之家”；黑勒的妻子是一个出色的波兰犹太人，由于她的中介这所住宅被许多波兰人挑选为聚会之地；黑勒夫人和她的丈夫同时在意大利受洗为新教徒。他在德累斯顿的登场同样是因为我们上演他的一部歌剧《圣诞前夜之梦》。我的《黎恩济》在德累斯顿获得了异乎寻常的成功，从那以后德累斯顿的观众第一次开始设想至少能有一次持久的成功，这样以来某些歌剧作家在一段时间里就把他们的目光转到“易北河上的佛罗伦萨”，劳伯在谈它时曾说过，一旦人们踏进这座城市，很快就能找到某些善的东西，可一旦人们又离开它时，那他们就会完全忘掉了。《圣诞前夜之梦》被它的作者当作一部特别的德意志作品：一部由劳帕赫写的剧本——《缪勒和他的孩子》——在这部戏剧中父亲和女儿在很短时间内相继死于肺病，黑勒把它变成一部歌剧题材，以大众化的形式配上对话和音乐。因此他与这部剧有着同样的命运，有一次李斯特在谈到这种命运时告诉我，它一直以奇怪的方式在追逐黑勒。他的音乐成就得到公认，并且也受到罗西尼的敬重，可一旦他的一部歌剧上演时，无论是在巴黎用法语，还是在意大利用意大利语，总是以失败告终，这成了他一直不得不经受的经历。在德意志的土地上他试图用“门德尔松”的方式，并确也创作了一部清唱剧《耶路撒冷的毁灭》，这部作品的长处并没有受到脾气古怪的剧院观众的看重，可值得高兴的是它为它的创作者带来了一个诚实的德国作家的持久的声誉。当门德尔松被召往柏林被委任在总经理处时，黑勒代替他领导了莱比锡的“布业大厦音乐会”。但他的旧厄运又一次临头：他不能保持这个职位，这是由于他的妻子的缘故，因为人们不让她担任音乐会的头牌。门德尔松返回并把他带走；黑勒为与他闹翻而感到得意。德累斯顿和我的《黎恩济》的成功使他企图重新成为歌剧作家的机会大增。他借助他那令人羡慕的干练和他这个有钱的银行家出身的儿子对宫廷剧院总监所具有的独特的吸引力，使我可怜的朋友吕克尔因为黑勒的《圣诞前夜之梦》而把答应演出他的《法林内刊》搁置到了一边。他觉得，除了腊依辛格和我之外，一个有着巨大的音乐声望的人就该轮到吕克尔了。可吕梯绍先生认为，他有我们这两个著名人物就已经足够了，我们又能如此和平相处，因此他把黑勒的这番话当作耳边风。《圣诞前夜之梦》给我个人带来了一些困难，我不得不在几乎空无一人的剧院里重复一次指挥。黑勒认为，他没有听从我事先给他的建议，即把这部歌剧缩短一幕和改动一下结尾，是做了一件错事,现在他相信我一定会为这样的消息感到高兴:一旦他的歌剧会因此而保证再次上演的话,那他完全按照我的愿望行事。我确实做到了这点。但是这部作品却没有重演,见到我的歌剧剧本《唐豪瑟》,他觉得,我自己写的歌剧剧本和取消要我为他的歌剧剧本加工之事,这会带来更大的益处。我必须答应他,他在为选择和创作的下一个新的题材进行谱曲时,作为朋友要给他援手。此后不久,黑勒出席了我的《黎恩济》的一次演出,这次演出依旧座无虚席,观众十分激动。在第二幕结束时,我在观众的暴风雨般的欢呼中,离开乐池也是激动匆忙地登上舞台,就在这瞬间,一直在过道中等待的黑勒,向我急匆匆地祝贺并提出了他近切的请求:"您也再次帮我演出我的《圣诞前夜之梦》。"我微笑地答应了他。可我记不起来,我是否做了这件事。在期待一部新的歌剧题材的幸运诞生期间,黑勒先热心地研究起室内乐了,建立起一个漂亮的沙龙,这为他带来特别的益处。

一件美好的严肃的事情影响了我在过去一年年末时完成《唐豪瑟》谱曲的情绪,它有利地克制了我在上面描述的交往中一再增长的寻求消遣的念头。这件事就是 1844 年 12 月卡尔・玛利亚・封・韦伯的遗骸顺利地从伦敦运回德累斯顿。正如我已提到的,几年来成立的一个委员会一直鼓吹这件事。从一个旅行者那里人们都已知道,保存韦伯遗骸的一个平凡不过的棺材存放在伦敦保罗斯教堂里的一个偏僻的地方,没有人照看,过不久恐怕就再也找不到了。我的那个能干的朋友吕韦教授利用了这个消息,督促歌曲俱乐部,把韦伯的遗骸移回德累斯顿。为此目的举行了男声歌唱音乐会来筹措旅费,音乐会获得相当大的成功。当人们遭到了头一件感到棘手的麻烦事时要求剧院监督能经受住考验。从德累斯顿总经理处方面得知,国王从宗教方面考虑反对有意打搅一个死者的安静。人们不大相信这个理由,但不知道怎么办好。于是就利用了我的充满希望的新职位,让我去处理这件事。我怀着巨大的热情着手这项工作,我被选入理事会。他们需要一个艺术界的权威,把王家古物收藏室主管宫廷顾问舒尔茨先生拉了进来,此外还有一位银行家,此人是一个基督教徒。事情大张旗鼓,进行得有声有色。敦促来自四面八方,制定出了详细的计划,首先是开了无数次会议。这里我又一次与我的上级吕梯绍先生意见相左。事涉国王的意愿,他本想简单地对我发出一道禁令,可鉴于去年夏天为迎接国王而举办音乐会一事的经验,他不愿在这类与我相关的事情让人说他是吹毛求疵,“鸡蛋里挑骨头”。国王的反对不论怎么说并不是那么坚定的,他最终也看到了,王室的意志不能阻止这件事在一条纯私人的道路上进行下去,如果韦伯一度任职的王家宫廷剧院敌视此事的话,那这必然会招致对宫廷的仇恨;于是吕梯绍先试图使我不去关心这件事,他认为,没有我的热心那此事是办不成的。他向我解释说,对韦伯的纪念表现出这样一种过分的尊重,而这同时为王家乐队做出了贡献,死去很长时间的莫拉奇①,其遗骸却一直没有人想到从意大利运回来。他对此不能理解。从这段话该得出什么样的结论呢?他假定,下一次腊依辛格死于一次温泉之旅;他的妻子有理由同样如现在的韦伯夫人(他对她感到格外的不满)那样,要求人们把她丈夫的遗骸隆重地迎接回来。我企图使他安静下来;但我没法向他解释清楚此间的区别,他弄不明白到底有什么不同,可我能向他证实,现在事情正在顺利进行,柏林宫廷剧院已宣布将为支持我们而举办一场募捐演出,这项支持通过我的委员会求助于麦耶贝尔演出一场《欧里安特》,提供一笔 2000 塔斯社勒的款

① 莫拉奇(1784—1841):意大利作曲家,曾在德累斯顿王家乐队任指挥。任职期间去意大利,因而也使在德累斯顿任乐队指挥的韦伯工作过度。

项。一些小型的剧院不能长时间无所作为，现在我们的银行家能拨过来一笔足够的金钱，这样迁葬费用都已齐备，还保留下一块地基，以便将来建立一座韦伯的雕像。已故大师的两个大儿子将亲自前往伦敦带回他们父亲的遗骸。他们乘船沿易北河，直抵德累斯顿，首先在这儿首次踏上德意志的土地。抵达的当天晚上在火把的照耀下举行隆重的护灵仪式，我已经接受为这次仪式创作哀乐。在这首哀乐里我把《欧里安特》中的两个动机组合在一起，音乐描述了序曲中的鬼魂场面，这段音乐完全没做改动，只是把欧里安特的独唱《这儿靠近泉水》移调至B大调，以便第一个动机清楚地再现，如韦伯在歌剧结尾中再度出现那样。为这首组合得非常好的交响作品，我特别挑选了80件吹奏乐器，并研究如何对每一种乐器的利用。在从序曲中撷取的部分中的可怖震音，我用20个低音鼓的最轻的弱音(piano)来代替。当我们在剧院进行排练时，借助整体我达到了一种为之动容的和恰恰令人怀念起韦伯的深沉的感人效果。与韦伯私交甚好的施罗德-德弗林特夫人也在场，她心潮澎湃，激动不已。我也可以说，还没有什么能为此完全贴切地达到这样的目的。在宽敞的大街上，在隆重的护灵队伍的行进中，演奏这样的音乐十分顺利：速度非常缓慢，没有任何节奏的明显标志，这带来了特殊的困难，我在排练时让舞台变得空荡荡的，这样就可赢得合适的空间，在乐师们对这首作品做了彻底的练习之后，我让他们在这个空间就是在演奏中间也围着我形成个圆圈行进。那些沿路从窗子里观看和路过的人，都确切地向我证实，给人的印象是难以描述的那样庄严肃穆。

棺柩安置在弗里德里希斯塔特的天主教公墓中一处小型的停尸间里，德弗林特夫人在棺柩上放上一个花圈，它显得安详和朴素。

翌日上午举行了下葬仪式，把棺柩葬入我们准备好的墓穴。除了委员会的主席宫廷顾问舒尔茨先生，我荣幸地被指派发表一篇墓前讲话。是在遗骸迁回前不久，已故大师的第二个儿子亚历山大·韦伯之死，这为我的这篇讲话的撰写增添了全新的材料。他的母亲为正处于有为之年的儿子的意外之死极度惊恐，如果迁葬这项工作不是进行到这种地步的话，那我们几乎就要因此而放弃了，因为韦伯的遗孀把儿子之死看作上天的一种惩罚，移回逝世多年①的死者的遗骸，这种愿望看作是一种爱慕虚荣的恶行。因为观众同样也有着类似的看法，我为自己规定了任务，就是也对我们这项活动做明确的阐释。我获得了成功，从各个方面我得到证实，我的理由是十分充分的。我本人在这次活动中得到了一个特别的经验，因为这在我生活中是第一次在大庭广众下发表一次隆重的演说。自从我有机会发表讲话以来，总只是即兴式的；这可是我第一次把我的讲话简练紧凑，事先用文字写出来，详细地记在心里。我的记忆力十分的准确，没有想到过任何补救的措施。出席这次仪式的我的大哥阿尔伯特就站在我的身边，他有那么一瞬间感到极为紧张，他承认，他真想骂我，为什么我不把手稿给他供提示之用。当我清晰和响亮地开场和抑扬顿挫的话语产生几乎是一种令人惊异的效果，受到强烈的感染，这使我完全入迷，我感觉到我不仅听到也看到我自己面对屏住呼吸谛听的群众在讲话，我本人成了一个旁观者，完全陷入一种紧张的期望之中，关注着令人入迷的事件的进行，而这一事件却是由我而发，这就仿佛我根本就不是站在这里讲话的那一个人。我没有感到有丝毫的畏葸不安或精神不集中；在一段话之后出现了一个相对长的空歇，当场谁若是面带沉思的入迷目光看到我，那他不知道该对我有什么想法。直到我的长时间的沉默和寂静无声才使我想起来，我在这里不是该听，而是该讲话。于是立即把我的演讲非常流利地讲完，

① 韦伯1826年死于伦敦，距这次移葬（1844年）已有19个年头。

使著名的演员艾米尔·德弗林特事后向我说，他不仅是一个极为感人的葬礼的参加者，而且作为一个戏剧演员从这件事上获得了极为震惊的印象。这次葬仪结束时演出了一首由我撰写和谱曲的诗，它虽然很难用于男声演唱，但我们极优良的歌唱家们很好地完成了任务。吕梯绍先生参加了这次葬礼，他同样向我声称，这次活动是正确的。

这是一次美好的令我深为得意的成果，我为此感到高兴。如果说我还有点什么不满足的，那韦伯的遗孀——我从教堂直接去拜访她——向我倾诉她内心深处的情怀，就使我的任何不快都烟消云散了。对于我来说这有着一种重大的意义：我在最早的儿童时代由于韦伯的出现而对音乐产生了狂热的迷恋，对他的逝世的消息感到十分痛苦，现在我成为一个大人时通过这两次葬礼使我又一次与他有了犹如亲身一样的直接接触。在我上面叙及了我与在世的音乐大师的交往和我从他们所获得的经验之后，人们可以判断，我在内心中与大师交往的渴望是多么强烈。从韦伯的墓地去看他的那些在世的后继者，并不令人感到安慰，可这种毫无希望的景象随着时间的推移才真正清晰地显现出来。

部分是与外界的交往，部分是内心的经历，在这种情况下我度过了1844—1845年的冬天。异常勤奋和冬天的晨间充分利用，这使我成功地在过去一年末结束了的《唐豪瑟》作曲到4月时也完成了总谱。配器给我带来了特殊的困难，这是因为这项用于石版复制目的的工作我得立即在必须特别分解开来的纸张上进行，这带来很大的麻烦。我每一页每一页印制，希望制作出100份样本，用它们来迅速推广我的作品。无论我的这个希望满足与否，不管怎么说，为了制作这些样本我现在已付出了500塔勒。这般力气，用如此财力所制作的东西，其命运如何，还会在我的这部传记里叙及的。5月，自从《漂泊的荷兰人》以来，我完成的又一部新作品的100份印制精美和洁净的样本终于面世了。当我把几份样本展示给黑勒看时,他表现出一种十分宽容的大度态度。

为了《唐豪瑟》在传布上能迅速地取得成功,我必须不断地出头露面才行。从我的歌剧筹措自费出版开始的一年中间,发生了许多事情。我在1844年9月出版了《黎恩济》的完整的钢琴改编谱,我把一份装帧精美的样本题上献辞,呈递给萨克森国王。《漂泊的荷兰人》也完成了,《黎恩济》的双手和四手钢琴改编以及这两部歌剧中的个别歌唱曲同样也问世了,并在公开发行中销售一空。此外我还把这两部歌剧的总谱通过所说的石印复制(按照一个乐谱抄写者的手写本),每部印25份。如果说这种新的版本花费了我数额更多的金钱的话,那我觉得,通过寄供我的总谱而激起剧院上演我的歌剧的这种尝试是必不可少的,如果最终我的作品能在剧院里按所期望的那样传播开来的话,出版钢琴改编谱的昂贵版本必定能带来益处。我先是把《黎恩济》的总谱寄给一些最有声望的剧院,可每一家都把总谱寄还给我,慕尼黑宫廷剧院甚至都没有拆封。这使我得到了足够的教训,于是就不再花费金钱寄出我的《漂泊的荷兰人》了。商业上希望看来是只要《唐豪瑟》能预期得到成功,那也会为那些早期的歌剧带来好的影响。值得敬重的宫廷音乐商迈泽尔,我的那位脾气古怪的、变得忧虑重重的代理人,必然也是想到了这点。《唐豪瑟》的钢琴改编曲这次由我自己完成并出版,这同时吕克尔立刻着手为我改编《漂泊的荷兰人》,一个名叫克林克的人忙于《黎恩济》。迈泽尔完全反对《唐豪瑟》当时的标题:《维纳斯山》;他也真的说服了我:他强调说,如果我到观众中去那就会听到,人们如何拿这个标题刻薄地开心取乐,如他所言,这是德累斯顿医学院的教师和学生们散布出来的,这都是些伤风败俗庸俗猥亵的笑话。听到这样令我反感的庸俗的东西,这足够说服我去改变题目了。我把那个传说题材的取名添加上我的主人公唐豪瑟的名字,我把原本与唐豪瑟传说不相干的这个题材与它联系在一起，遗憾的是后来我敬重的传奇研究者和革新者西姆洛克·卡①对此大恼火。

《唐豪瑟和瓦尔特堡的赛歌会》这个标题，借助钢琴改编曲的装帧定会使观众眼前出现一种与中世纪倾向相适应的形象。为此我让我们莱比锡的印刷厂用特殊型号的哥特体重新出版这部歌剧的剧本，这需要增加一笔数目不小的费用，我对这部作品的成功向迈泽尔打了包票。我们竭尽全力去筹措资金，为这项活动要做出巨大的牺牲，我们也别无出路，只能希望事情大吉大利，红运高照。另一方面我对《唐豪瑟》的希望完全寄托于剧院的总理处。纽约大歌剧院优秀画家为德累斯顿提供的许多出色的布景和那些依照保留着德意志布景画派的通行风格给人一种印象，这是高贵的戏剧种类中一部真正的艺术作品。这些布景促使我去说服吕梯绍先生，让这同一批艺术家来为《唐豪瑟》工作，定制以及与巴黎画家德普莱辛的商谈在去年秋天就已经进行了。我的所有愿望都被接受了，就是根据我委托我的朋友海涅所绘制的那些漂亮的和富有中世纪特点的服装也制造出来了。只是瓦尔特堡的赛歌大厅的制作使吕梯绍先生一再地迟疑不决，因为他坚持前不久由法国画家为《奥伯龙》提供的卡尔大帝的大厅仍足够于供我所用。我花了超人的努力，去向我的上司证明，这与一座豪华的皇帝大厅无关，而是我要再现一幅具有特色的舞台场景。最终我表现得十分激动和不快，于是他安慰我说，他肯定也不反对制作这座大厅，并要立即去定做，他相信，如果他给我制造点困难的话，那我的喜悦会更为巨大的，因为什么都那么一帆风顺，那就没有意思了。这座赛歌大厅还给我带来了很大的困难。尽管如此一切都在顺利地进行，有的有利情况都集中在一个焦点上：这

① 西姆洛克·卡(1802—1876)：日耳曼学者、作家，德国中世纪传说研究者。

就是在秋天演出季节揭幕时，我的新作品演出所带来的希望。对此的期待并不轻松，我第一次在《汇报》上看到了一篇通讯，它兴致甚浓地提到了我，对我的新作品怀着期待，称剧本是用“明显的诗歌理性”写成的。最美好的希望都集中在我的身上，7月时我旅行前往马里昂巴特，与我的妻子一道度过我这一年的夏日假期，在我们停留期间去享受泉水疗养。

我又一次踏入波希米亚的大山地带，它是那么值得留恋和令人激动。一个奇妙的、几乎是炎热的夏天培育起我内心的欢愉。我把自己全身心献给这种最惬意不过的生活方式，这次旅行中我细心地带来了一些读物：由西姆洛克和圣·马尔特编辑出版的《沃尔夫拉姆·封·埃森巴赫诗歌》，与此相关由匿名作者写的叙事诗《罗恩格林》，附有葛雷斯写的一篇大型的导言。我在附近的森林里，躺在地上，枕着双臂，沉浸在这本书里，为的是卧于溪畔与提图雷尔和帕西伐尔①一道在我陌生的却令我内心感到亲切的埃森巴赫的诗歌中娱乐自己。但不久渴望塑造浮现在我面前的形象是如此的强烈，这使我不得不费力地去加以遏制，在享受马里昂巴特泉水期间我被警告不得去做任何激动的工作。从此中很快产生出一种令我不安和一再增强的躁动：这就是《罗恩格林》。早在巴黎后期我就开始有了这个题材的构思，现在它的戏剧形象突然是那样形神俱备地出现在我的面前。与这个题材非常密切连在一起的天鹅传说——借助我的研究使我熟悉了这部神话整体的特征——对我的想象力起到了一种超乎寻常的刺激。想到医生的警告，我竭力克制自己去把构思好的计划写下来的意图，相反我是求助于极为别样的一种手段。从格尔努斯《德意志文学史》为数不多的评注中，纽伦堡

① 此系埃森巴赫代表作叙事诗《帕西伐尔》中的两个人物。

的工匠歌手与汉斯·萨克斯一道对我来说成了一种特殊的生活。仅是“裁判员”这个名称以及他在工匠歌手赛时所起的作用就已经异乎寻常地吸引了我,我还没有对萨克斯和他同时代的诗人有任何进一步的认识,在一次散步中我就想出了一场令人发笑的戏。在这场戏中在用锤子锤鞋模子的鞋匠作为广受喜爱的手工艺诗人,给那个裁判上了一课,这是对他干下的学究气的坏事进行了报复。一切都集中在我面前显示出的两个分数上:一个是由裁判员用粉笔写在黑板上,另一个是汉斯·萨克斯的,他把用锤子击打做好的鞋子擎在空中①。两个人仍同时表明,歌唱得很糟。在这时我给自己建造了一个狭隘弯曲的纽伦堡胡同,里面有邻里,警报声和街头的斗殴,这是第二幕的结尾。这部工匠歌手的喜剧突然间栩栩如生地出现在我的眼前,因为这是一个特别引人产生兴趣的题材,尽管医生禁止,我还是想方设法动笔把它写了下来。事情做成了,我希望借此把自己从《罗恩格林》的研究中解脱开来。但我失望了,当我中午时分要去泉浴时,我就被把《罗恩格林》写下来的愿望主宰了,在等待泉浴所需的时间里,几分钟之后我就变得不耐烦地跳了起来,几乎来不及把衣服装戴整齐,就像一个疯子样地跑回我的住处,迫不及待地抓起纸笔。好多天一直如此,直到把《罗恩格林》的详细场景计划都写下来为止。

医生认为,我最好是放弃泉浴并对我说我不适合进行这样的疗养。我的创作冲动是如此地强烈,夜不成寐,梦中通常是一连串的冒险。我做了几次远游,其中也去埃格尔,这个地方使我忆起华伦斯坦②,它的居民具有特色的服饰给我留下很深的印象。8 月中旬我们返回德累斯

① 参见《纽伦堡的工匠歌手》第二幕第六场,萨克斯是用锤子击打来记分的,每有一个错误他就锤打一下,待这位歌手唱完时,萨克斯击锤次数之多已做出了一只鞋子了。

② 华伦斯坦(1583—1634):神圣罗马帝国皇帝的统帅,被刺杀于埃格尔。

顿,我精神焕发,神采奕奕,朋友们高兴极了,我觉得我长了双翅膀。

9月,我的歌手们又都集中在一起了,开始研读《唐豪瑟》,我对这项工作全力以赴。排练不久就达到了演出的程度,音乐工作亦已就绪。这部作品表演上的困难,首先是由施罗德-德弗林特夫人觉察到了,她在情感上和观点上对此十分清楚,她告知了我,这令我不快也令我感到羞愧。她首先提到的是诗句,在一次拜访时她非常优美和感人地给我朗诵了最后一幕的主要段落,并问我,我在哪儿会找到像梯沙舍克这样一个如此可笑的孩子气的人饰演唐豪瑟该有的音调呢。我试着把她引入我的音乐的特性的话题,我的音乐是十分详细和果断地表达出所必须的音调,我坚持认为,音乐是为演员说话的,哪怕他只是一个音乐歌手。她摇摇头并认为,如果我说的是她按照钢琴改编曲给我唱了伊丽莎白的祈祷曲,并问我,我是不是相信,一副没有自己灵魂的年轻优美的声音,一种缺乏必不可少的心灵体验的准确性,在演唱这份乐谱时就会唱出符合我的意图的歌声来。我叹了一口气并表示,所缺少的必须通过声音和女演员的天真和青春朝气来代替。可我请求她与饰演伊丽莎白的我的侄女约翰娜取得联系,这对约翰娜所扮演的角色是有益的。但遗憾的是,无论是在哪方面都没有解决饰演唐豪瑟的任务,因为我的精力充沛的朋友梯沙舍克通过每一种指导上的尝试只会变成迷惑不解。于是我个人必须完全信赖他的声音的力量和这位歌唱家所特有的清晰的语言声调的力量了。

但这位伟大的女艺术家的忧虑还有着一种她本人的特殊原因,这涉及的是她如何扮演主要角色的问题。她自己不知道,该对维纳斯这个角色怎么处理。她饰演的维纳斯的场景不是很多,可恰恰是因为其任务的困难性和重要性而对整体的成功起着重大的作用。有关这一角色的过于粗线条的处理,后来这部作品面临在巴黎演出而我要对它再一次加工时，我决定以详细的方式弥补这个缺欠，并借助一个全新的形象塑造以补救我内心所感到的不足。现在的情况就只能如此，这个本子无须女演员的艺术表现就能完成一种与观念相适应的演出。顶多是借助观众对纯官能上的关心，借助一个特别年轻貌美的形象，借助对女演员本人的信赖，基于这种形而上学的辅助手段的影响而起到了某种效果。如果这种影响手段不再供她使用，那这位业已德高望重的伟大的女艺术家就瘫痪无力了，她无法施展身手，运用通常的手段来博取观众的欢心。她有一次面带令人怀疑的微笑谈到了她饰演维纳斯的困难，她无法用正确的途径表达出来，只能说："上帝保佑，我扮演维纳斯该穿什么服装啊？光束一根腰带是不行的！这会变成一个化装舞会中的一个布娃娃。您一定会高兴的！"

从整体上看，我一直还是相信这部作品纯音乐的效果。黑勒也在通阅总谱时就十分羡慕地称赞我，称普通的配器肯定是不行的。乐队所具有的富于特色和柔和的响亮度令我极为高兴并坚定我的这种做法：尽可能少地运用乐队的手段并赢得充分配合的可能性，这种配合是我后期作品所必不可少的。只是我的妻子在乐队排练时感到缺少了小号和长号，它们在《黎恩济》中一直令人感到新奇和有趣。我对此以微笑处之，可我对她的担心——她在剧院的一次排练中看到"赛歌会"的平淡效果而有了这样的担心——却不得不予以严重的关切。她是从观众的立场出发的，观众总是要得到娱乐或者受到感动，她非常正确地接触到了表演上最值得考虑的一面。只是我必须立刻认识到，问题在什么地方，我的不正确的设想上出现的错误远比演出上疏于监督的错误要少得多。我发现在这一场的设计上不自觉地陷入两难的困境，在这种困境中我不得不为未来做出决断。这场赛歌大会应当是一场咏叹调音乐会或者是一场诗歌——戏剧的竞赛呢？歌剧这一种类的性质要求,这儿进行的是一场彼此之间和对立的变化不同的歌唱(每一个通过我的这一场景的完全顺利演出没有从中获得正确的印象的人,直到今天还持这样一种见解),并且不同的歌唱段落,纯音乐的,通过运用明显转换的节奏和节拍显现出了乐趣,比如,在一份音乐会节目的组成上就会必然看到,借助节目的不同转换就能因为经常出现的意外而产生出乐趣。这根本就不是我的意图。我的真正意图,如果我能够,这次(这在歌剧中是第一次)迫使听众通过追随必要的发展步骤而关注这些歌词的思想。因为只有通过这种关心才能带来对灾难理解的可能性,这次这种灾难不是借助任何外在的机缘而是只能通过灵魂的发展进程才会发生的。因此,这种音乐特别温和、开阔,不仅不妨碍对歌词的理解,而且特别符合我的观点所要求的设想和这种随同激情的炽热而上升的节奏的旋律结构,不能通过不必要的转调和节奏的运用而随意地中断。因此用于伴奏的乐队乐器要极为节省和有意地拒绝纯音乐的影响手段,这种手段在形势变得紧张的情况下,只有情感才是理解事件所必需的。没有人能向我否认,一旦我本人在钢琴前弹奏整场赛歌会时,我从中取得了真正的效果。但恰恰是这里存在着对我未来成功起决定性的困难,即我不能引导我们的歌剧演唱家们完全按照我所需要的方式进行演出。基于冷漠而造成的经验上的缺乏,我在《漂泊的荷兰人》演出时就已经疏忽了这件事,这次我意识到了它的整个危害性质。现在我竭尽全力想如何使我的歌手们找到正确的演唱方式。遗憾的是不可能对梯沙舍克起什么作用,因为,正如我说过的,大家都害怕,如果他因为劝说而相信了他根本就不理解的事情,那就变得无所适从和一头雾水。他自知他的巨大长处,用金属般的声音,在音乐上和节奏上唱得优美和准确,同时吐字十分清晰。但令我感到惊异的,我现在才知道光有这一切并不够。当我在第一次演出时,我发现唐豪瑟在赛歌大会的终场用他狂热的激情和浑然忘记一切把颂扬维纳斯的赞歌竟沉醉地直接唱给伊丽莎白——这我在排练时难以理解地被忽略了——他站到了她的面前，我自然想起施罗德-德弗林特的警告，几乎像克罗伊斯①在被烧死时喊叫“噢，梭伦②！梭伦！”一样。

在这场赛歌会上，唐豪瑟生动活跃，他唱的歌旋律迷人，尽管我的这位歌唱家音乐上十分出色，但一切都没有成功；相反我在另一方面却成功地使一个新的，我想几乎可以说是迄今在歌剧中还一直默默无闻的人的艺术生命大放异彩。年轻的男中音歌唱家密特乌尔采是一个特别内向的不爱交际的人，他饰演的几个角色引起了我的注意，嗓音高雅，有着美好的才能，唱出灵魂的内心声音，我有理由对他一直以来的勤奋和钻研的成果感到满意。为了使我到现在还一直没有说出来的要求得以贯彻，我必须依靠他，这就是困难重重的赛歌会那场戏能正确地理解我的意图和我的处理方式。我同他首先说起的是这场戏一开始唱的那首歌，在我用我的方式给他唱了之后，他当然先是感到惊讶，觉得这种唱法太新鲜和太困难了。他觉得他完全无法模仿我，每一次练习时都又陷入老一套的唱法里去，他想清楚地表明，他直到现在除了带有一定程度的随意的反应——这种反应根据发音的需要按照纯歌剧的习惯唱法可以这样也可以那样——对这场戏还没有什么认识。他对他无法模仿我的无能感到惊讶，但同时对我的处理及我的有道理的要求的新颖和正确性表示理解，这使他求我现在不要再进一步练习了，相反让他自己在这个新世界里用自己的方法进行探索。现在他在许多次排练

① 克罗伊斯(约公元前560—约公元前546年)：吕底亚最后一代国王，以财富甚多而闻名，后被波斯的居鲁士二世捉住处死。

② 梭伦(约公元前638年—公元前559年)：雅典政治家、诗人，曾担任雅典的执政官，进行了宪法和司法的改革。

里唱时用一半的声音，以摆脱他的困难。在最后一些排练中他的努力在问题的解决上取得重大的成功，这个我非常需要的演员直到今天对我来说成了未来的、在正确指导上获得成效的希望支柱，尽管我们的歌剧处于堕落的境地。这支歌的效果——密特乌尔采在姿态、眼神和表情上完全崭新地把这支歌正确地表达了出来——以一种极为令人瞩目的方式也成了观众终于能理解我的整部作品的出发点。密特乌尔采通过这个任务的解决而成了一个完整的艺术家了，他饰演的沃尔弗兰非常优美动人，他成为我的这部由于第一次演出效果不佳而受到极大威胁的作品的救生之锚。

除了沃尔弗兰，伊丽莎白的形象是唯一令人同情的。我侄女那富有青春朝气的形象，修长的体形，明显的德意志人的容貌，在当时是无可比拟的优美声音，经常是儿童般感人的表情，帮助她赢得了观众的心，她即使不能很好地利用戏剧上的才能，可在明显易见的舞台上的才能却运用自如。她借助这方面的成就很快蜚声于世；即使在以后的岁月，一当我被告知有一场她参加《唐豪瑟》的演出时，经常有人告诉我，演出的成功几乎唯一地只能归功于她。奇怪地我在这些场合几乎总是只听到对她在瓦尔特堡接待客人那场戏中多彩的和极为引人注目的演出的称赞，在这件事上我认识到我和我的经验丰富的哥哥在有关这场戏上付出的努力所取得的持久的成果。但遗憾的是不可能在所有时间里都能使她正确地唱好第三幕的祈祷曲。我又像遇到梯沙舍克的情形一样，再次喊出的“噢，梭伦！梭伦！”我在第一次演出之后不得不对这支歌大加缩减，这样以来按照我的看法，这支歌失去了它的意义。如我听到的，在一段时间里享有真正伟大艺术家声望的约翰娜，她也从来没有完全掌握住这首祈祷歌，可我对一个法国歌唱家玛丽·萨克斯小姐在巴黎唱的这支歌却非常满意。

在10月初,我们的排练进展得十分顺利,即将到来的演出除了部分的舞台布景之外,一切都已准备就绪,直到很晚在巴黎定做的一些布景才到达。瓦尔特堡山谷的效果十分出色,相反的是维纳斯山的内部却给我带来很多麻烦:画家没有理解我的意图,他把带有雕像的灌木花坛——这甚至使人想起了凡尔赛——置放在一座荒凉的山洞里,无论从哪方面他都不知道如何使阴森恐怖的性质与诱惑力融为一体。我必须进行很大的改动。这就要用颜色把灌木花坛和雕像涂盖,这需要时间。这个洞穴被玫瑰色的雾霭笼罩,瓦尔特堡山谷在雾霭中显现出来,必须按照我的一种特别想法全新地加以制作。但最大的麻烦却是赛歌大厅的绘景得延期到达,一天一天过去了,从巴黎依旧没有消息,这期间其他一切以及总排练皆已就绪,等得都几乎不耐烦了。每天我都去车站,去翻检货物和箱子,可赛歌大厅的布景没有到。最后我决定,为了不推迟早已宣布的第一次演出,用吕梯绍先生向我推荐的《奥伯龙》中的卡尔大帝的大厅来代替赛歌大厅;这必须失去了富有诗意的效果,使我付出了可观的代价。这座业已在《奥伯龙》演出用过多次的皇帝大厅在第二幕拉开帷幕时使观众感到不小的失望,他们原本期待这部歌剧在任何方面都有最令人为之赞叹的惊喜。

10月19日这天举行首次演出。在这一天早晨,第一小提琴里宾斯基把一位高贵美丽的年轻夫人引来见我。她是卡莱基斯·玛丽①夫人,是俄国首相内赛尔洛德伯爵的侄女。她通过李斯特以一种热情的方式对我青睐有加,现在来到德累斯顿,来观看我的最新作品演出的奇迹。我有理由把这种令我好感的现象看作一个好的征兆。如果说她这次带着她由于这一次非常模糊的演出而得到的印象,怀着几分吃惊和

① 卡莱基斯·玛丽(1823—1874):娘家姓内赛尔洛德,后与瓦格纳成为好友。

失望又避开了我的话，那我确实有足够的理由在我的一生中为此感到高兴：这第一个印象在这位能力非凡、高贵的夫人心中生根和发芽了。与这次拜访形成奇妙的对照的是一个付出一些牺牲而到达此地的奇怪的人，他就是C.戛拉尔德，一份不久前问世的柏林音乐报的出版人，在这份报纸上我惊奇地谈到关于我的《漂泊的荷兰人》的第一篇和唯一一篇完全善意和非常深入的评论。我对评论界态度的冷淡早已不得不习惯了，可那篇文章却给了我极深的印象，于是我亲自要求这位素昧平生的人前来德累斯顿，出席《唐豪瑟》的首演。他真的来了，令我感动的是我在他身上认识到了一个在匮乏的环境中费心劳力和受到病魔折磨的年轻人，当他应邀而来时，没有提出任何补偿上的甚至只是食宿上的要求，而只想尽他应尽的义务。我注意到了他的知识和才能，他现在缺乏很大的影响力，可他那诚实的情感和敏锐的理解力却激起了我对这个可怜人的真正尊敬，令我惋惜的是几年后，他死于疾病，此前他对我一直是忠实可信和关注留心，即使在极端困难的情况下也毫不畏缩。此外，通过《漂泊的荷兰人》在柏林的演出我结识了迄今较长一段时间里我同样不熟悉的朋友阿尔维娜·弗洛曼。我是在施罗德-德弗林特夫人那里认识了她本人的，她早已与她成为朋友，施罗德-德弗林特面带笑容向我宣称，她是我征服了的一个热情的女人。她已不再年轻了，容貌上没有过人之处，除了一双能传达她心灵活动的犀利而动人的眼睛之外再没有什么了。她是耶拿书商弗络曼的妹妹，知道许多有关歌德的人所不知的事情，歌德每在耶拿停留时都住在她的家里。她那时是普鲁士奥古蓁塔公主的朗诵人，这样的一个头衔使她与一些贵妇交往甚密，被她们看作她们的女友和信任的人。但她依然生活格外窘迫，可作为一个阿拉伯风格装饰画家她以自己的才能来保持自己的独立，并以此为骄傲。她对我一向是诚信可靠，尽管《唐豪瑟》的首次演出情况不佳,可她依然表明,她是属于对我这部最新的作品抱有极大热情的少数人中的一个。

有关这次演出本身的情况,我在下面的相关问题得到了极富教益的经验:我的这部作品的真正错误——我业已提到过了——在于维纳斯这一角色仅只是做了粗略的和笨拙的处理,这指的是第一幕第一场中的整个开头场景。这个错误对戏剧的表演起了影响,即在表演上激发不出热情,特别是激发不出情欲高度激动不安的张力,按照我的构思,这种情欲必然给予观众以极强烈的感受,使从这一场引出的灾难的事件带有悲剧性的压抑感,为戏剧的进一步发展做好铺垫。尽管有像施罗德-德弗林特夫人这样一位伟大的女艺术家和一位像梯沙舍克这样才能卓著的男歌唱家出演这场戏,它完全失败了。如果德弗林特不是恰恰与一个对那种严肃性的戏剧难以胜任的男歌唱演员的话,那她的才能或许能使这场激情的戏成为真正的亮点;他的才干只能适用于欢快的和高谈阔论的场景,但对表现痛苦和受难根本就无能为力。观众直到沃尔弗兰唱出那支动情的歌曲和这一幕的终场场面时才稍许有些被感动。还有梯沙舍克在这一幕终场的高昂洪亮声音是那样富有魅力,人们在事后向我说道,第一幕结束之后在观众中引发了一种激动的情绪,它在第二幕的进行中间活跃和高涨起来,伊丽莎白和沃尔弗兰激起了观众高度的同情。只是这部戏剧的主人公唐豪瑟消失了,越来越从这种同情中看不到他了,这使他在终场戏里,好像被这种情况压垮了一样,在悲伤的匍匐姿势中消逝得无影无踪。他的表演的最大缺欠在于他不能正确地表达出终场大型的柔板唱段,这个唱段是以这样的词句开始的:“为了引导罪人获得拯救,上帝的使者接近了我们!”关于这一场面的重要性在我后来为《唐豪瑟》的一次演出所写的说明中做了详细的论述,因为梯沙舍克在演出这个场面时毫无表现力,起到的只是冗长乏味的作用,我不得不在第二场演出时把此处全部删掉。我不想伤害对我十分顺从并确也做出了成绩的梯沙舍克,我表示这场戏中的这个地方不合适。除了梯沙舍克担任由我自己所选择的这部歌剧的主人公之外,我删去这处对我极为重要的地方——除非得到我的赞同和要求——都在此后所有《唐豪瑟》的演出中保留下来,出于这个原因我对这部歌剧在德国舞台上后来所取得普遍的成功的重要性不抱任何幻想。我的主人公应当在愉悦中和在痛苦中一样经常以极大的能力来表现自己,在第二幕结束时他作为一个可怜的罪人以恭顺的态度匍匐在地,以便在第三幕中以一种谦卑的断念和以一种引人同情的态度再度现身。他以习惯的雄辩语调有力地复述了教皇的诅咒,使人们感到高兴听到了由他主宰的伴奏的钢管乐。如果说通过这里所指出的主人公在表演上的根本错误使观众对整体意义陷入一种模糊不清和不满足的紧张之中的话,那么我自己的,由于在这个新戏剧概念领域里缺乏经验而犯下的错误,终场戏的处理应由我完全负责,这也使这部戏的真正意义陷入极度有害的模糊不清之中。在第一个版本里我把维纳斯新的诱惑,把不忠的情人再度拉回到自己身边,仅是表现了疯狂中的唐豪瑟的一种幻想举动,只有在远处轮廓明显的徐泽尔山闪现出的红光使得这恐怖的情景变得清晰可见。就是伊丽莎白之死的重要宣告也只是沃尔弗兰的一种预见性的感悟的行动。唯一借助同样从远处传来的丧钟声和几乎看不到的大把的光亮——它把目光吸引到偏远的瓦尔特堡——也才能试图向观众表明它的合理性。年轻朝圣者最后出场的合唱,它起的效果模糊不清和显得无足轻重,在当时我还没有被赋予合唱队的指挥权,年轻朝圣者就只能通过言辞但不是通过一种表面的信号来宣告奇迹,因为我就是通过伴奏上使用一种时间持续过长、不间断的单音也会在纯音乐上造成伤害。

当帷幕终于落下时，我更多地不是从一向是表现出高兴和满意的观众的态度上，而是从我自己内心的经验感觉到我的这部作品演出的失败，这次失败是由于表演手段的不成熟和不适合招致。我的四肢像灌铅似的沉重，在演出后几个朋友，其中也有我善良的姐姐克拉拉及她的丈夫，都不可避免地感受到了同样的压抑情绪。我当天夜里做出决定，准备为第二天重演时改进做些补救措施。但主要错误在什么地方，我觉得几乎难以说出来，想至少做些尝试，使梯沙舍克对他饰演的角色的性格做些启示性的指导，一念及此我便感到无能为力，畏缩不前：这很容易引起他的不悦和恼怒，使他不论怎样说不再饰演唐豪瑟这个角色了。因此留给我的只有唯一一条出路，为了确保我的歌剧的再次演出，我把他的角色的不成功的过错归于我自己，为此我至少能做必要的删减，虽说这样做我大大地降低了主人公的戏剧意义，但对主人公的这种不完整的处理就有可能不会对这部歌剧其他胜任角色的满意度造成损失。我希望，即使是内心感到极大的屈辱，这对我的作品的第二次演出会大有好处，我并不想别的，只是想尽快地看到这次演出。可由于梯沙舍克嗓音变哑，我必须等上8天。

我几乎无法描述我在这8天里所遭受的一切。好像这次推迟对我的作品完全是一种毁灭性的打击。在第一次和第二次演出之间过去的每一天都是使那第一次大成问题的演出后果浮现眼前，直到最终以一种公认的失败显现出来才作罢。当大量的观众发泄他们的怒火时，就是热爱我的艺术的那些稳重和亲密的朋友也对我的作品的效果不佳感到真正的困惑不解；那些观众对我的《黎恩济》十分满意，可对这部新作品的构思不理不睬。我的构想和处理是错误的。评论家怀着毫不掩饰的高兴，就像乌鸦等到了一块抛给它们的臭肉一样。甚至日常生活中的激情和偏见都被他们扯了进来，尽可能地来伤害我打扰我。那个时候正是斯车尔斯基和隆格大力宣传德意志——天主教①的时候。人们由此认为，我用《唐豪瑟》挑衅地来表达出一种反动的倾向，因为事情很明显，如麦耶贝尔的《胡根诺》在美化新教一样，我的《唐豪瑟》进行贿赂的谣言在较长一段时间里令我不得安宁。就在人们借助这种手段使我成了一个“名人”期间，我极感荣幸的是与迄今一直是普鲁士国家报编辑的娄梭先生成为好友，我是通过他写的一篇贬抑我的《漂泊的荷兰人》的文章而知道此人的，他先是给我写信，最后终于见面。他告诉我说，他是从奥地利被派往柏林，去促进天主教的倾向，他这种努力遭到了失败，苦恼地重新回到维也纳，以便能不受干扰地继续他的活动。他认为我用我的《唐豪瑟》宣告了与他相同的倾向。那份值得注意的“德累斯顿报”——这是诽谤和流言的渊薮——每天都提供伤害我的新闻。终于我注意到了，也登载了些短小机智的反驳文章和鼓励我的东西。对此我长时间感到十分奇怪，因为我知道，只有敌人但绝不会有朋友在这种情况下去花费力气，直到从吕克尔的笑声里我才知道了，他和我的朋友海涅在这场讨伐我的战斗中对我做了怎样的鼓励。

从报纸方面我知道的乱七八糟的事情令我心烦，因为我恰恰在这不幸的日子里无法借助我的作品再度露面。梯沙舍克嗓音依然嘶哑，他根本不想再次在我的歌剧里登台了。从吕梯绍先生那里我听到，他对《唐豪瑟》的失败感到惊愕，于是他准备立即下令，把一直在等待的赛歌大厅的布景退掉。这种缺乏勇气的举动令我十分诧异，这使我自己真的认为《唐豪瑟》已经死亡。在这种氛围中，再加上经济上的困厄，处于这种情况下，我在这里谈起我在出版方面的事务，其轻松心情可想而知了。

① 这是由斯车尔斯基和隆格领导的反对教皇独裁的一次宗教改革运动。

这可怕的8天变得漫长无期。我怕去见任何人，可有一天我进入麦塞尔音乐书店，在那儿我遇见了哥特弗利德·泽姆帕，他正巧在买一本《唐豪瑟》的台本。此前不久我同他在一次有关这个题材的讨论会发生了激烈的争论。他认为，充斥宫廷抒情诗和朝圣歌的中世纪在艺术上毫无足取之处，并让我明白，他蔑视我选择了这样的一个题材。麦塞尔武断地对我说，没有人会需要我出版的《唐豪瑟》。言犹在耳，可奇怪的是，我的这位激烈的反对者是唯一买了此书掏了腰包付钱的人。他以一种独特的拘谨严肃地告诉我，人们必须对这件事详细地加以了解，如果想对此有一个正确的概念的话，那遗憾的是除了去翻阅台本之外，别无其他可言。与泽姆帕的这次会见看来微不足道，可它却作为第一个确实令我感到鼓舞的迹象留在我的记忆里。

但对我最大的安慰却是吕克尔，他在这种对我说来是充满不安的痛苦日子里成为我整个一生中重要的挚友。在我一无所知的情况下，他不知疲倦地为我辩论、解译、争吵和宣传，并由此对《唐豪瑟》怀有一种真正的热爱。在终于要进行第二次演出的前夜，我俩去喝啤酒，他的欢快的表情也使我兴奋起来，开起了幽默的玩笑：他在长时间观察我的脑袋之后，他发誓说，我会活得很长的，我血液里一定有点什么，因为这在与我有很多地方并不相同的哥哥阿尔伯特身上已再度显现出来了。为了说得明白一些，他称这是我性格中独特的热情。他认为这种热情可能会毁掉其他人，但我在它炽热的燃烧中在任何情况下都感到舒适惬意，他已多次看到我闪闪发光。我笑了起来，不知道拿这种傻话怎么办。他认为，这次我一定会在《唐豪瑟》上证明这点。我在想，这不会应验的，是一种纯粹的荒唐念头，他对成功坚信不疑。我在回家的路上仔细地考虑，如果《唐豪瑟》真的能得到并广泛地传播开来的话，那一定会获得难以衡量的硕果。

终于要举行第二次演出了,通过放弃主角的重要性和降低重要场景中表演上的原先的理想要求,我相信那些肯定受到欢迎的角色凸显会使整体达到满意的效果。我非常高兴的是,第二幕中赛歌大厅的布景终于运到,可用于这场演出了。这个赛歌大厅的富丽堂皇像是一个好兆头,使我们大家都兴奋起来。遗憾的是我不得不感到压抑,剧院的观众寥寥可数:这个景象——这比其他一切更有说服力——足够向我表明,观众是怎样判断我的这部作品的。虽说只有少数观众,但他们大多数是喜欢我的艺术的那些严肃认真的朋友。演出受到非常热烈的欢迎,特别是密特乌尔采激起了观众的极大热情。在涉及梯沙舍克时,我的两位关心我的朋友吕克尔和海涅认为有必要采取艺术手段,使他对他的角色保持良好的情绪。在最后那场戏里,虽说他处理得模糊不清可十分关键,为了给予他巨大的鼓励,他俩组织了为数不少的年轻人,主要是那些画师,在那些观众通常是不鼓掌的场景里,大声欢呼喝彩。可奇怪的是,用这种方式却在沃尔弗兰唱完了:“一个天使在上帝的宝座旁为你祈求;他听到了:亨利,你得到了拯救!”之后爆发出热烈掌声。所有的观众对这重要的场面一下子就领悟了。在此后全部演出中,这个在第一场演出本是无足轻重的瞬间成了观众表达他们赞许的一个主要场景了。几天后进行了第三场演出,这次是座无虚席。施罗德-德弗林特为很少参与这部作品——她的参与能为我的作品带来成功——感到沮丧。她在一个小包厢里观看了整场演出的全过程,她告诉我,吕梯绍满脸高兴地走到她身边并说道,他相信我会顺利地演出《唐豪瑟》的。

事实确也如此:在冬季里我们还经常重演,可我们发现,在两次很快相连的演出时,在每次第二次时观众寥寥,这使我们不得不这样来加以解释:我还没有一群数量很大的歌剧观众,有的只是对我的作品感到兴趣的普通观众中有教养的那一部分。在这些欢迎我的《唐豪瑟》的朋友中间,如我逐步了解到的,他们通常根本是不去剧院的,但只是偶尔去观看歌剧。这部分全新组成的观众用这种方式表现出的关心不断地增加强度并以迄今所不熟悉的方式强有力地表达出了对作者的关注。只是梯沙舍克的情况令我感到难过,在每一次演出时,几乎在每一幕结束之后,观众的欢呼声总是朝我而不是朝他而发。但我到最后不得不适应这种情况,因为我若是拒绝会使我的这位歌唱家受到新的侮辱,如果仅是他和他的同事应观众欢呼出现在台上的话,那观众强烈地呼叫我的名字这对他几乎是种伤害。我多么热切地希望这种情况反过来,表演上的精湛该使作者被忘却才是!我在德累斯顿演出我的《唐豪瑟》时从没有达到这个地步。这形成了我的一种典型的经验,它直接把我带入未来我的一切活动之中。无论怎么说,《唐豪瑟》在德累斯顿的演出只是达到了这样的程度:观众中教养高的那部分通过我用异乎寻常的倾向在表现现实上所激起的反思和所达到的抽象化而认识了我,但我却没有成功地使这种倾向以感人的和令人信服的方式在戏剧表演中变得清晰明了,也没有使那部分教养不高的观众通过直接的经验而与这种倾向变得熟悉起来。

有关所接触到使我受到教益和令我激动的,现在在这个冬天通过广泛的交往和有趣的结识我有了去解释的机会。① 在这个时期于我最有益和最为激动的是与来自布雷斯劳的赫尔曼·弗朗克博士的结识和进一步的交往,此人一段时间以来定居在德累斯顿。他有足够的钱财,属于那类借助渊博的学识和细腻的判断力以及文字才能在有所选择的

① 在手稿的边上,科西玛亲笔写道:"中断(伊弗欣诞生)(3月28日)。"下面瓦格纳亲笔写道:"对!对!"

朋友圈子里享有很大声誉的人，可并不因此而在公众中享有名望。他也试图用他的知识和能力对公众做些有益的事情，布洛克豪斯说服他，为其在几年前创办的《德意志汇报》从一开始时就做编辑工作。一年之后他坚决地辞去了这份工作，从此之后他只有在极其个别的情况下才会与一家报纸进行某种形式的接触。他在提及他在《德意志汇报》工作时期得到的经验时机智地暗示了好多事情，这为他厌恶与我们的新闻报刊打交道进行了辩解。在我并没有要求的情况下，他为《奥格斯堡汇报》写了一篇关于《唐豪瑟》的详尽报道，因此我对他十分看重。这篇文章刊于1845年10月或11月的副刊上，尽管它在这家报纸上发表的头一篇论及一部经常谈论的作品的文章，可我认为它却是所有这类文章中极为详尽极有深度的一篇。这样我就成了那份大型的欧洲政治性报纸上的人物了，由于编辑部内部的一种异样的变化，从这以后它就成了每一个要拿我和我的作品开心取乐的人的根据地了。

但主要的是弗朗克用他对事物的判断和论述方式所表达出来的精致和得体紧紧地抓牢了我。此中有着某种高贵的东西，它很少是出于一个等级的特性，而是作为一种真正的世界观的结果表现出来的，他所流露出的冷静和矜持更多的是吸引我而不是令我反感，因为它们是我迄今还一直认为他们都是货真价实的——评价上，他是与我志同道合的人，在与他交往中我高兴地发现，我在某些方面对他起着推动的和重要的作用。还在那个时候我就有了种倾向，每当人们用高贵的赞语“和蔼可亲”来奉承这一个或那一个著名人士时，我认为做进一步的考察的话，那他们的价值就大大打折扣。我自己经常把我的这位熟谙的朋友逼得无话可说，我感到非常愉快的是，几年之后我从他本人那里得到了有关他本人从前宣扬的麦耶贝尔的“和蔼可亲”的最为有力的说明，他面带微笑地忆起了那些我从前就已对他的断言做了否定的问题。那个时候，当我对他解释他们赞扬的门德尔松在艺术事业上的无私的高尚的牺牲精神究竟是怎么一回事时，他感到十分震惊。他在一次有关门德尔松的谈话中曾兴高采烈地肯定，现在至少在这个人身上看到，为了从一个错误的、对艺术毫无促进的职位上解脱出来，他做出了怎样真正的牺牲；因为他放弃了在柏林任音乐总经理所得到的3000塔勒薪金，转而返回莱比锡去就任普通的布业大厅音乐经理，这是件好事，应受到尊敬和赞扬。我恰巧知道此中原委，于是进行了详尽的说明，门德尔松的这种似是而非的牺牲是怎么回事。我曾在我们的总经理处严肃地提出要改善王家乐队中那些穷困的成员的收入，不久前是吕梯绍先生通知我，乐队的预算由于国王的最近决定而大大缩减了，无法首先考虑穷困的音乐家。莱比锡地方政府主管封·法尔肯斯坦先生是门德尔松的一个热烈的崇拜者，是他说服国王使门德尔松成为秘密的乐队指挥，一笔2000塔勒的秘密薪金；门德尔松从莱比锡布业大厅得到的公开的薪金是1000塔勒，以补充他在柏林所放弃的收入，这样才说动他移居莱比锡。由于乐队基金的管理部门对这笔赠予羞于公开，于是就秘而不宣，因为这是对团体利益的一种巨大的侵犯。此外，那些正在工作和收入低微的乐队指挥也不应当由于一项没有实际功能的一个乐队长的正式任命而受到伤害，于是门德尔松在这种情况下找到了令他心安理得的理由，不仅不去拒绝这项赠予，而且也为此得意，借他移居到莱比锡的机会还被他的朋友当作牺牲个人利益的典范大加赞扬，这对这位原本就是有充裕财力的门德尔松来说没有什么不满的。听到我这番说明之后，弗朗克对此十分惊讶，他承认，在那些他见识沽名钓誉的罕有经历中，此为其中之一。

不久我们对我们当时在德累斯顿所接触到的那些有名望艺术界人士的见解相互间进行了类似的沟通。在谈及斐迪南·黑勒，一位“重要的和蔼可亲”的人物时，我们很容易取得共识。在谈及我因《唐豪瑟》而经常与之打交道的画家，即所说的杜塞尔多夫画派时，则难以形成一个判断，而我主要只是被他们的名气所慑服。可弗朗克对他们不以为然，而且有理有据，这令我感到失望。当谈到本德曼和许勃内尔①时，比起本德曼似乎许勃内尔微不足道；前者刚完成了国王大厅的湿壁画，他的一些朋友为此为他举行了一次隆重的宴会，我有理由把他尊为大师。可令人诧异的是，弗朗克十分平静地对萨克森国王大加埋怨，说他让人“涂鸦”了他的大厅！不管怎样不能否认，这些人是“和蔼可亲”的。我越来越被吸引与他们交往，在与他们进行细腻和不同的艺术间的讨论中的这种交往与我的戏剧界熟人的交往形成鲜明的对照，只是很少有真正的热情和得到富有成果的激动。近来好像黑勒完全成了注目的人物了，他在这个冬天参加了称之为“小花冠”的定期聚会，它每个星期轮流在参加者的家中举行。写诗的莱因尼克作为一个画家也与许勃内尔和本德曼在一起相聚，他不幸的是在那个时候在为黑勒写一部新歌剧的剧本，有关它的命运我在以后还要谈到。

但罗伯特·舒曼却是以音乐家的身份与黑勒和我见面的，他在那个时候来到德累斯顿，并同样进行创作他的歌剧，最后完成了他的《格诺费娃》。我早在莱比锡时就认识舒曼了，我们几乎同时开始了我们的音乐生涯；我在不同时间为他们编辑出版的《音乐新杂志》从巴黎寄出了一些小型的文章，到最后提供了一篇论述罗西尼的《斯塔巴·马特》的长篇文章。他应邀在我们剧院举行的一次音乐会上演出了他的《天堂和仙子》。他在这次演出中指挥上表现出的完全特有的笨拙以独特

---

① 本德曼(1811—1889)：画家，用湿壁画装饰德累斯顿宫廷；许勃内尔(1806—1882)：宗教题材的画家。

的方式激起了我对这位思想深沉和坚强有力的音乐家的兴趣。我非常喜欢他的作品。在我们之间有的是一种亲切的好感和友好的信赖。在一次《唐豪瑟》演出之后——他观看了这次演出——，他在晨间拜访我，声称他完全和坚定地赞同这部作品，只是他对第二幕终场的 stretta[①] 感到仓促，这向我证明了他的感情的细腻，我用我的总谱能够向他证明，我是怎样不得不做令我本人感到极为难过的删减，而这正是他发现的缺欠之处。我们有时在散步时相遇，这使我有机会与这个寡言少语的人就某些音乐上关心的事交流我们的观点。他很高兴，随后能听到我指挥演出的贝多芬第九交响曲，他在莱比锡听到过由门德尔松指挥的同一交响曲，其第一乐章的速度完全不对头，这令他难以忍受。在其余的一些事情上与他的交往没有给我带来什么激励，他也过于封闭了，无法接受我这方面所给予他严肃认真的意见，这不久就在他在构思他的《格诺费娃》的诗作表现出来了。他虽然邀请我听他朗诵他根据赫伯尔和蒂克的作品组合出来的歌词，可当我——我真的关心和从内心祝愿他的作品得到成功——向他指出重大的错误并建议他做必要的改动时，我才知道了这个奇怪的人是怎么想的。他高兴的只是我听他的，但一介入他心爱的作品时他就敏感地拒绝。于是我们就此作罢。

在随后的冬天里，那个由黑勒用巨大的努力所结成的社交圈子进一步扩大了：现在由“小花冠”发展成一种紧密的组合，它每个星期在邮政广场旁天使饭店里的一间特殊的餐厅里无拘无束地举行集会。现在著名的历史题材画家尤利乌斯·斯诺尔由慕尼黑来德累斯顿，任画廊总管，我们为他举行宴会表示祝贺。此前我看到过此人不少有特色

① 意大利文，意为拉拢、聚拢。此系歌剧中的咏叹调、重唱或一幕的结尾乐段中的加快速度。

的底图(karton),这些画以其多维性和他所表现的当时令人十分熟悉的古代德意志历史题材而给我留下很深的印象。现在我听到了“慕尼黑画派”,斯诺尔是这一派的大师;每当我想到,如果这样一些德国艺术巨人在德累斯顿施展他们的身手,那这里该是怎样的情形。我一念及此,不由心潮澎湃。斯诺尔的举止和讲话令我瞩目,他的哭丧似的教书先生的声调与我看到的那些可怖的底图完全不搭界;即便如此,他每星期六来到天使饭店,我也把这看作一种伟大的幸运。他熟谙古代德意志的传说,每当谈起这些传说中的名字,我便感到兴致盎然。著名的雕塑家韩内尔也出现在这里,我对他的巨大才能十分敬仰,即使是我对他的作品的判断更多的是依据他的权威,而不是出于自己的情感。不久我便不得不把他的言行举止看作装腔作势;他很高兴表达他的艺术见解和评论,他的这些观点是否是别无用意,我无法说得清楚。我总是觉得像听他吹牛一样;当我的长年好友帕希特——他终于也在德累斯顿定居一段时间——极为郑重和肯定地向我阐明了韩内尔作为一个艺术家的重要性时,我才摆脱了我内心的疑虑,并试着从他的作品中去获取愉悦之感。在我们之中,里彻尔与他形成鲜明的对照:这个面色苍白的多病的人,经常是面带哭丧的畏葸的表情,我很难把他与一个雕塑家联系起来;但是这些与斯诺尔并非不相同的特性,不能妨碍我把他看作一位伟大的画家。我成功地与里彻尔结为好友,在这个人身上我没有发现任何矫揉造作之处,一种深情的温柔的热情总是把我吸引到身边。我想起他来首先是他对我这个人,特别是对我作为一个指挥的十分热烈甚至是满怀激情的赞赏。不管我的圈子里大家都是同行,可通常没有出现过我在这里所谈到的情况,从根本上来说永远是如此:好像没有人对其他人感到什么兴趣似的。例如,黑勒组织了交响音乐会,为此他的朋友们举行了理所应当的餐会加以祝贺,在这个餐会上他的这份功绩得到了异乎寻常的称赞，却是空话连篇，装腔作势。即便这样我通常在与黑勒的朋友私下交往时发现他们对他的成绩从来就没有任何一点热情，相反的我遇到的只是忧心忡忡的言辞和耸动肩膀的疑虑。不久这些纪念性的音乐会也都中断了。关于上演了的大师的不同作品我在我们集会的晚上从来就没听到过什么评论，只是提到而已，不久就表明了所有参加聚会的人不知道他们彼此间该谈论些什么。

现在谈到泽姆帕了，他经常用他奇特的方式使我们的谈话活跃起来，这使里彻尔虽由衷地参与进来，可也对此感到极为难堪的惊愕，他经常出自真心地抱怨我们太放纵了，这时常引起我与泽姆帕之间激烈的争论。我们两人奇怪地好像总是从这样的假设出发：我们两人是敌对的双方：他总是把我当作是中世纪天主教义的一个代表，他经常怀着愤怒与这种教义进行斗争。我十分吃力地最终才使他明白，我的研究和爱好的目的是德意志古代和去发现原始的日耳曼神话中的英雄。我们都陷入异教徒的信仰，我向他宣告了我对英雄传说的热情，他则完全成了另一类人，现在一种明显的巨大的和严肃的兴趣开始以这样的方式把我们联合到一起了，使我们立即与这个社交圈子里的其余的人完全隔绝开来。但不可能没有热烈的争论，不仅仅泽姆帕的怪异的和痉挛性的爱好成为绝对的矛盾，而且这也成了他认为他和整个社交团体不相为谋的理由。他那极为荒唐的怪论——目的显然只是在于激起争论——让我很快就坚定地认识到，在所有在场人中间他同我是唯一极度认真对待谈话的人，而所有其他人此时乐于不闻不问，不加理睬。

经常参加我们聚会的古茨柯·卡①就属于这后一种人。此人被我们的宫廷剧院的总经理处派往德累斯顿任命为戏剧顾问。最近一段时

① 古茨柯·卡(1811—1878)：青年德意志的代表性作家之一。

间他的许多剧作都很抢眼,《女仆和宝剑》《塔尔丢失的原型》都成为新的保留剧目,获得了意想不到的荣耀。对德累斯顿剧院——另一方面它是我的歌剧的上演之地——说来,通过古茨柯的任命应该说是开始了一个意义重大的纪元。剧院总监的良好意愿肯定不会不看到这一点。只是我感到遗憾的是,我看到我的老朋友劳伯借这个机会前来德累斯顿担任这个职位的希望落空了。劳伯也是在戏剧文学上投入很大的精力,还在巴黎时我就注意到,他是多么勤奋地研究斯克里布①,学习其戏剧技巧,他认为,没有这种技巧,所有德意志的戏剧艺术一事无成。他用他的喜剧《罗克克》强调,他完全掌握了这种技巧,并敢于说,任何一个想得出来的题材都能写出一部效果佳的剧本。可这同时他非常细心地考虑到,在题材的选择上能表现出一种同样的技巧,我为他的这种所谓的理论感到难为情,因为只有他的那些借助必要的流行字眼激发起时代予以关心的作品才是超成功的。这种时代予以关心的东西或多或少总是与当下的政治相关,这都是以某种明显的方式谈个喋喋不休的,如"德籁统一"和"德国自由主义"之类的话题。这种对德国观众重要的推动,但首先是使我们宫廷剧院长期观众振奋起来,因此如所说的,这一切也必须谨慎灵活地从事,如人们所认为的那样,这只能从新一代法国的滑稽笑剧作家那里学习到。用这种方式创作的作品,如劳伯的一些戏剧,我是乐于见到的,特别是因为劳伯——他趁这些戏剧演出的机会经常在德累斯顿来拜访我们——用几乎是朴素无华的坦率公开地表达出他的意图并毫不想把自己假冒成一个真正的诗人。除此他不仅在他戏剧的创作上而且也在他的作品演出的指导上都表现出了巨大的技巧和一种几乎是火热的努力。他到德累斯顿的任职——人们

① 斯克里布(1791—1861):法国戏剧家。

都这样寄希望于他的——在实际意义上怎么说肯定会给剧院带来繁荣的。但最终人们却是决定了任用与他进行竞争的古茨柯,尽管很容易看出他在履行一位戏剧顾问的责任上的无能。事实表明,他只是作为一个熟练的文人来创作他的那些幸运的戏剧,因为除了那些极富效果的戏剧我们看到的又是一些大型的单调乏味的戏剧作品,这使我们充满惊奇地发现,他对自己的技巧缺乏自知之明。但恰恰是文人的这种抽象的特性却在某些人的眼里赢得了一个重要的大作家的声望,这使吕梯绍先生宁愿选择古茨柯而不是劳伯,名声的表象远比实际的益处对剧院更为重要,他相信,他这是为更高的文化品位着想。可我却由于很快发现古茨柯在剧院领导上的无能而真的感到不快,于是我径直地向吕梯绍先生表达了我的看法,这大概就是引起我们后来不和的第一个缘由。我对那些用专擅的方式支配和使用如德意志宫廷剧院这样珍贵的艺术机构的人的缺乏判断力和轻率大加抱怨。为了克服那些由于这个错误的任命而必然产生的混乱,至少我能果断地禁止古茨柯介入歌剧的领导,我乐于全力以赴,这样也是古茨柯过分难堪了。但依然在我与他之间出现了一种充满猜疑的关系,为了尽可能清除这种误解,我准备通过艺术家晚间聚会所提供的机会与古茨柯进行个人的接触。我本想与这个奇怪的人——他畏葸地缩着脖子——在交谈中弄得轻松些、有益些,但由于他老是胆怯似的小心翼翼而没有成功。他总是深藏不露。在一次与他讨论的机会里,他向我提出了他的要求,即在他的《乌利尔·阿克斯塔》某场戏里——在这场戏里他的这位主人公说出了他所谓的放弃异教誓言的套话——让乐队以激情的方式参与进去。这就要一段时间里以某种自认为是合适的和弦使用震颤音,我在听到这样的演出时感到荒唐,这对音乐和对戏剧都像一种侮辱。于是在一个聚会的晚上与古茨柯就在这部戏剧中运用音乐作为激情的辅助手段一事进行商谈，并据我们所理解的原则亮明了我对此的观点。他对我的这些原则性的探讨只是对之以一种尴尬和不信任的沉默。但到最后他解释说，我大概在我的要求中把音乐的重要性看得太过分了，他不理解，如果在戏剧演出时用上少量的音乐，这怎么会是侮辱了音乐，而诗歌为了帮助歌剧中的音乐都做了多么大的牺牲。只要对戏剧作家能带来巨大的益处，那不应当过分挑剔；演员并不总是在大喝彩中退场的，当一个主要演员没有得到观众的欢呼而下场时，那没有什么比这更难堪的了。在这种情况下乐队奏出一种消遣性的声音，那它就能起到一种转移注意力的作用。我听到古茨柯确实这样说的，而且他的表情十分认真。我与他就再没有什么好谈的了。

不久我与我们团体里那些画家、音乐家以及其他一些热心于艺术的人也很少往来了。可我在这同时与奥乌尔巴赫①依然有些更近的关系。阿尔维娜·弗洛曼早就激动地要我注意奥乌尔巴赫的乡村故事；她说，这些朴实无华的作品会给她所熟悉的柏林圈子带来股清新的影响，迄今见到的文学与之相比，就像透过打开的窗户让一股新鲜的森林空气进入一间充溢香水味道的闺房一样。这话让我听起来十分受用。于是我读这本很快就变得有名的《黑森林乡村故事》，这些生动的小故事描述的是一个十分熟悉的地方的民间生活，这对我来说是一种新的内容，一种新的声调，借助它们我觉得我自己也生活在其中了。德累斯顿在这期间已成为我们的文学界和艺术界名人的荟萃之地，奥乌尔巴赫也来到了此地，长时间住在他的朋友黑勒那里；黑勒又一次把一个名人摆在他的身旁，让他住在自己家里。他是个犹太人，矮小壮实的农村小伙子，他本人十分偏爱把自己当作这样一个人，他给人留下一种绝对

① 奥乌尔巴赫(1812—1882)：德国作家、戏剧家，出生于一个犹太商人之家。

可信赖的印象，他的宽松的绿色上衣，特别是他的那顶绿色猎人帽子赋予他这个斯瓦本乡村故事作者一种真正的容貌，后来我从这身衣服和这顶帽子上懂得了朴实的意义。瑞士作家凯勒①那个时候在苏黎世告诉我，当奥乌尔巴赫对他表示关心并给他指出一条路，把他的那些平庸的文学作品带给读者，还能赚到一些钱，首要的就是他建议他穿上一件相似的上衣和戴上一顶相似的帽子，因为他与他一样，既不英俊也不高大，这样最好是装扮成一副土里土气和滑稽可笑的样子。他把他脑袋上的帽子摆正，让帽子稍微前倾些。现在我发现在奥乌尔巴赫身上没有任何原本是装腔作势的东西：民间的语调和民间的性质是那么适合于他，只是人们要反问一下自己，为什么他有这样出色的特点却又能在两个完全对立的环境应付自如优哉游哉。无论怎么说，他在与他本性原本相悖的圈子交往中就像在与他有相同特点的人中间一样，这特点就是土里土气、感情充沛、不矫揉造作，他穿着他的宽松短大衣处在那个向他讨好的高贵社会中间，他喜欢展示魏玛公爵给他的信和他给大公爵的复信，这一切他从斯瓦本农民本性的观点去进行观察，做得十分得体。

特别吸引我的是，我在他身上遇到的是第一个我能与之无拘无束谈论犹太教的犹太人。他甚至认为针对这种特性用柔和的方式去破除所有的偏见是合适之举；当他谈到他在儿童时代大概是唯一一个完全读过克洛普斯托的《救世主》的德国人时，这是令人感动的。这部作品驱使他秘密地藏在他的乡村茅屋里，有一天为了读它而耽误了上学，当他很晚才踏入校门时，老师对他大加斥责："你这个该死的犹太孩子，你又到哪儿做投机勾当弄钱去了？"这样的经历只是使他感到郁闷，令他

---

① 凯勒（1819—1890）：瑞士著名作家，其代表作为长篇小说《绿衣亨利》。

沉思，但并不是愤怒，他甚至为施虐于他人的粗鲁感到同情。这就是那些使我对他怀有好感的品格。只是随着时间的推移令我感到忧虑的是，他再也无法从类似的想法和关系的圈子里抽出身来，这使我觉得，这整个世界和它的历史对于他而言就只是澄清犹太教的问题。有一天我好心地对此表示出我的反对意见并劝告他，把整个犹太问题弃之不管好了，还有另外的观点用来判断世界嘛。奇怪的是他立即失去了所有的率直和单纯，表现出了一种如我们认为的，并不是完全真实的，模棱两可的态度，他坚称他不能这样做，在犹太教里还有许多需要他去关心的东西。后来当我得知在一段时间里多次举行过犹太婚礼，有关它们的幸福结局，除了听到是为了财产再没有特别之处，这使我不由得想起我在奥乌尔巴赫身上所发现的那种令人惊讶的压抑感了。多年以后，当我在苏黎世再次遇见他时，遗憾的是连他的外貌都起了变化，他看起来确实极为平庸和邋遢，从前的清新的朝气变成了司空见惯的犹太人的不安，他说的一切使人看得出来，令他感到烦恼的是，他说的话不能见之于报章。

在那段德累斯顿时间，奥乌尔巴赫对我的艺术意图也给予热心的帮助，即使这出之于犹太—斯瓦本的立场，无论怎么说这种我在那个时候首先遇到的新的体验起到了作用，我作为艺术家在有声望的、举足轻重和学识渊博的人那里得到了尊敬和赞赏。如果我总是带着成功的《黎恩济》停留在戏剧界原有的圈子里的话，那差强人意的《唐豪瑟》把我带入与那些我上面谈及的人的交往之中，使我的视野大大地开阔，但与此同时文学界中看来是最高的精神领域里的那些尴尬的和没有价值的东西给我留下了令人忧虑的印象。无论如何我觉得在《唐豪瑟》首次演出这个冬天里所接触的和所交往的，既不值得，幸运的是也没有因此分心，而是从这个有些五光十色的活动——我很快认识到完全不足取的黑勒就是这种活动的始作俑者——把我从中逼出，我要尽快地创作点什么，我能摆脱掉《唐豪瑟》给我带来的心烦意乱和郁闷苦恼。

在第一轮演出之后的几周之内，我完成了《罗恩格林》的全部诗词。还在11月我给我的朋友，不久也给黑勒的“小花冠”朗诵我的这部诗歌。我受到了称赞，都认为“效果很好”；舒曼也对此十分满意，只是他不理解我要运用什么样的音乐形式，因为没看出适合音乐分段的线索。我开了个玩笑，把我的歌词中的不同部分用咏叹调和谣曲的形式念给他听，他面带微笑对此表示满意。

激起我最严肃思考是对题材悲剧性本身的深深疑虑，这是由弗朗克以考虑周详和温和的方式向我提出来的。他觉得艾尔莎通过罗恩格林的离去所受到的惩罚是不合适的，他虽然很清楚，这个传统的本质正是在这个高度诗化的场景里表达了出来，但让人存有疑惑，这个场景是否与顾及戏剧现实的悲剧情感的要求相适应。他宁愿看到罗恩格林由于艾尔莎的充满爱情的背叛而死在我们的面前。在任何情况下，因为这是不允许的，所以他希望看到罗恩格林通过某种强大有力的动机被紧紧束缚住，阻止他的离去。当然我对此不以为然，可我却在考虑，是否不省去这场残忍分离的戏，但不可避免的远走得保留下来。我要找到一种手段，让艾尔莎与罗恩格林一道远离而去，去做某种赎罪，使她同样地脱离世界。这使我的朋友弗朗克感到高兴。就在我犹豫不定期间，我把我的歌词也交给吕梯绍夫人阅看并让她为我由弗朗克所引起的两难处境做出判断。她在一封短信中表达了她对我的诗作的喜悦和对这个难点的看法，弗朗克对诗一窍不通，他不理解，罗恩格林恰恰是因此和不可能因其他而离去的。我心中的一块石头落下了，我胜利地把这封短信给弗朗克看。他极难为情地表示告罪并立即与吕梯绍夫人进行了肯定是不无兴趣的书信往来——我本人没有看到——可它的结果，却是罗恩格林保持了原样不动。奇怪的是稍后在涉及同一个问题上，一种相同的经历又一次把我带入短时间的犹豫不决之中。当阿道夫·斯塔尔①极为明确地对《罗恩格林》的结束提出同样的反对意见时，我真的对这种判断上的一致性感到惊奇，因为我在稍后那段时间，经历了种种不同的遭际，远离开了我当时写《罗恩格林》时的心境，于是我轻率地在一封致斯塔尔的匆忙草就的信中几乎毫不掩饰地向他承认他是对的。我不知道，这竟给李斯特带来了一种真正的苦恼，他在面对斯塔尔时所持的是吕梯绍夫人反对弗朗克的立场。幸运的是，我这位伟大的朋友对我的所谓自己背叛自己的恼火并没有持续很久，因为在我得悉他由我而引起的不安之前，我在很短的几天通过我自己感受到的折磨就已经意识到了我的愚蠢，我什么都清楚了。我在从瑞士的庇护所寄给他的一封简明的快信中写道："斯塔尔是错的，罗恩格林是对的。"这会使李斯特感到高兴的。

现在《罗恩格林》还停留在歌词的评论阶段，我还不能考虑这部作品的音乐设计。我在谱曲时经常需要和在经常的艰辛中所寻求的是心情的和谐和安静，我现在不得不在极度困难的情况下，在与命运的抗争中才能得到。如果说《唐豪瑟》演出使我对我未来的艺术影响充分不安的话，那十分清楚的是，我的这部作品在很长一段时间里不会成为德累斯顿的保留剧目，如果它真的能够的话，那它在德国其他剧院的推广也根本是不可想象的。它们甚至都还没有接受我的那部已经取得绝对成功的《黎恩济》。我业已描述过的经济情况陷入了高度的困难时期，它不可避免地必然带来厄运。我已经做好了克服它的准备，一方面我试图沉浸在对我越来越珍贵的历史、传说和文学的钻研中麻醉自己，另

① 阿道夫·斯塔尔（1805—1878）：德国语言学家，写有多种论述德国古典文学的著作。

一方面我要借助无休止的艺术活动来忘却这一切。有关第一方面的，现在首先是德意志的中世纪，我对它的每一页都了如指掌。我很少从语言学的精确性上去对待作品，却是十分认真的，例如我怀着极大的兴趣研究由格林出版的《德意志案例汇编》。因为这样研究的成果不可能直接地用于舞台，某些人可能不理解，为什么我作为"歌剧谱曲家"在这种难以消化的东西中失去了自我，某些人后来大概在《罗恩格林》上注意到了，罗恩格林的容貌上就有了一种特殊的东西。可这总只是涉及"题材的幸运的选择"，人们对我的这种选择上的技巧十分称赞。中世纪的德意志题材，后来也有斯堪底那维亚的古代素材，某些人都趋之若鹜，可到最终人们只能感到奇怪，并没有找到真正有价值的东西。如果我告诉他们，他们也应当从《案例汇编》和类似的著作中寻求帮助，那现在或许是有益的。斐迪南·黑勒骄傲地抓到一个霍亨斯陶芬的题材，那时我忘记告诉他注意对我有极大帮助的《案例汇编》，他的这部作品进行得并不顺利，如果他现在得知，我没有告诉他这本书，那他也许认为我是一个狡猾的人了。

另一方面要谈的是，我在这个冬天的重要活动就是格外细心地准备在春天棕榈星期天①演出贝多芬的第九交响曲。这次演出把我带入诸多的斗争之中，对我的进一步发展获得了许多极有影响的经验。

事情的进程是这样的：王家乐队除了歌剧和教会演出之外，每一年只有一次机会进行独立的大型音乐演出，这是由老的歌剧院在棕榈星期天为筹集孀妇孤儿的生活基金而举行的演出活动，原先只是演出清唱剧的节目。为了使这种演出更有吸引力，在清唱剧之后总是加演一部交响曲，如业已提到过的，我曾趁这样的机会先是指挥了《田园交响

① 棕榈星期天：复活节前最后一个星期天。

曲》，后来又指挥了海顿的《创世纪交响曲》，这后一部我是怀着很大的喜悦指挥演出的，它是我在这样的机会里第一次熟悉的作品。因为我们两个乐队指挥是轮流制，1846年的棕榈星期天的交响曲就由我负责了。我对第九交响曲怀有极大的渴望，外在的环境支持我选择这部作品，因为在德累斯顿它还根本不为观众所熟悉。当乐队监管这笔生活基金的保管和筹集的主管们得知我的选择时，他们都大吃一惊，于是在一次求见我们的总经理吕梯绍，请求他运用他的权威改变我的决定。他们提出的理由是，选择这部交响曲会给生活基金带来损失，因为这部作品在这儿的名声不佳，无论如何都会使观众望而止步的。多年以前第九交响曲由腊依辛格指挥在一次军队的音乐会上演出过，指挥是十分热心的，可演出却是完全失败。这需要我用全副精力和我的辩才，首先是解除我们头头的疑虑。但对乐队的主管们却没有别的办法，只能暂时闹翻了事。因为我听到，他们向全城抱怨我的轻率行事。为了使这些主管为他们的杞人忧天感到羞愧，我决心要用一种方式使观众对我的这次演出和这部作品在思想上有所准备，这种被激发起来的好奇至少能带来众多的观众，保证票房上的成功。第九交响曲无论从哪一个角度来看，对我而言就成了一项有关荣誉的大事，为了成功我要竭尽全力。委员会为筹集乐队声部的这笔费用感到担心，于是我把他们从莱比锡音乐会协会①借来。自从我少年时代以来——那时我整夜不眠伏在这部总谱的手抄本上，现在这神秘的乐谱又出现在我的面前，并要我细心地加以研读，这部总谱的容貌曾一度使我陷入狂热之中啊！在那些混乱的巴黎年代里，我听过由无与伦比的乐队排练的前三个乐章，它的效果使我突然摆脱那段感到陌生的偏离正路的岁月，把我与那个

① 原书的编者注：此处有误，莱比锡音乐会协会拒绝，代替的是柏林王家乐队。

少年时代奇妙地连接起来，并对我内心努力的富有成果的新的转折，就像用一种魔力一样，施加了影响，起了作用。于是这种声音的回忆——当我又亲眼看到那最早的年代中留给我的神秘幻象时——神秘而有力地在我身上又活跃起来。我经历了某些内心无法言表的东西，它驱使我全神贯注，驱使我面对一个询及我的命运和我的定数的几乎令人绝望的问题。我所以不敢说出来的就是认识到在生活和职业中我的艺术和我自身存在的彻头彻尾的无着落感，在这样的生活和职业中我是一个陌生人，完全看不到前景。我试图向我的朋友们掩饰这种绝望，由于这神奇的第九交响曲而变成狂喜。我的这颗心除了被这部交响曲的第一章紧紧攫住之外，一位大师的任何一部作品都不可能用这样迷人的力量占据我这个学生的心灵。如果有谁看到我在打开了的总谱前面考虑用什么手段来处理这部作品而抽噎和哭泣，那他定会感到惊愕，当然会十分奇怪地问，这是否是一位王家萨克森乐队长应有的举止。幸运的是在这样的场合里，我们乐队的主管和德高望重的乐队指挥腊依辛格以及对古典音乐十分熟谙的斐迪南·黑勒都不因我的举动而感到诧异。

首先我拟就了一个节目单，通常印制合唱歌词，这给了我一个很好的机会，为更好地理解作品写一个导言，这样，不是为了评论，而是纯粹地为了去影响听众的情感。这样的节目单——我借助歌德《浮士德》中的主要诗行的帮忙——不仅那时在德累斯顿，而且以后也在其他地方受到了欢迎。除此我利用了《德累斯顿报》，匿名地发表了浅显简明和热情洋溢的文章，通过它们去激起观众对这部如人们告诉我的在德累斯顿“名声不佳”的作品的兴趣。我在这些方面的努力，效果十分完美，这一年的收入不仅超出了此前的任何一年，而且乐队的主管在我此后停留在德累斯顿的年代里经常重新演出这部交响曲以保证有较高的进账。有关演出的艺术性方面,通过我认为对演唱层次上的清晰性所必需的一切,我自己都在乐队的声部中做了标志,以便为乐队能极具表现力地演绎这部作品。这支乐队一般配置有双倍的管乐器,这种长处在使用时要经过仔细考虑,在大型音乐演出时通常只是在粗俗的意义上加以应用:在标出弱(piano)的乐段用一倍的乐器,相反在标出强(fort)的乐段用双倍的乐器演奏。按着这种方法,我去考虑演出的清晰性,例如:通过交响曲第二乐章的一个乐段标志出来,在这个乐段里——第一次用C大调——,全部弦乐器用3倍的八音程奏出节奏的主要形象,持续地齐奏,某种程度上作为第二主题——仅是由柔弱木管乐器奏出——的伴奏。因为这里在整个乐队标上了"很强"(fortissimo),这样在每一次想象到的演出都会出现这种情况:木管乐器的旋律面对仅是作为伴奏的弦乐乐器完全消失了,根本就听不到了。我不是一个书呆子,不能因所标出的错误提示而放弃大师实际上意欲达到的效果,于是在这里我让弦乐器在它们又轮流地与管乐器继续奏出新的主题的地方,用的不是"很强",而是略强:相互由双倍的管乐器用尽可能强的力量奏出的动机,如我相信的那样,从这部交响曲面世以来,第一次能听得如此清晰。用类似的方法我毫无例外地做了这样的处理,使乐队的强力效果极有把握地得到保证。任何表面上难以理解的东西它们之所以出现,那是因为没有用有把握的方式去捕捉住情感。令人大伤脑筋的,例如在合唱的诗行"快乐,像它的太阳在飞翔"之后用6/8拍节奏出的赋格段,在终曲乐章标上"进行曲似的"(alla marcia):我向着前导的、振奋的、像是为斗争和胜利做准备的诗行前进,把这个赋格段理解为一种严肃——火热的斗争,让它保持十分火热的速度,用极为紧张的力量把它演奏出来。在第一次演出之后,我高兴地在家里接待了来自弗赖堡的音乐经理阿纳克,此人到来是为了悔悟,他此前一直是我的一个反对者，但从这次演出之后却成了我的好友，如他所说的，完全主宰他的恰恰就是对这段赋的理解和接受。此外激起我极大注意的最后一个乐章开始时的大提琴和低音提琴的那个异乎寻常的、宣叙式的乐段，这个乐段曾使我在莱比锡的老朋友波仑茨蒙受到极大的耻辱。我能确切地感觉到我们的低音提琴乐师们的优越性能十分完美地表达出来。我成功地在12次专场——我只用相关的乐器——排练中达到了一种特别演出的程度，不仅充满了温柔的感情，而且表达上具有十分感人的巨大力量。从我的这项活动一开始我就认识到了，这部交响曲具有发生广泛影响的可能性，关键是克服合唱队在演出方面的种种外在的困难，使它达到理想的程度。我认识到，这儿所提出的要求只有通过数量众多的和充满热情的歌唱家们才能完成。首先一支十分出色的合唱队向我提供了保证，除了通过德腊依瑟希①歌唱学校而得到加强的我们剧院合唱队之外，我克服了种种困难把十字学校的合唱队连同它的强大的童声以及经过很好训练的用于教堂的德累斯顿神学院合唱队都一并拉了过来。300名歌手经常集在一起进行多次的练习，我试着用我独特的方法使他们都真正地振奋起来。我成功地，例如向低音歌手们证明了，著名的诗行“大家拥抱吧，千万生民”和“兄弟们，那星空上界一定住着慈爱的父亲”根本不能用通常的方式唱出来，而且只能在极高的狂喜中像呼唤一样。为此我入迷地走到前面，我相信真的把一切都置入一种完全非同一般的境地，直到我本人——人们此前透过所有的声音听到过我而现在不再听到我——感到自己像淹没在热烈的音海时才算作罢。男中音的宣叙曲“噢，朋友，不要这样的声音”，使我

① 此系一个歌唱学校，即德累斯顿歌唱学校，因宫廷管风琴家安东·德腊依瑟希(1776—1815)而得名。

感到非常高兴，这支宣叙曲由于罕见的困难几乎说是不可能演唱出来，通过米特乌尔茨走上了令我们感到熟悉的正路，极富魅力地表达出来了。但我也有另一方面的忧虑，通过现场的改建能保证乐队有一个好的音响效果，我要根据一种全新的体系由我安排这支乐队。人们能够想象，在种种特殊的困难下，要付出怎样的代价才能做到。可我不放弃，通过指挥台的一种全新的结构而达到了目的：我们把整个乐队集中放在中心，它由那些位于高处的合唱队包围，这对合唱队的声音极为有利，赋予精心排列的乐队在纯交响曲的乐章以巨大的精确性和能量。

还在总排练时大厅就座无虚席。腊依辛格干了件令人难以置信的蠢事，私下里唆使观众来反对这部交响曲并让人注意贝多芬的错误是令人同情的；与此相反的是戛达·尼尔斯①，他从莱比锡来到此地，当时我正在布业大厅指挥音乐会。他来拜访我们，在总排练之后他私下里向我说，他愿付双倍的门票，再听一次低音的宣叙曲。黑勒认为，我在速度上的修正走得太远了；后来我通过他自己指导的一些卓越的乐队，知道了他是如何懂得了我的做法，我还有机会就此事进一步谈及的。但不可争辩的这次成功是巨大的，超出任何期待的，即使在那些非音乐人士里也是如此。在这些人中间我想起了语言学家居赫利博士，此人借助机会接近我，向我承认，他现在是第一次怀着可以充分理解的关心从头到尾听完了一部交响乐作品。这次机会增强了我身上的对自己能力和力量的信心，这是一种使我感到惬意的情感。我认真提出的要求都会必然地得到满足。只是我不得不考虑，都是些什么样的困难，它们会给我在顺利实现我自己的新构思时带来怎样的麻烦。贝多芬的第九交响曲的演出还存在许多问题，怎么说都还没有发生广泛的影响，

---

① 戛达·尼尔斯（1817—1890）：丹麦作曲家，深受门德尔松和舒曼的影响。

但对我是完全成功的；我的《唐豪瑟》在德累斯顿的舞台上使我意识到，它的成功的可能性还有待时日。如何能成功呢？这一直是个秘密问题，我未来生活与它息息相关。

有关这个问题的意义我现在还没有进行仔细思考，我内心感受到失败的现实后果却带着令人惊恐的警告赤裸裸地立在我的面前。我无法更长时间坚持用极度令我反感的方法去和威胁我的经济上的灾难进行斗争了。

在一个可笑的征兆的影响下我被逼上了这样的地步。我的代理人——他是我的三部歌剧《黎恩济》、《漂泊的荷兰人》和《唐豪瑟》的出版人——十分奇怪的宫廷音乐商C.F.麦塞尔，有一天邀我到“堕落者”酒馆就我们的财政问题进行商谈。我们怀着极大的忧虑说到了在即将到来的复活节博览会提供的可能性：一个良好的或完全糟糕的结果。我鼓起他的勇气，要了一瓶好的法国甜白酒，送来了一个外观庄重的玻璃瓶，我斟满了酒杯，我们为博览会能有良好结果碰杯，一饮而尽。突然我们像发疯似的叫了起来，我们喝下的居然是埃斯特拉贡地方产的烈性醋，这是侍者由于疏忽而送上来的。我们可怕地折腾起来。“上帝！”麦塞尔喊了起来，“没有比这更糟糕的了。”——“不管怎么样，”我说，“我相信，这酒劲太大了，不是好兆头。”随着这句幽默的话，我闪电般想到，除了博览会上的生意，我必须另寻找出路来拯救自己。

由于我的歌剧的昂贵出版造成了大量钱财上的亏损，不仅仅是因为这笔费用归终要偿还的原因，而且也由于我的负债——这是我必须的——的谣言广泛地传播起来，这终于成了那些借钱人，甚至那些曾在我定居德累斯顿帮了我大忙的好友，都对我的处境感到极大的担心。我现在在施罗德-德弗林特夫人那里得到了一个真的令人悲哀的经验，她通过她的那种难以理解的冷酷无情的态度给我带来了灾难。我曾提到过，她在我移居德累斯顿初期为了还清我早期的债务，也为了帮助我在巴黎的老朋友吉茨，借给我1000塔勒。她对我的侄女约翰娜的嫉妒，她对我把我侄女迁到德累斯顿的恼恨——这为剧院总经理处辞退这位伟大的女艺术家提供了便利——使这位一向如此好心的夫人陷入一种完全平庸的敌视我的情绪之中，这在剧院已是人所共知的事了。她现在借机发难，公开地宣称，我帮助剧院把她赶走，所有对我的友好照顾都被我弃之一旁，以任何角度上看我对她所做的都是完全没有道理的。她把我给她写下的借条交给一个很能干的律师，此人在没有提出任何要求的情况下就对我提出了诉讼。我不得不求助于吕梯绍先生，请他帮我从国王那里得到一笔预付款，以挽回我的名誉，摆脱我的困境。

我的这位领导声称，他支持我在这件事上向国王提出的呈文。因此我写上我所需要的款额，可我立即就被告知，我所需的数目只是从剧院生活基金中借出来的，利息是5%；此外我不得不通过一个生命保险单而对生活基金的这笔钱做出保证，这个保险单同样每年要我付出这笔钱的3%的利息；他们经过精心考虑，诱使我在我的呈文中不提到我的那笔债务，这笔债务并不具有危险的性质，我相信随后我能用我期待的出版收入来加以偿还。可是我为提供给我的这项帮助不得不付出的牺牲却是如此之大，我这个乐队长收入原本微薄，这样以来它就以非常明显的方式日见减少了。这些令人反感的努力使我产生了个念头，出于不得已去弄到那张生活保险单，为此我得不断地向莱比锡求助，去克服那些几乎可怕的方式对我的健康和我的寿命带来的疑虑，有些人匆忙间观察到我那时的苦难处境，如我们注意到的，他们在谈论时甚至表现出的忧心都是幸灾乐祸般的。我的朋友，与我十分亲密的医生普什内里终于成功地对我的健康状况做出了足够的证明，这最终使我免除了年利3%的生命保险。

这是令人痛苦的莱比锡之行中的最后一次，从另一方面来说，它使我有机会得到年迈的大师路易斯·施波尔①以令人愉快的方式发出的一次友好邀请，这使我有理由感到高兴，因为这次邀请同时表明了是一次和解的行动，施波尔如他那时在写给我的信中称，我的《漂泊的荷兰人》在卡塞尔的成功激起了他自己的愿望，再一次决定踏上一条戏剧作曲家的道路，虽然近来他在这条路上一再地遭到失败。他最新的一部作品是《十字军东征的战士》，在去年他把这部作品寄给德累斯顿剧院，而且，如他自己所说的，我会极为热心地推动这部歌剧的演出。他在这次自我推荐时提醒我注意，他用这部作品开辟了一条与他此前作品全然不同的道路，只执着于最准确的戏剧的朗诵，这个"杰出的题材"当然对他有利。当我知道了这个题材和总谱时，我感到十分惊愕。这位年迈的大师对我所做出的保证显然完全是错误的。现存的这套程序有助于我鼓起勇气，去解释这部作品上演所遇到的困难，演出一部作品的决定权按照规定不仅仅属于一位乐队指挥，除此之外，是要腊依辛格——他本人从前自诩是施波尔的老朋友——去评估和演出一部新作品。一段时间之后我不幸地得知，总经理处把这部歌剧退寄给了施波尔，附有尖刻的短信。施波尔为此对我大加抱怨。我表示惊讶并成功地安慰了他，达成了谅解，我刚提到的这次邀请就是一个证明。如他在给我的信中所写的，他觉得在一次即将进行的浴场之行中去同德累斯顿接触是件痛苦的事，可他内心有一种要求与我个人结识的愿望，他发现我在莱比锡，他要在此逗留一些时日，于是与我进行会晤。

---

① 路易斯·施波尔(1784—1859)：德国作曲家、指挥家、小提琴家，1842年曾在卡塞尔指挥过《漂泊的荷兰人》，谱有歌剧《浮士德》《炼金术士》等。

与他的这次会见给我并非没有留下印象。他是一个高大魁梧的人,表情高贵,不苟言笑,这种气质以感人的几乎乞求原宥的方法使我从中看到他的学识和他对音乐中新倾向的陌生。他的第一个对他毕业起决定性的影响是他在易塑性的少年时代从当时是新奇的莫扎特的《魔笛》那里感受到的。关于我的剧本《罗恩格林》——是我留给他翻阅的——以及与我的结识留给他的印象,他对我的姻兄赫尔曼·布洛克豪斯——在他的家里我们曾在一起共进午餐,热烈地交谈——怀着几乎是令人惊讶的热情大谈特谈。除此,我曾在音乐经理豪普特曼和门德尔松那里参加过音乐晚会,在这样的机会里我也听到这位大师用小提琴演奏他的一首四重奏。他的稳重的举止恰恰在这个圈子里给我留下一种几乎是感人的敬畏的印象。我后来通过我并不能很好判断的人得知,我的《唐豪瑟》——它也在卡塞尔演出——使他感到窘迫和痛苦,他声称,他不能再跟随我了,他看到我走在歧路上,他感到害怕。

我从我的经理那里得到3个月的假期,这对我是一种善意,我可从这些艰辛和苦恼中得到休息,乡间的隐居生活既可恢复健康又可为一次新作品的开始积蓄力量。我在位于皮尔尼茨和萨克森瑞士之间半路上的村庄大格劳帕那里找到一处农民房子。经常去波尔斯山旅行,去邻近的利伯塔的田野,也去偏远的巴斯塔,这很快就使我紧张的神经得到恢复。当我着手构思《罗恩格林》音乐的初稿时,令我感到极大痛苦的是,我刚指挥过罗西尼的歌剧《威廉·泰尔》中的旋律不断在耳边响起,这种干扰烦死了。在这种绝望中我终于想出一个对付这烦人的纠缠的办法,即在孤独的散步中我极为用力地去回忆同样是新近演出的第九交响曲中的第一主题。这很有用处。在皮尔纳附近的河中——我几乎每天傍晚时分去这里休闲散心——洗澡时,有一次,令我惊奇的是我听到一个我看不到的洗澡人在用嘴吹出《唐豪瑟》中朝圣人合唱的旋律。这是我费了极大的力气在德累斯顿演出的作品的第一个普及开来的迹象，它给我留下了一个以后再没有类似经历的印象。有时有朋友从德累斯顿来此做客，在这些朋友之中有一天当时16岁的汉斯·封·比洛在里宾斯基的陪同下来访，这使我感到高兴。因为我早注意到了他对我的热心关注。但从总的来看我多半是与我的妻子在一起，在我的散步中甚至也只是带着我的小狗帕波斯。在这个夏日假期当中开始时大半时间考虑的只是我的那些不愉快的事情和增强我的健康，可我却依然成功地谱了《罗恩格林》整个三幕的音乐，即使仅是匆忙中写下的草稿。

带着这些收获我在8月份返归德累斯顿，回到那令我感到烦心的乐队长的岗位上去。但除此我又立刻陷入有几分恼人的忧愁之中。我的歌剧的出版为了顺利起见一再地要求我做出新的牺牲，我原本指望它成功把我从那种压力下彻底地解放出来，这是唯一的可能呵。这样以来甚至是最微小的努力也会给我很拮据的收入带来新的和痛苦的混乱，很快我就失去了新的生活勇气。

我唯有借助拾起《罗恩格林》的工作来激励自己。可这期间我使用了一种通常我从没尝试过的方法，即我要先完成第三幕，此前对这一幕的戏剧特点和它的结束的批评促使我试图把它——甚至也因为在格拉尔小说中出现过的音乐动机——立即就十分满意地作为整体的核心继续下去。可我不经过一段长时间和有意义的中断，那是不可能成功完成这一幕的。

根据我早先的一项建议，在这个冬天要演出格吕克的《伊菲格涅在奥利斯》。我觉得我有义务给予这部题材上非常吸引我的作品以更大的注意和关心，就像从前在研读《阿尔米德》的情况那样。我先是对翻译感到吃惊，这是那份带有柏林总谱的歌剧中存在的问题。我发现这份总谱在配器上十分粗糙，为了使它变得丰满，我让人抄写了那份老的巴黎版，以防有误，在我对翻译的——也仅是考虑到朗诵的准确性——进行细致的修改之后，出于日益增长的关注，终于对总谱本身也进行了加工。我试图通过与法国人口味——按照这样的口味阿喀琉斯与伊菲格涅的关系打上了一种甜蜜的情人关系的印记——的疏远但主要是通过结尾，及不可缺少的“结婚”的完全改动，使剧本尽可能地与欧里庇底斯的同名戏剧相一致，大多数彼此完全不相关联的咏叹调和合唱我都通过过渡，尾声和序奏把它们连接起来，表现出戏剧的生动，我这样做的同时，重要的是通过格吕克的动机的利用尽可能发觉不到我这个外来的音乐家的介入。只是在第三幕我必须自己亲自为伊菲格涅以及阿尔特米斯的咏叹调谱曲。但除此整个配器都是我加工的，可我的意图永远只是使原有的产生出真正的效果，或多或少有些新的东西。直到这一年的结束我才完成了这项费时的工作，而我的《罗恩格林》第三幕的处理不得不拖到新的一年。

在新的一年(1847年)，我忙于《伊菲格涅》的演出。甚至作为导演我也做得十分出色，我对布景师和机械师都提供了详尽的帮助。为了舞台上表演的生动，有着真正的戏剧性的情节，我不得不在这一堆多半乏味和彼此不相关联的全部场景中经常寻找新的途径，在我看来存在这些问题只能是用格吕克时代巴黎歌剧中占主导地位的习俗的场景处理方式来加以解释。在所有的演员中间对我的准则和提示理解透彻表演准确的只有密特乌尔采一个人，他令我感到高兴，他饰演的阿伽门农无论从哪个角度上看都是出色的、感人的。整体效果超出了所有的期待，甚至经理处对一部格吕克歌剧取得这样一种尽乎寻常的广泛成功感到惊讶，他自己提出，在第二场演出的剧院节目单上称我是这部歌剧的改编者。这也立刻引起评论界对这部作品的注意，我必须说，这一次他们对待我几乎完全是公正的，只有序曲的处理激起了他们的巨大的反感，在此前平庸演出中序曲是这些先生所熟悉的，这部歌剧中唯一的一支曲子。为此我在一篇专论《论格吕克〈伊菲格涅在奥利斯〉的序曲》做了详细的阐释和争论，并只是给那篇评论增添了个注，在这次机会里，听到如此奇特声音的音乐家是斐迪南·黑勒。

像过去一样，在这个冬天，通过黑勒所推动的德累斯顿的艺术家聚会依然在继续，只是现在它在黑勒家有了独特的沙龙晚会的性质：我觉得这是为了肯定黑勒艺术上的功绩而准备好的一块土地。他已经与那些有钱的艺术界朋友——以银行家卡斯凯尔①为首——一起建立起一个订票音乐会协会。因为王家乐队不能供他们所用，他只能满足于把其他城市和军队的乐师拉来组成乐队。确也不容否认，他付出的许多努力得到了称赞。他善于通过演出某些在德累斯顿人们尚不熟悉的作曲家的作品，特别是最新的音乐，促使我经常去出席他的音乐会。他想更多地请来外地的歌唱家（但令他遗憾的是燕妮·林德②没有前来）以及演奏家（其中有我知道的当时还十分年轻的约阿黑姆③）来吸引观众。他真正的音乐上的重要性是他对我那时已经十分熟悉的音乐作品的理解大有启发。他领导演出的一个塞巴斯梯安·巴赫三重协奏曲，其演奏之冷淡和漠然令他极为吃惊。黑勒演贝多芬第八交响曲在“小步曲速度”的处理上令我感到比从前腊依辛格和门德尔松处理的更为奇怪。我答应他在这部交响曲演出时到场，我相信，他会改正第三乐章习惯使用被极大歪曲了的速度；他向我有力地保证，与我完全一致；因为在演出时又是采用了熟悉的华尔兹速度，这使我感到格外的惊愕。

① 此人系汉斯·比洛的母亲的第一个丈夫。
② 燕妮·林德（1820—1887）：女高音歌唱家，被称为瑞典的夜莺。
③ 约阿黑姆（1831—1907）：小提琴演奏家、音乐教育家，后为柏林音乐学院的院长。

当我向他提出来,他面带微笑对我表示歉意,说是在这一乐章开始时由于瞬间的走神而忘了他的诺言。作为这些音乐会的发起者,两周年时为黑勒举办了一次节庆宴会,我也十分愉快地出席助兴。

在这个圈子里的人们在那段时间都十分惊奇地听到我是那么喜欢谈论希腊的文学和历史,而不是音乐。那时我在我热心从事的职业活动中却总是退到安静寂寞的学习当中去,这是为了填充我少年时代缺乏人道主义的教育和由于我生活涣散造成学业上的荒废在这个领域里所留下的空白,系统地理解所有这些极其重要的知识之源,满足我精神上的需求。为了真正意义上地去接近我研究古代和中世纪德意志的目的,我从古希腊重新开始并对此充满了极大的乐趣,如果我用话表达出来,那我只能怀着热情说,我被强烈地吸引到那个领域里去了。偶尔我遇见一个好像愿意听我讲话的人,但总的说来人们更喜欢我谈论剧院,因为在格吕克的《伊菲格涅》演出之后人们认为我在这方面是行家里手。我发现一个人给予我非同一般的赞赏,我本人有理由相信他至少与我同样的内行。此人就是爱德华·德弗林特,他那个时候由于他的亲兄弟艾米尔在演员中策动的诡计而从朗诵剧的首席导演的职位退了下来。鉴于我们对德国剧院的本质有着共同的看法,认为它是毫无价值和从根本上看是毫无希望的,即由无知的宫廷监督的领导而不可避免地产生颓败的影响,也因为他对我在《伊菲格涅》演出——他把这次演出与他大加斥责的柏林演出相比较——上获得成就的毫无保留的赞赏,这使他成了我的至交。长时间来他是我唯一能与之就剧院的真正需求和用何种手段不制止这种杂乱无章进行严肃而深入交谈的人。长时间的和特殊的阅历使他在许多方面能给予我教益和启发,特别是他帮助我成功地克服了这样的观点:认为剧院只有借助文学界才智之士的介入才会发展,并加强了我的这样一种信念:剧院只有通过它自身的力量，通过戏剧演员本身才能走上繁荣之路。作为演员的爱德华·德弗林特的性格拘泥和才能上的局限性，对我没有多大的吸引力，可从现在起直到我离开德累斯顿我与他一直保持频繁的友好交往。他的最主要的成就是他当时正在撰写和逐章发表的《德国戏剧艺术史》，它在一些问题上给予我某些新的和有益的启发，这些是我本人所热衷的，他使我在这方面有了一种彻底的理解。

终于我又拾起了《罗恩格林》第三幕被中断了的新娘场景的谱曲工作，并在冬天结束时完成。应普遍要求，第九交响曲在棕榈星期天的音乐会上再次上演，这使我感到兴奋，此后为了创作我的新作品，这次不是去度假，而是通过改变我的住宅的方法来使自己放松和振奋起来。

从前的马克利尼宫位于德累斯顿城郊一处相当偏远和人口稀少的地方，它有一座非常大的、部分是老式法兰西风格的花园，出售给一个城市机构，现在部分可以出租。雕塑家韩内尔占据了这座宫殿翼楼的几个宽大的房间，作为他的居室和画室；此人我认识很长时间了，是我的一个熟人，甚至我从他那里得到的石膏复制品——这是我对他的赞赏的一种表示——作为我的房间的装饰。我在复活节时搬到宽大的住房，租金十分便宜；提供我自由使用的、里面长有漂亮大树的大花园，居住地令人舒适的安静，不仅增进了需要静养的艺术家精神上的活力，而这同时也帮助我减少本已日益窘迫的经济支出。明娜细心地筹措新的布置，没有花多少钱我们就非常愉快地在相连的令人感到愉快的房间里安顿下来，只是随着时间的推移有一件烦心的事使我们痛苦，即离剧院太远，这使我在费心费力的排练和演出之后感到非常苦恼，因为这经常要我支出一辆轻便马车的费用。但在一个出奇美好的夏天的眷顾下，愉快的情绪很快就克服了每一件烦心之事。

在这段时间我越来越直截了当地从进一步参与剧院领导的事务中

抽身出来，这里我列出我最有说服力的理由。我尝试去克服每一种如此宝贵的艺术力量使用上的混乱无序，确立一种有益的方针，可恰恰是因为我竭力做得有理有据，却都不断地归于失败。同样在过去的这个冬天里，除了我的其余的事务之外，我苦心孤诣地先是制定一项改组乐队的计划，并指出，如何通过旨在维护王家基金的一种正当的使用，同时更合理地分配薪金都会有助于艺术力量进一步提高它的创作性。有了更多的创造性就会相应地提高艺术才智和改善乐师们的经济状况，这同时我要他们意识到要建立一个自由的音乐会协会。这样一个协会的任务就是使德累斯顿的听众以一种出色的方式熟悉音乐这门艺术。在这里直到现在音乐没有得到很好的扶植。在我指出的这些有力的条件下，这个协会就有可能在德累斯顿建造一座——如我们所知道的，它还缺少与之相配的——音乐厅。为此我与建筑学家和建筑承包商进行了详细的商谈，制定了完整的计划，根据这些计划面对奥斯特拉林荫道折向著名茨温格大厦的那块地方，现在是剧院的道具仓库和王家宫廷洗衣场，它们应当消失，取而代之的是一幢漂亮的大厦，它除了有供我们使用的一个大型音乐厅之外，同时还包括有适合出租之用的场所，这会带来收益。这项规划其实用性没有遇到来自任何方面的异议，甚至乐队的孀妇基金会都看出了，这对它的基金提供了保证和带来益处。可总经理处经过长时间的考虑，虽对我的细心工作表示感谢和赞扬，却草率地把它退还给我。他们认为最好还是一切照旧。我的那项建议：通过我认为可行的规章防止徒劳无益地使用我们的艺术力量，也类似地化为泡影。此外，通过长年的经验我认识到，一切在费时劳力的经理部会议上做出的决定，比如安排保留节目的上演，到最后在每一瞬间都会因为一个歌唱家的颐指气使或一个下属的经济监察员的异议而遭受阻挠和做出不利的改动；在这方面经过无数次的争论和发火，浪费了精力，到最后我终于放弃了，并果断地抽身出来，不参与原本是我的义务的经理部的部门领导，这同时我把自己的工作仅限于安排排练和我们负责的歌剧的演出。这样以来我也陷入了与吕梯绍先生的一种日甚一日的紧张关系，可他现在对我的执拗不管好坏也只能听之任之，因为《唐豪瑟》和《黎恩济》演出获得持续的成功——在夏季大量的外地观众经常使受到偏爱的演出座先虚席，这让我保住了我的职位。

在这样的观念和轻松心态下，我在这个夏天得到了一种几乎是完全的隐居，我的新居提供给我极度安适的享受，这保证我在完成我的《罗恩格林》时能有极为有利的心绪。这种心绪是一种此前我从未曾享受过的十分强烈的愉悦，除了我的创作我特别勤奋地进行我前面提过的研究。我现在第一次在情感和理智上都为埃斯库罗斯①所主宰。特别是德洛伊森那本雄辩的《古希腊戏剧学》帮助了我，在我的想象力之中清晰地浮现出了雅典悲剧演出的富有魅力的图画，使我能够感受到《奥瑞斯忒斯》在这样一种形式下以一种此前我未体验到的力量的演出对我产生的影响。直到《欧墨尼德斯》结束我一直沉入陶醉，我根本就无法重新回到与现代文学和谐共处的状态。我对戏剧和剧院的意义所持的看法肯定地都源之于这些印象。从其余的悲剧家那里我直走到阿里斯托芬②的面前。当我上午勤奋地谱写《罗恩格林》的音乐时，我不顾那越来越灼人的阳光，躲入我花园中浓密的树丛，沉入阿里斯托芬的作品之中：他的戏剧使我忘记一切，这简直是难以描述的，这位诗人的《鸟》把我带入美惠女神的这位宠儿——他大胆地这样称呼自己——的世界。除阿里斯托芬的作品，我读柏拉图的出色的对话，从

① 埃斯库罗斯（公元前525—公元前456）为古希腊三大悲剧作家之一。
② 阿里斯托芬（约公元前448—公元前380）系古希腊的著名喜剧诗人。

《会饮篇》中我对希腊生活的出奇之美内心有了如此亲切的了解，有如我感受到在雅典的活生生的现实，它远比现代世界中任何一种生活环境都更令我熟稔亲切。

我追求我完全确定下来的学习目的，并没想到按照某种文学史的线索去进一步扩大我的学习之路，而是转向我认为合适的历史研究，德洛伊森的《亚历山大史》和《希腊主义》以及尼布尔①和吉明②给予我推动的力量，在德意志古代史方面，雅可布·格林是我越来越信赖的领路人。我特别想去更彻底地掌握德意志的英雄传说，此前我只是借助有关尼布龙人和英雄故事的读物才略知一二；到最后，莫内③的异常丰富《德意志英雄传说史研究》紧紧地抓住了我，尽管它因其大胆而受到严谨的专家学者的质疑。我不可抗拒为这些英雄传说去寻找北方的源头，在缺少北方语言的足够知识的情况下，我依然设法去熟悉《埃达》④以及构成这些英雄传说的大部分的散文作品。不久在我内心形成了这个题材的情节，对此起决定性作用的是莫内《研究》中的维尔松人传说⑤。长时间以来这个古老的传说世界的无比亲切感在影响我的意识，它逐渐地赢得了把它塑造成形象的力量，这个形象主导着我后期的创作。

这一切在逼迫着我，并在我身上成熟了。在此期间我以无比的快乐完成了《罗恩格林》的头两幕的谱曲，这是我最后处理的两幕。向后

---

① 尼布尔(1776—1831)：普鲁士的历史学家和政治家，著有《罗马史》等著作。

② 吉明(1737—1794)：英国历史学家，著有《罗马帝国衰亡史》等著作。

③ 莫内(1797—1871)：德国语言学家，在德国传说的研究上卓有建树，代表性著作为《德意志英雄传说史研究》。

④ 《埃达》：古冰岛文学作品，分为两部分，一为诗体，一为散文体。诗体埃达包括有关日耳曼的英雄传说，它是构成中世纪日耳曼叙事诗《尼布龙人之歌》的核心故事。——译注。

⑤ 维尔松人：在日耳曼神话中，维尔松人是一个英雄族类，齐格弗里德即出之这一族类。——译注。

看我结束了我的歌剧，向前看我为自己建造了一个新的世界，这个世界成为我越来越清晰的意识的避难所，我在这里面把我从现代歌剧和戏院本质的悲惨状况中拯救出来，我的健康得到了加强，我的欢乐心情几乎没受到干扰，使我能长时间地忘记我的困难处境。每天出游，到邻近的地带，从易北河岸到普劳恩田野直延伸到高地，这些多半只有小狗帕波斯陪伴的出游，经常使我能集中精神沉思冥想。但这同时我几乎像往常一样，无法与那些这段时间前来马尔克林花园与我分享我的简单晚餐的朋友和熟人进行愉快的交往。这些客人经常发现我坐在一棵树的高高树枝上，或骑在海神的背上，这个海神雕像是一大群雕像的中心，立在经常是干涸的水池之中，出之马尔克林的古老的光荣年代。我很高兴与我的朋友们在宽大的人行道上漫步，这条人行道直通向宫殿的主路，在对拿破仑是一场灾难的1813年，他曾在这里建立起了他的大本营。

在夏季最后一个月份——8月，我完成了《罗恩格林》全部的谱曲，但我也感觉到，这正是我现在迫切严肃考虑去改善我的生活所处的拮据状况的时候。首先我想的是重新在德国剧院里推广我的歌剧。

《唐豪瑟》在德累斯顿取得越来越明显的成功，在外地并没有得到反响。作为对德意志剧院能起决定性作用的唯一一个地点，我不可避免地必然看到的是柏林。我听到了国王弗里德里希·威廉四世的特殊爱好，好像完全有理由接受我，只要能成功地让他理解，那他必定对我的最新作品喜欢和感到兴趣的。我已经想到，把我的《唐豪瑟》呈献给他。为了得到这份许可，我求助于王家宫廷音乐总监雷德恩伯爵。从此人那儿我得知，国王只接受此前通过一次演出引起他注意的作品的呈献。因为我的《唐豪瑟》“过于叙事”了，已被宫廷剧院监督退回，于是伯爵认为，如果我想满足自己的愿望，那只有一条出路，就是尽可能地把我的歌剧改编成军乐，以便使国王在一次检阅时能听到。这使我决定在柏林实施另一项计划。在这次经历之后，我认为在那儿首先从我那部在德累斯顿取得决定性成功的《黎恩济》开始是合适的。为此我在一次晋见中求助萨克森王后，普鲁士国王的妹妹，请她让国王颁发给柏林总监一道命令，演出我的那部在萨克森宫廷受到欢迎的《黎恩济》。我成功了。不久我收到我的老朋友居斯特纳尔的通知，我的歌剧《黎恩济》不久将在柏林宫廷剧院演出，他同时表达出我本人能亲自领导这部作品演出的愿望。与居斯特纳尔先生要好的老朋友，慕尼黑的腊赫内尔和歌剧《卡塔林娜·克纳罗》在柏林得到十分可观的版税，我相信《黎恩济》只要在柏林取得类似在德累斯顿的成功，那对我拮据的经济情况就会有很大的帮助。但最重要的是我有着一个愿望：使普鲁士国王能认识我这个人，给他朗读我的《罗恩格林》——从某些迹象看我相信这样做是有希望的——这对我的今后方向大有好处，在这种情况下我请求从他那里得到他的宫廷剧院首次演出我的《罗恩格林》的委托。我在德累斯顿奋斗得来的成功在德国其他地方却受到了冷遇，在这些奇怪的经历之后，我觉得不可避免地把我的艺术活动的未来出发点移到唯一能发挥影响的中心柏林。借助我成功地得到的那份向普鲁士王后荐举我的信件，我至少相信这份我认为十分重要的介绍同样会对国王起作用，就在这样的希望之中，我在 9 月前往柏林，怀着我的命运向良好方向转折的勇气，去准备排练我的《黎恩济》，这部作品我对它已不再是那么特别感兴趣了。

在柏林我首先感到像那时我在巴黎经过长期远离之后重返回来时的一种类似印象。自《漂泊的荷兰人》以来就成为我的朋友的魏尔德教授事先为我在著名的宪兵广场旁弄到了一所住处，可我本人却不能说服自己住在德国中心的这个地方每天都看到这个广场的地方。但不久我便为我要做的事操起心来了。为了满足我的希望，官方采取了些措施，可我不久就觉察到，我的《黎恩济》也仅只被看作是乐队指挥的一部歌剧罢了，这就是说，提供给我可支配的人力也只是现有的，不要有超越这种能力的任何想法。当燕妮·林德自愿参加做客演出并准备在较长一段时间里完全听任王家歌剧院支配时，为排练所做的全部安排立刻被推翻了。

排练因此被推迟了，在此期间我设法达到我的主要目的，与国王进一步结识。为此我与宫廷音乐监督雷德恩恢复旧日有的联系。这位先生立即屈尊接待了我，请我赴宴和参加晚间的社交活动，并与我进行极其友善的交谈，看采取什么样必要的步骤去达到我的目的，他答应给予最热心的支持。除此我本人不断地前往无忧宫，以便先向王后介绍我本人并表达我对她的感谢之情。可是我从未有得到与宫廷贵妇交往的机会。有人给我出主意，要我与王宫枢密院的首脑伊拉尔先生取得联系。这位先生似乎有在意我的请求，他答应他竭力去满足我的愿望，把我介绍给国王。他询问我的目的何在，我告诉他，我的目的就是得到国王的许可，给他朗诵我的《罗恩格林》中的诗歌。在一次拜访中他终于问我，我是否认为从蒂克那里拿到一封对我的作品的推荐信是有益的。我告诉他，我早就与这位领取王国养老金并同样住在德累斯顿附近的老诗人有过亲切的交往了。

我很清楚地记得，在几年以前吕梯绍夫人就把当时我们谈及的《罗恩格林》的题材，以及它的诗歌和《唐豪瑟》的诗歌寄给了她这位著名的朋友。当我到蒂克那里时，我像一个并不疏生的老熟人受到了他的接待。与他长时间的交谈对我十分珍贵。即使蒂克在人们向他就戏剧作品求教时表现出一种得意感而某种程度上有损于他的声望，那在我的事情上他的那种特殊热情令我感到高兴，他热烈地向我谈及了他对我们最新的、在模仿现代法国戏剧技巧而形成的戏剧文学的反感。用一种富有强烈悲情的语调，他对戏剧文学中真正的诗歌价值的丧失大加抱怨。他对我的《罗恩格林》的歌词极有好感，只是他不理解，这一切如果不对迄今以来的歌剧基础加以彻底的改造怎么能谱成音乐呢，在这种情况下他说出了他对如第二幕开始时奥尔特鲁和弗里德里希之间那场戏的忧虑。我觉得，当我用我的方式向他谈到这个表面上困难的解决办法以及我对音乐戏剧理想的观念时，我真的激起了他的兴趣。当我向他表达出我的希望，为了我的想法和我的理想计划的实现去赢得普鲁士国王的关心时，我说得愈是忘乎所以，他就变得愈加悲哀。他虽然不怀疑国王会对我更加注意，甚至会热情地理解我的观念，只是，如果我不想把自己置于最最恶劣的失望境地的话，那我就得对此不抱任何成功的希望。"如果一位主人他今天对格吕克的《伊菲格涅在奥利斯》，明天对多尼采蒂的《卢克雷齐娅·博尔贾》着迷的话，那您对他能期待什么呢?"蒂克先是十分愉快地与我谈了类似这样的事情，他的一些观点是很尖刻的，引起了我认真的思考。他高兴和愉快地答应我，向枢密院的首脑伊拉尔推荐我的《罗恩格林》的诗歌，随后怀着衷心的、却不无担心的祝愿与我作别。

所有我的这些努力都使我得到国王邀请的希望一再落空。在克服一些困难之后，《黎恩济》的排练能够与燕妮·林德一道开始了，我决定全力以赴，直到我的歌剧上演，无论如何我毕竟可以相信国王能亲自光临观看按照他的指示进行的首场演出，这有助于满足我的主要愿望。《黎恩济》的主角我只能满足于一个十分平庸的男高音①来饰演，他绝对没有才华可言。此人是一个善良的顺从的人，是由我的一位特别友

① 这位男高音是斐斯特·尤(1817—?)。

好的中饭时的饭友,马因哈德极为热心向我推荐的。我对他所期待的成绩产生了一些幻想,到最终,当在总排练中要做出决定时,我不得不屈服了。我看到舞台、合唱、芭蕾和次要角色大部分甚至都是出色的,但主要角色却成为一个没有实体的影子,在这部歌剧中一切本都以他为中心的。当10月底开始演出时,它在相当程度上在观众那里取得了成功,也由于饰演阿德里阿诺的居斯特夫人非常出色的表演,从表面迹象上看这并不是一次不佳的演出。但我自己清楚地感到,它缺少一个真正的核心,因而观众所看到和所听到的仅是我的作品的非本质的东西,无法感受到本质所在。柏林评论界也立即以我早就熟悉了的方式对我的歌剧的任何方面的成功进行毁灭性的攻击,这使我在第二次同样由我亲自指挥的演出之后,不得不问问自己,我的这些绝望的努力会有什么结果。

我向我很少几个知心朋友提出了这个问题,这使我得到某些教益。在这些朋友中间我首先要提到的是我又看到的阿尔伯特·弗朗克①,他是在柏林令我真正感到愉快的人,是新近才移居此地的。在柏林我感到悲哀的两个月里,我最好的时光就是在他那里度过的,他的居所简陋却舒适。像从前一样通常我们谈的是与剧院有关的话题,这几乎使我感到羞愧,我用我这类抱怨来打扰他,这些抱怨涉及我对一部作品所付出的努力,而只有谈到作品时才能激发起我的剧院实践的兴趣。在他那方面,他也抱怨起我来,说我选择了《黎恩济》而不是用《唐豪瑟》来进行探路;《黎恩济》只适合于原有的和普通的剧院观众,在柏林要形成的是一个有助于我达到更高目的的群体。他强调说,恰恰这部作品的性质能重新唤起人们对剧院的兴趣,这些人像他一样不再属于原

① 阿尔伯特·弗朗克:此人是一个书商。

有的戏剧观众,这恰恰是因为这类观众已经放弃了去理解来自剧院方面一种更高贵的意图的希望。

另一方面魏尔德告诉我有关柏林艺术界性质的一些稀奇古怪的情况,这令人感到沮丧。在谈及观众时,有一次他对我说,我不要有任何别的期待,那些观看一部不知名作品的观众,从第一排到最后一排,每一个人坐在他的座位上就是怀着一种念头,去发现它坏在什么地方。尽管如此魏尔德并不希望我的努力落空,但他认为有必要不断地警告我,要注意特别是来自柏林高层圈子里的某些东西。当我问他——他对国王的重要特点怀有极大的尊敬——如果我向国王陈述了如何使歌剧高贵化的观点时,他认为国王是否会接受。他在长时间听到了我热情的言谈之后,对此回答我说:"国王会对您说:'您同斯塔文斯去谈吧!'"这个人是歌剧院的导演,肥胖、懒惰成性、碌碌无为。

用类似方式我通常所得悉的一切都使我感到沮丧。伯恩哈德·马克思[①]几年以前在《漂泊的荷兰人》上演时对我的态度很是友好,我拜访了他并受到了他友好的接待。这个人从前写了一些文章和评论,在我的眼中他是一个热情和勤奋的人,当我现在看见他站在年轻貌美风姿绰约的妻子身边时,他那明显的衰退和倦怠令我感到吃惊。从他的话语里我不久就清楚了,他在我们共同熟悉的领域里,通过长年从转变成权威的高层权力圈里得到的经验,他完全放弃徒劳无益的希望,根本就没有成功可言。他也对我讲述了他递交给国王关于建立一所音乐学校的一份呈文的奇怪遭遇。国王在一次特殊的召见中对此直到细枝末节都表现出极大的兴趣,这使马克思增强了成功的信心。可从那以后他的所有努力以及从一个人推诿另一个人的交涉都化为泡影,终于他

---

① 伯恩哈德·马克思(1799—1866):音乐教育家,自1830年起任柏林大学教授、校长。

被命令去见一位将军，此人像国王一样，对马克思的建议询问得超常仔细，直到最微小的细节，并以极大的热情加以肯定。“喏，事情就这样完结了，”马克思在结束他的这个内容丰富的故事时说道，“我再也没有听到什么下文了。”

有一天我得知罗茜伯爵夫人，著名的亨利埃特·佐恩塔克希望我在她那里做客，当时她由于陷入困难的处境而又一次被迫回到艺术道路，她在柏林深居简出，亲切地怀念起我这个来自德累斯顿的人来了。她也向我抱怨起柏林权威圈子里是无法实现某种艺术目的的。特别是，她认为国王好像是满足于剧院就这样糟糕地管理下去，因为他不喜欢在这件事上对他的批评，也从不接受任何一项改进的建议。她很想知道我的最新的作品，我首先把我的《罗恩格林》的诗给她一阅。在下一次上午的拜访中，她把它退还给我，并肯定地说，她非常喜欢，并且在阅读时经常看到“那些小仙女和小精灵在眼前跳舞”。就在这次拜访中她顺便邀请我参加一次晚间音乐聚会，这是她为了取悦她的父亲般的保护人麦克伦堡-斯特莱利茨大公爵而举办的。通常这个有教养的女人的热情友好的表情使我感到由衷的温暖，可我突然间觉得有如冷水浇头一般，我很快离开，再也没有看到罗茜伯爵夫人，已告知的那次邀请并没有举行，除此之外，我再也没得到什么特别的机会去看她了。

E.科萨克①先生试图与我结识，我与他并没有进一步的、有益的接触，可我对他有了一个十分友好的印象，我也把我的《罗恩格林》的诗歌交给他，供他一阅。有一天我在他那间刚刚用热水擦洗的房子里遇见他，房间散发出一种无法忍受的味道，这招致了他的头痛并使我感到难受。他用一种几乎是柔和的目光打量我，他把我的《罗恩格林》诗歌

① E.科萨克(1814—1880)：语言学家和音乐作家，创建了柏林音乐杂志《回声》。

的手稿退给我，并着重地向我保证，他感到"很满意"。在偶尔的交往中我与特鲁恩①先生有过不少的谈话，我为了怀念埃台·阿·霍夫曼时而去路特尔和维格纳尔酒馆②，他经常在那里饮酒。我谈到了我对歌剧这一艺术形式的限定性的和所追求的扩大的观点，他似乎越来越感到兴趣。我从他那里听到某些机智的和观察仔细的言谈，特别是他那活跃的好动的性格经常给我留下很好的印象。作为一个评论家的他在我的《黎恩济》演出之后同样是站在嘲笑者和贬抑者之列。只有我那可怜的老朋友戛拉尔德站在我这一边，他对那些攻击非常愤怒，但他无能为力。他经营的小型音乐商店情况不佳，他的音乐杂志已经停刊。这样他仅能在一些锁细的事情给予我些帮助。不幸的是我发现，他不仅是许多极为令人疑虑的戏剧作品的作者——他试图要赢得我对它们的承认——而且也由于肺热病看来致人寿命不长，他忠诚、真挚，给我留下的只是一种伤感的、令我的情绪压抑的印象。

但另一方面，我的唯一的渴望就是在我所处的情况下获得极为必要的成功，为了整个柏林的活动要克制任何一种内心的不快，为此我也违反本愿地，甚至出现在莱尔斯塔布那里。他批评《漂泊的荷兰人》是"一团迷雾"和"无形象可言"，我相信我可以用我的《黎恩济》向他展示其布局上的清晰和明了的一些长处。他似乎很得意我向他求教；可他事先就用他的方式向我再次表明了他的毫不动摇的信念：自格吕克以来最新的艺术创作毫无希望可言，并称，在最最好的情况下人们用最最好的努力创作的也只是些"华而不实"的东西。我看出来了，柏林的这一切都令人绝望，这是一种氛围，如我所知，只有麦耶贝尔善于去使它

① 特鲁恩（1811—1866）：作曲家和音乐作家。

② 这是德国著名浪漫派作家、音乐家霍夫曼（1776—1822）生前偏爱的一家酒馆。

变得稍许明朗些。

这次我在柏林也遇到了这位从前的和总是扮作是恩人角色的麦耶贝尔。我在到达之后立即去拜访他。我在前厅见到了他的仆人正在忙于准备行装，得知麦耶贝尔不久就要动身，他本人为无法为我做些什么而感到遗憾。我在他接待的同时立即向他告别。我相信他会离开一段时间，可几周后我惊讶地得知，麦耶贝尔先生还一直留在柏林，只是不露面而已。在剧院一次排练《黎恩济》时终于看到他了。这意味着什么，直到以后，特别是通过在一些熟悉内情的人中间传出的一种观点——这是由爱德华·封·比洛①，我年轻的朋友的父亲告诉我的——我才知道是怎么回事。

在柏林停留的中期通过乐队指挥陶伯特听到，他从许多消息灵通方面得知，我在谋求宫廷歌剧院的一个职位，并且前景极佳，得到权威方面的认可。我对此毫无所知，真是空穴来风。我这方面需要与陶伯特进行对我十分必要的很好沟通，向他做出最最肯定的保证，我既不会以任何方式去谋求也不会接受一个即使是提供给我的职位。另一方面我想看到国王的所有努力都化为泡影。我一再求助的主要中介人是雷德恩伯爵，虽然我注意到了他与麦耶贝尔之间令人疑虑重重的拉拉扯扯，不无共谋之嫌，可他的慷慨和缜密的举止一再地增强了我对他的正直可靠的信任。到最终我把我的希望只寄托在这上面：国王不可能不出席他下令演出的《黎恩济》，我把我进一步的希望与他的这次接近联系在了一起。但雷德恩伯爵却面带沮丧的表情通知我，国王恰巧在第一次演出的这一天将去狩猎。我再次请求他，至少他能向我保证国王

---

① 爱德华·封·比洛（1803—1853）：翻译家、作家，是文中“我年轻的朋友”汉斯·封·比洛之父。

在第二次演出时能出席观看。我的这位不知疲倦的庇护者终于告诉了我,这是不可理解的,国王陛下好像不愿满足我的愿望,他对此十分反感;他从国王的嘴里听到这样严厉的话:“啊,您又用您的《黎恩济》来烦我!”

在第二场演出中我经历了一个愉快的事件。在效果甚佳的第二幕之后,观众高呼要我登台。为满足他们的要求,当我从乐池踏上过道时,我的脚在光滑的地板上滑了一下,这时我感到有一只有力的手抓住了我的胳膊。我认出来了,这是普鲁士亲王,他正从他的包厢走出来,他立即利用他抓住我的机会邀请我,随他到他的夫人那里,他的夫人正是我渴望结识的人。亲王夫人解释给我说,她一到柏林,就对我的歌剧表示出极大的好感,虽然她这个晚上是第一次听到,可通过一个我们认识的朋友阿尔维纳·弗洛曼长时间以来的对我和我的艺术风格的介绍早就有所了解了。这次邂逅——亲王一直在场,极为关注——留下的整个印象有着一种异乎寻常的亲切和愉快。

事实上我的老朋友阿尔维纳她在柏林不仅仅极其热情地关怀着我在那里的命运,而且她尽其所能给予我坚持下来的慰藉和勇气。我几乎定期地晚间去拜访她,在高尚的谈话中,在休息的时间为下一天向那些我所憎恶的事情进行斗争而积蓄力量。她和我们共同的朋友魏尔德对我的《罗恩格林》所给予的热情和充分的理解令我特别高兴,我现在的所有努力都集中在主宰我的这部作品身上。普鲁士亲王夫人是阿尔维纳的庇护人,自从她到了柏林之后,我的朋友相信她能从国王那里打探到有关我的事情的进一步的信息;即使她向我表明,这位高贵的夫人并不得宠,她对国王的影响也仅仅是泛泛而已。然而直到我最终无法推迟的动身时刻到来时,从这方面我没有得到任何消息。

另一方面我又有了指挥《黎恩济》第三次演出的机会,还一直存在着我被突然召到无忧宫去的可能性。我定下了一个日子,希望在这一天命运为我的那些重要计划敞开大门。但这一天也过去了,我终于认识到了,我的柏林希望完全化为泡影。

这是一种恶劣的情绪,我就是在这样的心境中得出了这个结论。我记得,很少有寒冷和潮湿的恶劣天气和一个总是灰蒙蒙的天空的影响是如此的压抑,可在柏林这最后一个糟透了的星期比这更甚,在这里我亲自感受到的痛苦氛围,都以铅重一般的沮丧压迫着我。我与赫尔曼·弗朗克在交谈中谈及了社会状况和政治局势,当时由于普鲁士国王任命的联合国会所采取的失败措施,这一切都蒙上了一种特昏暗的色彩。我听到那些人对这项撒旦施都充满了希望,对它的意义十分看重;可从一个如弗朗克这样知识渊博的人那里十分清晰地了解了有关的人和有关的事之后,我真的惊愕至极。偏他在谈及这些事以及谈论普鲁士国家本身,谈及他所代表的德国知识界以及他赞成的公共机构管理上的安全和秩序所持的并不带有偏见的观点,都完全毁掉了任何一种在这方面所抱的良好的和充满希望的想法,每当我还试图去展望一个繁茂昌盛的德意志时,这使我有如看到自己置身于一片混沌之中。如果说我从我的德累斯顿悲惨处境充满希望地去设法赢得普鲁士国王对我的支持的话,那我现在不再以他任何方式来隐瞒我知识上的可怕贫乏了,它从任何方面向我揭示出了事情的本质。

当我向雷德恩辞行时,他面带极度悲伤的表情告诉我刚得到门德尔松去世的消息,在我感到沮丧的心境中,它给我留下了一种几乎是奇特的印象。我对命运的这次出击明显地感到意外,只是这个事件引起雷德恩显而易见的悲哀之情使我感到惊讶。但不管怎么说,他省却了在我向他痛苦告别时,为表明他的同情而对我个人处境进行一种较为详细和关怀的解释了。

这样在柏林我必须要做的就只剩下一件事了，即是厘清我在物质上得到的结果与我在物质上所做出的牺牲之间的比例了。对我这两个月的停留——到最后我的妻子甚至我的姐姐克拉拉也被《黎恩济》在柏林演出所期盼的异乎寻常的成功吸引来此地，这使我的好朋友、总监居斯特内尔觉得这根本不值。从他给我的通信中他以不可反驳的法律上的精确性向我证明，就他那方面而言，他的“希望”只是我在参加《黎恩济》的排练。根本没有流露出是“邀请”的意思。雷德恩伯爵为门德尔松之死极度悲伤，因为我无法向他提出我个人利益方面的问题，这样我除了向居斯特内尔表示感谢他的善意之外——他让人以预付的方式给了我已举行的三场演出的版税，别无其他了。人们在德累斯顿感到奇怪，我得从柏林写信请求用一些预付的薪金来支付我在柏林进行活动的费用。在一个可怕至极的坏天气里，我与我的妻子穿过荒凉的市集广场踏上了乡间的道路，这时我的心境陷入了极度的、也许是绝无仅有的沮丧。但是令我感到愉快的是，我一面沉默地从东厢里望向灰蒙蒙的迷雾，一面倾听我的妻子与一个旅客进行热烈的争论，因为这个人在偶尔的交谈中对新歌剧《黎恩济》大放厥词。我的妻子怀着极大的热情，甚至是激情驳斥这个心怀敌意的人的各式各样的谬误，她极为得意地使这人承认，他根本就没有听过这部歌剧，而只是根据传闻和评论才有这样的看法，我的妻子极为严肃地责备他说：“因为人们不知道，他们用这类的流言蜚语在伤害未来的一个怎样的人呢。”

我就带着这难以令我感到慰藉的印象回到了德累斯顿，这里我在柏林所忍受的那些可憎的事情的特殊后果立即在我的熟人当中里引起了感到遗憾的同情。报纸都报道称，我的歌剧遭受到决定性的失败。令我极为痛苦的，我不得不借助高兴的表情和证实事情并不是如此之糟，而且相反是给我带来很多快乐，以此来掩饰我对这些可厌事情的不快。

这些我付之异乎寻常的努力把我置入一种与我回到德累斯顿遇到的情况相平行的奇怪关系之中，就是在这种关系中我见到了斐迪南·黑勒。这个人差不多与此同时在这里演出了他的新歌剧《康拉丁·封·霍恩斯陶芬》。他在谱写这部作品期间对我秘而不宣，在这部歌剧中诗人和作曲家是想把我的《黎恩济》的倾向和效果与我的《唐豪瑟》的倾向和效果用一种对德累斯顿特别幸运的法连接起来，黑勒相信他在我不在时所举行的三场演出都获得了极大的成功。这时他正要起程去杜塞尔多夫，就任音乐指挥一职，于是他向我推荐了他的这部作品，并对继续演出的成功打了保票，同时他为我不能指挥这部作品而感到遗憾。他承认，演出获得的巨大成功一部分要归功于我的侄女约翰娜饰演男人角色“康拉丁”的杰出表演；我的侄女同样的断定，黑勒的这部歌剧如果没有她肯定不会取得如此空前的成功。我真的感到好奇起来，要自己去见识这部幸运的作品和它的如此成功的表演，在黑勒和他的家庭离开德累斯顿之后，宣布要举行的第四场演出使我有了亲自去观看这部歌剧的机会。当我在序曲开始时踏入大厅坐到正厅我的座位上时，我感到少有的惊讶，除去寥寥可数的观众，全部座位都空着。在我坐的座位的另一端我看到了撰写剧本的诗人，文弱的画家莱因尼克。我们很随便地移到中间在一起，并谈起了我们遇到的这种奇怪的情况。我从他那里听到他对黑勒音乐处理上的伤感似的抱怨，可他显然并没有向我揭示出黑勒作品获得成功的秘密，这在这部歌剧的事件上令人为之惊愕。我从其他方面知道了黑勒是怎样陷入自己欺骗自己的境地。出身波兰的黑勒夫人，她懂得把数量众多的、逗留在德累斯顿的同胞鼓动起来为她的丈夫的歌剧捧场，这些人都是热心的剧迷。她的这些朋友在第一场演出用惯有的热情带起观众鼓起掌声，但他们对作品并不感到满意，使他们不得不在第二场观众上座不多的情况下演出了，这样以来这部歌剧的结果几乎可以说是微不足道了。现在就是要想方设法，使星期天剧院举行的第三场演出座无虚席，号召所有能想到的波兰人前来捧场。事情办成了：那些波兰的剧院贵族以惯有的骑士风度履行了他们对渴求帮助的夫妇的义务，出席了这对夫妻在他们的沙龙里举办的舞会。作曲家又受到欢呼，一切进行得顺利，黑勒认为，这第三次演出对一部新作品来说关系着其成功或失败，恰和《唐豪瑟》所经历的是同样的。但这件事的虚假性质在我们经历的第四场演出就被拆穿了。没有人对已经离开此地的作曲家尽什么义务。就是我的侄女也感到羞愧，并以为一个女歌唱家不能把才能浪费在这样一个如此乏味的歌剧上了。面对这样的悲惨情况，我向剧本作者指出了题材中存在的一些明显的弱点和错误；他向黑勒转达了我的意见，随之我收到从杜塞尔多夫寄来的一封热情的书信，承认所犯下的错误，但拒绝了我在题材上的建议。我立即就清楚地理解了，按照我的想法改动这部歌剧，在什么样的时机把一部意图良好和有意义的作品挽救成为剧院的保留节目，这需要时间。可这样的时刻一直没有到来。

与这相反的是我得到了一个小的补偿：我被告知，我的《黎恩济》还将在柏林演出两场，为了保证演出的成功，如乐队长陶伯特亲自告诉我的，他相信借助富有效果的删减会有用的。尽管我不得不放弃我在柏林的活动，我深信我无法获得一种持久的和带来利益的成功，可我不能再长时间向封·吕梯绍先生隐瞒下去，即我必须要求提高我的薪俸，因为我无法指望外部的和我的不顺利的歌剧出版生意上会带来有利收益，仅靠我微薄的薪金我无法生存下去。我只要求与我的同事腊依辛格享受同等待遇，这也是从一开始时我的一个目的。

事情到了这个地步，封·吕梯绍先生认为机会到了，他要让我感觉到我对他的依赖性,我只有通过对他的善良意志的曲意服从才能有所成就。在我与他会见时提出了请求国王赐予恩惠,提高我所希望的薪俸,封·吕梯绍先生虽然答应我,他将就此事递交必要的呈文,为我美言。有一天,他向我通知他从国王那里收到的决定时,可真令我吃惊极了,羞愧极了。在国王的这份复文中称,由于一些狂热的朋友(在这些人之中他把封·居内尔尼茨夫人算入其内)的愚蠢的偏爱,致使在我的使用上形成了一种意见,认为至少我应享有与麦耶贝尔同等的待遇。这样以来我就犯了一种如此重大的过错,以至可以考虑,解除我的职务是否可取。另一方面鉴于我的勤奋和我的得到称赞的成就,如经理部在我改编格吕克的《伊菲格涅》所见到的,可保留我的职务,以观今后的发展,在这种情况下,当然应考虑对我物质上的利益予以照顾。看到这儿我无法再看下去了,我由于惊愕而木然地把这份复文退给我的这位庇护人。他试图立即来缓和他所看到我流露出的沮丧表情:他对我说,我的愿望已经得到了满足,我可以马上去账房领取归于自己名下的300塔勒。我一声不响地离开并在考虑,面对这样的奇耻大辱我该怎么办。我不可能去领取这300塔勒。

这极为可厌的窘迫令我苦恼,但就在这期间,11月的某一天普鲁士国王来到了德累斯顿,并立即按照他的特殊愿望挑了一场《唐豪瑟》演出。他真的与萨克森王室家族一道为观看这场演出而出现在剧院,他明显地饶有兴趣地从头一直看到结束。这是普鲁士国王趁这个机会对他没有出席柏林《黎恩济》所做的一个特殊的解释,这向我表明:他之所以拒绝在柏林听我的一个歌剧,是因为他想留有一个好的印象,他知道,他们在他的剧院里演不出好东西的。这次罕有的事情至少恢复了我所需求的那么多愉快的自信,这足以使我去接受令我感到痛苦也感到十分需要的300塔勒了。

封·吕梯绍先生也好像又赢得我的几分信任;我从他对我没受干扰的友好态度中看得出来,这位完全没有素养的人根本就没意识到他对我的侮辱。我们那份为纪念乐队而建议举行的乐队音乐会的计划曾遭到拒绝,现在他把它退还给我,为的是说服我,这样的音乐演出要由经理部而不是由乐队本身来进行安排。我首先得到许诺,演出的收益归乐队所有,随后我高兴地开始着手这项工作。按照我的特殊计划,剧院舞台有一个能容纳整个乐队的效果很佳的音响厅,它被布置成一个出色的、从这以后经常使用的音乐会大厅。未来在每个冬季要演出6场,因为我们这次已近年关,只有冬天的下半季了,就安排举行3场订票音乐会演出,剧院的全部座位立即被观众抢订一空。准备工作十分忙碌,可却使我感到几丝快意,我就带着一种些许和解的、友好的情绪进入了充满灾难的1848年。

在紧接着的1月,这次乐队音乐会举行在即,它的异乎寻常的节目使我获得极大的赞赏。我早就发现了,如果要赋予这样的演出一种真正的意义的话,那就要避免把各种极不相同的音乐种类的作品花里胡哨地排在一起,只要有两种音部形式轮换就可以了。在两部交响曲之间我安排了一首或两首大型的、通常是听不到的声乐作品,组成整个音乐会。在莫扎特的一部交响曲(D大调)之后,我把全部乐师从他们的座位上撤下来,代之的是一个庄重的歌唱家登场,他演唱了帕莱斯特里纳①的《圣母悼歌》——这是经我仔细改编的一首圣歌——和一首巴赫的八声部赞美诗《唱给主人的一首新歌》,然后我又让乐队登台入座,演奏贝多芬的《英雄交响曲》,随之音乐会结束。

这次成功是非常辉煌的,它向我展示出了我未来作为音乐指挥的

---

① 帕莱斯特里纳(1525—1594):意大利音乐家,教皇的乐队长。

一个多少感到慰藉的前景。我对演出我们那歌剧保留节目越来越感到厌恶，在演出时我对我得到梯沙舍克的支持渴望当女一号的侄女越来越失去了影响。我在从柏林返回时立即着手《罗恩格林》的配器，此外，我对任何事情都抱着一种越来越强的情绪，我相信我能安心地听从命运的安排，可就在这时一个突如其来的消息令我深为震惊。

2月初传来母亲去世的噩耗。我即刻赶回莱比锡参加她的安葬，母亲十分安详和和蔼的表情令我深深地感动，也令我欣慰。在愉快的舒适并最终在几乎是纯真有平和和慈祥的安闲中，她度过了漫长的晚年，她早年的生活充满了劳碌和不安。临终时她面带微笑，容光焕发，谦卑地喊道："啊！多美啊，多可爱啊，多神圣啊！我值得得到这样的恩惠吗？"那是一个寒风刺骨的清晨，我们把棺材放进教堂墓地里的墓穴。按照习惯我们应把一抔松土撒到棺材上面，可天寒地冻，我们只用一些冻土块，撞击棺材发出粗暴的响声使我为之一惊。在走向我的姻兄赫尔曼·布洛克豪斯家的途中——全家要在那儿聚在一起待一个钟头——只有亨利希·劳伯陪伴我，他非常敬爱我的母亲。他对我异乎寻常的憔悴的外表感到焦虑。随后他陪我又去了车站，在这儿我们谈到了非同一般的压力，这种压力使我们的任何一种高尚的奋斗都要屈从于一种完全陷入颓败的时代倾向。在返回德累斯顿的短暂旅途中，我第一次清醒地认识到，我的情感完全被孤独所主宰，我不得不承认，随着母亲的去世，我与我的姊妹们任何关系上的天然纽带都松散开来。她们关注的是自身的和特殊的家庭利益。这样以来我感到极为郁闷，唯一能使我变得明朗和热情的事情就是为我的《罗恩格林》配器和对古德意志的研究。

2月的最后几天到了，它给欧洲带来一场新的革命。在我的熟人当中，我属于那些最不相信这是一场即将到来的或者仅是可能的政治世界的颠覆活动。我对这件事情的第一个感觉来自我青年时代的七月革命和随之而来持久的系统的反动时期。从那以后我在巴黎也见识到并且从所有那向我所揭示出的公众生活的病症中远比引发起一场大型的革命运动知道得更多。我经历了由路易·菲力浦在巴黎四周所建造的散布开来的要塞,无数分散在整个巴黎的坚固的警察据点使我清楚政府的战略安排,赞同那些人的观点,他们为了使哪怕只是巴黎居民的一次起义的尝试成为不可能,做了一切准备。当前一年底发生的瑞士特别同盟战争①,以及在今年初成功的西西里发生革命时,所有的目光都充满紧张地望向巴黎,看它对这种动荡不安有什么反应。我这时却是冷漠的,对所有相关而来的期待或者恐惧都不关心。诚然从法国首都传来了出现日益增长的不安的消息,可我与吕克尔进行争论,反对他说的会有重大意义的事情发生。在一次排练《马尔塔》时我坐在指挥台上,这时吕克尔在一次休息中间特别兴高采烈道理十足地告诉我,传来了路易·菲力浦逃亡和在巴黎宣告共和国成立的最新消息。这当然给我造成一个远比特别的,甚至是惊讶的印象更要强烈得多,尽管对这一切的意义持有怀疑,我还是露出一丝微笑。但终于激动日增,外界各个方面,也包括我本人在内,都是如此。德国的三月革命爆发了,从各处传来越来越令人震惊的消息。也在我们狭小的国家里,出现了各种代表团,递交了大量的请愿书。国王长时间地对此抗拒,他以不久前自己表示肯定的方式对这次运动的意义和国家里占主宰地位的情绪感到失望。在这充满不安并且天气郁闷的日子里,我们在一天晚上举行了第三场乐队音乐会,如前两次一样,国王和宫廷也都出席了。我这次选

① 瑞士特别同盟战争:1845年瑞士一些信奉天主教保守势力的州结成特别同盟,1847年激进民主派各州要求解散特别同盟,于是爆发了战争,特别同盟各州失败,特别同盟被解散。

择了门德尔松的a小调交响曲作为开始，这像是为了悼念他；奇怪的是这部甚至在欢乐的迸发中流露出令人感到轻弱压抑的情绪的作品竟是那样迎合了整个观众，特别是在王室家族中占主宰地位的惶惶不安的心态。我没有向首席小提琴里宾斯基隐瞒我在安排今天节目上的后悔，因为在这部小调交响曲之后是贝多芬的第五交响曲，这样又是小调调性的作品。但这位时而充满机智的波兰人用奇怪的轻浮目光望着我，借助这样的话来安慰我："噢，您让我们只演奏c小调交响曲的前两个小节好极了，那没有人会知道，我们演奏的是否是门德尔松的大调或小调了。"顺利地进入了这两小节，除此还出现了令我们感到吃惊的是，观众中间有一个爱国主义者激昂地高喊国王万岁，他立即得到了来自四面八方以及非同一般的热情响应。里宾斯基的看法完全正确：这部交响曲，从它的第一乐章的狂暴般的激情开始，就掀起了一场欢呼的风暴，对观众所引发起如此的影响，如今晚这样十分罕见。这是我在德累斯顿指挥的最后一场不久前才由我本人亲自安排的乐队音乐会。

随后不久出现了不可避免的政治转折。国王解散了他的内阁，并从纯职业的、部分是自由派部分甚至是强有力的人民之友的人中选出一个新的内阁。这些人一上台就立即宣布采取措施，制定一个彻底是大众的国家宪法。我为这个结果，特别是为全体民众所表现出的衷心喜悦而深受感动：我曾多么热衷于能使国王以某种方式接近我，我会多么高兴看到国王能使我个人见证他对人民向他表达出的真挚的爱的由衷信任，这种信任一直是我所期望的。晚间城市节日般的辉煌明亮，国王乘坐敞篷车穿越大街：我与广大民众一道十分激动地遇见了他，经常是急速奔跑，以便能紧紧尾随。在这个时刻我不由得想到，一阵特别热烈的欢呼会使国王的心感到高兴和变得和解。当我的妻子看到我很晚返回家竟是那样的疲惫不堪和嗓音完全嘶哑时，她惊呆了。

在维也纳和在柏林发生的事件①及其看来是巨大的后果使我感到就只是像报纸上登载的有趣消息一样。法兰克福议会取代被解散了的联拜会国会,我听到这个通告感到一丝陌生的快意。可这一切,尽管印象强烈但没有一天能中断我仔细制定的工作日程。恰恰是在风云突变3月里的最后几天,我非常满意甚至几乎是感到骄傲,我完成了《罗恩格林》总谱音乐配器中圣杯骑士神秘的远方消失而去的那部分。

在这期间,有一天一个年轻的、在波尔多结婚的英国女人杰茜·拉索特②夫人来拜访我,她由还不到18岁的卡尔·里特尔③陪同。这个年轻人生于俄国,父母是德国人,她和她的家庭属于那个因艺术上的享受而长期居于德累斯顿的此方移民圈子。我记起来了,在《唐豪瑟》的头几场演出之后我有一次接见了她,那时她手执一本从书商那里得到的这部歌剧的总谱请我签名。现在我知道了,这本总谱是属于拉索特夫人的,她希望能被引见给我,当时她观看了这几场演出。这位年轻的夫人以迄今我还尚不熟悉的方式十分腼腆地向我表达了她的尊敬,并同时流露她的巨大遗憾,由于家庭方面的原因她不得不离开她在德累斯顿所喜爱的里特尔一家,这一家人对我怀着巨大的、热忱的忠诚。我怀着一种罕见的、一种完全是新奇的感情与这两位年轻的朋友作别。在阿尔温娜·弗洛曼和魏尔特之后——那是在《漂泊的荷兰人》上演的时间里——我现在在这里第一次听到了像是出自早就熟稔怕远方朝我涌来的同情的声音,这我在近处从没有听到过。我邀请年轻的里特尔可随时来我这里做客,并在我散步时陪伴我。可他的异乎寻常的腼

---

① 此系指1848年3月13日梅特涅的下台,3月18日柏林的民众爆发了起义。

② 杰茜·拉索特,娘家姓泰勒,生于1829年,与一商人结婚,离婚后嫁给历史学家和政论家卡尔·希布朗特(1829—1884)。

③ 卡尔·里特尔(1830—1891):先是学习音乐,后成为一个作家。

腆好像妨碍了他，这使我想起来，我在我的家里很少见到他。但他多次与汉斯·比洛一道出现，他与他是至交好友，比洛已经是莱比锡大学法学系的学生了。在这个非常英俊和勤奋的、喜欢交往的年轻人身上我明显地看到了对我的热情和亲切的忠诚，它一有机会就会反映出来。到最后我首先注意到了在他身上表现出政治热情的最鲜明的标志。在他的帽子上，如同他父亲的帽子上一样，都装饰有黑红黄的徽记，我感到十分惹眼。

如果说在《罗恩格林》最后完成后我还有时间去观望发生风起云涌的事件的话，那我现在的关切之情不能再长时间地对骚动不安的事态保持疏远的态度，德意志思想及与之相关的希望的实现都寄托在这上面了。我大概是受到了我的老朋友弗朗克在政治判断上的不少影响，但是最后说来那种虽不清晰却是肯定无误的大众情绪，到处都表达出不能退回到旧秩序的信心对我有着不可避免的影响。只是我要行动而不是说说而已，而且是这样的行动：我们的大公们通过我的这些行动摆脱开他们在老的、妨碍德意志共同体的倾向。在这种意义上我甚至热情地向德意志大公们和德意志人民发出一项诗歌的号召，要对俄国采取伟大的战争行动，因为对德国政策的压力就是来自那里，这种政策使德意志大公们灾难性地疏远了他们的人民。这首诗的其中一节是这样的：

古老的斗争就是对东方进军，
今天它又来临：
人民手中的宝剑不会锈迹斑斑，
渴望为自由而战。

我与政治杂志没有联系，偶尔得知，贝尔托特·奥乌尔巴哈在曼海姆出版一份刊物，那儿的形势风起云涌，于是我把这首诗寄给他并请求随意处理。我此后再没有听到或看到有关这件事的消息。

在法兰克福国会开会期间，人们大概不会看不出来，那些软弱无力的人说的那些豪言壮语会有什么用处，听到维也纳居民态度坚定的消息，给我留下很深的印象，他们在表现得意外强大的大学军团的领导下胜利地击退了在5月发生的第一次对抗行动。这种反动在那不勒斯取得了胜利，在巴黎也是如此。就我所理解的，在人民大众的事情上很少有理智和智慧可言，相反唯一的是诉之于真正的行动力量，这种力量能孕育出热情或者不容抗拒的需求，我就是这样来理解这次维也纳事件的。我看到受教育的青年同工人阶层一道参加了，怀着特殊的热情和不容我抗拒地用一种大众的——诗歌的呐喊对这次事件做出反应。我把这首诗歌寄给《奥地利报》编辑部，他们也真的把它发表了，署上了我的全名。

由于事态发生了巨大的变化，在德累斯顿也组成了两个政治组织：第一次称自己是“德意志联合会”；它在它的纲领上称是“在最广泛的民主基础上的宪政王国”，它在倾向上是没有危害性的，这很快就从它的最主要建立者的名字上表现出来，由于是最广泛的民主基础，在这些人中间我的朋友爱德华·德弗林特和里彻尔教授都包括在内。这个联合会试图把所有那些害怕真正革命人都包容在内，这招致了它的对立面，自称是“祖国联合会”的第二个组织的出现。“德意志联合会”似乎把“民主”的基础当作是它的主要使命，而“宪政王国”只是必要的遮盖物罢了。

吕克尔狂热地为这后一个组织奔走呼喊，因为他已失去了对“王国”的所有信任。这个可怜的人生活得够恶劣的了。他早就放弃了任何想在他音乐生涯中有所成就的希望。他把他担任的音乐指挥的职务看作是纯粹的劳役,这个职务给他带来那么少的报酬,根本就不足以维持每年都添丁进口的家庭生计,从在德累斯顿许多有钱人家庭里授课的所得令他无时无刻不感到一种难以克制的厌恶。这样他慢慢地就成了一个可悲的负债人,在债务中挣扎,长时间以来他看到作为一家之主除了前往美国闯荡别无出路,他认为在那里甚至从做一个农民开始,通过他的双手和他的灵活的头脑,即使艰辛可也为他的家人开创一个市民阶级的未来。在我们散步时,他向我谈及了最近几年他在阅读国民经济学书籍时的心得,他热心地应用这些学说来改善他的负债累累的境况。他遇上1848年这场运动,在这场运动中他立即转向极端的、从巴黎散播开来的咄咄逼人的社会主义一边。认识他的每一个人都为发生在他身上的这种极度的巨大变化而感到诧异,他解释说,他现在才认识到他自己天生的职业,即"鼓动者"的职业。他从没有敢于在演讲坛上一试的辩才现在在个人交往中发展成一种令人为之陶醉的能量了。他不听取任何反对意见,如果有谁他不能说明的话,那他就毫不犹豫地加以摈斥。在巨大的狂热之中,他借助他日日夜夜所钻研的问题,锐化了他的理想,使之成为去驳倒任何一种平庸的不同意见的最最犀利无比的武器,这样以来他突然就像是一个站在沙漠中的传道士了。他在任何一个领域里都立刻成为行家里手。"祖国联合会"造出一个委员会,这是为了制定一项武装人民的计划;在这个委员会中除了吕克尔的几个狂热的民主主义者,也吸收了一些熟悉军事的人,其中有我的老朋友,施罗德-德弗林特的前未婚夫和近卫军少尉赫尔曼·缪勒。他和另一个军官茨西林斯基是唯一的萨克森军队中参与这场政治运动的成员。我自己参加了这个委员会召开的会议,正如在所有这类事情上一样,我是作为艺术界的朋友参加的。就我所能记得的,这项最终印出来的草案的制定包含了一种十分健康的,即使在经常继续下去的政治关系中也肯定是不能实现的一部真正的人民武装宪法的基础。

我自己越来越激动,对人们所关注的政治和社会问题我慢慢地越来越感到浓烈的兴趣,我觉察到这个时期那些高谈阔论的人在会上和在个人交谈中令人吃惊的浅薄和喋喋不休的连篇空话。如果说我认为,那些了解内情的人,一旦这种无意义的混乱发生时,他们对任何一种集会都会采取回避的态度(如我遗憾地从我的朋友弗朗克那里听到的),可我觉得,一旦这种机会出现在我的面前时,我则相反,按照我的判断由对每一个问题和难点的本质内容去进行争论。这里报纸当然扮演了一个极富刺激性的重要角色。我偶尔参加“祖国联合会”在一个公共花园里召开的会议,就像观看一场演出一样,它的演讲者的题目把探讨这样的问题列在日程上:是共和国还是王国?听到和读到的这些东西是出奇的乏味,千篇一律地说什么当然共和国是最好的,可这同时在谈及王国时,即使它统治得好,那也有必要把它推翻。这些言论激起我撰写了一篇文章,就这个要点发表自己的见解,这篇文章发表在《德累斯顿报》上,但没有署我的名字。我要引起那一小部分人严肃地进行思考,把他们从关注国家体制的表面形式转移到它的内容上去。我阐述了为国家和社会关系的改善直达到最理想的地步,按照我的看法应当有要求和强制,随之我称,不管这一切是否是由一位身居国家之首的国王实现的,并且我陶醉到这样的程度:让这位假设的国王为了实现他自己的最高目的,去治理一个实际上是一个共和国的国家。当然我想劝告这位国王,对他的人民采取一种远比他的宫廷氛围和唯一与他接近的贵族环境所能有的更加信任的态度。最后我把萨克森国王看作是命运赐予的人选,把他当作我想象中其余的德国大公们的楷模。吕克尔把这篇文章看作和解天使的一种真正的启示之作;因为他害怕他在他的位置上考虑过于欠妥和很少听从别人意见，于是他催促我在“祖国联合会”下一次会议上公开宣读这篇文章，他十分器重我的口头演说的本事。我根本没有决定下来是否这样做，可我却参加了那次会议，在会上一个名叫布吕德的律师和一个制皮师傅克莱特，他们当时被德累斯顿尊敬为德摩西尼①和克里昂②发表了令人无法容忍的废话，这使我做出了狂热的决定，我拿着我的文章站到了讲坛上，面对近3000人激昂慷慨地宣读了我的文章。

这个效果是惊人的，在惊愕的听众的记忆里他们从王家乐队长的这篇讲演里听到的，似乎不是别的，而只是我对朝廷中那些佞臣和昏官发泄的不满。这个令人无法相信的事件不胫而走，很快传布开来。翌日我在进行排练次日晚上要演出的《黎恩济》，人们对我的勇于牺牲的胆量大加赞赏；可乐队的服务人员艾依索尔特通知我当天要演出的计划已经改变了，并要我明白，这事出有因。经理部害怕《黎恩济》的演出会激起浩大的游行示威，这真令我惊讶之至。现在报纸上刊登的咒骂和嘲弄的文章铺天盖地向我而来，根本就没法想到去进行自卫。我甚至都伤害了地方卫队，被要求去对它的长官进行道歉，恢复他们的名誉。但我招惹的那些直到今天都不放过我的死敌都是宫廷的官吏，特别是那低档次的地方官员。我得悉，他不断地想方设法使国王和剧院监督能立刻解除我的职务。因此我认为有必要给国王本人呈上一封书信，向他表明我的行动尽管是有欠考虑，却是不该受惩罚的行为。我把这封信寄给封·吕梯绍先生，并请他转呈给国王，与此同时我也想到一

① 德摩西尼(公元前384—公元前322)：古希腊政治家和演说家，为维护希腊的自由受到迫害。

② 克里昂(？—公元前422)：古雅典政治中，商业阶级的一个代表人物，雅典民主派的一个领袖。

个短期的休假，以便能远离开骚动不安的德累斯顿一段时期，自己得到安静。封·吕梯绍先生在这个时机向我表示出令人吃惊的真正亲切的"善意"，给我留下一个远非不重要的印象，我无法在他面前竭力加以掩盖。但在此后一段时间我一直克制愤怒，对他的某些事情，其中包括他对我的文章的完全误解，都一下子爆发了；我清楚了，这个男人那时对我之所以那样和解友好，并不是因为他多么富有人性味，而是由于国王本人的意愿，有人详细地告知我，国王拒绝了那些请求，其中就有由封·吕梯绍先生提出惩罚我的那份呈文，并断然地表示，不要在我这件事上纠缠他了。有了这次令我非常激动的经历，我也可以得意地相信，国王本人远比其他人更理解我的那篇文章。

现在已经是7月初了，我决定利用给我的短假期，为了散散心，前去维也纳旅行。途经布累斯劳，去拜访我们家的老朋友音乐指挥莫泽维尤斯①，好在他的家里度过一个快乐的晚上，这次交谈遗憾的是远没有脱离开当时动荡不安的政治形势。他搜集异常丰富的，如果我没有说错的话，几乎全部的塞巴斯蒂安·巴赫的康塔塔的复本激起了我极大的兴趣。还有那些他怀着独特的幽默说起的十分风趣和好笑的音乐家趣闻轶事，长时间留在我的记忆里。在夏季期间，当莫泽维尤斯在德累斯顿来回拜我时，我在钢琴上为他弹奏了《罗恩格林》第一幕的一部分，他对这个构思表示出了一种令我感到善意的惊奇。在稍后的年代里我又听到，他也对我大加嘲笑，说了些坏话；可我对这些消息的真伪和对这个人的品格并没有去加以认真的思考，因为我对某些不可理解的东西越来越不得不习以为常了。

---

① 莫泽维尤斯（1788—1858），音乐作家、歌唱家，1825年建立了布累斯劳歌唱学校，1832年任大学音乐指挥。

在维也纳我先是去拜访了费施霍夫①教授，从他那儿我得知他同样保存有重要的手写本，尤其是也有贝多芬的：在这手写本中令我特别着迷的是贝多芬的c小调奏鸣曲、编号111的原稿。通过我这位多少有些干巴巴的新朋友我还结识了维斯格·封·皮特林根②，他的一部歌剧《贞德》也在德累斯顿演出过，极为平庸无奇，作为一位作曲家他极为小心翼翼地从贝多芬名字上截取了后面几个字母Hoven署为自己的名字。有一天我们在他那里用晚餐，我在他身上认识到了梅特涅公爵的一个忠心耿耿的官员。现在他身着黑红黄的服饰，这完全证明了他紧跟着时代的潮流。我与俄国国家参议员和俄国驻维也纳领事馆参赞封·冯顿的结识是一件极为有趣的事情。在费施霍夫的社交圈子里我再次遇见他，也与这个人一同前往附近地区出游：令我感到兴趣的是，我在这里第一次碰上了一个极为顽固而对世界持悲观主义的人，这种观点认为在彻底的专制主义里最终能为一种唯一可忍受的制度提供保证。他对我热情地描述了浮现在我面前艺术理想对人类社会的巨大和决定性的影响，他在听我侃侃而谈时，表现得并没有兴趣，也肯定是并非没有理解力（他自诩他在瑞士最进步的学校受到了教育）。他不得不承认，要实现这样的理想依靠专制主义是不能成功的，于是他预见到我的奋斗会一无所获的，可到最后他凭借香槟酒的下肚而变得活泼起来，富于人情味了，祝我成功。我后来得知，这个人——当时这个人的才能和坚强的性格给我留下的并不是无足轻重的印象——在相当恶劣的境遇中消失得无影无踪了。

我在从事一项严肃的事情时，心里从来都不会完全没有打算，这样

---

① 费施霍夫（1804—1857）：钢琴家，维也纳音乐学院教授。

② 维斯格·封·皮特林根（1803—1883）：奥地利外交官，钢琴家，发表了6部歌剧，署名J.霍芬。

我在这次维也纳之行中就立即为我的剧院改革的思想寻找一条真正的可行之路。当时维也纳有5座性质不同的剧院，在那段时间它们都步履维艰悲惨蹒跚，我觉得这为我提供了格外有利的用武之地。我很快就写出了一项方案，根据这项方案这些不同的剧院都联合起来并归于由积极的成员和为它们工作的文学界知名人士所组成的管理机构的领导。我打听与这个领域里接触密切的一些人物，以便能同他们提出我的这份计划。除了泰奥多尔·乌尔①——我通过费施霍夫而认识此人，他坚定地支持我——人们还向我提起弗朗克②的名字（我猜想，他就是后来发表一篇大型叙事诗《唐豪瑟》的那个人）和帕歇尔③先生，随着时间推移我知道了此人是一个很不受人欢迎的诡辩家，麦耶贝尔的代理人。有一天我们挑选的人在费施霍夫家里举行一次会议，在这些人中间最有吸引力和最重要的人，无论从哪方面说都是帕歇尔博士，一个热情的、学识渊博的人，他是唯一一个严肃的，即使也是并不完全相信和赞同地对待我宣读的草案的人。我在他身上觉察到某种内心分裂和性情激烈，几个月后当我得知他在维也纳七月起义中被当作参加者而遭到枪杀死去时，我的这种印象就重新涌上心头。无论如何我现在该满意了，我已把我剧院改革计划向一些值得注意的听众宣读过了。可现在好像不是去理解这样一份如此和平改革倾向的时候。相反的是，乌尔使我相信时下能使维也纳人的头脑激动起来是他在一天晚上在领我进入一家最富有进攻性倾向的政治俱乐部中所听到的。在那里我听一位名叫西吉斯蒙特·英格兰德的讲话，此人在此后一段时间也去一些政治性月刊上发表引人注目的文章，他和另外一些人在这个晚

① 泰奥多尔·乌尔，即乌尔·弗里德里希（1825—1906）：评论家和小说家。

② 弗朗克，即弗朗克尔·路·奥（1810—1894）：诗人和《星期天报》的出版人。

③ 帕歇尔（1803—1848）：奥地利新闻记者和民主政治家。

上无所顾忌地大谈奥地利官方政权中最最可怕的一些人物，这使我对他们所表达出的政治观点几乎像对其浅薄同样地感到惊讶不已。不同的是格利尔帕策①先生给我留下一个十分温和的印象，这个名字在我最早的少年时代里从《祖母》中就熟悉了，他也同样是我在剧院改革这项工作上所要寻求的人。他在听我与他谈及的事情似乎并非没有热情，只是他也试图隐瞒他对我径直的追求，甚至是对他提出的过分要求怀有的陌生感。他是我看到的身着官员服装的第一位剧院作家。

在类似的事情上我也拜访了鲍吾尔费尔德②先生，之后我认为这次在维也纳的事已经完结了，并到最后我脑子有的只是这时维也纳各式各样的居民在展示他们改变了的公共生活所给予我的少有的印象。如果说经常活跃在大街上的"学生军团"通过非同寻常的简洁明确表达出的德意志颜色使我得到愉快的话，那我由于这种效果甚至感到有趣开心，这比我在剧院里看到由身着黑红黄服装的侍者送上来的一份冷甜点心更为开心的了。在莱奥波德的"卡尔剧院"我看到内斯特罗依的一出闹剧，在这出闹剧里甚至梅特涅公爵也出现了，有人向他提出了问题，他是否毒死了封·腊依希斯塔特大公③，这个被揭露的罪犯逃到了后台。从整体说，这座通常只是寻欢作乐的帝国首都的风貌唤起我对它有了一种富有朝气的印象，使我感到了一种信心，在此不久之后，当我听到在充满灾难的十月日子里④年轻的居民热烈地投入到反对温梯施格雷茨公爵部队的保卫战时，这种印象又一次涌上了我的脑际。

---

① 格利尔帕策(1791—1872)：奥地利著名戏剧作家，曾在政府机关任职。

② 鲍吾尔费尔德(1802—1890)：奥地利喜剧作家、评论家。

③ 封·腊依希斯塔特，即弗朗茨·约瑟夫·卡尔(1811—1832)：拿破仑之子，死于肺病。

④ 指维也纳1848年10月起义，此次起义被温梯施格雷茨镇压，死伤甚众。

在归途中我经过了布拉格，在那里我遇到了我的老朋友吉特尔，他日见发福，心宽体胖，可还为那儿经历的骚乱事件而震惊不已。他似乎持有这样的观点：捷克党反对奥地利的统治，他个人认为完全是正当的，可他担心自己会引火烧身，因为他为那部我写的剧本《尼斯前面的法国人》谱成的歌剧，其中革命的合唱广泛传播开来，会为那个时代的可怕运动煽风点火，推波助澜。令我感到愉快的是我在返途中乘坐的汽船有雕塑家韩内尔与我同行。他与阿尔伯特·诺斯蒂茨①——此人也与我们结伴同行——刚就他完成的卡尔四世皇帝的塑像的酬劳一事达成了协议，他此时的情绪极为快乐，因为，如他向我承认的，奥地利纸币面临的前景极为不妙；按照合同改由银币支付他的报酬。我很高兴看到他因此而心满意足，笃定自信。他在我们到达德累斯顿之后与我结伴乘车从码头直到我们家，他知道得很清楚，数周之前我在此地经历了怎样可怕和忧愁的时日。

公共生活中风暴似已经完全平息了，我毫无干扰地又踏入我惯常的工作和生活方式之中。遗憾的是我旧有的忧虑和拮据又浮现出来。我得去赚钱，可不知道到哪儿去赚。于是我去仔细研究那份驳回我去年冬天提出增加薪水的书面决定——它经过修改尤为令人厌恶——当时我没有读就把它放到一旁去了。如果说迄今我认为，那是封·吕梯绍先生对我提出的增薪用一种侮辱的形式所给予我的每年一次的补贴，可现在我感到这是真正可怕的羞耻，因为当时那笔钱只是一次性的补贴，根本就谈不上是每年都有的。我发现了这已经是无法挽回的了，如果我现在提出一种异议，业已太迟了；这样以来我别无他途，只能沉默地忍受这种无出其右的耻辱。可我对封·吕梯绍先生的情绪却因此

① 阿尔伯特·诺斯蒂茨（1807—1871）：奥地利枢密顾问，政治家。

而大大的改变了，此前不久我一直对他在最新这场风暴中的表面上的善意怀有好感，不久我有了新的理由，甚至在最近发生的一件事情上用一种最终使我对那个人采取毫不妥协的方式改变了我对他的和善态度。他通知我，王家乐队成员通过一个代表团向他提出解除我的职务，原因是他们要维护自己的名誉，不愿意继续在一个政治上如此丢脸的乐队长下面工作。这一切恰好是吕梯绍先生在我重新对他进行评估的有利时机发生的。可我却偶尔从乐队成员那里得知，这件事引起了一场几乎完全是互相敌对的争论。来自宫廷官员阶层的各个方面极其强烈地要求王家乐队成员采取一个类似的行动，并以国王的不满和怀疑有相同的可怕想法进行威胁。为了抵制这个阴谋和在可能发生极坏后果时确保自身的安全，乐师们不想采取被要求去做的行动，他们派了一个代表团去见他们的上级，并同时提交一份声明，作为艺术团体他们绝不想去介入与他们无关的事情。现在环绕在我所倚重的封·吕梯绍先生头上最后一束神圣的光华也从我的眼中消失了，那是一种羞愧的情感，面对他阴险的态度，这从心底激起了我对这个人的敌意。但认识到为了我所希望的剧院的崛起我竟不能对这个人施加任何影响，这远比可怕的侮辱更甚。我作为乐队长的纯收入，再加上愈加微薄和少得可怜的额外报酬，使我越来越入不敷出。从现在起我保留这个乐队长的位置只是为了解救我所处的恶劣状况的燃眉之急罢了。我不做任何会使这种状况变得更恶劣之事，但我也决不做能使这个职位保持下去的事，哪怕是一点点。

重中之重我必须用任何想到的方式来设法实现改善我的收入的一再落空希望。我想到与李斯特谈这个问题，请他为改进我的窘迫处境出些主意。还在灾难性的3月之后不久即在我完成《罗恩格林》总谱前的那段不长的时间里，有一天他令我惊喜地出现在我的房间。他当时从维也纳——他在维也纳经历了街垒战——前往魏玛,准备在那里定居下来。那时我们在舒曼家里共同度过了一个晚上。我们演奏音乐,到最后进行争论起来,李斯特和舒曼在谈及门德尔松和麦耶贝尔时意见相左,互不相让,竟然导致舒曼发起火来。于是主人在这个时候就恼怒地回到自己的卧室,长时间不出来,而我俩就陷入了一种特殊的然而却是十分有趣的尴尬境地,在归途中我们谈笑风生。我很少看到李斯特像在今夜如此顽皮开朗,他在这个严寒料峭的夜晚里,身上只穿了件薄薄的外衣,却把我和首席小提琴舒伯特相继送到家。现在我利用8月中这几天空闲的时间前往魏玛进行一次旅游。李斯特与大公爵的关系甚好,已在那里长住下来。如果说他在我的事情上给予我帮助也只能无果而终的话,那他在这次匆匆的相逢中热心地出力奔走给我留下的是善意和鼓励的印象。返回德累斯顿之后,我便省吃俭用,量入为出,因为无法可想,便与我那些其余的、真正与我友好的债主联系,给他们写了一封同样的信,告诉了他们我的境况并向他们表明,他们的债务还得不定期地拖延,直到出现转机,否则我无法偿还。不管怎样,通过我的这一个声明他们会对我怀有敌意的总经理的意图无法得逞,此人会出于一种与我的债主们相反的态度用来作为反对我的借口,乘机采取更为恶劣的步骤。这个声明立即得到了我的债主们的同意,我的朋友普辛内里和我母亲的老熟人克莱帕尔夫人甚至表示准备完全放弃偿还债务的要求。我的心安定下来,这也加强我反对封·吕梯绍先生的地位,在我的职务问题上得到了这样的一种保证:我是否和何时放弃,这由我自己做主。我继续履行我作为乐队长的义务,而首要的是怀着巨大的热情越来越深入地进行我自己的研究。

从这种立场出发我注意到我的朋友吕克尔的奇怪的发展。因为每天都传来关于迫在眉睫的反动的国家政变和类似的暴力的新消息,吕克尔认为必须采取预防措施,为此目的他向萨克森军队中的士兵发出了一份说理透彻的呼吁书,他把它印刷出来,广为散发开来。他的这个行动明显地被国家检察机关察觉了。吕克尔被拘捕,被诉以叛国罪,在监狱里待了三天,直到明克维茨律师交出所需的一万塔勒作保才得以释放。他返回家中回到高度惊恐的妻子和家庭成员身边,这成了一次小型的街头庆祝集会,祖国同盟理事会借此机会在公开的讲话中把这个获得自由的人当作人民事业的斗士加以赞扬。截然相反的是,他从宫廷剧院总经理部那边得到的却是宣布在一种暂时停职之后他被确定解除职务的消息。吕克尔立即留起了大胡子,开始出版一份由他自己编辑的刊物《人民报》①。如他事前所设想的,它的成功能同时弥补他失去作为音乐指挥的薪金,并且首先使他在兄弟巷的住处成为经营的一个中心。这份报纸确实吸引了人们对它的作者的注视,它全新地表现了作者的才能。他从不模棱两可和玩弄文字游戏,而总是径直地瞩目于当前有关公共利益的问题,对这些问题进行平静和清醒的论述,他总是能引导出与这些问题相关的涉及更高利益的结论。一些单篇的文章甚至都是短小的,从不拖泥带水,并且言之无物;这些文章写得简明清晰,对那些没有受什么教育的人也有说服力。他总是触及事物的本质,从不在形式上拐弯抹角,那样会在没受教育的群众中引起政治上的混乱,不久他在受教育和没受教育的人群中赢得为数不少的读者。只是这种小型周刊的价格太低了,难以得到相应的利润。另一方面人们必须事先告诉他,反动分子一旦动手,为了这份周报就不可能饶恕他的。他的小弟弟爱德华此时正在德累斯顿做客,他劝说他接受在英国的一个虽则反感但还是可以忍受的钢琴教师的职位,这样就能保住他

① 《人民报》:瓦格纳本人是它的撰稿人,甚至短时间做过它的编辑。

的家庭，否则可以预见到他会待在监狱里甚至在绞架上完结他的一生。因为他与同盟的余下的联系都已全部中断，就是我与他的交往也越来越只限于少有的散步。他的头脑越来越清晰和耽于思考，与这个易于激动的人在一起时，我总是迷失在漫无边际的冥思苦索的争论之中。他要进行我们眼前习以为常的所有市民关系的改造，要求一种社会基础完全的改变，对此进行一种非常周密的描述。在蒲鲁东和其他社会主义者主张通过直接的生产劳动消灭资本权力学说的基础上，他要建立一个全新的有道义的世界秩序，为了实现这个秩序他通过一些非常诱人的论断争取到了我的支持，到了这样的程度，我要重新开始为实现我的艺术理想而奋斗。可是有两个观点令我感到十分震惊：在未来他认为根本就不存在我们现在所知道的婚姻。我反问他，他是怎么想的：我们该如何看待与那些名声格外值得怀疑的女人进行不断轮换的交往？他怀着善意的怒火说道：我们在总的方面对道德的纯洁性根本没有想法，尤其是在两性关系上，只要我们没有能从行业、行会和其他压迫性的组织里完全解放出来，那就不能有一个明确的概念。我仅是在思考，一旦对金钱、财产、地位和家庭偏见的考虑以及由此而产生的种种强制都完全消失了的话，那还有什么能限定一个女人唯一只能委身于一个男人。另一次我问，如果每一个人都处在同样的劳动等级的话，那他还能到哪儿去找到自由的精神，甚至从事艺术的人呢？他反驳我说，恰恰是每个人按其所能参加必需的劳动，劳动的负担和概念就会完全被废除了，剩下的就只是一种活动了，从这种活动中最终就必然表现出一种艺术的性质，如现在表明的，一块由单一的农夫费力所耕耘的土地，所得的收益远比由众人在园艺意义上的劳作要少得多。吕克尔用这些和类似的美丽的空话向我做出的暗示，引导我去进一步思考，去想象构建一个可能的、完全和唯一符合我的极高的艺术理想的人类社会。

我首先把我的思想立即又集中在与我接近的剧院上面。从内部和外部却出现了机会。根据最新的完全民主的选举法萨克森人民代表大会得到一次更新,完全激进的议员的当选——几乎到处都是如此——如果这个运动得以持久的话,可以预见也会在国家预算上发生最最剧烈的变化。像是已经决定了,王室的费用也被大量的削减:在宫廷预算中所有那些被认为是多余的都取消了;剧院是一个无用的娱乐场所,是为观众中堕落那一部分而设的,它受到从王室预算中撤销资助的威胁。我觉得有责任,为我认为有重要意义的剧院的利益着想,帮助部长先生使议员们明白,如果剧院在现在的情况下不值得成为国家的牺牲品,是国家撤销对剧院的任何监督而另一方却感到有责任对文论和学校予以鼓励性的保护,那它会陷入更为忧虑的和对公众思想带来危险的倾向。我这一切就是为了确定剧院组织的特点,这样剧院就有可能完成它的特点,这样剧院就有可能完成它的高贵的目的。于是我制定了一项计划,把王室为维持一座宫廷剧院所付出的钱款用来建立和经营一座萨克森王国的国家剧院,我把许多细节很好地联系在一起,极为精确地描述了我这份计划的可操作性,我认为我的这个项目工作可为部长们在内阁处理这件事上提供一份有用的材料。关键在于使一位部长亲自听取我的意见。我的想法是必须求助文化部长。当时封·德尔·普弗尔德敦担任这个职务。即使这个人的名声以政治上令人怀疑的摇摆不定著称,并在竭力抹去动荡时代一个政治暴发户的印记,但他作为一个从前的教授是可与之谈论我所关心的事的人。可是我得知,王国的艺术机构已被置于内务部职权之内。如造型艺术学院,我特别热衷于把剧院归于它的范围之内。我也去拜访了封·德尔·普弗尔德敦先生,并请他对我的请求予以推荐,随后我把我的计划递交给奥伯伦德尔,此人正直但学识并不渊博,艺术敏感力也不是很强。封·德尔·普弗尔德敦先生是一个很忙的人，他客气和一本正经地接待了我，但是通过他的整个举止，甚至通过他的面部的表情，他剥夺了我对他寄予的任何希望。在奥伯伦德尔部长那里，他那种郑重其事的态度立即使我安下心来，他答应我对事情详加说明。但遗憾的是立即用最简单明了的语言让我知道他很少有希望从国王本人那里得到授权去处理一个向来交给专家处理的问题。不会看不出来，国王对他现在的部长们，尤其是对他是采取一种被迫的、不信任的态度。他与国王的交往只是限于不可避免的事务的处理上。因此他相信我的计划由内阁来加以推动为好。因为我首先想到的是防止宫廷剧院的继续存在的问题——如果它在讨论重新制订的王室预算时被提出来的话——会在可怕的无知愚昧和偏激的意义上被加以处理，于是我也不惜花费力气去结识一些极有影响的新的内阁成员。在这里我陷入一种全新的、奇怪的氛围，不得不去熟悉那些迄今我完全感到陌生的环境和人物。使我感到困难的是这些先生只是出现在浓烈的烟草迷雾中和在啤酒旁，谈论我的这件令他们感到十分陌生的事情，神情为至极度的惊讶。我与封・特吕德施莱尔①先生进行了交谈，此人是一个英俊的精力充沛的表情严峻的人，他静静地听我谈了一会儿，随之他向我表明，他不再知道什么国家了，他知道的只是社会，这个社会就是没有他没有我也知道如何对待艺术和剧院，在此之后我混杂着一种奇怪的羞愧之情，我现在放弃了我的努力和我的希望。对整个事情我就再也听不到任何消息了，只是在后来与一个人的会见中得知，这件事已为封・吕梯绍先生所知，这使他增加了对我新的敌意。

① 封・特吕德施莱尔(1818—1849)：德累斯顿上诉法院的推事，法兰克福国民议会议员，巴登起义的参加者。1849年8月被枪杀。

相反我在孤寂的散步中头脑在思索，总是一再地想象出人类社会的那样一种状态，当时正为其体系的建造而积极工作的社会主义者和共产主义者的最大胆的愿望和奋斗为我提供了这种社会状态的共同的基础，在我看到这种奋斗完成了政治变革和政治结构时，对我来说才有了思想和意义。这时就我这方面而言，我才能开始实现我的新的艺术理想。

与此同时我在酝酿一部戏剧，它的主人公是腓特烈红胡子大帝。在这部剧作里我紧张地把握的是这个统治者具有的充满力量和巨大无比的意义。他在他理想的要求不可能实现的情况下高贵的屈服，这同时就表明他对世界事务的多种形态的正确认识。我要用喜闻乐见的韵文，采用我们中古高地德语诗人的风格来处理我的这部戏剧，特别是兰伯特①牧师的诗歌《亚历山大》一直在我眼前浮现出来，我只要用很少几行字就勾勒出这部戏剧的轮廓。故事的布局分为五幕。第一幕：在龙卡利亚田野上举行的帝国会议，阐释皇帝权力的意义，凡是有水和空气之处，就该被赋予这种权力。第二幕：围困和占领米兰。第三幕：狮王亨利的逃离和在莱尼亚诺的失败。第四幕：在奥格斯堡举行帝国会议，狮王亨利的受辱和被惩罚。第五幕：在美因兹召开帝国会议和临朝视事，与伦巴第缔结和约，与教皇和解，接受十字旗，开始东征。可我在酝酿这项戏剧计划的同时，我的兴趣立即被一种更强大的吸引力所左右，这就是在尼布龙人和西格弗里德传说中相类同的题材里的神秘情节施予我的那种力量。这儿所接触到的历史和传说首先引导我去撰写一篇大型的文章，为此我在王家图书馆找到了一些专题著作，可作者的名字我忘记了。这些专著以引人入胜的方式使我熟悉德国人的最初的

① 兰伯特，即兰姆普莱希特（约12世纪初）教士、诗人和翻译家。

王权,它丰富了我也激励了我。这篇大型的文章后来我以《维伯龙人》为题发表了,用这篇文章我最终完全摆脱了用历史题材写一部话剧的兴趣。

在随后与此相关的是我着手去清晰地描绘出这些相互关联的和他们的主要特征却压缩在一起的形象,十分古老的尼布龙人的神话直接地与众神的神话连在了一起,于是这些形象便在我心中产生了。从这种酝酿中便提供给我一种可能性,把这个题材的主要组成部分写成一部用音乐去进行处理的戏剧。可是我十分迟疑,因为把一部这样的作品用于我们的剧院,在我看来那是件令人吃惊的事情。只有当我对我们剧院任何一种可能都已感到完全的绝望时,我才有勇气去着手创作这部新作品。直到现在我几乎是冷漠地在当前这种环境下在另外一些可能性中间转来转去。在《罗恩格林》上,我期待的只是在德累斯顿进行一场尽可能好的演出,如果我能达到这个目的,那对我来说就足够了。我在那个时候把总谱的完成告知封·吕梯绍先生,虽然那时我们之间心存芥蒂,可他却完全放行了,决定适时上演我的这部作品。

这期间王家音乐乐队的资料员提醒我们,现在是这个王家机构建立300年的纪念日子,顺理成章应当庆祝一番。于是决定在剧院举行一次大型音乐会;从这个机构成立时起,在这个音乐会上要演出历代萨克森乐队指挥的音乐作品。全体乐师和他们的两位乐队指挥此前在皮尔尼兹向国王表达他的衷心敬意,在这次觐见中第一次授予一个乐师萨克森平民勋章。这位乐师是我的同事腊依辛格,他迄今一直不为宫廷和总监看重,但他在这风雨欲来的时代里与我相对照表现得格外忠诚,在我们的领导机构特别受到看重。他在举行音乐会的那个晚上,剧院里座无虚席,当他佩戴勋章出现在观众面前时,他受到热烈的欢呼。他的序曲《伊尔娃》的演出也受到他从未得到过的狂热的暴风雨般的欢迎。与此相反，作为最年轻的乐队长，我的《罗恩格林》的第一个终曲的演出得到观众的不太习惯的、冷漠的接受。在音乐会后还举办了宴会，在这个场合有一些人讲了话，我也毫无拘束地大声地谈论了我对乐队的看法，希望它在未来更值得期待。马施纳作为前德累斯顿的音乐指导有资格被邀请来参加这次庆典，他就我的谈话表示，我对乐师们的良好愿望都是徒费口舌。我应该想到，我在这里与之不得不打交道的只是那些缺少素养的、只是会使用他们乐器的人，若是与他们谈论艺术奋斗，那只能引起混乱甚或惹得他们发起火来。比起来这次庆典给我留下更为美好的回忆是平静的悼念韦伯的集会，在这天清晨我们在教堂公墓为他的坟墓献上花圈。没有人讲话，马施纳也只是干巴巴的，几乎听起来像是随便说上的几句话，算作是向死去的大师表示的敬意，我觉得我不能不用出自内心的语言为这次追悼会活动做出表示。

短暂中断了的艺术活动很快就又消失在来自政治领域里的种种新的印象之中了。维也纳十月事件传布开来，在我们这里激起了强烈的反响。黑色的和红色的宣传牌上写着增援维也纳的呼吁，诅咒"红色的王国"，相反的遭到禁忌的"红色共和国"和类似的煽动性的东西每天从墙上悬挂起来。这些事情的发生蔓延开来一种特别不祥的紧张气氛，可不是对那些详细知道此中底情的人而言，他们在我们这里当然不会在大街上出头露面。当温梯施格雷茨的军队进入维也纳，弗洛伯尔①被宽恕，布鲁姆②被枪杀时，在德累斯顿出现了仿佛要爆炸的迹象。为布鲁姆举行了盛大的哀悼游行，一眼看不到头的队伍穿过大街，内阁阁员走在哀悼游行的前列，业已忧虑重重的封·德尔·普弗尔德敦先

① 弗洛伯尔(1805—1893)：政论家和政治家，法兰克福国民议会议员，在维也纳被判刑，却得到赦免。

② 布鲁姆(1807—1848)：政治家，法兰克福国民议会的左翼领袖，在维也纳被判死刑。

生极为满意地参加了这次游行。从这时起风雨欲来之势由四面八方涌来。已到了这种程度，人们把布鲁姆之死——他在莱比锡时因其煽动，而被仇恨和令人感到恐惧——看作索菲女大公爵①对她的姊妹萨克森女王的直接讨好的友谊的举动。成群上万身穿学院军团装的维也纳逃亡者来到了德累斯顿并用咄咄逼人的形象把当地的居民聚拢起来，从现在起他们在那里越来越按本国的方式行动起来。有一天我前往剧院准备指挥一场《黎恩济》的演出，乐队的仆役通知我，有一些陌生的先生在找我。随即有几个人出现了，他们把我当作是民主兄弟向我致意，并请我介绍他们免费入场。我真的在一个戴着一顶圆顶宽边毡帽的矮小的驼背男人身上认出了从前的芭蕾舞演员海夫纳，不久前我在维也纳做客时在一家政治俱乐部里乌尔把他介绍给我。尽管在我们乐队面前的这次极为惊奇的会见令我感到极大的窘迫，我依然不慌不忙地接待了他们。我平静地走到售票处，让人给我6张入场票，把它们递给这些奇怪的人，他们在大庭广众下与我热烈地握手作别。从这个晚上起，按照我们剧院同事和其他在场的人的看法是不是我的德累斯顿乐队指挥职位显得格外巩固了，对此我表示怀疑；但有一点是肯定的，除了这次《黎恩济》的演出，我没有在任何一个晚上每幕之后受到如此疯狂的欢呼。

现在在观众中间，与那次乐队庆典音乐会上我遭遇的公开冷淡相比，已经形成了一个几乎是狂热的拥护我的一派了。不管是在《唐豪瑟》或是在《黎恩济》中我都受到了同样的欢呼；尽管这个群体有某些令我们的监督感到惊骇的举动，可它必定在我面前有某种畏葸之意。

---

① 索菲女大公爵(1805—1872)：奥地利皇帝弗朗茨·约瑟夫之母，原巴伐利亚国王之女。

有一天封·吕梯绍先生通知将建议近期上演我的《罗恩格林》,我向他解释我为什么一直没有把我的这部作品提供给他,并劝告他,一旦我认为歌剧的角色备齐了,我就会高兴地准备演出这部作品。在这时候,我的老朋友斐迪南·海涅的儿子从巴黎返回,他受德累斯顿宫廷剧院经理处之命在那里受业于大师德斯普莱辛和狄特勒学习布景绘画。他为了在德累斯顿宫廷剧院谋求一个职位,得先交出他的样品来。封·吕梯绍先生促使他把他的目光转到我的新作品上,他可以为《罗恩格林》绘制布影。我对此表示同意,这个年轻的海涅得到了去实现自己愿望的许诺。

我极为满意地看到这个转折,因为我相信恰恰是因为我在准备这部作品的排练中才找到了我所希望的能使我完全摆脱最近时期的所有的迷惘困惑和骚动不安的一服良剂。正因此,当有一天年轻的威廉·海涅给我带来了消息,说《罗恩格林》的布景工作突然被中断,相反却交给他绘制另一部歌剧的布景时,我感到格外的惊讶。我一句话没说并且也不用任何方式去问这种令人惊异的态度的原因何在。封·吕梯绍先生后来向我的妻子做出的种种保证——如果它们确实是真的话——必然让我感到懊悔,把对我的这种伤害完全都算在他的头上并使我不可逆转地与他一刀两断。多年后在询及此事时,他保证,当时宫廷反对我的情绪极为强烈,他在演出我的作品一事上确实是遇到了无法克服的重重困难。不管怎样,我现在感受到的酸楚决定性地影响了我的情绪,我默默地转身而去,放弃了我想通过我的《罗恩格林》的一次美好演出而与剧院和解的最后希望。从现在起我完全彻底地对剧院和任何让我参与其事的企图都不闻不问不予理睬,一方面我对我的德累斯顿乐队长职位能否继续保留毫无所谓,另一方面通过艺术计划为我们现代剧院做些事情的可能性完全远离我而去了。

现在我着手实现我长时间缺乏勇气透露出来的《西格弗里德之死》的计划。我不再去考虑德累斯顿的或世界上的任何一座宫廷剧院，而焦急关心的，就是不要无聊的交往来干扰我。当时唯一与我在剧院和戏剧艺术上有往来的是爱德华·德弗林特，因为吕克尔那时已完全脱离开这个领域。他在我向他朗读了我的全诗之后，感到惊奇。他看出我的倾向，那就是要摆脱开与现代院剧有任何充满希望的接触。他当然对此完全不赞同。相反他试图使我的这部作品达到这样一种地步，它应当最终不是那么令人感到陌生并且真的能够上演。他十分认真，并举出所存在的一个错误来证明，我对观众寄予的希望太高了，想要从简短的叙事的暗示中表达出那么多的东西，使之能对我的题材有正确的理解，这必须要加以补充才行。他指出，在人们看到西格弗里德和布仑希尔德成为一对敌对的冤家之前，该认识此前这对情侣的关系是真实的，纯贞的。而我在《西格弗里德之死》里只是用几场戏，现在依然还是组成《神界的黄昏》第一幕的几场戏，作为开始，此前在这位被遗弃的英雄的妻子仅是在与当时经过她的山崖的女武神的一场抒情对话中点明了西格弗里德与布仑希尔德之间的关系。德弗林特的这个提醒令我感到高兴，我立即着手对这部戏剧的序幕里的几场戏进行了处理。

通过这样或类似的相当密切的接触，在那个时候我与爱德华·德弗林特的关系越来越亲密了。他经常邀请一些他选择的听众参加在他的家里举行的戏剧朗诵会，我乐于出席，因为令我惊喜的是，我认识了一些被舞台排斥的有才能的人。另一方面我感到了安慰，他们能很好地理解我与我们总经理之间变得恶劣至极的关系。德弗林特觉得应当避免完全破裂，只是希望并不太大。冬天来临了，随之王室宫廷重新返回城市，他们重新经常光顾剧院的演出。而我一再地得到暗示，对我作为乐队指挥的工作极为不满。有一次王后认为,我在演出《诺尔玛》时“指挥很糟”,另一次在演出《献给魔鬼的罗伯特》时“拍节不正确”;因为封·吕梯绍先生必须把这些责备通知我,在这种场合下所进行的谈话肯定对修补我们之间的关系不会有什么好处。

尽管如此,事情还没有达到极端的地步,因为一切都在酝酿之中,都处在一种狂热的朦胧状态。无论怎么说,准备的行动至少在时间上还没取得全胜的把握,当前时刻任何惹眼的举动都应避免为宜。这样我们的总经理处王家乐队的队员们不受阻碍地,按照时代的精神,为维护他们艺术上以及公民的利益,建立起了一个联合会。最年轻的一个乐师泰奥多尔·乌利希在此事上特别积极。他是乐队的一个小提琴演奏员,是一个二十多岁的年轻人,温和、机智,面部端庄高贵;以认真安详和特别过人的坚强性格受到同事们的称赞,在为数不多的场合里,他犀利的眼光和他广博的音乐知识引起我的特别注意。不久我把他作为我散步的陪伴者——通常都是吕克尔在我身边的——因为我在他身上发现到他的清醒和一种异乎寻常的求知欲望。为了活跃气氛和鼓舞起热情,他也促使我在王家乐队成员联合会一次会议上露面和听取情况。我向那些怀着极大兴趣听我讲话的人谈起了我在一年前草拟的改革乐队的建议——它已被总经理处退回来——以及相关的意图和计划。与此同时我向他们证实,我已失去了总经理处处理类似这些计划的所有希望,因此我必须推荐给他们,去有力地采取主动。他们对此报以热烈的掌声。如上面我说过的,虽然封·吕梯绍先生允许乐师们用民主的精神产生出来的联合会存在,可他却设法通过密探,就是那个受全体乐队成员憎恨却得到监督的特别喜爱的圆号手列维来了解反判活动。于是封·吕梯绍就知道了我的露面的详细的甚至夸张了的情况,他认为他再次让我感觉到他的权威的时刻到了。我被召唤到他的面前,去听他对一些事情发泄他长期压制的愤怒。在这个场合里我也得悉了，他知道了我向部长递交的剧院改革计划一事。他把这件事用一句此前我一直没有听到过的德累斯顿俗语来说，他知道得很清楚，我是在用一份关于剧院的呈文躺在他去店铺的路上。我针锋相对，在我们之间关系的问题不做任何退让；于是他威胁我，要向国王报请解聘我的职务，我平静地告诉他，随他便了，因为不管怎样我相信国王能主持正义，会有机会听取我的申诉和对自己的辩护，因为我看不到有别的办法好想，只能向国王不仅仅就我自己的而且也就剧院和艺术的利益说明自己的意见。封·吕梯绍先生听到了之后很不高兴，相反地倒是问我，如果他要与我和解如何，若是我这方面不存在什么问题的话，可我毫不掩饰地声称，他这个人，如他自己所表达的那样，已经无可救药了。我们双方都耸耸肩膀，谈话不欢而散。这件事好像使我的这位从前的恩人感到痛苦，于是他求助爱德华·德弗林特的稳重和细心，说服我，使我们之间能继续和睦相处。在我和德弗林特交谈之后，尽管他十分严肃但还是微笑地承认，此事再多说也无益，因为我坚定地声称，无论怎样我都不再在剧院工作上为他出谋划策了，到最终这位经理不得不看到，他只好用他的智慧独自一个人去挑大梁了。

宫廷和经理对我不怀好意的后果，在命运依然在我保有德累斯顿乐队指挥职位的这段时间里从各方面都显露出来了。在上一个冬天由我安排的乐队音乐会今年由腊依辛格来运作了。他们立刻又走上了老路，按照旧习惯安排无足轻重的音乐会演出；这很快就先去了观众的热情，为以后能继续下去，真是费尽了力气。在歌剧演出上我无法安排《漂泊的荷兰人》的再度上演，在成熟的密乌尔采身上我发现了这是一个杰出的充满希望的演员，他饰演这部歌剧再合适不过了。曾饰演森塔的我的侄女约翰娜对这个角色并不满意，因为没有机会身穿华丽的服装，相反她喜爱《泽姆帕》[①]和《宠姬》，她有了新的保护人——我从前的《黎恩济》热情拥护者梯沙舍克，他为她饰演的每个角色都能从经理处那里为她弄来三套绚丽的服装。在德累斯顿上演的歌剧中，这是当时两张相互角斗的王牌，现在在它们之间形成了一种同盟关系，共同来对抗我在保留剧目问题上的严格主义（rigorismus），他们选择了多尼采蒂的《宠姬》，我在巴黎时曾为施莱辛格对它进行过改编，这种敌意对我是一种羞辱。我的侄女饰演这部歌剧的主角，按照她父亲的看法，她的声音极为舒展；虽然我开始时极力拒绝这部歌剧，但是人们都察觉到了我与经理处的龃龉，我的甘居事外以及我明显地受到冷遇，因此认为这个机会恰巧对我是有利的，逼使我去指挥这部令我厌恶的歌剧。除此我在王家剧院的主要工作是指导弗洛托的《玛尔塔》，这部歌剧虽然并不吸引观众，但是因为它是保留节目中的轻松作品，频繁地用来补场。当我用这些来回顾我在德累斯顿7年工作的结果时，这远比侮辱更甚，我曾把我那么多的和那么强烈的设想和愿望都自觉地寄托在这座王家机构上了。我不得不清醒地告诉自己，如果我现在离开德累斯顿，不会在那里留下任何一丝痕迹。我也不得不从许多迹象中看出，如果国王就我与总经理之间出现的对立做出裁决的话，那陛下的决断也有可能有利于我，可即使有为这样的结果，那这位朝臣还是反对我的。

在1849年新的一年里的棕榈星期日，我又有了一次美好的经历。乐队为了保证有一笔好的收入又一次演出了贝多芬的第九交响曲，它投入所有最好的力量，使这次音乐会成为最美好的一次演出。观众对

---

① 《泽姆帕》系法国音乐家据法国剧作家梅勒斯维尔写的剧本而谱成的一部歌剧。

这次演出抱以极大的热情。米哈依尔·巴枯宁①偷偷地瞒着警察当局出席了彩排,结束时他毫无怯意地来到乐队找我,为的是向我大声呼喊说,如果所有音乐在期待的世界大火中都该丢掉的话,那我们要不惜冒着生命危险来保存这首交响曲。在这次最后演出的几周之后,这场"世界大火"像是真的在德累斯顿大街上燃起来了,而巴枯宁——我迄今为止与他以独特的和异乎寻常的方式进行密切的交往——仿佛真的就成了这座烟火工厂的总管了。

长时间以来我就结识这个异乎寻常的人了,几年以前在十分特殊的情况下我从报纸上看到了他的名字。他作为一个俄国人出席了在巴黎举行的一次波兰人大会,会上他声称,是不是一个俄国人或一个波兰人,这都无所谓,但是是不是要做一个自由人,这才是重要的。后来我从乔治·赫尔威格②那里得知,他在巴黎时拒绝他的富有家庭对他的金钱援助,有一天他身上只有两个法郎,在林荫大道上他遇到一个乞丐,于是就把仅有的两个法郎掏出来,因为这种占有还与某种小心翼翼的生活联系在了一起,这使他感到痛苦。一天已经陷入狂热状态的吕克尔告诉我,巴枯宁正在德累斯顿停留,而且是住在他的家里。吕克尔邀请我到他那里与他结识。巴枯宁因为参加了 1848 年夏发生在布拉格的事件和斯拉夫人代表大会而受到奥地利政府的追踪,他为了保护自己,不想远离波希米亚地区。他在布拉格的活动引起了人们对他的特别注意,他于是号召为了反对可怕的日耳曼化而寻求俄国保护的捷克人,像反对任何另一个民族一样同样去反对俄国人,只要还处在像沙

---

① 米哈依尔·巴枯宁(1814—1876):俄国无政府主义者,1842 年曾在德累斯顿发表宣传革命的文章,稍后定居巴黎,参加 1848 年巴黎的二月革命,1849 年参加德累斯顿起义,被捕,后引渡回俄国。1861 年离开俄国,1864 年移居意大利,提出无政府主义学说。

② 乔治·赫尔威格(1815—1857):德国诗人,1849 年参加巴登起义,失败后流亡瑞士。

皇的专制主义一样的一种专制主义的压迫下，那就要用火与剑来保卫自己。巴枯宁观点的这样一种肤浅认识已经足以消除敌视他的德意志人的纯民族偏见了。当我在吕克尔家中遇到他时，我首先为他那陌生的、十分威严的形象感到惊奇，他那时三十多岁，正是有为之年。他身上的一切都是宏伟的，有着一种用质朴的清新显现出的冲击力量。我从没有从他那里得到这样的印象：好像他特别看重与我的结识似的，因为从根本上而言，他似乎不再过分看重那些有才智的人，相反他要求的是无所顾忌的精力充沛的性格；正如我后来才清楚，在他身上理论的要求比起纯个人的情感更为重要，因为他正是在这方面能言善辩，谈锋犀利；他习惯于在交谈时用苏格拉底式的方式，每当他躺在主人家的硬沙发床上，让各式各样的人听他谈论革命的问题时，他得意极了。在这样的场合里他总是胜利者；去反对他那有理有据的已到极峰的激进主义是不可能的。他是那么心直口快，就在我们相认的第一个晚上向我谈及了他的发展道路。他出身于一个高贵的家庭，作为一个军官他备受军队中种种极端昏聩的压制和折磨，受到卢梭著作的影响，他借度假之际逃到德国；在柏林他孜孜不倦地投身哲学，使自己从一个野蛮人成长为一个文化人；他用一篇按黑格尔辩证法写成的文章把那些最有名气的黑格尔的学生都拉下马来。他在把哲学这样运用一番之后，就前往瑞士，在那里宣讲共产主义，然后穿越法国和德国又回到斯拉夫世界的边境，期待人类从这里再生，因为它通过文明已变得堕落了。实际上他把他的这方面希望建筑在斯拉夫的典型性格上，而这种典型性格在俄罗斯民族性格中表现得最为强烈。他认为其根本特征是朴素的博爱和对迫害他们的人所表现出的动物本能，俄罗斯的农民对折磨他们的高贵的人有着一种天然的仇恨。他以俄罗斯民族对火有着孩子式的恶魔般的乐趣为证，罗斯托普钦①就是用火烧莫斯科的战略来对抗拿破仑的。他认为，为了唤起一场世界范围的运动，必须使俄罗斯农民——在他们身上孩子般地保留着被压迫人天性中的天然的善——相信，烧毁他们老爷的宫殿连同一切是完全正确的，上帝对此是感到满意的；这个运动起码是毁坏先于一切，摧毁那些就是文明欧洲中最哲学化的思想家也极为深刻地认识到是整个现代世界的苦难之源的东西。把这种破坏性的力量投入运动中去，他认为唯一高贵的目的就是一个理性的人的行动（就在巴枯宁以他的方式宣讲这种可怕的学说期间，他注意到我的眼睛因刺眼的亮光而不适，虽一再地躲避仍为之所苦，于是他用宽大的手为我遮光，整整一个钟头）。毁灭一切文明是他的热情所追求的浮现在他面前的目的，为此用来作为辅助手段的政治运动的杠杆就是他的即兴的、经常用来达到反讽乐趣的谈话。他在他的藏身之处接待各色的革命党人，他与斯拉夫民族中的那些人尤为亲近，因为他能把他们用于第一个来去成功地摧毁俄罗斯的专政主义。对法国人，虽然他们有共和国，有普鲁东社会主义，可他一点也不看重。他从没有跟我谈起过德意志人，民主共和国以及这一类的东西，他都不予重视，他对每一项由这类东西所制定想去重建被摧毁的计划都进行毁灭性的批判。我记得，有一个为他的理论所惊骇的波兰人反驳他说，毕竟永远要有一个国家式的组织，由它来保障个人从他所耕耘的田地里获得的收成。他回答此人说："那你就细心地把你的田地围起来吧，这样警察就又能活了。"这个波兰人目瞪口呆。他所想的是，他以此表明，新世界秩序的建造者如何在自身上去找到自己，相反地我们则苦恼于从何处去找到破

① 罗斯托普钦（1763—1826）：莫斯科的总督，拿破仑侵占莫斯科时，是他主张火烧莫斯科以逼迫法军退出。

坏的力量，在我们中间某个人是否会疯狂地相信，他在毁灭的目的达到之后还能存在？人们应该想一想，整个欧洲世界，连同彼得堡、巴黎和伦敦都变成一片焦土时，纵火者们是不是摆脱开这庞大的废墟还是依然神智健全？每一个声称准备自我牺牲的人，当他向他们指出，最可怕的不是所说的那些专制的暴君，而是逍遥自在的市侩时，他们会感到迷惘不解。在这些市侩中间他提出一个新教的牧师做典型，此人只有把他的牧师之家，连同其妻儿老小都交付于大火，他才能成为一个完人。

对这样一些可怕的论断有那么一段时间我感到不知如何是好，另一方面巴枯宁却向我表明他是一个可亲的感情细腻的人。他似乎并不理解我对我的艺术理想遭遇到的危险所产生的深深的绝望情绪。他拒绝进一步听取我的艺术计划。他不想知道我的尼布龙人的创作。我当时为福音书所吸引，制定了一项为未来的舞台设计的计划，这就是创作一部悲剧《耶稣在拿撒勒》。巴枯宁请求不要用此来打扰他。因为我已经口头上向他谈了些我的这项计划，他祝我顺利，但是迫切地恳求我，让耶稣在任何情况下都是一个弱者。在音乐上面他建议我只把一句台词用各种变奏谱写出来：男高音应当唱："砍下他的脑袋！"女高音唱的是："吊死他！"通奏低音："火，火！"有一天我自己弹奏和演唱我的《漂泊的荷兰人》的头几场，我又对这个非凡的人产生了一种少有的愉快感情。当我休息稍许时，他像另一人一样注视着我，喊了起来："这美极了！"并要一再地听下去。他不得不躲在他的藏身之地过着可悲的生活。于是我有时晚上邀请他到我这里来。我的妻子为他端上精心切好的香肠和一块块新鲜的小面包，他不按照萨克森的方式把面包与香肠搭配好，而是立刻混成一块吞下。我看到明娜面露惊讶的表情，于是我有些不好意思地向这个不拘小节的人指出，我们这里是如何地用餐，他面带微笑对我说：人们应当允许他把面前的食物用他自己的方式吃掉。

他对酒的享受同样地令我感到惊讶，通常他滴酒不沾，更确切地说酒令他反感。最令他反感的是碌碌无为安享舒适的享受，对一个真正的人来说，只有需求得到必要的满足才可以由此而成长起来，一个有尊严的人，他生活的唯一享受只能存在于爱之中。

怎么能从这样的和类似不引人注意的特点看出，在这个奇怪的人身上一种完全敌视文化的野蛮与人类最纯洁的理想要求连在一起呢？我与他交谈中的印象就摇晃于不由自主的恐惧和无法抗拒的吸引之间。我经常找他与我一道漫步，他因为在漫步中不会遇到那些跟踪他的人，也因为必要的运动，很愿意与我同行。我试图借这样的机会在交往中向他说明我的艺术倾向的重要性，可都归于失败。他认为这太早了。他根本就不愿意承认，能从丑恶的现实的需求中为未来确立法则。这样的法则只能从社会完全不同的前提中形成。就在他一再只是要求毁坏再毁坏期间，终于我不得不问他，我的这位奇怪的朋友想如何把这种毁坏付诸实现。正如我那时就猜想到和事情不久也清楚地表明的那样，这位要求绝对行动的人，他的一切都基于空中楼阁。如果我对人类社会的一种未来的艺术结构在他看来是一种完全不着边际的虚无缥缈的话，那不久就表明了，他的不断毁掉所有现存的文化机构的态度至少并不是完全没有道理的。从第一个迹象来看我当然觉得，好像巴枯宁是一个世界阴谋的中心。可到最终他实践的计划首先把他带回到布拉格一场新的革命的偶然事件中去。这场革命不是别的什么，只是一些大学生的一种联合而已。他相信爆发的时刻已经到来，他安排好在一个晚间前往布拉格，持一个英国商人的护照，这是一次并非没有应验的旅行。为了与市民阶层的习俗相适应，他得把稀疏的胡须和头发剃掉。可这里没有理发师可找，于是吕克尔就取而代之。一小群熟人参加了这次手术，一把发钝的剃刀，持续不断的折磨，巴枯宁的麻木不仁，这次手术就这样完成了。巴枯宁离去了，人们都猜想，不会再见到他活着回来。但在8天之后，他就返回来了，因为他看到，这场布拉格事件是多么的轻率，他不得不与之打交道的是一小群半大孩子和大学生。他的这种供认引来了吕克尔善意的嘲笑，在我们中留下了一个陷身于理论叛乱的革命者的名声。大概像他对布拉格大学生的期待一样，他对俄罗斯人民的设想也都是空泛不实的，基于对事物本性的臆想，这样以来我对这个人发出的危险的号召只能用他时而透露出的理论上的观点来加此解释，从来就不与他的实践行动相符。当然我作为目击者也应当知道，他的整个个人态度从来就没有瞬间因为瞻前顾后而有所改变，像某些人所习惯的那样，对他们的理论根本就不当回事。不久这在1849年5月的灾难性的起义中表现了出来。

这一年的冬天直到1849年春，我是在我的境状和我的情绪极不相同的发展进程中度过的，这段时光是在一片阴郁的混沌之中流逝而去的。那份不久前提到过的五幕剧《耶稣在拿撒勒》的提纲，到新年时，依然还是我最后的一项艺术工作。从现在起，我昏昏沉沉地混日子，焦躁不安地胡思乱想，毫无希望地期盼。我作为艺术家在德累斯顿的活动已经到头了，我在那儿的职位只能是我的一种负担，何时摆脱它我在视情况而定，这一点我内心已十分清楚。另一方面德意志的整个政治局势像萨克森一样，正面临一种不可避免的灾难。它每天都在逼近，越来越近，我看到，我个人的命运与这种普遍的形势融在一起，这令我感到愉快。这最后的决定性的斗争，不管它们在各处有意地招致到何样赤裸裸出现的反动，都已迫在眉睫了；为了使自己在这场斗争中扮演所分担的一个热心的角色，我觉得我要全力以赴。对此我只是想毫无保留地投身于这场运动的洪流之中，不管它流向何处，也不管它流向何地。恰恰在这个时候一种全新的影响以独特的方式闯进了我的命运之中，开始时我是怀着一丝怀疑的微笑来看待它的。这就是李斯特在3月①告知我,在他的指导下魏玛将演出我的《唐豪瑟》,这是在德累斯顿演出之后的第一场演出。他十分谦逊地只是把这当作满足他自己的愿望的一件事来通知我。为了保证演出取得一个好的结果,他邀请梯沙舍克前往魏玛做客演出头两场;梯沙舍克回来后向我报告了演出获得了成功,听到此事我真的十分惊喜。我从大公爵那里得到一个金烟盒作为酬谢,直到1864年我一直在使用它。这令我感到新鲜和奇怪,我乐于把这件高兴的事只看作一个插曲,这归功于一位伟大艺术家的朋友般的善意。我在问自己,我现在该怎么办,这件事来得过早了还是过迟了?可李斯特的一封情意可掬的来信以一种神秘的力量促使我去魏玛拜访几天,李斯特在信中称,在5月将进行《唐豪瑟》的第三场演出,他们希望把这部歌剧作为保留上演的节目。为进行这次访问我从我的经理处那里得到了假期:5月的第二个星期。离这次短暂的出行只剩下几天了;可这几天却是灾难的日子。5月1日新的由国王任命的和由博依斯特领导的反动内阁解散了议会。这首先使我为吕克尔和其家庭担忧起来。吕克尔直到现在由于他是在位的议会委员而得到保护,避免了威胁他的刑事迫害。议会一解散他就失去了保护,不得不立即出逃以免遭到新的逮捕。因为在这方面我对他很少有什么帮助,于是我答应他至少承担起他的《人民报》当前继续出版的工作,这出于这份刊物的出版能为他的家庭带来一些经济上的支持。吕克尔还没有逃到波希米亚边境时,风雨欲来的德累斯顿就已经风狂雨骤,雷电交加了,这期间我因印刷问题陷入窘境,正为设法筹措一期的《人民报》的纸张大伤脑筋。众多代表因竞相奔走,下层民众晚间示威游行,联合会召开的会

① 此处日期有误,这次演出在1849年2月9日就被宣布了。——原编者注

议群情激愤,这一切表明马路上发生的事情将决定一切。5月3日,穿越大街的汹涌人潮就已呈现出,事情必会朝这个方向发展下去,它将把人们不可争辩地带到所希望见到的地步,因为所有地区的代表因当时承认德意志国家宪法的要求已被政府坚决地加以拒绝。那天下午我仅是以一个列席者的身份出席了祖国联合会的一次会议,这时我的兴趣还在吕克尔的《人民报》上面,出于经济上和道义上的考虑我觉得我有义务使它继续存在下去。在这次会上突然间那些通过民众的拥戴而位于这样的联合组织领导之列的成员的态度和对事态的理解吸引住我的注意。很显然这些人对事件并没有深思熟虑,当作某种恐怖主义,那些底层准备行动起来的民众,借助这样的机会把这种恐怖主义视为是民主理论实践。我听到各式各样的混乱建议和迟疑不决的应对措施,一切都乱成一团;迫在眉睫的重大问题就是想到如何去保卫。为此讨论了武装起来和做出决定,但一切都混乱不堪,我突然觉得,他们这次一定会分道扬镳各行其是了。给我留下的就是这样一种高度混乱的印象。我与画家考夫曼离开了会议,他是一个年轻的艺术家,此前我在德累斯顿艺术展上看过一系列表现《精神历史》的画稿。在一幅描绘在西班牙宗教审判法庭上一个异教徒受刑画前,我观察到参观这次画展的萨克森国王不悦地摇摇头,随后他离开这幅难以理解的画稿转身而去。这位画家对发生的事件显得担心和忧虑重重,我与他边走边聊,在我到达邮政广场,靠近不久前按瑟姆帕尔设计建立起来的喷泉时,突然从近处的安恩教堂塔楼上听到了急剧的钟声,这是起义的信号。“上帝呵,开始了!”我的陪伴者惊恐地叫了起来,迅速地从我身边消失了。后来我又一次听到他的消息,他作为政治流亡者停留在伯尔尼,但我再没有看到过他。

从我近旁响起来的钟声也给我留下一个深刻的印象。这是一个晴空万里的下午，它立即使我想起一个类似的现象，即歌德所描写的瓦尔姆枪声对他感官激起的印象。我面前的整个广场好像被一种深黄的、几乎是褐色的光所照耀，类似我在马格德堡看到的那次日食一样。当时所流露出的情感是一种伟大的喜悦的情感；我突然间感到一种快乐，要赌点什么，否则就什么都留不下来了。首先我产生了一个念头，可能是因为在广场附近的缘故，去梯沙舍克家里去，他是一个星期天的狩猎迷，去问他的猎枪；我在他家里只遇到他的妻子，因为他已度长假去了。她对眼下发生的事情感到害怕，这使我开怀大笑起来；我给她出了个主意，把她丈夫的猎枪放到安全的地方，因为民众很快就要征用的，她应当把它提供给祖国联合会委员会，委员会会出具证明进行安排。我后来得知，我表现出的这种古怪的念头居然被算作一项最严重的罪行。现在我重新回到大街上，想看一看，除了钟声和黄颜色的昏暗阳光之外，究竟在城市里发生了什么。我先是到达老市集广场那儿，看到一群人在活跃地谈论。令我感到几乎是一种愉快的惊奇，我发现施罗德-德弗林特夫人在场，她刚从柏林来到此地，在旅馆门前她就立刻得到消息，他们已经向民众开枪射击了，她极度激动。她在柏林刚看过一场起义尝试遭到武装镇压，十分愤怒，在和平的德累斯顿她得再次经历同样的事情。因为她从那些极为迟钝的民众——他们怀着巨大的快乐听着她激情的发泄——转向我，像是感到十分满意地发现了个可听从她发出的呼吁的人，去全力抗击这可憎的事件了。另一天我还在我的老朋友海涅那里遇到她，她是逃到他的家里去的。在那里她再次恳求我，用一切我所拥有的手段去抵抗这种毫无意义的屠杀民众的行动，这是因为她在我身上看到了一副冷冰的情感。我后来得知，她在这场事件中的行为因为煽动民众而受到叛国罪的指控。在审讯中她不得不为自己的无辜辩解，以确保她多年作为德累斯顿的歌剧演员按合同而应得到的养老金。

在第三天我径直前去那个据刚得到的传闻发生流血冲突的街道。就我事后所知，那是在军械库发生的，市民卫队要接手换岗，于是在市民武装和军队武装之间引发起争论，该不该由一群无所顾忌的民众利用武力来占领这个武器库。为了保卫武器库一些极为熟练的士兵用霰弹大炮驱散这批武装民众。当我穿过腊米施胡同靠近事发地点时，我遇见德累斯顿地方卫队的一支连队，在那次交火中它们完全无辜地受到了波及。我注意到卫队的一个成员由他的伙伴搀扶费力地奔跑，他的右腿像是没有知觉地来回晃动。民众中有几个人在喊"他流血了"，他们发现他身上的血滴洒在碎石路上。这个景象使我极度激动起来，我突然理解了现在从四面八方听到的呼喊声："到街垒上去，到街垒上去。"我机械地随着人潮，又朝着老市集的议会拥去。就在大街上群情激愤的时刻，我注意到一群人穿过罗斯马林胡同蜂拥而来，这个景象使我想起来……即使这次有些许夸张——那时在剧院门前为了自由入场观看《黎恩济》而发生的场面，也有一个驼背人在场，这使我立即想起了歌德《哀格蒙特》中的那个范森。在四周响起了暴乱的呼叫声，我看到由于长时间期待之后终于爆发出来的革命欣喜，怀着少有的快乐之情，摩拳擦掌，跃跃欲试。从这儿起我十分清楚地记得，我感觉到这种前所未见的场景吸引了我，没有什么要求，就把自己置身于我观察到的战斗者的行列之中，成为他们中间的一员。但从观察的兴趣所引发起的激动使我每走一步它都在增强，这样在狂热的群众中间我自己还没有觉察到，便发现已拥入市议会的会议大厅里，好像在这里要与城市的掌管者一道采取一项一致的行动似的；我也不被注意地进入了会议厅，我在这儿所看到的是一片散沙和不知所措。当夜幕降临时，我穿过快速构建的，多半是由市集的木棚堆成的街垒，缓慢地回到我的家中——

我住的地方是离这儿很远的腓特烈区——以便翌日清晨再次进入城市中心,继续对这个闻所未闻的事件进行观察。5 月 4 日,是星期四①,在这一天我发现市议会成了一场革命运动的中心,它越来越具有大本营的性质了。有消息称,国王和整个王室根据他的部长博依斯特的劝告离开了王室,乘船沿易北河前往昆尼希斯坦要塞。那部分希望与国王达成和平协议的居民对此感到极度惊慌。在这种形势下,市议会已不再可能应付这个局面,于是自己召集还在德累斯顿的萨克森议会的成员,他们聚集在议会,为保护现在表面上已解体了的国家,采取必要的措施。向内阁派出了一个代表团,它返回时通知说,已找不到内阁了。这同时从各方面证实了这样的消息:根据事前签订的协议,普鲁士国王的军队将前来占领德累斯顿。现在发出号召采取措施反对外来军队的进军成为迫在眉睫的大事。因为这同一时刻传来了符腾堡的德意志运动获得成功的消息,在那里军队通过忠于国会的声明而使政府的意图破灭,政府必须无条件地承认德意志国家宪法。这样以来聚集在议会的政治家中间就出现了这样一种意见:一当萨克森军队采取类似的态度,在这里也存在和平解决的可能;因为国王作为一个优秀的爱国者借此机会乐于被逼去抵抗普鲁士军队对他的国家的占领。这样以来事情完全取决于部分还留在德累斯顿的萨克森军队,要使它们理解所持态度的重要性;因为我看到这是极度混乱中唯一的有尊严的和平希望,我承认我这是唯一的一次被误导到这种地步:去发起一场即使是成功也完全是毫无结果的游行。我交给吕克尔的《人民报》的印制人下一期的图样,单张大号字栏印出,上面有这样的字句:“你们要与我们一道反

① 从这里起,日期有误,星期四是 5 月 3 日,街垒场面估计发生在星期五。——原编者注

对外来的军队吗?”这些印刷品确也贴在那些正准备进行战斗的街垒上了。一当萨克森军队首先发起攻击时,他们看到它们就会做出反应的。当然除了那些后来的告密者,没有人会注意到这样的宣传品。这一天在混乱的谈判和狂暴的激动过去了,整个形势依旧模糊不清。变成街垒的德累斯顿老城足够吸引起观察者的兴趣,我总是越来越惊奇地注视抵抗运动的进程,这对我是唯一的消遣。突然我见到了巴枯宁,他从藏身之处走了出来,身着黑色的上衣穿过障碍重重的街道上朝这而来。我相信,他发现这一切一定会高兴的,但是我大错特错了。他认为所采取的这些防御措施仅仅是儿戏,并解释说,德累斯顿当前的事态唯一使他感到愉快的,是现在不必再在警察面前掩饰自己,他能不受妨碍地想做他下一步要做的事了。他说,因为这儿在如此涣散的环境里无论如何都没有吸引他参加到运动中来的力量。他吸着香烟来回踱步,拿德累斯顿革命的幼稚现状开心取乐,这期间响应指挥官的号召,地方卫队在议会前武装集结起来,这幅景象紧紧吸引住了我。从一支特别良好的队伍中,即使所谓的护卫连,除了里彻尔——此人对这次运动的性质忧心忡忡——还有泽姆帕都朝我走来。他似乎觉得我对事件知道得更清楚。并向我表明,他认识到事态极为严重。他所属的这支精英军队,里面都是坚定的民主分子;因为他只能把他的那些艺术学院的教授们安排到一种特别的位置上,他作为国家公民不知道该如何与分配给他的连队其余人员协调一致。“国家公民”这个词令我感到滑稽可笑;我只是锐利地望着泽姆帕的双眼,并重复了“国家公民”这个词。他只是用一种异样的微笑做出反应,这一次他没有进一步说明就离开我而去。

翌日,5月5日,星期五,这一天我作为事件的观察者,怀着特别热烈的好奇,又出现在议会大厦,这时事态发生了决定性的转折。因为再也找不到可与之进行谈判的萨克森政府了,于是集聚在这儿的萨克森人民代表的剩余人员觉得成立一个临时政府是可行的。居希利教授因其出众的辩才而被指定为这个政府的宣告人,他从议会的阳台上面对广场集结起来的地方卫队余下来的忠实成员和并不算太多的民众完成了这庄严的一幕。同时德意志国家宪法被宣布继续行使自己的权力,武装起来的人民力量宣誓忠于宪法。我记得,这一切并没有给我留下庄严的印象;相反总是四下游荡的巴枯宁所表示出的怀疑,认为这场事件毫无价值,我却越来越感到可以理解了。甚至从纯技术方面来看,证实了这种怀疑:身穿市民卫队全套军服头戴帽章的泽姆帕在议会大厦里渴求与我交谈,并把威尔斯德鲁夫胡同的一道十分残缺不全的街垒和它的侧翼兄弟胡同的情况告诉给我,这令我感到一丝快意的惊讶。为了使他作为工程师的艺术家良心得到安慰,我提醒他到军事保卫委员会的办公室去。他接受了我的劝告,像在情感上履行了义务似的,估计他在那里得到了必要的权力,去领导改善那些布置得很糟的地段的重点防御工事。从这以后我在德累斯顿就再没有看到过他了,但可以想象到,他以一个米开朗琪罗式或达·芬奇式的艺术家的责任心履行了委员会交付给他、一个学识渊博的建筑师的战略任务。

这一天的其余时间在继续不断的停火谈判中过去了,直到翌日中午与萨克森指挥部谈判才告结束。在这件事上我注意到一位大学时代的朋友,当时的律师马沙尔·冯·毕勃斯坦因的特殊才干,他作为德累斯顿地方卫队的一名高级军官在人群喧嚣之中以其高度的热情出色地显示出了他的素质。在这一天也任命前希腊上校海因茨为德累斯顿武装力量的一位指挥官。可总是一再现身的巴枯宁对这一切并不感到放心,临时政府方面把希望寄托在借助道义压力来和平解决冲突,而这期间他清醒地预先就看到了普鲁士方面正处心积虑地准备军事进攻,并认为对此必须通过很好的战略措施加以应对。由于萨克森起义缺乏军事人才,因此他急迫地建议招揽当时在德累斯顿的一些有经验的波兰军官。这使大家感到惊骇。人们相反更多地把希望寄托在法兰克福的国民议会的谈判上。一切都应当按照议会的原则尽可能合法地进行。其余的时间几乎是在舒适的状态中度过的,在美好的春日傍晚,高贵的夫人与她们的骑士一道穿越变成街垒的马路漫步游荡,这一切似乎是一场令人赏心悦目的戏剧。就是我对这种异乎寻常的景象也感到快活,这快乐之中掺杂着一种嘲弄般的想象,这一切都不是那么认真,最后必定是政府用某种愉快的公告宣布事件的结束。我感到犹豫不决,可心绪不错,越过许多障碍物,踱步返回家中,我的家离这儿很远,途中我在构思一段时间来我一直在准备的一部戏剧:《阿喀琉斯》。在家中我遇到我的两个外甥女克拉拉和奥蒂丽·布洛克豪斯,她们是我姐姐路易丝的女儿;她们来德累斯顿一年多了,在一个女教师那里,每周都来拜访我,她们活泼愉快,这给我带来很大乐趣。这儿的一切都洋溢着极为快意的革命情绪,人们对街垒战士十分关怀,都毫不怀疑地祝愿这些保卫者得到胜利。这种气氛在停火的保护下整天(5 月 5 日)都没有受到不利的影响。从各方面传来的消息让人们相信德国正在进行一场普遍的革命:巴登、普法尔茨已公开地反抗帝国政府;从一些个别城市,如布累斯劳都有类似的消息传来;在莱比锡组织起来的大学生志愿军团正在向德累斯顿进发,他们的到达受到了居民的热烈欢呼;在议会大厦成立了一个独立的保卫部,那个年轻的海涅成为其中的一员——他原本要负责《罗恩格林》演出的绘景工作,却不幸地被撤销了;在萨克森艾尔茨山区一带得到了热烈的声援并都准备给予武力上的支援。这使人们相信,即使筑有街垒的老城被攻占了,那也能对外来军队占领进行成功的抵抗。

5 月 6 日,星期六,在这一天清晨人们看出来事态变得严重起来。普鲁士军队向新城推进,萨克森军队高举他们的旗帜,坚守阵地,与军队一道是敢于出击的,可这并不可取。到中午停火状态结束,普鲁士军队立即在多门大炮的支援下向新市集广场旁人民战士的一处主阵地发起了进攻。除了很快发生真正的战斗,我还不相信事态会在极短的时间里发生决定性的变化,因为我既没有感觉到也没有从我的周围看出来所表现出那种炽烈的献身精神,而缺少这种精神那严重的考验是永远经受不住的。我听到了强烈的射击声,我只是感到难过,对事件的发生过程我一无所知,忽然产生一个念头去登上十字塔楼。即使不从这个高度上俯视也能得到一个清晰的印象,我看到普鲁士军队一直向前推进的大炮在一个钟头的猛然射击之后又撤了回去并终于完全停止了开火,伴随而来的是民众方面的巨大欢呼声。第一次攻击就这样被击退了。我对事件的关注开始带有一种越来越热烈的色彩。为了得到详细的消息,我疾步奔回议会大厦,但混乱不清,我毫无所得,最终我在主力部队中间遇见了巴枯宁,他给我带来了异乎寻常的下列准确消息:那是从新市集广场一处受威胁最大的街垒阵地送给总指挥部的报告,称那儿在军队攻击之前一切都已解体,为此我的朋友马沙尔·冯·毕勃斯坦因和莱欧·封·茨西林斯基,市民卫队的一个军官,向志愿者发出号召并把他们带到受威胁的地点。弗赖伯格城的官员豪依勃纳尔是唯一留下来的临时政府的成员,另外两个头头托特和切尔内尔一开始就吓得溜之大吉。豪依勃纳尔没带武器,光着脑袋,他曾先把所有的保卫者安排在被放弃的街垒上,用庄严的言辞来鼓舞这些后来的志愿人员。这获得完全的成功,街垒重新被占领,从这儿向下对军队展开了它意想不到的强大的火力攻击,于是我看到了军队因此而被迫撤退的那个场面。巴枯宁跟随志愿者直接地参加了这场战斗,现在他向我解释说,豪依勃纳尔尽管政治观点上目光短浅(他属于萨克森内阁中温和的左派),可他是一个高尚的人,他愿意为他赴汤蹈火。这样的榜样,他说,他愿意为他做任何事情,他决定冒任何风险而不问为什么。豪依勃纳尔也认识到采取有力措施的必要性,不再为巴枯宁的建议而畏缩不前。那些指挥的无能很快就暴露出来,于是一些有经验的波兰军官被委任为战争顾问。巴枯宁声称自己对战略一无所知,他不再离开议会大厦,留在豪依勃纳尔身边,这是为了在各方面提出冷静的建议和回答询问。这一天的其他时间在不同的阵地上战斗局限在炮火的射击和小型的接触,这激起我再次登上十字塔楼的好奇心,为的是对事件的全貌有一个尽可能清晰的印象。从议会大厦到塔楼要穿越一段路,驻扎在王宫的军队不断地朝路上进行射击。这段路上空无一人,我受好奇心的驱使,朝十字塔楼慢步穿了过去,这同时我在想,那些年轻士兵受到劝告,在这样的时机不要过于匆忙地开火,因为子弹会伤到自己的人。我站到了我庄严的位置上,遇到许多人,他们一部分是出于同样的关心,一部分是受起义指挥部的委派来此观察敌方的运动情况。在他们之中我与一个名叫贝尔托特的教师成了深交,这是一个文静的温和却信念坚定和果断的人,我与他进行十分严肃的哲学上的讨论,直深入到宗教的广阔领域。但这同时他却考虑得十分细致,躲在一个隐蔽的位置,用从守塔楼人那里拿来的一个草垫遮掩住,以防御驻扎在远处圣女教堂的塔楼上的普鲁士狙击手朝这儿射来的子弹,他们把由我们占领的敌人的一个制高点作为射击的目标。我不可能在黑夜降临时从我感兴趣的这个庇护场所赶回家里,因此我请看守塔楼的人派他的助手把我写的一个纸条送到腓特烈镇我的妻子那里,同时给我带来一些必要的日用品。在令人惊恐的沉重的塔楼钟声和普鲁士的子弹不间断朝塔楼墙壁的撞击声的近旁,我度过了我生活中最奇怪不过的夜晚,我与贝尔托特轮流守卫轮流睡觉。

5月7日①，星期天，是这一年最美好的日子里的一天；我被一支歌唱的夜莺唤醒，它的鸣叫声从不远处我们守卫的花园那里传来，城市上空和从我所在的地方眺望德累斯顿广阔的周围一带都充溢着一种神圣的寂静和清闲。只是在太阳升起时和降下来一片薄雾，透过雾霭我们突然听见从塔兰特大街那边向我们清晰地传来了马赛曲的音乐。音乐越来越近，薄雾散了开来，鲜红的朝日照得锃亮的武器闪闪发亮，这是从城市开来的一支长长的队伍。这持续的印象令人无法抗拒，那种我长时间在德意志人民中所没有觉察到的特性，而且我不相信它能表现出来，这对迄今为止我的主导思想的形成起了很大的作用，现在突然间显而易见地在我身上起了变化，有了极为生动新鲜的色彩。这支长长的队伍不少于数千人，是全副武装组织起来的山区人，多半是矿工，他们前来保卫德累斯顿。不久我们看到他们行进到议会大厦对面的老市集广场，受到热烈的欢迎，在这儿停下来进行休息。类似的增援队伍整天持续不断，前一天英勇斗争的成就现在要以高贵的方式表现出来。普鲁士军队的进攻计划似乎发生了变化，这就是从多个方面，但同时不再这样集中对不同的阵地发动攻击。增援来的人员带来4门小型的大炮，这是塔德·封·布尔格克先生的私人财产，此人我是在德累斯顿歌曲协会的成立庆祝会上认识的，当时他发表一篇非常热情却乏味得可笑的讲话。他的火炮从街垒向普鲁士军射击，这件事倒是提醒了我，当我在11时许看到歌剧院——几周前我就是在那里指挥第九交响曲的最后一场演出——升起一片火光，这给我留下的印象意义之重大无可比拟。如我时而提到过的，这座剧院里满是木材和麻布，易发生火险，那个时候它是一幢临时性的建筑，一些物件极怕火灾的发生。人们告

① 应改为5月6日。——原编者注

诉我,是出于战略上的原因才把它烧掉的,这样就能抗击普鲁士军从这暴露出来的地方发起的进攻,同时保护著名的泽姆帕街垒不受到强大的突袭。从此中我知道了,这一类的理由在世界上永远比美学上的动机更为强大有力,长时间以来就是出于美学上的动机要求拆除这座与华丽的茨温格宫①相比是丑陋的畸形的建筑了。这幢极易燃烧的规模十分宏大的大厦在很短时间就变成一片火海。当大火蔓延到邻近的茨温格画廊的金属顶盖时并开始翻滚起蓝色的火的波浪时,在我们这些观望者之中有人对这场大火发生了惋惜的声音;人们认为,里面的那些实物都受到了威胁。另一些持相反意见,那是军械库,一个市民卫队的成员说:如果把那里的"脑满肠肥的贵族"都烧死的话,那这种情况并不是件遗憾的事。但有人出于对艺术的热心知道去防止大火的蔓延,事实上那儿也只是造成了轻微的伤害。

终于我们这个一直相对安静的观察庇护所来了越来越多的武装人员,他们被派往老市集广场去参加守卫,怕从缺乏看守的十字胡同那边遭到攻击。这儿再也找不到没有武器的人了。这时我妻子给我带来了一个消息,她十分恐慌,要我回家。我费了很大的力气,克服了好多困难,穿越城市发生战斗的地带,躲过从茨温格发射的炮火,拐弯抹角才回到远离城郊的家里。我家里完全是些激动的女人,她们都围聚在明娜身边,其中有惊慌失措的吕克尔妻子,她估计她丈夫一定是在进行激烈的战斗。因为她知道他一得到德累斯顿起义的消息就会赶回来的。我在这一天确也听到吕克尔在这一天回来了,可我还没有看到过他。此外,又是我的两个年轻的外甥女使我变得快乐起来,她们对射击感到兴高采烈,甚至我的妻子,她在看到我安然无恙,也受到了几分感染。她们都对

① 茨温格宫:建于 1711—1722 年的一座宫殿,后成为一座著名的画廊。

雕塑家韩内尔不满,他把这座房子完全关闭起来,不让任何一个革命者来。他对大街上现身的那些死神的恐惧使这些女人无一例外地感到开心好玩。这个星期天就像一种欢乐的家庭节日聚会那样过去了。

翌日的清晨,5月8日①,星期一,我试图从远离战场的家出发,再次前往议会大厦,以便得到有关城市的消息。当我越过安恩教堂附近处街垒时,有一个地方卫队的成员朝我喊道:"乐队长先生,欢乐啊,众神的美丽大花已经燃烧起,腐朽的建筑已经在大火中坍塌。"显然这位热情的呼喊者观看了第九交响曲的最后一场演出。这种我意想不到的激昂热情感染了我,使我感到少有的力量和自由。在稍远的劳恩郊区的一条寂静的胡同里,我遇到了室内乐师希本达尔,他现在是王家乐队中极得好评的第一双簧管演奏家;他身穿地方保卫队的制服,可没有佩带武器,正与一个与他同样装备起来的市民交谈。他一见到了我,首先想的是促使我去对吕克尔的行动进行干预,吕克尔正根据一项革命的命令在这一带的居民区里搜集武器。因为他立即听到了我对吕克尔关心的询问,于是就把话缩了回去,他忧心忡忡地问我:"但是,乐队长先生,您根本就没有想到您的职位,如果您这样下去,会失去它吧?"这个提醒对我起了极为有力的作用,我爆发出了响亮的笑声并解释说,这对我算不了什么。事实上我表现出了我的情绪的基调,这种情绪保持了这么长的时间并几乎能快乐地来个了断。我看到吕克尔与两个民兵朝我走来,那两个民兵荷着几件武器。他极为亲热地欢迎我,但立即转身对希本达尔和他身旁的人提醒说:他为什么穿民兵的服装却在这儿闲聊而不站到自己的岗位上?希本达尔表示歉意说,有人把他的武器征用了。吕克尔朝他喊道:"您真是个可爱的家伙!"说完就让他站在这

① 应为5月7日。

儿。他在继续前行的当儿简短地谈及了从我没有见到他之后发生的事情,并让我谈了谈他的《人民报》,我们两人的交谈不久由于一支大型的武装起来的年轻运动员的队伍而中断,他们正从外地赶来,朝着集合的地点走去。这个由数百年轻人组成的队伍给我留下极为崇高庄严的印象。吕克尔跨过街障陪同他们到议会大厦前的训练场。他抱怨说,在指挥人员中直到现在他还没遇到过真正的人才。他建议在格外危险的街垒,遇到严重情况时要焚烧沥青以加强保卫;但临时政府光听到这种话就陷入道义上的恐惧之中。我让他去办自己的事,以便独自一人抄近路前往议会大厦,从这时起 13 年以后我才再次见到他。在议会大厦我从巴枯宁那里得知,临时政府根据他的建议已决定,放弃德累斯顿那些一开始就完全没加防御和无法长时间坚守的阵地。撤往埃尔茨山区,在那儿能从各个方向,特别是图林根方向前来大力增援的队伍,在一场必然发生的德国内战一开始时就能处于有利的地位,而长时间英勇进行的德累斯顿的街垒战也仅有一种城市暴动的性质。我必须承认,我觉得这个思想伟大而有意义:迄今为止激起我的热情关注的完全只是一个开始时令我感到几乎是嘲弄般的怀疑,随之是感到惊奇的事件,而现在这种不可理解很快在我眼前就变得具有一种伟大的和充满希望的意义了。我没受到逼迫和有什么使命感,以某种方式看到自己被分配担任的一个角色或起什么作用,我完全自觉地放弃了对个人处境的任何一种考虑,怀着疑虑重重的快意随它把我驱往哪一个方向好了。可我不能把我的妻子留在德累斯顿,让她无依无靠。我很快就想到办法让她离开此地,到我选择的地方去,而同时不使她知道我为什么做出这样的决定。在我快速返回腓特烈镇期间,我看到了这个城区已被普鲁士军队布防,与内城几乎完全分割开来。我预见到我们的郊区就要被占领,随之是令人极为反感的军事包围状态。我很容易说服明娜,立即与我一道穿过还能自由通行的塔兰特胡同前去开姆尼茨我在那里已结婚的姐姐克拉拉那里,就像是去进行拜访一样。她马上在家里做了安排,并答应在一个小时内与她的那只鹦鹉一齐到下一个小镇赶上我。我先与我的小狗帕波斯到那里,以便租一辆马车前去开姆尼茨。这是一个晴朗的春日上午,我最后一次踏上我经常孤独散步的小路,意识到再也不会在此漫游了。云雀在我的头上啁啾,从庄稼地的垄沟那儿唱个不停,而这同时从德累斯顿不间断地传来隆隆的炮声。这种射击的轰鸣声多日来一直不断,它给我的脑神经留下了极为强烈的烙印,长时间在我的脑海里发出回响,就类似在伦敦的海船的颠簸总是在脑子里摇晃个不停一样。就是在这种可怕的音乐的伴奏下我朝那个愉快的小镇连同它的塔楼告别,我微笑自语,如果 7 年前我前来此地是无声无息的话,那现在我为离去可不能说缺少隆重的排场啊。

终于我与明娜会合乘一辆单套马车行驶在前往埃尔茨山区的路上,这时我经常遇到前去德累斯顿的增援武装。这个景象使我们不由自主地感到喜悦,甚至我的妻子也无法抑制住自己去鼓舞这些人,喊道还没有一条街垒被占领。相反的正规士兵却给我们一个郁闷的印象,他们默不作声地向德累斯顿行进。有些人在回答他们到何处去的问题时,他们只是呆板地按照事先规定回答说:履行义务。我们到达我在开姆尼茨的亲戚家里,当我解释说,明天一早我就要立即赶回德累斯顿以便知道那儿的情况时,我的这些亲属都感到惊愕。尽管他们请我留下来,我的决定还是不变,我总是在估计,会在公路上遇到德累斯顿民众武装力量的队伍。离德累斯顿越近,那些传言就越得到了证实:在德累斯顿人们还没有想到投降或者撤退。正相反战斗对民众方面十分有利。这一切对我简直像是奇迹,比奇迹还奇迹。我怀着紧张激动的心情在5月9日①,星期四,又一次越过变得愈加困难的地带,在这片地带必须绕过街道,只有穿过被打通了的房屋,这样才能安全,一直到老城的议会大厦都是如此。已是暮色时分了,我看到的是一幅真正可怕的景象,在我穿越城市的这些地区,人们都在准备进行巷战。比如大型的和小型的炮火不断的轰鸣声,武装人员从一个街垒朝另一个街垒,从一处打通的房子朝另一处打通了的房屋的不停喊叫声像是不祥的喃喃低语。在一些地方沥青的火焰不时在喷吐出来。疲惫而苍白的武装人员在岗哨上警戒,朝向每个不带武器的穿行者发出严厉的喊叫声。我踏入议会大厦的一些大厅,给我的印象,在我经历中的没有能与之相比。这是一群郁闷的,却是相当有序的严肃的人,每个人的脸上都显出过度的疲惫;他们的声音不再是自然的,由于高度的紧张而变得沙哑,含混不清。只有那些上了年纪的议会大厦的侍者,身穿奇怪却感到亲切的制服和三角帽,唯一流露出从容不迫处之泰然的表情。我遇到这些通常是令人敬畏的高大的人物时,他们中一部分人在往面包上涂抹黄油,在切割火腿和香肠,而另一些人把大部分食品放到篮子里,交给街垒战士派来的代表。他们都变成了革命的家庭主妇。当我靠近时,我终于遇到了临时政府的成员,其中有起义一开始就吓得溜之乎也,而今又出现了的托特和切尔内尔,他们为沉重的义务所累,像影子似的忧郁,不断地来回摇晃。只有豪依勃纳尔显示出充沛的精力,可他的情况真的激起人们的同情:从这个男人的眼睛里闪烁出精灵般的火光,他已经7个昼夜没有睡觉了。与我再次见面他很高兴,因为在他看来这对他为之保卫的事业是一个好的迹象,而这期间在事态的紧急情况下他与一些人接触时根本就不得要领。我在巴

① 应为5月8日。——原编者注

枯宁那儿感到他安之若素，态度镇定如常，就是他的外表也没有丝毫变化，虽然说，如我事后所知，在这段时间里他没有睡个好觉。他在铺在议会大厦大厅里的一个草垫子上接待了我。嘴里衔着香烟，在他身旁的是一个名叫哈依姆伯格的年轻波兰人（加里西亚人），是一个小提琴师，前些日子巴枯宁曾要我把他介绍给里宾斯基进行深造，可他不愿意，这个非常年轻缺少经验的人紧紧追随巴枯宁，径直地被卷入这个事件的旋涡里。现在巴枯宁让他坐在垫子上靠近自己，每当他为一颗炮弹剧烈爆炸感到一惊时，就朝他背上敲一下。“这儿远离你的提琴了，”他向他喊道，“你要留在这儿，音乐师！”我从巴枯宁这里很快就十分准确地知道了自我上一天离开后发生的事情。当时做出撤退的决定很快认为是不可取的，因为这个决定会使那些抵达的众多增援人员感到灰心失望；相反的是战斗热情十分高涨，保卫者的力量是如此强大，这使直到现在各处都能进行成功的抵抗。由于增援力量的加强，在强大的维尔德鲁弗街垒进行的一次联合进攻起了很大的作用；普鲁士军队看来放弃了街道上的战斗，采取了破墙逐屋的战斗方式；采用这种方式可以预见到，街垒保卫战迄今所采取的预防措施变得无用了；敌人即使是缓慢的，却足以接近临时政府的所在地议会大厦。巴枯宁曾建议，把全部储存的弹药集中到议会大厦的地下室里，在普鲁士部队接近时就把它炸掉。市议会在后面的一间小房间里，这期间一直在办公，它强烈地对此表示反对。巴枯宁虽然力主实施这项措施，但最终不得不借助一种手段，把全部弹药储备移到远处，此外他赢得了豪依勃纳尔的支持，巴枯宁对他什么事情都不会拒绝的。现在一切准备就绪，昨天已经做出撤往埃尔茨山区的决定，定于明日清晨付诸实施，年轻的茨西林斯基已经得到命令，对通向普劳恩大街做战略安全上的掩护。我询问吕克尔何在，巴枯宁简短地回答说，从昨天晚上就没有看到他，他大概自己甘愿被擒了，他可能成了“神经病”。我谈了往返开姆尼茨路上遇到的事情，见到了大批的增援民众，其中开姆尼茨的地方卫队就有好几千人。在弗赖依伯格我遇见了一支400人的军事预备队，他们态度坚定，为民众武装人员提供支持，可由于行动的过度劳累而无法继续前进。事情很明显，这儿缺少必要的力量去征用车辆，考虑到要穿越边境，这批生力军是非常需要帮助。人们请求我立即返回这条路，把临时政府的意见带给我已经熟悉的那些人。我的老朋友马沙尔·封·毕勃斯坦因立即自愿报名陪我一道前往，这太好了，他作为临时政府的一个代表传达命令远比我更为合适。这个一直过于热心的人同样由于缺少睡眠而疲惫不堪。他与我从议会大厦动身穿过困难重重的街道回到他在普劳恩镇的家里，以便夜里从那儿与我熟悉的一个车夫踏上一条去完成我们任务的道路，同时与他的家人告别，看来他已有好长时间没有回家了。在我们等候马车的时候，我们十分平静和泰然地与主妇交谈，她给我们端上热茶和一份晚餐。经过一些曲折我们在第二天清晨到达弗赖依伯格，一到那儿我立即去寻找我此前认识的预备队的领导人。马沙尔告诉他们尽可能地去征用乡村里的车辆和马匹。前往德累斯顿的队伍已经上路，我急于再次退回那里，因为德累斯顿的事情一再地令我放心不下，而马沙尔还要继续去乡下完成他的任务。于是我们分手作别，我乘坐一辆特快邮车再次从埃尔茨离开前往塔兰特，我无法控制自己，昏昏睡了过去，直到有人与车夫进行激烈的呼喊和争吵才把我唤醒。我一睁开眼睛，我惊愕地发现大街上挤满了携带武器的志愿人员，他们不是前去而是从德累斯顿来到这里，其中一些人想强占我们的车辆返回家乡。我喊了起来：“怎么回事？你们到哪儿去？”——“回家。”这是对我的回答。“德累斯顿完了！临时政府也跟着乘车来了。”我从车里像机器人一样跳了出来，把马车交由那些疲惫的人。我疾步前进，顺着弯曲的大街斜着冲了下去，想找着灾难重重的临时政府的伙伴。在一辆缓慢爬坡的时尚出租马车里我真的遇到了豪依勃纳尔、巴枯宁和精力充沛的邮局秘书马丁。后两人都带着火枪,在车夫旁大概是秘书的座位,那些疲惫的民兵凡能爬上来的同样都坐了下来。我同样迅疾地登上马车,成了这辆出租车的车主,同时也是车夫与临时政府进行一切奇妙的谈话,我成了见证人。这个人哀求说,他的这辆车的弹簧太弱,不能承受这么大的重量,要小心爱护,他请求那些人不要坐得太靠后和太靠前。巴枯宁却不管这些,他简短地报告了从德累斯顿的顺利撤退没有遭受任何损失。他在早晨还让人把重新加以绿化的马连林荫大道的树木全部放倒,用这些路障确保侧翼不受骑兵的攻击。这条大道上居民的抱怨特别令他感到开心,这些人只能大声地埋怨:“多美的树啊。”可这期间车主的抱怨却越来越厉害了,他大声地叹气并流下了泪水。巴枯宁快意地观察他,对他说的话毫不在意,只是喊道:“小市民的眼泪是众神的玉液琼浆。”豪依勃纳尔和我对这个场面感到烦心,他问,我们是不是该下车步行,因为他不想对其他人提出这样过分的要求。事实上现在离开马车是完全正确的,因为新撤下来的志愿人员环立大路的四周,他们向临时政府致以敬意并列成队伍等待接受临时政府的命令。豪依勃纳尔极为庄重地沿着队列行进,他向那些带队的人通告了当前的事态,并要求他们继续忠于那么多人为之流血牺牲的正义事业。现在大家都撤到弗赖依伯格,等待下一步的指示。一个名叫麦茨道尔夫的人借这个机会从志愿部队中走了出来,他是德意志天主教的一传道士,是一个十分严肃的年轻人,呼吁保护临时政府;还在德累斯顿时我就认识此人,他在一次重要的谈话时向我第一次引证了费尔巴哈的著作。他称,他是来自开姆尼茨地方卫队的司令部,他领导一次民众游行,迫使那支市民武装团队开往德累斯顿,现在在那支市民武装军团里的进军中他被当作俘虏,受到了极为恶劣的对待,只是由于遇到了另一支志同道合的大学生军团他才得到了自由。我们发现这支开姆尼茨地方卫队同样驻扎在远处的一个高地上。他们派来了一些代表,听取了豪依勃纳尔对当前事态所做的说明,并通报了采取果断的方式去继续进行斗争。他们邀请临时政府把所在地设在开姆尼茨。当他们回到他们的队伍时,我们看到这支队伍立即开拔返回了。

经过类似的打扰,我们这支相当混乱的队伍到达了弗赖依伯格,在大街上豪依勃纳尔的朋友迎面走来,他迫切要求豪依勃纳尔不要因为临时政府设在这里而给他们的故乡城市带来一场街垒战的灾难。豪依勃纳尔沉默不语,他请巴枯宁和我跟随他到他的住处进行商议,在那儿我们先后见证了,他与他的妻子的痛苦的再度相逢,他用很少几句话向他的妻子说明他承担的任务的严肃性和意义:这关系到德国和它高尚的未来,为此他要献出他的生命。早餐准备好了,我们情绪甚佳地用过之后,豪依勃纳尔对巴枯宁讲了一番简短的话,十分平静却果断。他与巴枯宁只是泛泛之交,连他的名字都不能准确地说出来。“亲爱的巴卡宁,”他对他说道,“现在在我们做出决定之前,我必须从你这里得到一个解释,你的政治目的是否真的是红色共和国,有人对我说过,你是这个共和国的党羽,你坦率地告诉我,这样我就知道,以后我是不是可以信任你的友谊?”巴枯宁径直地告诉他,他对任何一种政治的政府形式都没有什么固定的模式,既不为这一个也不为另一个献出他的生命。在德累斯顿的街垒战以及凡是与德国相联系的,这和他的愿望及希望都毫不相干。他把德累斯顿的起义看作一场愚蠢的可笑的运动,直到他看到了豪依勃纳尔高贵的和勇敢的榜样,看法才有所改变。从这时起在他身上每一种政治上的考虑和观点都退让于他对这种热情的态度给予的关怀,他立即就做出了决定,与这位杰出的人站在一起,成为他忠实的得力的朋友,他从这个人那里知道,他属于所谓的稳健派,他不能对这一派人的政治未来做出判断,因为他对德国政党的情况很少有机会进行了解。豪依勃纳尔对巴枯宁的这番话表示满意,现在他就事态的现状征询巴枯宁的意见:离开这些人,放弃这场无望的斗争,这不是怯懦和轻率之举。巴枯宁以惯有的安详和坚定说道,谁都可以放弃斗争,唯独他豪依勃纳尔不可以。他作为临时政府的领导成员,号召人们拿起武器,人们响应他的号召,成百的人牺牲了他们的生命。现在把人又分散到各地,把这些牺牲者带进一种毫无价值的虚幻中,如果仅剩下他们两个人,那他们也不会离开他们的位置;他们已把生命置之度外,但他们的荣誉必须不受玷污,这样在未来人们面临一次同样的号召时不至于陷入绝望。这一席话说服了豪依勃纳尔,他立即起草了一份呼吁,召集人们到开姆尼茨,为萨克森进行制宪会议的选举。他认为,他在那里通过当地居民和从各地还在拥来的众多民众战士得到支持,这样一个临时政府的中心就能坚持下去,直到德国的局势明朗起来。

就在商议当中,斯台凡·鲍伦,一个版面设计员进入了房间,此人在德累斯顿最后3天里担任了最高指挥之职,豪依勃纳尔感到极为宽心。他报告说,他带领武装人员井然有序地撤到弗赖依伯格,没遭到任何损失。这个年轻朴实的人,借助这个报告的效果,给我们留下一个极为庄重的印象。豪依勃纳尔问他,能否担任起抵抗军队不久将发起之攻击,保卫弗赖依伯格,他解释说,他不是一个军人,对战略一无所知,这只能由一个熟练的军官担任。为了赢得时间,在当前的情况下,撤往人口众多的开姆尼茨似乎更为明智。但首先是必须解决集聚在弗赖依伯格大批志愿人员的给养问题。鲍伦离开了,去为此采取一些初步的措施。豪依勃纳尔也告辞,他要睡一个小时的觉,以恢复他的精力。我与巴枯宁留在沙发上,他不久就被睡意压倒,在我身边歪倒,把他沉重的脑袋压在我的肩膀上。我注意到,即使我从这个负担解脱出来,他也不会惊醒的，于是费劲地把他放倒，随之我立即离开他，从豪依勃纳尔家中走出来，像我这些天所做的那样，热心地去观察这闻所未闻的事件所呈现的外貌。我到达了议会大厦，激昂慷慨的志愿人员拥来挤去，市民们竭力地在招待他们。令我惊愕地我在这儿也遇到了精神抖擞的豪依勃纳尔，我以为他还在家睡觉呢。只要人们有一个钟头不知道怎么办，那他是不得安闲的。在他的领导下立即组成了一个指挥办公室，他再次签署文件，这期间来自四面八方的人吵吵嚷嚷地拥到他的身边。时过不久巴枯宁也出现了。他首要地是想找一个好的军官，但找不到这样一个人；一个热情的年纪偏大的人，是来自沃格特兰地方一支人数众多的增援队伍的指挥官，他的强有力的言谈使巴枯宁受到了鼓舞。巴枯宁希望这个人立即被选为总指挥。可现在一切都陷入混乱之中，不可能做出任何一项正式决定，只有到了开姆尼茨才可以恢复正常，因此豪依勃纳尔命令，一旦可能就立即继续向开姆尼茨进发。事情已经决定下来，我自己想从这种混乱中脱身出来，于是我向朋友们声称，我要立即动身前往开姆尼茨，我明天即可在那里与他们再次见面。我遇到了预定在这个时刻启程的驿车，并得到了一个座位。因为在这同时志愿队伍在同一条街上等待开拔，为了避免驿车陷入混乱之中，必须等待志愿队伍过去。这延迟了很久。我长时间地注视着这支志愿队伍的值得注意的景象：一支沃格特兰队伍相当呆板的进行引起了我的注目，这支队伍跟随在一个鼓手的后面，他以艺术的方式试图变化地击打那面鼓发出单调的声音，他交迭地敲击鼓的木框。鼓发出的这种不舒服的嘎嘎声以一声幽灵般的方式令我想起了骷髅的夜之舞，如柏辽兹在巴黎演出他的《幻想交响曲》时最后一个乐章激发起我幻想中的那个可怕的场面一样。突然间我有了再次去看望留下来的那几位朋友的愿望，并想尽可能要他们与我同行，可他们都不在议会大厦了。我到了豪依勃纳尔家里,得知他正在睡觉。我返回驿站,驿车依然在等启程,大街依然拥满了志愿人员。我心神不安地长时间踱来踱去,终于我不相信驿车会动身了。于是我再次返回豪依勃纳尔家里,要与他结伴同行。但豪依勃纳尔和巴枯宁都已离开了家,没有问起我,我只好绝望地再次返回驿站,现在只能等待驿车启程了。中途经过了一些耽搁和麻烦,在深夜我到达了开姆尼茨,下车后我在附近找了一家旅馆,睡了很少几个小时,以便明晨5时去我的姻兄沃尔夫拉姆家,他的住宅离城步行大约有一刻钟的距离。半路上我问一个地方卫队的哨兵,他是否知道临时政府已抵达此地。"临时政府?"他回答说,"它完蛋了!"我不懂这是什么意思,当我到我亲戚那里,也无法知道开姆尼茨的事态发展到了什么地步,因为我的姻兄本人是一个警察,他被派往城里去了。当他下午很晚回到家里时,我才知道,我在开往开姆尼茨旅馆安歇的那几个钟头里,他们已到开姆尼茨的另外一家旅馆。豪依勃纳尔、巴枯宁,还有那个我已提到过的马丁大概在我之前就乘了另一辆车到达开姆尼茨的城门。在那儿问起他们的名字,豪依勃纳尔十分郑重地说出了自己的名字,地方当局把他们安置在由他指定的旅馆。到达旅馆时他们三个人已精疲力竭,可这时宪兵突然闯入他们的房间,并以王国县政府的名义把他们逮捕了。他们请求只是先睡几个小时的觉,保证决不会逃跑。随后我得知,在第二天早上在军队的押解下他们被带往阿尔滕堡。我的姻兄向我承认,开姆尼茨地方卫队指挥部受命骗豪依勃纳尔前往开姆尼茨,这个指挥部是被迫开往德累斯顿的,它一到达时就立即接受王国军队安排,在撤退途中邀请豪依勃纳尔,这是一个圈套,他中计了。我的姻兄为此感到遗憾。在豪依勃纳尔到达开姆尼茨之前,城门的哨兵早就准备好了,一旦他到达,就准备把他逮捕。我的姻兄也为我十分担心,因为他已从地方卫队的头头们那里得知,我与那些革命者在一起，视我与他们是一类人。这怎么说都是命运的安排，若是我也与他们一道到达开姆尼茨和住在同一家旅馆的话，那我就会与他们有同样的遭遇。像一道闪电似的掠过我的脑海，我想起我大学时是怎样用奇妙的方式在一次与那个老练的击剑好手进行绝对无望的决斗中来保护自己的。最近的这件可怕的事情教训了我，凡是与事件有关的一切我都要缄口不语。我的妻子对我个人的安全极为担心，由于她紧迫的催促，我的姻兄在当天夜里乘他的驿车陪我前往阿尔滕堡，从那里继续前往魏玛，到那儿去度我的乐队长的假期；我到了那里，可走的是一条特殊的事先没有预料到的弯路。

我那时所处的是一种梦幻般的昏迷状态，这种状态的标志就是我与李斯特再度相遇所表示出的假装的亲近关系，装作是为了在魏玛准备我的《唐豪瑟》的即将再次演出。我很难于向我的朋友启口，说我不是以王家乐队长的身份离开德累斯顿的。事实上我对我自己国家公开的合法性的关系有一种非常模糊的概念。根据法律我是否会受到惩罚或者不会？我不可能对此有一个确切的看法。在这期间一再有关于德累斯顿事件的可怕消息传到魏玛，特别是导演格纳斯特对他传播开来关于吕克尔嗜好杀人放火的消息十分激动，吕克尔在魏玛是十分有名的。从我毫不加以掩饰的言谈中李斯特不久就看出来，我已经深深地搅入了这场可怕的事件之中。可有一段时间他对我在这件事情的态度上感到迷惘，因为我有一大堆理由表明我不会作为一个战士把自己交付给这场意外发生的战斗。我的朋友因此陷入一种由我无意制造出来的困惑之中。在卡罗琳夫人，冯·维特根斯坦女公爵——前一年她匆忙访问德累斯顿时我认识了她——家里我们兴致勃勃地谈论一些艺术问题，一天下午对我口头述说的一部悲剧《拿撒勒的耶稣》的构思进行了热烈的讨论，李斯特对我的这项计划疑虑地保持沉默，可女公爵冯·维特根斯坦激烈地反对把这样一个题材搬上舞台。在这个问题上我并没有过分认真坚持我提出的悖论。我一直为所经历的事件受到震惊，直到我本性中的深处，并不使别人清楚地觉察到这点。就这样到了排练《唐豪瑟》的时候，这次排练又激起了我艺术上的兴致，李斯特的指挥更多地侧重于音乐而非戏剧，但使我第一次充满了扬扬自得的热情，被他人所理解，体验到了亲切的同感。但同时，尽管我的梦幻般的处境，我对我们的歌剧演员和指导他们的导演的状态进行了仔细的观察。排练结束后我和音乐指挥斯退尔和歌手歌茨应李斯特的邀请在一家旅馆——并不是他寓居的那家旅馆——用一顿简单的晚餐，在这次晚餐中李斯特的热情令我感到惊讶，他的这种特点我此前一无所知。他显得特别激动，平素他的举止都是那么温文尔雅，可现在他的情绪真的令人愕然，他反对这个我也极为感到愤怒的世界，狂暴得几乎咬牙切齿。与这个杰出人物的这次奇妙的接触令我深深感动，可我无力附和他的这种可怕的示威举动，只能深深地感到诧异，在随后的夜里李斯特得把他强烈发作的神经松弛下来。当我翌日清晨发现我的朋友已经装备停当要去卡尔斯鲁厄进行一次必要但我不明所以的旅行时，我又是感到十分意外，他邀请我和音乐指导斯退尔一道陪他到埃森纳赫。在去埃森纳赫的路上宫廷侍从官博留与我们搭讪，他想知道，我是否愿意魏玛大公爵夫人、沙皇尼古拉的一个妹妹，在埃森纳赫接待我。我因为身着旅行装束不太得体而欲推辞，可李斯特却以我的名义答应了。在这天晚上我真的与大公爵夫人极为亲切地交谈，受到令我惊奇的殷勤接待，她也怀着敬意向我介绍了她的侍从官。李斯特后来告诉我，他的高贵的庇护人那时就已经得到了消息，我会在近几天受到来自德累斯顿的通缉，因此就急于现在与我个人结织，因为她知道她在几天之内就会因此而受到强烈的指责。李斯特从埃森纳赫继续他的旅行，把我和斯退尔留给埃森纳赫的音乐指导居姆斯台特，一个热心的和精明的对位学者，继续照顾我们的食宿。我与他们一道第一次参观了当时还没有修复的瓦尔特堡宫殿。在这次参观时一种奇妙的思想在我的命运上方盘旋，我这是第一次真的踏入这对我意义重大的建筑。我在这儿同时也必须对自己说，我在德国停留的日子已屈指可数了。当我们翌日返回魏玛时，真的就传来了令我担心的消息。在第三天李斯特返回了魏玛，他接到了妻子转来的一封来信，因为她不再敢直接写信给我。她报告说，警察已搜查了我的德累斯顿的住处——明娜已返回了那里——此外还警告我不要回德累斯顿，因为逮捕我的命令已经下达，我会立即遭到通缉。现在为我感到担忧的李斯特立即召集了几位有经验的朋友商讨，为了使我躲避被逮捕的危险，该怎么办。我曾拜访过的封·瓦茨道夫部长的意见是，在要求引渡的情况下我应当平静地去德累斯顿，我该非常体面地乘坐一辆特别的马车让他们把我带回去。但另一方面传来的一些普鲁士军队在包围德累斯顿时采取野蛮行动的传言引起了恐惧，这使李斯特和他求教的朋友迫切要求我尽快地远离魏玛，因为在这里他们无法保护我。可我坚持，在我离开德国之前我必须与我担心受惊的妻子告别，因此我至少还要在魏玛附近停留一段时间。考虑到这一点，基伯尔特教授建议我临时住到离魏玛有3小时距离的马格达拉镇的一位正直的经济学家那里。翌日清晨我动身前往，手执基伯尔特一封介绍信，在这位友好的经济学家面前我介绍自己是魏尔德教授。这位经济学家来自柏林，在那儿管理的田庄为他的经济学研究进行实践考察。我在这安静的乡下待了三天，在那儿我也参加了一次民众会议的特殊的交谈，这是由那些前往德累斯顿进行增援返回来的一部分老志愿者举办的。在这个机会里我怀着异样的近乎是可笑的感情听到了各式各样的讲话。我在那儿停留的第二天，经济学家的妻子从魏玛的市集返回来并说起一件奇怪的事情，说在那儿同一天上演的一部歌剧的作曲家突然间不得不离开魏玛，因为从德累斯顿传来了通缉令。我的这位不晓得此中秘密的房东生气地问道，这个人叫什么？他的妻子不知道，于是他对她提起了在魏玛著名的音乐指导吕克尔的名字。“对，”她说，“是吕克尔，他叫这个名字，完全正确。”我的房东爽朗地笑了起来，并认为，这个人不会那么愚蠢，尽管有他的歌剧演出他也不会让他们抓住的。终于在5月22日，这一天是我的生日，明娜真的到了马格达拉。她根据我的信急急地前来魏玛，从那儿来到我这里，就是为了说服我尽快地逃离德国。我试图使她安下心来，但都没有成功；她一直把我看作一个不听劝告和鲁莽轻率的人，总是使自己和她陷入可怕的境地。我们约好，在她取道魏玛前往耶拿期间，我从马格达拉动身走小路在翌日晚间到达那里，在沃尔夫教授家里见面，做最后的告别。经过大约6个小时的行程，越过一片高原在落日时分我第一次到达了令我喜爱的这座大学之城。我在经过李斯特介绍而结识的沃尔夫家里又一次见到了我的妻子。在一位名叫魏德曼的教授的特别帮助下，又一次对我的下一步行止进行了商议。从德累斯顿发出怀疑我参加德累斯顿起义的通缉令，使我在德意志各邦中不再有容身之地。李斯特要我前往巴黎，在那儿能为自己赢得一个用武之地；可魏德曼建议，为此不能径直地取道法兰克福和巴登，因为那里的起义还在进行当中，经过那里无论怎么说都会引起警察的特别注意；最保险的是通过巴伐利亚，那儿现在一切平静，然后前往瑞士，从那儿去巴黎，这不会发生任何危险。可为此我需要一张护照，于是魏德曼教授把他自己那份由图林根签发的却已经过期的护照给了我。在与我完全绝望了的妻子痛苦告别之后，我乘上一辆驿车登上旅程。没有经过其他波折途经卢多尔斯塔特，这在我的记忆中并非一个空白的城市；到达了巴伐利亚边境,从那我乘一辆驿车①,立即继续前往林荫道。在那儿关口我与其他旅行者交验了护照,我怀着极为罕见的狂热的激动度过了这一夜,直到翌日上午波登湖的汽船启程时才平静下来。魏德曼教授——我用的就是他的护照——的一口施瓦本话给我留下生动的印象,我在设想,如果我在与巴伐利亚警察谈及护照的问题时,我该如何同他们打交道。我感到极度不安,于是整夜里我都在练习施瓦本的方言,我感觉极为好玩,却没有成功。早晨当一个警察来到我的房间并把三份护照——他不知道护照是哪一个人——交给我选择时,这个时刻我紧张极了。我狂喜拿出自己的并极为高兴地离开了此前我非常怕的这个人。我登上了汽船,怀着无比的快乐,我踏上了瑞士的土地,这是一个奇妙的春日清晨,在宽广的湖上我纵目远眺,阿尔卑斯山的风光尽收眼底,当我到达瑞士的罗尔沙赫时,我的第一瞥目光就是朝离此不远的故国望去,随着我顺利地抵达瑞士,我就逃脱了任何危险。乘坐驿车穿过亲切的圣·戛伦朝向苏黎世进发,这使我感到异乎寻常的欢乐。在5月的最后一天,傍晚6时许,从奥伯尔公路驶入苏黎世,我第一次在灿烂的阳光中看到与湖水相连的格拉尔纳阿尔卑斯山闪闪发亮,随之我立即决定,并没有清楚是为什么,我就要在这儿安顿下来,那儿没有什么能阻止我这样做。

我的朋友们建议我取道瑞士前往巴黎,我出于特殊理由接受了,因为我在苏黎世遇见了一位老朋友,通过他的帮忙我可以弄到一份前往法国的护照,我不想以一个政治流亡者的身份到达那里。那时我在威尔茨堡就经常往来的阿历山大·缪勒长时间以来就以音乐教师的身份定居于此。他的一个学生威廉·鲍姆加特纳尔几年前曾在德累斯顿拜访过我并给我带来老朋友的问候,我当时交给那个人一份《唐豪瑟》的

① 在手稿上写有“乘火车”,在后人收藏的版本中做了改正。

总谱留做纪念。我的这份友好的表示这次有了收获:缪勒和鲍姆加特纳尔在我拜访他们之后,立即与他们的好朋友,两位国务参事雅可布·苏尔采和弗朗茨·哈根布赫联系,以最直接的方法满足了我的愿望。我受到了这两个人,还有另外几个人的十分尊敬而又好奇的关心,这使我眼前在与这些人的交往中感到十分愉快。他们从他们所习以为常的共和国的立场出发,对我们遭到的迫害提供了安全的保证,使我置身于一种全新的市民生活的氛围之中。我在这儿觉得安全无虞,根本就没有考虑到我会被看作一个罪犯,而在那边艺术状况及政治上的动荡使我感到厌恶。两位国务参事,特别是苏尔采,受到出色的古典教育,他对我怀有特别的好感。他们举办了一次晚间朋友会,在这个聚会上人们请求我朗诵我的诗作《西格弗里德之死》。我可以发誓说,除了在这个晚上我从没发现如此注意力集中的听众。现在我的成功首先是帮助我这个在德国受到通缉的人弄到了一份完全有效的瑞士联邦的护照,具有这份护照我可以在苏黎世短暂停留之后无忧无虑地前往巴黎了。在这次旅行中,经过斯特拉斯堡,它那世界闻名的明斯特大教堂令我入迷,令我感动,随后我乘上当时最好的驿车,即称之为邮政快车继续前往巴黎。我那时因想起了这样一种奇怪的现象:德累斯顿战斗的枪炮声仍萦回于耳际,我处于一种半清醒的状态;而现在驿车在公路上响起了急速的辚辚声,在整个旅途中我相信它就像从低深的低音乐器奏出的声音,听到了出自第九交响曲中"欢乐啊,众神的美丽火花"的旋律。

从我进入瑞士直到我到达巴黎,我此前梦一般郁闷的情绪转化为一种我还从未感觉过的自由和愉快的心情。我觉得自己像空中的一只小鸟儿一样,它不会陷入沼泽中死去了。到达巴黎不久,在6月的第一个星期,可又出现了一种极为敏感的反应。我被李斯特介绍给他从前的秘书伯隆尼,这个人按照他得到的指示想很快就使我与一位名叫古斯塔夫·瓦塞的作家建立起联系，此人正为巴黎创作一部歌剧的剧本，这个人我并不认识。对这件事我并不感到兴趣，我找到足够的理由去推辞这样的商谈，称时下在巴黎正流传霍乱。为了靠近伯隆尼，我住在罗莱特的圣母院大街，那个地方几乎每个小时都有沉闷的鼓声传来，送葬的行列经过。闷热的天气，我严禁水的饮用，膳食方面极为注意。这种情绪受到压抑，感到苦闷，此外巴黎当时的整个外貌给我留下一种特别沮丧的印象。人们还在一些公众建筑物和其他的大厦上看到“自由、平等、博爱”的口号；与此相反，看到银行那些肩上背着钱袋，手中拿着有价证券的出纳员令我惊讶，这个景象除了当时我从没有如此频频遇见过。在反对此前如此可怕的社会主义宣传的斗争中，古老的资本统治用几乎是可笑般的排场开始热心于重新赢得公众的信任。我机械般地去施莱辛格的音乐书店进行一次拜访，它现在由一个更为精明但形象龌龊的犹太人布朗杜斯先继任。只有老伙计亨利先生亲切地向我致意，在我与他在空无一人的店里交谈了一会儿之后，他终于有几分窘迫地问我，我是否已经同我的老师麦耶贝尔先生打过招呼了。“麦耶贝尔先生在这里？”我问道。“当然，”回答还是有些窘迫，“就在跟前，那儿后面的办公室里。”于是我朝那儿走去，麦耶贝尔听到我的声音有十多分钟默不作声躲在里面，现在极为窘迫地从那儿走了过来，他面带微笑表示歉意，说是一份校样亟待处理。这种情况和这种奇特的再度见面对我就已经够了；有关我与这个人交往中的许多事情特别是他上一次在柏林反对我的那种态度都涌上了脑际。但现在我根本就没有什么可与他打交道的了，于是向他打招呼，我感觉得出，他对我到达巴黎一无所知而流露出的尴尬。他猜想，我现在会重新在巴黎试试我的运气，而当我向他保证，那种想在这儿闯荡一番的想法令我厌恶时，他显得十分惊奇。“但是李斯特在《战斗报》发表了一篇关于您的出色的文章。”——“啊，是这样啊，”我说，“是啊，我没有想到，一个朋友的热心会立即就变成了文字。”——“但这篇文章引起了重视。您从中不会受益是不可想象的。”他的这种令我反感的胡诌乱扯使我有几分激动起来，我向麦耶贝尔郑重地指出，现在处于反动统治之下的世界看起来什么事情都可能发生的，但只有为公众创作艺术是不可能的。“那您对革命抱什么希望呢？”他说道，“您要为街垒写一部总谱？”对此我向他保证，我根本不会想到去写一部总谱。我们分手了，显然双方没有达成共识。我在大街上又遇到了莫里茨·施莱辛格，李斯特那篇光辉的文章同样给他留下了印象，他认为我是一个了不起的人物。他也是相信，我一定在巴黎是有什么目的的，认为我现在在巴黎有非常好的机会。“您要跟我合作吗？”他问我。“我没有钱。但您相信上演一个没有名气的人的歌剧会与一个白银事件有什么两样吗？”——“您说得对。”莫里茨说。于是他就把我留在这儿，自己走了。与这个蔓延着伤寒的世界之都有了这样一些令人不快的接触，随后我的关注转回到对我那些德累斯顿同志的命运上了，其中一些与我接触密切的人同样来到了巴黎。在画家德斯普莱辛——他是我的《唐豪瑟》的布景画家——那里我遇到了溃散到这里的泽姆帕。尽管我们两人对我们奇怪境况没有丝毫的喜悦心情，但这次重逢依旧是极为愉快的。泽姆帕在他监督设计起来的名著街垒失陷之后——他认为它不可能被占领的——就从战斗中撤了下来。占领德累斯顿的普鲁士人在宣布戒严时，他认为自己不再安全了，会被人告发的。幸运的是，他是一个荷尔斯坦人，他的护照不由德国政府而是由丹麦行政当局签发，这就使他顺利地逃到了巴黎。当我真诚和由衷地为事态的急剧变化而中断了他刚刚开始的一项巨大的工程，即德累斯顿博物馆建筑的竣工而感到惋惜时，他不愿意在这方面多谈并认为，他在这上面的苦恼已经够多的了。尽管我们的处境十分不快，我与泽姆帕在一起度过了我这次巴黎逗留中唯一最快乐的几个小时。不久我也找到了年轻的海涅，我从前《罗恩格林》布景设计的应征者，他同样成了一个逃亡者。他对今后并不担心，因为他的老师德斯普莱辛很高兴给他一份工作。只是我认识到我是完全没有目的地流落在巴黎，并急切地渴望脱离开这里传染霍乱的环境。伯隆尼给我提供了一个机会，我立即高兴地抓住了：他邀请我随同他和他的家人前往下约阿勒要塞的乡村待上一段时间，在那里我可以在新鲜的空气和宁静中休养等待事情会出现转机。我在巴黎停留了8天，然后从那里前往律埃，进行一次小型的旅行，在伯隆尼一家住的那个村子里，我在一个名叫拉斐尔的酒店——他与村长是近邻——那里的一间带壁龛的房间里找到了我的安身之处，并等待我今后的命运的安排。①

一段时间以来，没有来自德国的消息，于是我尽可能地用读书来打发光阴，在我读了蒲鲁东的著作，特别是《什么是财产》之后，我从中对我的处境得到了非同异常的慰藉，我长时间地在阅读拉马丁的吸引人的《吉仑特派的历史》，以此来娱乐自己。一天伯隆尼给我带来了共和党人在莱德鲁-罗林的领导下进行一场不成功的叛乱的消息，此人于7月13日在巴黎对执行完全反动政策的临时政府采取了这项行动。这个消息在我的照管人和地方的村长的亲属——我们每天在一起用餐——那里引起了巨大的愤怒，可这总的说来没有给我留下太多的印象，因为我极为激动地仍一直还是关注在莱茵地区发生的德国事件，特别是巴登大公国已由临时政府掌管。但当这场开始就无望的运动由于普鲁士人的干涉而失败的消息传来时，我的心情沮丧极了：逼使我对自

① 科西玛亲笔在旁边写道：〔中断，意大利慕尼黑。1868年11月19日继续（结合）〕。此系指：科西玛·封·彪罗于1868年11月16日最终移居到特里布申，从此再没有与瓦格纳分开。她在1869年1月1日开始写她的日记，记载他们共同的生活。

身处境进行审视的那种清醒，它迫使我迄今对自己一直为之辩护的激动越来越多地消失在受实际生活所逼而产生的忧虑之中了。从我的魏玛朋友和我妻子那儿得到相关消息终于使我彻底地清醒过来。我从魏玛朋友们那里得到的是对我刚过去这段时期所持态度的一种相当干巴巴的评价，他们认为眼下为我没有什么可做的，特别在德累斯顿或在大公爵的宫廷里，因为“敲那扇已经坏掉了的门是没有用处的”（维特根斯坦公爵夫人给伯隆尼的信）。我不知道我该对此说什么，因为我根本就没有想到过，我通过向那方面传达信息而有所期待，相反我是怀着希冀，他们能提供给我些金钱上的帮助，这样我就可以决定前往苏黎世，以便在阿历山大·缪勒那里临时安顿下来，我注意到，在他的家里有足够的房间。我妻子的一封信我感到格外的悲哀，她长时间对我的情况根本就一无所知。她告诉我，不可能设想与我再次一起生活了；在我如此不管不顾地失去我永远不会再得到一个职位和那些关系之后，很难期望一个女人参与到我为未来生活所进行的那些难以预料的活动中去的。我首先感到我应当很好地承认我妻子的恶劣处境，是我把她置于一种全然无助的状态，我首先只能告诉她出售我们德累斯顿的家具以及靠我莱比锡的亲戚的关怀来尽可能解决所遇到的困难。这种处境的压抑感，我迄今为止只有通过我把她想象为是对主宰我的那种激动的某一种关心而才有所减缓，在那些异常的事件发生期间我相信我是觉察到了这种关心的某些表示，但她现在却全然地否认了这一点，并在家中对我持有完全是公众对我的那种看法，在她的眼中她把我异乎寻常的轻率看作一种愧疚。我诚恳地请求过李斯特尽力地照料我的妻子，我感到稍许安下心来不久，可现在我妻子的态度竟然出乎意料。她声明最近不再给我写信了，我回答我同样不想告知她我的可疑的遭际而使她陷入新的不安。我们结婚后经历了那些早期的、充满了风暴和痛苦的年代,多年的共同生活现在从我的审视意识之旁消逝而去了。我们在巴黎第一次停留时穷厄困顿的青春岁月毫无疑问是实实在在的。她那样坚韧地对待我竭力去对抗的苦难把我们共同的灵魂紧紧地束缚在一条铁的链条里。明娜从我在德累斯顿获得的成功,特别我在那里的令人羡慕的职位中得到了她坚持下来的美好的酬报。作为一位乐队长的妻子显然她已达到了她对生活期待的顶点,作为德累斯顿乐队指挥我的活动令我感到的苦恼,她只是感觉是对她的幸福的一种威胁。我用《唐豪瑟》所确立的方向,和她因此而看到我在剧院的成功受到的威胁,使她对我们的未来丧失了勇气和信任。我离开她自以为是唯一一条前程似锦的轨道越来越远——部分是因为我的艺术设想一向不对她透露,部分完全是因为我对剧院和剧院头头的态度——她于是失去了与我如她在我成功时所表明出的兴趣,早年她就在这种心态中坚持了下来。她把我在德累斯顿灾难中的态度看作我偏离正路的结果,认为是一些不良的人对我的影响,特别是那个倒霉的吕克尔,这些人利用了我的虚荣心,把我拉入堕落之中。但比我们表面生活上的历史分歧更严重的却由来已久,自从我们再度生活在一起时,我们之间的内在不谐就成为我的思想的主宰了。从那时起在我们之间出现各式各样的激烈争吵:这种争吵从来没有通过一种和解或者承认她的不对而平息下来;尽快地恢复家庭和平的需求和激动发泄之后,我立即就认识到了,禀性上的差异,尤其是教养上的不同,我们所能的就是用正确的态度屈服于这一类的争吵,使我经常把所有发生争吵的过错承担下来,并通过承认我感到后悔而使明娜平静下来。遗憾的是我最终发现,我这样做的结果是失去了影响她的情绪,尤其是她的性格的能力,于是就出现了我完全不可能采用同样的和解手段的情况,因为这涉及我的观点和我的行动方式的整个后果,这样以来我现在面对的是一个由于我早期的屈服而变得心肠强硬的女人,她从不也不在任何情况下承认她对我所做的错事。够了,我在德累斯顿境况的恶化和我对我在那里的职位毫不在意,这成为我婚姻生活恶化的一个不小的因素。在这样的一种生活中我不仅找不到依靠,得不到安慰和力量,而遇到的竟然是压迫我敌视我的那伙人中间的一个不自觉的共谋者。在我经受了我妻子显然是没有丝毫爱意的态度带来的第一次震动之后,现在我已经清楚地看到了这一点。可我记得,我并不因此而为一种痛苦所左右,正相反,认识到迄今以来我的整个生活是建立在沙滩上,这使我得到了一种几乎是高贵的平静。这种快速得来的平静唯一使我感受到的恰恰是完完全全的孤独感。为此我在我的匮乏之中找到一种使我坚强起来的安慰。于是我迫切地抓住新近从魏玛方面提供给我的帮助,以便摆脱开这漫无目的的逗留——在这里我该为之奋斗的目标是错误的——去寻找一个庇护所,这个庇护所对于我而言就是在迄今我生活的道路上去做点什么。毫无前景可言,没有任何可吸引人之处。这个地点恰恰就是与所有公众艺术完全脱离开来的苏黎世,在这个地方我第一次遇到了一些对我艺术创作毫无所知的普通的人,但好像他们对我这个光秃秃的人感到亲切、愉快。

我到了阿历山大·缪勒的家里,渴望在什么地方得到一个房间安身,我交给他20个法郎,这是我全部财产的所余。我很快注意到,我的这位老朋友因我对他所表示出的信赖而陷入窘迫,担心不知该如何对待我。他的第一个冲动就是提供给我一个更大的房间,里面有一架三角钢琴,我很快就自愿放弃了,回到一个只能睡觉的房间。我很难为情与他们一起用餐,不是因为饭菜不合我的胃口,而是因为我的消化功能不好。相反的,我在外面的当地饭馆里却能大快朵颐。我此前穿越苏黎世结识的那些年轻人,他们怀着很大的兴致继续同我交往。在他们中间雅可布·苏尔采不久将成为一个佼佼者了。这个人因为没有达到足够的年龄不能被任命为苏黎世政府的成员,他还须要待上几年才能满30岁。尽管他年轻可他对他周围却发挥着一个十足的成年人的影响。如果有人在稍后的年代里问我,是否在我的生活里遇到过从道德意义上看有着真实性格和正直真诚的人,那我经过仔细考虑之后,那不会是别人,而是这位我现在赢得的朋友苏尔采。他很早就被擢升到苏黎世州的一个非常有力的职务上了,即国务书记;这要归功于由阿尔弗莱德·埃舍尔①所领导的自由党组成政府的需要,这个党因为不愿意让老保守党中那些老练的成员去占据官方的职位,把它炽热的目光瞄上那极为有才干的更为年轻的人。苏尔采就作为这样佼佼者进入人们的视野。他刚从波恩和柏林的大学返回,想成为他故乡的一位语言学讲师,而就在这时他被新政府聘用,成为政府中的一员。为了适应职务上的要求,他有必要前往日内瓦待上半年,去提高他的法语能力,这是他此前在语言学的研究中所忽视的一门功课。他敏锐的目光,他异乎常人的努力以及他的独立工作使他在很短几年就在政府中得到一个极为重要的职务,他长时间担任财政部门的总管,即联邦教育局的成员,起着举足轻重的作用。他与我不期而遇的结识似乎使他陷入一种独特的犹豫不决之中;他意外地应召进入政府,这使他原先对语言和人文科学研究的兴趣几乎以一种莫名所以的方式被转移开来。这似乎使他对与我的结识感到后悔。我的《西格弗里德》剧本向他展示了我对德国古代历史的熟谙和渊博的知识,他也同样的,却是以语言学的精确性进行过这方面的研究。但当他稍后知道了我是从事音乐创作的,这个异常严肃和克制的人对一个偏离他所选择的职业的领域产生了热烈的兴

① 阿尔弗莱德·埃舍尔(1819—1882):瑞士政治家。

趣,这使他,如他明确所承认的,不得不十分费力地用一种有意的粗暴态度去对抗这种干扰性的影响。可在我停留苏黎世的初期,他却以一种真正的、亲切的率直参与了进来。这位书记的官产住宅经常成了一个以我为中心的社交聚会地点,这给这个小的市民国家的官员带来更多的敬重。在这样的机会里,苏尔采在温特尔吐尔的葡萄园酿造的酒对音乐家鲍姆戛特纳尔有着特别大的吸引力,在这里主人慷慨大方有求必应。我当时处于一种绝望的放纵状态,即使我想极力地坚持我现在形成的艺术和生活理论,我也被拽入狂饮和沉醉之中,我的听众不无理由地做出了反应,我该把做出的一切更多地归于酒而不是灵感。有一次研究埃达的学者埃特缪勒教授应苏尔采的邀请出席了我的《西格弗里德》朗诵会,他陷入一种兴奋的状态,显得笨拙,被带领回家去。在留下的人中间突然引发起了一种胡闹的场面:我有了一个想法,把国务书记先生家里的那些沉重的房门都从合页卸下来;国务书记哈根布赫发现我太费劲了,于是就拼命地来帮助我,于是全部的房门相当容易就被我们共同卸了下来,放到一边,苏尔采对此只是露出亲切的微笑。翌日他通知我们,那些门都已经费力地恢复原状了,他的力气不大,费了他一整夜的时间,直到早晨才结束,因为他不想让很早到来的仆人知道这件胡闹的事情。

我当时处于这种独特的没有公民权利的自由状态引发起我越来越多的激动。甚至我经常都为我整个存在的过分亢奋而感到害怕,在这种亢奋的情况下我经常沉溺入一种奇怪的偏执的心态。我一到达苏黎世就想把我对事物本质的观点,它在我的艺术生活经验的压力下,在时代的政治动荡的影响下是如何形成的,都用文字写出来。因为我现在除了作家用的笔之外别无所有。这也很好,用它来赚点钱。我有了个念头,为一家大型的报纸,那时还在出版的《国家报》提供一组文章里从革命的意义上论及现代艺术和它对社会的态度。我把这相互关联的6篇文章寄给我的老相识阿尔伯特·弗朗克,即那个有名的赫尔曼·弗朗克的兄弟,此人在巴黎把我姻兄阿万纳留斯从前所经营的德法书店接管了过去。我向他表达出希望:把文章译成法文,供发表之用。可这些文章被退了回来,附有说明,称从巴黎读者方面来看,特别在这个时候,这些文章根本不可能被理解,不可能受到重视。我把这份手稿冠上《艺术和革命》的标题寄给莱比锡的书商奥托·魏甘特,他真的接受了它,印成小册子出版,并给我寄来5个金路易作为稿酬。这一出乎意料的成功促使我想到我的那些文字作品。我在我的那些论文的文稿中找到了我在过去年代为自己写下的有关尼布龙人传说的历史研究的文章,给它标上《维布尼人,传说中的世界历史》立即寄到魏甘特那里再次试试我的运气。《艺术和革命》这个令人激动的标题,以及我由王家乐队长变成一个政治流亡者所引起的注视,使这位思想激进的出版商希望我的文章的发表而引起有利可图的轰动。我不久真的得悉,他在很短时间里就再版了《艺术和革命》,但他没有就第二版事向我打招呼。他也接受了我的手稿,付给我5个金路易。这是我第一次从我的文章的发表得到的一笔收益,我确实相信,我走上了正确的路,用积极的方式来掌握我的命运。我在为自己设想,下一个冬天在苏黎世举办类似题材的公开讲座,用这种相对自由的方式,没有职务,特别是没有音乐,我也能维持我下一步尽管是窘迫的生活。

似乎我也只能用这样的办法,因为这个世界又是那个样子,如果我不知道能去赚到些钱,我该怎么生存下去。在我到达苏黎世不久,我就看到溃散的巴登军队的残余部分与伴同它逃亡出来的志愿兵来到瑞士地区,这给我留下一种可悲的和不祥的印象。乔尔吉在维拉哥斯投降①的消息使迄今以来一直尚未成为定局的伟大的欧洲自由斗争失去了它最后的希望。直到现在,确实也怀着巨大的和忧心的震动,我才把我的目光从世界发生的事件转回到我的内心。在“文学咖啡馆”里我每天餐后在那群玩骨牌的男人中间习惯地喝我的咖啡,我梦幻般观察墙上的那些壁饰画,它们描述的都是古代题材,这以奇怪的方式唤起了我青年时代在我的姻兄布洛克豪斯家里看到一幅格内里②的水彩画的印象,它描绘的是缪斯教诲酒神的故事。在这里我构思出我的“未来艺术作品”的设想,令我奇怪和感到重要的是,施罗德-德弗林特在苏黎世停留的消息把我从这样一种梦幻中唤醒。我匆忙地去对过的“宝剑旅馆”拜访她,但使我感到几乎是极度惊愕的是她刚乘汽轮动身而去。从此我再也没有看到她了,只是在多年之后我从我妻子——她后来在德累斯顿又与她有密切的来往——那里得知,她已痛苦地死去③。

夏季里如此奇怪的两个月,我就是在这种孤独而自由的处境里度过去的,随后我就又得到留在德累斯顿的明娜那里的令我感到慰藉的消息。尽管她是那样无情和生硬地离开了我,可我并不认为我们这是一刀两断。我通过她的一个亲戚一定会交给她一封信,关怀地询问她的情况,再次求助于李斯特——这对我是唯一可能的——对她加以照料。我从她那里得到一个直接的答复,这个能干的女人除了证明她在面对困难的情况所表现出的充沛精力之外,同时还表明了她的郑重其事的愿望:再度与我在一起生活。她虽然极不相信,并几乎是轻蔑地认

---

① 1849 年 8 月 13 日匈牙利反哈布斯堡王朝的起义由于乔尔吉将军的投降而以失败告终。

② 格内里·包纳温吐拉(1798—1868):意大利画家,生活在德国,为但丁和荷马的著作画了多幅素描。

③ 施罗德-德弗林特 1860 年 1 月 26 日死于科堡。

为我在苏黎世的谋生之路会有什么前途，但她认为她必须再冒一次险，并坚定地认为，我把苏黎世只是当作临时的避难所，相反地我作为一个歌剧作曲家会在巴黎大显身手。她通知我，在这年9月的某一天她会带着小狗帕波斯和鹦鹉巴波与她所谓的姐妹纳塔丽从罗尔沙赫踏上瑞士的土地。为了安顿她和我们共同的生活我租了一所房屋，随后我从拉帕斯维尔动身，徒步穿过有名的托根堡和亲切的阿本采尔前往圣·加仑和罗尔沙赫。当我在罗尔沙赫的码头上看到这奇怪的一家，其中一半是宠物，踏上陆地时，我确实十分激动。我特别感到亲切的是那条经常站立起来的小狗和那只小鸟儿。可我的妻子对这次重逢的冷漠使我的感情顿时凉了下来，她威胁地准备随时返回德累斯顿，那儿会受到多方面友好的关照，不会因我的出逃和无力保护而受影响。我瞥向显然在这一段短暂的时间里已变得很老的妻子，这激起了我的怜悯，很快地就克制住了我的愤懑。我试着鼓起她的勇气，称目前的困境只是暂时的。在开头做到这点并不容易。苏黎世城狭小落寞比起她记忆中德累斯顿的宏伟堂皇使她感到失望，对我介绍她认识的朋友，她根本就不予理睬。她把国务书记苏尔采看作是一个普通的“城市书记”，这种人在德国根本就无足轻重。她对我的东道主阿历山大·缪勒的妻子十分愤恨，因为她在向她诉说使我陷入这种悲惨境状的不满时，遭到了反驳。缪勒的妻子称，这是我的伟大之处，我不会为此感到后悔的。但是当通知我德累斯顿家中的一些物件已运到此地时，她讨好起我来了，她认为这些物品对于未来的安家是不可缺少的。这些物品中有我的那架老的布拉依克鲁夫——海尔特钢琴和装在哥特式镜框里的那幅科内留斯的尼布龙人的画，在德累斯顿时我是把它挂在我的写字台上方的。我们决定用这些东西建立一个家，迁入蔡尔特路旁称之为“埃舍尔楼群后面”的一所小型的住宅。她精明灵活，费尽心机变卖了我们德累斯顿的家私,到达这里时还剩下100塔勒借给我们家之用。我的那些虽然数量不多却是精心选择的书籍,她应其强烈的请求,把它们交给我姻兄的兄弟、书商和萨克森的国会议员海因利希·布洛克豪斯,她相信这是为我做了妥善的保管。但是,当她后来请求这位帮忙的亲戚寄还这批书而从他那里知道,这批书已用来作为我在德累斯顿困难时期向他借的500塔勒债务的抵押时,她十分惊讶。因为多年来我从没有归还这笔欠债,于是我收藏的这些我特别急需的书籍也就永远不属于我了。由于富有的苏尔采——我妻子因误解他的国务书记的头衔而一开头对他蔑视——以极为谦逊的方式给予的帮助使我克服了我处境的困难,我的小小的住宅不久就布置得十分舒适,使我的那些苏黎世朋友在他们来做客时觉得非常惬意。我妻子在这里又一次显露出她这方面的才干,我特别清楚地记得,她巧妙地利用装我的音乐物品和手稿的木箱子把一个小桌装了进去运到了苏黎世。

但终于面临我用何种手段来解决我们的生活问题。我举办公开讲座的原想法激起了我妻子的极大愤怒。她只抓住由李斯特设法想出来的计划紧紧不放:为巴黎谱写一部歌剧。为了安慰她,也因为近来看不到什么进项的门路,于是我真的与我的这位在巴黎的伟大朋友和他的秘书伯隆尼重新进行书信交往。身边总是有些事情发生:我接受了苏黎世音乐协会的邀请,在它举办的音乐会上指挥一部古典交响作品,我为这支差强人意的乐队排练贝多芬的A大调交响曲,我的这次演出给听众留下持久的印象,我也得到了5个拿破仑币的报酬,可我的妻子却感到十分悲哀,因为她想起了此前不久在德累斯顿时那样丰富的艺术手段和隆重的环境,同样的努力却得益更多。不设想什么样的处境,不考虑艺术上的顾虑,她总是要我去巴黎闯荡出名堂来。我们两个人根本就不知道,我从哪儿去弄到进行这项旅行和在巴黎安顿下来所必不可少的费用,这期间我又耽入我唯一能接触到的领域:艺术哲学的冥思苦索。在生计艰难的极大压力下,在一间寒冷没有阳光的斗室中,我在这一年11月和12月的冬天月份里撰写我的那篇相互关联题为《未来的艺术作品》的文章。明娜对我的这项工作没有什么可反对的,因为我可以告诉她,我的第一本小册子的成功和这篇大型的文章有望得到更高的报酬。

这样以来我就在一段暂时的左右内心激动的平静之中,通过熟悉费尔巴哈的主要著作来滋补自己。我向来就喜欢耽入哲学的底蕴,就像通过贝多芬第九交响曲的神秘影响而感到自己耽入音乐的底蕴一样。去满足我的这种急迫愿望的第一步尝试以失败告终。在莱比锡没有一个教授在哲学和逻辑学基础的讲座中能紧紧地抓住我。通过劳伯的一个朋友古斯塔夫·施莱辛格那时的推荐,我弄到了谢林的《先验唯心主义》那本书,在读开头几页时就在想,我绞尽脑筋也是白费力气,一再地返回到我的《第九交响曲》那里去。在德累斯顿停留的后期我也试图把我的这种旧时的但再度苏醒的渴望重新拾起并与我当时十分使我迷恋的历史研究联系在一起。为此我选择了黑格尔的《历史哲学》作为我的哲学入门读物。这部著作中有很多东西令我敬佩,我仿佛觉得,在这条路上我必定能达到圣地的内部。作为全部哲学知识的最后完成者的这位宏伟的巨人,他的许多在思辨意义上概括的惯用语,对它们我越是迷惑不解,就越是激发起我对"绝对"的事物及其相关的研究底蕴的兴趣。这期间发生了革命,为了建造一个新的社会实践的种种倾向使我脱离开了我的研究,如业已提到的,从前的一个神学家,那时是德意志——天主教的牧师和政治鼓动者,他戴着一顶宽边围毡帽,名字叫麦茨道尔夫,是此人最先让我注意"新时代真正和唯一的哲学"路德维希·费尔巴哈的。现在我在苏黎世新交的朋友、钢琴教师威廉·

鲍姆戛特纳尔把费尔巴哈的《论死与不死》带到我的家中。作者受到广泛称赞的和抒情的风格对我这个刚入道的人有着一种巨大的魅力。那些伤脑筋的问题——好像是第一次抛了出来——以一种吸引人的烦琐方式被探讨,自从我在巴黎第一次与莱尔斯交往时起,这些问题对我而言,也像对每一个充满幻想的严肃的人一样,总是不断地出现,但是从没有持续地进行研究,从总的方面来说,在我们伟大作家那里时而出现的重大主题,我在我的作品里做些诗意的暗示就已经满足了。费尔巴哈在他的书中更成熟的部分提出这些极度有趣的问题时直截了当,其悲剧和社会激进倾向同样令我钦佩。我好像知道了,唯一真正的不死只有崇高的事业或者充满才智的艺术作品。对同一作者的《基督教本质》我很难保持持久的兴趣,因为从纯主观的心理角度对宗教进行解释,对朴素的基本思想进行漫无边际的描述,在阅读时所引起的不由自主的影响下我不会无动于衷地听之任之的。但费尔巴哈对我而言是个体从权威信仰的概念的压迫下解放——一种无所顾忌的激进的解放——出来的代表者,当我把我的文章《未来的艺术作品》为费尔巴哈写了献词和一篇前言时,熟知内情的人都会清楚地察觉到我当时的情感。我的朋友苏尔采是一个博学的黑格尔主义者,看到我对他根本不认为是一个哲学家的费尔巴哈亮出如此的热心,十分不快。他认为,事情最好也不过是,费尔巴哈激发起我去思想,而他本人却没有思想。恰恰相反,费尔巴哈对于我的重大意义是他的结论:最好的哲学就是根本没有哲学。他以这个结论背离了他最初的老师,这个结论使我直到现在累人的研究变得异常轻松起来。还有第二点,只有感官感到的才是真实的。他把我们称之为精神的东西置入我们感官世界的审美感觉之外,除了声称哲学的微不足道之中,这对我的一种包容一切的、对最朴素的纯人性的感情易于理解的艺术作品、完美的戏剧的构想,在作为

“未来的艺术作品”中实现每一个艺术意图时是一种有益的支持。当苏尔采轻蔑地谈到费尔巴哈对我的影响时，我觉得他指的就是这个结果。当然在很短时间之后，我不可再返回到费尔巴哈著作里了，我记得，他随后不久出版的《论宗教的本质》其标题就已使我乏味到这种程度，当赫尔韦格在我面前打开这本书时，我在他眼前把它合上了。

现在我怀着极大的热情撰写一篇相互联贯的文章的提纲，有一天我年轻朋友比洛的父亲，小说家和梯克的追随者爱德华·封·比洛来到苏黎世，他来到我的斗室进行拜访，我高兴地给他朗读论及诗歌艺术的章节，可在这中间我注意到，我对文学、戏剧和每一个都有新诞生的莎士比亚的激进观点引起了他的极大的惊愕。这更好，我希望出版商魏甘特会接受这部新的革命的书，并准备按照篇幅大小付给稿酬。我要求20个金路易，他也答应了。

我等待这笔收入要用来帮助我实现我迫不得已制定出的计划，即再次去巴黎试试我作为一个歌剧作曲家的运气。可现在出现了特殊的和极为忧虑的问题：这个去巴黎的想法不仅令我极度憎恶，而且我也知道，怀着这样妥协心理去做这件事情是不诚实的，因为我情感上十分清楚，我从不会认真地对待这项计划。但事情要做，可至少在去尝试这项活动时得征求他人的同意，特别是李斯特，他一再地提醒我并在任何情况下都相信，给我指出的是一条正确的光荣之路，催促我重新进行在去年夏天通过伯隆尼开始的商谈。为了这项计划的实施，我本人为一个题材制定了一个详细的方案：我写剧本，让一个法国诗人①把它改写成诗歌，我只要谱曲就行了。由此可见，我是多么努力认真地对待这件事。为此我选择了我刚刚完成的文章《未来艺术作品》中特别谈到的

① 此处法国诗人指前面已提到过的古斯塔夫·瓦榭。

感人的传说《铁匠魏兰特》，这是维尔基纳传说中的一个题材，西姆洛克对它进行了加工，这个故事我是从他那儿才知道的。我把它写成一个完整的草稿，对白都已写完，一共三幕，我想我又可以做出决定，把它交给我的巴黎作者进行加工了。李斯特相信通过他与当时还存在的"圣·赛希尔音乐会"的指挥西格斯先生的关系为我的音乐在巴黎赢得声望而打开道路。在新的一年的1月，将上演由他指挥的《唐豪瑟序曲》，这要求我在这个时候在场。我没有钱难以去进行这项活动，从另一方面却得到了未曾预料到的鼓励。我曾向家乡的亲朋好友那里寻求一些援助，但都归于失败。我从我的哥哥阿尔伯特那里听到的是，他在剧院里正在走红的女儿要为受损害的肢体进行手术，以避免受到感染。与此相反的是，留在德累斯顿的里特尔一家却以令人感动的方式对我表现出了热情的关怀，与这家人迄今我只是通过年轻的卡尔有过泛泛之交。朱丽叶·里特尔夫人①从我老朋友海涅那里知道了我的处境，这位值得敬重的家庭主母立即通过一位商业界的朋友提供给我500塔勒。在这同时我收到那位劳索夫人发自波尔多的一封来信，她在去年曾在德累斯顿拜访过我。她在信中以感人的方式表达了她对我一向的关怀。这些都是一个新阶段的最初一些征兆。从现在起我的生活应该踏上这个新阶段，在这个新阶段里我要习惯于使我的外部遭际依附于我内在的意向，它该把我从迄今家庭的狭隘的圈子里摆脱出来。现在的这种帮助令我感到一丝苦涩，因为它使我丧失了任何我竭力不想前往巴黎去进行这项可憎的活动的借口。可当我向我的妻子说明理由，我们毕竟能在苏黎世生活下去时，她完全控制不住自己，责备我的软弱

① 朱丽叶·里特尔(1794—1869)：一位孀妇，其夫是一位商人，在1851至1859年间资助过瓦格纳。

和犹豫不决；她声明，如果我不认真地在巴黎搞出点名堂来，她就对我绝望了，并不准备见到我在苏黎世作为一个可怜的作家和蹩脚的音乐会指挥可悲地堕落下去。我们进入了1850年，为了求得平静，决定前往巴黎，可我依然迟疑不决，心情十分恶劣。最近时期这些异乎寻常的激动对我的神经起了不好的影响，高度的和持续不断地过度刺激引发的后果就是疲惫乏力。我在其内坚持工作的那所住宅总是那样的寒冷，它带来一些令人不安的症状。胸部出现了明显的衰弱迹象，一个政治流亡医生认为必须贴上柏油药膏，这对我的神经起了刺激的作用，使我长时间失去了大声说话的力气；尽管如此，我必须得活动。我得出来去购买驿车车票，我感到自己衰弱极了，身上直冒虚汗，我又一次转回家中，向我的妻子解释，在这种情况下，我们放弃这次旅行是不是更为理智些。她看到我的病情根本就没有什么危险，并认为这都是我的思想在作怪，她这样说并不完全不对，她称，只要我换了个好环境，我很快就会好起来的。当我迈着绝望的匆忙脚步从家中出来前往驿站去购买充满灾难的车票时，一种莫可言喻的痛苦感情冲击着我的神经。在2月我真的上路前往巴黎了，可却怀着异样的感受，如果说在这种感受中孕育着希望的话，那它在任何情况下都是用取之我内心的一个完全不同领域的营养，而不是靠来自外界的逼迫，来培植我作为歌剧作曲在巴黎取得成功的信心。

我首先操心的是找一所安静的住处，这是我安家的一个最为重要的要求。马车夫带我穿越一条条大街，从一个居住区到另一个居住区，可到最终我不得不责备他，这都太吵闹，无法安静居住下来，他反驳我说，若想住到一座修道院，那就不要到巴黎来。最终我想出了一个主意，到一个老城区去找一找，那里没有车通过。到最后我定了下来，在普罗旺斯区、普罗旺斯街租到了一座两室的房子。我迫切要做的就是为演出《唐豪瑟序曲》一事首先去拜访西格斯先生。我抵达的晚了一些，但根本没有误事，因为正绞尽脑汁，不知该怎么弄到序曲所需的乐队声部乐谱。我不得不写信给李斯特，让他整理出一份寄给我。伯隆尼不在，什么事都不能进行，于是我就又有时间在这个受到手摇风琴严重干扰的小区里去思考我在巴黎停留的目的何在了。内政部的一个暗探很快就来到我这里，因为我作为一个政治流亡者十分可疑，他询问我来此的目的，我很难证明我是出于纯艺术的原因。幸运的是我向他出示的总谱令他钦佩不已，还有李斯特去年在《战斗报》上发表论述《唐豪瑟序曲》的文章，这就足够了；到最后他在离开时，请我继续我的和平事业，警察根本不会来打扰我了。

我又拜访我巴黎的老熟人了。我在好客的德斯普莱辛的住宅里遇到了泽姆帕，他在那儿在干各式各样的艺术工作，试图来改善他所处的困境。他把他的家庭还留在德累斯顿，从那里传到这儿的都是些极为可怕的消息。德累斯顿的监狱逐渐地人满为患，里面都是最近这场萨克森运动的不幸的牺牲品。关于吕克尔、巴枯宁和豪依勃纳尔的消息，他们都受到叛国罪的控告，面对的是死刑的判决。有些谈及军人野蛮和残忍虐待俘虏的报道，这使我们对目前的处境感到宽慰。我经常见到泽姆帕，这种活跃的交往经常是谈笑风生，诙谐幽默；他决定与他在伦敦的家庭会合一起，那儿他会接到各种各样的订购工作。我最新的一些文章和文章中所阐述的思想激起了他的极大兴趣。我们进行了热烈的交谈，开始时兴致盎然，但到最后泽姆帕却感到烦心起来，交谈时吉茨也在场。这个人的境况是老样子，与我多年前离开他时一样。他用他的画笔依然搞不出名堂，他有过希望，革命会带来一个决定性的开端，在一种普遍崩溃的有利条件下，他就能从他与房东的痛苦关系中解脱出来。他用早期的青春风格为我画了一幅优美的彩笔肖像画，遗憾的是我在这样的机会里向他解释了未来的艺术创作，这造成了一种多年的混乱，他沉溺其中，使他到处，甚至在一些他能享受免费午餐的巴黎资产者那里，为我进行宣传。除此，他一直是一个善良的、乐于助人的、忠厚诚实的人。甚至泽姆帕都不得不面带微笑地忍让他。我也又见了我那业已变得衰老的朋友安德尔斯，遇到他相当不易，因为他除了睡觉时在家，其他时间都把自己关在图书馆里，而在那里是不可以接待任何人的。他在阅览室里直待到暮色朦胧时分，然后在几家资产者家庭中教授钢琴课，并习惯地在那里用晚餐。我很高兴看到他比我早年离开巴黎时所希望的更为健康，那时我觉得他十分虚弱。奇怪的是他的腿部骨折使他的健康好转起来；骨折的医治导致他去进行水疗，这对他的健康情况格外有益。他现在唯一想的就是见到我在巴黎取得巨大的成功，他热切希望我的任何一部作品演出时能事先得到一个特别舒适的座位，因为，如他一再重复所说，一个令他感到别扭的座位，他坐起来感到太困难了。他不相信我现在的作家工作会带来益处，可我又得把全力都用在这方面，因为不久我就得到通知，《唐豪瑟序曲》不可能演出了。虽然李斯特热心地整理好乐队声部乐谱并把它寄了来。可西格斯解释说，他发现他的乐队是一个民主共和国的乐队，大家都有同样的投票权，他们已达成了一致，在即将过去的冬天演出季节的剩余日子里不上演我的序曲。从这个变化中我足够清楚地认识到我的悲惨处境了。同样我在我作家工作的成果上也没有看到值得鼓舞的迹象，魏甘特寄来了他出版的《未来的艺术作品》的样书，印刷得错误百出。我的出版商原先答应的20金路易稿酬现在削减了一半，我的《艺术和革命》开始时迅速销售一空，这使他对我的文章的销售情况极为看好，可不久他看到了我的第二本小册子《维伯龙人》却完全缺少销路。另一方面，相反地我从阿道夫·科拉申科——他同样处于逃亡状态——那里收到一份德文月刊，这是进步党的机关刊物，他邀我为撰稿人，稿酬从优。我应邀写了那篇大型的文章《艺术和气候》，我想通过这篇文章完成我在《未来的艺术作品》中所表达的思想。除此我加工了我在到达巴黎后才完成的草稿《铁匠魏兰特》。这项工作已变得毫无用处，我怀着畏惧在考虑，在我毫无目的地花费了我最近得到的资助之后，我该给我的妻子写些什么呢。我也怀着畏惧想到返回苏黎世或者继续停留在巴黎的问题。有关留在巴黎的想法，对我的情感起着决定性作用的是当时重新演出麦耶贝尔的《预言家》给我留下的印象，这部作品我还一直没有见过。像他在去年鼓舞那些优秀人物一样，要在希望的废墟上出现一种新的高贵的繁荣，我看麦耶贝尔的这部作品里如破晓的耻辱日子的朝霞在世界上空照耀。这次演出令我感到十分不快，我虽不幸地坐在正厅中间，可我并不怕由于我幕间离场而引起邻座做出一些本该避免的挪动。可当歌剧进行到预言家的孚有众望的母亲在著名的乏味的华彩乐段抒发她的痛苦时，我却不得不去听这类东西，它激起了我的一种沮丧的怒火。我从没有再对这部作品有任何一点点的看重。

可该怎么办呢？如果我在第一次巴黎困难重重的停留时令我向往的是南美洲的那些共和国的话，那这次我渴望的是东方，在那里过着某种尊重人的方式的生活，再不闻不问这个完全现代化的世界了。就是这样的心态下我回答了波尔多·劳索夫人对我生活情况的询问。我的回答的结果出乎意料，她立即迫切和热情地邀请我去她的家里至少短时间休养一段时期，以去掉我现下的苦恼。在现在的情况下，前往我不熟悉的南方地区与拜访我同样不熟悉和思虑周到的好心人的这次出游强烈地吸引着我。我答应了，在巴黎结算了账务，乘驿车上路，经过奥尔良、图尔、昂古莱姆，沿去仑特河直下，前往这座陌生的城市，我在年轻的酒商欧仁·劳索家里受到了精心的和十分热烈的接待，被引见给他的妻子，我年轻的富同情心的女友。

我们进一步的结识——其中也包括劳索的母亲泰勒夫人——首先就要对这种关怀进一步做出明确的安排，迄今我与他们一直素昧平生，而现在他们以友好的令人惊奇的方式给予我这样的眷顾。杰茜——这个年轻的女人只在家里才称她的名字——在她长时间停留在德累斯顿时与里特尔一家交往十分密切，并对我的作品感到兴趣，对我的遭际十分关心。自从我从德累斯顿逃离和我处境恶劣的消息传到里特尔家以来，在德累斯顿和波尔多之间他们就在联系，商议如何帮助我。杰茜是唯一同意朱丽叶·里特尔夫人提出的十分紧迫的倡议的人，里特尔夫人的经济状况不能完全独自承担给予我足够的资助，因此她试图取得杰茜的母亲的支持，这位有相当资产的女人是一个英国律师的遗孀，在波尔多的这对年轻夫妇也是靠她的财产来支撑家庭的。这种有了很好的结果，在我到达波尔多不久泰勒夫人就向我宣布，这两家联合一起决定请求我接受每年提供的3000法郎的援助，直到我的生活状况重新好转时为止。我关心的唯一问题，是向我的施主解释，如果我接受这笔资助的话，我的下一步的打算是什么。想作为歌剧作曲家去获得成功，无论是在巴黎或其他地方，这对我来说不再有什么希望了，我不知道由什么办法能达到这个目的。无论如何我已决定，远离开这种耻辱，为了取得成功而做出的努力只能使我的人生受到玷污。我没有看错，只有杰茜理解我，尽管从其他人那里听到的只是友好的言辞，但不久就出现了隔阂，它把我和她与她的母亲和她的丈夫分离开来。这个年轻英俊的男人每天大部分时间都忙于他的商业活动，她的母亲听觉迟钝，完全不参与我们的交谈，这样以来，我与杰茜之间在许多问题上的理解和愉快的沟通不久就发展成为一种巨大的信赖感了。杰茜当时差不多是22岁，她与她的母亲无论从哪方面看都不太像，却酷像她的父亲。我听到有关他的许多有趣事情。他给她的女儿留下一座大型的藏书丰富的图书馆,这证明这个男人的异乎寻常的爱好,他除了给他带来收益的律师职业外,还怀着极大的偏爱投入文学和学问的研究之中。杰茜还在孩提时从他那里学会了德语,她说得极为流利娴熟。她与格林童话一道成长并对德国文学十分熟悉,而这同时,很自然地她对英国文学以及不被她看重的法国文学都有了相当的造诣。她的接受能力之快令人惊异,所有那些我几乎刚接触到的,她能立刻脱口而出,十分熟谙。音乐的情况也是如此。她读谱十分轻松,演奏极为娴熟。她在德累斯顿时知道,我一直在寻找一个钢琴演奏家给我弹奏贝多芬那首大型的 B 大调奏鸣曲,现在她真的完整地弹奏了这部难度极大的钢琴作品,这令我惊奇极了。可当我也听到她的歌唱时,那种钦佩她出色的演奏才能的感情突然令我担忧起来。一种尖厉的刺耳的假声,激烈可完全没有任何情感,这使我十分惊恐,我不得不设法使她远离开歌唱。在奏鸣曲的演奏上,她乐于和热心地听从我的指点,如何正确地去演绎 ,可她却做不到如我所希望的那样。我给她读我新的文章,她对它们很容易理解,甚至最最大胆的表述都能领会。我的剧本《西格弗里德之死》令她十分感动,但她更喜欢《铁匠魏兰特》的草稿。她后来向我承认,她在魏兰特助人为乐的天鹅未婚妻这个人物身上更乐于再次认识到她个人的命运,而在古德隆对待西格弗里德的态度和所作所为上则看不到。不可避免的是,我们感到我们之间的交谈和交谈中的话题很快就受到我们环境的干扰。如果令我们担心的和我们不得不承认的,泰勒夫人显然从来就不会理解,保护我是为了什么的话,那使我特别惊愕的是,随着时间在这对年轻夫妇之间出现了严重的不谐,特别是在他们智力特点上表现出来的差异。一段较长时期以来,劳索发现他的年轻妻子对他的反感,这使他有一天控制不住自己,大声和激烈地抱怨,她甚至都不喜爱她与他共同生的孩子，因此她不能成为一个母亲这对他是一种幸事。我突然间惊恐和忧愁地看到我在这里身处一个深渊之中，在这个深渊之中隐藏着一种完全可以维持下去的一种婚姻关系的表象。在这个时刻，当我的停留在3周之后接近终结时，我的妻子来了一封信，它对我的情绪起到了并非不利的影响。总的说来，她很满意她找到了新朋友，但是她声明，如果我不尽快回到巴黎，在那儿去用心督促我的序曲的演出和取得预期的成功的话，那她不知该对我有什么想法了，如果我就这样一事无成地返回苏黎世，那无论如何她不会理解我了。在这同时，报上的一个消息更使我的情绪激昂地亢奋起来。吕克尔、巴枯宁和豪依勃纳尔被判死刑，不久就将执行。我为前两位朋友写了一封简短却充满激情的信，因为我不可能把这封信送到关押在昆尼希斯坦要塞的囚犯那里，于是我想到寄给吕梯绍夫人，让她设法去寄出，她是唯一有能力办妥这件事的人。另一方面她有着足够的高尚勇气和独立的思想，尽管观点不同，但她会重视我的愿望和设法去满足我的请求。有关这封信的情况，后来有人告诉我，吕梯绍先生拿到这封信就把它投入火炉了事。这个痛苦的印象现在帮助我做出了决定，与我过去的一切做个了断，不再想知道什么艺术和生活，不管在什么样的极端匮乏的情况下，打定了主意，随便地让自己消失在无所作为之中好了。我从我的新朋友那里收到给我的那笔微薄的年金，其中一半汇给我的妻子。与其他人一道，在希腊或者小亚细亚——上帝知道是在什么样的情况下——忘掉自己和被人忘掉。我把这个想法告诉给我现在唯一信赖的女友杰茜，也是为了让她知道，以便她能把我的施主给我的资助的用途通知他们，以便她对这个消息显得十分喜悦，并决定自己要投入同样的命运之中，似乎她也想逃离开令她感到厌恶的生活处境。但表达得含蓄，话说得不多。可不清楚，该怎么去做，也没有取得一致的意见。我带着遗憾和忧虑在4月的最后几天离开了波尔多，没有多少不安，而更多的是激动，糊里糊涂地就踏上了返回巴黎的旅程，根本就不清楚到那儿要先做些什么。

在这种痛苦的情况下，同时由于失眠疲惫不堪和精神恍惚，抵达之后我在瓦劳旅馆待了8天之久，为的是在这样的古怪的处境里自己能镇静下来。如果说我本人要重新拾起强把自己带回巴黎的计划的话，那我不久就证实了，我在这儿根本就无事可做。在一条令我反感的路上浪费我的生命力量，仅是为了去满足那些向我提出的愚昧的要求，这种苦恼发展成为一种愤怒。终于我必须对我妻子最近的催逼做出回答了，我在一封对我们整个共同生活做了十分详尽的、善意却是直截了当的信里向她声明，我还做出了明确的决定，她此后不必对我的命运关怀备至了。我完全无力按照她向我提出的意愿行事。我现在和我未来所得到的金钱，她将永远分得其中的半数。她会同意和接受这种安排的，因为在苏黎世和我第一次再度见面时她就宣布了要与我再次分手。我克制了完完全全与她一刀两断的想法。随之我把此事告知波尔多的杰茜，当然并没有透露我完全逃离世界的一项行动计划，因为在这件事上我还没有足够的资金。作为答复，我从她那里得到了坚定的声明，决定走同样的道路，并恳求我的保护，一旦她得到完全的自由，她有意把自己置于我的保护之下。这太令我吃惊了，我用尽办法把她从这种幻想中唤醒，一个像我这样处于绝望而自我逃避的人，与一个要强使自己从一个表面看来完全无忧无虑的家庭中逃离出来的年轻的女人，这完全是两码事。她要我放心她做出的这个古怪的决定，以表面上不会引起任何注意的方式去进行这件事，她首先计划的是去拜访德累斯顿的里特尔一家。这让我感到异乎寻常的紧张，首先使我不得不屈服于这样的渴求：到离巴黎不远的一个偏僻地方，躲进孤独中去。4月中旬我前往蒙特莫伦希，过去我听说那儿很幽美，我想在那里找一个简单的藏身之地。我费力地穿越过小镇还处于冬日景色的田野，进入一家酒店的小庭园，在那里去购买面包、奶酪和一瓶酒，这家酒店只有星期天才顾客盈门。那儿集聚着一群母鸡，它们围在我的四周，我不断地把我的面包扔给它们；公鸡的无私牺牲精神令我感动，又把我特别扔给它的面包都唤来给那些母鸡。这些母鸡越来越大胆，飞到我的桌子上，毫不畏惧地啄食我的那份菜，公鸡也随后飞了上来，因为它看到，把那些食物弄到地上或者在上面践踏，那它也可以饱食一顿，于是就把鸡爪踏在奶酪上。我终于把这种混乱完全都从桌子上清理干净，长时间以来第一次我由衷地高兴起来；我大声地笑了，并朝着饭馆的家庭徽章望去。我知道了，这家店主叫豪莫。这是命运对我的一种示意：我要不惜代价在这里寻找一个落脚点；有一间特小和狭窄的睡房，我立刻就把它租了下来。房间里除了一张床还有一张粗糙的桌子和两把草绳结的扶手椅。在一把椅子上放上了我的洗漱用具，在桌子上放了几本书、写字的用具和《罗恩格林》的总谱。我准备在这极端闭塞的空间里清闲地陶冶性情，尽管天气并不很好，林荫道上光秃秃的树并不赏心悦目，我觉得在这里可以完全忘掉自己，并同样忘掉最近以来令人心烦意乱的那些胡思乱想。我原有的艺术冲动苏醒了。我翻阅我的《罗恩格林》总谱，并很快做出决定把它寄给李斯特，由他做主，不管好坏，设法让它能够演出就行。我寄出了这份总谱，我觉得自己像一只自由的鸟儿一样，一种第欧根尼①式的无忧无虑主宰着我。于是我邀请吉茨来蒙特莫伦希来访问我，与朋友分享我的乡音乐趣。他真的来了，就像那时更为简陋，

---

① 第欧根尼（约公元前404—约公元前323）：古希腊犬儒学派哲学家，强调禁欲主义的自我满足，放弃舒适环境，无视传统，蔑视道德。

但他对晚餐和在一张临时用于过夜的床感到非常满意，他答应我在重新返回巴黎时与我联系，报告外界的情况。我突然从这种状态被惊醒了，我得到我的妻子到巴黎来找我的消息。我内心在进行激烈的斗争，长达一个小时之久的痛苦。我该做出何种抉择呢？我决定，我的做法不要被看作是情绪兴奋，认为向她做出匆忙的赔罪表示。于是我立即离开了蒙特莫伦希，前往巴黎，唤吉茨到我的旅馆里，并要他催她——她已经拜访过他了——到他那里去，除了说我离开了巴黎，此外对我一无所知。这个可怜的年轻人在这个机会里无法掩饰对明娜的由衷的同情，陷入了极端难过的困惑之中，这使他向我解释说："我觉得我像一个枢纽，世上所有的不幸都围它而转。"可他明白我做出决定的意义和重要性，他聪明和充满情感地完成了这并不轻松的任务。我在当夜乘火车离开了巴黎，从克莱尔蒙特——托内雷——我又得在此地待上一些时间——动身，第一次前去日内瓦，从那儿等待里特尔从德累斯顿来的消息。我当时确已精疲力竭了，尽管我已有足够的旅资，我都不能设想立即去进行这样一种大型的旅行活动。为了赢得必须等待的时间，我回到日内瓦湖另一端的威仑诺弗，住进拜伦饭店，在那个季节饭店还空无一人。我在那儿得知，卡尔·里特尔，如他此前通知我的，已到了苏黎世，以便在那里与我会面。我要他秘密地前来日内瓦湖畔我这里，在拜伦饭店我们在5月的第二个星期天会面了。他的无条件的忠诚，对我的处境和我做出决定的必要性的立即领悟令我感到满意，没用多少言语，他也理解了我做出的安排。他对我新近发表的文章十分熟悉，向我谈及这些作品在他的熟人中间引起的强烈印象，并催促我把我现在所享受的为数不多的安静日子用来出版我的剧本《西格弗里德之死》。为此我写了一个简短的前言，在前言里我把这部诗作作为我还能从事纯艺术的，即从事音乐谱曲劳动的时代里的一件遗物介绍给我的朋友们，我把手稿再次寄给了莱比锡的魏甘特先生，可他在一段时间之后给我寄了回来，附上了这样的意见：如果我坚持要用拉丁字体把它印出来，那他一本也卖不出去。后来我也得知，我让他把他应给我的《未来的艺术作品》的10个金路易稿酬汇给我的妻子，他坚决地加以拒绝了。

这样以来在这方面就没有什么值得我高兴的了，现在也不可能想去工作，因为在卡尔到达的几天之后，我为平静的心情遭受到了来自生活的现实领域里的最严重的打击。劳索夫人以最激动不安的方式告诉了我，她不得不向她母亲说出她的意图，她的母亲立即提醒她，这是我有意地搞鬼，若是她把此事向劳索先生公开了的话，那他会发誓要到处找我，用一颗弹丸射穿我的脑袋。我知道我该怎么办了，决定立即去波尔多，以便同我的对手处理好这件事。我坐了下来，给欧根先生写了一封详细的信，为了使他对这件事情能有一个正确的了解，这同时我当然不掩饰我的观点：我不明白，一个男人怎么能有勇力用暴力把一个对他毫不理解的女人留在自己的身边。最后我通知他，我本人与这封信同时抵达波尔多，在到达后立即告诉他我住的旅馆，他会在那里找到我的。除此，他的妻子对我的这一做法根本就毫不知情，他完全可以不受束缚地自行其是。我也向他坦言，我为这次旅行是在极端困难下进行的，因为我的时间紧迫，我的护照没有通过法国领事的签证，允许进入法国。同时我给劳索夫人写了几行字，希望她安心和保持镇静，我履行我做出的决定，但丝毫没有做出改变的暗示（一年以后当我有一次向李斯特谈及这个故事时，他表示说，我做得十分愚蠢，没有立即向这个女人通知我的行动计划。）我在当天与卡尔告别，以便在翌日清晨再次穿越法国进行这次困难的旅行。我这时感到精疲力竭，都想到无法摆脱开死亡了。就是带有这种想法我还在当天夜里给德累斯顿的里特尔夫人写了封信，向她描述了我陷入其中的无法想象的迷惘。在法国边境上我真的因为护照遇到了困难；我必须详细说明我的旅行目的地，需要我做出保证；是因为有重要的家事这才能使当局对我加以例外的照顾。经过里昂我乘驿车穿越奥弗涅，用了整整三天两夜的时间才到达波尔多，时已是5月中旬，在鱼肚色的黎明中，顺高原而下，在破晓的一片阳光中，波尔多出现在我的眼前。我下榻在"四姐妹"旅馆，立即给劳索先生写了一个便条，告诉他我当天不会离开旅馆，等候他的光临。当我送出这几行字时，是早晨9点钟，但我徒劳地一直等待，直到深夜时收到了警察局的一份传唤证，我必须立刻前往。在那里他们首先问我，我的护照是不是正当的。我承认我的难处，因为要处理一件紧迫的家事而不得不这样做。于是我被告知恰恰是把我带到此地的家事才是我不得不在波尔多停留的原因。我要求说明，他们并没有拒绝，称采取针对我这样的行动完全是根据这一家的愿望而做出的。这个特殊的说明立即恢复了我的良好和自由的心境，我向警察局长提出，我这次旅行十分劳累，希望他给予两天的休息时间，然后我就动身返程；他爽快地答应了我的请求，他通知我，我不会见到那一家人，他们在今天中午就要离开波尔多了。我利用这两天的时间好好休息一下，但是我给杰茜写了一封长信，在信中我仔细地告诉她发生的事情，并且也隐瞒地表明，我蔑视她丈夫的行为，他通过向警察局的告密而玷污了他的妻子的名誉；从现在起，在她没有从这种耻辱的环境中解脱出来之前，我当然不能与她进行交往。下一步就是这封信如何投送的问题了，警察并没足够地向我解释劳索家发生了什么事情，他们离开家有多久，是一天还是较长时间。我简单地做出了决定，去拜访这一家人。我扯了门铃，门跳了开来，可没有什么人，我踏上了二楼，走过一个一个房间，直到杰茜的卧室，在那儿看到了一个篮子，里面放着一封信；我随即平静地退了回来，没有碰上一个人。因为我没有看到任何人在的迹象，于是在预定的时间按原路返回。美好的5月天令我心旷神怡;驿车长时间沿着多尔多涅河驶行,清澈的河水令人赏心悦目。我与一个教士和一个军官交谈,谈及法兰西共和国当前面临的紧迫问题,教士的见解在根本上要比军人的要人性得多自由得多。这位军官只是一再地重复:“Il fauf en finir.”①现在我看到正临近里昂,我要从一条林荫大道上穿过这座城市,去再度唤回这样的场景:拉马丁在《吉仑特派的经历》一书中生动地描述的这个城市在国民议会期间②围困和被占领的情形。

前往日内瓦,终于回到了“拜伦旅馆”。卡尔·里特尔正在那儿等候我,他带来他家庭的好消息。他的母亲立即安慰他,说明我的健康情况并告诉他,神经的毛病通常都是看起来像是严重的,因此不必为我担心。除此,她还通知他,几天之内她就要与她的女儿一道来。这个家庭对我如此无私的关怀我觉得像从天而降似的,如我所渴望的那样,它会把我带入一种新的生活。几天之后,这两个女人真的到了我们这里,为了在5月22日与我一道庆祝我的37岁生日。特别是朱丽叶夫人,她给我留下一个深刻的印象。在德累斯顿时我只见过她一面,那时卡尔正请求我在他母亲的家庭里演出他的一首四重奏,与这一家庭成员的每一次晤面都使我觉到充满敬意的真诚,我为此十分喜悦。卡尔的母亲话并不多,只是当我要提前离开时,她就饱含泪水对我的拜访表示感谢。我在那次并不能理解她为什么这样,可现在她怀着敬意对我的疑问做出了解释:她为我对她儿子意想不到的善意而大受感动所致。两位女人与我们在一起待了8天的时间;我们前往美丽的瓦里泽山谷出游,可这并没驱散里特尔夫人对她已详细知道最近发生的事情以及尤

① 法文:该结束了。

② 此系指1792—1795年期间。

其对我的特殊命运而怀有的重重忧虑。正如我后来得知，这位身体违和，患有神经疾病的女人是极为费力地才做出进行这次旅行的决定，当我催促她与家人一道移居瑞士，以便能与我聚合一起时，我被告知，她已不再有精力适合去做一件对她而言几乎是奇怪的事情了。现在她把我介绍给她的儿子，她要他留在我的身边，并先交给我所需的金钱，以便我与他能维持一段时期的生活。他通知我她的财产情况，她并不富有，因为她在今后不可能与劳索家一道来照顾我。为此她在担心，不知该怎样给予我足够的帮助，使我没有后顾之忧地生活下去。8天之后，我们动情地与这位值得敬重的夫人告别，她同她的女儿重新踏上了前往德累斯顿的归途，从这以后，我本人再没有见过她了。

我一直在考虑，如何设法从这个世界中消失，我想为自己在一个极为荒芜的山林之间找一个与卡尔遁避的场所。为此我们前往瓦里斯州寂静的威斯帕——山谷，我们十分困难地穿过崎岖难行的小路，直到采尔玛特。在出奇美丽的玛特尔霍仑河畔我们看到了一处与整个世界隔绝开的地方，在这未开化的荒野中我尽可能把我们安排得更舒服些，但不久我就发现了，卡尔不能适应这样的环境，在第二天他就向我承认，他觉得这儿太乏味了，认为在一个宽阔的湖畔才能更好地坚持下去。我们研究瑞士的地图并选择图恩作为我们新的落脚处。遗憾的是我也觉得再度在一个令人不安的环境使我的神经感到疲惫，每一种体力上的劳累我都立刻冒出大量的虚汗。我费了千辛万苦从山谷里走了出来，我们全家鼓起了勇气终于到了图恩，在那儿我们在公路旁租了两间简陋却招人喜欢的房间，试试我们能否坚持下去。我的年轻朋友寡言少语，性格上羞赧畏葸。可与他的交谈却总是使我感到温文尔雅，富有朝气；特别我注意到，每当他在临睡前都蹲在我的床头，用一口悦耳中听的纯德国波罗的海地区方言讲述那些令他激动的事情时，这个年轻人就尤为健谈，声情并茂，娓娓动听。在这些日子里，好久以来我第一次再度阅读荷马的《奥德赛》，这使我感到十分愉快，这本书是在偶然情况下落到我的手里的。荷马的这个思乡心切，不断漂流，战胜艰难险阻的受难者激起了我心灵上异乎寻常的同情。突然间这种还没有开始的和平环境就因为一封信而遭到了破坏，这封信是卡尔从劳索夫人那里收到的。他不知道，是不是该给我看。因为他不得不相信，杰茜已经发疯了。我从他手上把信抢过来，看过发现了，这个年轻的女人觉得有义务让我的朋友知道，她已清清楚楚地表明，不顾一切地要来到我的身边。我后来通过里特尔夫人的帮助得知，劳索先生因为我的那封信和我到达波尔多一事与泰勒夫人取得共识，立即带杰茜到乡间去，准备在那儿一直待到他得到我已离开的消息时返回，为了能使我尽快地动身他向警察局求助。他在那儿对年轻的妻子守口如瓶，没有谈及我的那封信和我的那次旅行，劝说她先好好休养一年，取消前去德累斯顿的旅行，无论如何不要与我进行通信；在这种条件下，他们答应她，在这段时间之后就给予她完全的自由，她决定答应他们的要求。但是这两个阴谋家随即就利用这段时间，从任何一个方面，最后也在年轻的女人那里，有目的地把我诽谤为一种类型的拐骗妇女的教唆犯。泰勒夫人给我的妻子写信，控告“我有意地破坏他人的婚姻”，我的妻子表示了对她的同情和支持。可怜的明娜，她把我与她分开来的决定突然归罪为一种迄今她并不感到气恼的原因，于是反过来又去向泰勒夫人诉苦。这样就出现了把一种奇怪的误解当作是有意的谎言去加以利用的情况。有一次在诙谐的交谈中，杰茜告诉我，她不属于任何教派，因为她的父亲属于一个分裂出来的特殊教派，既没有按着新教也没有按照天主教的仪式洗礼。对此我安慰她说，我也是与一个大概是十分可疑的教派有过接触，因为我在这次结婚仪式很短时间之后就得知，在昆尼希堡举行的这次仪式是一个胆小鬼主持完成的。上帝晓得,这位德高望重的英国女人是在什么意义上知道了这件事,简短地说,她向我妻子告发说:我声明我根本没有用有效的方式与她举行婚礼。无论如何这些言辞又反过来给了我妻子足够的材料,有意用来在杰茜那里对我进行中伤。这种情况我是从她给我年轻女友的一封特殊的信中得知的。我必须承认,看到事情到了这种地步,我立即对我妻子的恶劣做法感到愤怒;人们对我怎么看,我根本就无所谓,可在这同时我立刻接受了卡尔的请求,他去苏黎世探望我的妻子,向她做出必要的解释,使她的情绪平静下来。在我等待他返回期间,我收到了李斯特一封信,他向我谈到他在仔细阅读《罗恩格林》的总谱所得到的决定性的印象,对我和我的未来进行了整体的思考。他同时向我表明,他要全力以赴准备演出我的一部作品——因为他已经得到了我的同意——计划在魏玛即将举办的赫尔德尔的纪念会上进行。几乎就在同时,里特尔夫人给我写了一封信,她请我不要把发生的那个事件放在心上,她对此事完全理解:还在我们在威勒诺弗起相聚时,她就竭力地对我保持沉默,不谈及她的担心。她对我的这年轻女友十分了解,当我把我与杰茜的结识告诉给她时,她立刻就清楚了:我相信是在一颗心灵上刻下的东西,其实不过只是写在沙砾上的而已,不久就会消失得无影无踪。现在卡尔也从苏黎世回来了,他怀着极大的热情说起了我妻子的态度。当她在巴黎没有遇到我时,她以罕见的能力按着我从前所希望的那样,在苏黎世湖畔租了一处安静的房子,精心地加以布置,她在那里只是希望能听到有关我的消息。此外,他还讲了一些苏尔采的智慧和友好的事,此人极为同情地站在我妻子的一方。卡尔突然冒出来一句:“啊,这都是些真正的人哪;相反的与一个发疯的英国女人打交道真不知该怎么办。”我对他说的这一切没做任何表示,到最后我只是微笑地问他,他是不是想搬回苏黎世去？他跳起来。“当然！最好是今天走，不要拖到明天！”——“那就按你的意愿，”我说，“让我们打点行装，我看不管是这里还是那里，都没有什么意义。”再没有就这件事说一句了，翌日我们就动身前往苏黎世。

2006年12月10日译

2007年1月12日校改毕

2007年4月14日再次通读

第三部

（1850—1861）

明娜很走运，在苏黎世找到一套住所。这套住所确实十分符合在我离去时由我那么急切地表达出来的那些愿望。这套住所在恩格镇，离苏黎世市步行足足有一刻钟路程，在紧靠湖边的一块地皮上。该块地上有一栋古老的市民住宅。这栋住宅被称作“金星”，属于一个好心的老太太——希尔策尔夫人。在那里，花不了多少房租，自成一体、十分安静的楼上那层虽然说不上舒适惬意，却让人感到能够勉强凑合。我清晨到达，发现明娜还在床上。她首先试图确信，我只是出于同情才回到她身边的假设不是真的。我很快就能够使她做出决定，再也不想同我讨论那次意外事件。再说，在她把自己这种巧妙安排的进步指给我看时，她完全是在自己的地盘内；既然我们从这儿开始，处于一种尽管被各式各样的困难所中断，但总的说来，却又由于多年坚持下来，使我们表面上的关系越发密切的状况，所以，一种对于我们的家庭生活所感到的不大不小的喜悦，很快就传播开来，可是我从现在起，却没法完全抑制住一种惶恐不安，往往显得很激烈的，中断所有习以为常之事的倾向。

首先是两个宠物——帕波斯和巴波帮了大忙，使家里变得舒适惬意；主要是两个家伙都喜欢我，往往都要缠住我：帕波斯经常都要躺在我身后的办公椅上，每当我离开住所的时间太长时，巴波就会在徒劳无益地反复多次呼叫我的名字“里夏德!”之后，习惯性地扑打着翅膀，飞向我的工作室。它在那儿站在写字桌上，往往都会十分激动地摆弄羽毛和纸。它很乖，它从不发出一声野蛮的鸟叫，而只是让人听见它在说话，在歌唱。在楼梯上一听到我的脚步声，它就会啭鸣，总是用c小调交响曲尾声的大型进行曲主题、F大调第八交响曲的开头，或者说也用《黎恩济》序曲的壮观主题迎接我。小狗帕波斯则相反，它以极其烦躁不安著名；在我的朋友们那里，都叫它“激动者帕波斯”，有很多时候，如果不弄得它嚎叫、啜泣，就绝不会有人对它说一句友好的话。看来，这些宠物替代了缺失的孩子，而且就连我的妻子都对它们几乎是宠爱有加这种情况，形成一条在我们之间取得谅解的、并非毫无益处的纽带。与此相反，引起种种烦恼的一个永恒的根源，在我太太对不幸的纳塔丽亚的态度中蔓延开来。她直到自己去世，都怀着这种奇怪的羞怯心情，甚至不向这个女孩透露她就是自己的女儿这件事。这个女孩现在还一直以为是明娜的妹妹，而作为明娜妹妹，她却不明白，为什么自己无法设想得到一视同仁的对待。明娜总是摆出母亲的那副权威架势，因此，她总是对纳塔丽亚引人注目的不当行为发脾气。不管怎样，她在关键性的年龄迁居，受到冷落，身体和智力都停留于缓慢发展时期：个子不高，显得矮胖。她笨手笨脚，头脑简单。明娜的暴躁和有增无减、生硬粗暴和冷嘲热讽的对待，使这个本来是心肠很好的女孩确实逐渐变得桀骜不驯，充满敌意，致使这两个假姐妹的交往和举止往往导致对家庭安宁极其可恶的干扰。对此，我的耐性其实只有靠自己内心里对我周遭所有的人际关系都抱着无所谓的态度来维持。

首先，把我的年轻朋友卡尔编入同一家庭这件事以令人愉快的方式,使我的小家庭变得生气勃勃;他搬进我们住所上面的一个小阁楼间里,和我们共同进餐,和我一起散步。看来,他有一阵子对此感到心满意足。可是很快,我就发现他身上出现一种与日俱增的不安。当然,他早已找到机会,用那些习以为常的方式又出现在我婚姻生活里的激烈争吵当中,注意到我的隐衷。我按照他的愿望用好心好意、满不在乎的忍气吞声,曾经再次将这种隐衷埋进我心里。有一天,根据为此保留下来的理由,我使他回忆起,在我表示同意返回苏黎世时,我事先给自己确定的是另外一种感情。这时,他默然不语。不过除此之外,我也注意到使得他惶恐不安的另外一些更为奇特的动机;吃饭时,他到达的时间总是很没有规律,而且也从来没有胃口。开始时,鉴于我们膳食的特点,这件事弄得我很尴尬,后来我才听说,我这位年轻朋友对糕点甜食店里的糕饼过于偏爱。看来,我不得不担心,他会由于专挑糕饼食用,损害自己的健康。我对于这件事的种种想象看来使他十分扫兴。既然他现在较长时间不待在家里,所以我认为,他那并不宽敞的住所确实使他感到厌烦,我没法不让他在城里找一套私人住所。

既然我看到他心中有一种与日俱增的不快,所以,能够给他提供一次机会,骤然中断他那看来并不令人感到满意的逗留,我选定他到魏玛去做一次出游,参加于8月底在那里举行的《罗恩格林》的首演。与此同时,我自己邀请明娜第一次去里吉郊游。我俩精力充沛地徒步爬到里吉山上。很可惜,由于劳累,我因此第一次发觉我妻子有她那从现在开始,总在不断发展的某种心脏病的症状。8月28日晚上,就在魏玛举行《罗恩格林》首演的当晚,我们在卢塞恩“天鹅”旅店度过。我们看着钟,准确注视开始时刻和估计中的结束时刻。在从我这方面作出同我的妻子一起,尝试去经历这样的激动时,总会有一些困难、不快和扫兴来干扰。我立即就得到的那些有关这次演出的报道也不能给我一个关于这次演出的明确清晰、令人安慰的概念。卡尔·里希特的确是很快又到了苏黎世;他特别谈到演出中的舞台弊端,谈到主要角色声部的一位十分不幸的歌唱演员,不过总的说来还是谈到良好的影响。李斯特亲自给我带来的那些报道都千真万确,极其可靠:对于那些曾经供他支配,用于他那无与伦比的大胆冒险的、极其有限的手段的所有欠缺,他感到毫无必要首先就去特别较真。对此,他认为只有这个行动的精神和这个行动对某些比较重要、有接受能力的人士——他小心翼翼地将这些人士拉了过来——的影响才值得重视。

当从这种重大过程中发展起来的一切应当尽量逐渐展示自己的优点时,在这方面对于我的境况的影响,现在却没有任何真正的意义。紧接着,我就在考虑那位信任我的年轻朋友的使命:他在前往魏玛的旅途中,也再一次见到了他在德累斯顿的家里人,现在,在他归来时,给我吐露了那个想要作为音乐家在实践中青云直上,尽量在剧院担任音乐指导的强烈愿望。现在,我根本就没有机会见识他的才能了。他拒绝在我面前弹钢琴,不过他却给我出示了一首根据他用头韵创作的诗谱写的乐曲——《女武神》。我虽然看出这首乐曲笨拙之至,但同时也从中发现他对作曲规则了如指掌的成果。罗伯特·舒曼的学生在这方面表现得十分明显。关于此人,他的老师过去就已经给我保证过,说这个人具有异乎寻常的音乐才能,因为他想不起在自己的学生当中,另外还有谁具有一种如此准确的辨音力,具有一种如此敏捷的理解力。所以,对这位年轻人相信自己具有一个音乐指导所必需的所有能力的自信态度,我没有理由提出一点反对意见。因为冬日演出季节日渐临近,我就打听预期会在苏黎世演出的那个剧院的经理的消息。关于他的情况,我听说,他目前还在温特图尔闹腾。苏尔采同往常一样,一旦有人来求他帮助和向他讨教,他就立即极其严肃地准备做这两方面的事情。他安排在温特图尔“野人”饭店的一次宴席上同剧院经理克拉默尔会面。在那里确定:根据我的推荐,卡尔·里特尔甚至还会从10月份起,受聘担任剧院的音乐指导,在来年冬季得到一笔过得去的薪金。因为我的受荐人如已承认的那样,是一个新手,我自然得为他的业绩作保。我通过不可推诿的责任,保证音乐指导位置上的里特尔能够尽快、尽量长久地通过自己也许尚嫌不足的才能,克服剧院营业状况的各种干扰。卡尔看来非常满意。现在,预告即将开始这次“由特别的艺术意图引导的”戏剧活动的10月份日渐临近。这时,我可是终于认为有必要去关心我那位年轻朋友,这涉及他的打算。为了给他的首演确定一部十分著名的音乐作品,我选择了《神弹射手》。卡尔对于驾驭这样简单的一部总谱的能力,丝毫也不怀疑。可是现在,在他弹钢琴时必须克服自己的羞涩。后来他同我一道弹着这种乐器排练歌剧时,我却大吃一惊,因为我发觉,他甚至对伴奏都一无所知,而是凭着一种半瓶醋特有的轻率,使用钢琴改编曲。这种半瓶醋为了一次指法错误,却将一个节拍延长四分之一拍。对于节奏的准确,对于唯独在指挥这儿是关键性的速度的知识,他也是一窍不通。既然我根本就不知道自己对此应当说什么,我就假装稀里糊涂,依旧指望这个年轻人的天才会出乎意料地爆发出来,让乐队排练。为了这次排练,我首先为他配上了一个大眼镜,因为我注意到,他由于突然近视,不得不把脸紧贴到乐谱上,在这种情况下,他再也没法去照顾乐队和歌唱演员。看到这个特别的、迄今为止都这么信心百倍的年轻人以自己独特的姿势站在指挥台上——在这里,尽管有他那引人注目、“全副武装的”眼睛,他却只有目不转睛地盯着总谱,犹如在睡梦中似的,不由自主地用指挥棒将一个业已诵读过的节拍画到空中——足以使我立刻就明白,我现在正给人作保。现在还十分困难,我得尽力强迫自己去支持他,使这个年轻的里特尔理解;可是这无济于事,我不得不为克拉默尔艺术活动的冬日演出季节举行开幕仪式,由于我所主持的《神弹射手》演出的成功,面对剧院和观众,我使自己陷入一种异乎寻常、很难再被排除掉的状况。

看来,再也不会想到由卡尔来保住这个音乐指导的位置了。可是,这种令人不快的经验却以十分奇特的方式,与另外一个同样来自德累斯顿、我所熟悉的年轻朋友汉斯·封·比洛命运中十分巨大的转变同时发生。在去年,我就已经在苏黎世见到过他燕尔新婚的父亲爱德华·封·比洛。他现在已经在博登湖畔安家,正是这个事先就通知我要来苏黎世拜访的汉斯从那儿告诉我,他感到十分遗憾的是,他被阻止去实现自己这个极其热切的愿望。只要我了解到他的处境,我仿佛就感到,他那个如今同他父亲离婚的母亲不惜付出任何代价,要试图制止自己的儿子开始艺术家的生涯,以便与此相反,利用他迄今为止所从事的法学研究,促使他在国家公务中,或者在外交界踏上平步青云之路。而他的爱好和他的天赋却把他逼向音乐。现在看来,好像母亲在儿子得到允许去看望父亲时,曾经一再特别嘱咐他,要避免同我会面。既然我现在听说,就连他父亲都阻挡他,不让他在苏黎世来访,所以我不得不——因为另一方面,这个人对我显得相当亲热——假定:他利用这种允许——拒绝,向他已离婚的太太让步。他希望在经过离婚的这些几乎从未平息的斗争之后,不同她陷入任何新的冲突之中,即使这涉及自己亲生儿子生活方向的抉择。如果说我这种设想错了——这种设想当然会使我甚至去彻头彻尾、肆无忌惮地怨恨爱德华·封·比洛——那么,汉斯用来给我展示这种残酷无情的必要性的那封信的整个表达方式——汉斯不得不睁着双眼,踏上违背自己心愿的历程,这样以来,就会永远陷入一种内心分裂的矛盾之中——就足以把这一点视为这些情况当中的一种情况。这些情况在我当初总是十分容易发怒,喜欢对类似的强迫表示愤慨时,促使我以自己的方式插手我这位年轻朋友的命运。我用一封写得很详细的信回复他。在这封信中,我用斩钉截铁的语言给他描述了他所处的人生阶段的重要性。尤其是他向我求教时那种充满绝望、心碎欲裂的口气使我有权利让他把这件事记在心上:在这儿不仅仅关系到他那外在生活方向,而且关系到确定他整个的精神生活和内心活动的问题。我给他说明,我处在他的位置会做什么:也就是说我会感到自己心中有一种真真切切、无法克制、占据我整个心灵的,迈向艺术家生涯的欲念,我会感到自己倾向于,宁可忍受那些巨大的艰辛和烦恼。所以,如果有人像我对他伸出我的手一样,在这一方面给他伸出手来的话,我希望他立即做出最后决定。如果他要违背自己父亲的禁令,到我这儿来的话,但愿他在接到这封信之后,无论如何立即就执行这个决定。在我把这封信交托私人,给他递送到比洛小田庄时,卡尔·里特尔很高兴。到达那儿之后,他就让人把他的朋友从家里叫出来,同他一道到郊外,让他看我的信。紧接着,这位朋友当即决定,在这狂风暴雨、寒风刺骨的季节,即刻动身,因为这两个人没有足够的路费,就徒步漫游,前往苏黎世。有一天,他们在那儿蓬头垢面、冒着危险、带着令人难以置信的旅行留下那些令人难忘的足迹,跨进我的房间。里特尔对这次成功的冒险高兴得喜气洋洋。对此,年轻的比洛对我显露出一副十分激动,甚至是狂热激动的样子。我立刻就感到对他承担着一种巨大而深沉的义务,同时,也对这个如此病态激动的年轻人感到一种真实、深切的同情;这两者在好长时间决定了我对他的态度。

适用于第一点的是,通过友好、快活的面部表情给人以安慰。外部环境很快就井然有序:汉斯作为平等的合伙人,加盟卡尔同剧院经理的合同关系。这种关系会给每个人赢得某种方式的薪金,对此,我作为担保人,对两个人的成绩作保的义务仍然不变。只是在不知道这同什么有关的情况下，汉斯就立即走向指挥台，饶有兴趣、蛮有把握地挥动指挥棒。从这一方面看，我立即就感到十拿九稳，对于这位新任音乐指导能力的任何怀疑，顷刻之间便都消失殆尽；与此相反，卡尔出于十分羞愧而产生的，对于看来是决定他整个一生的，关于他不能成为实践音乐家的声明所感到的不愉快，却很难一扫而光。从这儿开始，我感到这个往日如此才华横溢的年轻人正在萌发的、对我的畏惧和暗藏的反感，却越来越明显。不可能保住他留在业已占据的职位上，再一次聘请他上指挥台去执棒指挥。可是另一方面，就连对于比洛来说，也很快就出现了一种事先没有料到的，给他的职位制造的困难，也就是说，这个难题是由于这种情况造成的：剧院经理和他那些被我那无与伦比的乐队指挥宠坏了的演职人员认为，从此以后必须着眼于一而再、再而三地把我拉过来。我确实还指挥过几次。一方面是要凭借我那部情况相当不错的歌剧的声望，在观众中取得一些信誉；另一方面也是为了通过我的示范，教会我那些年轻朋友，尤其是对此负有重大使命的比洛歌剧指挥时最重要的东西。现在，当汉斯证明自己完全胜任所有那些为他保留下来的任务，使我终于可以问心无愧地声明，再也不会觉得自己应当为他说情时，一位由于我的称赞变得沾沾自喜的女歌唱演员，却选择了这样一条道路，她用故意制造的丑闻给这位年轻的指挥造成的尴尬，迫使我又重新走上指挥台。在我们认清这些事情的真相，我对此感到十分生气时，我们在这件事情过去两个月之后，便同剧院经理达成协议，解除这种已经变得十分令人难堪的关系。因为与此同时，从圣加伦传来一个建议，无条件聘请汉斯担任音乐指导，所以我就决定，这两个现在想要一起去那儿试试自己运气的年轻人去这个邻近的城市，首先为今后进一步的发展赢得时间。

爱德华·封·比洛先生尽管对我十分不满，却十分聪明地顺应了儿子的决定;他对我的一封试图在其中为自己对待他的行为方式辩解的信虽然未予答复,但就我所知,他抱着和解的意向,在苏黎世看望了自己的儿子。我自己在他们这个冬天还在圣加伦度过的这几个月期间,去看过这两个年轻人几次。卡尔试图指挥格鲁克的《伊菲格涅》序曲,再次遭到不幸,以致我遇到他时,他陷入了闷闷不乐、苦思冥想之中,怀着相当令人不愉快的心境,远离生活的所有实践,而这时,汉斯却同一群令人厌恶的演职员,同一个糟糕的乐队,在一个有失身份的剧院酒馆里,极度痛苦地,但又是极其热心地忙碌着。我注意到这种痛苦时,立即就断定:汉斯现在为了从乐队指挥这个重要方面来看,毫无疑问是摆好架势要从事自己作为实践音乐家这项职业,也许做得够多,学会了足够的东西吧。现在只需要给他谋到一个更有价值的领域,提出这个要求。他告诉我,应当让他带上他父亲给慕尼黑宫廷剧院当时的总监——封·波伊斯尔男爵的推荐信。可是很快,就连他母亲也来插一手,她希望打发自己的儿子去魏玛,在李斯特那儿继续深造。就这样,我现在最好还是能够同意了事。我感到真正放下心来的是,把使我心里感到十分不安的这个年轻人,也能够从我这方面真心实意地推荐给我这个伟大的朋友。他在1851年复活节离开圣加伦,以便从那时起,比较长时间地将自己交给魏玛的监护人,免除我的特殊照顾。只有里特尔依旧忧郁孤独,对于他是应当返回苏黎世——在那里,他要面对自己那场失误的登台令人不快的种种回忆——回到我身边呢,还是暂时留在他在圣加伦的隐居处,仍然举棋不定。

与此相反,去年冬天在苏黎世拜访那些年轻朋友时,得到比逗留圣加伦更加令人高兴的艺术训练。在苏黎世,汉斯这一次是作为钢琴演奏者在音乐协会的一次音乐会上登台。在这场音乐会中,我自己借助指挥一部贝多芬的交响曲,以相互激励的方式参加了这次演出。因为在这个冬天有人又来求过我,要在这个协会的音乐会演出中与我分享某些东西。既然现在的乐队实力很弱,要让我去参加仅局限于贝多芬的一部交响曲的合作,就只能这样做:特别是为了增强弦乐器的阵容,人们要从外地引进一些能干的乐师。因为我每一次都要求只为要演出的交响曲排练3次,为此,一部分乐师特地从远处来这里集中,所以这些排练也就在某种程度上显得庄严隆重;除此之外,因为人们通常用于排练的整个时间都只用在我这一部交响曲上,所以我在这里有空闲完善更为精彩的演奏;另一方面,因为那些纯属技术上的困难对于极其迫切地停留并不十分重要,所以也就获得了一种迄今为止对我来说,业已成为不可能的演奏自由,尤其是在我也必须以令人惊异的方式,注意到关于此事的影响时,我就更加深切地意识到这种自由。我在乐队中甚至发现好几个确确实实才华横溢、成就非凡、可塑性强的乐师。在这些人当中,我特别提到由担任次要职务被委任为演奏第一声部的双簧管演奏者弗里斯。这个人必须练会他那些在贝多芬交响曲中极其重要的声部,这些声部在我这里完全就像歌唱声部一样。我们当初演出c小调交响曲时,我促使这个特殊人物——在我后来退出音乐会之后,他立即就离开乐队,成了音乐商——到达这一步,使他能如此优秀,如此感人地演奏这部交响曲第一乐章延长号用柔板表示的歌唱部位。从那时起,我就再也听不到这样的演奏了。另外,我们从这个很有教养的奥特-伊姆霍夫先生——一个既富有又显贵的艺术爱好者和半瓶醋身上,看到了一个虽说并不十分有进取心,却显得异常敏感和仁慈的单簧管演奏者。我也必须提到那个出色的号手贝尔。此人被我指定为铜管乐器领导,他对这些乐器的演奏产生一种十分卓有成效的影响。我还记得,此后再也没有听到过c小调交响曲最后一个乐章那些持续的、强有力的和弦,像当时在苏黎世演出时那样,用这样强有力的方法来演奏了。

我相信，能够与这次演奏相提并论，只有我很早那些对巴黎音乐院乐队在演奏《第九交响曲》时产生类似效果的回忆。c小调交响曲的演出对我们的观众，尤其是对我那位知心朋友——那位迄今为止都厌恶音乐的国家办公厅主任苏尔采，以特别激励人的方式产生影响。这场演出甚至激励苏尔采在正需要拒绝报纸上的攻讦时，用地道的普拉滕①技巧写了一首讽刺诗，反击那位蹩脚的门外汉——以便在该音乐会上演出《英雄交响曲》——正如已经提到的那样，还邀请比洛举行一场钢琴演奏会。为此，他大胆地，从某种意义上讲是不假思索地选择李斯特那首既风趣、难度又大的《唐豪瑟序曲》钢琴改编曲。就像他在通常以此引起轰动那样，他使我尤其是对他那业已发展到很高水平，迄今为止，尚未得到我应有的重视的精湛技艺感到惊异，他唤起我内心深处对他的未来充满信心。我已经看出他不管是在执棒指挥时，还是在为人伴奏时，都极有才能，技艺高超。此外，正像我先前对他们所做的简明扼要的说明那样，在去年冬天，除了我那位年轻朋友外在的遭遇之外，也提供了某些机会。朋友们经常在我这里济济一堂；甚至还由这些人组成了一个定期聚会的俱乐部。在俱乐部里，多数情况下其目的都是娱乐消遣，而这种事其实只有通过比洛的帮助才能办到。后来，我演奏自己歌剧中适合自己的部分，汉斯总是以对作品令我感到极其舒服的理解，给我伴奏这些部分。遇到这样的机会，我也会朗读我的手稿。我在连续不断的好多个夜晚，特别给我一个人数总在与日俱增、十分专注的听众圈子，全文朗读我那部在这年冬天写成的大部头著作《歌剧与戏

① 普拉滕（1796—1835）：德国诗人、剧作家。擅长运用古体诗、罗曼语诗和东方诗歌的技巧，格律严谨，语言优美。

剧》①。

就是说，自从我回来之后，我得到了某些安宁，进行了某些思考。这时，我终于考虑也要重新开始我那些严肃的工作了。但是我还不想考虑去为《西格弗里德之死》谱曲。用清醒的意识把一部总谱只是记录下来的想法总是一再使我感到沮丧。针对这种情况，迫使我一再急于去给曾经为上演这样一部作品争取到的可能性——尽管看来是绕了极远的弯路——奠定基础。看来，为此我首先必须对那些必须解决的、肯定是浮现在我眼前的却又几乎无法描述的问题，给为数不多的几个远近各地认真研究我的艺术的朋友，提供越来越清楚的说明。有一天，苏尔采把现代《布洛克豪斯百科全书》上的一个关于"歌剧"的条目指给我看，认为通过其中表明的观点，事先就可以让我开窍。这时，我才为此得到一个非常特别的理由。对这部作品匆匆瞟上一眼，该作品漏洞百出的谬误便在我面前暴露无遗。我试图让苏尔采注意到的恰恰是这种根本区别，而这种区别就存在于甚至是一些非常聪明的人那些流行观点与我对这些事物本质的认识之间。既然在我看来，就是这么善于辞令也不可能在转瞬之间让我对这些问题的观点变得使人理解，所以我一到家，便立即开始起草一份用于详细论述该认识的正规计划。因此，我就开始撰写这本用《歌剧与戏剧》这一标题发表的书——一部我紧张工作几个月，直到 1851 年 2 月才杀青的著作。最后，我因为这使人疲劳不堪的勤奋，必须受到严厉的惩罚：按照我的估计，我还需要紧张勤奋工作几天，才能完成草稿。这时，我那只通常都站在写字台上看着我的乖巧鹦鹉得了重病。因为它已经有好几次都从同样发作的病

① 《歌剧与戏剧》为瓦格纳于 1850—1851 年在苏黎世写出的长篇论著。书中详细阐述了对乐剧、语言起源的看法。

情中幸运地康复，所以这一次我也并不感到那么害怕。在我妻子要我去请人们给我们推荐的那位乡镇兽医时，我只是为了不离开自己的办公桌，把这件事推到了大后天。一个晚上之后，我终于完成了这个倒霉的草稿——第二天早上，这只讨人喜欢的鹦鹉躺在地板上死了。同样深感悲痛的明娜与我分担我对这个不幸事件感到的痛心疾首。我们以一种对于我们今后在一起并非毫无裨益的、确实是惬意的方式，在我们都爱好这只对我们如此亲近友好的宠物这一共同点上彼此相遇。

除了那些宠物之外，在摆脱我家庭关系的灾难时，就连苏黎世那些老朋友，都对我们可真是极忠实又亲近。当然，苏尔采越来越清楚地被证实是这些人当中品质最高贵、最优秀的人。在我们之间出现的这些智力素质和气质特点当中极其明显的差异，看来正由于以下情况，有利于我们的家庭关系。这种情况就是：我们其实经常都应体验我们身上的意外惊喜。因为产生这些意外惊喜的原因永远都意义重大，所以这些意外惊喜也就形成最激励人、最有教益的经验。苏尔采曾经违背自己最初的爱好，去担任公职，从广义上讲，为了尽职尽责严格认真，牺牲了这种爱好。他极其敏感，健康状况很差，弱不禁风。由于同我认识，他看来似乎超过了自己所能允许的范围，被更加有力地拖进了美感享受的领域。尽管我把艺术看作轻而易举之事，但他却敢于几乎是比较轻率地放纵这种放荡不羁的行为。现在我可是想要知道，赋予人们的这种艺术使命的，是一种如此异乎寻常的、远远超越国家目的的意义。这种情况往往使他不知所措。可是对此，我的态度恰恰是十分严肃的。这种严肃态度又把他召到我身边，拉近他同我那些观点的距离。既然这种情况不只是带来娱乐消遣，引起从容不迫的讨论，而是我们双方强烈的敏感性经常都会引起极其猛烈的爆炸，所以有时就出现这样的事情：他双唇发抖，抓起帽子和手杖，匆匆忙忙，不辞而别。第二天夜间他肯定又会准时出现，我们俩都有这样的感觉，好像我们之间什么事都没有发生过似的。现在这种情景真令人高兴。只是当某些十分痛苦的身体状况迫使他比较长时间的完完全全离群索居时，他才觉得十分艰难，因为每当有人询问他的健康状况时，他都会怒气冲天。然后，有一种绝无仅有的办法使他心情好转——就是说，必须说明，有人来探望他，想要得到他的友好帮助。这时，他就会惊喜万分，不但表示即刻就准备为各种事情效劳，而且还露出一副确确实实是愉快、友好的表情。

现在，除他之外，乐师威廉·鲍姆加特纳显得极其出类拔萃。鲍姆加特纳是一个快活风趣、生活乐观的修道士，没有任何需要去全神贯注的爱好。他所学过的钢琴演奏曲目数量，刚好可以去充当一名优秀教师，而这个教师所挣的课时费，也刚好够自己的花销。他感到对某些美好的事物十分亲切，为它们考虑得很周到，要是美好的东西不要消失得太多就好了。这是一颗忠诚、善良的心，除此之外，他也十分尊重苏尔采，但是很可惜，他却不能因此戒除去小酒馆喝酒的嗜好。——再说，从一开始这两个人的两位朋友就聚在一起。这两位朋友是：精明干练、受人尊敬的当时第二任国家办公厅主任哈根布赫和一个心肠特别好，但才智方面却并不怎么有天赋，因此并不经常受到苏尔采特别照顾的律师和当时《瑞士联邦报》编辑伯恩哈德·施皮里。——亚历山大·米勒越来越厉害地被家庭灾祸、肉体痛苦和手工授课占去全部时间，他很快就退出我们的交往，销声匿迹了。我感到，尽管乐师阿布特有他的“燕子”，却没有把我吸引到他身边，而且他很快也就离开我们，在不伦瑞克去青云直上了。

可是现在从外部——尤其是由于遭到政治上的失败——给苏黎世社会带来各式各样的横财。1850 年夏天，在我回来时，我已经遇到这个从中产阶级的角度看不能说不时髦，却又相当无聊的阿道夫·科拉契克。他感到自己有做编辑的职责，创立了《德国月刊》。该月刊应当给上次运动中表面上的战败者开辟这个在精神的内在领域中继续战斗的战场。我被当成作家受到他的重视一事，几乎使我感到荣幸，因为他坚持，这样一个智力联合会——在应当通过他的活动，给它奠定基础时——不能缺少"一种像我的潜力那样的潜力"。我已经从巴黎给他寄去那篇关于《艺术与气候》的文章；现在他也愿意采用摘自尚未发表的《歌剧与戏剧》的几个大型片段，他也十分大方地给这些片段支付了数量可观的酬金。这个人作为那种绝无仅有的、关于一个体谅人的编辑的阅历，还经常浮现在我脑海里。他把一位名叫帕勒斯克的先生写的一篇关于我的《未来的艺术作品》的评论文章原稿交我审阅，而且对我表明，未经我的特许——但他决不会向我提出特许的要求——不会让这篇评论文章刊登出来。既然我感到，这种草率肤浅、一窍不通却又用极善于社交应酬的口气写成的评论，如果偏偏发表在这份杂志上，无论如何会引起我去进行一次由于一再重复、详细解释我的真正命题，弄得既烦琐又累人的反驳，而我对这种事又十分反感，所以，我让科拉契克保留这个决定，劝作者把这篇原稿交给别的杂志刊登。——相反，在科拉契克身边，我看出赖因霍尔德·佐尔格确确实实是一个优秀的、有吸引力的人，他那有点不大安分、喜欢冒险的性格受不了被关进这个又小又狭隘的苏黎世瑞士世界，所以他很快就离开我们，到北美去了。我还听到从那里传来有关他富有挑战性地粉墨登场，作关于欧洲情况的讲座的消息。这个才华横溢的人没能做到通过更有意义的工作出名，这确实可惜。看来，他在自己逗留苏黎世的这段短暂的时间内为我们的月刊所写的东西，是当时在这一领域由一个德国人撰写的精品。

在1851年新的一年里，格奥尔格·赫尔韦格①也与这些人为伍。

---

① 格奥尔格·赫尔韦格(1817—1875)：德国诗人。

有一天，我在科拉契克住所意外地遇到了这些人。只是在后来，我才在一个有点令人讨厌地走到我面前的人身上，认识到那些把他现在就引向苏黎世的遭遇。现在，赫尔韦格作为他这个时代举止高贵、耽于享乐的骄子，表现出一定程度的贵族气派。特别是某些总在他的言谈话语中顺便说到的法语感叹词，赋予他一种异常高雅、至少也是娇生惯养的外表。不过他的外表，他活泼机灵、炯炯有神的目光，他举止行为的亲切友好都十分有助于给人留下一种富有魅力的印象。在他乐于接受邀请，参加我的农村晚间集会时，我差不多感到万分荣幸。当然，在比洛还活跃于音乐世界中时，这些聚会很可能有好几次都显得相当优雅。不过另一方面，当然也没有给我对此提供任何东西。在我着手去朗读我那些手稿时，我妻子断言，说科拉契克会呼呼大睡，而赫尔韦格这时只会品尝他们的潘趣酒。在我此后就像我提到的那样，分别在 12 个晚上给我那些苏黎世朋友以及他们的熟人朗读《歌剧与戏剧》时，赫尔韦格缺席，因为他不愿意混进那些人群之中，这样的东西不会是为这些人写的。可是我同他的交往却逐渐热乎起来，促成这种结果的因素不仅仅是我对不久前还受到热烈颂扬的诗人天赋的尊重，而且还有对一位很有教养的精英柔情脉脉、高贵文雅的才华的感知。我终于在赫尔韦格本人身上看到，他需要同我交往。我在这儿往往只涉及十分强烈地吸引我的那些比较深刻、比较严肃的兴趣。看来，这样做似乎会引起对这些人，甚至是这个人的一种高贵的同情。此人自从迅速赢得自己的诗人声誉以来，对他十分不利的是，他已经大量失去的，仅仅是普通生活方式完完全全偏离他原始天性的形式。对此大有裨益的，也许就是他那不断恶化的困境吧。对这种境遇，他迄今为止一直以为，必须按照对荣耀提出的某些要求来评判。简而言之，我首先觉得他对我那些极其大胆的构思和观点有准确的、英雄所见略同的理解。当他向我保证，他可是在研究我的思想，研究肯定没有人像他这样热忱涉猎的思想时，我不能不很快就对他表示信任。

这种更加真挚，但又肯定不是粗鲁的交往，由于我很快就把有一部新的戏剧创作通知赫尔韦格，获得新的动力。我在即将到来的春天就可以从事该剧的创作。李斯特去年深秋开始在魏玛剧院上演《罗恩格林》，产生了一系列效果。迄今为止，不可能指望使用十分有限的资金进行的演出获得这些效果。这些效果只可能是像李斯特这样一个多才多艺、才华横溢的朋友努力的结果。如果除了他的威望，除了魏玛剧院之外，很快就能把足够演出《罗恩格林》的重要歌唱演员都带来的话，如果从表演的很多方面来看，他必须满足于对所要求的事项做出暗示的话，那么，现在他就可以放心大胆地用巧妙的方式领会这些暗示了。他首先亲自草拟了一份关于《罗恩格林》现象的详细报告：大概很少有对一部艺术品的书面评论博得某些朋友对这位作者如此专注、预先就已经是如此狂热的深信不疑吧。这篇书面评论就是李斯特关于《罗恩格林》的那篇淋漓尽致的论文。卡尔·里特尔由于提供了该法文原著的一篇出类拔萃的德语译文而获益匪浅。这篇译文首先在《画报》上发表。紧接着，李斯特也用法文发表他那篇由于一篇有关《唐豪瑟》的类似论文而得以充实的原稿。这本小册子就是这样一种东西，它自从那时以来，能够长时间地，尤其是在国外引起一种往往使人感到惊喜的关注，获得一种对那些作品比由于对钢琴改编曲缺乏认识所得到的了解更为确切的了解。在对此远远不能满足的情况下，李斯特现在越来越善于从外地给我的歌剧在魏玛的演出引进新的知识精英，以便借助朋友的力量，引起那些能够真正倾听和真正观看的人的注意。如果说他对弗兰茨·丁格尔施泰特的好意其实并没有达到预期的目的的话——因为此人很明显，只不过是勉强开始在《汇报》上发表一篇关于

《罗恩格林》的、杂乱无章的报道罢了——那么,他那激动人心的雄辩看来却大获成功,在关键性的问题上引起阿道夫·施塔尔对我的作品产生好感。施塔尔发表在柏林《民族报》上那篇对我的《罗恩格林》所做的详细评论,要求高度重视我的作品。这篇评论看来对德国观众留下了长久无法磨灭的印象。甚至在那些典型的音乐家比较狭窄的圈子里,看来都产生了不可等闲视之的影响——罗伯特·弗兰茨同样被李斯特几乎是强行拉来参加《罗恩格林》的演出,他以显而易见、热情洋溢的方式让自己听到这种事。从很多方面来看,这些例证都使人兴奋。有一段时间,看来通常都十分麻木的音乐评论好像也想要大力促进,着力研究我似的。至于是什么东西应该立即而且也是永远给这个运动指出一个截然不同的方向,关于这一点,我很快就会找到理由提到。现在,李斯特出于所有这些令人愉快的感觉,鼓起勇气促使我在如今业已中断多年的创造性活动中,继续采取行动。如果他完成了《罗恩格林》①,那他现在也就敢于去经受一次很可能是还要大胆的冒险。他要求我把为魏玛写的那部《齐格弗里德之死》的台本谱上曲。受到他的推动,魏玛剧院经理封·齐格萨尔先生不得不以大公爵的名义给我提供一份在此供职的全职聘用合同:我必须在一年之内完成这项工作,并为此在此期间获得500塔勒报酬。奇怪的是:这位科堡的公爵大约在这同一时间,同样通过李斯特,让我要求支付900塔勒,用于为他所谱写的歌剧配器。也就是说,我这位慷慨大方的订户甚至愿意承担这个条件,不管我的处境如何,让我这个遭到排斥之人来到科堡,进入他的宫殿。我在那里应该同他这位作曲家和女诗人比尔希-普法伊费尔夫人一道闭关,创作这部新作品。李斯特当然是继续向我恳求,无非是想

① 这里应当是指李斯特于1854年完成的钢琴改编曲《罗恩格林》。

得到一个冠冕堂皇的借口,去拒绝这项委托——可他又为此认为劝我说"身体不佳和情绪不好"是好主意。后来,我的朋友还给我讲,尤其是我对长号的出色运用促使公爵同意我参加他的总谱创作的意愿,在他为此向李斯特请求得到我的生活准则的消息时,李斯特回答他说,这儿的特别之处是:在我为长号谱曲之前,往往都会想起什么东西来。

与此相反,我现在感到自己被深深地吸引住了,要去接受魏玛的建议。还在我被写作《歌剧与戏剧》的紧张工作弄得疲惫不堪,健康受到某些与我忧愁的情绪有关的事情损害时,我是好长时间以来,破天荒第一次又坐到这架把我从德累斯顿的灾难中拯救出来的黑尔特尔钢琴前,去试一试,看自己会怎样开始为我这部意义重大的英雄戏剧谱曲。我在匆匆写就的草稿中,为命运三女神那首在那第一稿中只是暗示业已完成的颂歌构思乐曲。在我甚至把布吕恩希尔德第一次对西格弗里德打招呼也改编成歌曲时,我可是很快便丧失了所有的勇气,这时我不得不问,明年会由哪一位女歌唱演员来塑造这位女主人公形象。此时此刻,我到底想起了我的侄女约翰娜,我过去在德累斯顿时,由于从外表看,她很有天赋,大概就想到过她适合扮演这个角色。她现在已经在汉堡踏上了她那头牌女角的飞黄腾达之路。根据我所得到的有关她的所有报道,特别是从她和她家里人对我所采取的十分随便的态度中,我不能不得出结论:对我而言,我还对她的天赋怀有的任何一丝微弱希望都已破灭。与此相反,我遭到的是另一种不幸:德累斯顿排位第二的女角根蒂卢奥莫·施帕泽尔夫人——马施纳当初曾经鼓励她去唱多尼采蒂的酒神颂歌——作为约翰娜的替角,不断浮现在我的想象之中,致使我当时怒气冲冲地从钢琴旁跳起身来声明,再也不愿意为这样一些穿衬架女裙的糊涂虫写任何东西。在自己的想象中,一看到自己又被弄到哪怕是同剧院有任何一种接触,我就会怒气冲天,恼怒万分。现在我根本就没法克制住这种简直就无法溢于言表的恼怒。差不多能使我平静下来的是，我看到：使我的情绪变得很坏的部分原因很可能就在于身体感到不舒适。因为我在今年春天受到蔓延全身的皮疹感染。我的医生给我开了硫黄浴疗法的处方来治这种病。我不得不每天上午定期去洗硫黄浴。虽说这种疗法使我的神经十分兴奋，因而后来促使我为了自己的健康，便去服用药性猛烈的药物，可是现在每天上午有规律地在前往城里的往返途中，走在5月份空气清新、繁花似锦的路上散步，使我的心情暂时开朗起来了。我在构思《青年西格弗里德》，我想把它作为对悲剧《西格弗里德之死》的补充，以英雄喜剧的形式先一步抛出去。受到这种想法吸引，也试图立即说服自己，这个剧本也许会比那部严肃的大型剧本更容易演出。怀着这种想法，我把自己的打算告诉李斯特。为了魏玛剧院总监现在那笔在危急中被我接受的、一年500塔勒的津贴，我把这个新创作的台本和《青年西格弗里德》的那首乐曲提供给该剧院总监。剧院方面毫不犹豫，立即同意。现在我迁回去年被卡尔·里特尔抛弃的那个小阁楼间，以便在硫黄与5月之间，以最好的心情，在短时间内完成在我最早的计划中已经包括在内的《青年西格弗里德》台本。

现在，我不得不怀念那些更为真挚的朋友关系。我自从离开德累斯顿以来，同我过去已经回想起的德累斯顿乐团那位年轻乐手特奥多尔·乌利希就保持着这种关系。这种关系随着时间的推移，逐渐增强，发展成为一种真正是大有裨益的关系。他那特立独行甚至有点生硬粗暴的意识的形成，既出于对我的命运的同情，也出于对我的著作十分深入的理解，因而变得对我极其热烈的甚至几乎是无条件的忠诚。就连他都成了《罗恩格林》在魏玛演出时的观众，而且还给我寄来了一篇十分有见地的有关报道。莱比锡的音乐商黑尔特尔根据我的提议，出版

《罗恩格林》,而不用为此付稿酬给我。因为该音乐商对此表示赞同,所以我也就将钢琴改编曲的谱写交给乌利希。不过主要的还是那些我用自己的著作引起的理论问题,通过频繁的信件往来,把我们连在一起。他身上那种气质几乎使我感到激动。按照他所受的教育,我确实只能把他视为纯粹的乐师。恰恰是因为他对那些使不少所受教育显得平平的音乐家惊恐万分,认为这会危害他们的专业艺术训练,直到使他们感到绝望的倾向,有清楚的理解,所以他完全同意研究这些倾向。他也为表现这种协调一致立即就获得了文学才智,而且在一篇发表在科拉契克的《德国月刊》上的、关于器乐的、出色的大型文章中证明了这种才智。除此之外,他还告诉我,尚有一篇论述音乐主题关于配乐构成、理论性很强、现在仍然是草稿的论文。这篇论文证明一种同样具有独创性的见解,这就是透彻研究莫扎特和贝多芬的工作方法,尤其是他们极其独特的区别。我觉得,在他们详尽阐述时的可靠、详尽方面,完全适合于奠定高级音乐配乐艺术的一种新理论的基础。这种理论可以解释神秘莫测的贝多芬工作方法,可以完善继续运用的一种可以理解的体系。他的文章使《音乐新杂志》出版人弗兰茨・布伦德尔凭直觉,就引起了对这个优秀的年轻人的注意。为了邀请他与他的刊物合作,乌利希就轻而易举地使布伦德尔完全摆脱了自己迄今为止举棋不定的态度,使他这个说这番话时总是既真诚又认真的人,态度坚定地永远转向那个方面——这个方面从现在起,很快就作为音乐世界的一个所谓“比较新的流派”,开始惹人注目。就连我现在也觉得有责任,按照这个意思给该杂志贡献一篇后果严重的文章。我已经注意到,这儿经常都在使用听起来是含有敌意的“犹太花腔”“犹太教堂”之类的以及类似的时髦语,而并没有对此自称是与不知所云的记录有所不同的东西。现在我喜欢更仔细地去观察现代犹太人插手音乐以及他们对音乐的影响这个主题，喜欢去描述这一异象的特征。我在一篇篇幅更大的文章中做这件事。这篇文章是《音乐中的犹太精神》。尽管我并不想为了换得需求，就否认自己是这篇文章的作者，但是我却认为这样做的好处是：暂时用一个笔名在我的名下签字，借此避免出现那种被我认为是十分严重的事情会立即被拖入纯属私事的范围内，并由此将其真正的意义掩盖起来的状况。几乎没有任何一种类似现象可以同这篇文章引起的轰动，甚至同它所散布的那种真实的惊恐相提并论。迄今为止，我从欧洲所有的报纸上见到的这种闻所未闻的攻击，只有那种人才能理解。这种人重视那篇文章以及它在当时那种可怕的轰动，现在还能回想起欧洲所有的报纸几乎全都掌握在犹太人手里的情景。那些人对此永远也看不清楚，他们认为，对这种不间断的恶意跟踪的原因，也许只能在理论上或者实践中对我的观点或者我的艺术作品的反感中去寻找。这篇文章的发表首先是引起了一场风暴。这场风暴经过毫无偏见、几乎尚未意识到自己的所作所为的布伦德尔，很快便以一场目的在于斩草除根的迫害告终。另外一个直接后果就是：从现在起，就连少数几个迄今受到李斯特鼓动，对我表示赞同的人都退步抽身，三缄其口，最后很可能甚至退而采取一种敌视的态度，这时为了他们鉴于自身的利益可能做的一切，他们不得不认为，能够证明他们与我关系疏远是可取的。可是现在，乌利希却更加忠实、更加坚定地站在我这一边。他促使布伦德尔温顺的性格变得坚忍不拔，持续不断地帮助他，为他的报纸写一些部分是纯粹的、部分是幽默的、击中要害的文章。特别是他立即就考虑到那位在科隆由费迪南德·希勒变成比朔夫先生的主要对手，同他陷入一场持续时间比较漫长、相当有趣的论战之中。所谓"未来音乐"这个逐渐扩大影响，直至成为欧洲轰动性事件的问题的基础——"未来音乐"是一个很快就为李斯特怀着高兴和自豪的心情接受的名称——现在业已奠定。很可能我由于自己那本《未来的艺术作品》的书名赋予了创造那个名称以真正的诱因吧。但是,自从《音乐中的犹太精神》把对我和我的朋友满腔愤怒的所有闸门打开之后,这个名称却上升为火药味十足的战斗口号。到这一年下半年才出版我的《歌剧与戏剧》这本书。总而言之,这本书受到那些起主导作用的音乐家重视,那它当然也就没少给那种冲我而发的怒气火上加油;然而这种怒气从那时起,却更加具有诡计和诽谤欲的性质,因为这场运动现在被精通这类事情的一位伟大的专家——麦耶贝尔先生纳入一种有条不紊的体系。从现在起,一直到他临终时,他都牢牢地把这个体系控制在手里。

我们现在正处于公然怒气冲冲的大喊大叫的初期。还在这一时期,乌利希就已经熟悉的,偏偏就是《歌剧与戏剧》。因为我从那儿给他寄去了原稿。因为这部原稿装订精美,用的是红色,所以我突然想到,作为献词,与歌德那句"我的朋友,所有的理论都是灰色的"①相反,录进"我的朋友,我的理论是红色的"。甚至由于这个通知,还出现了同那位反应敏捷、钻研深入的年轻朋友的一次使我感到兴奋的、确实令人高兴的书信往来。我现在真心诚意地希望在分离整整两年之后再见到他。要接受我的邀请,对于这位穷困潦倒、差不多被雇为"宫廷乐师"的小提琴手来说,并非微不足道的事情,但他还是很高兴试图克服一切困难,而且通知我,他的拜访旅行定在7月初。我决定到博登湖畔的罗尔沙赫去迎接他,从那儿出发,在瑞士漫游路上,一直陪他到苏黎世。为此,我自己已经准备用习以为常的方式,穿过吐根堡河谷,徒步行走,绕一些令人愉快的弯路。我用这种方式轻松愉快、精神焕发地到达圣加伦,现在我在那里探访在比洛离去之后以极其独特的方式离群索居的

① 此句出自歌德的《浮士德》德文版第一部第2038行。

卡尔·里特尔。虽然他给我讲到他同一位圣加伦的音乐家格赖特尔——有关此人的情况,后来我就再也没有听说过了——愉快的交往,可我却猜不大准他孤独寂寞的原因。由于徒步旅行的劳累,仍然疲惫不堪,但我却禁不住把这位极有才智、理解力极强、才华横溢的年轻人作为我的第一位听众,给他朗读我这部刚完成的《青年齐格弗里德》的脚本手稿。这部作品给他的印象使我感到十分高兴,我极其愉快地决定他现在就离开他这个隐居的住所,同我一道去迎接乌利希,然后同我们俩一道,翻过高高的森蒂斯峰,作较长时间的友好逗留,然后徒步漫游,前往苏黎世。

当他在我已经十分熟悉的罗尔沙赫港上岸时,接到的这位客人的外貌立即就引起我对这位年轻朋友的健康的担忧,因为他那患有肺结核的体质一下子就可以看出来。为了照顾他,我想放弃已经约定的登山活动。对此,他态度鲜明地坚持完成这项活动,因为室外这样的劳累只能使他摆脱由令人厌恶的小提琴手工作引起的、使人精疲力竭的疲劳。在我们仨漫步穿过这个阿彭策尔小国之后,我们现在到底是真的开始去攀越这座高高的、并非不费力气就能越过的森蒂斯峰了。这也是我平生第一次在夏天穿越一段绵长的积雪层。在十分荒芜的山峰上,在到达我们向导的牧民房舍,用极其简单的膳食恢复体力之后,现在还需要攀登那座突兀几百英尺、十分陡峭的岩石山峰——这是这座山真正的顶峰。在这里,卡尔突然拒绝跟随我们;为了使他从懦弱中醒悟过来,我把向导派回去,要向导按照我们的劝告,生拉活扯地把他拽到我们身边。因为我们现在是一块石头一块石头地沿着陡峭的山坡往上爬,可我却发现自已做了一件多么糟糕的事,强迫卡尔参加这次充满危险的攀登。看来,头晕目眩使他完全失去了知觉;他就像失去视力似的,独自出神;我们不得不用我们的手杖把他围在我们之间。我相信,每时每刻都必定会看到他昏倒过去，摔下山去。我们到达顶峰时，他已经完完全全神志不清，瘫倒在地。我现在不能不感到，我给自己招来何等可怕的责任，因为现在还有更加危险的回程路要走。一种惶恐不安的心情把我自己的危险完完全全掩饰起来，它总是在我面前浮现出那个在山坡下摔得粉身碎骨的年轻朋友的情景。就是在这样一种惶恐不安之中，我们倒是终于又能顺利地回到了牧民房舍。既然我们其他人都执意坚持要走那条由向导给我们说明并非没有危险的下山路，从另一侧陡峭的山坡往下走，所以我现在决定——受到刚才所忍受的无法描述的痛苦的狠狠教训——把年轻的里特尔暂时留在牧民房舍中，在那儿等着我们尽快就派回去的向导，然后同这位向导一道，踏上那条决无危险的回程路，往我们来时走过的那一侧走去。所以，我们便就此分手，因为他必须沿着前往圣加伦的方向往回走，而我们则要穿过景色宜人的吐根堡河谷，在翌日前往拉珀斯维尔和苏黎世湖，踏上回家的路途。只是过了比较长的一段日子，在卡尔到达苏黎世后，才使我们为他悬着的心落了地。他在苏黎世同我们一起待的时间不长，然后便立即跑掉了，也许是为了不再跃跃欲试，陪着我们去作一次新的、已经开始进行的登山旅行吧。他在斯图加特待了比较长的一段时间之后，我才再一次听到有关他的消息。听说他在那里很快就同一位年轻演员交上了朋友，他同这位演员过从甚密，看来生活很幸福。

现在，从我这方面来说，同这位性格温顺却充满阳刚之气、才华出众、年纪轻轻的德累斯顿室内乐乐师的亲密交往，使我感到由衷的高兴。这位乐师有一头淡黄色的鬈发和一双漂亮的蓝眼睛，给我妻子留下这样的印象，仿佛是一个天使来到了我们身边。另外对于我来说，他的容貌有吸引人的地方，再考虑到他的命运，这种外貌也有动人之处。他同当时仍然健在的萨克森国王弗里德里希·奥古斯特，同我的那位老恩人引人注目的相似，看来似乎给我证实了从另一方面获悉的谣言：乌利希就是那位国王的亲生儿子。对我而言，边聊天消遣，边通过他，又可以得到有关德累斯顿、戏剧演出和那儿的音乐状况的报告。我的那些歌剧，迄今为止这些歌剧的荣耀，完全彻底地从保留剧目中消失殆尽；关于我昔日的同事对我评价的性质，他给了我一个令人愉快的消息：在《艺术与革命》和《未来的艺术作品》出版之后引起讨论时，有一个人曾经表示："嗬，在这个人又把自己写成乐队队长之前，他还能活下去。"为了表明音乐方面的进步，他给我讲：当他必须执棒指挥那部从前由我指挥的《A 大调交响曲》①时，莱西格②采用如下方式，使自己有办法摆脱一种让他四处碰壁的困境。众所周知，贝多芬在这里通过一个不间断的、消遣式的基本力度"强"——他终究只有通过一个"继续增强"的基本力度来增大这个"强"——来完成最后一个乐章宏伟的终曲发展。在我之前，莱西格已经指挥过这部交响曲。现在，他在这里，在他认为是有利的时机，插进了一个基本力度"弱"，以便至少能够使之成为一个"渐强"的基本力度。可我立即又把这个力度去除了，然后作为补偿，劝告乐队持续不断地用最强的力度演奏。既然这部交响曲现在又落到了我的前任手里，这对他来说，确实感到难以重新补偿那个不幸的基本力度"弱"。尽管如此，他还是得试着拯救他那个在这儿丢人现眼的威望。因此，他规定：不能用基本力度"强"，而只能用"中强"演奏。

尤其是我那家受到宫廷乐谱商梅泽尔保护的、倒霉的歌剧出版社极其破败的消息，使我感到悲伤欲绝。在那儿必须垫付钱款时，却根本

① 指贝多芬于 1811—1812 年创作的第七交响曲。

② 莱西格(1789—1859)：德国作曲家和指挥家。

不会有任何收入用来垫付。这时，这个梅泽尔的举止行为就像是受我诱惑的替罪羊似的。尽管如此，他却小心翼翼，不许任何人看到他的书。他声称：他通过这种方式拯救了我的财产。另外，在我所有的财产遭到查抄时，这些财产也会立即被没收。——我们关于《罗恩格林》的谈话比较愉快。我的朋友现在完成了这部歌剧的钢琴改编曲，已经在做刻板样张的校对工作。

从新的方面看，乌利希由于他热情宣扬水疗体系，对我产生了长远的决定性影响。关于此事，他还给我捎来一本关于某一位劳塞的书。这本书尤其是由于它那具有某种费尔巴哈意味的激进倾向，特别使我满意。大胆拒绝整个医学科学及其所有的江湖医术，与此相反，宣扬有计划地运用振作精神、令人神清气爽的水来治病这一极其简便的自然疗法，很快就让我狂热迷恋。因为有人声称：只是在各种真正的药物都是毒剂，而这种毒素又不会被有机体吸收的情况下，它才会对有机体起作用。现在业已证明：这样一些由于长期使用种种药物而变得久病不愈的人，被著名的普里斯尼茨用这种办法治好了；这种捂在体内的毒素被驱赶到皮肤，然后通过皮肤完全排泄出来。现在我立刻就想起去年春天被我勉强使用的硫黄浴，我把自己持续不断的、极强的敏感性——一部分也许并非毫无道理地——归咎于这种疗法。为了通过这专门的水疗摄生法把我变成一个极其健康的原始人，就要把这种最后吸收和所有长期以来尽量吸收的毒素从我体内排出去。这项工作现在成了我长时间怀着越来越高涨的热情所做的事情。乌利希本人断言，通过严格遵循的水疗摄生法，肯定可以彻底增强他自己的健康。就连我对此事的信念也在与日俱增。——7月底，我们踏上穿越瑞士内地的漫游旅途。我们从四森林州湖畔的布伦嫩出发，经过贝肯里德，前往恩格尔贝格，从那儿越过荒芜的苏雷嫩山口。遇到那种场合，我们不但受得了，甚至还在学习滑雪。可是在越过高高的山地小河时，乌利希却遭到不幸，掉进了水里；他当即就打消了我对由此产生的后果的忧虑，他保证：这是继续实行他那种疗法的一次十分令人舒服的家庭作业——强迫晾干他的外衣和内衣并未使他感到丝毫尴尬。这时，他从容不迫地在太阳下摊开这些衣物。在此期间，他光着身子在野外做一次——正如他所声称的——十分令人舒服的散步。这时候，我们聊到贝多芬主题构成的一些重要问题，一直聊到我给自己开了个玩笑，用一个消息一时间把他弄得心慌意乱。这个消息说，我看见在那儿，在他身后，枢密官卡鲁斯同那帮人从德累斯顿来了。就这样，我们怀着极其愉快的心情终于到达阿廷豪森的罗伊斯河谷，傍晚还徒步走到阿姆施泰格。尽管十分劳累，我们翌晨立即从那儿出发，还去游览了马德兰河谷。在那儿，我们一直走到许非冰川。我们从这里极目远眺，眺望在那里与特迪峰隔离开来的那个巍峨壮丽的山地世界。当天又回到阿姆施泰格，我们最后确实感到累得够呛，精疲力竭。这种情况让我能够使我那位翌日去攀登谢兴河谷中的克劳森山口时情绪极佳的朋友离开这儿，说动他踏上经过弗吕埃伦的愉快归途。当这位总是泰然自若、不动声色的年轻人在 8 月初踏上他返回德累斯顿的归途时，我确实从他的外表看不出丝毫精疲力竭的痕迹来。他在德累斯顿应当希望现在能通过以下方式来减轻使他确实感到沮丧的生活负担。这种方式就是：他打算担任自己想按照艺术家的理解来安排的那些话剧中的幕间音乐的指挥，借此摆脱那份其实是令人烦恼和气馁的歌剧差事。可是，当我陪同他走向驿马车时，我却感到十分悲伤，连他自己好像都突然感到害怕，我们现在确实是最后一次见面了。

现在，我们书信往来极其频繁，既然他的书信总会使我心旷神怡，得到消遣，比较长的一段时间，成为我同外界交往的唯一纽带，所以我老请求他多写信。因为当时的邮资还十分昂贵，又厚又重的书信使我们感到囊中羞涩，乌利希想出了富有创造性的主意，利用包裹邮件递送我们的书信。可是因为只有比较重的邮包才允许用这种包裹邮件的方式寄送，所以，在我们之间往返寄送包裹时，乌利希拥有的一本令人崇敬的、博马舍①的《费加罗的婚礼》旧德译本就获得这个奇特的用途，以致每当我们的书信数量剧增之时，都要以此预告这种情况："今天费加罗又会带来消息。"——首先是乌利希依然非常喜欢"通知我的朋友们"。我把这个通知作为出版我那三个歌剧脚本《漂泊的荷兰人》、《唐豪瑟》和《罗恩格林》的前言，在我们分手之后立即就记了下来。听说曾经用10个金路易稿酬收下这部书出版的黑尔特尔用十分坚决的抗议，反对前言中的几个地方——通过这些地方我既刺激了出版商的正统性，也刺激了他们对国家的尊重。他如此坚决的抗议使我真的倾向于把这本书转交给另一位书商。后来，我感到到底还是有必要让一下步，通过极少的改动使惶恐不安的心平静下来。

凭着这篇内容相当广泛，我花了8月份整整一个月才完成的前言，我去文学领域的漫游目前和——正如我所希望的那样——永远都应当是圆满的。可是一当我真正想到要着手开始为答应给魏玛写的《青年西格弗里德》谱曲时，一种令人伤感的怀疑一再对我发号施令，我甚至感到这种怀疑就是实际上反感这一工作。弄不清这种内心烦躁的原因，我就试图在我的健康状况中去寻找原因，所以有一天我就决定，从我那么狂热接受的水疗理论，转向实践上的严肃认真。我去打听附近的一家水疗疗养院，向我妻子吐露，我这些日子(那是在9月中旬)将要退隐到离这儿大约3个小时路程的阿尔比斯布隆去，如果我不变成一

① 博马舍(1732—1799)：法国剧作家、音乐家。

个极其健康的人，我就不回来。听了我宣布自己的打算之后，明娜大吃一惊，她认为，不能不把这视为逃离家庭的一种新倾向。对此，我告诉她，为了我的归来，要把由我们租赁的那套位于采尔特韦格的埃舍尔豪塞尔临街房屋底层，面积虽然很小，却是环境优美的住宅，布置得尽可能舒适，因为我们确实曾经由于冬天待在迄今为止这套偏远的住宅里十分辛苦，决定搬回城里去。——总的来说，我这个在这样一个冬天来临之前的季节去做水疗的计划，是在使人惊讶万分的情况下被采纳的，不过很快我就成功地争取到了一个患难与共的伙伴。这一次同赫尔韦格在一起我决不会成功；与此相反，命运给我分配来一个诚实正直、闲聊助兴的伙伴，这就是昔日萨克森近卫军少尉，施罗德-黛夫琳特过去的情人赫尔曼·米勒。对于此人而言，要保留其在萨克森军队中的职位已经不可能，尽管他并非真正的政治逃亡者，却因为在德国，各种晋升机会都对他大门紧闭，现在为便于了解一个新的生活计划，便转向瑞士，所以他倒是享有作为流亡爱国者的某种照顾。由于他从初到德累斯顿时开始，就已经习惯于同我经常来往，所以他很快就作为我家常来常往的朋友，对我的家也就熟悉了——在我家里，尤其是我妻子很喜欢见到他。我很快就说服他，几天后跟我去阿尔比斯布隆，彻底治疗那种折磨他的疾病。因为我的目的在于获得一种惊人的成就，所以我现在尽可能把那里布置得舒适宜人。这种疗法本身则由一位名叫布隆纳尔的大夫——我妻子在她探视时，就像她称呼他的那样，把他当作"水疗犹太人"，学会了对他恨之入骨——按照传统的肤浅方法实施：早上5点钟裹住全身出汗，几个小时之后跳进一个水温到底只有4℃的浴池，紧接着，为了变得暖和，便在按时到达、很快就变得冰冷的整个晚秋使劲散步。此外，水疗食谱没有葡萄酒、咖啡或者茶，令人难以忍受的同桌就餐者全是治不好的病人，可悲的夜晚终于有了勉强能带来益处的惠斯特牌戏①,避开各种脑力劳动。除此而外,神经越发劳累,而且还过度兴奋。这就是我坚持了9个星期的那种生活,其实在所有曾经享用过的药物——正如我所期待的那样——在我的皮肤上出现之前,我真不想放弃这种生活。既然我自己都认为葡萄酒害人不浅,所以我相信,我想必也会把过去在苏尔采的宴会上残留在我体内不能吸收的物质,通过出汗排泄出来。在瑞士著名膳宿公寓和所有平淡无奇的家用器具的寒酸陋室里的这种极其清苦的生活,现在却适得其反,在我心中引起对一种特别令人愉快、舒适安逸的家庭生活的渴望。现在,这种家庭生活在很长时间变成一种经年累月、日积月累、逐渐养成的,很可能是近乎狂热的偏好。我的想象所关心的是:应当怎样布置一栋房子和一套住所,使我那从事艺术生产的精神状态保持舒适和自由。

总而言之,与此结伴而来的是可能逐渐改善我的处境的种种预兆。使卡尔·里特尔感到不幸的是,他从斯图加特给我写信到水疗疗养地,谈到他的个人试验:虽说不通过沐浴,却是通过极其大量的饮水来保证水疗的成功。我现在听说,过量饮水对于其余的治疗毫无帮助,还可能造成极其危险的后果。我现在要求卡尔,要他做一次定期治疗,别像女人似的拒绝清苦,立即来我这儿,到阿尔比斯布隆来。他真的立即就听了我的话,几天之后就到了阿尔比斯布隆,这使我感到又惊又喜。虽说他对极端的水疗法充满同样的热情,只是实际使用这种疗法却很快就使他反感:他对不易消化的冷牛奶十分厌恶,因为在自然界,它作为母乳只是在温热的情况下才会喝下去。他觉得包得暖暖的和冷水浴使人兴奋,很快就想按照自己独特的方式,背着医生,用一种比较舒适的方法自行治疗。他现在需要在附近的村里找到劣质糕点。要是他在偷偷

① 一种类似桥牌的牌戏。

购买这些糕点时被人碰上的话,这会使他十分生气的。很快他就会感到自己处于一个被强制的、令他恶心的境地,但是那种荣誉感却妨碍他逃离这种境地。——在这里,他现在突然听到一个富有的叔叔去世的消息。这位叔叔给卡尔近亲家庭每个成员留下了一笔并非微不足道的财产。他母亲把她财产状况的这种好转通知他和我,附带说明:她现在也有可能就她那方面来讲,用过去由劳索特和里特尔两家提供的资助,来定期供养我了。这样以来,我也就有好长一段时间——在我急需这种资助时——进入里特尔的家庭"合作社",每年得到一笔 900 塔勒的固定收入。

这个既使人高兴、又令人振奋的转变立即就使我脑海中形成这个决定:彻底润色加工我的《尼伯龙根的指环》的原始草稿,根本不用考虑个别部分在我们剧院演出的可行性。在这里,首先要做的事情是:我要摆脱自己对魏玛剧院总监承担的责任。我已经从给我规定的酬金中得到了 200 塔勒。卡尔在能够立即把这笔钱提供给我支配,以便退还那笔钱时,欢呼雀跃。我在把这笔钱寄回魏玛剧院总监时,最衷心地赞赏他对我的态度。此外,还附有一封写给李斯特的信。在该信中,我给他极其详细地解释了我的大型计划以及心里迫切希望去做的这件事。李斯特的回复只告诉我,他对此感到高兴,知道我能够着手进行这样一项异乎寻常的工作。看来,由于他那令人惊异的与众不同,已经认为这整个计划是完全配得上我的。现在我也确实松了口气:因为自从我迫不及待地希望去做那件事以来,我就觉得那种想法就像是一个很难再掩饰的、关于我自己的谎言。这种想法就是:甚至应当采用这种方式,抱着使用甚至是德国最好的剧院毫无准备的人员,将它搬上舞台,进行演出的这种意图立即提供《青年西格弗里德》。

现在,进行水疗这段时间使我感到越来越痛苦。我渴望工作。当时,我在这里不得不放弃工作,我的情绪越来越激动,最后甚至是激动万分。我疗养的目的完全没有达到,甚至反过来产生了十分有害的后果。虽然我坚持不懈地试图掩饰这种情况——彻底分泌的效果虽然没有出现,可是我的整个身子却因此而瘦得可怕。我以这种结果为依据,认为现在已经做的事情,足以预期会取得大获成功的效果。我于 11 月底离开疗养院。过了几天,米勒步我的后尘,离开了那儿。可是卡尔却始终不渝,还想在那儿坚持到底,坚持到像我预先就感觉到的那样,出现类似的美妙结果。——在苏黎世,现在的陈设使我感到高兴。这种陈设是明娜给城里这套尽管十分狭窄的新住宅安排的。购置了一个又大又宽的长沙发,一些铺地板的地毯和好些令人愉快的其他物品。我在我的后房间里,把一块绿布壁毯放到我那张普通的软木写字桌上,四周围上轻便单薄的绿丝窗帘。我和所有的人都非常喜欢这种安排。这张如此装饰的写字桌——从此以后我就总在这张桌前伏案工作——在几年之后一起挪到了巴黎,在我又离开巴黎后,转到李斯特的长女布兰迪妮·奥利维埃手中。她让人把这张写字桌从那儿搬到圣特罗佩茨,搬到她丈夫的小庄园去。就我所知,它如今还放在那里。

我很高兴,又在来访时也令他们感到更加舒适、优美的新住所里接待我这些苏黎世朋友。只是由于我长时间狂热宣传水疗食谱以及与之相连的、对葡萄酒和其他麻醉饮料的攻击,使他们对所有热情友好的闲聊消遣都感到扫兴。对我而言,由此便出现了一种新的信仰:如果说由于劳塞关于葡萄酒的毒性的理论站不住脚,我被譬如苏尔采和赫尔韦格——此人炫耀其化学和生理学知识——逼入困境的话,那么,我现在则遵循道德—美学动机。这种动机让我在饮葡萄酒时,认识到一种既糟糕又野蛮的代用品,取代只有通过爱情才能获得的、极度兴奋的心情。因为我断言:人们在葡萄酒中所寻找的东西,即使不会被搞得过度，其中却包含轻度麻醉的倾向，因而也就是一种使智力极度兴奋的倾向。然而，只有那种确实思想高尚的人才会体验这种倾向，这种人通过爱情的陶醉，感觉到这种精神力量不正常的激动。总而言之，这种情况就会导致对现代两性关系的批评，尤其是对将男人同女人隔离开来的观察——观察他们怎样以粗鲁的方式存在于瑞士的习惯之中——促使我进行这种批评。苏尔采认为，他丝毫也不反对通过同女人交往使自己心醉神迷，只是“不去偷她们，她们又从哪儿来呢?”赫尔韦格已经打算更深入地研究我的奇谈怪论，只是他认为：葡萄酒与这毫不相干，它本身是一种恢复精力的食品。正如阿那克里翁①所证实的那样，另一方面，这种食品又同爱情的心醉神迷十分协调一致。可是，在更仔细地观察我的状况时，我的朋友们却从他们那方面获得理由，担心我那奇特而顽固的毫无节制——我特别苍白、憔悴，睡得极少，在所有的事情中都显露出惊人的激动。而当我最终几乎是完全失眠时，我却依然如故，从未像现在这样性情开朗、心情良好过，我在冬天的严寒中一大早就继续洗我的冷水浴。这对我妻子来说，成了痛苦。她不得不用灯笼给我照路，去做接踵而来必不可少的散步。

在这种状况下，《歌剧与戏剧》印出的样本到了我手里。我对此怀着一种十分古怪的乐趣，与其说是在阅读，还不如说是在吞食这些样本。这种意识可能在这种过分激动的心情中起着很大作用。我可以本着这种意识对自己说：我现在从各个方面来看，甚至凭着明娜迫不得已的认可，我终于完全挣脱了我那迄今为止作为乐队队长和歌剧作曲家如此令人痛苦的生涯。再也没有人要求我去做两年前还使我变得这么

① 阿那克里翁（约公元前6世纪—前5世纪）：古希腊亚洲部分最后一个伟大的抒情诗人，以歌颂爱情和美酒著称。

悲伤的事情。尤其是里特尔一家现在不断向我保证，必要时要单独为我的生活提供足够的援助——这种援助的目的正是为了使我能继续从事充分自由的活动——为此做出了它最后的努力，赋予我这样的心情，我现在就怀着这种心情，傲气十足地看着我现在会做的一切。看来，我现在的工作计划排除了使我同我们糟糕的艺术社会接触的任何可能性。如果这样，我在内心深处就决不会抱有这种看法，认为我也许只不过是为这张纸工作罢了。只是我有前提：就像在我们整个社会生活中一样，在那个社会中，很快就会出现一个不可估量的巨变。我相信，在我如今这样肆无忌惮起草的著作中，正好给那种后来很快就形成的状况及其真正的需要，提供了合适的素材。通过这种素材，应当突然表明艺术同社会的一种全新的关系。我当然无法对我当时的朋友当中的任何一个人更深入浅出地谈论如此大胆的期望。这些期望来自我对当时世界局势的评判。因为政治运动普遍的失败倒是没有把我搞糊涂，相反地，我认识到，最终使这些运动被证实是如此软弱无力的东西，恰恰就是它们那个没有认识和表述得够清楚的内在原因，现在我觉得这场社会运动就是这个原因。这场运动虽然政治上遭到失败，却完全没有失去力量，而是越发迅猛地蔓延开来。我就这样来评判在我最后一次逗留巴黎期间耳闻目睹的事情。另外，我还在那里参加了一次所谓的社会民主党的选民集会，该次集会的整个立场给我留下了很深的印象。这次集会在市郊圣达尼斯临时安排的“博爱大厅”里举行，有 6000 人参加，这些人举止优雅，没有任何喧嚷暴乱的行为，使我对这个最年轻的政党全神贯注和充满信心的意识，有了一个大有裨益的理解。当时“国民议会”极左派的主要演讲人既通过他们那异乎寻常的雄辩热情，也通过他们身上表现出来的坚定信念，使我感到惊讶。既然现在这个货真价实的激进党由于提出反对占统治地位的反动势力的所有口号而逐渐壮大,既然所有过去仅仅是具有"自由思想的"分子都公开赞同这个所谓的"社会民主党"的选举纲领,所以可以预期,它至少在巴黎,在即将到来的1852年新一轮的选举中,尤其是在新选共和国总统时,会取得压倒性优势。众所周知,我自己关于此事的种种看法同整个法国普遍的看法也是一致的。看来,不能不重视1852年所发生的、闻所未闻的根本性变化。这种变化肯定特别使反对党感到担忧,因此这个政党也就惊恐万分地面对这种局面即将到来的状况。在欧洲各国,各种精神上的振奋遭到极其愚昧、野蛮的镇压。这些国家别的情况却让人产生这样的看法:恰好是这种状况无论从哪方面来看,都无法长期存在。看来,所有的人都在急切期待那个在最近几年即将做出的、伟大的决定。我同一位名叫乌利希的朋友,除了讨论水疗体系的出色之处外,也讨论了这个重要的世界局势。他这位在德累斯顿剧院和乐队排练之后到我这儿来的人感到,要如此大胆地去正确设想这些人类事件的巨大变化,非常之困难。他向我保证:我无法想象,这些人是多么可怜。但是我却把他麻醉到这种地步,使他同我一道,考虑到1852年就是孕育着伟大决定的一年。在我们的通讯报道中,到底有些报道涉及此事。我们的通讯报道又连续不断地介绍《费加罗的婚礼》。每当我们不得不抱怨某一种卑劣行径时,我总要使他回忆起这个既充满希望又是倒霉透顶的年份。这时,我的看法几乎就到了这样的地步:我们必须较长时间地静观那种所期待的彻底变革,以便在如果所有的人都不会知道要做什么之时,才从我们这方面开始采取行动。说明我心中这种特殊的希望寄托的理由具有多么重大的意义,我无法正确估量。可是,我当然必须很快就要认识到:我的神经兴奋的程度不断增长,到了令人忧虑的地步,这种情况对我那些看法和断言深信不疑的狂妄,起了巨大的作用。巴黎12月2日军事政变的消息给我留下的全是难以置信的印象:当这个世界看来应当被保存下来之时，很明显，它在我眼里却在毁灭。在这方面的成果固定下来时，在过去没有人会认为是可能的事情，可以用继续存在的各种现象加以说明时，我就抱着无所谓的态度，就像回避一种秘密——我们以为不值得花气力去探究这种秘密——那样，回避对这个神秘莫测的世界的探究。我开玩笑似的回忆起我们过去对 1852 年寄托的希望。我现在带着这种回忆，为我同乌利希的通讯往来安排了如下内容：我们把这一年视为未发生任何重大事件，我们不断注明的日期是 1851 年 12 月，在这种情况下，这个月通过这种方式也就得到闻所未闻的延长。

我很快就变得特别消沉。在这种意志消沉之中，对于世界历史外在进程所感到的失望，以特别的方式，与现在在我身上出现的、对于夸大涉及本人健康状况的水疗的反应一道，同时发生作用。往那个方面看去，我现在看出，在文化生活中，所有那些令人失望的、将各种崇高的希望都排斥在外的现象的胜利归来。看来，前几年的动荡已经使我们永远摆脱了这些现象。我预言那个时代的到来，到那时我们很快又会痛苦万分，以至会把亨利希·海涅出版的一本新书当作激动人心的发酵酶来欢迎——过了一些时候，这个最后业已完完全全不引人注目的诗人的《罗曼采罗》确实又以劲头十足、久已习惯的轰动，惊动了报纸杂志。这时，我不得不哈哈大笑；我确实属于那种看来为数极少、受过教育的德国人，这些人从未打开过这本顺便提一下，应当是立下丰功伟绩的书。与此相反，我现在找到理由对我那可怕的身体状况给予更为认真的关注，这种关注让我现在就在我迄今为止的行事方法上迫不得已来个脱胎换骨。

可是，这种转变却只能十分缓慢地进行，而且还是在受到我那些朋友特殊影响的情况下才发生的。这群朋友的圈子随着这个冬季的来临,越来越大——卡尔·里特尔同样从阿尔比斯布隆逃到我这儿来,待了8天,而且试图在我附近住下来——虽然他立即就前往德累斯顿,因为对于他这种青春年少之人而言,看来在苏黎世找到的刺激太少太少。与此相反,不久前在苏黎世定居的韦森东克一家在寻找我的熟人。为了寻找熟人,他们住在我最初试图定居苏黎世时住过的“埃舍尔豪塞尔背街房屋”的同一套房间里。这样做是为了那位在我之后搬进来,从德累斯顿革命以来,我就十分熟悉的封·比贝尔施泰因元帅。我记得,在这次社交聚会的晚会上,我当初那股毫无节制的激动劲儿,在同奥森布吕克教授的讨论中,以极其特别的方式表现出来。我整个晚餐期间,都在用我充满激情的奇谈怪论刺激这个人,使他对我确实感到厌恶;因为从此以后,他每次都恐惧万分地避免同我见面。我在这儿同韦森东克结识,暂时使我获得比其他苏黎世家庭更具优势的一个家庭令人愉快的舒适感。比我年轻几岁的奥托·韦森东克先生由于参与经营一家大型纽约丝绸商店,赚了一笔颇为可观的财产。看来,他在做出他那些生命攸关的决定时,完全取决于他那几年前同他结婚的年轻太太的爱好。两人都出生在下莱茵地区,都具有这个国家令人喜爱的淡黄色标志。当他不得不在欧洲某一个对纽约商店大有裨益的地方扎下根来时,也许是由于他那德意志因素的缘故吧,他暂时选择了苏黎世,而并非里昂。两人都在去年冬天观看了由我指挥的一部贝多芬交响曲的演出,而且当这个成果在苏黎世引起轰动时,在他们看来,似乎觉得要新安家,就希望把我争取过来,同他们交往。

也就是这个冬天,我自行决定,从新年开始,在音乐协会的三场音乐会中,在现在预先假定有这个机会的条件下,要教这个实力增强的乐队练会几部优秀的音乐作品,而且还要指挥这些作品。这一次让人极其小心翼翼地演奏贝多芬的作品《爱格蒙特》本身,就使我感到十分愉快。既然赫尔韦格这么喜欢，希望听到我的音乐，我就像是在坚决保证这一点似的，为了专门取悦于他，我也演奏《汤豪瑟序曲》，为这个机会撰写了一份特别的、使该序曲变得通俗易懂的说明书。我也成功地做到了《科里奥兰序曲》①的出色演出。我同样为这首序曲撰写了一份解释性的说明书。所有这一切都受到我的朋友们兴趣盎然的欢迎，致使我由此受到诱惑，最终为了我的朋友们，甚至对当时的剧院经理勒韦那些请求——此人希望演出《漂泊的荷兰人》——做出让步，让自己做出决定，去作一次令人极其反感的、尽管只是偶尔为之的研究，研究流动剧团。当然，在这里人道的考虑也发挥了作用；因为这是为一个名叫舍内克的年轻乐队队长举办的演出，此人确实赢得了我对他那无可争辩的音乐指挥天赋的支持。

这次进入我很不习惯的歌剧尝试等领域的郊游使我付出了努力。这种努力对加剧我那受到过度刺激的健康状况起了不小的作用，致使我现在极其痛苦地背弃自己那些关于医生的极端想法，按照韦森东克的特别推荐，把自己交给拉恩-埃舍尔大夫。该大夫通过他那平易近人的举止行为和好言好语、抚慰人心的工作方法，逐渐把我送上一条新的、可以忍受的轨道。

我最终渴望的只是能够开始去完成我的《尼伯龙根》台本。可是在我当真鼓起勇气要去做这件事之前，我认为得等到春天，暂时还要做一些小型的工作来度过我的时光。在这些工作中，有一封用于发表的、关于"歌德基金会"的、致李斯特的书信，阐述我那些建立德意志民族剧院之必要性的想法；而且还可以使人想起给弗兰茨·布伦德尔写的第二封信，信中谈到一本音乐杂志，按照我的意见所奉行的倾向。——

① 这里是指贝多芬写的序曲。

我也想起亨利·维厄唐①的一次拜访。此人由贝洛尼斯陪同前往苏黎世,在那里开一场音乐会,自从那个早期的巴黎时代以来,有一天晚上,他用自己的小提琴演奏,使我的朋友们再一次感到高兴。——随着春天的临近,就连赫尔曼·弗兰克的一次访问也使我感到惊喜。我同他进行了一次饶有兴趣的交谈,谈到过去他完全从我视线中消失那段时间的世界大事。他用自己平心静气的方式向我表示他对那种激情的惊讶,我居然会怀着这样的激情,卷入德累斯顿起义。因为我万分惊奇地误解了他的表情,所以他就解释这种表情,说他相信我也许对一切可能的事情都充满热情,只是不相信我会轻率地去参与这样毫无价值的活动。现在我听说,这就是对于德国这些闻所未闻的、遭到诽谤的事情经过的普遍看法。特别是在有关我那可怜的朋友勒克尔的问题上,我没法为揭发强加在他头上的诽谤做出应有的贡献——这些诽谤甚至把他描绘成一个胆小如鼠的无赖——以便在使我得到真正的满足时,也能教会弗兰克关于这方面的另一种意见。为此,他向我表示诚挚的谢忱。勒克尔较长时间以来,被"减刑"为无期徒刑。现在没有别的办法,我同他本人保持着公开的通信关系。这种通信联系的特点很快就导致这样的结果:使我,尤其是在见到他身陷囹圄仍然具有坚强的、甚至是乐观的毅力时,不得不认为他比生活在被展望我所有境遇的那种极其绝望的目光所玷污的自由中的我更为幸福。

5月份终于来临。我渴望待在乡下,好让我那松弛的神经强健起来,终于可以开始完成我那些充满诗情画意的计划。我们在离我们住所不远的苏黎世山的半山上,在林德尔克勒希特庄园找到一个勉强过得去的临时住处。我们已经能够于5月22日用一次在野外的乡村风

① 亨利·维厄唐(1820—1881):比利时小提琴家、作曲家。

味宴会，极目远眺湖光水色和遥远的阿尔卑斯山，庆祝我的39岁生日。可是很可惜，差不多要持续整个夏季的下雨天气很快就已到来。我费了很大力气，同这种天气对我的情绪产生的不良影响做斗争。我现在倒是立即就开始工作了。在我从后面起，开始完成我那个宏伟计划之后，我现在也在沿着这个方向，在开始之后继续往下做，所以现在在完成《西格弗里德之死》和《青年西格弗里德》之后，首先要润色加工《女武神》主要部分的第一部分，最后接踵而来的才是开场序曲《莱茵的黄金》。我就在这样的情况下，直至6月底，完成《女武神》的台本。顺便提一下，我在这里撰写了我的《罗恩格林》总谱上致李斯特的献词，以及发表在一份瑞士报纸上，对我的《漂泊的荷兰人》妄加批评的评论家进行谴责的押韵诗文。除此之外，一件十分令人讨厌、涉及格奥尔格·赫尔韦格的事情在折磨着我，迫使我隐居乡间，因为有一天，一个名叫豪克的先生——此君自称马志尼①时期，就是当时的“罗马将军”——在我这里号称，为了一个据说是深受那个“不幸的抒情诗人”伤害的家庭的利益，准备进行某种方式的阴谋活动，对付这个诗人，但是他却因此无可奈何地遭到我的拒绝。与此相反，我所尊敬的女友里特尔的大女儿朱丽叶持续不断的来访却更令我愉快。朱丽叶与德累斯顿年轻的室内乐队队员库梅尔结了婚，同丈夫——此人健康状况看来非常糟糕——一起，因为一位在苏黎世玩上几个小时的著名水疗医生的缘故，来找过我们。我在这里现在已经有机会对水疗法口诛笔伐。这件事使我那些把我看成是一个“狂人”的青年朋友大为震惊。可是我们却把这位室内乐队队员丢在一边。与此相反，因为在林德尔克勒希特庄园

① 马志尼(1805—1872)：意大利政治家、宣传鼓动家和作家，争取意大利统一和独立的战士。

较长的逗留期间，我们身边有这位可亲可爱、令人愉快的年轻女友，我们又感到高兴。

由于阴雨连绵、冷得要命的气候，我们怀着对我工作的成功感到心满意足的心情，终于在 6 月底又回到了更为舒适的城里住所。我在那里决定等待真正的夏季天气的到来，然后开始一次翻越阿尔卑斯山的长途徒步旅行。我期待着通过这次旅行，对我的健康状况产生有益的影响。赫尔韦格答应陪我去。可是真讨厌，因为他看来还是有事耽搁了，我就于 7 月中旬只身一人动身，以便按照我们的约定，让我在州里的旅伴们先来接我。我从四森林州湖畔的阿尔卑纳赫出发，开始严格遵循徒步行走的原则漫游，而且是按计划进行。这个计划规定我，除了伯尔尼山地的几个主要地点之外，要沿着一些特别的、人迹罕见的羊肠小道，穿过阿尔卑斯山地区。我在这里游的范围相当广，譬如说，我在伯尔尼山地也去游历了当时还难以到达的“福尔山”。穿过哈尔斯山谷，到达格里姆瑟尔疗养院，因为要攀登锡德尔峰，我向疗养院的老板、一个身材魁梧的男子打听情况。为此，他向我推荐他的一个仆人，一个其貌不扬、举止粗鲁的人当向导。此人并不带我走积雪层，而是带我笔直往前走，走上崎岖不平的锯齿形羊肠小道，这在我心里引起怀疑，认为他的目的就是要让我累倒。在锡德尔峰的山巅，我一方面为能够一睹这个山地平时只是以其外表面向我们的那些巨人的内心世界感到高兴，另一方面也为突然展现在眼前、包括勃朗峰和罗莎峰在内的意大利阿尔卑斯山全貌感到高兴。我没有忘记随身带上一瓶香槟酒，仿效皮克勒尔侯爵在其攀登斯诺登山时的榜样，只是我未想起任何一个我也许该为其健康干杯的人。现在我又穿越积雪层往山下走，我的向导拄着他的登山拐杖，飞快地从积雪层上滑过去。我满足于以中等速度，跟在后面，更加小心地往下走。傍晚时分，我极其困乏地到达上盖斯特伦。我在那里休息两天,按照约定等候赫尔韦格。他没来,却只等来了他的一封信。这封信强行将我从我的阿尔卑斯山印象中拖出来,拖进令人不快的市民环境。这位不幸的人当时由于那些业已提到过的干扰,正陷于这样的境地。因为我担心,我会被他的敌人诱惑,使我做出对他不友好的评判。我告诉他:他不用为此事操心,在瑞士的意大利语地区最好能同我会面。就这样,我便同我那位可怕的向导一起动身,单独攀登格里斯冰川,穿过格里斯山口,到阿尔卑斯山南面去。在往上攀登时,我眼前呈现出一幅长时间的、极其悲惨的景象:在阿尔卑斯山上的牛群中流行口蹄疫,无数牛群排成长长的行列,从我身边走过,走下山,到山谷中去进行必要的护理。这些牛都骨瘦如柴,形同骷髅,十分可怜、非常艰难地拖着腿往那里走去。景色优美的环境连同绿草如茵的牧场好像在用一种不可思议的幸灾乐祸的目光,望着这次悲惨的逃亡。我怀着这样一种十分沮丧的心情,到达陡峭的冰川山坡脚下。我感到自己的神经已经极度虚弱,虚弱到使我宣布:要掉头返回。我听到我的向导在对这件事放肆嘲讽。看来,他似乎是在讽刺我的懦弱。对此感到的不快使我的神经绷得紧紧的。我立即就动身,以极快的速度攀登陡峭的冰壁,使他这一次很难跟得上我。我们经历了重重困难,才完成穿越冰川山脊这差不多持续两个小时的漫游。这些困难至少使这个格里姆瑟尔仆人甚至也为自己担起心来。刚下过雪。这些刚下的新雪覆盖着那些冰缝的表面,因此无法准确地识别危险地段。在这里,向导便理所当然地必须走在前面,仔细侦察这条小路。我们终于到达通往福尔马扎山谷的高地山谷山口。在通往该山谷的路上,首先遇到的又是一个陡峭的冰雪斜坡。在这里,我的向导又开始玩起花招来,他陪我——不是用安全可靠的"之"字形方式——再一次笔直穿越陡峰的斜坡。既然我们用这种方式到达一个如此陡峭的卵石场,使我面对一种无法避免的危险，那我就暗示我的陪同，会发生极其严重的事情，强迫他同我一道，后退一大段路，退到我发现的一条坡度要平缓一些的小路上去。他不得不没好气地同意我的想法。对我而言，在我走出这呆板的荒野时，初次同文化的接触是十分感人的。那第一个又向牲畜开放的可怜牧场名叫贝特尔牧场。我们遇到的第一个人是一位土拨鼠猎人。不过，这个荒野很快就由于那道奔腾而下的山间溪流，有一处分成宽阔的三段，形成一个倾泻而下、美妙绝伦的瀑布。持续不断地往山下走去，在苔藓和地衣转换成青草和草地，矮松转换成越来越挺拔的松树和云杉之后，我们终于到达通往我们今天漫游的目的地——波马特村的一个越来越舒适宜人的山谷地带。此地被意大利居民称作福尔马扎。因为在这里，确实是我一生中破天荒第一次有幸吃到土拨鼠烤肉。我解雇了我的向导，并把他打发回家之后，第二天早上，由于睡眠少，体力还未从困乏不堪中完全恢复过来，我便独自一人，出发作距离较远的远足，沿着山谷往下走。这一年 11 月我才听说，我在确实遭到生命危险时受到这个人的保护。当时，这个消息使整个瑞士都大为震惊——格里姆瑟尔疗养院被烧毁，纵火者除了疗养院老板之外，没有别的人。这个老板希望通过此举，从乡镇方面强求获得重申格里姆瑟尔农庄租约的许可。他本人在他的罪行被揭露时，立即就在那个小湖里——那家疗养院就位于该湖湖岸上——投湖自尽；可是被他雇用纵火的那个仆人却遭到逮捕，被押去服刑。我从他的名字得知，他就是那个以防万一的格里姆瑟尔老板给我派来，陪我孤独漫游，穿过同一个冰川山口的那个人。现在我也同样听说，在这个山口，在我之前不久，有两个法兰克福的旅游者遇难丧命：所以我到底是再一次有机会，把自己看作以特殊的方式面临九死一生的危险，躲过了一劫。

现在，穿过越来越深、垂直向下的山谷的漫游印象，在我脑海里永志不忘。在我穿过一个狭窄的山崖洞口——托萨河压缩成这个洞口——沿着陡峭的路往下走之后,那种突然展现在眼前的南方植物使我惊喜万分。在炎炎的烈日下,我于下午到达多莫多索拉;在这里,我还记得一场用普拉滕式的精雕细刻演出的美妙喜剧。这部喜剧是由一位我不认识的作者,通过爱德华·代夫里恩特告诉我,它在多莫多索拉,就像我刚好亲身感觉到的那样,在从阿尔卑斯山北部地区下山,来到突然展现在眼前的意大利的印象中演出。同样令我难以忘怀的是一次在此地相当简单,但服务却令人极其舒适的第一次意大利式午餐。因为太累,我无法在当天继续漫游,却又迫不及待地努力赶到马焦雷湖岸。我在这里设法找到一辆单驾马车,这辆马车在夜色降临前还可以把我带往巴韦诺。在我乘着自己的小马车往那儿驶去时,我感到那么愉快,那么幸福,使我犯下肆无忌惮的毛病,粗暴地拒绝了一位军官的请求。这位军官通过出租马车夫向我请求,允许他陪伴我。在我现在经过的那些风景如画的村镇,住房装饰的精巧秀丽以及人们可爱的外貌使我感到高兴。一位年轻的母亲抱着自己的孩子,转动着纺锤,边愉快地哼着一支歌的曲调,边溜达着,悠然而去。她也同样给我留下不可磨灭的印象。在日落前不久,我还见到从马焦雷湖中冉冉升起、婀娜多姿的博罗梅埃群岛的景色,我现在对于明天所要经历的东西又感到高兴,高兴得无法入睡。翌日游览这些岛屿本身就令我心醉神迷,甚至痴迷到这种地步,使我无法真正弄明白,自己怎么会来到如此婀娜多姿之地,遇到这种情况自己该怎么办。我怀着仿佛自己现在必须逃离这个我不该来到的地方的感情。在那一天之后就离开了那个地方,沿着马焦雷湖往上走,经过洛迦诺,前往贝林佐纳,重新进入瑞士联邦地区,再从那里前往卢加诺。按照我最初的旅行计划,我打算在卢加诺待得更久一些。在这里,我现在很快就遇上难以忍受的炎热;就连被照得通红的湖中浴场都不再让人感到神清气爽。我在一座冬天是提契诺州政府所在地，夏天却用作旅店的宫殿式建筑物里住宿，撇开那些肮脏的家具——其中，就连阿里斯托芬的戏剧《云》中的“思考沙发”也粉墨登场——不说，设备也是十分富丽堂皇的。可是现在在我这里又出现这样一种状况。我这么长时间地忍受这种状况。这种状况让我在神经的极度松弛与极度激动之间很少安静下来，就像通常每逢我在自己的一生中采用一种令人愉快的方式，打算休息一下时我所遇到的情况那样。我随身带来了读物，拜伦尤其应当承担我消遣的费用。可惜，我不得不强迫自己，在那种终于在进一步阅读《唐璜》的过程中使我感到越来越难的东西身上找到乐趣。没过几天，我就已经弄不明白自己要在这儿干什么了。这时，赫尔韦格突然告诉我，说他在这儿要同几个朋友一道来找我。一种奇妙的直觉驱使我，立即给我妻子拍电报，让她同样也到这儿来。她以令人惊异的速度听从我的召唤，乘坐驿车，经过戈特哈德，突如其来在深夜到达。她累得要命，在“思考沙发”上即刻就堕入梦乡，我还从未经历过的、那么猛烈的一场大雷雨都不能影响她的睡眠。早上，我苏黎世那些朋友也确确实实来了。

赫尔韦格的主要伙伴是弗朗索瓦·维莱大夫。很久以前我初次拜访赫尔韦格时就已经认识此人了：他以在大学生论战中撕破脸著称，除此之外，也以满怀信心的爱好诙谐幽默、粗俗露骨的评论出名。近来，他同他全家在苏黎世湖畔的迈伦定居，经常同赫尔韦格一道劝我去那儿看他。我们在那儿见到一个汉堡家庭的种种习惯。这些习惯由他的太太——一位富有的海船船主斯洛曼的女儿以相当阔绰的方式保留下来。当他还是个大学生时，就曾经获得机会，通过一家汉堡政治性报纸的编辑部引起重视，结交了不少朋友。他很善于讲故事，并因此而被视为闲聊行家。现在他——看来是这样——关心赫尔韦格，把他从他那恶劣的心绪中拖出来,使他摆脱在即将开始的阿尔卑斯山漫游一事上犹豫不决的态度,同某位名叫艾希尔格尔的教授一道出发,甚至是徒步穿越戈特哈德。这件事使赫尔韦格气愤到极点,因为他以为可以让他说明,徒步漫游只有在人们无法乘车的地方才能采用,但是在这样一些人造道路上却不适用。在一次去卢加诺周围郊游途中,我有机会觉察到在意大利比比皆是、幼稚可笑的教堂组钟那种令人不愉快的印象。在这次郊游之后,我说服那些伙伴,跟随我去博罗梅埃群岛——我只渴望再一次去那儿。我们乘汽船泛舟马焦雷湖上时,遇到一位身材瘦削、蓄着匈牙利轻骑兵式髭须的先生。我们彼此之间都在开玩笑,把此君冒充为海瑙将军①,而且作为这个将军,他既成为我们的开心对象,又受到我们怀疑。很快他就向人透露自己是一个心肠极好的汉诺威贵族。此人为了寻开心,曾经长期游历意大利,他能够告诉我们许多与同意大利人打交道有关的有用情况。他的介绍对于我们游览博罗梅埃群岛大有裨益。我的熟人们在群岛同我和我妻子分手,以便取道最近的路往回走,而我们则想经过辛普朗,还要穿越瓦莱州,到沙莫尼去。

因为迄今为止我的郊游曾经给我带来的劳累告诉我,不要这么快就又出发去做一次类似的活动,所以我急于要借此机会去完完整整地观察瑞士最负盛名的名胜古迹。可是我到底——就像我近来的情况那样——心情不错,有心思期待着通过一个新的外部印象,对我产生一次意义重大的影响。因此我不想放过勃朗峰。一睹它的尊容是用巨大的艰辛换来的。在这些艰难苦楚中,值得一提的是夜晚到达马蒂尼,在那里由于客栈爆满,到处都拒绝留宿,我们只好利用一个驿车夫的恋爱关

---

① 海瑙(1786—1853):奥地利将军。曾残酷镇压革命起义,因名声不佳,在伦敦和布鲁塞尔游历时遭到群众袭击。

系，去找一个女仆，非法在一个今夜被主人放弃的私人住所里找到栖身之地。在沙莫尼山谷，我们有义务去游览那个所谓的“冰海”和“弗莱热尔”。从“弗莱热尔”极目远眺，勃朗峰的景象当然也使我异常兴奋。可是我的想象并未放在攀登这个山峰上，而是放在跨越热昂山口上，这时吸引我的并非到达很高的顶峰，而是后面这次漫游途中那绵延不断、高高突起的不毛之地。较长时间以来，我就打定主意，再经受一次这样一种独特的冒险。在从“弗莱热尔”下山时，明娜在一次跌倒时把脚扭脱臼了。从现在起，这次扭伤引起的疼痛难忍的后果制止我们去继续做任何一种活动。为此，我们现在只好被迫加快经过日内瓦的返程速度。

甚至在从这次意义更为重大、更为出色的郊游，从我纯粹是为了休养而进行的这次绝无仅有的郊游回来时，我怀着的是一种奇特的失望感情。我剩下的只有对远方的某种东西的热望，这种东西也许会对我产生决定性影响，会给我的生活带来新的变化。——为此，我在家里见到我人生命运其他方面的一种新变化的种种迹象。这就是形形色色的德国剧院的需求和订单，这些剧院想上演《唐豪瑟》。首先是什未林宫廷剧院，该剧院表示自己需要上演这部歌剧。勒克尔最小的妹妹没过多久同我从少年时代起就熟悉的演员莫里茨结婚，现在作为年轻的女歌手，从她接受教育的国家——英国来到德国。她像给别的人讲述一样，也曾经给那个剧院的一个老老实实的职员——会计师施托克斯这么热情地讲述《唐豪舍》在魏玛给她留下的印象，致使该会计师暗自发奋，极其热心地钻研歌剧，这时正催促剧院经理，开始上演这个歌剧。很快，就连布雷斯劳、布拉格和威斯巴登的剧院都纷纷申报，要求上演该剧。我青年时代的朋友路易·申德尔迈斯尔就在威斯巴登剧院担任管弦乐队指挥。在这些剧院之后，短时间内接踵而来的还有其他剧院；

但是，甚至连柏林宫廷剧院也通过他的新任剧院经理封·许尔森先生来打听演出事宜时，却使我感到十分意外。就最后这一事件而言，也许我可以认为：当时的普鲁士公主由于我忠实的女友弗罗曼，一直对我很友好，尤其是《唐豪瑟》通过在魏玛的演出新近又对此起到了强有力的推动作用，是她策动了这次突如其来的让步。

当那些小剧院的订单使我欣喜若狂时，那些德国最大剧院的订单却让我惶恐不安。因为我了解在那些剧院，那些踏实而又热心的管弦乐队指挥，他们本人肯定对上演我的歌剧的愿望起到了推波助澜的作用；而与之相反，柏林的情况则大不一样。我早就知道那个人，知道那个毫无天赋却又十分爱慕虚荣的管弦乐队指挥陶贝尔特。除了陶贝尔特之外，在那里只有雇用那位来自里加，很早就已经，而且后来终于给我留下十分糟糕印象的亨利希·多恩充当管弦乐队指挥。我不同这两个人当中的任何一个人交往，我既没有兴趣，也看不到通过我的作品去交往的可能性。出于我对他们的才能和他们卑鄙意图的了解，我有充分理由对在他们指挥下成功演出我的歌剧表示怀疑。既然我现在作为流亡者，无法亲自去到柏林，监督演出我的作品的精神实质，于是我就立即请求李斯特同意，提议他作为我在柏林的代理人。他对此表示欣然同意。在我根据这种情况，将聘任李斯特作为条件提出来时，却遭到来自柏林剧院总监方面的责难：对一个“魏玛”管弦乐队指挥的聘任，一定会显得好像是在粗暴委派普鲁士宫廷乐队队长似的；因此，我不得不拒绝这个条件。一种麻烦费事的交易尝试便由此开始了。这种尝试以在柏林从现在起，直至较长时间内停止演出《唐豪瑟》告终。

但是从现在起，当《唐豪瑟》以迅猛异常的速度，在德国中型剧院传播开来时，我就对这些演出的精神实质感到忧虑重重。关于这些演出的性质，我从来就没法完全弄明白。既然到处都阻止我出席演出，所以我就着手通过一篇十分详尽的论文——这篇论文应当作为我那部作品的演出说明——为正确理解我所提出的那个任务操心。我自费让人将这篇内容相当广泛的文章印得装帧精美，往订购《唐豪瑟》总谱的各个剧院寄送其中数量不少的一部分样本，规定应当分发给管弦乐队指挥、导演和主要演员，以期引起重视并遵照执行。随着时间的推移，我还未听到有任何一个人看过或者说，甚至是遵循这个说明。因为在1864年，由于我小心谨慎分发这些小册子，我所有的样本都发完了。与此相反，使我非常高兴的是，我找到从前寄往慕尼黑宫廷剧院的样本，全都原封不动地保存在该剧院的档案馆室。我为此感到心情舒畅，可以使巴伐利亚的国王——他希望这样做——一些朋友和我本人重新了解业已丢失的文章。

这是一种不寻常的命运：现在显示出来的、我的歌剧在德国各剧院的流行，与我现在实现正在形成的、从事某项工作的决定不谋而合。为了这项工作的设想，我被迫如此坚决地、极其冷酷无情地对待我们的剧院。然而，那种迄今为止希望渺茫的变化，根本不会对我从事这项工作的情绪产生任何影响。由于抓住我的计划不放，我其实是得以平静下来；从另一方面看，只好让一切都听其自然，甚至对演出事宜根本不提任何倡议。所以我只好顺其自然，只要我听到大获成功的消息时，我都会惊讶万分，冷眼旁观；但我并不让这类成功诱使我改变自己对我们剧院总的评价，尤其是对歌剧的评价。我毫不动摇地坚持以这种方式完成我的《尼伯龙根》戏剧的打算。如今的歌剧院好像根本就不会存在似的，而与此相反，由我想出的理想剧院有朝一日则会十分必然地给我提供机会。因此，我到底还是在这一年的10月和11月写出了《莱茵的黄金》的脚本。这样，我就将结束由我拟订的整套《尼伯龙根》传说系列歌剧的工作向前推进了一步。但是与此同时，我也在按照这种方式改写《青年西格弗里德》，尤其是《西格弗里德之死》，使它们现在同整体的关系协调一致，特别是后面那个剧本通过这种方式得到一些意义重大的扩展。现在，这些扩展与整体直言不讳阐述的意义相吻合。所以，我也应该赋予后面这个剧本一个新的，与它同整个作品协调一致的关系相吻合的标题；我现在把它称作《众神的黄昏》，而我则可以把《青年西格弗里德》干脆称作《西格弗里德》，因为这个剧不再以该英雄生活中一个并不连贯的插曲作为对象，而是在整体的范围内保留他在其他主要人物之外的恰当位置。

使我感到悲伤的是，不得不很可能是长时间地在毫不知情的情况下，把这个内容广泛的台本创作交给那些我倒是可以相信对此感兴趣的人去完成。既然现在那些剧院以令人惊异的方式，在某个时候给我备好了它们通常为《唐豪瑟》所付的稿酬，所以我也就决定把我收入的一部分，用于让人制作一批印刷精美的、我的台本的样本，以备我私用。我决定，应当从这一套印制精美的样本中抽出 50 本来。——还在我尚未完全做完这使我感到非常愉快的工作之前，我却不得不经受一次巨大的痛苦。

虽然我的多数熟人都把这整个作品视为一种幻想，甚至还认为是一种骄傲自大的念头，但我却在附近很可能感到了关注我这部大型台本完成创作情况的迹象。随着理解的加深，确实只有赫尔韦格才在热心地着手对此进行探讨。我经常同赫尔韦格一起讨论这部作品，通常我还给他朗读那些业已写完的部分。苏尔采对于改写《西格弗里德之死》十分生气，因为他认为这个剧本又好又有特点，认为这样做会使剧本失去这些特点，而如果要重新让人认为又好又合适的话，其中有不少东西都会改动。因此，他请求收藏第一个稿本的手稿作为纪念，要不然，这些手稿很可能都会散失殆尽。——为了在紧接着就尽可能快地传播该台本时，立刻使自己对整个台本的影响有一个概念，我已经决定，在完成该项工作之后几天，在12月中旬，去住在自家庄园的维莱一家作几天拜访，以便给一个小型社交聚会朗读该台本。除了陪同我的赫尔韦格之外，在场的还有维莱夫人及其姊妹封·比辛夫人。我经常在自己所喜欢的、习以为常的拜访时，在走完两个小时路程到达玛丽亚费尔德后，还要以我那异乎寻常的独特方式，通过几个人自娱自乐的合奏，特别为夫人们助兴，而且借助她们，赢得差不多是如醉如痴、兴奋激动的听众。这使维莱先生感到几分烦恼，此君公开承认：他最讨厌音乐。不过顺便提一下，他虽然举止粗俗，最终却善于从有趣的方面来使这件事情收场。因为我傍晚时分到达，马上就开始朗读《莱茵的黄金》，另外，因为时间看来还不太晚，而且我相信所有的劳顿对自己都没有害处，所以我还让《女武神》接着朗读下去，一直朗读到半夜。第二天早上，早餐后轮到《西格弗里德》，傍晚时，我以《众神的黄昏》结束这次朗读。我认为有理由对这个印象感到满意，尤其是夫人们在合乎礼貌的激动中，没有就朗读内容交头接耳过一次。可惜给我留下的却是令人惶恐不安的激动。我彻夜难眠，第二天对任何一种闲聊都感到害怕，所以没有人理解我的匆匆离别。看来，只有陪同我往回走的赫尔韦格觉察到我的心情，用同样的默然不语分担这种情绪。——可是现在我却由于将全部杀青的作品告诉了我在德累斯顿的忠实朋友乌利希，使自己感到特别高兴。我同乌利希书信不断，他一个阶段一个阶段地跟踪我那个对他来说是了如指掌的计划的起草工作。在把那部应当放在前面的《莱茵的黄金》完成之前，我不想把《女武神》给他寄去。再说，在这部作品可能成为我的一个印刷精美的样本之前，他也不该得到出版的所有作品。随着秋天的来临，我已经从乌利希的书信中看出越来越为他的健康状况担忧的理由。他抱怨令人担忧的咳嗽痉挛有增无减，抱怨终于出现的彻底沙哑。他认为这只不过是身体虚弱而已。他希望通过增强自己的体质,通过凉水和高强度步行漫游来克服这种虚弱。在剧院的小提琴手工作使他的健康受到很大损害;与此相反,每当他完成了穿越周遭的这么一次严格的7小时长途步行时,他都会一再感到更加舒服;当然,只有胸部痉挛和嗓子沙哑无法消失。甚至连在离得最近交谈时,要使别人听清自己说的话,他都感到困难。我还没有想要让这个不幸之人感到害怕的地方,我总是指望:他的情况想必终于会使某位医生对这种状况进行对症下药的治疗。可是现在,在我从他那儿只是不断听说他对水疗原则忠实的保证时,我就再也无法阻拦他了,我大声告诉他:停止这种荒唐的做法,向一个谨慎的医生诉说真情,因为就他这种状况而论,问题不再是增强体质,而首先是护理。听到这番话,这位极其可怜的人大惊失色,因为他从我的看法中明白过来,知道我感到担心,怕他患有严重的肺结核。"如果我的情况真是这样的话,那我可怜的妻子和我的孩子们该怎么办?"他这样写道。很可惜,太迟了。直到我的老朋友——合唱队指挥菲舍尔终于把乌利希的委托转达给我之前,他还试图用自己最后一点力气给我写信。这时,乌利希已经再也没法向紧凑到他嘴边的耳朵讲出能清楚听见的话了。在这封信后,他去世的噩耗便以飞快的速度接踵而来:他于1853年1月3日辞世。他同勒尔斯,是我的第二个真正忠实的朋友,肺结核把这些朋友从我身边夺走了。现在,我那个装帧精美、为他定制的《莱茵的黄金》的样本,毫无用处地摆在我面前;我把这个样本赠送给他最小的男孩——我的教子,他给这个孩子取名齐格弗里德。他请求他的遗孀,把他遗留下来的那些理论性文章交给我。我得到一些很有价值的论文,其中甚至还有过去提到过的、篇幅较大的、关于主题形成的论文。虽然出版这些论文要经过十分必要的仔细加工,要费我很大的力气,我向身在莱比锡的黑尔特尔先生询问,他是否愿意为这样一本由该遗孀提供的这些论文结集而成的书支付一笔报酬优厚的稿费。这位出版商宣布:就是白给,也不愿意接受出版,因为这类东西根本就不会带来丝毫效益。这时我已经看出:第一个热心为我出力的音乐家在某些圈子里遭到了人们多么大的憎恨。

现在,乌利希去世的经验赋予我家里的常客一个在有关我的水疗理论方面反对我的巨大优势。赫尔韦格再三提醒我妻子,在我排练和音乐会演出的一番劳累之后——我就是今年冬天也在忙这些事情——一定要强迫我喝一杯上等葡萄酒。我也重新逐渐习惯于悠游自在地享用咖啡和茶时,我的朋友们高兴地注意到,我又变成了一个很有人缘的人。现在,拉恩-埃舍尔大夫先生成了一个备受欢迎、给人抚慰的家中常客——他在好多年的时间里都十分清楚这一点——以便控制住因为我的健康,尤其是因为我的神经过度紧张而产生的忧虑。他立即就证明了自己这一处理方法的巧妙,因为我大约在 2 月中旬就已经准备做一件事情——连续 4 个晚上,给一个比较大型的听众圈子朗读我的 4 部曲台本。我在第一天晚上之后就伤风很厉害,第二个朗读日早上醒来时,嗓子完全沙哑,是黏膜炎性沙哑。我立刻给我的医生说明,取消朗读会极大地刺激我;为了迅速治好我这种沙哑症状,现在该怎么办?他要求我整个白天要绝对静养,傍晚时要让人把我裹得暖暖和和地带到朗读场所,我在那儿要喝几杯淡茶;其余的问题都会迎刃而解。因此,每当我对自己失败的活动担忧时,我当然也就很容易患上比较重的病。朗读这个充满激情的剧本确实搞得十分出色;第三和第四个晚上,我又朗读,而且觉得身体非常好。因为为了这些朗读,我占用了博尔奥湖饭店的一个雅致的大厅,而且有令人惊异的体会:尽管我只邀请了少数朋友,但这个大厅每个晚上都挤满了人,人越来越多。当然也听凭这些朋友带一些人来,在这些人当中,他们能够怀着一种真正的兴趣,而不仅仅是好奇而来。这种影响甚至在这里看来也是一种十分有益的影响。这都是一些大学和政府中极为严肃的人士,我从这些人那里得到那些世所公认的照顾,甚至得到他们来自对于理解我的台本以及与此相联系的艺术意图所发表的好意见。由于这种奇特的,但在这里却是满怀信心、枯燥乏味的严肃态度——人们以此自居——在我心中甚至激起了这种想法:要去试一试,看这种对我如此有利的爱好能够在多大程度上为我所用,为我更崇高的艺术倾向服务。总的说来,面对关于此事曾经普遍存在的肤浅看法,人们认为,可以邀请我从事戏剧活动。我在考虑该怎么好好开头,甚至将一家苏黎世剧院极其薄弱的基础,通过奉行一些健康的原则,引向良好的训练。我把自己这些想法写在一篇以《苏黎世一剧院》为题的论文中,供每个人查阅。这个版次大约100份的印数被卖掉,但是关于这篇论文的影响,我却一点儿也没听说。只是后来有一次,在音乐协会的一次宴会中,那位尊敬的奥特-伊姆霍夫先生才承认——那时从好几个方面都表示:我那些想法也许都十分美好,但可惜不能实现——根本就无法赞同这种意见。可是在他给我提建议时,却发现丢失了甚至在他眼中能够让这些建议显得行之有效的、绝无仅有的东西,也就是我亲自担任这家剧院院长的那份热心劲儿,因为他除此之外,无法相信有任何人能够实现我的理想。因为我后来当然不得不说明,不想同这类事情有任何关系,所以事情也就这样定下来了。我在自己的内心深处不能认为人们的看法错误,就不接受这种看法。

在此期间,人们对我的兴趣越来越大。由于我现在不得不完全拒绝对我的朋友们有关在剧院上演我的主要作品的愿望做出让步。有人为此一给我恰如其分的支持,我最终就会自动提出,至少设法去挑选一些在音乐会演出中最可能演奏的独特片段。因此,预订歌剧的要求也确实风行一时。这种要求取得很好的效果,看见一些著名的、富有的艺术爱好者为捞回购票成本,按时到达演出场地。而我却必须担当起给自己聘请一个乐队的责任。这个乐队就像我所需要的那样,从远近各地叫来一些能干的专业乐队成员,在费了九牛二虎之力以后,我可以满怀信心地看到已经完成某种十分令人心满意足的事情。我采用这种方式进行安排,让受聘的乐队队员必须从一个星期天到下一个星期天,整整一个星期都待在苏黎世。其间有一半的时光他们都被占用,专门进行排练。然后,在星期三晚上进行演出,星期五晚上和星期天晚上重演。这些日子就是5月18日、20日和22日。5月22日是我的40岁生日。看到我所有的要求都得到一丝不苟的实现,我很高兴。挑选出来的乐队队员从美因兹、威斯巴登、法兰克福和斯图加特,另外一些队员又从日内瓦、洛桑、巴塞尔、伯尔尼和瑞士的主要城镇,于星期天下午准时到达。他们立即受到约请,进入剧院。在剧院里,他们不得不在一个由我过去在德累斯顿设计的,就是在这里也证明是出色的乐队结构中,仔细打听自己的位置,以便在第二天早上能够毫不停留、毫无干扰,立即就开始排练。因为这些人早、晚都由我支配,我给他们在两天半的时间内,不用特别费劲,就排练了从《漂泊的荷兰人》、《唐豪瑟》和《罗恩格林》中挑选出一些比较大型的乐曲。在这之前,我费了好大的气力,试图组建一个合唱队。这个合唱队现在倒是在做十分令人愉快的事情。除了《漂泊的荷兰人》中森塔的叙事谣曲之外,没有任何独唱歌曲。音乐指导海姆的夫人用一副虽然未经训练却很好的嗓音和无可挑剔的热情演唱这首叙事谣曲。这整个活动本来就不具有公开的性质,而完全是一种家长式的特性——我同意去满足大部分朋友真诚的愿望,我根据不同情况,用通俗易懂的方式,使他们了解我的音乐的特性。可是,既然在这里也需要熟悉台本,所以我就邀请那些想出席我的音乐会的人士,有三个晚上光临音乐协会的音乐大厅,在那里由我给他们朗读他们应当听到的那3部歌剧台本。人们怀着很大的兴趣接受这一邀请。我现在可以认为:我的观众比其他地方的观众准备更充分,会准时到达,倾听我那些歌剧中具有特性的片段。这三个晚上的演出对我来说,是特别感人的事件,我甚至可以破天荒第一次在这些夜晚显示自己《罗恩格林》中的某种东西,而且还可以获得一个有关这一部音乐作品前奏中我的器乐组合效果的印象。在各场演出之间有一次宴会,第一次宴会——除了后来在瘟疫期间的一次宴会之外——也是唯一的一次向我表示敬意的宴会。在这里,才华横溢的音乐协会会长奥特-乌斯特里先生的讲话确实使我深为感动;他在讲话中,促使那些来自各地,济济一堂的乐队队员注意到他们这次联合的意义、目的和作用,而且把每个人所获得的信念作为可靠的返程赠言推荐给他们。这个信念就是:他们在这里同艺术领域的一个伟大的新现象有了密切的、富有成果的接触。

由这些音乐晚会引起的激动,在整个瑞士越来越广泛的范围内传播开来。希望继续重演的预约和要求从远处纷至沓来。人们向我保证:我可以在接踵而至的这个星期内一场不落地重演这三场,而不用害怕看到听众的拥挤程度会减少。在讨论这个问题时,在我不仅证明自己的疲劳,而且也流露出这个愿望,想知道也由于这种异乎寻常的东西是取之不尽的,便使这种东西保留着自己的特性时,使我感到高兴的是,从我那个在这种场合证明是十分卖力的朋友哈根布赫那里,得到一种既明智又强有力的赞同。节日结束,客人们也就在预先确定好的时间内离去。

我曾经希望在最后离去的客人中,也能够向李斯特表示问候。在此之前，在3月份，他通过上演这3部歌剧——我在这里只从该3部歌剧中抽出一些片段来演出——曾经庆祝在魏玛举办的“瓦格纳周”。可惜他当时不可能就为现在请假，为此，他答应我7月初来访。在我那些德国朋友当中，只有忠实的夫人朱丽叶·库梅尔和埃米莉·里特尔准时到达。由于她俩6月初就到了因特拉肯，而且就连我也很快就感到十分需要休养，所以我便在这个月底同我妻子一道，去那里作一次短暂的消遣性逗留。可是这次逗留由于连绵不断的下雨天气，使我们十分伤心，失去了生活的乐趣。与此相反，7月1日，在我们怀着绝望透顶的心情，同我们的女友们一道，开始踏上我们返回苏黎世的归程时，持续好长时间的、阳光灿烂的夏日天气却在这时来临。我们立即就怀着令人愉快的热情，把这种天气解释为：这是来到瑞士的李斯特的陪同，而李斯特现在确实在我们又回到苏黎世之后，便立即极其高兴地来到我们身边。现在，在那些一生中美好的几个星期之后，接踵而来的又是美好的一个星期。在那些日子里，每天的每时每刻都变成回忆的一个丰富宝藏。我已经在同一栋所谓的“埃舍尔豪塞尔临街房屋”里——在这里，我最后曾经占有过一套过于狭窄的底层住宅——搬进三楼的一套比较宽敞的住房。这栋房子的共同占有人施托卡尔-埃舍尔夫人——一位很有独特艺术天赋、对我热情有加的夫人（她是水彩画的业余爱好者）费心费力，把这套新住宅尽可能重新布置得十分大气。在我的境遇由于对我的歌剧的订单不断增加，得到突如其来的改善时，我毫无保留地听任我那独有的，尤其是自从在水疗疗养地待过以后又重新唤起的、经过压缩之后几乎狂热增长的、对于舒适家庭陈设的爱好，让人用地毯以及别的家具布置得那么漂亮，甚至就连李斯特在他走进屋时，都显出一副被我那“小巧雅舍”——正如他给这套住宅取的名字那样——弄得瞠目结舌、惊异万分的样子。现在，我到底是破天荒第一次享受更进一步认识我的朋友也作为作曲家的快乐。除了他的某些业已出名的新钢琴曲之外，我们也以极大的热情，讨论他刚完成的几部交响诗，首先是他那部《浮士德交响曲》。后来，我有机会在一封写给玛丽·封·维特根施泰因的公开信中，描述我在此地获得的印象。我对自己从李斯特那里获悉的所有消息所感到的喜悦，既是巨大的，又是由衷的，不过首先也是意味深长、鼓舞人心的。但是我自己却考虑，终于在中断了这么长时间之后，又专心致志于音乐创作。还有什么能比实现同这个如今在出色的练习中不断被理解的朋友这种如此长期渴望的接触更重要，更有希望呢？另一方面，这位朋友把全部精力都奉献给了我自己的作品以及讲述对这些作品的理解。我们用一次前往四森林州湖的郊游，中断了那些尤其是被朋友和熟人不可避免的强烈渴望弄得几乎令人头昏脑涨的喜庆日子。这次郊游由赫尔韦格作绝无仅有的一次陪同。李斯特不得不给他提供这个美妙的主意，喝一口取自格吕特利三个泉中的水，确认他和我的亲密友谊。——可是此时此刻，这位朋友在同我约定秋天重新相聚之后，却同我们挥手告别了。

因为在他离去之后我感到十分孤独，所以现在苏黎世公众对此都非常关心，让我很快就采用一种我还从未体验过的方式来散心。因为有一份荣誉证书的书法杰作终于完成，苏黎世市歌咏协会将这一证书颁发给了我。在请教苏黎世观众所有对我表示友好的社会和个人成分时，那份证书还应当在盛大的火炬游行队伍伴随下交给我。在一个美丽的夏日夜晚，在美妙的乐曲声中，一大群手持火炬的人确实在靠近帐篷路，他们给我呈现出一种迄今为止永远也不会再经历到的景象和印象。人们唱着歌，市歌咏协会会长的祝词从公路上向我飘来。这一过程确实使我深受感动，使我那永不气馁的爽朗活泼很快就占据了我的想象：我在自己的答词中直言不讳地暗示：我弄不明白，为什么就不应当是苏黎世也许负有使命，在正直诚实的市民基础上，在有关浮现我眼前的艺术理想方面，对实现我那些极其崇高的愿望助上一臂之力。我相信，人们会把这件事同男声合唱队异乎寻常的蓬勃发展联系起来，对我的大胆预言基本上还感到满意。撇开这种由我造成的混淆不说，这个晚上及其火炬游行的气氛给我的情感留下的，永远是一种绝对令人舒服、轻松愉快的气氛。

可是我还一直怀着那种在比较长时间中断之后，早已在音乐作品的创作中体验到的奇特的惶恐不安和畏惧心理，害怕再从事作曲工作。在做过和经历过所有这一切之后，我也感到十分劳累。那种自从我离开德累斯顿以来，很可惜总是一再出现在我脑海里的强烈欲望，要求同我过去的一切彻底决裂，去寻找原始的、新的生存条件，现在也怀着那种忧虑之情，争取到新的、令人不安的生活。在我开始诸如为我的《尼伯龙根》戏剧谱写音乐这样一项非同寻常的工作之前，我在想象，我肯定还得再作一次尝试，看我是否能够在全新的环境里赢得一种更为和谐的生存条件。这时，在经受了如此众多失败的妥协之后，现在这也许就成了我的生存条件吧。在这种情况当时所能允许我这个政治逃亡者的范围内，我打算去意大利作一次旅行，尤其是由于我那个从那时起就总是对我热情有加的朋友韦森东克的加入，轻而易举地就提供了满足我的愿望的种种手段。可是由于我不得不认为这次旅行在秋天到来之前是不可取的，然而除此之外，既然为了强健我的神经，甚至为了享受意大利的良辰美景，我又应当认为，一次由医生给我建议的、特别合适的疗养大有裨益，所以我决定，首先还是去看看恩加丁的圣莫里茨浴场吧。我于 7 月份下半个月由赫尔韦格陪同动身前往该地。

我经常遇到这种怪事——这种事在别人的日记里十分简单地作为一次游览，一次短途旅行记载下来，在我这里，它却获得冒险之举的性质。这一次,这次浴场之旅就是如此。在旅途上,我们遇到这种情况:我们由于驿车里挤满了人,在一个阴雨连绵的可怕天气,被挡在库尔。我们被迫待在一个极不舒适的旅店里用看书消磨时光。我拿起歌德的《西东合集》。我通过道默尔翻译的哈菲兹①作品,对该作品在思想上有所准备。不时回想起我们前往恩加丁旅行途中那次如此尴尬地往后推迟的逗留,我还不时想起在对这些诗歌的解释中的许多歌德名言来。就是在圣莫里茨,我们的境况也没有更好些。现在舒适的疗养院还不存在,我们只好将就着在这个极其混乱的住处安顿下来,特别是在赫尔韦格看来,这使我感到难为情,因为赫尔韦格要同这次逗留联系在一起的绝非短途旅行,而只不过是消遣而已。然而很快,一些美好的印象就使我们笑逐颜开了。这些印象使我们去作从光秃秃的、只被藻类植物覆盖着的高地山谷,穿过陡峭的山坡,通向意大利山谷的郊游。我们在争取到萨马登的乡村小学教师充当去罗塞格冰川的向导之后,便动身去进行一项更为重大的活动。在这次向无与伦比、景色出众的贝尔尼纳峰的山坡挺进时——就其景色之优美而言,甚至与勃朗峰相比,我们肯定都不得不首选这座山峰——我们坚定不移,把目标集中在一种古怪的乐趣上。特别是对于我这位朋友来说,由于要付出巨大的努力,便使这种乐趣逐渐消失,而往上攀登和继续沿着奇妙的冰川行走,又是同这些努力联系在一起的。我们再一次——这一次是更为强烈地——得到不毛之地的神圣和几乎是迫使人们平静下来的静谧那种突出的印象。植物物种的每一次灭绝给人类有机体跳动的生命带来的,就是这种静谧。在我们经过两个小时之久,进入冰川河道之后,为了艰难的归

① 哈菲兹(1327—1390):波斯最优秀的一位抒情诗人,歌德受其作品激励,写出诗歌《西东合集》。

途，不得不用带去的饭和放在冰片中冰镇的香槟酒来增强体力。多数情况下，这段归程我都要走双倍距离的路——我不得不给这位使我感到惊异的、过于害怕的赫尔韦格重复示范来回迈步行走。最终，他不得不下定决心，自己也迈步行走。正好在归途上，在第一个牧场制酪场，我们喝了一点在那里找到的味道鲜美的牛奶恢复精神。这时，我不得不说服自己，相信在这些地区的空气中有一种十分令我自己怀念的气氛。我狼吞虎咽般喝下这样一种犹如洪流般涌流着的牛奶，我俩都对此感到惊讶，尤其是因为我们在后来根本没有感到由此造成的丝毫负担。——使用这种以营养十分丰富著称的含铁水，无论是作为饮用还是沐浴，对我而言，情况往往都同我平时做类似试验时一样：我那非常容易激动的禀性使我在治病时与其说是得到治疗，还不如说是负担。我在休养时刻的读物就是我以前青年时代早期印象有所了解的那本歌德的《亲和力》。现在，我按照道道地地的本义，逐字逐句将这本书吞下肚去。它也成为我与赫尔韦格之间激烈讨论的缘由。赫尔韦格作为我们伟大的诗意文学特点方面经验丰富的行家，认为必须为夏洛蒂的性格辩护，反对我对这种性格的攻击。我从我这时的激情认识到，在我走完了40年人生历程之后，我的情况还是多么奇怪，我不得不打心眼儿里承认，赫尔韦格对歌德诗作的评判，从客观上讲比我更正确。我这个人总是不断地感到有精神障碍。如果说赫尔韦格曾经感到过这种精神障碍的话，那他就会针对这种障碍，在同自己果断的妻子那种奇特的关系中，达到极其顺从的地步。——因为这段时间已经结束，我清楚地看到，自己对这次疗养不能寄予厚望，所以我们于8月中旬便踏上返回苏黎世的归程。在那里，我现在正迫不及待地准备去意大利的旅行。

9月份终于来临。关于这个月，有人告诉我：这个月已经值得推荐去游览意大利。现在，我抱着闻所未闻的种种想象，想象正在等待我的东西和应当充分满足我的探索的东西，经过日内瓦，踏上我的旅途。我再一次只有去做极其奇特的冒险，乘特快邮车，经过蒙塞尼前往都灵。在对这次逗留根本就说不上满意的情况下，我便在两天之后立即赶往热那亚。在这里，看来所渴望的奇迹现在当然都要出现。时至今日，对这个城市的美好印象在我心中战胜了对意大利其他地方的向往。我感到有好几天真是心醉神迷。也许是我在这些印象当中感到十分孤独寂寞吧。这个世界的奇特立刻就又让我感受到这种孤独。这使我在孤独寂寞之中，永远也不会有像在家里一样的感觉。在无能为力，而且也是在没有任何人指导去按部就班地探寻享受真正的艺术瑰宝的情况下，我只有热衷于这个新环境的某种在音乐方面值得一提的感情，而且首先是寻找在这种感情中会使我待下来，会使我静下心去享受的那一时刻，因为我强烈的欲望总是一个劲儿地集中在争取庇难上面——庇难会给我提供和谐的平静，去从事新的艺术创造。——特别是由于不小心贪食冰冻甜品的结果，我很快就害上痢疾，我身上在最初的过度兴奋之后，突然出现一种十分令人沮丧的疲乏。我想逃离我所居住的这个港口吵得要命的嘈杂声，去寻找绝对的安静。我认为只有去斯佩齐亚湾郊游才能脱离苦海。8 天以后我就乘上轮船出发到那里去了。就是这次仅仅只有一个夜晚的航行也由于迎面而来的狂风，马上就又变成了我的一次极不痛快的冒险。由于晕船，我的痢疾越来越严重。最最精疲力竭的情况下，虚弱得几乎是寸步难行。我在斯佩齐亚湾寻找最好的旅店。让我大吃一惊的是，这家旅店就在一个又狭窄又吵闹的巷子里。在度过了一个高烧和失眠的夜晚之后，第二天我便强迫自己继续步行，穿过丘陵起伏、意大利五针松覆盖的周围地区。在我眼前，一切都光秃秃的，显得荒凉凄清。我弄不明白自己要在这儿干什么。下午回到住处，我累得要命，伸出四肢，躺到硬邦邦的沙发床上，等待那渴望已久的睡眠时刻的到来。睡眠时刻没有到来。为此,我陷入一种梦游状态。处于这种状况,我忽然有了那种感觉,仿佛我沉到了湍急的流水中似的。流水的哗哗声在我听来,很快就变成了降 E 大调和弦的乐曲声。这种乐曲声不断地在和声华彩化的变换中一晃而去。这些变换就是不断增加的运动的那种旋律优美的和声华彩,但是降 E 大调纯粹的三和弦却永远也不变化。看来,似乎这个三和弦通过其延续,要赋予我沉入其中的那个环境以无穷尽的意义。怀着仿佛现在巨浪在我上面高高地汹涌而去这种感觉,我突然从半睡半醒状态中吓醒过来。我当即就看出,《莱茵的黄金》的乐队前奏在我心中油然而生。我心中早有这个想法,却无法找到准确表达这一想法的方式。很快我也就明白,自己肯定有哪种特性:生命的长河不应当从外部,而只能从内部向我流来。

我即刻决定返回苏黎世,开始我那大型台本的谱曲工作。我给我妻子拍电报,通知她这件事情,让她准备好我的工作室。还在当晚,我就上了特快驿车。驿车顺着东部海岸往下走,驶向热那亚。我在这条第二天整天继续旅行的旅途上,还有理由获得对这个国家的美好印象,尤其是所有那些纷纷呈现的奇迹的色彩。这种色彩使我心醉神迷,激动不已:红色的石山,天空和海洋的蔚蓝色,意大利五针松的亮绿色,甚至就连一群公牛耀眼的白色,都给我留下如此深刻的印象,使我边叹息边对自己说:我会享受所有这一切,却无法使我的感性气质变得高贵,这真是多么可悲的啊。在热那亚,我又感到那么愉快、兴奋,使我突然认为,先前只是在一味迁就一种愚蠢的弱点,我决定去实现我的原始计划,为了一次我感到十分自豪的、顺着西部海岸前往尼扎的旅行机会,我已经在同人商谈。我刚开始重新拾起这个原始的意图,但这时,我却也注意到,最终使我精神焕发恢复健康变得生气勃勃的,并非重复我对意大利的喜爱，而是决定开始我的工作，因为我一表露这个需要变动的意愿，马上就出现痢疾的所有症状。现在我明白了自己的想法，我取消了去尼扎的旅行，马不停蹄地抄最近的路，经过亚历山德里亚和诺瓦拉，路过现在被我完全抱着漠不关心的态度遗忘的博罗梅埃群岛，经过戈特哈德，回到苏黎世。

到苏黎世后也许只有一件事情能使我满意，那就是：如果我可以立即就开始我那项工作的话。可是我料到，当务之急还是一次意义重大的中断，也就是同李斯特约定的、在巴塞尔的会面，这次会面应当于10月初进行。所以我心神不定、烦躁不安，让时间在施泰因浴场，在看望我妻子的过程中消失。我妻子估计我离开的时间比较长，就前往该浴场疗养。由于我很容易就乐意去做这种方式的各种尝试——如果说是有人满怀信心地说服我去做这种尝试的话——我也受到诱惑，多次使用当地的热水浴池，这使我的激动达到危险的程度。巴塞尔会面的时间终于到来。李斯特受巴登大公爵邀请，在卡尔斯鲁厄举行和主持了一次音乐节。这次音乐节致力于以令人敬佩的方式演奏我们自己的乐曲的意图。我自己尚未获准踏上德意志联邦的疆域，因此，李斯特选择巴塞尔作为最接近巴登边界的地点，好在那里给我带来几位在卡尔斯鲁厄聚集在他周围的年轻朋友，对我表示欢迎。我先到场，傍晚时分独自一人，坐在“三王”旅店的饭厅里。这时，我在门厅从一阵人数不多，却又雄浑有力的男声合唱中，听到《罗恩格林》中国王呼唤的号角花彩。门打开了，李斯特作为首领，领着这一帮可爱可亲、生气勃勃、轻松愉快的人朝我走来。自从比洛在苏黎世和圣加伦的冒险逗留以来，我是第一次与他重逢，和他一起来的有约阿希姆、彼得·科内利乌斯、里夏德·波尔和狄奥吕斯·普鲁克纳。李斯特告诉我，他的女友卡萝莉娜·封·维特根施泰因同她年轻的女儿玛丽明日到达。在当晚，这种相遇使极其欢乐的气氛越来越浓，直至欣喜若狂的地步。这种情况也是在所难免的。这次相遇从容不迫，就像所有那些由李斯特所做的事情那样，具有一种高尚的异乎寻常固有的特性。在狂欢时，我发觉波尔不在。我已经非常了解波尔这个通过他那些署名为“重步兵”的文章，为我们的事业奋斗的能干斗士。我悄悄溜走，在他那偏远的房间里找到他。他头疼得要命，已经躺到了床上。我对此所表示的真诚歉意对他发生了如此重大的作用，竟使他声称：忽然之间感觉舒服极了，从床上跳下来，让我帮忙，很快穿上衣服，现在又跟着我去参加聚会。我们在那里一起聊天，一直聊到深夜，聊得极其开心。

现在，当所盼望的夫人们到达时，这个节日才算完美无缺。现在，她们成了这几天我们这次聚会的中心。侯爵夫人卡萝莉娜异乎寻常的活泼和她对吸引我们的一切——就像认识那时所有被带到这位夫人面前的人那样——都兴趣盎然的热衷是无法抗拒的。她就像对我们私人同世界联系的那些极其偶然的细节那样，对我们所遇到的那些高级问题也怀有同样兴趣，对每一个人都说恭维话，直让人有某种飘飘然的感觉。在这种飘飘然之中，他就会情不自禁地感到，要把自己所能做到的绝活奉献出来。与此相反，侯爵夫人这个差不多还不到15岁的女儿却用某种热情洋溢的表达方式给人留下印象。她的服饰和举止完全显得像个发育完美、成为未婚少女的女孩，而且也从我这里获得“孩子”这一光荣称号。每当这种讨论甚或纯粹兴高采烈的长篇大论提高音量，直至大声喧哗时，她那热情洋溢的黑眼睛就会保持友好的、善解人意的镇静。这时我便会不由自主地感到，这种镇静就是对使我们激动的这些事情毫无害处的理解。我这个人当时差不多受到偏爱朗读自己台本的嗜好左右（顺便提一句，赫尔韦格对此已经感到生气了）。我喜欢让自己决定去朗读我的尼伯龙根戏剧，而且因为分离的时刻即将到来，我只选了《西格弗里德》来朗读。由于李斯特现在必须动身去巴黎看他的孩子，我们大家都陪他到斯特拉斯堡——我决定跟着李斯特去巴黎。与此相反，侯爵夫人不得不认为，必须携带她女儿从斯特拉斯堡出发，返回魏玛。甚至在这次短暂停留的寥寥几个钟头空闲时间里，我还应当给夫人们朗读点什么，不过朗读时并不十分安静。而在这次存心分手的早上，李斯特却来到我床前，告诉我：女士们下定决心同我们一道去巴黎。他面带笑容地断言：玛丽促使她母亲这样做，因为她还想听尼伯龙根其他剧本的朗读。扩充我们旅行决定的全部特色这种大气量的冒险性使我感到十分满意。可惜现在我们不得不同年轻的伙伴们分手；关于约阿希姆——此人总是保持谦虚谨慎，几乎是善良仁慈的克制态度——比洛给我解释道：他囿于对于我的某种悲哀的畏惧，更确切地说，是由于我在关于“犹太精神”那篇出色的文章中表述的看法。在送交他的一首乐曲时，他带着某种善意的胆怯问比洛：我是否会从这首乐曲里觉察到某种犹太精神。这种令人感动的，甚至是激动人心的表情促使我说出特别关切的告别话，热烈拥抱约阿希姆。从此以后，我就再也没有见到他①，而关于他在此后不久对李斯特和我采取的、持续不断的敌视态度，我只能听到那件最最令人吃惊的事情。所有那些返回德国的年轻伙伴在半路上，在巴登还遇到一次有趣的灾祸——作为妨害治安的人同警察发生冲突。因为他们甚至在那里，也高声唱着《罗恩格林》号角花彩，走上熙来攘往的大街。关于该号角花彩的意义，只有花费很大力气才能给居民解释得清楚。

对近乎狂热激动的友情留下的多种多样、意义重大的印象，是我们又共同完成的巴黎之旅，以及除此之外，我们在当地的停留。在我们深

---

① “此事记于1869年。”（瓦格纳在手稿中的脚注。）

夜里费了好大气力把夫人在“君王饭店”里安顿好之后，李斯特要求同我再穿过那些现在空旷无人的林荫大道走一圈。我估计，我们这时的感受就像我们的回忆一样，各式各样。当我第二天上午跨进朋友们的房间时，李斯特面带他那特有的友好笑容告诉我，玛丽公主已经非常激动，希望我答应给她朗读新的内容。当然，我对巴黎已经很不在意；卡萝莉娜侯爵夫人自以为从她那方面不能不留意，使她在这里不要引人注目；李斯特由于有一些私人事情要处理，被人叫走了；因此，就出现了怪事：在走上巴黎的大街之前，我们就把在那里的第一天早上，都用来继续在巴塞尔业已开始的朗读。此外，甚至就连在接下来的几天里，也没有放松，一直到我把自己的《尼伯龙根的指环》的所有部分都朗读完为止。——不过巴黎最终也获得了自己的权利，而当夫人们在出发去参观博物馆时，我却成了那种不断受到神经性头痛折磨，孤单一人关在自己房间，深居简出的人。可是李斯特的要求却能够促使我也去参加某些集体活动。刚开始那几天的有一天，他就立即为一场《恶魔罗勃》的演出租下了一个包厢，因为他认为，必须用一种合适的方式，让这些女士了解大歌剧院的这部著名戏剧。我认为，我在这时感到的痛苦心情，朋友们并没有完全理解。然而李斯特这时还在计划别的事情——他请求我穿黑燕尾服出席。当他在幕间邀请我在剧场休息厅散步时，他满意地注意到我同意了他的请求。我明白，对在这里遇到的极其热闹的夜晚的某些青年时代的回忆，不由自主地使他对在一个——就像我们今天必须度过的这个夜晚一样——如此悲伤的歌剧院夜晚的这个“休息厅”的性质感到迷惑。我们在并不知道自己为什么做了这一次索然无味的散步的情况下，相当失望地悄悄溜回到我们的伙伴那里去。

莫兰-谢维亚四重奏乐团的一个演出节目令人十分激动兴奋，甚至同最早的印象几乎相同。我昔日在巴黎就从音乐院乐队演出的贝多芬第九交响曲获得过这样的印象。莫兰-谢维亚四重奏乐团邀请我的朋友和我出席一场贝多芬降E大调和升c小调四重奏的演奏会。又使我感到惊喜万分的是,我在这里见识了巧妙运用的那些非同寻常的优点。法国人凭着这种勤奋,善于处理这些在德国还遭到十分粗暴对待的音乐瑰宝。尤其是那首升c小调四重奏,我不得不承认,是在这里才真正准确无误地听到,因为它的旋律现在才清晰地向我展示出来。要是我除了这个对于我当时在巴黎停留的印象之外,没有别的印象的话,那我就应该说这次停留对我而言,是很有意义,令人永志不忘的了。

可是,还给我留下了另外一些事情,这些事情继续存留在人们的记忆中,对于我来说,同样很有意义。有一天,李斯特邀请我参加一次在他的孩子们那里的家庭晚会。他那些孩子由一位女保育员照料,在巴黎深居简出。去观察在已经长得很高的女孩子们中间的我这位朋友,看着他同一个刚从男孩变成小青年的儿子交往,这对我来说,是很新鲜的事。看来,他自己似乎对他的父亲处境感到惊奇。他从这种处境中长年累月体验到的只有忧虑,却并未体验到值得一提的感受。甚至就是在这里,也进行了朗读,就是说,朗读《众神的黄昏》最后一幕,因而也就是所盼望的整部作品的结尾。在这时来到的柏辽兹对这次朗读发生的倒霉事,态度十分友好,彬彬有礼。在他用早餐来款待我们,同我们告别时,我们在他那里度过了第二天早上。因为他已经亲自把他的乐谱打好包,要动身踏上前往德国的音乐会之旅。在这里,李斯特给我演奏柏辽兹的《本韦努托·切利尼》中的片段,另外,柏辽兹也用自己独特的、干巴巴的方式唱了起来。在这里,我也遇到在巴黎十分著名的小品文作家于勒·雅南——好长一段时间不知道他是谁——此人现在只是由于他那并不严谨的、让法语变得使我根本就听不懂的巴黎话,才引起我的注意。——在著名的锤击钢琴制造者埃拉尔家中有社交晚会的晚餐为我们的娱乐消遣提供机会。在这里,就像在另一次由李斯特本人在皇宫剧院举办的晚宴上一样,我又同他的孩子们相遇。在这些孩子当中,尤其是那个最小的孩子——儿子达尼埃尔,由于他非常活泼,长得很像他父亲,给我留下了感人的印象,而我从他的女儿们身上能够看到的,却只不过是持续不断的腼腆罢了。我也不能不回想起在卡勒尔吉斯夫人家的一个晚上。自从最早那次在德累斯顿演出《唐豪瑟》以来,我在这里是第一次又见到她。这位十分不同寻常的夫人在这里给我留下一种令人寒心的印象。谣传她同卡芬雅克①将军,据说她最终甚至还同路易·拿破仑总统有比较亲密的关系。这类谣传传到我耳里,给我夸大了她的可疑方面。当她在餐桌上就有关路易·拿破仑的事情,向我提出一个问题时,我由于自己同某种愤恨交织在一起的过度紧张,克制不住自己,以致到了拦腰打断所有正常交谈的地步——我表示对此感到惊讶,人们怎么可能期待一个不可能会受到一位夫人真正喜爱的男人为世界做出某种伟大的事情来!在餐后李斯特演奏各种各样的乐曲时,年轻的玛丽·维特根施泰因注意到我那显得伤心的矜持。这种矜持一则是由于我头痛,另外也表明我内心里对现在我周围这样一些人群疏远的感情。这种感情激起我去赢得他们对我的境况的同情和一再固请,满怀好感地给我散心。

在对于我来说是极其紧张的 8 天期满之后,我的朋友们便离开巴黎。因为我现在一度被重新开始我的工作耽搁了那么久,所以我决定,在我最终使自己得到一个对那个伟大目的有帮助的、比较安静的环境之前,再也不离开巴黎。我曾经要求我的妻子从苏黎世来接我踏上归

---

① 卡芬雅克(1802—1857):法国将军,1848 年革命期间的最高行政长官,以镇压巴黎起义工人著称。

程。现在我再一次把留在我们曾经在这里经历了这么多不愉快之事的这同一个巴黎的机会赐予我妻子。在她到达后,基茨和安德斯便经常来我们这里赴宴。就连我旧时狂热崇拜的朋友文森茨·蒂斯基维茨伯爵的儿子——年轻的波勒也来我们这里。这个非常年轻的人是我同他认识后才出生的,他就像现在好多人所做的那样,热心从事音乐工作。他在巴黎已经由于下述事情引起特别的轰动:他宣布自己所看到的一次《神弹射手》在大歌剧院的演出,由于在这时出现的大量删节和改动,是对内行的听众进行的一次抢劫,由于他那追悔莫及的演出入场费,要让那家剧院的行政机构吃官司。他还想办一份报纸,他要在这份报上清楚地说明,巴黎全部正式音乐活动中的疏忽大意,原则上就是对观众鉴赏能力的一种侮辱。——李斯特那个圈子剩下一位年轻的欧根·封·维特根施泰因-萨于恩侯爵。我往往都不得不让他把我制作成一个圆形雕饰。他这个技巧熟练的业余爱好者把我制作成这个圆形雕饰,而且是在由基茨担任顾问的情况下一举成功,完成这个雕饰的。——对我而言,就连我同基茨的朋友——一位年轻的医生林德曼的商量,也是很重要的。林德曼试图让我放弃水疗理论,引起我对毒疗理论的好感。他由于下述情况,受到巴黎社会名流的某些重视:他在一家医院,当着见证人的面,给自己接种各种各样的毒剂,这些毒剂对有机体的影响在自己本人身上十分清楚,十分详细地得到了证实。关于我的神经状况,他断言:人们通过精密试验,一旦了解那种也许应当专门要求我的神经流动的金属物质,这种状况就会立即得到彻底控制。他建议我在急性病发作时,要极其心安理得地使用鸦片酊。此外,他好像还认为"缬草"是使我中意的药品。

我疲劳不堪,心神不定,激动万分,怒气冲冲,于10月底同明娜一道,离开巴黎,却弄不明白,自己为了何种目的,最后在那里花了那么多钱。抱着通过在德国宣传我的歌剧来进行补偿的希望,我越来越沉着冷静,终于又搬进了我那套苏黎世住所。我下定决心,至少要完成给我的《尼伯龙根》戏剧的几个部分谱曲的工作,在此之前不会再离开这套住所。11 月刚开始,我也就开始拾起搁得很久的工作。从 1848 年 3 月底起,现在已经五年半了。在此期间,我完全避开了各种音乐制作。既然现在我真的很快就可以为此感到适逢其时,情绪高涨,那我也许就可以把我的音乐工作重新开始,称作在完成了一次灵魂转世之后开始完全的再生。就我的工作技巧而言,我很快就陷入困境,按照我习惯性的速写方式,把在斯佩齐亚湾似梦非梦中构想出的乐队前奏曲画到两条线上。我得立即拿起笔来,着手填写完整的总谱表格;总之这样以来,我就被诱向自己的一种新型的速写方式。按照这种方式,我在完整的总谱中,只勾画用于立即加工的、极其粗略的铅笔轮廓。这样做给我招致后来令人忧虑的困难,因为哪怕极其短暂的中断我的工作,往往都会使我忘记我那些粗略速写的含义,然后我又不得不费尽九牛二虎之力使自己回忆起这个含义来。不过,我还是让《莱茵的黄金》避免发生这种困难;已经在 1854 年 1 月 16 日起草了整个曲谱,这样以来,关于这套多部作品的整体音乐结构的计划就在它那极其重要的主题关系中给勾画出来了。因为正是在这里,在这首伟大的前奏中,要为整体奠定这种主题基石。

我确实想起在做这项工作时我的健康状况发生的一次巨大而有益的变化,使我对那时候我的生活环境,只留下很少一点印象。在新的年头的最初几个月,我甚至这一次也重新在几场管弦乐音乐会上执棒指挥。为了满足我的朋友苏尔采的愿望,我这时也演出格鲁克的《伊菲格涅在奥利德》的序曲。在此之前,我已经事先为该剧配上了我谱写的新的终曲。迫不得已去写这首小型作品——同莫扎特的终曲相比,我感到它是一首小型音乐作品——也促使我去为布伦德尔的音乐报纸写一篇在此地谈论热烈的艺术问题的论文。然而所有这一切都并不妨碍我对《莱茵的黄金》总谱的润色加工——我先用铅笔把总谱匆匆忙忙画到一些单篇乐谱上。5 月 28 日，就连为《莱茵的黄金》配器的工作都已完成。

那时候，在我的家庭交往中很少变化：前几年在这种关系中形成的东西，正以亲切友好的形象放心大胆地存活下去。只是现在我的经济状况中又出现了一些忧虑，因为我在前一年，尤其是在涉及我的家中陈设以及总而言之，在涉及我的生活方式方面，我很可能对持续和提高我从各个剧院得到的歌剧收入期望过高。很可惜，要从这些剧院得到的、比较大笔的和比较可观的收入，还一直拖欠着。尤其是在这一年，我不得不痛苦地感受到这一点——我还一直没法接近柏林和维也纳。这种状况给我带来各式各样的忧虑。在这一年的大部分时间我都忧心忡忡。针对这种由此引起的心情，我试图在新的工作中寻求庇护，《莱茵的黄金》总谱的誊清稿尚未完成，我就已经立即开始《女武神》的谱曲工作了。7 月底，在完成第一幕之前，我由于去瑞士南部的一次郊游，不得不中断自己的工作。

我受到瑞士联邦音乐协会邀请，担任该协会今年在锡永举办的音乐节的指挥职务。我拒绝担任这项职务，但是答应到场。一旦给我准备足够的资金，我就在音乐节的某一天指挥贝多芬的 A 大调交响曲。我在这里也有这样的意图：去日内瓦湖畔的蒙特勒拜访卡尔·里特尔，此人同不久前与他结婚的年轻太太在那里安家。我在这里待了差不多 8 天，怀着十分忐忑不安的心情，见识了这种在我看来，似乎并没有包含长久幸福的种种迹象的新婚特点。然后，我同卡尔一道，前往瓦莱州，参加所企盼的音乐节。在路途中，在马蒂尼，有一位特别的年轻人参加我们的行列,此人已经在去年,在我的苏黎世大型演出期间,作为年轻的狂热爱好者和音乐家被介绍给了我。此人就是罗伯特·封·霍恩施泰因。我——首先还是我那个年纪要小一些的朋友里特尔,欢迎这个十分滑稽的人作为进行所企盼的冒险的又一个伙伴,因为确实是我会执棒指挥联邦音乐节的名声,把他从施瓦本吸引到瓦莱州来了。可惜我在本年度音乐节举办地,遇到如此出乎意料的,为一项艺术活动所做的很不充分、小里小气的准备工作,致使我在一个同时也充当音乐厅的小教堂里,从那个极其寒酸的乐队的乐曲声得到一个十分可怕的印象之后,对于在这样一个机会,就轻率地把我拉过来感到气愤,干脆通过给原来的音乐节指挥、音乐指导、来自伯尔尼的梅特费塞尔写的几行字,也不搞另外的仪式告别,甚至对我的两个年轻朋友也隐瞒了我乘刚好出发的驿马车匆匆启程一事。关于这后一件事,我还有自己的特殊理由,因为这些理由可以作为心理研究的材料,我就把它们保留在自己的记忆里。我因为对午餐得到的那种毫无艺术性可言的印象十分生气,当我气呼呼地来到乡村旅店时,正好由于自己怒气未消,我连续不断地引起了这两个人直至既放肆又稚气的哈哈大笑。我不得不设想:这是一种愉快心情的继续,他们由于前一次闲聊时谈到我,感到心情愉快。因为没有我的任何一种劝告,甚至也没有我的愤怒能够使他们有一种得体的行为,我确实是十分震惊地离开饭厅,为我的出发做准备,而且巧妙地把这次出发对那两个人隐瞒得严严实实的,所以他们在事后才听说此事。我走了几天,前往日内瓦和洛桑,不过我还想在归途上同留在蒙特勒的那位年轻的里特尔夫人告辞。在那里,我到底又遇到这两个年轻人。他们由于我的出发变得令人吃惊的清醒,他们同样离开了这个不幸的音乐节,为了听到一点有关我的消息,来到这里。我只字不提他们的无礼行为。既然卡尔十分诚心诚意地请求我在他那里再作短暂停留，而且确实有一部他不久前完成的台本使我感到很大兴趣。我让步了。这部台本就是喜剧《亚西比德》①，该剧在构想和创作方面，以形式的自由和精巧引人注目。还在阿尔比斯布隆时，卡尔就谈过这个剧本的计划，还给我看过一把小巧玲珑的匕首，在匕首的刀刃上烙着“Alki”的音节。他给我解释，说他那位留在斯图加特的朋友——那位年轻的演员有一把同样的匕首，在该匕首的刀刃上有“Biades”的音节。现在看来，就是没有这样一些匕首象征性的帮助，卡尔最后也在这个年轻的笨蛋霍恩施泰因身上找到了对他那亚西比德性格的一种类似的补充。这两个人在锡永很可能以为上演了“亚西比德”面对“苏格拉底”的一幕。幸好，他的喜剧给我表明：他的艺术天赋大有裨益地超过他的生命素质。我至今还感到惋惜，知道演出这个剧本那个当然是十分困难的任务尚未完成。甚至就连霍恩施泰因现在也显得举止得体，处事冷静。当他从沃韦出发，前往洛桑时，我陪他在归途上步行了一段路程。这时，他肩上挎着手艺工人用的旅行背包，显得非常滑稽，非常亲切。

我现在抄近路，经过伯尔尼和卢塞恩，前往四森林州湖畔的塞利斯贝格。在这之前，我妻子已经前往该地，进行乳清治疗。因为我早就已经注意到的心脏疾病的种种迹象在她身上有增无减，所以这次增进健康的停留值得给她推荐。有好几个星期之久，我虽然耐着性子忍受住了瑞士膳宿公寓生活的痛苦，但是很可惜，这却引起了我妻子的忧虑。我妻子过去所熟悉的是舒适的膳宿公寓生活习惯，现在却不得不把我视为干扰；不过，清新的空气和每天在山间小路上的远距离郊游却对我

① 亚西比德（约公元前450—公元前404）：古雅典政治家。仪表堂堂，机敏过人，但是自私自利，缺乏责任感。与哲学家苏格拉底有生死之交，两人曾并肩作战，曾相互救护和掩护撤退。后面的“Alki”（亚西）和“Biades”（比德）都是亚西比德（Alkibiades）的缩写。

有好处。我甚至下意识地给自己挑选了那个相当荒凉的地点。我想让人在这块荒地上给我修建一个简单的小木屋,以便有朝一日能够在那里安安静静地工作。——7 月底,我们一道返回苏黎世。我在那里立即就又开始了《女武神》的谱曲工作。关于这部作品,我还在 8 月份就已写了第一幕。由于我在这段时间被前面提到的那些忧虑弄得郁郁寡欢,另一方面,我非常渴望家里不干扰我的工作,所以我很乐于支持我妻子的愿望,允许她去看望她在德累斯顿和茨维考的亲戚和朋友。因此,9 月初她就离开我一些时候,而且很快就告诉我有关她在魏玛探亲访友的情况。她在魏玛受到维特根施泰因公爵夫人在阿尔滕堡的热情款待。她在那里还与勒克尔的夫人,与勒克尔的兄弟舍已忘我地照料的这位夫人重逢。这是一种她固有的刚毅特性——她下定决心,从那里出发,去瓦尔德海姆监狱探监,去看她本人丝毫也不同情的勒克尔,好让自己能够告诉他妻子有关他的健康状况的消息。她甚至用一种特别的、几乎是嘲讽的口气,给我报告这次成功的尝试。她说勒克尔看起来油光水滑,非常健康,看来情况根本不是那么糟糕。

在此期间,我就埋头于自己的工作。我于 9 月 26 日完成《莱茵的黄金》总谱书写娟秀的誊清稿,在我那座房子的幽静中,见识了一本书,对该书的研究对我具有十分重要的意义。这本书就是阿图尔·叔本华的《作为意志和表象的世界》。

赫尔韦格给我提到这本书——他首先得告诉有关这本书的最有趣的事情——他说这本书在 30 多年前就已经出版,在出版 30 多年之后,最近几乎是绕了好些特别的弯路才被发现。一位名叫弗劳恩施泰特的先生那篇说明这种状况的论文也首先向他暗示这部著作。我感到自己立即就被这部著作深深吸引,很快就致力于该著作的钻研。一种内在的需求使我一而再、再而三地要求去弄懂哲学的真谛。还在我很年轻的时候，通过同巴黎的勒尔斯的三次交谈，我心中就激发起了这种欲望。我力求通过我的种种尝试，在莱比锡教授们那里，然后从谢林的著作，后来从黑格尔的著作中使这种欲望得到满足，直至——因为这些尝试很快就把我吓住了——几篇费尔巴哈的论文看来给我提出了与此有关的理由。现在，除了对这本书的特殊命运感到兴趣之外，它的深入浅出、通俗易懂和男性的准确立即就吸引了我，这是我在对其中包含的、对极难的形而上学问题进行探讨时，一开始就接触到的。当然，一位英国批评家的评判就已经吸引了我。这位批评家十分老实地承认，迄今为止，他对德国哲学说不清道不明，但又是难以置信的钦佩，就来自该哲学——就像它最后由黑格尔所阐明的那样——十足的不可思议。对此，他现在在钻研叔本华的著作时，很快就豁然开朗，认识到并非他的理解力欠缺，而是在理解那些哲学命题时的故意夸大，对他在这些方面的不理解负有责任。就像每一个由于生活而狂热激动的人都会遇到的情况那样，就连我也是首先去寻找叔本华体系的结论；叔本华体系的美学方面使我感到十分满意，尤其是对于音乐的那个重要看法，在这里使我感到惊喜，所以就像每一个与我的心情相同的人都会体验到的那样，这种趋向于道德的整体终结倒是使我吓了一跳，因为在这里，扼杀意志、极其彻底的放弃，被证明是从在对世界的理解和相遇中现在才清楚感觉到的个人局限性的桎梏中，唯一的、真正的和最后的解脱。对于那种想从哲学中获得一种为进行有利于所谓“自由个人”的政治和社会宣传的、至高无上的权利的人来说，在这里自然是一无所获，而提出的唯一要求是：完全彻底地离开这条道路，去满足人的欲望。因为这一点暂时还根本不合我的口味，所以我很快就认为自己不能放弃那种所谓“轻松愉快的”希腊世界观——我曾经用这种世界观来看我的《未来的艺术作品》。就是赫尔韦格，是他用一句很有分量的话促使我首先对自己的敏感采取谨慎态度。由于对现象世界的虚妄的这种认识——他是这样看的——甚至所有的悲剧都是确定的。总而言之,凭直觉可以认为,每一个伟大的诗人,甚至每一个伟大人物身上想必都会发生这种悲剧。我望着我的《尼伯龙根》台本,使我感到吃惊的是,我看出,现在使我受到理论这么多束缚的东西,我在我自己的诗意设想中早就熟悉了。我就是这样首先来理解甚至是自己的沃坦①的,现在又激动万分地开始更仔细地钻研叔本华的书。现在我认识到,至关紧要的是,去弄懂该书的第一部分,弄懂对关于迄今为止在时间和空间中以如此现实的方式建立起来的世界的观念性的康德学说所做的解释和扩展性阐述。我相信,通过认识该书非同寻常的难度,我现在已经在理解的道路上迈开了第一步。从现在开始,这本书有好多年都从未完全离开我,在第二年夏天,我就已经第四次仔细通读该书了。通过这个渠道对我产生的潜移默化的影响特别大,不管怎样,对我整个一生都至关紧要。我通过这部作品,为我对自己迄今为止纯粹按照感情学会的一切所做的判断,得出了差不多与我昔日来自我的老师傅魏因利希的学说,通过极其深入地钻研音乐的对位法所获得的看法完全相同的判断。要是我以后在一时冲动的写作工作中,再次让自己听到关于与我的艺术特别有关的主题的话,那就必须让人看出这些工作就是我在这里称之为从我对叔本华哲学的钻研中得到的收益。——现在我觉得有必要给这位备受尊敬的哲学家寄去一份我的《尼伯龙根》的台本样本。我亲笔在标题处只附上"出于敬仰"这样的文字,而没有写上一句通常情况下要对叔本华讲的话。之所以如此,部分原因是十分拘束,没法对他说出心里话,同时也受到这种感情的支配,要是叔本华通过阅读我的台本,甚至连自己

① 沃坦为古日耳曼民族神话中的主神。

都没法弄清楚，他是在同谁打交道，那么，一封由我在这儿写的、不管多么详尽的信也不会有所帮助的。因此，我也就放弃了那个沾沾自喜、希望能有幸得到他的书面答复的愿望。不过我后来从卡尔·里特尔还有维莱大夫——他俩在法兰克福探望叔本华——那里听说，这个人对我的台本大加赞赏。

当我在从事这方面的钻研之外，又继续为《女武神》谱写音乐时——这时我过着隐居的生活，我的清闲时刻只用在去周围的长途散步上——就像通常我在持续不断地从事音乐创作时所遇到的那种情况一样，又一次产生了进行诗意构思的欲望。这很可能有一部分是叔本华使我置身其中的那种严肃认真的气氛，这种气氛现在力求其基本特征的一种极度兴奋的表达方式。就是这种表达方式促使我去构思《特里特坦与伊索尔德》。近来，由于通知卡尔·里特尔以戏剧形式完成该作品的计划，重新促使我注意到我从德累斯顿求学以来就比较清楚了解的那个对象。当时我就对这位年轻朋友谈过他的草稿的欠缺之处。当这部小说强烈悲剧气氛的次要部分都避开这种主要倾向时，他却墨守该小说这种恣意妄为的情况。有一天散步归来时，我把这三幕的内容都仔细记下来，我把为未来加工保留的素材都压缩到这三幕当中了。在最后一幕中，我在这里插进了一个那可是没有完成的插曲，即拜访在特里斯坦病榻旁四处寻找圣杯的帕西发尔。因为这个受伤后久治不愈、却又不能死去的特里斯坦在我心中同圣杯小说中的阿姆法尔塔斯融为一体。——我现在不得不极力克制自己，别继续沉湎于这个设想之中，以免在进行我伟大的音乐工作时妨碍我。

在此期间，尤其是借助我的朋友，我也做到了使我那变得令人忧心忡忡的处境有了一个让人满意的转变。就连同德国那些剧院的联系现在也再次证实是大有裨益的。明娜访问了柏林，在那里通过我们的老朋友弗罗曼夫人的介绍，并同当地宫廷剧院的经理封·许尔森先生进行了商谈。如今，在两年光阴毫无目的地流逝之后，我现在甚至可以在不带任何附加条件就在柏林上演的情况下，转让我的《唐豪瑟》，而不让它从那时起，由于它几乎普遍流行于其余剧院，就在其获得成功的问题上这样确定，一次在柏林也许是令人担心的失败，再也不会对我的作品的声誉，却很可能对柏林的领导部门变得不利。——11 月初，明娜又从其旅游地返回，根据她的报告，我现在甚至对柏林上演《唐豪瑟》时的命运也都听其自然。通过该剧的上演，我后来虽然由于对我的作品的这种低劣表演弄得很不愉快，但也享受到那里提供的所谓版税，争取到一个长时间源源不绝、数额颇为可观的收入来源。

很快，就连苏黎世音乐协会现在也再次表示欢迎我参加本年度冬季音乐会。我虽然再一次同意参加，但是声明：我现在又反过来希望它真正关心由我发起的、对乐队状况的改善，因为我已经为欢迎在苏黎世出现一个优秀乐队，让人向音乐协会这些先生提交了两个各不相同的建议。现在我拟定了第三份两个各不相同的建议。现在我拟定了第三份还要详细的草案。在该草案中，我极其详尽地给他们说明，他们怎样才能够用比较少的花费做到与剧院一起，保有一个优秀的乐队。我向他们说明：如果他们不接受这些为了将来、十分合理的建议，我今冬就会是同他们的最后一次合作。——除此之外，我现在在照料一个四重奏演奏小组。该演奏小组由乐队的试奏员组成。他们恳求我，帮助他们学会正确演奏由我推荐的四重奏乐曲。首先使我感到高兴的是，由于他们很快就受到观众关注，就给这些人在较长时间内带来了十分可观的额外收入。就他们的艺术成就而论，当然说不上有多么大的进步，因为事实向我证明：个别乐队成员在进行如此自由发挥的演奏时，无法用纯粹是强加于人的、力度的精细入微之处，取代那种只有通过一种比较高的艺术欣赏能力的个人修养，才能在乐器本身的处理当中发挥作用的东西。可是我竟敢教他们甚至排练贝多芬的《升 c 小调四重奏》。当然，在无数次排练时，这样做使我失去了使人难受的耐性。为了理解这首引人注目的贝多芬乐曲，我给他们的节目单增加了一个小小的说明。我借此方式以及通过演出本身，是否会对一位观众产生影响，我不得而知。

如果我现在除此之外还可以报告，说今年 12 月 30 日，全本《女武神》的乐曲业已完成草稿的话，那么，为了暗示在这段时间我严肃认真、积极主动的生活以及我同外界的交往不会给我严格的生活方式带来任何干扰的情况，我也许讲得够多的了。

1855 年 1 月，我已经开始为《女武神》的乐曲配器。可是我马上就由于一项临时插入的工作，中断了配器。这项临时插入的工作是由于下达情况偶然钻出来的——我给几个朋友谈起我当时——15 年前在巴黎谱写的《浮士德序曲》，引起了他们要听这首序曲的要求。这使我即刻就想到要更仔细地再看一遍这首乐曲，看一看这首曾经在我的音乐构想中引起了一次意义深远的变化的乐曲。李斯特前不久在魏玛演出过这首乐曲，给我写了不少有关这方面的赏心乐事，但也表达了希望知道对一些在作品中只是被提到的东西所做的、更为清楚的说明的愿望。所以我现在又再次修改这部作品，而且这时也遵照我的朋友凭着十分敏感的感觉提出来的建议，以这种方式修改，就像这首现在在黑尔特尔版本中所发表的乐曲所显示的那样。我也教我们乐队排练这首序曲，而且演出这首序曲——在我看来是大获成功。只是我妻子感到，似乎这里面不会有什么名堂，她请求我，在我今年去伦敦时，别在那里演出这首序曲。

也就是现在，国外向我发出一个特别的邀请，这种邀请其实在我一生中是永远也不会重复出现的。还在 1 月份,我就收到一封由伦敦交响协会发来的询问信,问我是否愿意指挥他们本年度的音乐会;因为我在复信前要更为详细地打听情况,对于复信一事有点犹豫,所以有一天,这个著名协会理事会成员安德森先生的来访使我感到惊奇。安德森专程从伦敦来到苏黎世,以便取得我的同意。我应当到伦敦去 4 个月,在那里指挥交响乐协会的 8 场音乐会,为此,我得到总共 200 英镑报酬。就是现在我都还不大明白,我该何去何从,因为从商业的角度来看,这里真正的利润是无法估计的;另一方面,除了想获得个别突出成就之外——这里重要的只能是个别成就——我绝没有想担任音乐会指挥的意思。首先,有一件事使我心情舒畅,那就是在经历了这么长时间的贫困之后,又能够同一个大型优秀乐队再次合作了。但是接下来,就连我感到几乎是不可思议的状况也在诱惑我。就是这些状况突然间使离我如此遥远的音乐世界的目光都在注视着我。我猜想,在那后面隐藏着某种在我看来就像是命运的暗示之类的东西。我终于对着安德森先生那张表情单调、亲切友好、天使般的脸点头允应。这位身穿宽大毛皮大衣的人——我后来认识了这件皮大衣的主人——便立即十分满意地又直接返回伦敦去了。

在我随他而去之前,我首先还得摆脱我的好心肠让我承受的困境。因为本年度戏剧活动的那位极会缠人的经理终于实现了他所坚持的目的——我同意他上演《唐豪瑟》,他促使我这样做的办法是:他告诫我,我可是把这部总谱转让给了每一家剧院,如果他仅仅出于因为我本人在此地居住这一理由,就应当丧失对苏黎世的同样优惠的话,那么,这就一定会成为他的活动真正的缺点。除此之外,我妻子也插手了这件事。很快,《唐豪瑟》角色声部的歌手们和沃尔夫拉姆也来声援此事。她也确实理解,我对她的一个被保护人的人道同情,把一个可怜巴巴、迄今仍然受到经理百般刁难的男高音歌手推上了舞台。我同这些人一道讨论他们的角色，讨论了好几次。因此，我也认为自己有责任在剧场排练时去监督他们的工作效率。这件事后来又有了十分重大的意义，我就是在接二连三、一再插手的情况下，直至走上指挥台，最终确实亲自指挥了第一场演出。这场演出中，我特别记得扮演伊丽莎白的那个女歌手，她原来属于女高音歌手角色，她扮演的角色戴着白色羔羊皮手套，旁边却吊着扇子。这一次关于这些让步我可是受够了。当观众最后叫我走上舞台时，我从那儿直言不讳地对我的朋友声明：现在这是大家最后一次看到我的这类东西，为了将来，为了他们的剧院——对于剧院这种糟糕的状况，他们今天能够有一个比较清楚的概念了——还要给他们做点事情，我确实对于所有这一切感到十分惊讶。可是我对音乐协会也发表了类似声明。在该音乐协会中，在我出发前，我同样再一次，而且确实是最后一次指挥一些乐曲演奏。很可惜，大家只是把这种做法当作我平易近人的特性来接受，他们丝毫没有感到自己被激励去努力奋斗。因此，在第二年冬天，需要我发表一个十分严肃、近乎粗暴的声明，使有关人士一劳永逸地放弃继续对我提出的过分要求。所以，我就在一种相当令人惊异的气氛中，离开了我迄今为止的那些苏黎世艺术爱好者，于2月26日踏上我前往伦敦的旅途。

我途经巴黎，并在那里待了几天。在此期间，我只见到基茨和他那位被视作神医的林德曼。3月2日到达伦敦，我首先就去向勒克尔兄弟青年时代的朋友费迪南德·普雷格尔求助。我通过勒克尔兄弟，从这位朋友那里获得了对情况值得一提的了解。我在他，在这位作为音乐教师在伦敦定居多年的先生那里，遇到一位心肠出奇地好、只是对于他的教育程度来说过于激动的人。在我在他家里度过了第一个夜晚之后，第二天我就依靠他的帮助，在里真茨公园①附近的波特兰台地弄到一套住所。从我过去那次游览以来，总督公园就在我脑海里留下令人愉快的印象。我期待着在所企盼的来年春季，由于紧靠这个公园道路上面都被漂亮的红山毛榉遮盖的那部分地区，一定会有一次令人愉快的停留。虽然我在伦敦度过了4个月时光，我却感到，似乎从未盼到这个春天。雾气沉沉的气候重重地压在我在那里得到的所有印象上面。普雷格尔立即接受了我的印象当中那个最乐意接受的印象，以便在通常的礼节性拜访路上陪伴我。在进行这些礼节性拜访时，我也拜访了米夏埃尔·科斯塔②先生。我在科斯塔先生家中结识了意大利歌剧院乐队队长，因此也就认识了伦敦音乐原来的盟主；因为他也是圣乐协会会长，在圣乐协会里几乎每个星期亨德尔和门德尔松都要来演出。

但是普雷格尔也把我领到他的朋友、伦敦乐团第一小提琴手塞恩东那里去。在我受到他那方面极其热情的接待之后，我现在也听到聘任我到伦敦来的那个离奇故事。塞恩东是一个来自图卢兹的法国南方人，具有热情似火、天真幼稚的性格。他有一个血气方刚、来自汉堡、名叫吕德尔斯的德国音乐家做室友。吕德尔斯是一个天性极其枯燥乏味却又和气的城市乐师的儿子。后来听到把这两个人结成密不可分的朋友的那件生命攸关的事件，使我十分感动。塞恩东在一次经过圣彼得堡前往赫尔辛基的艺术高手巡回演出中，流落到了芬兰；遭到亏本生易这个恶魔的迫害，他不知道从哪儿开始，下一步该怎么办。这时，汉堡城市乐师的儿子那个极其平凡、极其朴实的身影在那儿，在客店里，在

① 里真茨公园是伦敦中心区主要公园之一，原为亨利八世狩猎林地。

② 米夏埃尔·科斯塔（1808—1884）：在意大利出生的指挥家、作曲家，后入英籍，在伦敦曾任皇家意大利歌剧院指挥。

楼梯上带着这个问题向他迎面走来:他是否乐于接受他的友谊,凭着这种友谊——因为此人也许注意到他正身处逆境——他会把自己的一半现金提供给他。从此时此刻起,两人成了不可分离的朋友。他们在瑞典和丹麦作艺术巡演,在极其特殊的情况下找到门路,经过汉堡,又返回阿夫雷、巴黎和图卢兹。他们最终又从图卢兹出发,迁往伦敦。塞恩东是为了在乐队占有一个重要的职位;吕德尔斯是为了尽可能作为枯燥乏味的授课者自己克服困难。我在这里,在一套漂亮的住所里遇到他俩恰似同居的男女一般,总是亲切友好、相互关心。这位吕德尔斯已经读过我的艺术论著,尤其是《歌剧与戏剧》使他惊呼叫绝:"我的天啦!这里面大有文章啊!"这件事已经使塞恩东感到诧异,在今年音乐节开始之前,出于尚不清楚的原因,交响音乐会迄今为止的指挥,正好就是那位地位显赫的科斯塔先生同协会闹翻了,而且宣布,不愿意再指挥协会的音乐会。这时,协会"司库"安德森狼狈不堪地来向塞恩东讨教,塞恩东根据吕德尔斯的意见,建议聘请我。据我所知,他们并未立即同意这一推荐,只是在塞恩东碰碰运气,使人相信曾经看见我在德累斯顿执棒指挥之后,安德森先生才下定决心,身穿塞恩东借给他的毛皮大衣,踏上到苏黎世的旅途来找我。我现在身处此地,就是这次安德森苏黎世之行的结果。可是,正如我很快便同样体验到的那样,塞恩东在处理这件事情时,显示出他那民族性格中特有的欠考虑,因为科斯塔没有想到去认真对待他对交响乐协会发表的声明,看来,他似乎极其讨厌对我的聘任。因此,他作为交响音乐会提供给我们支配的同一乐队的队长,就不断地对由我指挥的活动施加怀有敌意的影响,就连我的朋友塞恩东也都不得不稀里糊涂地忍受这种影响。

当另一方为了准备形形色色令我讨厌的事情,掌握了足够的材料时,这一点在这一过程中越来越清楚地得到了证实。首先是《泰晤士报》音乐版负责人戴维森先生立即就表示对我怀有敌意。我在这个人身上第一次确切而清楚地体验到我过去那篇关于《音乐中的犹太精神》的文章的影响。可是除此之外，普雷格尔还告诉我，戴维森在他就任的《泰晤士报》极其显赫的职位上，已经习惯于从每一个由于音乐事务前来英国的人那里，首先是要受到各种方式的注意。因为就连詹尼·林德①为了给自己大获成功带来极大的好处，都顺从这些要求。只有桑塔格作为伯爵夫人罗西才自以为摆脱了同样义务。我现在别的什么事都不想，只打算同一个十分完美的优秀乐队打交道，同这个乐队一起完成一些精彩的演出，所以另一方面，使我感到十分泄气的是，很快就听说，我无权拥有我觉得必不可少的音乐会排练次数。按照协会财务计划的规定，只准我为每场有两部交响曲和不少别的附带乐曲的音乐会进行一次排练。但我总希望通过由我所指挥的这些演出的印象，有朝一日也会在这里引发特别的努力。可是要使事情越出常规是完全不可能的，因此我很快就看出，履行我所承担的义务已经变成了令我反感的负担。在第一场音乐会上，我们演出贝多芬的《英雄交响曲》。看来，我指挥的成功十分显著，以至协会委员会表示，显然乐于尽一切可能举办第二场音乐会。人们要求演出我的乐曲片断以及贝多芬的《第九交响曲》，而且为此破例让我排练两次。这场音乐会的情况总算还过得去。我为我的《罗恩格林》前奏曲加上了一个纲领性说明。可是在这个说明中，有人却带着极其怀疑的表情，将“圣杯”以及提到“上帝”的地方给我删掉了，因为这类东西在世俗音乐会中是不允许的。至于交响曲的合唱曲，我不得不将就使用意大利歌剧院的合唱队员。另外，至于大型宣叙调嘛，就只好用一个男中音歌手凑合了。这个男中音

① 詹尼·林德（1820—1887）：瑞典女高音歌唱家。

歌手在排练时由于他那用意大利语训练出来的英语反应迟钝，把我弄得极不耐烦。从翻成英语的歌词中，我只知道“hail thee joy”就是“欢乐女神，圣洁美丽”。看来，交响乐协会似乎非常重视这场音乐会的成功——这次成功本身也是无可非议的。因此，当《泰晤士报》的这位发言人对此采取的态度也是怒气冲冲地蔑视和贬低所取得的成绩时，人们也就更为惊讶。有人现在向普雷格尔求助，以便通过这个人来促使我对戴维森先生表示几分敬重，至少使我可能接受这一点，在一次由戴维森举行的宴会上同那位先生会面，让人把我的好意介绍给他。普雷格尔现在对我已经有了足够的了解，不得不打消那些先生的所有希望，从这方面看，不可能得到我的任何一种让步。现在，宴会停办，后来我看出，从这儿开始，协会很可能认识到，它是在同一个桀骜不驯的犟脾气汉子打交道，对我的聘任打心眼里感到后悔。

由于在第二场音乐会后，复活节假期使音乐会中断了一段比较长的时间，我甚至同我的朋友们商量，放弃这个被我这么快就发觉是既愚不可及又徒劳无益的担任这些交响音乐会指挥的计划，悄悄地返回苏黎世去，是否会更明智一些。普雷格尔向我保证，我实行这个决定决不是在谴责这种状况，而简直就是一种可怜的无礼行为，首先是我的朋友们都将不得不忍受这种评价。最后这一点决定了我的取舍，我留了下来。可是从现在起，对能给伦敦的音乐生活一种有用的推动却不抱任何希望。只是在第七场音乐会时出现了一个令人兴奋的情况：女王选择这一晚上光临她每年出席一次的音乐会，通过她的丈夫阿尔贝特亲王，请求听《唐豪瑟序曲》。这个晚上由于王室成员出席，确实是令人愉快的庄严隆重。我也很高兴，应邀同维多利亚女王及其丈夫在相当活跃的气氛中谈话。这时，谈到了在剧院上演我的歌剧的可能性，阿尔贝特亲王对此表示反对，理由是意大利歌手不可能演唱我的音乐作品。

女王又反驳了这一异议,提出甚至有很多意大利歌手本来就是德国人这条理由,这使我感到高兴。关于所有这一切的印象都是亲切友好的,看来,是在表示对我的支持,可是这种表示无论从哪方面看,都丝毫不能改变这种状况,因为在大型报刊上,情况依然如故,声称所有由我指挥的音乐会都遭到失败。费迪南德·希勒在一次当时举行的莱茵河地区音乐节上,自以为能够得到充分授权,为了给他的朋友们打强心针,大声宣布,说我在伦敦完蛋了,可以认为差不多是把我从那儿扫地出门了。与此相反,我却仍然在由我指挥的8场音乐会最后一场结束时,体验到一种心满意足的感觉。在结束时,演出了那些罕见的场景当中的一幕,就像有时候那些参与者迄今遭到压抑的感情所经历到的那些场景一样。乐队在我多次取得成功之后很快就明白:凡是给他们那缺乏责任感的责任主管科斯塔先生留下好印象,不想很快就被他解雇的人,就根本不会对我表示同情。这样,我就可以解释在交往中,但凡透露出乐队队员对我表示同情的意思时的突然沉默不语。可是现在,在这些音乐会结束时,乐队队员们这种受到压抑的感情发泄出来了。他们从四面八方用震耳欲聋的欢呼声把我团团围住。而这时,在观众中也同样——通常他们还在结束之前就习惯于吵吵嚷嚷地离开大厅——围成一堆堆热情的人群。我同样在极其热烈的欢呼声中和极其热情地握手时,被他们团团围住,也许没有一种更为热情的表达方式能超过我同乐队队员以及观众的这次告别吧。

不过,这段伦敦逗留期间我生活中极为奇特之处,却是这次逗留使我接触到的各式各样的人际关系。

我一到伦敦,年轻的卡尔·克林德沃特①作为被选中推荐给我的

① 卡尔·克林德沃特(1830—1916):德国钢琴家、指挥家、作曲家。

学生,就前来报到。克林德沃特不仅仅在我逗留伦敦期间,而是从那时起,一直是我的一位忠实、可爱的朋友。他虽然很年轻,然而他在伦敦逗留的那段十分短暂的时间却足以促使他对英国音乐活动做出评价,而且我很快就不得不认识到其结果令人绝望透顶的这个评价是十分正确的。无法适应英国音乐派系这种特殊的朋党习气,他很快就丧失了在这里得到应有尊重的任何指望和希望。他已经万念俱灰,只想作为打零工的授课教师,闯过英国音乐生活的荒漠,因为他首先是过于高傲,不对那些有权有势的批评家——这些人很快就对他这个李斯特的弟子进行突然袭击——表示最起码的敬意。现在,他确实是一位杰出的音乐家,另外还是一位优秀的钢琴演奏家。他很快就开始同我打交道,他自告奋勇,把我的《莱茵的黄金》总谱改编成钢琴曲,当然只供第一流的钢琴技巧名家使用。可惜很快他就突然陷入一场旷日持久的疾病,这场疾病一再剥夺我同他进行所期望的个人交往。

在普雷格尔及其夫人总是十分忠实地站在我这一边时,塞恩东和吕德尔斯那独具特色的"家"很快就变成了我真正而又熟悉的联络点。因为我受邀永远在他们那里用午餐,除了少数例外,我多数情况下感到有责任在这些在任何情况下都同样忠诚的朋友那里进餐。在这里,在就连普雷格尔都经常露面的地方,我通常都舒适愉快地从我伦敦那些令人讨厌的事情中恢复过来。我们夜晚经常在夜雾弥漫的大街上漫游。吕德尔斯特别善于在这些场合用一种他知道在某个地方调制的、出色的潘趣酒,把我们带进那种为摆脱伦敦的影响所必不可少的独立性中。只有一个晚上我们分开了,也就是说由于街上十分拥挤。拥挤的人群在从詹姆斯大街到科文特花园皇家歌剧院的路上伴随着拿破仑皇帝。这位皇帝也就是在当时,在克里米亚战争危急的时期同其夫人前来伦敦拜访维多利亚女王,受到伦敦居民在其路上好奇呆看,其好奇的程度并不亚于世界上别的民族那里发生类似事情时的情景。当我试图从秣市到里真茨大街去的时候,就遇上这种事,因此我就只好硬挤着横穿一条街,致使我被人当作一个过于热心的好奇者,因此受到捅腰部的对待,由于这个显而易见的误会,给我带来了一种愉快的心情。

由于塞恩东这么离奇古怪、意味深长的煽动,引起了科斯塔同安德森先生之间很大的麻烦,这些麻烦剥夺了我对这个协会施加哪怕是少许影响的任何可能性。另一方面,这些大麻烦又带来某些令人开心的体验。因为那位安德森由于女王的一个贴身马车夫的提携,很善于以王室私人乐队(女王乐队)队长自居,可是本人没有丝毫音乐常识,所以每年应当由他指挥的宫廷音乐会对于这位爱闹着玩的塞恩东来说,总会变成一个滑稽可笑的节日。关于这方面的情况,我也听到一件滑稽事。就连这种事也趁这些不和的机会深入公众之中,这就是:此外安德森夫人——由于她那巨大的身躯,我给她取了一个“查利玛格内”的名字——也得到了一个宫廷小号手的职位和薪俸。很可惜,我通过这一些和类似简讯,很快就得到这样的信念,我这个风趣诙谐的朋友在揭发那个盘根错节的小集团的斗争中会吃亏,而他也确实经历了这样的情况:那个关于是否该向安德森还是塞恩东让步的裁决得出的结果对后者不利。这件事倒是给我证实:在自由的英国,情况也同别的地方相差不多。

由于柏辽兹的到来,我们这个小小的团体有了一次意义十分重要的扩大。柏辽兹受到一个比较新的团体——“新爱乐乐团”聘任,同样前来伦敦指挥两场音乐会。由于我始终弄不明白的影响,一个心肠非常好、却又无能到可笑的人——怀尔德博士受聘担任这个团体的常任指挥。怀尔德是一个地地道道、面颊丰满红润的英国人。他师从斯图加特管弦乐队指挥林德派恩特纳,专门学习指挥课程。他被这位指挥训练到了这样的地步:他差不多可以试着打拍子,跟上完全是随心所欲演奏的乐队。我听了一场按照这种方式演奏的贝多芬的交响曲。这时我感到惊讶的是,听见这儿的观众爆发出的掌声,同由我非常准确、用真正火一样激情指挥的一场演出时的情况完全一样。可是,为了赋予这些音乐会一些重要性,正如提到的那样,他们聘任柏辽兹指挥这些音乐会当中的几场。我在这里到底听他指挥演奏了几部古典音乐作品,譬如说其中有一部莫扎特的交响曲。我感到难堪的是,在这里,发现他这个经常在指挥自己本人的乐曲时这么有进取心的指挥,囿于普通指挥极为一般的常规。他自己的各种乐曲,譬如说他那部《罗密欧与朱丽叶交响曲》效果显著的片段,在这里也再一次给我留下深刻印象;但是现在,我也更为清楚地意识到这些固有的弱点——就连这位异乎寻常的音乐家最美妙的设想也有这些弱点——在过去那个巴黎时期就是这种状况,那时候总的说来,我只感觉到留下多深的印象,就会多么不舒服。——当塞恩东有好几次同柏辽兹联合邀请我在他那里吃饭时,我可是感到非常兴奋。现在我突然看见这个受到折磨,在某些方面已经麻木不仁,但其天赋却如此罕见的人,就站在自己面前。如果说我之所以来到伦敦,更多的是出于一种消遣欲望,出于对外部刺激的要求的话,那么,当我看到这个要苍老得多的柏辽兹与此相反,只是为努力挣几个畿尼①工资来到这里时,我就可以自以为非常幸运,犹如置身晴朗的云天,有一种飘飘然的感觉。我在他身上只看到疲劳和绝望,突然对这个人感到深切同情。另外,在我看来,他那远远超过所有竞争者的才能也是明摆着的。看来,柏辽兹似乎是在令人愉快地提到我在极其开心的无拘无束中带给他的那种心情。看得出来,这个平日寡言少语,差

① 旧英国金币,1 畿尼合 21 先令。

不多显得难以接近的人在我们聚会高兴时变得活跃起来了。他给我讲了很多关于麦耶贝尔以及要避开此人阿谀奉承，总是引诱人去写赞扬文章的行为那些不可想象的滑稽事。麦耶贝尔让人把那个通常的“前夜的晚餐”放在他的《先知》首演前面；由于柏辽兹为他晚餐缺席辩解，麦耶贝尔对此轻描淡写地说了他几句，要求他用写一篇评论其歌剧的“十分漂亮的文章”来补偿他在这里给他铸成的大错。柏辽兹说明，在巴黎的报刊上登载反对麦耶贝尔的文章是不可能的。——我感到更为困难的是，无法同他在更为深入的艺术事务方面取得一致，因为这个颇有造诣、能准确无误、提纲挈领表达自己意思的法国人向我作自我介绍，说他保证绝对可以避免对他是否真正正确理解了别人意思的怀疑。由于我心情舒畅，喜好这种事，而且使我自己感到奇怪的是，我在这里甚至突然之间就掌握了法语，所以我便试图给他说明“艺术构想”的秘密。在这里，在我通过独特的训练，完全摆脱内心深处的感情形式之前——这些情感形式并不由那些生活印象引起，而仅仅来自它们的酣睡状态——我试图说明给情感留下的那些以自己的方式俘虏我们的生活印象的力量。结论是：艺术形象在我们面前并不显现为生活印象的作用，而是相反，显现为对生活印象的摆脱。我便试图——在这里，柏辽兹好像是降尊俯就般，会心地微笑着说：“我们把它称之为理解消化。”顺便提一下，同我对立即就理解我费心费力通知的这种方式感到的惊讶相应的，最后甚至是我新近认识的这位朋友的外在举止。我邀请他出席我的告别音乐会以及这场音乐会后还有的一次在我寓所给我少数几个朋友举办的小型告别宴会。他很快就说身体不舒服，离开了宴会；但是留下来的朋友们却对我毫不隐讳，说他们认为：柏辽兹心里对在此之前观众同我所做的这次十分热情的告别感到不舒服。

另外，我从在伦敦认识的几个熟人那里得到的收益并没有特别的用处。不过,有一个名叫埃勒东的先生却使我感到高兴。这是一个身材魁梧、令人愉快的人,是洛尔德·布劳格哈姆的连襟,是诗人、音乐爱好者,可惜还是一个作曲家。这位作曲家在一场交响音乐会让人介绍给我认识,而且大大方方地,甚至是出于下述理由,欢迎我来到伦敦。这个理由就是:我很可能应该有责任去适当制止一下对门德尔松的过分崇敬。这个人也是唯一对我表示盛情敬意的英国人。他在"大学俱乐部"里款待我和我亲近的朋友,我就在这种场合见识了这样一家伦敦娱乐场所的慷慨。在我们利用这个机会很好地消遣了一番之后,也以至少是舒适的方式向我展示了这样一种英国式殷勤友好的弱点。好像是非常自然而然的事情一般,我的东道主让两个人架住胳臂送回家,因为他要不然也许很难走长路,穿过大街走回来。

我还在一个守旧古板、却又十分可爱的作曲家波特①身上见到了一个怪人。我应当演出波特的一首交响曲。这首交响曲由于它音域要求不高和它对位工整,使我得到消遣,更何况这个作曲家——一个不很年轻、亲切友好的怪人几乎就是在谨慎谦虚地对待我哩。我不得不拼命迫使他,允许我弹奏他那首交响曲行板的正确速度,并以此给他提供证据,证明这样做确实优美、有趣。这时,他对自己的作品简直就没有信心,所以他认为只有通过以极快的速度结束行板,通过一种有失体面的速度,才能摆脱那种会变得无聊的危险。现在,当我还是以我的速度,用这曲行板给他带来热烈的喝彩声时,他为此确实由于喜悦和感激而容光焕发。——一个名叫麦克法伦的先生,一个华而不实、多愁善感的苏格兰人使我感到不大舒服。可是正如交响曲协会委员会向我保证的那样,此人的乐曲很受重视。这个人显得过于高傲自大,无法在演出

① 波特(1792—1891):英国作曲家、钢琴家、指挥家、教师。

他的一部乐曲方面同我取得一致。因此,使我高兴的是,把他的一首不能赢得我的好感的交响曲留下,为此,选了一首《越野赛马》序曲。这首序曲确实含有一种独特的、狂热邀请的特性,在演奏时使我感到高兴。——由韦森东克介绍,我认识了一个名叫贝内克的商人及全家。这样以来,甚至在伦敦确实又有一个"家"向我敞开了大门。贝内克这一家给我带来了不少令人讨厌的事情。接受从那里来的一些邀请,我必须前往坎伯韦尔,做一次路程相当于走遍整个德国的旅行,当然是应当要通过这次发现,"陷入"这一个家庭——门德尔松在伦敦停留时,就以此为家。这些好人不知道该拿我怎么办,他们觉得我指挥的门德尔松的乐曲很出色,并为此告诉我关于这位死者"丰富情感"的特性。——就连交响乐协会秘书霍华德——一位上了年岁、令人愉快的老实人也从我的英国熟人圈子走出来,竭力争取同我作正如他所认为的、绝无仅有的一次交谈。有几次,我不得不同他的女儿一道,去科文特花园的意大利歌剧院看戏;我在那里听《菲岱里奥》,这部歌剧由卑俗下流的德国人和不出声的意大利人用相当古怪的方式演唱宣叙调。我善于摆脱在这个剧院的多次"休息"。与此相反,在我告别伦敦向霍华德先生辞行时,却有了意外的惊喜,在他那里同麦耶贝尔相遇。麦耶贝尔当时刚到伦敦,来演出他的《北极星》①。当我看到他进屋时,我很快便想起,我只注意到其身份是交响乐协会秘书的霍华德,也是《新闻画报》的音乐版负责人,由于该报的质量,他现在可是立即就被这位伟大的歌剧作曲家找上门来了。当麦耶贝尔发现使我又镇定下来的东西时,他真是呆若木鸡,致使我们彼此都没法说出一句话来。确信我们彼此肯定认识的霍华德对此感到十分惊奇。在离去时,他问我到底认不

① 又译《北方的明星》。此处根据德文曲名(*Nordstern*)译出。

认识麦耶贝尔，对此，我给他建议，让他向那个人打听我好啦。当我再一次遇到霍华德时，他向我保证：麦耶贝尔只是一个劲儿地对我大加赞赏。接下来，我劝他去读一读几期巴黎《音乐报》的文章，在这些文章中，费蒂斯先生前不久用一种不太令人满意的方式，表达了麦耶贝尔先生评论我的那些观点。霍华德摇摇头，他无法理解，“一些大作曲家怎么就会如此奇怪地彼此相对呢”。

可是，我的老朋友赫尔曼·弗兰克的来访却带给我一个令人愉快的惊喜。弗兰克当时待在布赖顿，到伦敦来待过几天。我们聊得很多，我尤其应当做出某些努力，以帮助他就我这件事情有一个正确的看法，因为他在前几年，自从我们失去联系之后，听到一些德国音乐家以极其奇特的方式谈到我的情况。他首先觉得奇怪的是，在伦敦遇到我。按照他的想法，在伦敦不可能有适合我的音乐倾向的地域。我不明白他是怎样想象这些“倾向”的。我干脆给他讲，是什么东西决定我接受交响乐协会的邀请，我想根据合同达成的协议，举办这个协会本年度的音乐会，然后便立即返回苏黎世，重新从事我的工作。现在这事听起来同他所猜想的情况迥然不同，因为他认为，只能猜测我是想在伦敦给自己准备好了一个重要职位，以便从这个职位出发，进行一场反对所有德国音乐家的毁灭性战争。在德国，就是这样众口一词地给他预告我的计划的。他说，现在其实没有任何东西会比虚构的人物形象——我就以这个形象站在人们面前——同他现在马上又看出来的、我的真实本性这种引人注目的不一致更令人惊异的了。对于这一点，我们俩都开着玩笑，相互谅解。我感到高兴的是，看到他同我一样，脑海里萦回着在前几年才著称于世的叔本华著作的价值。他以一种特有的坚定态度对此表示自己的看法，他相信这位德国精英必须预见到：不是与他的政治状况同时彻底衰亡，就是同样彻底再生——然后，与这种再生同时轮到的，就会是叔本华。他离开我，迎向一种很快就成为现实的，既无法解释又十分可怕的命运。在此之后仅仅只有几个月，我回来后就听说他莫名其妙的死亡。我已经提到，他待在布赖顿，好在那里放手让他的儿子——一个差不多16岁的男孩参加英国海军。就像我在父亲身上觉察到的那样，这位父亲对海军产生了一种令这个男孩十分厌恶的、顽固坚持的好感。在确定轮船要扬帆驶去的那天早上，人们发现那位父亲由于从他家窗户里摔下来，粉身碎骨地躺在大街上，那个儿子也同样死去，看来是窒息而死，死在自己床上。母亲在几年前就已经去世。没有剩下一个人来做出关于这个恐怖过程的详细答复。据我所知，这个过程迄今为止仍然无法弄清。他在他的一次来访时，出于健忘，把一份在伦敦的计划丢在我这儿了。因为我不知道他的地址，所以这份计划我就保留下来，保存至今。

我对自己同泽姆佩尔交往的回忆尽管不无悲哀，却比较美好。我同样在伦敦遇到他，他同他全家在那里已经定居好久了。这位让我感到在德累斯顿总显得那么性情暴躁、闷闷不乐的人使我感到惊喜，他现在主要是通过相当平静的心情和相当真诚的快活感动我。他用这种情绪承受对他那积极行动的艺术家生涯的巨大干扰，随时准备根据情况施展他那当然是极其有用的才干。对他而言，在英国要得到设计大型建筑物的委托书是想都别想的事。虽然如此，他还是对会得到阿尔贝特亲王提携寄托一些希望，通过这种提携会为他的未来展现一些希望。他暂时满足于那些绘制室内装饰和豪华家具图案的委托书。在他看来，在这里，艺术的意义差不多就接近于一座比较大的建筑物。再说，他也因为这些图案得到了优厚的报酬。我们经常会面；我还在他安在肯辛顿的家里度过了几个夜晚。在那里，我们之间一再出现旧日心境和那种特别严肃的幽默，帮助我们把生活中的烦心事都一扫而光。——我那些在我返回之后所能够作的有关泽姆佩尔的报告,十分有助于苏尔采很快就负责对泽姆佩尔前往苏黎世,去那所正在建立的“综合性科技学校”的聘任,而且成功地推动了这一聘任。

除此之外,我还有好几次去了几家并非毫无兴趣的伦敦剧院观剧。当然,在这些剧院中,我绝对不能把歌剧院排除在外。最吸引我的是“海滨”那个小小的阿德菲剧院,普雷格尔和吕德尔斯不得不经常陪我到那儿去。在那里,人们打着“圣诞节”的旗号,上演改编成戏剧的民间童话,其中特别是有一场表演由于下述原因,也使我感到兴趣,这就是:该场表演由一些著名童话天衣无缝地串联在一起的大杂烩组成,在这里根本就没有出现每幕结束的情况,表演一口气连续不断地进行下去。以《金鹅》开始,变成《三个愿望》,由此转入《小红帽》。这时,狼变成了一个吃人妖怪,这个妖怪唱着一首滑稽可笑的法国回旋曲中的副部,在混合进某些其他成分的情况下,以《灰姑娘》告终。这些东西在舞台形式和戏剧艺术各个方面都布置和表演得美妙绝伦,给我提供了一个十分美好的概念,知道庶民百姓应当怎样富有想象力地得到消遣。从多少有点单纯的幼稚中,我见到“奥林匹克剧院”的演出。在那里,除了演得很好的法国戏剧风格的、刺激性的滑稽对话剧外,还演出诸如《黄矮神》之类的神怪童话。《黄矮神》中,一个非常受欢迎的演员罗伯逊先生扮演那个猴子似的主角。另一次,我看到由这同一个演员演出的一场小喜剧《加里克①狂热》。在该剧中,他最后扮演一个醉汉。他突然被认为是加里克,在这种情况下,于是就担当了“哈姆雷特”的角色。由于他在这种场合表演的许多独创性,使我惊讶万分。——在“玛丽勒博内”的一个偏僻的小剧院这时正试图通过莎士比亚的剧本来吸引观众。

① 加里克(1717—1779):英国演员、戏剧演出人、戏剧家、诗人。

我在那里观看了《温莎的风流娘儿们》的一场演出，这场演出由于其准确和精确，确实使我感到惊异。甚至在秣市剧院的一场《罗密欧与朱丽叶》的演出——虽然这剧院肯定是级别很低的剧院——由于演出的正确无误和无论如何还应当归功于加里克传统的舞台布景，给我留下了良好的印象。只是在这里也有一个特别的错觉留在了我的记忆中。因为在第一幕演完后，我对陪我看戏的吕德尔斯说出使我感到惊奇的是，他们让一个至少有60岁的备受尊敬的人扮演罗密欧，看来此人是想用一种甜蜜蜜的女性举止艰难地取代他那远去的青春。吕德尔斯现在查对节目单，然后叫了起来："哎呀！这果真是一个女人。"这就是过去那位著名的美国人柯尔施曼小姐。——虽然尽了各种努力，我仍然没法得到一个席位，去观看在亲王剧院演出的《亨利八世》。因为在那里，这个剧是按照新现实主义的戏剧方法，作为演出时非常小心谨慎、排练十分豪华的戏剧剧本来演出的，它作为这样的剧本，具有闻所未闻的时尚。

在我比较容易接受的音乐范围内，还有"圣乐协会"的好几场音乐会。我在埃克塞特会堂的大厅里聆听了这些音乐会。在那里差不多每个礼拜都要举办的清唱剧演出，确实具有极其熟练的优点——这种熟练程度是由于经常重复演出得来的。除此之外，我没法不对这个700人的合唱队表示我对它表现非常准确的成绩的赞同，这些成绩尤其是在亨德尔的《弥赛亚》中有几次升华为值得钦佩的意义。总而言之，我在这里见识了英国音乐崇拜的精髓。这种精髓确实同英国新教教义的精神有关，因此，就连这样一种清唱剧演出也比歌剧要吸引观众得多；在这里，这个优点还表明：与此同时，这样一个清唱剧晚会被视为观众的一种上教堂去做礼拜仪式的方式。就像人们手里拿着祈祷书，闲坐在那里一样，人们在所有听众手中都见到亨德尔的钢琴改编曲。这种几先令一本的普及版钢琴改编曲在售票处出售,受到人们极其热心的查阅,以免疏忽了这场演出——我以为——甚至不忽略某些受到普遍赞美的细微之处,譬如《阿莱路亚合唱》①开始时——在这个大家认为合适的时候——所有的人都离席起立。这种最初可能出现的热情满怀的仪式,现在都分毫不差地在每次演出《弥赛亚》时得以实施。

可是,所有这些回忆却同对于一种差不多是不断感到身体不舒适的主要回忆同时进行。我这种不舒适首先可能由于这个季节在全世界都臭名昭著的伦敦气候引起。我持续不断地感冒。我试图按照我的朋友们防止空气影响的建议,通过接受难以下咽的英国特种饮食来保持健康,可是这样做却没有丝毫舒适的感觉。尤其是我也无法让我的住所暖和,首先是我要为自己带来的工作遭殃。为我在这里希望全部完成的《女武神》配器很吃力,只往前进展了100页。主要是这时甚至就连这个环境也对我不利,我得作为依据完成配器工作的那些草稿在其记录中,没有考虑到在与草稿有关联的方面,我的情绪有如此明显的中断。我经常就像面对完全陌生,我再也没法辨认的符号一样,坐在我用铅笔写成的乐谱前。——与此相反,我绝望透顶地投身于但丁著作的阅读之中。我在这里是平生第一次开始认真阅读但丁的著作,由于伦敦的气氛,他的《地狱篇》对我而言,具有一种永志不忘的现实性。

但是,摆脱这些痛苦的时刻终于到来。这一时刻引起我作这最后一次假定:有朝一日我会在这个世界之外遇到某种振奋人心的,或者说甚至是某种要求过高的东西。对我来说,唯一令人愉快的是:在离别时留下对我那些新朋友真诚的同情。我现在行色匆匆地经过巴黎——我顶着夏季的灵光到达巴黎,现在我确实又看到人们不是在商店里散步,

---

① 此处指亨德尔的《弥赛亚》第二部分结尾处的合唱。

而是在挤过大街——带着轻松愉快的印象赶回苏黎世。6月30日,我带着刚好1000法郎的盈利收益到达那里。

我妻子打算在四森林州湖畔的塞利斯贝格再次进行她的乳清治疗;就连我都认为山间空气有利于我这受到损害的健康,而且决定立即迁往该地。使我们耽搁了很短一段时间才得以成行的是,我的小狗帕波斯得了绝症。晚年在它的第13个年头来临,它突然显得那么虚弱,致使我们都担心,不能带它去塞利斯贝格,因为它恐怕再也经受不了攀登的劳累。几天之后,临死挣扎的迹象越来越明显;它行动笨拙,经常反复抽搐;但它唯一的知觉却是:它通常都在我妻子房间受到她的照料,经常都从它的窝里很快就动身,踉踉跄跄地向我走来,一直到我的写字桌旁,在那里又浑身无力地昏倒在地。兽医再也没有帮上忙,由于抽搐的次数以一种动物难受的、备受折磨的方式不断增长,有人劝我,为了缩短这种残酷的临死挣扎,用少量氢氰酸来使它摆脱痛苦。为了它的缘故,我们推迟了动身的日子,直到我自己终于不得不认为快速死亡对于这个受尽痛苦、完全绝望的可怜宠物是件好事。我租了一条小船,在湖上划了一个小时,划到一个我熟悉的年轻医生——奥布里斯特大夫那里。我从他那儿得知,他利用一个乡村药房置办有各种毒药。我从这位大夫那里取出致命的剂量,在一个美妙的夏日夜晚,带着毒药,在我的小船里孤苦伶仃地划过湖,向家里划去。我只想在这个可怜的垂死宠物极其痛苦的情况下才下定决心使用这最后一着。它夜里还是像往常那样睡在它那个放在我床边的篮子里,早上它从那里总是用爪子来挠我,把我弄醒。由于极其剧烈的抽搐发作使它发出的呻吟,使我猛然醒来;然后它悄无声息,慢慢倒下。如此奇特的这一瞬间使我感到它的重要,我立即看看钟,7月10日1点10分,作为我那小小的、极其亲近的、对我忠心耿耿的朋友的忌时,铭刻在我的记忆之中。第二天，我痛哭流涕地给它举行葬礼：我们的地产业主施托卡尔-埃舍尔夫人把她花园里的一小块漂亮地方转让给我们，我们在那里把它同它的篮子和软垫一起埋葬。好多年后，我又去看了一下它的坟墓；只是当我最后，在没有别人在场参观游览的情况下，再一次察看这个小园子时，我才看到，一切都变得雅致漂亮了，帕波斯的坟墓已经荡然无存。

现在我们也就出发前往塞利斯贝格，这一次仅由那只新的鹦鹉陪伴，这只鹦鹉是我去年为了替代那只优秀的鹦鹉巴波，从克罗依茨贝格宠物园弄来的。这只鹦鹉同样是一只优秀的、一教就会的动物。不过这只鹦鹉我却完全听任明娜调教，我总是很友善地对待它，但从未使它习惯于把我当作朋友。幸好，在一个我们所喜爱的夏季停留地点的美妙空间，持续不断的好气候对我宠爱有加。除了我孤独寂寞的散步之外，我把所有的闲情逸致都用在《女武神》业已完成配器那部分的誊清稿上，而且再次开始拿起我那心爱的读物，重新研读叔本华的著作。甚至就连柏辽兹的一封令人愉快的信也使我感到高兴，他随信给我寄来他的新书《管弦乐晚会》。在这本书里，虽然作者爱好的所有那些荒诞不经的事在这里就像在他的乐曲当中一样，没少给我留下陌生的印象，但这本书却可以给人解闷消遣，使人兴奋激动。我在这里又同那位年轻的罗伯特·封·霍恩施泰因重逢，此人的举止行为显得柔顺、聪明，尤其使我感兴趣的是他那迅速而又显然是卓有成效地深入研读叔本华著作。他告诉我，他打算在苏黎世安顿下来，待一些时候。在这段时间，就连卡尔·里特尔为了同他年轻的妻子找一个长时间的冬季栖身之处，也下定决心掉头往回走。——8 月中旬，我们自己也回到苏黎世。现在我在这里，在同我过去的朋友们差不多是依然如故的交往中，又安安静静地致力于完成我的《女武神》的配器工作了。我从外面听说，我的《唐豪瑟》在德国各个剧院逐渐越来越广泛传播的不断进展。

现在《罗恩格林》也已经——开初时甚至是怀着惴惴不安的心情做出的决定——加入了这些剧院的行列。慕尼黑宫廷剧院当时的经理弗兰茨·丁格尔施泰特在他那由于腊赫内尔采的影响而对我并不特别有利的地域上采用《唐豪瑟》,虽然正如他所断言,不是那么幸运,没能严格信守他的稿酬承诺,但看来还是相当走运的了。我的收入现在还足以使我能够在我仔细认真的朋友苏尔的管理下,从这方面来看,是差不多无忧无虑地致力于我的工作。只是与阴冷的气候同时到来的,却是对我的一种新的折磨。很明显,由于伦敦气候对我的恶劣影响,从现在开始,我整个冬天都要发无数次面部丹毒。这种丹毒由于极小的营养方式不当,或者是极其轻微的感冒,都会伴随着剧痛定期发作。我感到最痛苦的是由此经常引起对我的工作的中断,因为我在生病的日子里,至多也只能看看书。在这些读物中,最能打动我的是比尔努夫的《佛教故事入门》;我甚至摘引这部读物,作为一部戏剧创作的素材。自此之后,它就总是——虽然只是在极其粗略的构思中——一直存活在我心中,也许还会再一次加工出来吧。我给它标上《胜利者》这一曲名;它根据一个金达拉少女被收进崇高的释迦牟尼托钵僧团的简单传说。她由于对佛陀①的弟子阿傩痛不欲生、纯洁无瑕的爱情,使自己备受尊重。除了这个朴实无华的素材意义深远的美感之外,促使我很快就选上它的是它同从那以后我心中养成的音乐处理方法有一种奇特的关系。因为面对佛陀的神灵,在每一个它所遇到的生灵的早期身世中,往日的生活都如同现实本身一样,在这里昭然若揭。这个简单的故事如今由于下述情况,获得了自己的意义,这就是:受苦受难的主要人物的这种往日生活作为直接现实,影响新的人生阶段。我立即就看出,只有这种双重

① 佛陀是佛教徒对释迦牟尼的尊称,简称佛。阿傩即释迦牟尼的弟子多闻藏。

生活总能使人想到引起共鸣的音乐方面的相似之处,才有可能允许向感情进行充分展示。这种认识促使我怀着特别的爱去完成创作这部文学作品的任务。

所以,我除了《尼伯龙根》那一直是在我面前堆积如山的工作之外,又有两个新的素材:《特里特坦》和这个铭刻在我的幻想中的《胜利者》。从现在起,这两个素材总是活灵活现地浮现在我的脑海里。我对所有这些构思考虑得越多,在涉及由于令人讨厌的疾病发作,经常中断我的工作这种事情时,我的急躁情绪就越强烈。就在这时,李斯特答应来看我,把来访的时间推迟到夏天。我不得不请求他别来,因为我根据最近的经验,根本不能肯定,我不会在他能够来看我的那几天卧病在床。所以,我就在一方面是安安静静的、创造性的听天由命和另一方面是情绪变化无常的、对外界的神经过敏之间——我的朋友们往往也都不能不患上这种过敏症——度过这个冬天。不过,使我感到高兴的却是:看到卡尔·里特尔由于在苏黎世安家落户,现在又跟我更加亲近一些了。虽然在他看来,他那相当没有教养的年轻太太由于她经常给他带来尴尬,对于交往是一个很大的束缚;但这却使我感动,在有关他的性格的很多方面使我感到欣慰,他在这方面暴露出一种极为小心和温存体贴的谨慎。再说,由于又选择苏黎世作为停留地,至少是在冬天这半年,他也证实了令我感到惬意的、对我的亲近,这种亲近能够抹去昔日的某些不愉快印象。霍恩施泰因到底还是准时到达;但他很快就收场了,他声称:这么“神经过敏”,过敏到他都再也没法接触钢琴的任何琴键,他也根本不否认,他在经历了自己由于神经错乱而去世的母亲那一事件之后,非常害怕自己也疯了。如果说这种事还可以引起人们对他的注意的话,那么,干预他所有明智特性的,却是性格中的一种十分明显的软弱性,所以我们很快就在他这件事情上感到彻底绝望,不会为他突然离开苏黎世遗憾到伤心落泪的地步。

另外,我的交往从前不久开始,已经由于一个新相识,取得了不可小看的成功。这个新相识就是戈特弗里德·凯勒①。此人作为苏黎世之子,由于其文学创作,在德国赢得了很好的声誉,现在受到他的同胞们满怀希望的欢迎,荣归故里。苏尔采已经用赞许的口气,却没有任何夸张地促使我注意他的好几部作品,尤其是他那篇幅比较长的长篇小说《绿衣亨利》。我现在感到惊奇的是,认识到凯勒是一个看起来极其笨拙、难成大器的人。刚认识他时,即刻就会引起每个人的忧虑感情,担心他离此而去。这种忧虑也是他的难点。可是他所有的作品——它们确实证明自己很有创造性的素质——很快也就只能以艺术发展的开端自诩。现在,人们不可避免地会询问如今应当接踵而来,首先是真正证明他的职业的作品。所以也就发生了这种事情:我同他的交往只不过是对他现在打算做什么的继续追问。关于这方面的事情他也告诉我形形色色完全成熟的计划。可是严格说来,从这些计划中看不到丝毫坚实性。幸好大家都知道他看来也许是出于爱国的考虑,跟上时代,终究成了公务员。担任公职时,尽管他的写作活动从现在起,在那些开始阶段之后,似乎永远沉寂了,但他作为正直的人和能干的头领,无论如何都做出了一些有益的事情。

很可惜,我的老朋友赫尔韦格现在却没有这么幸运。就是在有关他的事情上,我也长时间不遗余力,坚持认为:他迄今为止的成就只能看成是真正具有重大意义的艺术成就的开端。他本人并不否认:他不得不认为,还可以期待自己拿出真正完美的东西来。他也误以为,存有可以写成一部伟大的文学作品的所有素材,尤其是大量“思想”。除了

① 戈特弗里德·凯勒(1819—1890):瑞士德语小说家、诗人。

他把所有这一切作为绘画，都可以安置在其中的“框架”之外，他什么都不缺。在这件事情上，他现在指望今后每天都会找到合适的东西。因为这在我看来，持续的时间太长，所以我从我这方面亲自给他描绘那个朝思暮想的框架。看来，他是想写出一部伟大的叙事诗，在该作品中，他能够写下自己所有业已掌握的观点。他本人就曾暗示但丁的幸运，恰似穿过地狱、炼狱到达天堂的这次漫游，找到这样的东西。这种情况启发我去给他建议，就像他通过柏拉图使自己从婆罗门教中了解我们的古典教育一样，把灵魂转生的神话当作他的诗作的理想框架。既然他不讨厌这个主意，所以我甚至进一步去给他描绘这样一部诗作的形式。他应当为此选出三次主要行动，每次行动有 3 个章节，一共有 9 个章节。第一次行动会让它的主要人物出现在亚洲的家乡，第二次行动会让那些人物出现在希腊—罗马的家乡，第三次行动会让他们在中世纪和现代世界复活。所有这一切他都十分喜欢。他认为：这也许会取得成功。然而，那位有点玩世不恭的维莱大夫却有不同看法。我们经常在他的田庄和他家里聚会。此人认为，我们对赫尔韦格的期望实在是太高了。仔细一观察，他本来充其量就只不过是一个优秀的施瓦本青年罢了，这个人由于犹太人的名声——他由于自己的妻子才有这一名声——受到的评价和得到的知名度远远超过了自己的能力。最后，对于这样一些令人绝望、毫不客气的长篇大论，我再也没有别的办法，只好耸耸肩膀，默然不语，因为我当然看到这个可怜的赫尔韦格年复一年，越来越淹没在无所事事之中，最终好像竟然力不从心了。

终于出现的泽姆佩尔迁往苏黎世给我们的圈子带来一次更大的振奋。联邦当局为此甚至向我求助，以便促成泽姆佩尔接受联邦综合性科技学校教师职位的聘任。泽姆佩尔很快就来，首先观察这一任务，从各个方面得到一个好的印象，在一次散步时甚至对自然生长的树木都感到高兴——在这些树上，人们倒是可以再一次遇到毛虫——最后决定搬迁。由于搬迁，他同他全家现在甚至是长期加入了我这些熟人圈子。当然，他没有多少希望能接到大型建筑的委托书，他看到自己现在注定——按照他的说法——从此以后会成为教书匠。可是已经有一项大型艺术工作缠住他。在经历了某些意外事件，变换了他的出版人之后，后来他才用《风格》这个标题，完成了这项工作。我经常在他描绘作品的附加图片时遇到他。他非常工整地把这些图片亲自刻到石头上。他慢慢地爱上了这项工作，爱到他竟然声称：我对粗俗的大型建筑活动不屑一顾；作为艺术家，使他更感兴趣的最微小的细节。

我①忠于自己的声明，完全退出音乐协会。我在苏黎世再也不指挥任何一场演出。只是那些先生刚开始根本就不大相信，我对这种事是认真的。这要从我这方面就这件事发表非常绝对的声明。这时，我不得不让他们把他们的软弱无力，把他们对我如此迫切给他们提出的、组建一个可以勉强凑合的乐队的建议不予重视牢记心上。我总是听到这样的托词：虽然在爱好音乐的观众中有足够的财力，可是每个人都害怕在某次捐钱时走在前面，因为这样做会引起他的同胞们对他的财产状况令人难堪的重视。我的老朋友奥特-伊姆霍夫给我说明，为了这样一个目的，一年支付一万法郎，根本不会加重他的负担，只是从这一时刻起，每个人都会问，这位奥特-伊姆霍夫先生像这样处理自己的财产，这到底是怎么回事呢？他就会由此引起人们这样一种令人难堪的注目，他很容易就会招致对自己财产经管情况的辩解。这时，我突然想起歌德在他“第一批瑞士书简”开头的惊讶来！但是从现在起，我在苏黎世的音乐活动也就在某种程度上告一段落了。

---

① 在瓦格纳手迹的这一段旁是：“(1856)”。

与此相反，我现在在家里偶尔也会从事一些音乐活动。克林德沃特的《莱茵的黄金》钢琴改编曲，还有《女武神》好几幕的钢琴改编曲，已经有了誊抄工整、价格昂贵的副本存货。首先是鲍姆加特纳不得不尝试，他怎样才能完成这项极其艰巨的改编工作。后来，那位在温特图尔安家、经常待在苏黎世的音乐家特奥多尔·基希纳表现出演奏这部钢琴改编曲个别乐曲的较高造诣。歌咏团合唱队指挥海姆的妻子——我们同他俩保持着友好往来关系——不得不来帮忙，作为女声代表为我自己的试验演唱几个歌唱场面。她具有一副确实优美的嗓音，有一种真挚动人的音色，因此甚至在1853年的那些大型演出中，作为唯一的独唱女歌手参加演出。只是她根本就不懂音乐，遇到乐谱，尤其是在合节拍时，给我带来很多麻烦。但是我们做成了一些事情，有时还能够给我的朋友们留下有关我的《尼伯龙根》音乐的初步印象。——不过我在这时也非常克制自己，因为每次发热之后，我的面部丹毒都有可能复发。有一天晚上，我们在卡尔·里特尔家小聚。我突然想起要朗读霍夫曼的《金罐》。这时，我没有注意到，房间逐渐变凉了。还在我的朗读结束之前，使大家都大吃一惊的是，我坐在那儿，鼻子再一次又红又肿。我不得不十分艰难地拖着脚步走回家里，去护理每次都来势凶猛的痛苦。——在这样一些充满痛苦的时候，《特里斯坦与伊索尔德》的台本在我脑海里越来越成熟。在康复的这些间歇时间，我相反地却在勤奋工作——尽管吃力——写《女武神》的总谱。当年(1856年)3月我甚至终于完成了总谱的誊清稿。可是，既由于这些痛苦，也由于工作的紧张，我却陷入了一种极其敏感的境地。我想起那极坏的情绪。我就怀着这种情绪接待我的朋友韦森东克一家人。当时，他们在完成我的总谱的那天晚上来这里做一次祝贺式拜访。我在这种场合对这种关心我的工作的方式发表了极其尖刻的意见，致使这些可怜的、弄得狼狈不堪的来访者大为震惊,突然动身离去。为了重新弥补那些日子所带来的伤害,这费了我很多本身就是十分艰难的解释。这时,我妻子通过一些补救性的调解努力,主要是要引起人们的注意。总而言之,在他们之间,有一条相互理解的特殊纽带把彼此联系在一起。这条相互理解的渠道是:一条十分讨人喜欢的小狗作为我那心爱的帕波斯的后继者,是由韦森东克先生一家人弄来,带进我们家的。这是一个十分听话、很会讨好主人的宠物,它很快,尤其是赢得了我妻子的欢心,对它亲切友好。就连我都对它总是十分友好的。不过,名字的选择这一次我却让给了我妻子,再说,就好像是为了要同帕波斯这个名字对称似的,她创造了菲普斯这个名字,因为我也乐意把这个名字赐给它。可是,它却越来越多地成为我妻子真正的朋友。总而言之,尽管我很有正义感,尤其是针对这些宠物的优秀,我却决不会同它们再陷入就像在帕波斯、巴波和我之间存在过的那样一种真挚的友好关系中。

5月底,在我生日时,我的老朋友蒂夏切克从德累斯顿来看我。他一贯忠实于我,始终保持着他对我的那种只有在非常缺乏教育的人那里才能具有意义的亲近和狂热的忠诚。我生日那天早上,我被一阵我特别喜欢的贝多芬e小调四重奏柔板的乐曲声,以令人激动万分的方式唤醒。我妻子邀请那些受到我提携的四重奏演奏员来到这里。这些人非常体贴地,正好选上了我曾经对其非常激动地给他们谈过自己看法的这首曲子。晚上,蒂夏切克给我们的聚会演唱了好几首《罗恩格林》中的歌曲,他在我们所有的人当中引起了对他嗓音一直保留着的华丽所感到的真正的惊异。蒂夏切克的坚持不懈也尤为成功地在有关重新上演我那些歌剧的事情上,克服了德累斯顿剧院经理那种优雅的畏惧。这些歌剧在那里现在又重新演出,总是使那家剧院大获成功。在我们同我们的客人一道,前往四森林州湖畔布伦嫩所做的郊游途中,我由于一次轻微感冒,引起我的面部丹毒第13次复发。遇到这种情况,我只好忍受痛苦,更何况由于我的迅速返回扫了这位客人的兴。我正处于极其糟糕的环境中——除此之外,还遇到在布伦嫩使室内无法生火的燥热风暴——但还得在预先安排的郊游中坚持下去。蒂夏切克在我的病榻前离开我。我现在决定,我一康复,至少马上就去南方进行一次异地疗养,因为在我看来,好像可恶的痛苦在用恶魔般的方式,保证我会待在苏黎世的这个地方。我选择日内瓦湖,打算也许在日内瓦附近能打听到一个环境优美的乡村停留地,好在那里开始疗养。我的苏黎世医生还为了这次疗养给我开了处方。所以6月初我就动身前往日内瓦。这时,我在路途上十分需要菲普斯。它应当伴着我去到我那乡下的荒僻之处,但它又差一点促使我改变我的旅行目的地,因为有人在某段路上不能容忍它在铁路车厢里待在我身边。我要把我开始在日内瓦疗养归功于自己用于贯彻本人意志的极大毅力,因为要不然,我很可能会走到一个迥然不同的方向。

在日内瓦,我首先在我早已习惯的“日内瓦盾牌饭店”下车。在那里,我脑海里浮现出某些回忆来。我在这儿向科英德特大夫咨询。科英德特大夫指点我,为了好的空气,到蒙萨尔旺湖畔的莫尔内克斯去,而且介绍我去那里的一家膳宿公寓。到了这里之后,我首先挑选得到一套不受干扰的寓所的时机,说服公寓那位女士,让给我一个独居一处的园亭。这个园亭只有一个比较大的客厅。这件事费了不少唇舌,因为膳宿公寓所有房客——我根本不愿意同这些人有任何接触——对此都感到气愤,这个原来为他们的社会团体准备的房间要被收回来。我终于实现了自己的意图;只是我必须在每星期天上午把我的客厅腾出来,因为它以后必须借助各式各样的长椅,准备举行礼拜仪式。看来,这种礼拜仪式在加尔文宗房客当中好像是十分重要的。我在这儿自我感觉十分良好,我在第一个星期天就立即诚心诚意地做出我的牺牲。我动身前往日内瓦,在那里阅读报纸。可是第二天老板娘却告诉我,这个麻烦太大了,因为他们也许能在我的客厅里做礼拜仪式,却不能进行工作日的游乐消遣。通知我解除租约。现在我在我们邻居那里寻找一个新的住处。

这个邻居就是瓦扬大夫。他准备好了一块规模同样可观、用于水疗疗养院的膳宿公寓地皮。开始时,我只向他打听热水浴疗,因为我按照我那位苏黎世医生的嘱咐,应当使用这种有硫黄的浴疗。然而在此地,这样的浴疗是根本不可能的。可是由于瓦扬先生所有的举止行为都让我十分喜欢,所以我就告诉他我的痛苦。当我说到热水硫黄浴疗和我应当喝下去的某种发出臭味的矿泉水时,他微笑着对我说:"先生,这在夏季会使您激动。所有这一切只会使您更加激动。除了平静下来,您什么也不需要。如果您信得过我,那我就可以保证您在两个月后康复,您再也不会得面部丹毒。"——他信守了诺言。

当然,我通过这位杰出的医生,对水疗的治疗方法有了一个迥然不同的看法,过去认为这些方法由阿尔比斯布隆那个"水疗犹太人"和那些与那个犹太人类似的、粗鲁的半瓶醋教会的。瓦扬过去在巴黎就是一个备受喜爱的医生,拉布拉什①和罗西尼都向他咨询。但他遭到不幸,双腿瘫痪。在他无可奈何地痛了 4 年之久,失去他整个诊所,变得穷困潦倒之后,他突然想到那个没有受过教育的西里西亚水疗医生普里斯尼茨。他让人把自己带到那位水疗医生那里,被他完全治好了。他在这里学会了这种对他十分有益的治疗方法,作为受过教育、感觉灵敏的医生,从这种方法发明者所有的野蛮做法中提炼出这种治疗方法

① 拉布拉什(1794—1858):意大利男低音歌唱家。

来。现在,他试图通过在穆东建立一个水疗疗养院,向巴黎人推荐自己。但他并未因此受到欢迎。他现在招徕过去那些病人来光顾他的疗养院。这些病人只是问他,人们在那里晚上是否跳舞。对他而言,要坚持下来是不可能的。我要归功于这种状况的是:我现在在这儿,在日内瓦找到他,重新尝试充分而具体地利用他的治疗方法。他已经以自己只接收极少数病人而著称于世,因为他宣布:一个医生只有当他在白天任何时候都能够极其仔细地观察自己的病人时,他才能担保正确运用自己的治疗方法并取得好的效果。他的治疗方法的优点对我极其有利,这个优点就是通过极富创造性地运用尤其是水的较低冷度来实现的、使人完全镇静下来的治疗方法。

除此之外,瓦扬还抱着特别的偏爱,主要是在我不受干扰和安静这方面,注意满足我的需要。这样,我就免除了使我激动和难受的共进早餐的义务。为此,人们允许我在自己房间自行备茶。只是在早晨治疗使人疲乏的过度劳累之后,我热衷于这种对于我来说,迄今为止尚未习惯的、受到秘密保护的享受(因为不能让膳宿公寓别的房客知道有关这方面的任何情况),我锁上房门,通常都要喝上两个小时之久的茶,外加阅读沃尔特·司各特①的长篇小说。因为在这些小说中,我在日内瓦就已经见到非常廉价、非常漂亮的法文译本,我把这些书成堆地带到莫尔内克斯来。这类读物非常适合我的生活方式,我不得不让这种生活完全避开比较严肃的研读和工作。但是除此之外,我也觉得完全证实了叔本华对这位迄今为止对我来说仍然显得疑虑重重的诗人的价值所持的评价很高的看法。在孤独寂寞的散步路上,虽然由于供我使用的是很小的开本,通常我都随身携带一本拜伦的书,以便在勃朗峰可以极

① 沃尔特·司各特(1771—1832):英国小说家、诗人。

目远眺的某座山顶上阅读——但是我很快就把它放在家里了,因为我发现,我一般都根本不会把它从衣袋里掏出来。——我允许自己做的唯一的工作就是为自己的一座房子设计各种建筑计划。最后,我试图使用一个建筑物绘画员的所有资料,非常准确地完成这项设计。因为我通过谈判——在这段时间,我由于出售我的《尼伯龙根》乐曲,同在莱比锡的黑尔特尔那些音乐商进行过多次谈判——突然想出了关于这种事的这个大胆念头。我直截了当地要求付给这 4 部作品 4 万法郎,他们应当在我开始建造房子时付给我其中的一半。看来,那些出版商确实都非常友善,同意我的要求,他们要使我有可能实现我的计划。可是,他们关于我那些作品的收益的意见很快就出现了一个极为不利的转变。我没有弄明白,这种事是由于他们现在才更仔细地看过我的台本,认为无法演出引起的后果呢,还是由于从那方面,从自那时起,对我的迫害越来越明显的那一方面对他们施加了影响——这种影响迄今为止,大都试图阻止我所有的演出活动。够了,我很快又看到我房屋建造资金收入的希望落空了。可是我的建筑工作却在往前推进,我从现在起,追求的是为完成这些工作筹措资金这一目标。

既然现在,准确地讲是 8 月 15 日,我在瓦扬大夫这儿备受赞扬的两个月疗养结束了,所以我离开这个变得令我感到十分舒适的停留地,首先就去拜访卡尔·里特尔。卡尔及其太太在夏季这半年在洛桑附近的一个十分简陋的单独小房里安下家来。他俩已经在莫尔内克斯来看过我一次。他们喜欢和我共饮毫无节制的早上茶。只是在我想劝卡尔也来做几次水疗时,他做完第一次试验后就声明,即便是最能使人安静下来的治疗方法都会使他激动。不过总的说来,我们对好些问题的看法都非常一致。他告诉我,秋季他要返回苏黎世去。这样,我就同菲普斯一道旅行,为了它,我有意绕开那段令人讨厌的铁路路程,相当高兴地坐着驿马车回家去。我妻子也同样从她在塞利斯贝格的乳清疗养地又回到那里。我也已经见到我的姐姐克拉拉,她是我的亲戚中在我的瑞士避难地唯一找到我的人。我们立即就同她一道,做一次前往我最喜欢的老地方四森林州湖畔的布伦嫩的郊游。我们在那里,伴随景色迷人的夕阳西下,受到阿尔卑斯山风光其他那些美丽风景的影响,欢庆一个美妙绝伦的傍晚。夜幕降临,在那轮圆月在湖面上冉冉上升时,现在到底还是证实了:在这个现在已经是经常游览的地方,旅店老板“墙上”上校的热情周到,对我表示十分友好的特别欢迎。在两只彩灯照耀的大船上,纯粹是农村业余爱好者的布伦嫩铜管乐曲声传到通往我们客店的岸边。在那里,用瑞士联邦的天真幼稚,在并不使人难堪的协调一致的情况下,大声地,坚持不懈地演奏我的几首乐曲。接下来,是表示敬意的简短致辞以及我这方面对该致辞所作的愉快答词。几瓶葡萄酒下肚,我在岸边同所有那些粗糙的手热烈相握。就是在以后几年,我每次到达这个被我经常反复光顾的岸边时,都从来没有说不会受到某一个人的亲切握手和招呼欢迎的。由于我通常都拿不定,这个或者那个船夫想问我要什么,所以每次都解释为:我在同那些铜管乐吹奏者当中的一员打交道,这些铜管乐吹奏者在这个愉快的夜晚对我十分友好。

现在,在苏黎世,由于我的好姐姐克拉拉比较长时间地待在我们寓所,家庭联系以十分令人愉快的方式活跃起来。我很喜欢同克拉拉交往。她是我那些兄弟姐妹中真正具有音乐天赋的人。甚至每当她的在场变成形形色色家庭争吵的一个令人喜爱的减震器时,往往都会使我感到愉快。明娜在她的心脏病越来越厉害时,她那与日俱增的疑心病的加剧和固执便引起这些争吵。——10 月份我可以指望李斯特的来访。他这一次有一大帮子陪同,要在苏黎世待上比较长的一段时间。可是我感到这种期待持续的时间太长,长得没法把开始《齐格弗里德》的谱曲工作往后推。9月22日我已经开始写草稿。这时，对我生活的一种主要折磨在这关键性的困境中出现在我们家对面。在那里，最近住了一个白铁匠，差不多整天都用他那传得很远的锤击声把我的双耳震得麻木。在我对再也不可能得到一套独立的、隔断任何响声的寓所感到深为烦恼时，我已经下定决心，直到我这个绝对必要的愿望得到满足之前，放弃一切作曲工作。然而，正是我对这个白铁匠的愤怒却在一个激动的瞬间，使我想起齐格弗里德对“半瓶醋铁匠”米梅大发脾气这一动机——我立即给我姐姐演奏用g小调写成的这个大声吵架的幼稚题材，满腔怒火地唱着我们大家都不得不哈哈大笑的歌词，致使我决定这一次还要继续搞下去。在有人告诉我李斯特于10月13日到达时，这题材也在不断发展，直至写下来，成为第一幕的一个精彩部分。

李斯特独自一人先期到达，马上就给我家带进不少音乐活力。那时，他已经完成了自己的《浮士德交响曲》和《但丁交响曲》。听到他用钢琴给我弹奏总谱中的这两首交响曲，现在也许堪称是一个奇迹吧。既然我对此毫不怀疑，知道李斯特必然认为他的乐曲肯定会给我留下深刻印象，所以我也就可以公然劝他去掉《但丁交响曲》结尾的失误。如果说我听后有些确信这位音乐家出色的、富有诗意的构想能力的话，那么《浮士德交响曲》最初的结尾就是这种情况。该曲结尾含情脉脉、若隐若现，最后以战胜一切的、对甘泪卿的回忆告终，不存在所有那些引人注目的激动。我觉得，好像《但丁交响曲》结尾的安排也完成相同。在结束时，“天堂”由于响起声音轻柔的《圣母颂》，同样只能作为轻盈柔和的虚无缥缈的暗示。使我感到更为大吃一惊的是，突然听到这个美好的意图被一个场面豪华、有模仿之嫌的结尾——有人告诉我，这个结尾应当表现的是“多米尼科”①——以令人惶恐不安的方式中断。我大声叫道：“不！不！这不行！把它写出来！我们不要威严的上帝！而是要坚持轻柔高贵的虚无缥缈！”“你说得对，”李斯特大声说，“我也说过这种话；侯爵夫人规定我另作安排；不过现在就应当变成像你说的那样。”现在这样做就好了。但是，后来不得不听说：不仅仅《但丁交响曲》的这个结尾被保留下来，而且甚至连《浮士德交响曲》那个由我怀着特别感激之情推荐的、含情脉脉的结尾，也以一种结果是场面豪华的结尾的方式，通过加入合唱而被改动。这时，我的痛苦也就更大了，因为这里也就表明我同李斯特及其女友卡萝莉娜·冯·维特根施泰因的全部关系！

可是过不了多久，也就在同样期待着这位夫人及其女儿的来访，而且还要为接待她们做必要的准备了。然而在这些女士到达前，还在我的寓所内出现了李斯特与卡尔·里特尔之间的一场极其不愉快的争吵。看来，李斯特好像由于里特尔的相貌，不过更多的还是由于里特尔发表意见的某种冷漠、轻视的方式，在里特尔面前处于一种动不动就容易激动的状况。有一天晚上，李斯特用令人敬畏的腔调谈起耶稣会士的功绩，里特尔对此露出的笨拙微笑看来使他感到非常反感，用餐时，现在话题转到法国人的皇帝路易·拿破仑，李斯特有些草率地要我们承认拿破仑的功绩，而这时我们一般都不能够率先谈起整个法国的状况。当李斯特为了从某种重要性方面表现法国对欧洲文化的意义，就其中也提到法兰西学院，而卡尔对此又露出他那令人不愉快的微笑时，这就使李斯特激动万分，在他的回答当中出现了差不多是这样讲的一

① 多米尼科(创作时期1438—1461)：意大利早期文艺复兴画家，其代表作有《圣母领报》等。

句话:“如果我们不能承认这一点,那我们还有什么,狒狒们?”我笑了,但是卡尔只好再次微笑,不过这一次却是极其尴尬的微笑。后来我从比洛那里听说,在年轻人打架式的讨论中,就指责那个人有一副“狒狒相貌”。很快,就再也没法掩盖这个事实了:里特尔感到“博士先生”——他就这样称呼李斯特——极其残酷无情的伤害。他十分激动,怒气冲冲地离开我的寓所,好几年之久再也不踏进我的家门。几天之后我收到他的一封来信。他在信中说,他一定会再来看我,他一来看我,就要求我在这之前有李斯特的一个彻底为他恢复名誉的道歉声明,如果写这个声明的事办不到,那就要求李斯特离开我的寓所。我感到十分悲哀,很快也就看到里特尔那位十分受我尊敬的母亲在信上对我的责备,责备我对她儿子不公正的做法——我没有因为他在我住所里受到的伤害,使他得到赔礼道歉。我很长一段时间都陷入同这个我如此亲密的家庭极其难堪的紧张关系中,因为我不可能做到使她从好的方面来理解这个过程。当李斯特听说这件事后,就连他也为这次反目表示遗憾,从他那方面抱着值得称赞的宽容态度,迈出实现和解的最为友好热情的一步,他对里特尔进行一次友好访问。但是访问时只字未提那次意外事件,里特尔不是对李斯特,而是对迄今为止才到达的侯爵夫人进行回访。在这里,李斯特现在感到不可能再有任何作为——因此,从现在起,里特尔也就离开了我们,把自己的冬季停留地彻底搬离苏黎世,从现在起一直就在洛桑安家。

当卡萝莉娜侯爵夫人及其女儿有一段时间在鲍尔饭店下榻时,一种伟大的生活现在不只是降临我那简陋的家,而是降临整个苏黎世。这位女士立刻就对她善于带进朋友圈子的一切感到特有的兴奋激动。甚至就连我的好姐姐克拉拉也特别怀有这种奇怪的激动之情。克拉拉这时还待在我们这里,她确实是陶醉其间。这就好像苏黎世一下子就变成了一个世界大都会似的：车水马龙，络绎不绝，仆役如云，穿梭往来；宴会、晚宴蜂拥而上；我们感到突然被数量不断增加的、引人注意的人们包围。对这些人我们不曾料想到，他们就住在苏黎世，可是不可否认，这些人却很快就从各处钻了出来。一个名叫温特尔贝尔格尔的音乐家已经被李斯特带了来，此人也许认为举止必须像个怪人。这种新的生活差不多也经常把某位名叫舒曼的教堂司事从温特图尔吸引过来，他同样不放弃扮演古怪角色。不过主要的还是苏黎世大学的教授们。侯爵夫人卡萝莉娜很善于将这些人从他们隐蔽的苏黎世习俗中拉出来。她时而独自享有他们当中的每一个人，时而又将他们的事大量说给我们听。如果我是从片刻工夫的定期午间散步归来进入家门的话，那么这位女士这一次就会同泽姆佩尔，第二次会同克希勒教授，第三次又会同莫勒朔特等人单独共进午餐。甚至就连我那个性情怪僻的、那么古里古怪的朋友苏尔采也被吸引了，他无法拒绝，而且还带着某种方式的心醉神迷。不过在所有这些人当中，充满着一种确实是非常放松的自由自在和毫无拘束的气氛。尤其是在我那里的那些比较简单的晚会。那时候，侯爵夫人以波兰族长的随和态度，帮助家庭妇女上菜，确实感到十分惬意。有一次，在我们几个人合奏之后，在我面前聚集了一群肯定是风姿优美，一半坐着、一半躺着的人，我不得不给这群人朗读我那两部新起草的《特里斯坦与伊索尔德》和《胜利者》的台本材料。——不过我们小型庆祝活动高潮却是李斯特的生日，侯爵夫人于 10 月 22 日大摆排场，庆祝这次生日。因为在这里，只要苏黎世能够提供的一切，都应有尽有。霍夫曼·冯·法勒斯莱本①从魏玛发出的

① 霍夫曼·冯·法勒斯莱本(1798—1874)：德国诗人，其诗作《德国人之歌》曾几度谱成德国国歌，现亦为德国国歌。

电报给我们带来一首诗。应侯爵夫人要求，赫尔韦格用经改变的奇妙嗓音，郑重其事地朗诵这首诗。然后，由李斯特伴奏，我同海姆夫人一道演唱《女武神》的第一幕和第二幕的一场。维莱大夫说出了这个要求，为了能对这些东西做出正确评判，现在也要听听对这些东西的蹩脚演唱，因为他不能不担心，被演唱的精湛技巧给迷住了。这时，我对我们这种成效的印象也就能够有一个有益的概念了。除此之外，李斯特的交响诗则用两架三角大钢琴弹奏。在宴会上，出现了关于亨利希·海涅的一场争论。就海涅的问题，李斯特说出了各种各样的尴尬事情；韦森东克太太对此进行针锋相对的答辩："他是否认为，尽管如此，海涅诗人的名字还是会写进不朽的神庙呢?"李斯特赶忙回答："是的，不过是用烂泥。"可以理解，听到这个回答不能不引起轰动。

很遗憾，我们的社团活动很快就由于李斯特身患皮疹，遭到长时间的中断。这种皮疹使他较长时间卧病在床。可是稍微有些好转时，我们很快就又坐到钢琴旁，在我们之间开始弹奏我业已杀青的《莱茵的黄金》和《女武神》这两部总谱。玛丽公主全神贯注，侧耳倾听，甚至能够帮助别人去理解台本上面的一些困难之处。

就连侯爵夫人卡萝莉娜看来也非常适合去弄清我的《尼伯龙根的指环》中，有关神灵命运真正的"阴谋诡计"。有一天，我完全像那些苏黎世教授当中的某位教授那样，被她单独请去，给她把这一点解释清楚。这时，我不得不承认，自己十分真切地注意到：对她来说，理解这些极为敏感、极为神秘莫测的特色确实很重要，只是有那么一点点算术和数学的精确意味，以致我最后差不多以为是给她解释了一个法国阴谋剧哩。她在所有这样一些事情上的活跃，犹如另一方面她那天性中特有的兴致勃勃一般，十分惹人注目；因为当我有一天就本性的问题给她作如下解释，说我哪怕在最初的4个礼拜之后遭人杀害，我也会永远与她做伴时，她却以真正的快乐情绪忍受了。——我不能不为我在她女儿玛丽身上觉察到的变化感到悲哀。她在我初次看见她以来的这三年中，显得引人注目的苍老了。如果说我当初称她是“孩子”的话，那么现在我其实不能把她当作“少女”来欢迎了。看来，似乎是一种使她冰消瓦解的阅历使她过早地就超越了自己的年龄。只有在十分兴奋激动时，特别是在晚会圈子里，她天性中那种吸引人的和出色的东西才会显露出来。我想起在赫尔韦格家的一个美好的夜晚。那晚上，一架非常令人难受的走调大钢琴就像他当时不愿抽优质雪茄，而宁愿抽的那种令人讨厌的雪茄一样，使李斯特同样兴奋。当他在这架钢琴上如此美妙绝伦地给我们即席弹奏时，我们所有的人都确实不该再相信魔术，而是相信巫术了。——一种引人注目、情绪十分恶劣、其实是好争吵的神经过敏，就像它已经在同年轻的里特尔那不幸的一幕中出现过的那样，在李斯特这里还多次出现，使我确实感到恐怖。尤其是同他——主要是当着侯爵夫人卡萝莉娜的面——不能说歌德的好话。他认为必须藐视爱格蒙特，因为他让自己被阿尔巴①给“骗了”。因为李斯特看来对此十分激动，关于“爱格蒙特”，也许甚至在我们之间都会出现不愉快的事。可是我告诫自己，尽量保持冷静，在这种场合只能依了我朋友生理上的怪僻，更确切地说，是把他的状况作为我们争辩的对象考虑进去。我和他之间从未激动过，只是从此以后，在我整整一生当中都避开这种不愉快的感觉：总有一天会出现这样的激动场面，而这种场面一定会很可怕的；虽然我平时由于我的暴跳如雷和我的好激动，在朋友当中够著名的了，但也许这也就正是这种要让自己避开任何一种偶尔激动

① 《爱格蒙特》为歌德所作悲剧。爱格蒙特伯爵原为佛兰德总督，在尼德兰人民反西班牙统治的斗争中，站在人民一边，遭到西班牙国王派去的阿尔巴公爵镇压，被处死。

的感觉吧。

在6个多礼拜的停留之后,为了我这次意义如此重大的访问的回乡之旅,还有圣加伦的一种持续8天的集体活动,最后使我们济济一堂。在圣加伦,我们受到一位年轻的乐队指挥塞扎德洛夫斯基的邀请,去支援当地的一场社团音乐会。

在这里,我们一起住在"梭子鱼"客栈。侯爵夫人这段时间在这家客栈里把我们款待得就仿佛是在自己家里一样。她还分给我和我妻子一个房间,紧靠那间为她私人安排的房间。但是很遗憾,这个房间却给我们带来了一个极其难熬的夜晚。卡萝莉娜夫人严重的神经性惊恐症发作。为了打消折磨她的那些令人痛苦的幻觉,她的女儿玛丽不得不整夜用故意提得很高的嗓门给她朗读。对这件事,尤其是对于使我感到无法理解的,在这个过程中表现出来的,对邻居的休息的冷酷无情,我现在激动万分。夜里两点钟,我跳下床,不断按铃,把一个服务生唤醒,让他在客栈最僻静的一个位置给我安排一个没有人朗读的睡觉地方。我们在这个钟头正式搬出去——这件事隔壁注意到了,不过未留下任何痕迹。第二天早上,我感到很奇怪的是,看见玛丽就像平常一样,没有露出夜晚冒险的任何蛛丝马迹,显得落落大方。我现在听说,人们在侯爵夫人周围对诸如此类的过火行为已经完全习惯了。——就连在这里,这座房子很快就挤满了形形色色的应邀者:赫尔韦格及夫人、维莱大夫及夫人、基希纳和好些别的人也来了;在"梭子鱼"客栈的生活很快就在任何方面都不比"鲍尔饭店"里的生活差。正如已经提到的那样,所有这一切都涉及圣加伦音乐协会愉快的社团音乐会。李斯特在排练中教这个乐队掌握他的两部乐曲——《奥尔菲斯》和《前奏曲》,演奏技巧达到炉火纯青的地步,这使我感到由衷的高兴。尽管乐器质量很差,但是整个演出确实是妙不可言、生气勃勃。那部分寸掌握如此适度的管弦乐作曲《奥尔菲斯》特别使我喜欢，我一开始就已经在李斯特的乐曲中，给予这部乐曲一个很高的荣誉位置；而观众则相反，他们特别喜欢《前奏曲》，甚至《前奏曲》中的绝大部分乐曲都不能不重奏一遍。我演奏贝多芬的《英雄交响曲》，演奏时受了不少罪，因为我在这样的场合总要感冒，然后多数情况下往往都要发烧。我对贝多芬作品的理解和演奏给李斯特留下一个深刻、正确的印象，而在这里对我唯一重要的就是这一点。我俩在我们取得成绩时，都用真正富有教育意义的专心和关注打量对方。当夜，我们还得出席一次小型宴会。宴会上，出现值得尊敬的圣加伦市民方面对我们访问的意义大加赞美、严肃认真的诸多好评。由于我受到当地一位诗人特别细致入微的赞美、关心，这就促使我以同样激动的方式认真回报。是呀，李斯特陷入他那奔放的热情之中，他陷得那么深，竟然让人们为《罗恩格林》在圣加伦的一场示范演出——当地的那家新剧院应当以此开场——干杯。对此，没有人提出反对意见。——第二天，11 月 24 日，我们大家都在一个重要的音乐爱好者、举足轻重的圣加伦商人布里特家里举行的各种庆祝活动中济济一堂。因为在那里也要弹钢琴，其中李斯特也给我们弹奏了贝多芬的大型《B 大调奏鸣曲》。弹完这首奏鸣曲后，基希纳直言不讳地表示：现在人们确实可以说，听到了某些根本不可能听到的东西；因为他想必还一直认为他刚才确实是再次听到的东西是不可能的。——因为在这种场合，也使人想起这一天就是我同明娜结婚 20 周年纪念日，在《罗恩格林》婚礼音乐的乐曲声之后，一支非常彬彬有礼、踏着类似波兰舞曲节拍的节日游行队伍穿过各个房间。

虽然有所有这些令人愉快的经历，但我现在还是喜欢这件事有个了结，以便返回苏黎世，返回我那家庭的寂静中。可是侯爵夫人身体不舒适又使我的朋友们返回德国的动身日期耽误了好几天，所以我们感到有责任再待上一些漫无目的、令人兴奋的时间，一直到 11 月 27 日我终于陪伴我的客人，前往罗尔沙赫。我在那里，在轮船上同他们分手。——从那以后，我就再也没有见到过侯爵夫人和她的女儿，我估计也永远不会再同她们相会了。

我有些忧虑不安地离开朋友们。在这些朋友中，侯爵夫人确实在生病，我感到李斯特显得十分虚弱。我劝他们尽快返回魏玛去保养身体；与此相反，我感到十分惊讶的是，听说很快就在慕尼黑有一次再度是比较长时间的、充满音响与艺术享受的停留，而且这次停留是在我们告别之后接踵而来的。这时我在想，我很可能根本就没有资格，去劝这样一些组织起来的人们该做什么，或者不该做什么。而我返回我那苏黎世住所时，已经精疲力竭、失眠，受到寒冷季节严寒的折磨，我害怕由于前一阵的生活方式，又引起我面部丹毒发作。但是第二天早上醒来时，我却十分满足，因为我没有感到所担心的那种事的任何蛛丝马迹。不仅现在，而且从此以后，只要有可能，我都一直在赞扬我那杰出的瓦扬大夫。很快我就恢复过来，现在我能够于 12 月初重新开始为《西格弗里德》谱曲。我就这样重新开始了我那有规律的、表面上是没有什么特点的生活方式：工作、长距离散步、阅读、每天晚上都有一个家庭常客。只是里特尔因为那次意外事件同李斯特反目的恶果使我厌烦。我现在同这个在好些人生阶段与我亲近的年轻朋友完全没有来往。他还在冬天结束之前就同我不辞而别，离开了苏黎世。

(1857 年)我在一二月份完成《西格弗里德》的第一幕，这一次不像过去那样只用铅笔仓促写成草稿，而是详细记下乐曲，紧接着又立即开始为乐曲配器。就在这时，我也许是太过于热衷于奉行由瓦扬给我推荐的这种治疗方法了——总害怕面部丹毒有可能复发，对此，我试图按照水疗法体系的做法，把自己包得暖暖的，通过有规律的、每八天出一次汗来保护自己。诚然,我通过这种办法不断地逃过了令人担心的疾病,只是这种治疗反过来又很伤我的健康。我渴望温暖季节的返回,这个季节应该允许我减低我治疗的严格程度。

可是与此同时,现在痛苦也在与日俱增。这些痛苦是由吵吵嚷嚷、吹拉弹唱的邻居们的烦扰带来的。除了那个被我恨得要命的白铁匠之外——我同他差不多每个礼拜都有一次激烈的争吵——我这栋房子里也冒出越来越多的钢琴,最后甚至在我楼下还出现一个名叫施托卡尔的先生每个礼拜天都要吹的长笛。我现在指天发誓,要继续谱曲。这时,有一天我的朋友韦森东克一家从在巴黎的一次比较长时间的冬季停留返回。他们给我展现出在我未来住宅情况方面实现我梦寐以求的愿望的、极其令人愉快的前景。韦森东克过去就已经倾向于,在我按照愿望应当给自己找到的某个地点,让人给我建造一个小住宅。我那些用使人莫名其妙的艺术绘就的设计图,确实已经成了对一位建筑师提出的考验。仅仅获得合适的地皮一事,就成了,而且一直成为特别的难题。在恩格乡那个把苏黎世湖同锡尔谷分开来的山脊上,我好久以来就在散步途中望见一个冬天小屋。这座小屋名叫拉瓦特尔小屋,因为它属于这位著名的颅相学学者所有,通常是由他来住。现在我赢得我的朋友州政府秘书长哈根布赫的支持,使用各种手段,寻求能够尽可能价廉物美地得到几尤哈尔特①土地。可是现在证明,在这个问题上有很大困难。这个地域到处都是小块土地,同比较大的地产有牵连。事实证明,为了得到一块地,数量过多的一大批各式各样的业主看来都得把它共同买下。我向韦森东克抱怨我的困境,逐渐在这个人身上引起这样的兴趣,要为自己买到这个比较大的地域,要在那里为自己家购置

① 尤哈尔特为当时瑞士和德国西南部地积单位。

一块面积相当大、有大别墅的地产。在这里，最后应当落到我头上的是一小块土地。可是，收拾这块地皮和建造这栋应当是又大又牢固的大型住宅，现在使我的朋友够忙的了。他或许也感到，两个家庭在同一个篱笆墙内安家，随着时间的推移，很可能会引起彼此之间的不舒适。对直往前看，只是被一条很窄的车行道同他那栋房子隔开来，就能见到一个面积不大、带有花园、十分简陋的乡间小屋。我从前就已经亲自见到过这个小屋，而现在，韦森东克也决定为我弄到这个小屋。我由于得知这一意图，确实感到极其高兴。有一天，当这位过于小心谨慎的获得者听说，他太害怕与之谈判的这位现任业主在他处把这块地皮刚卖出去时，所感到的惊恐也就显得越厉害。幸好这个买主是一个精神病医生，由于购买的目的只不过是打算在我朋友旁边开办他的精神病院。因为这个消息引起极为恐怖的想象，使韦森东克极其紧张，他现在不惜任何代价，要委托人把这块地皮从这个讨厌的笨蛋大夫手中又弄过来。因此，虽然价格相当昂贵，而且还引起极大烦恼，但最终这块地皮还是成了我朋友的财产。我朋友现在，从今年复活节起，收取我迄今为止为我在采尔特韦格的住所支付的同样房租，也就是说每年800法郎，把房子交给我长期使用。

现在，随着春天的来临，我狂热地忙着小屋的布置安排。布置过程中也有好些伤脑筋的事情。必须置办暖气设备和采取其他预防措施，才能使这个只按照用于夏季居住这一目的布置的小屋适合冬天使用。如果说这刻不容缓的事情也要由房主这方面来做的话，那么，毕竟还会剩下够多的事情，这种事既在我和我妻子之间对所有问题持续不断的意见分歧当中，也在我这种其实是永远都没有任何家产的平民境遇中，带来无穷无尽的困难。在后一个方面，偶尔却总会出现一种转机。这种转机非常适于赋予爽朗活泼的气质一种对前途满怀信心的信赖——

虽然我的歌剧演出情况很糟，但是《汤豪瑟》却从柏林出乎意料地给我带来丰厚的收入。现在，甚至就连在维也纳也以特殊的方式使我松了一口气。因为我在那儿还一直被宫廷歌剧院拒之门外，有人曾向我保证：只要还有皇帝宫廷存在，就别想在维也纳上演我的“卖国”歌剧。这种特殊的情况促使约瑟夫施泰特剧院经理——我的那位年迈的里加剧院经理霍夫曼，在维也纳地界外的莱尔兴费尔德，在一家由他建造的大型夏季剧院同一个特别的歌剧演出队冒险演出《唐豪瑟》。他付给我可能会允许他的每场演出 100 法郎的版税。我把这件事告诉了李斯特。在李斯特感到这种事靠不住时，我给他写信说：我打算在这件事情上站到米拉波①的立场上，此人因为在他未被同一等级的伙伴选进显贵会议，就让人在马赛给选民介绍，说他就是呢绒商人。这又使李斯特感到满意；我现在确实通过莱尔兴费尔德夏季剧院走进了奥地利的皇城。关于演出本身，有人将那些最为奇怪的事情告诉我——苏尔采当时来做一次周游维也纳的旅行，观看了这样一场演出。他尤其抱怨房子的昏暗，这种昏暗甚至让人连歌剧本上的字都看不清，还说大滴大滴的雨水都会溅进来。几年之后，作曲家埃罗尔德②遗孀的女婿告诉我的情况又不一样。当时他在蜜月旅行途中，同样游览了维也纳，而且也观看了莱尔兴费尔德这场演出。此人向我保证：虽然外观有各式各样的缺陷，但是这里的演出确实使他感到高兴，尤其是在影响之深远方面，他在这场演出后感到与在柏林宫廷剧院那场糟糕演出根本无法相比。现在，我那年迈的里加剧院经理在维也纳采取的强有力措施，为他总共能够进行的《唐豪瑟》20 场演出，确实给我带来了 2000 法郎；在经

① 米拉波（1749—1791）：法国大革命初期的演说家和政治家。

② 埃罗尔德（1791—1833）：法国作曲家。

历一个如此奇特、公然觉察到本人盛名的过程之后，相信我的作品甚至从利润方面来看，对于未来都会有不可估量的影响，这在我看来，也许还是情有可原的吧。

当我在这样的情况下忙于布置那个梦寐以求的乡村小屋，精心为《西格弗里德》第一幕配器时，我又重新埋头于叔本华的哲学之中，我也津津有味地阅读司各特的小说。我也郑重其事、专心致志地赋予我对李斯特乐曲的印象以某种意义。为此，我采取一种致玛丽亚·维特根施泰因的书信形式，这封信在布伦德尔的音乐报上发表。

现在，当我即将迁往我以为是我一生最后的居家避难所时，我又在考虑，自己怎样才能给平凡生存的这种生活本身打下一个基础。我因为《尼伯龙根》，再一次开始同黑尔特尔们谈判，但是不得不感到他们对于一项创作这种作品的工作，态度冷淡和反感。我向李斯特抱怨这件事，公然给他提出过分要求，要让那位魏玛大公爵——按照我朋友的说法，此人想知道，自己是不断地被视为我的《尼伯龙根》计划的保护人——知道我在这里遇到的那些困难。我在这里提出，如果说大概不能指望一个普通的音乐商来实施这样一个异乎寻常的计划的话，那么，对于那个打算把这个计划变成自己的荣耀的王侯则相反，也许可以要求他也要严肃认真地参与这方面的准备工作——在这些准备工作中，完成这部作品本身也许必须被视为是有充分理由的吧。从这个意义上讲，我希望大公爵支持黑尔特尔们，买下我这部作品，按照工作完成的进度付钱给我。这样以来，他也许就会成为这部作品的所有者，以后甚至还会为此得到某位出版商的补偿。李斯特非常理解我，却又不得不劝我在涉及殿下的问题上放弃自己的想法。

与此相反，现在年轻的巴登大公爵夫人引起了我的注意。好几年前，爱德华·代夫里恩特就被巴登大公爵拉到卡尔斯鲁厄来担任他的宫廷剧院经理。我自从离开德累斯顿以来,尽管有多次长时间中断,但仍然同代夫里恩特保持着联系。他还在书信中对我的论著《未来的艺术作品》和《歌剧与戏剧》大加赞许。关于卡尔斯鲁厄剧院,他对我声称:这家剧院力量还非常薄弱,所以他相信在这家剧院演出我的歌剧不会取得好的效果。但是,在大公爵结婚之后,在被我的老朋友阿尔维娜·弗罗曼争取过来支持我的这位普鲁士公主的年轻女儿,如今在卡尔斯鲁厄获得独立,强烈要求演出我的作品之后,这种情况突然之间就大为改观。现在,我的歌剧也在那里演出,代夫里恩特不得不告诉我年轻的侯爵夫人的巨大关注,她经常亲自观看排练。这给我留下一个非常愉快的印象,我自觉自愿地在一封写给大公爵夫人的信中对此表示赞许,我在这封信中作为《纪念册页》①,附上《女武神》结尾时的《沃坦的告别》。

就这样,4 月 20 日临近了。在这一天,我必须离开我迄今为止所居住、但现在已经租出去的、位于采尔特韦格的寓所,却还不能搬进那个尚未布置就绪的乡村房屋。在阴雨连绵、寒气逼人的天气,在经常观看这个被泥瓦匠和木匠占据着,弄得又脏又乱的小屋时,我们都得了感冒。我们在客栈里情绪极其恶劣地度过了一个星期。我在考虑,到底值不值得花力气搬到这块地皮上去,这时我突然预感到,我倒是还可以从那儿出发,继续去漫游啊。我们终于想尽一切办法实现了我们的搬迁。又凉又潮,新安的暖气不暖和。我们俩都生病,几乎就没法起床。这时,出现了一个好的征兆:我在这儿收到的第一封信是朱丽叶·里特尔夫人的非常亲切的和解信,她通过这封信向我宣告,结束由于她儿子的行为引起的不和。现在,就连美好的春天也已到来。在耶稣受难节,

① 《纪念册页》是器乐短曲富有幻想意味的标题,犹如纪念册中的一页亲笔题字。

我在这个房子里第一次在阳光灿烂中醒来：小园子披上绿装，鸟儿在歌唱，我终于可以坐到小屋平坦的屋顶上，享有渴望已久、满怀希望的宁静了。这个愿望已经实现了——我突然自言自语——今天真的是“耶稣受难节”，我想起自己在沃尔夫拉姆的《帕西发尔》中就曾经发觉这个提醒具有多么重要的意义。自从那次在马林巴德——我在那里构思《纽伦堡的名歌手》和《罗恩格林》——待过以来，我就再也没有从事那部台本的写作了。现在，我所面临的是它那以扣人心弦的形式表现的理想内容，从这个耶稣受难节想象出发，我很快就构想出整个剧本。我把这个剧分成三幕，立即就用寥寥数笔，仓促写就这个剧本的草稿。

在一直都还未完成，却被我极力推行的房间布置过程当中，现在我又急于要工作——我重新拾起《西格弗里德》，开始为其中的第二幕谱曲。当我现在对于我该怎样为我新争取到的避难所取名一事举棋不定时，因为情绪好，这一幕的前奏曲我谱得十分成功，我不得不哈哈大笑。这时，我想起，正好同这第一项工作有关，我也许得把我的新庄园称作“法夫纳①的安静”。可是现在却不可以这样称呼，所以仍然按照原样，干脆把这块地产称作“避难所”，我在给我的作品标出日期时就标的这个名称。

但是，对魏玛大公爵支持《尼伯龙根》作品的希望落空了，这些遭到落空的希望助长了我心中的一种持续不断的坏心情，我想起一种我不知道怎样摆脱的负担。与此同时，我现在收到一个离奇的报告：一个毫无疑问名叫费尔赖罗的人作为巴西领事，从莱比锡向我报告，他告诉我，巴西皇帝对我的音乐十分喜欢。这个人在他信中很善于十分巧妙地应对我对这种特殊现象的怀疑。皇帝喜欢德语，很希望我去他那里，

---

① 法夫纳是瓦格纳的歌剧《莱茵的黄金》中的巨人。

到里约热内卢去,好让我在那里给他演出我的歌剧。为此,在那里当然只用意大利语演唱,只需要我的歌词的译本。他认为,这样做非常容易,同时对于我的歌词也是十分有利的。由此所引起的想象实际上是以奇特的方式,对我留下十分愉快的印象。我觉得,就好像我可以非常出色地完成一部充满激情、用意大利语演唱会显得十分杰出的音乐剧本似的。为什么我总是怀着历久常新的偏爱,想到《特里斯坦与伊索尔德》呢?为了巧妙地探询一点巴西皇帝慷慨大方的爱好情况,我首先给费尔赖罗先生寄去我三部老歌剧装订精美的钢琴改编曲,我期待着在里约热内卢对这些钢琴改编曲友善和慷慨的接受中,得到一些十分令人愉快的东西。我在自己的一生中既未得到有关这些钢琴改编曲,又未得到巴西皇帝及其领事费尔赖罗的任何回音。只有泽姆佩尔还一直同这个热带国家陷入一场建筑纠葛中——登广告参加为里约热内卢建造一座新歌剧院的竞争。泽姆佩尔报名参加竞争,并为此制作了美妙绝伦的设计图。这些设计图给我们提供了不少乐子,其中看来似乎给维莱大夫提出了一项特别有趣的任务,因为他认为,一位建筑师想必会觉得,为黑人观众设计一座歌剧院是一件新鲜事。我没有听说,泽姆佩尔同巴西人打交道的结果是不是要比我打交道的结果令人满意得多,但不管怎样,我知道他没有建造这座剧院。

一次重感冒使我有好几天都发高烧,我痊愈后,我的生日也到了——晚上再次坐在我的平坦屋顶上,从不远处飘过花园上空,传到我耳里那首《莱茵的黄金》结尾时,三位莱茵仙女的歌曲使我感到惊喜。波勒尔特夫人婚姻方面的痛苦当时在马格德堡就妨碍了我的《爱的禁令》本来就难以再演的演出。就是这位夫人在去年冬天,还一直作为女歌手,但同时也作为两个女儿的母亲,出现在苏黎世剧院舞台上。由于她一直都有一副好嗓音,而且对我百依百顺,我就让她本人练会《女武神》的最后一幕，同她的两个女儿一道练会《莱茵的黄金》中莱茵仙女的那几场。去年冬天，我们经常给我们的朋友们演唱其中的一些小型歌曲。现在，在这个生日的夜晚，这些殷勤的女友的歌唱以十分激动人心的方式使我感到又惊又喜。我突然感到对继续为《尼伯龙根》谱曲特别反感，不过却是为了更加迫切地要求，能够立即拾起《特里斯坦与伊索尔德》。我决定满足我长期养成的秘密爱好，立即开始我只想让人认为是短期中断那项伟大工作的这项新工作。可是，为了给我自己做出证明，证明绝非出现了一种对那项老工作的厌烦情绪使我畏缩不前，我决定无论如何还是要把刚开始的《西格弗里德》第二幕的谱曲工作继续进行下去，直至完成。不管有再大的兴趣，而我却在另一方面，让自己在心中越来越明显地意识到《特里斯坦与伊索尔德》。

可是，对于把《特里斯坦与伊索尔德》列入工作计划起到相当作用的，也是一些外在动机，这些动机让那个与完成这部作品有关的计划在我眼里显得有吸引力，有利可图。当爱德华·代夫里恩特于7月初来看我，在我这儿待了三天时，这些动机也就完全成熟。他告诉我，我寄给巴登大公爵夫人的东西受到欢迎。总的说来，我感到好像他受人之托，要同我就某项计划取得共识。我通知他，我打算通过完成这样一部作品来中断我那规模宏大的《尼伯龙根》作品。这部作品不管是从其规模，还是从其必要性来看，都需要我重新同那些剧院——现在就是这些剧院——建立联系。如果我想要说自己的坏话，说我是出于这种外部原因，才考虑而且决定去完成这部《特里斯坦与伊索尔德》的话，我这样做肯定是冤枉了自己。尽管如此，我却不得不承认，至于我在好几年前开始完成那部比较大型的作品时的心情，在我这儿已经出现了显著变化。当时我刚好写完我的艺术著作。在这些著作中，我试图通过对这些原因同一般文化状况广泛联系的研究，给自己说明我们的公众艺术，尤其是戏剧没落的理由。当时对我而言，似乎不可能着手进行一项我也许可以考虑立即就在我们的剧院上演的工作。正如我过去有时所证明的那样，只有彻底放弃这一打算，才能促使我去重新拾起我的艺术工作。当我现在为了演出《尼伯龙根》戏剧不得不坚定不移地抓住这一点——这种演出只有在我后来在台本出版前言中所描述的那种异乎寻常的情况下才能进行时，我那些老歌剧的成功传播，倒是对我的情绪产生了如此广泛的影响，致使我现在，当我在完成我这部大型作品过程中快超过该作品的一半时，越来越神情严肃地寻求也会演出这部作品的可能性。直到那时，李斯特对魏玛大公爵的信赖助长了我心中隐藏的希望。可是根据最近的经验，这个希望现在证明是毫无价值的，而另一方面，这个希望又给我证明，我的一部类似《唐豪瑟》或者《罗恩格林》的新作品到处都会受到十分热烈的欢迎。虽然我终于用以完成《特里斯坦与伊索尔德》草稿的这种方式清楚地显示，我这时对我们的歌剧院和它们取得成绩的能力考虑得多么少，但是，由于我往往还得同时与对我生活状况的一种外部强制行为做斗争，所以我很能够自己欺骗自己，以至我可以想象，是在按照一个考虑细致周密的人注重实际的想法，处理《尼伯龙根》谱曲的中断和《特里斯坦与伊索尔德》的步步紧逼。现在，代夫里恩特非常喜欢听到关于我这方面这样一个假装注重实际的计划的情况。他问我，我考虑哪一家剧院首演我的新作。对此，我回答说，我当然只会考虑这样一家剧院，在那里，会让我有可能亲自参加演出。我是这样想的，要么这种情况也许会是在巴西，要么——由于德意志联邦[1]的领土对我仍然关闭——是一个邻近德国边界的城市，对于这个城市我可以假设，它可以给我提供一些艺术手法。为此，

① 德意志联邦存在时间为1815—1866年。

我考虑斯特拉斯堡——可是代夫里恩特出于许许多多的具体理由，坚决反对这样一个计划；相反地，在卡尔斯鲁厄演出一场——他是这样想的——要容易办到得多，而且也更有成效得多。我反对这样做的理由只有这一点——我在那里甚至根本就没法参与排练和演出我的作品。代夫里恩特认为，可是现在关于这一点，鉴于巴登大公爵对我垂青和对我十分同情的意图，能够使我抱有很大的希望。现在听到这一点，使我感到十分愉快。我还听到代夫里恩特十分同情地讲到年轻的男高音歌手施诺尔，此人凭着高超的手法，正全力以赴、专心致志地演唱我的作品。——现在我心情十分舒畅，尽可能好地款待代夫里恩特。一个上午，我都在给他弹奏和演唱整部《莱茵的黄金》，看来他对这部作品十分喜欢。我对他半开玩笑、半认真地说：我在米梅那里时就会想起他，因为如果不太迟的话，那他总有一天就会收拾米梅的。既然现在代夫里恩特曾经在场，所以也就不会那么容易缺少他的朗诵的。我邀请连同泽姆佩尔和赫尔韦格在内的家庭常客，代夫里恩特以如此出色的方式给我们朗诵莎士比亚《尤利乌斯·恺撒》中安东尼①那几场，就连从一开始就对此持反对态度的赫尔韦格都乐意承认这位演员训练有素的技巧的成功。——代夫里恩特从我的住所给巴登大公爵写信，报告他对我的感觉和他是怎样找到我的。在他同我告别不久，我现在就收到大公爵的一封十分亲切友好的亲笔信。在信中，他首先以十分赞赏的方式，对送给他夫人的《纪念册页》表示感谢，同时给我透露他的意愿，将来要为我的命运，特别是我的重返德国说情。

如今首先是要着手完成《特里斯坦与伊索尔德》的意图，从现在开

---

① 安东尼是该剧中恺撒死后的三人执政之一员。《尤利乌斯·恺撒》又译《裘力斯·恺撒》。

始,用极粗的笔迹,写进我的生活计划中。不过首先,我要把持续不断的好心情归功于所有这一切。如今,我怀着这种心情,才会将《西格弗里德》的第二幕谱完。在天气晴朗的夏日午后,我确定每天的散步路线都是前往寂静的锡尔谷。我在锡尔谷林木繁茂的环境中多次侧耳倾听林中鸟儿的歌唱。这时,我感到惊奇的是,结识了那些使我感到耳目一新的歌手,我看不见这些歌手的身影,而对它们的名字就知之更少了。我把用它们那种方式歌唱的东西带回家,采用艺术模仿的方式,写进了《西格弗里德》的森林一幕中。8 月初,我完成了甚至是这第二幕小心翼翼的素描曲。我很高兴,能够为将来重新开始继续工作给我保留的,正好是第三幕,唤醒布仑希尔德①,因为我感到,我作品中的所有问题如今十分幸运,仿佛都迎刃而解了,现在剩下的就只是真正享受这部作品了。

所以,我对自己艺术力量经济方面的正确性深信不疑,做好准备,开始写下《特里斯坦与伊索尔德》。这时,为了对我的耐心进行一些考验,那位杰出的费迪南德·普雷格尔正好从伦敦到达此地。对于他的来访,从另一方面来讲,我又不能不感到十分高兴,因为我应该看出,他是一位经过考验、值得长期交往的朋友。只是他自以为特别容易激动,而且遭到命运的迫害。因为我怀着美好的愿望,从这方面来看,不可能具有同感,所以这使我感到有些尴尬。这样,我们就借助去沙夫豪森的一次郊游来摆脱困境。在沙夫豪森,我是第一次游览这个著名的莱茵瀑布,对此留下了并非微不足道的印象。除此之外,这时韦森东克一家终于搬进了他们那个由巴黎墁制石膏花饰的粉刷工和室内装饰师打扫

① 布仑希尔德是西格弗里德之妻,沃坦之女,也是一位女武神,因对父亲不忠,被罚沉睡山顶岩石上,四周被火神的火焰包围。沃坦预言:“第一个唤醒你的男人将娶你为妻。”

干净的别墅。这时，便由此开始了我和这个家庭交往的一个其实并不重要，但是对于我的人生的外在变化却影响颇大的新时期。我们现在由于是紧挨着的、地地道道的乡间邻居，彼此靠得那么近，以至关系的进一步密切加深只要通过每天的简单接触就能办到。我已经多次注意到，韦森东克十分没有涵养，由于我在他家里像在自己家里一样，他感到不安；在很多事情上，譬如在暖气、灯光，甚至在用餐时间上都顾忌到我。看来，这一切都近似他作为一家之主的权利。关于这类事情需要一些秘密通知，以便于另一方看到一种半隐秘、半公开的协议。这种协议随着时间的推移，在别人眼里正好具有一种令人忧虑的意义。所以在我们现在如此亲密无间的交往中，就出现了某种顾忌，这种顾忌也许对于这两个知道内情的人来说，是很有趣的吧。

奇怪的是，这种邻居间相互接近的时机与开始完成我的《特里斯坦与伊索尔德》的时间正好巧合。现在，罗伯特·弗兰茨到苏黎世来访问。由于他性格中令人愉快的方面，他使我感到高兴。在这段时间，正是他的来访使我对这件事放下心来——自他第一次在演出《罗恩格林》时公开亮相支持我以来，尤其是由于他的一个名叫欣里希的舅子老表的插手（此人写了一本关于我的小册子）出现的某种紧张关系并没有什么了不起。我们一起合奏；我唱歌，他伴奏，唱几首他的歌曲；看来，他喜欢我的《尼伯龙根》乐曲。可是有一天，当韦森东克邀请他赴宴，准备搞一次公共聚会时，他却坚决要求，允许他在这儿单独一人，而不同这家别的客人待在一起，因为他担心不能同我分庭抗礼；另一方面，看来他确实对此有几分在意。我们拿这件事开玩笑，我感到做这种事要轻松多了，因为我这时确实十分高兴，摆脱了同这个表达看法时如此奇怪、气喘吁吁、词不达意的人——我能够看出弗兰茨就是这种人——闲聊的劳累。他离开了我们，后来我就再也没有听到有关他的消息。

在我现在差不多已经完成我的《特里斯坦与伊索尔德》剧本第一幕之后，与此相对应的是一对新结婚的年轻夫妇在苏黎世的按时出现。当然，这对夫妇可以对我的同情提出很高的要求。大约在 9 月初，汉斯·冯·比洛及其年轻的太太——李斯特的女儿科西玛到达“乌鸦”客栈。我从那里把他们接来，为了他们较长时间的、主要是打算对我进行的访问，在我的小屋里招待他们。

对于我们大伙来说，9 月份这个月过得十分兴奋激动。首先是，我在此期间完成了《特里斯坦与伊索尔德》的剧本。汉斯立即就把这个剧本给我一幕一幕地弄出一份誊清稿来。我把这个剧本也已经一幕一幕地朗读给朋友们听，直到后来我终于能够举办一次这个剧本的私人集体朗诵会时为止。这次朗诵会给为数不多的几个关系亲密的听众留下深刻印象。由于韦森东克太太看来特别受到最后一幕感动，所以我以安慰的口气说，用不着为这种事伤心，因为在最好的情况下，遇到这样一种危急的事情，都会化险为夷——科西玛同意我这个看法。另外，我们还有好多好多次合奏；因为我现在终于把比洛这个合适的钢琴演奏家争取过来，弹奏我那些《尼伯龙根》总谱可怕的克林德沃特的钢琴改编曲。可是就连只在乐曲草稿中写下来的《西格弗里德》这两幕，汉斯也都一看就会，他可以弹奏得简直就像是在照着一部真正的钢琴改编曲似的。像往常那样，我为此演唱所有声部；有时候我们也有几个听众，其中维莱大夫太太从一开始就表现得极其优秀。科西玛低头倾听，一声不吭；每当有人逼她讲话时，她就开始哭起来。

大致在 9 月底，我这些年轻朋友离开我，返回他们的停留地柏林，按照民法进行他们婚姻的结婚登记。

通过我们的多次合奏，我们暂且给《尼伯龙根》敲响了一次丧钟，因为它们现在完全被我束之高阁，以后在遇到类似的集会时，只有以一副变得越来越黄的外表，犹如去回忆一般，被人从放着它们的文件夹中取出来。与此相反，我于10月初便立即开始为《特里斯坦与伊索尔德》谱曲。到新年时，我完成了其中的第一幕，也已经在为序曲配器。这时，我脑海中浮现出一种精神恍惚、惶恐不安的隐居念头。工作，尽管天气阴冷，仍然坚持的长距离散步，晚上阅读卡尔德隆①的作品，由此养成这样一种习惯，按照这种习惯，我受到打扰时，只会恼怒万分。我同世界的联系几乎只限于我同音乐商黑尔特尔由于《特里斯坦与伊索尔德》的出版事宜进行的谈判。因为我告诉这个人，与庞大的《尼伯龙根》计划相反，我打算写一部能实际使用的作品，这种作品对演员的要求仅限于几位优秀歌手，所以他表现出这么大的兴趣，同意自愿为我效劳，使我敢于向他要求400金路易②。然后，黑尔特尔写信告诉我，只有在我应当感到乐于彻底放弃我的要求时，才能阅读附在一封封闭的信中的回复，因为他从我这部预期的作品中没法看出轻而易举、切实可行的特性。我现在在这张密封的便条中发现，人家只提供了100金路易，但是允诺，5年之后与我平分营业利润，或者说，再付100金路易，买下我对这方面的要求。对此，我就只好同意。现在，我很快就开始为第一幕配器，以便立即将总谱装订成册，交付制版。

除此之外，这时使我感兴趣的还有11月份美国金融市场上出现的危机。在灾难性的几个星期内，这次危机的后果看来似乎危及我的朋友韦森东克的全部家产。我还记得，这次灾难被那些遭到不幸的人十分体面地承受下来了；可是，关于出卖房屋、庭院和马匹的可能性的闲聊却给

---

① 卡尔德隆（1600—1681）：西班牙剧作家。

② 金路易是1641年法国路易十三发行的金币名。

我们晚间的聚会笼罩了一层不可避免的忧伤气氛。韦森东克外出旅行，以便同形形色色的外国银行家一起适应环境；在此期间，我上午为《特里斯坦与伊索尔德》谱曲，晚上则定期在我家一再朗读卡尔德隆的作品。这时，在我通过沙克①的作品对西班牙人的戏剧文学有足够的了解之后，卡尔德隆就给我留下了深刻而持久的印象。——幸好，美国的危机终于过去了，很快就被证实的结果是：韦森东克的家产由此增加了很多。我在这些冬夜，再一次给另一个朋友圈子朗读《特里斯坦与伊索尔德》。尤其使戈特弗里德·凯勒感到高兴的是整个剧本简明扼要的形式。这整个剧本其实只有三个经过提炼的场面。可是泽姆佩尔却对此感到气愤：他责备我，对待一切都过于严肃认真；这样一种素材的艺术塑造令人舒服之处正在于：该素材的严肃性被突破，让自己获得对极其令人激动之事的享受。这一点正是令他对莫扎特的《唐璜》如此喜欢之处，人们在那里只是像在化装舞会上那样遇到那些典型的悲剧人物，在那里甚至连化装舞衣都比角色面具更讨人喜欢。我承认，要是我对待生活更严肃一些，而对待艺术则更宽松一些的话，我会在很多事情上弄得更舒服一些；只是这一点在我这里也许只会在相反的关系中保留下来。归根到底，每个人都会摇头否定。——在我写好第一幕乐曲草稿，更详细地认识到我的音乐讲述的性质之后，我也许很自然地就带着特别的微笑，想起我那严肃认真的设想，把这部作品写成一种“意大利式歌剧”，我从巴西再也没得到任何回音一事给我带来的不安在逐渐减小。

与此相反，这一年年底，有人促使我急切注意那些在巴黎看来是与我的歌剧有关的事件。有一个年轻作家从那里向我表示这个愿望，希望得到我的委托，翻译我的《唐豪瑟》，因为抒情剧院经理卡尔瓦略先

① 沙克(1815—1894)：德国外交家、翻译家、诗人。

生打算在巴黎上演这个歌剧。我对此大吃一惊，因为我不得不担心，我对我那些作品的所有权在法国得不到保障。令我十分反感的是，人们可以在那里随心所欲地处理我的作品。我在不久前从一篇报道中看到，这种事正好就采用何种方式发生在这家抒情剧院。这篇报道谈到韦伯的《欧丽安特》的演出和为了这次演出所做的令人反感的加工或者更确切地说，是对原作窜改后的演出。由于这时，在不久前，李斯特的大女儿布兰迪妮嫁给了著名律师埃米尔·奥利维埃，由此确保我有一个十分有用的法律顾问，我现在就下定决心，到巴黎去 8 天左右，在那里查看所报道的事情。无论如何也要使自己确信，对我的著作权的保护，在法国具有法律效力。除此之外，我心情沉重，很可能确实是工作劳累过度，也就是说老在从事的正是这些工作——泽姆佩尔就这些工作，至少是在有关我的精神力量的紧张方面，毫不冤枉地指责这种过于严肃认真的态度——是造成这种情况的主要原因。另一方面，我怀着这种心情，蔑视一切奇奇怪怪的人世忧愁。我记得，关于这种心情，我在这一年(1857 年)除夕那天，在写给我的老朋友阿尔维娜·弗罗曼的一封信中写下了一个证据。

1858 年新年伊始，对中止我的工作的需要与日俱增，势在必行，使得我在没有允许自己进行那次所盼望的旅行之前，真是羞于开始为《特里斯坦与伊索尔德》第一幕配器。因为很遗憾，现在苏黎世、我的家和我同朋友的交往都再也不能给我提供休养的机会。甚至就连韦森东克家的这种如此愉快、亲密无间的邻居关系都只会增加我的不适，因为整夜整夜地沉溺于谈话和闲聊，实在变得叫我无法忍受。我的好朋友奥托·韦森东克认为必须参与，至少是与我和所有别的人同样，参与这些谈话和闲聊。害怕——正如他所臆想的那样——在他家里很快地，一切都会以我为榜样，而不是按他的意志行事。再说，对于这种事的担忧使他发一些古里古怪的脾气。一个没什么教养的人在遇到他所感到的忧虑时,才像蜡烛熄灭器扑向烛光一样,大发脾气,扑向每一次当着他的面进行的交谈。很快地,一切都成了我的负担和压力;只要谁注意到这一点,显露出对这种事的一些理解,就会引起对我的一种在这样的情况下至少是不会令人开心的同情。所以我决定在正值严冬季节时——尽管我眼下根本就没备有做这种事的资金,因而不得不采取各式各样急不可待的预防措施——去巴黎进行我的参观旅行。这时,我清楚地感到又重新开始认识那种总是稀里糊涂地把它作为我的根据的一种离开后永远不再返回的想法。我于 1 月 15 日到达斯特拉斯堡,由于过于劳累,无法立即继续往前走。我从那里给爱德华·代夫里恩特写一封寄往卡尔斯鲁厄的信,信中建议在大公爵那里介绍这个情况,说我在有意安排的从巴黎回来的返程中,会在克尔受到当地一位副官接待,然后陪同前往卡尔斯鲁厄进行一次访问;因为我主要是想在那里结识那些确定演出我的《唐豪瑟》的歌手。紧接着,我就由于我这种希望公爵的副官们都听从我支配的过分要求,遭到爱德华·代夫里恩特痛斥。我从中看出,他认为:我这时的目的只在于毫无意义的敬礼;对此,我只考虑到这唯一实用的可能性,作为政治上遭到排斥的人,竟敢于为了一种纯粹的艺术目的前往卡尔斯鲁厄。对于这种误会,我只好付之一笑;然而同时,我这位老朋友的这种肤浅的特性却又够使我大吃一惊的了。从现在起,我就为他将来对我的态度担忧。——现在,我拖着脚步,为了使我那业已松弛的神经得到休息,在黄昏时分艰难地穿过斯特拉斯堡的公共林荫道,在眺望一张剧院海报时,被《唐豪瑟》这个名字弄得又惊又喜。仔细一看,这是《唐豪瑟序曲》,在开始演出一部法国戏剧时应当演奏这首序曲。这样做是什么意思,看来我是根本就无法理解的;但是我在剧院里坐了下来,剧院里很空,不过乐队来得更齐全。这个乐队在一个漂亮的房间里集合，直至凑到可观的人数，在该乐队队长指挥下，确实是十分精彩地演奏了一场我的序曲。由于我坐在正厅前排座位，坐得相当近，1853年在我那些苏黎世演出中合作过的那位定音鼓手认出了我。现在，这件事像野火一般，迅速传遍整个乐队，直到乐队队长。在那里，我的出场现在引起了很大的骚动。那寥寥无几的观众看来只是因为法国话剧才来，根本就不会去特别注意这首序曲。在这首乐曲结束时，乐队队长同整个乐队走向我的正厅前排座位，发出一阵热情的掌声，对此，我当然只好鞠躬回敬。这时，那些观众感到十分惊异。当我在这场演出结束之后离开大厅，用恰如其分的方式去探望乐队队长时，所有的目光都在十分急切地追随我。这位乐队队长自称哈塞尔曼，是斯特拉斯堡人，看来是一个心地十分善良、亲切友好的人；他陪我走进我的客栈，另外还告诉我，我的序曲的这场令我如此惊喜的演出是怎么回事。由于有一位斯特拉斯堡公民和音乐爱好者的大笔遗产——这位音乐爱好者已经为这座剧院的修建做出了主要贡献——委托那笔捐赠就是针对其良好素质的这个乐队，在通常的话剧演出时，每星期有一次在剧院由全体演员演奏一首大型器乐作品。现在这一次是凑巧轮到《唐豪瑟序曲》。在这里，除了羡慕斯特拉斯堡之外，我没有留下任何深刻印象。这个城市产生了这样一位公民，像这类人在所有那些我曾经与音乐有过关系的城市，尤其是在苏黎世，从来没有一个人看到这道阳光。

当我同乐队队长哈塞尔曼讨论斯特拉斯堡的音乐状况时，在巴黎发生奥尔西尼①对皇帝进行的出色刺杀。就在我第二天继续旅行时，

---

① 奥尔西尼（1819—1858）：意大利民族主义革命者。1858年1月14日夜，当拿破仑三世及皇后乘车前往巴黎歌剧院时，他和两个同谋向车上投掷炸弹，殃及他人，后被处死。

我听到一些含含糊糊的谣传，但是在我于16日到达巴黎之后，才从饭店服务生的闲聊中得到对有关情况的详细说明。我认为这个事件对于我个人的命运是一个坏兆头，因为还在第二天早上吃早餐时我就担心看见我那位老熟人——那个内务部的间谍马上就会出现，要求我这个政治逃亡者立即离开巴黎。因此我估计，作为那时新开张的罗浮宫饭店的客人，比起住在由于价格便宜，我暂时找到的那家位于圣托马斯妓女街的边远小旅店来，在警察眼里更受尊重一些。本来我是想住在一家我老早就熟悉的皮货商大街的饭店；可是现在偏偏在这里发生了刺杀事件，在这家饭店找到并逮捕了主犯。要是我大致在两天前到达巴黎，而且在那儿投宿的话，那会多么离奇古怪啊！

在同主宰我命运的恶魔的这番协商之后，我首先去探望奥利维埃先生及其年轻的夫人。我很快就发现奥利维埃先生是一个讨人喜欢、积极主动的朋友，他立即就毅然决然地接手那些根据外部规定把我引向巴黎的事情。有一天，我们到一位与他有交情，而且看来是负责的公证人那里去，我在那里签发了我作为作者，委托奥利维埃代表我的所有权的一份毫不客气、有不少附加条款来限制的委托书，尽管要办理很多盖章手续，但在那里却受到十分友好的礼遇，所以我感到在我这位新朋友的保护下十分安全。可是现在，在法院休息室里与奥利维埃并排散步时，却还应当首先把我介绍给那些头戴扁平礼帽、身穿法衣，正在踱来踱去的、世界上最著名的律师，立即就同他们混到一见如故的地步，这样，就可以促使我给他们这些围在我四周的人解释《唐豪瑟》的主题。我对所有这一切都十分满意。我同奥利维埃有关他政治观点和政治态度的闲聊也同样使我感到心满意足。他只相信在毋庸置疑地推翻拿破仑统治之后，便会重新和长期出现共和国。他和他的朋友们都不打算发动一次革命，而只是为此作准备，当这场革命必不可免地出现时，也不会再听任阴谋家们利用这场革命。他在原则上接受社会主义最后的结果；他了解和尊重蒲鲁东，但不是作为政治家。他认为，除了政治机构的那些倡议外，没有任何东西能够说明自己持久不变的理由。迄今为止，出于社会功利性的原因，通过简单立法的渠道，针对滥用私法的情况，已经采取一些重大措施。通过简单立法的渠道，会使那些对于创建一种平均分配的公众福利来说，似乎是在逐渐极其大胆的要求发挥作用。我现在注意到，使我感到极为满意的是，在我的性格发展中，取得了并非微不足道的进步。这时，我能够倾听和讨论各种各样别的东西，而不会莫名其妙地就像我过去在进行类似的讨论时那样情绪激动。

布兰迪妮由于温和、开朗和某种诙谐幽默、沉着冷静，在另一方面又具有非常快捷的精神上的统觉①，在这时给我留下十分愉快的印象。我们很快就相互理解；只要稍微有一点表示，就足以使我们彼此对我们接触到的人和事立刻都心知肚明。星期天到了，随之而来的是一场音乐院音乐会。因为我通常只是去排练，却从未去那里演出，朋友们有办法给我弄到一个参加这场音乐会的座位，而且是在作曲家埃罗尔遗孀、一个十分讨人喜欢的夫人的包厢里。这位夫人立即就给我证明，自己是我的音乐的热心爱好者。此人虽然还未亲自见识过我的音乐，只不过是由于她女儿和女婿的狂热，被争取过来，对我的音乐具有同感罢了。我前面已经提到，她女儿和女婿在其蜜月旅行时，在维也纳和柏林听过《唐豪瑟》。所有这一切都使我感到十分愉快，稀奇古怪。此外，我在这里还生平第一次听说海顿的《四季》的一场演出。这场演出使得观众都欣喜若狂，因为这种娱乐把现代音乐所疏远、在海顿那里却十分

---

① 统觉为心理学术语，指人在获得新感觉时对旧感觉的依赖。

频繁出现的，结束音乐乐句时坚定的华彩乐段花唱，当作特别具有独创性和迷人的特性来接受。这一天剩下的时间在埃罗尔家充满温情的怀抱中过得十分舒适惬意。在那里，在晚会结束时甚至还有一个人来，他的出现正好是在今天具有引人注目的重要性。他就是斯居多先生。我后来听说，他作为《两世界杂志》很有影响的音乐编辑，在其他杂志中影响很大。而且迄今为止，对我确实缺乏善意。好心好意的女主人希望，在这种场合，通过他同我相识，使他对我友好。我说明，通过在这里的沙龙晚会的一次闲聊，可能不会有多大成效，后来也得到证实：这样一位先生在对其对象没有任何了解的情况下，就对一位艺术家表示反对的那些理由，既不同他的信念，甚至也不同他的好恶有丝毫关系。在后来那一次，甚至在斯居多先生关于我的音乐会的一篇报道中，这个讨人喜欢的家庭不得不为他们支持了我而遭殃，因为它作为一个“具有激进民主原则”的家庭，在那里遭到嘲弄。

现在我也去探访我在伦敦新结交的朋友柏辽兹，发现他总的来说心情不错。我告诉他，我在巴黎逗留只是为了作一次短途旅游散散心。他当时正忙于完成一部大型歌剧《特洛伊人》的谱曲。为了对这部作品有一个印象，我首先想到的是见识一下他本人亲自撰写的剧本。他用一个晚上来给我单独一人朗读剧本。这时，不管就剧本的设想本身，还是另一方面就他那特别枯燥乏味，同时又装腔作势、矫揉造作的朗读而言，都弄得我心情非常糟糕。我以为尤其是在后面这部分也看到了音乐的特性。他想采用这种特性为自己的歌词谱曲，他对此感到彻底绝望，因为我从另一方面看出，柏辽兹把这部作品看作主要作品，把这部作品获得演出视为他一生的主要目的。

我同奥利维埃一家也受到埃拉尔家邀请，我在埃拉尔家又遇到了我的老朋友斯蓬蒂尼斯的遗孀。我们在那里度过了一个内容相当丰富的夜晚。在这个夜晚,我能够用十分特别的方式,用钢琴排演音乐闲聊。人们声称,很透彻地理解和兴趣盎然地欣赏了各式各样的回忆,我差不多就用这种方式从我的歌剧中把那些回忆表演出来助兴。无论如何,这个不同凡响的社交聚会从未更为愉快地听到过合奏。除此之外,我还得到这个巨大的好处,由于埃拉尔夫人及其自她丈夫去世后这时正照管业务的小叔子的友好帮助,使我确信能够得到那家工厂的一架著名的三角大钢琴。由此看来,我此次巴黎之行的黯淡目的似乎到底获得了它明亮的光芒。因为对此感到十分高兴,我在认识到别的任何成果都是痴心妄想的同时,却仅仅把这视为真正的成果。

因此,我怀着愉快的心情,于 2 月 2 日离开巴黎,返程路上还要去寻访我的老朋友——在埃佩尔奈的基茨。在那里,基茨的一位萍水相逢的年轻朋友保罗·尚东先生曾经支持这位遇难的画家,他把画家带回自己家里,派给他一系列肖像画订单。我一到,就立即身不由己地被拉进热情好客的尚东家里,我无法拒绝在那里休息两天,因为就连我都认为尚东是我的歌剧,尤其是《黎恩济》的一位热情爱好者。那时,他曾在德累斯顿观看了该剧的首场演出。我在这里还参观了那些绝妙的酒窖。这些酒窖在香槟酒的岩地内脏绵延数里远。我在一幅油画肖像上见到基茨。关于这幅画,普遍流传的看法是:它将来会完成。这使我很感兴趣。

在进行不少毫无必要的闲聊之后,我终于摆脱这种出乎意外的热情好客,于 2 月 5 日回到苏黎世。我事先已经书面通知,为我到达苏黎世的当晚,立即举行一次社交晚会,因为我认为有好多好多的东西要讲,而这些事却不像往常那样,通过给我的各位朋友那些使人劳累的细节报告,而是想立即用集体的方法,一次就解决。泽姆佩尔参加了这次聚会,他感到生气的是,当我待在巴黎时,他却待在苏黎世。他对我那些愉快的报告心里感到十分难受，他宣布我是“幸运厚颜无耻的儿子”，因为看来他是把自己拴在他的“苏黎世巢穴”视为自己最大的不幸了。

我对于这种对自己“幸运”的妒忌，内心里该感到多么可笑啊！我的外部事务进展缓慢，因为现在我的歌剧几乎是卖到了各处，这时再也没给我剩下多少谋生的资本。由于这时关于所有这些演出，我除了曾经得到和见到他们给我带来的这为数不多的钱之外，别的什么都不知道，所以我也就突然想到，购买《黎恩济》其实对于我们的劣等剧院来说，还是最合适的。为了能够出售《黎恩济》，很希望在德累斯顿重新上演该剧。可是这次重演却由于奥尔西尼刺杀事件的印象——至少正如人们假托的那样——遭到阻止。这样以来，我就继续从事《特里斯坦与伊索尔德》第一幕的配器工作，而这时也越来越没法给我隐瞒的情况是：对于这部作品在剧院的传播，除了政治上棘手的反对意见外，也许还会出现别的反对意见。所以我真是在毫无目的地，其实是在做一种毫无指望的工作。

3 月份，韦森东克太太对我宣布，为了庆祝她夫君的生日，她想让人在自己家里搞一种音乐演出。她是由于一场小型早晨音乐会想到这一点的。我在冬季时，在她自己生日那天早上，在 8 位苏黎世乐队成员的帮助下，凭着友好比邻的关系，设法举办了这场音乐会。韦森东克别墅的自豪之处也就在于一个相对而言不能说不宽敞的、由巴黎墁制石膏花饰的粉刷工布置得十分雅致的楼梯间。关于这个楼梯间，我曾断言：在那里，音乐一定不会显得令人讨厌。这种事在以前那种场合，在小范围内受过考验，现在应当在大范围内经受考验。我自告奋勇，去筹组一个像模像样的乐队，演奏贝多芬那些交响曲片断，首先是那些交响曲中欢快的乐章，为大家助兴。可是这方面必要的准备工作很费时间，而且得超过生日的日期。我们就这样，一直搞到复活节时，我们的音乐会在 3 月份最后几天中的一天举行。这次家庭音乐会的全过程确实十分成功，遂了心愿。一个为贝多芬的器乐配器齐全的乐队，给分派在周围各社交聚会厅里的客人集会，演奏由我指导的交响曲片断选曲组合，取得极大成功。这样一场家庭音乐会这种闻所未闻的稀罕劲儿使所有的人都十分兴奋激动。在演出开始时，这一家年轻的女儿献给我一根漂亮的、按照泽姆佩尔的图样，用象牙雕刻而成的指挥棒（这是第一次，也是绝无仅有的一次送给我珍贵礼物）。也不乏鲜花和装饰树，我在指挥时就站在这些鲜花和树下。当我们按照我对音乐演出效果的爱好，不是用一段雷鸣般的，而是用一段低沉、安静的乐曲，用《第九交响曲》的柔板乐章来结束时，人们也许可以对自己说，苏黎世的社交聚会经历了颇有点异乎寻常的事情。

就连我的朋友们都深受这场音乐会的强烈感动，我首先向他们表示我的赞扬。这次庆典的印象恰似一次提醒，使我感到悲哀。它提醒我：到了一种人生关系可能达到的顶峰，甚至已经超过这种生态系统真正的内容，弓上的弦绷得过紧。后来，维莱大夫的太太告诉我，她在那天晚上也有类似的感觉。——4 月 3 日，我把《特里斯坦与伊索尔德》第一幕总谱的手稿寄往莱比锡制版。我过去已经答应韦森东克夫人，把为这首前奏曲配器的那些用铅笔速描而成的乐谱送给她。我派人把这些乐谱邮给她这位邻居，并随邮件附上一封信。我在信中既认真又平静地告诉她我当时的心情。我妻子一段时间以来，对她同我们女邻居的关系充满疑虑。她越来越激动地抱怨，说她没受到重视，没有得到对人们如此乐于接待的一位人士的太太应有的重视。总而言之，她感到在我们社交聚会时，我们这位女朋友来看望我的次数比看望她的次数多。但她还是没让真正的、有醋意的怀疑声张出去。这天早上，她偶然在小花园里停留,这时见到了我的邮件。她把邮件从仆人手里夺过来,撕开信封,打开那封信。既然她根本就不可能理解在这些字里行间所吐露的心情,所以她就更多地遵循对这些话中的一处在她看来是常见的平庸解释,自以为凭借这一点就有理由踏进我的房间,想搞这样一次由她所做的、令人难以忍受的揭发,对我大肆进行极其稀奇古怪的谴责。她后来向我承认,这时没有任何东西像我的沉着镇静和她所认为的我用来对付她的愚蠢行为满不在乎那样使她怒气冲天的了。我的确是对她一声不吭,几乎就没有挪动位置,让她又直接走向门口,走出房间。但我自己却自言自语道:由此可见就是那种形式,在这种形式下,我不可避免地意识到因为在8年前重新建立的婚姻状况的难以忍受,从此以后应当决定我的生活。通过一个十分明确的要求——要采取心平气和的态度,既不追究她判断中的,也不追究她行为方式中的过失——我也在试图使明娜了解这件毫无价值的事情会给我们带来的独特意义。看来,她似乎对此确实有了一些理解。她答应我,要采取心平气和的态度,不放纵自己那种愚蠢的妒忌。但是很可惜,这个极其可怜的女人已经受到她心脏病令人忧虑的严重化对她情绪的影响。她再也别想摆脱稀奇古怪的悲观估计和全面的心肌扩张引起患者的那种令人痛苦的不安。过了几天,她以为心脏的痛苦减轻了。她以为只要通过如下办法,这种事就可能办到。这种办法就是:她——按照她的观点是善意地——告诫我们的女邻居,提防可能发生的、对我一不小心就过分亲昵的后果。有一次我散步归来时,遇到坐在车上正好外出的韦森东克先生和夫人,我注意到她惊慌失措的举止以及与此相反,她丈夫面部表情中的那种奇怪微笑、心满意足的神情。我立即就明白在这儿先前发生了什么事;我见到我妻子倒是怪开心的;她十分老实地向我伸出手来,向我宣布她同我重归于好。对于我问她是否违背了诺言这一问题,她满怀信心地回答说,她作为聪明的妻子,当然要把事情处理好。我暗示她,她很可能会自食其违背诺言的糟糕恶果。首先我觉得绝对必要的是,她应当按照我们之间先前已经商量好的方式,关心自己身体健康的些许增强。为此,她几天之后就该去寻找给她推荐的哈尔维尔湖畔的布雷斯滕贝格疗养地。确实是有人给我们讲过当地医生治疗心脏病时运用过的这些一流疗法。就连明娜都同意他开始治疗她的疾病。所以没过几天——在这几天,我避免在邻居家打听发生的那件事情——我已经带着她的鹦鹉,陪着她前往离此大约四分之一天路程,环境舒适、设备还算可以的疗养地。在我把她留在那儿时,她在分别时突然有一种感到我们的情况十分严重的感觉;我没法对她说多少安慰话,只能说我想试一试,使她违背诺言的可怕后果不要对我们今后的生活造成损害。

现在,在我回家之后,我应当更为详细地了解我妻子对待我的女邻居的态度造成的恶劣影响。由于她对我同总是热情关心我的休息和我的安康的年轻太太真正的友好关系的判断严重错误,明娜已经走到了以向邻居太太的丈夫报告相威胁的地步。她对这位实际上是意识到自己并未失足的太太大加侮辱,说她对我甚至感到惊奇,因为她不理解,我怎么会让自己的妻子陷入这样的困惑中。最后,尤其是通过我们多才多艺的女友维莱大夫太太考虑周到的调解,这种由此引起的心烦意乱状态的结果变成了这样的情况:我在有关我太太的举止行为方面,也许和任何一种方式的“同盟”都挨不上边,但是使我铭记在心的却是,从此以后,这位受到伤害的妻子却不可能再跨进我的家门,尤其是不可能同我妻子继续交往。看来,我似乎还没有给自己说清楚,而且也根本不想承认的是:我有通过放弃我在这儿安的家,通过我离开苏黎世才能对付这种状况。由于我同这个友好家庭的关系尽管受到妨碍,但是实际上却并未受到损害，甚至连我后来都产生这样的念头：随着时光的流逝，也许所有这一切都会平静下来，得到澄清，为此，首先当然必须指望我妻子的状况得到改善。通过这种改善，就连她都有可能认识到自己干过的蠢事，从此以后甚至使本人也能十分理智地同邻居交往。

在此期间，过了一些时候。这些时候也包括韦森东克一家去意大利作一次几个星期的旅游在内。——迄今为止答应给我的埃拉尔三角大钢琴的到达几乎使我感到悲哀；我现在突然看到，直到现在我使用的是多么单调的乐器，使用的是我那架布赖特科普夫和黑尔特尔的老式管弦乐队指挥钢琴来凑合，我把这架钢琴立即放进下面的住宅地下室，我妻子作为保守分子曾经请求将这架钢琴放到这里（后来，她把这架钢琴随身带走，带到萨克森，我想是 100 塔勒就卖了）。新的三角大钢琴使我的音乐感觉非同寻常，我即兴演奏《特里斯坦与伊索尔德》第二幕柔和的回响时一点也不费劲。我实际上是在 5 月初开始谱写这一幕的乐曲的。

魏玛大公爵要我于某一天在卢塞恩会见他的邀请，使我的工作遭到出乎意料的中断。大公爵在其从意大利旅行归来的返程中提到卢塞恩。我接受这一邀请，就这样到了一家卢塞恩客栈，在我逃亡时就已经熟悉的侍从官封·贝奥利乌房间里同我昔日表面上的保护者进行了一次比较长时间的闲聊。我从这一次闲聊中可以看出，我由于在卡尔斯鲁厄演出《特里斯坦与伊索尔德》而同巴登大公爵的交往，给魏玛宫廷留下了一些印象。因为卡尔·亚历山大明确提及这种关系，在有关我的《尼伯龙根》作品针对他自己的解释方面，他看重的是，他总是对此充满极其浓厚的兴趣，要从我这方面得到保证：我要指明这部作品是准备交给魏玛上演的。在这方面不给他造成困难，这对我来说很容易。再说，这位十分随和、亲热友好、坐在窄窄的长沙发上同我闲聊的王侯的整个人品也使我感到开心。另一方面,这位王侯看来也在通过表达方式和语言的特别讲究,竭力给我留下一个他很有学识修养的良好印象。引人注目的是,当封·贝奥利乌先生用极其枯燥乏味的语调,对我们的聊天进行相当愚蠢的评论时,这丝毫也不会妨碍他保持自己那可尊敬的姿态。在大公爵用极其小心谨慎的表达方式,征询我对李斯特乐曲的“真实看法”之后,这引起我的一种特别惊讶。当侍从官在这种场合对他那受到自己如此尊敬的朋友冲口而出,说出极尽贬低之能事的看法时,也就是说,李斯特的作曲也许只不过是大演奏家的一个古怪念头罢了时,在他的整个态度中看不出丝毫不快。这件事到底让我对这种王侯的友好关系有了一种奇特的认识,而我这时却在努力保持一种商谈时的严肃语调。第二天早上,我不得不再次晋见大公爵。这一次我见他时侍从官不在场。这样做无论如何对于王侯在对他的朋友发表看法时的热情会大有裨益。关于他那位朋友,现在,在我们俩单独谈话时,他大声向我承认,他对该朋友的建议以及他那激励人的交往,没法给予够高的评价。另外,这时我感到又惊又喜的是,看见大公爵夫人向我们走来,受到她极其亲切友好的鞠躬迎接——这种鞠躬由于其极强的规律性使我永志不忘。至少,在高贵的主人那里同我会见,算得上是一次令人愉快的旅行冒险吧。再说,从那以后①我就再也没听到有关他们的消息。当我后来在李斯特离开魏玛前不久去访问魏玛、拜访李斯特时,他已经没办法说服大公爵在家里接待我了!

在我这次漫游归来之后不久,有一天,卡尔·陶西格带着李斯特的一封推荐信,出现在我面前。他当时16岁,令人惊异的是,身材十分矮小,就其智力和整个举止行为而论,却又异乎寻常地早熟。他由于在维

① 原文脚注:此事于1868年口授。

也纳作为钢琴演奏者的一次公开登台亮相受到欢迎，被誉为“未来的李斯特”。他的举止行为也大致是这种方式；只是他现在已经抽上了烟味极浓的雪茄。这些雪茄烟味四溢，使我对此确实感到十分害怕。另一方面，他那个要在我附近度过一段时间的决定又使我高兴。更使人高兴的是，这时我除了他那有趣的、差不多是幼稚可笑的，与此同时又是非常明智，甚至已经是老奸巨猾的性格外，还可以求助于他那十分令人吃惊的、技巧娴熟的钢琴演奏，以及他那令人愉快的、敏捷快速的音乐理解力。他看谱演奏时，人们该会怎么想哩！他善于把他那非同凡响的熟练技巧用于故意捉弄人的恶作剧，来同我聊天。他随即便在紧挨着我的地方定居，成为我每餐饭的常客，而且还得在我定期去锡尔谷散步时陪着我。——但是他很快就试图摆脱这一陪同任务。甚至有一次去看在布雷斯滕贝格的明娜，他也得陪我。当我出于关心疗养的成果，每隔 8 天几乎都要定期重作这些郊游时，陶西格却试图请假，很快摆脱这一切，因为在他看来，无论是同布雷斯滕贝格，还是同明娜交往，都使人感到不舒服。

当明娜 5 月底由于要料理家务，中断疗养，来我这儿待上几天时，陶西格却因此而无法避免同她再一次相聚。我从她的举止行为上看出，她以为现在不该再去重视过去那些家庭意外事件了。她大概认为，这里涉及一段“短暂的恋情”，她已经把这件事处理好了。既然她用某种令人不快的轻率态度对此发表自己的看法，那我也就不得不在一个晚上——我现在由于顾忌到她的健康状况，尽管很想让她避开这种事——让她仔仔细细清清楚楚地认识到我们的处境。由于她不听话和她对待我们女邻居那种愚蠢行为的结果，我们继续留在这块由我费了那么多力气，好不容易才布置好的地产上的可能性，会遭到极为严重的怀疑。我不得不准备使她考虑我们分手的必要性，因为我为了这种可怕的情况，下定决心，再也不会在任何别的地方去搞一次类似的、两人共同生活的家庭布置。我借我妻子的这个机会，把有关我们过去共同生活整个特性的许多重大事件都牢记在心。看来，这些事使她——尤其是在她觉察到自己对于我们市民生活辛勤构建的一座建筑物的倒塌负有责任时——大为震惊，所以我才在这里，在我们生活中破天荒第一次听到她发出一种温和而高贵的悲叹。深夜我离开她时，她吻我的手，她第一次，也是绝无仅有的一次对我表示温情脉脉的屈从。这件事使我极为感动，它很快就使我想到在这位可怜的女人性格中出现幡然悔悟的可能性；这件事甚至又促使我寄希望于在最后有偏见的生活状况中友好相处的可能性。

现在看来一切都有助于这个希望：我妻子返回布雷斯滕贝格去完成她疗养的下半个疗程；万物繁茂的夏季天气有利于我创作《特里斯坦与伊索尔德》第二幕的情绪；与陶西格在一起的夜晚使我开心；我同我邻居的关系看来——就像他们从未对我表现出敌意那样——完全像我必须把构建一种未来的关系视为有价值的，值得向往的那样。很容易会认为，如果我妻子在她的疗养全部结束之后，还会有一段时间去看望她在萨克森的亲戚的话，最终时间就会赢得足够的力量，过去发生的一切事情都会逐渐被遗忘。这样以来，由于她的举止行为以及那位误以为遭到如此严重伤害的女邻居的另一种心情，一定又会使相互之间令人满意的交往成为可能。

这种宁静的气氛还使我感到开心的是，很快就可以实现所期待的访问，以及首先是已经同两家极其重要的德国剧院建立了令人愉快的关系。6 月份，柏林剧院经理就已经表示也需要《罗恩格林》，很快就对此取得一致。但是就连在维也纳，《唐豪瑟》的强行进入也对宫廷剧院领导部门迄今为止的态度留下了自己的印象。近来，那位十分称职的乐队队长卡尔·埃克尔特被委托担任歌剧院技术领导，此人抓住一批当时在他的剧院济济一堂的出色歌手这一幸运状况，另外，也抓住剧院大厅本身必须进行修补的大好时机——由于要修补，就会导致演出的终止。这样以来，就有大好的自由时间，用来排练一部很难的新作品，以便这时在他的宫廷当局坚持采用我的《罗恩格林》。现在，他就紧接着向我提出他的建议。我想坚持承认在柏林所能同意的“著作权”。可是他们不能同意我具有这些权利，因为现在的旧剧院建筑物凭着它那极受局限的空间，只能保证十分可怜的收入。而这时，有一天我看到乐队队长埃塞尔被人专程从柏林派来此地，亲自找我，以便至少把一切都安排妥当，他以剧院负责人的名义，为《罗恩格林》前20场演出，要立即付给我1000古尔登，在这20场演出之后，答应再付1000古尔登。这位诚实的音乐家整个值得信任和亲切友好的举止立即就赢得我的好感，我毫不迟疑地就同他成交。这样做的结果就是：埃塞尔立即同我一道既热心又认真地仔细阅读《罗恩格林》的总谱，详细记下我所有的愿望。后来，当他同我告别，以便立即在维也纳着手工作时，我怀着对大获成功的百倍信心为他送别。

7月初，我就这样怀着很好的心情，完成了《特里斯坦与伊索尔德》第二幕的乐曲草稿，也已经开始把这些草稿更为牢固地装订起来。可是我装订的乐曲却不能完全超出第一场的范围，因为我从现在起，在工作中遭遇持续不断的中断。因为这时蒂夏切克再一次来我这儿做客，而且搬进我那间小客房，如他所说，是要在我这儿休息一下，从他前一阵的劳累中恢复过来；因为他要炫耀，我的那些歌剧在又一次遭到长时间禁演之后，又成了德累斯顿剧院的保留剧目，而且在那些保留剧目当中无往而不胜。就连《罗恩格林》现在也要在那里上演。如果说这件事现在十分令人高兴的话，那我倒还真不善于跟这位好人如此近距离地打交道。幸好我可以把他安排到陶西格那儿去,陶西格理解我的困境,几乎是通过玩牌,把蒂夏切克整天拉到自己身边。——很快又来了那位年轻的、由于其才华横溢被我大加赞赏的男高音歌手尼曼及其新娘、著名的女演员泽巴赫。尼曼由于其几乎是超人般的魁梧身材,给我留下这样的印象,仿佛他就是我的西格弗里德。我同时拥有两位著名男高音歌手这种情况带来的弊端是,两人当中没有一个人给我唱点什么,因为他们在对方面前相互感到拘束。但是对于尼曼,我却诚心诚意地认为,就连他的嗓音也不会亚于他那令人敬佩的人品。

这时,我在7月15日把我妻子从布雷斯滕贝格接回来,又陪她回到我们家。在我离开的短暂时间里,我的仆人、一个调皮的撒克逊人以为,建立某种方式的凯旋门,就会给接待归来的女主人增添几分隆重气氛。这件事引起了极大的混乱:明娜在得到极大满足之时即刻就确信,这道用鲜花装饰的凯旋门一定会引起我们邻居的极大关注;她误认为,对于他们而言,这已经是说得够明白的了:她这次回到家里绝不能看成是一种侮辱性的接纳进家。她怀着得胜荣归的惬意心情注意到,这个节日标志有好几天之久都不会被去掉。——与此同时,现在就连忠实履行自己诺言的比洛一家也再次来我家做客。不幸的蒂夏切克还老在推迟自己的启程日期,所以也就继续占用那间唯一的小客房,这样以来,我就只好让朋友们还在客栈里待上好几天。可是很快,我就通过这些朋友不仅在我这儿,而且也在韦森东克家所进行的拜访,有机会听说,这道凯旋门使我大为惊异的是,对我们邻居这位一直还感到自己受到侮辱的年轻太太的情绪,产生了何等样的影响。当有人把这方面的狂热无度告诉我时,我这才认识到,一切都已闹到了何等混乱的程度,于是立即放弃和平调解这种不和状况的任何希望。这是令人极难忍受的、乱七八糟的几天——我希望自己去到极其遥远的荒郊野外。我处于这种特殊的境遇，却又能够操持自己的家务，殷勤招待一拨又一拨的客人。至少是蒂夏切克终于出发了，我现在至少可以赋予我的住地以安顿一次讨人喜欢的来访这一令人愉快的目的。比洛一家对我来说，真是犹如从天而降一般，对我家里这种可怕的激动泼冷水。汉斯在他决定要搬进我家的当天，遇上我同明娜正在激烈争吵。这时，他只好强颜欢笑；因为这时我已经看到事情的进展情况，我对明娜刚说出我们在这儿停留的时间不会长了，我只是由于还在我们年轻的朋友来访期间，所以才会推迟我的出发日期。这一次我也确实不得不向她承认，引起我绝望的原因不仅仅来自她的举止行为。我们就这样，在这个由我在毫不疑心的情况下起名为“避难所”的房子，又度过了整整一个月——这是一段漫长的、极其折磨人的时间；因为每天由于给我带来的那些经验，都不能不越来越坚定地增强我完全放弃这份家业的决心。我那些年轻客人也同样受到这种痛苦的折磨；我的痛苦感染了所有的人，他们都非常同情我。很快，属于这些朋友之列的，甚至还有克林德沃特，他为了使一次如此特别、殷勤好客的团聚的悲伤超过许可的限度，同样从伦敦来此做客。所以每天，这座房子都挤满了人，待客的餐桌旁坐着忐忑不安、焦虑担心、忧心忡忡的朋友们。那位太太又在尽力为款待这些朋友操心，而不久，却要这位太太永远放弃这个家庭。

我觉得，仿佛得有一个人，此人非常优秀，很有能力，能够澄清和缓解我们大家所感到的困惑，或者说至少能够处理好这种混乱局面。就连李斯特也答应来看我——他十分幸运，置身于受到伤害的关系和状况之外，阅世很深，在很大程度上具有人们称之为名流的“傲慢”这种东西，叫我感到不大适合理性地对付这些正在这儿演出的闹剧。我差不多倾向于根据他那所期待的访问效果来做出我最后的决定。我们催促他提前起程，但是白费了力气：他建议我一个月之后在日内瓦湖畔约会！这时，我最后的勇气低落下去了。同我朋友们的团聚现在只不过是一种毫无希望的沉疴痼疾罢了。因为，一方面要是没有人理解，我该如何被人不停地从一个我感到如此舒适的家中赶出来；那么另一方面，任何人都看得出，我像这样，没法在这儿坚持下去了。我们偶尔还一起合奏消遣，不过合奏时都心不在焉，而且只是三心二意。犹如为了更彻底地麻醉一般，这时还发生了联邦歌咏节的灾祸。遇到这种事，我得抗拒各式各样并非总是出于那么好心的无理要求，因为我得拒绝人们，其中就有作为客人出席这次歌咏节的弗朗茨·腊赫内尔先生的拜访，而且也不回访。陶西格虽然通过用升8度音——他通过自己男童般的假声来使用升8度音——从头到尾演唱腊赫内尔为这次歌咏节谱写的旧德意志战歌，来使我们开心，可是就连他的恶作剧也不能使我们高兴多久。所有那些在别的情况下有可能使这个夏季月份变成我一生中最兴奋的一个月份的东西，都只不过是增加这时的不快罢了，甚至就连德·阿古伯爵夫人的逗留也是如此。伯爵夫人来看她女儿和女婿，这段时间也参加了我们的社交聚会。——为了挤满这个房子，在长时间怀恨在心和绷着脸闹别扭之后，甚至连卡尔·里特尔也终于到我们这儿来了，而且重新证明自己是一个饶有风趣、独具特性的人。

当与各方人士告别的时刻终于临近时，我还得同时安排好所有与放弃我的住所有关的事情。我通过一次在韦森东克家的私人拜访，办完了这件在这方面必不可少的事情，甚至还在比洛陪同下同韦森东克的夫人告别。当然，她虽然自己对于在这儿发生的事情的想象总是一再感到困惑，最后却似乎充满自责地将自己做过的不公正的事——这种事现在必然造成放弃我的住所这一后果——铭记在心。——我所有的朋友都满怀痛苦地同我告别，而这时我却差不多只能用我那麻木不仁的状况来对付朋友们如诉如泣般的情感爆发。8月16日，就连比洛一家也离我而去,汉斯痛哭流涕,科西玛神情忧郁,默然不语。——我同明娜约定,要她在我走了之后待上8天左右,然后搬出这座房子,而且随意支配我们这笔小小的家产。我虽然劝过她,把这些令人讨厌的买卖托付给其他任何一个人,因为我不懂得,她会怀着何种感情着手进行这项在这样的环境下如此令人厌恶的工作。可是她却带着责备的口气回敬道:尽管她还要在我们遭到所有这些不幸之时泄露我们的事情,这倒是不错的。要有条不紊!我感到遗憾的是,我后来听说,她确实实现了这一次搬迁,而且带着这样一种讲求实际、郑重其事的神情离此而去。我在各种日报上宣布,由于突然启程,廉价出售杂用建筑物,并由此引起如此大的轰动,使得所有的人都对此感到震惊。而这时首先是各种问题和谣言蜂起。这些问题和谣言赋予这整个过程和由此而涉及的关系以骇人听闻的意义,从此以后给我和韦森东克家惹来如此令人难堪和如此令人反感的麻烦。

在比洛一家起程之后的第二天——因为只是这些朋友的停留才把我甚至留到今日——8月17日,天刚破晓,在经历了彻底无眠的夜晚之后,我从床上起来,走下楼,到餐室去。明娜已经在那儿等着我吃早餐,因为我想5点钟就乘火车出发。她很镇静,只是当她在车里陪我去火车站时,她才受到难分难解时刻的感动。那一天万里无云、天空晴朗,是最明朗的夏日。我记得,甚至也没有环顾四周,就连在告别时也没有流下一滴眼泪。这几乎使我自己都感到大为吃惊。可是在我乘着蒸汽火车离此而去之时,我甚至没法掩饰自己的一种逐渐增强的舒适感;因此可以看出,最后那段时间那种完全是无谓的折磨再也无法忍受,彻底摆脱使它们陷于其中的那种状况,是我的生活欲望及其使命所要求的。——我于当天晚上到达日内瓦;我想在那儿先稍微休息一下,集中一下思想,以便为了我的生活计划,能够比较冷静地处理下一步的事情。由于我的目的在于重新尝试迁往意大利,所以根据我以往的经验,我想等到秋高气爽的季节完全到来,以免再屈从气候刚变化时的恶劣影响。我在法齐家里租了一个房间,租了整整一个月,我要说服自己,必须在那儿很好地坚持一段时间。我向在洛桑的卡尔·里特尔报告我的意图和我下一步进入意大利的计划。使我感到惊奇的是,我得到他这个消息作为回答:他同样打算放弃他这个迄今为止的住所,独自一人迁往意大利,因为他太太由于家庭事务,这个冬天要去萨克森。他自愿给我当旅伴。这一点非常中我的意,因为里特尔同时还向我保证,他从去年的一次逗留以来,就见识了威尼斯的气候,认为是这个季节已经可以让人受得了的气候,这样,我就被说动,决定提前出发。只是我还得把我的护照办好,就是说我要等待驻伯尔尼公使馆批准护照,所以一直作为政治逃亡者,在虽然属于奥地利,却不属于德意志联邦的威尼斯什么都用不着害怕。我也同样向李斯特求助,了解当地的情况。李斯特认为,必须劝我完全打消去威尼斯的念头。与此相反,我在伯尔尼的一位朋友从奥地利公使馆取来的那份报告却讲得十分明确,所以在日内瓦只待上 8 天之后,我就告诉卡尔·里特尔我的旅行准备情况。因此,我就在他在洛桑的特别度假地去接他,一道登上旅途。

在同他太太告别时,我心里就明白了,在这里一切都很奇怪。在里特尔非常冷漠、十分狼狈地同他在洛桑的太太分别之后,他在驿马车里突然十分健谈地向我吐露,他刚才同他太太彻底分手了——他从自己结婚起,好些年来忍受住了一个人所能忍受的一切,可是现在再也没法继续下去了。他已经到了息交绝游的地步,以避免那时候她太太的举止行为使他陷入的狼狈境地。可是这时,在孤独寂寞之中,他这位太太还要用妒忌来折磨他。这使他终于感到十分难以忍受,致使他只得决定,虽然不是离婚,但也是彻底的分手。因此,他作为十分年轻的丈夫,感觉自己到了如他所感到的，与我的境遇类似的状况。这种主观想象的相似性使他对我十分和气，尽心尽力。

我们不再多谈这些事情，我们都默不作声，沉醉于我们旅行的印象。这次旅行带着我们穿过辛普朗山口，到达马焦雷湖。在那里，我再一次从巴韦诺出发，游览博罗梅埃群岛。在这里，站在伊索拉贝拉的花园梯地上，与我这位从不纠缠不休，而是宁可沉默不语的年轻朋友为伍，欣赏美妙绝伦的夏末早晨；我破天荒第一次感到我的心情十分平静，对一种新的、和谐的未来充满希望。——我们坐在驿马车里，经过塞斯托卡伦代，继续往米兰进发；卡尔几乎就不让我在那里欣赏那座著名的大教堂，有那么强的吸引力，把他吸引到他如此喜爱的威尼斯；正好又为了这种事情受到催促，这也正中我的下怀。我们于 8 月 29 日太阳西沉时，首先从铁路路堤往下看，看见从水平面中浮现在我们眼前的威尼斯。这时，卡尔做了一个狂热的动作，高兴得把帽子掉到了车厢外。我认为不该落在后面，也同样把我的帽子扔了出去。我们俩就这样，光着头到达威尼斯，然后立即就登上一条威尼斯的贡多拉小游船，沿着整条威尼斯大运河往前行，直至圣马可广场。天气突然变得有点寒冷，威尼斯轻舟外观本身着实让我吓了一跳；尽管我听到过那么多有关这些独特的、涂得漆黑的交通工具的故事，但是看到一条真正的船，却使我感到很不舒服。当我不得不进入用黑布罩上的船篷下面时，首先使我想到的，无非是从前战胜过的一次霍乱恐惧的印象而已。我还误以为确实必须加入鼠疫流行时代的一个出殡行列哩。卡尔保证：是的，每个人都是这样；不过，人们很快就会适应这种情况。现在，这条十分漫长的航程正在通过弯弯曲曲的威尼斯大运河。这儿的一切给我留下的印象，无法使我摆脱我那恐惧不安的心情。当卡尔除了颓垣断壁之外，只看到范妮·埃尔斯勒的黄金屋或者另外一座著名宫殿时，我那忧郁的目光往往只落到这些有趣的建筑物之间那些破碎的废墟上。我终于沉默下来。在世界著名的圣马可广场下船，让人把执政官宫指给我看，这够使我满意的了。我到达威尼斯后，感到自己变得郁郁寡欢。我一旦摆脱那郁郁寡欢的情绪，我就会让自己能够欣赏这座宫殿。

我们在走过那些狭窄的小运河之后，在达尼利饭店同样只能在房间里找到一个阴暗的临时住处。第二天早上，我从这家饭店出来，当务之急是试图为我较长时间的停留找到一个住所。我听说离福斯卡里①宫不远的三座正义宫当中的一个"宫殿"，由于在冬季，它的情况并不十分美妙，很少有，几乎就没有外来人居住。我在那里找到一些异常宽敞、巨大的房间。关于这些房间，有人给我讲，它们全都空着，无人居住。因为我在这里租了一个带一间宽敞卧室、规模可观的大厅，我就让人把我的行李赶快搬到这儿来，而且在 8 月 30 日晚上自言自语道：我现在就住在威尼斯。——对于在这儿可以不受干扰地工作的关心是万事万物中促使我留下来的因素。我立即往苏黎世写信，让人把我的埃拉尔三角大钢琴和我的床给我运来，因为我在有关后者这个问题上可能感到，我在威尼斯会见识什么叫寒冷。除此之外，我很快就感到我那个大厅灰白色的墙壁就变得叫人十分难受，因为它同地地道道——我觉得——同用水、蛋黄、胶料调色，十分有欣赏能力的湿壁画装饰的天花板搭配得糟糕透顶。我下定决心，让人用尽管是很普通的，却又完全染成深红色的裱糊纸，裱糊这个巨大的房间。这件事暂时带来很多不安。不过，当我从这个阳台上逐渐逐渐，越来越惬意地眺望这条美妙绝伦的运河，而且自言自语，我要在这儿完成《特里斯坦与伊索尔德》时，我似乎就感到，经受这些不安也许是值得的。另外，我还叫人裱糊了一

① 福斯卡里（约 1373—1457）：意大利威尼斯执政官。

些东西。那个匈牙利店老板不用那些肯定是偷来的贵重老门，而叫人给这座摇摇欲坠的楼房安上一些普通门。就是说，为了把这些普普通通的门遮起来，我买了一些尽管是廉价薄印花平布的深红色门帘。另外，店老板已经用室内家具搞了一些舞台布景。就是说，可以找到一些镀金椅子，尽管罩上的是普通棉制长毛绒，不过主要的还是有一条雕刻精美的镀金桌腿，在这条旧腿上支着一个普通的冷杉木桌面。这时，还得购买一块说得过去的红地毯。——那架埃拉尔大钢琴终于到了，它被放在大厅中间。现在，美妙绝伦的威尼斯应当开始有音乐了。

但是很快就出现我从热那亚开始就已熟悉的痢疾。痢疾使我有几个星期都不能从事任何脑力活动。然而，我已经开始赞赏威尼斯无与伦比的美。我满怀希望，从享受威尼斯的美中，为我回归的艺术家人生乐趣吸取巨大的力量。我在河岸上最初几次的一次散步途中，有两个陌生人同我打招呼，其中这一位自称是一个名叫埃德蒙德·齐西的伯爵，另一位自称是一个名叫多尔戈鲁科夫的侯爵。两个刚好在 8 天前离开维也纳，他们在那里观看了我的《罗恩格林》的头几场演出。关于这些演出的结果，他们现在告诉我最令人愉快的事情。我从他们的热情中可以清楚地看出，在那儿得到的印象是一个极其有利的印象。齐西伯爵很快就又离开威尼斯，多尔戈鲁科夫却选择整个冬天留在这里。如果说避开任何交往完全是在于我的心情的话，那么，这位 50 岁左右的俄国人却很快就会在他那方面迁就我，使我具有好心情。他有一副严肃认真、十分富于表情的相貌（他以直接出身高加索感到自豪）从各方面看，他都显示出一种确实出色的文化修养，再加上丰富的世界知识，而首先是对音乐的理解。他还对音乐特殊的文学十分熟悉，使之成为持续不断、习以为常的热情。我当即向他说明，由于健康的缘故，我放弃任何社交活动，绝对需要独处索居。如果说如今在威尼斯有限的林荫道上很难完全避开他的话，那么除此之外，我每天同里特尔就餐时在里面碰头的那家圣马可饭店，也会使我不可避免地同这位到底是真诚正直、讨人喜欢的外国人接触。此人在这家饭店拥有自己的住所，我不可能阻止他也在那儿用餐。在我待在威尼斯这段时间，我们几乎每天都保持着确实令人愉快的交往。

另一方面，当我有一天晚上回到自己住所，有人告诉我李斯特刚好到达我们这座楼房时，我感到十分意外，有点怀疑。我赶忙冲向给我指的那个房间。在那里使我大吃一惊的是，看到钢琴演奏家温特尔贝尔格尔，此人在店老板面前自称是我和李斯特的朋友。在开始时的混乱中使店老板误以为新来者本人就是李斯特。在上一次我的朋友比较长时间的访问苏黎世时，我当然认识这个年轻人，而且把他当作李斯特的随员。他以优秀管风琴演奏者自诩，除此之外，每当要演奏双锤击钢琴改编曲时，他都被用来演奏第二声部。除了一些愚蠢的举动外，我通常对他并不怎么在意。不过现在主要使我感到惊奇的是，他正好找到我的住所作为他在威尼斯的栖身之地。他声称，他只不过是为加利青侯爵夫人打前站的使者罢了，他要为侯爵夫人在威尼斯安排冬季住宿处。由于他在此地不认识任何人，但是在维也纳得知我的住处，所以很自然，他首先就来到我这家饭店。我这时全盘否定他认为这是一个“饭店”的说法，而且说明，如果他的俄国侯爵夫人打算在这儿，在我旁边来舒坦舒坦，那我就会立即搬出去。这时，他又安慰我，而且承认，他提到侯爵夫人，只不过是蒙骗店老板而已。他认为，这位侯爵夫人已经在别的地方租了住房。因为我现在又问他自己到底偏偏要想在这个宫里干什么，还促使他注意到，这儿房租很贵，我之所以花了大价钱租下我的住所，只是出于这个原因，因为对我而言，首要的问题是住得不受干扰，没有邻居，而主要的是听不到弹钢琴的声音，所以他试图用保证来安慰我，说他肯定不会使我感到厌烦。我只好在他待在这同一座房里，直到他找到搬进另一住所的办法这段时间，暂时平静下来。——他下一步的努力是，拼命讨好卡尔·里特尔。两人找到这个宫里的一间起居室。这个起居室与我那些房间隔开来，足以切断任何声音联系。我就这样屈从于知道这位客人就待在我附近，但是过了好长一段时间，我才允许里特尔在有一天晚上带他到我这儿来。

比他更幸运的是一位名叫特萨林的威尼斯钢琴教师，他得到我的同情。此人是一个典型的威尼斯漂亮男子，说起话来特别结巴；另外，他还狂热爱好德国音乐，对李斯特新的乐曲，甚至对我那些歌剧都很熟悉。他自己认识到在音乐方面，在他那个意大利环境里是一只“白乌鸦”。他同样通过里特尔才得以接近我。看来，里特尔在威尼斯与其说是在从事自己的工作，还不如说是在沉湎于钻研鉴别人的能力。他在斯拉沃尼亚人河岸租了一个向阳的、因此他从不需要生火取暖的、极其简陋的小寓所，但主要的不是为了自己，而是为了他那少量的手提行李，因为他从不待在家里，白天到处乱跑，去看画和收藏品，夜里则在圣马可广场的咖啡馆里四处找人。他是绝无仅有的一个我每天都定期见到的人。此外，我还严格注意，防止自己进行任何别的交往，甚至防止认识任何人。加利青侯爵夫人确实很快就到达威尼斯，看来，还在那里订到一座大房子。侯爵夫人的私人医生再次劝我去拜访这位女士。既然我总有一天需要《唐豪瑟》和《罗恩格林》的钢琴改编曲，而且有人给我讲，侯爵夫人是威尼斯唯一拥有这些改编曲的人，所以我就够落落大方地请求她允许我这样做——但并不因此认为我有义务去拜访这位女士。只是有一次，一个陌生人向我挤来，因为在我在圣马可饭店里遇到他之后，我喜欢他的相貌。此人就是来自维也纳的画家拉尔。为了他，为了多尔戈鲁科夫侯爵和钢琴教师特萨林，我甚至还举办了一次文艺晚会之类的活动，在晚会中，合奏了一些我的乐曲。在这里，就连温特尔贝尔格尔也首次登台演出。

我在威尼斯度过的这7个月中，我所有的外部经历都局限于这些寥寥无几的接触，而这时除此之外，整个时间都遵守我那极有规律的日程。我工作到两点钟，然后登上准备好的贡多拉小游船，沿着这条神情严肃的大运河，向轻松愉快的圣马可广场驶去。广场那无比丰富多彩的妩媚，每天都在重新生气勃勃地影响着我。在那里，我在圣马可广场上找到我的餐馆，用餐后独自一人或者同卡尔一道，沿着河岸散步，向公园，向威尼斯这个唯一种上树林的公园走去，以便在夜幕降临时坐在贡多拉小船上，又驶向这条开始变得越来越神情严肃、越来越沉默不语的运河下游，直到那里，来到在我看到从老法院夜晚的房屋正面，只有我的灯光向我迎面照来的地方。如果在这之后我还要做一些工作的话，那么经常都是8点钟时，由贡多拉小游船的劈劈啪啪声报告卡尔到了我这儿，然后喝着茶，同我聊上几个小时。只是在十分罕见的情况下，我才由于去看一场戏，打破这种生活方式。在众多戏剧中，我坚决优先选择在广场剧院——在那里，哥尔多尼的戏剧演得非常好——演出的话剧，而对歌剧，则只是出于好奇才匆匆瞟上一眼。我们经常，也就是说每当天气不好，妨碍散步时，就去看玛利夫兰剧院白天演出的民间话剧；那里的入场券值6个十字币①，我们在那里置身于优秀的观众之中（大多数人都只穿衬衫，不穿外套上装），经常给这些人演出骑士剧。可是有一天在这儿使我确实感到惊讶和充满恐惧的是，我看到滑稽可笑的喜剧《斗殴的希奥齐奥特》，歌德当时在同一地点经常提到这个剧。这个剧演得逼真，我还无法从我的经验中找到任何类似的东西

① 十字币为1300—1900年德、奥、匈的辅币。

来与之相提并论。

再说，从如此压抑、如此堕落的威尼斯民间生活中也很少显露出能吸引我注意力的东西，因为我从这个美妙绝伦的城市了不起的遗迹中，在涉及人类感情冲动方面，只能获得一个对外国人来说是正在待售的疗养地的印象。很奇怪，这是优秀军乐中十分德国式的因素，就像在奥地利军队中精心培养的那样，这种因素在这里也使我同公众有了一定程度的接触。两个驻扎在威尼斯的奥地利团的乐队队长打算让人演奏我作的序曲，譬如《黎恩济》和《唐豪瑟》的序曲，请求我在他们的营房里观看他们的人排练。我在这儿也遇到集合起来的整个军官团，这些人在这种场合对我毕恭毕敬。他们的乐队在闪烁的灯光照到圣马可广场中心的这个夜晚交替演奏。圣马可广场为这种方式的音乐演出节目腾出了一个确确实实是第一流的音响空间。我有好几次在吃完饭后，都由于突然响起我作的序曲，弄得又惊又喜，因为每当我从餐馆的窗户，沉醉于这种印象时，我并不知道是什么东西更令人心醉神迷地在影响着我：是那个无与伦比、灯火通明、挤满散步之人的广场呢，还是将所有这一切汹涌澎湃、喜气洋洋地送到各地的音乐？只是这里完全没有人们通常也许应该很容易指望从一个意大利观众那里得到的东西——成千上万的人围住音乐，全神贯注，侧耳倾听；可是两只手却决不会情不自禁地去鼓掌，因为对奥地利军乐鼓掌的任何手势，都会被视为对祖国的背叛。——现在，威尼斯的所有公众生活正在忍受观众与官方之间这种特殊的对立关系，而这一点尤其是在居民对待奥地利军官的态度中表现得引人注目。这些军官在威尼斯群众中，犹如水上的油一般漂来漂去。但是，对待教士——这些教士大多数本来就出身于意大利——也同样冷淡，甚至于敌视。我看见一个穿过圣马可广场、列队进行宗教仪式的行列，身穿高级节日法衣，受到庶民百姓毫不掩饰的讥讽嘲笑的接待和陪伴。

尽管在一次必不可少的穿城溜达途中，这座城市那些不可名状、形形色色的建筑艺术特色和美景总会使我一再感到心醉神迷。但是，当我好不容易才被里特尔说动，现在就打断一下我的日程，去参观一个画廊或者一座教堂时，我在威尼斯整个逗留期间经常乘贡多拉小游船前往利多的航行，却几乎给我提供了主要的享受。然后，主要是在日落时坐船回家。在归途中，我总会充满种种无与伦比的印象。刚开始时，还在9月份，我就在这种场合立即欣赏到那颗巨大的彗星令人陶醉的出现。这颗扫帚星当时发出耀眼的光辉，通常都预示着即将来临的战祸。然后，又有一个大众合唱协会的歌唱。这个协会在一位威尼斯军械库官员领导下组建而成，它的歌唱听起来犹如一首真正的泻湖田园曲。这些歌手大多只有三个声部，自然而然地演唱和谐悦耳的民歌。我感到新奇的是，听到高音区没有超过女中音的音域，也就是说同女高音不挨边，合唱声由此获得一种迄今为止我不熟悉的男性青春气息。他们在美丽的夜晚，坐在灯火辉煌的大贡多拉游船上，边唱着歌，边沿着大运河畅游，在一些广场前停下来，很可能是得到预订和付款，演唱诸如小夜曲之类的歌曲，通常都吸引着无数别的贡多拉小游船跟在后面作为陪同。——在一个不眠之夜，在大约凌晨3点钟时，有一种东西把我驱赶到我住所的阳台上，因为我也是第一次听到早就著名的威尼斯船歌的自然歌唱。我觉得——大约是从不到一刻钟路程的里亚托传来——听到第一声、犹如凄厉哀叹般的呼唤穿过悄然无声的夜晚，然后又从更远的距离，有规律地回答这声从另一方向传来的呼唤。在往往是更长一些的停顿之后，这种奇特的忧伤对话又重复响起。这种对话使我太受感动了，因此没法把它那至少是非常简单的音乐成分牢记在我的脑海里。不过另一次我却由于一次特殊的体验，学会对这种民歌感到主要是诗情画意般的兴趣。当我有一次深夜穿行在昏暗的运河上往家走时,月亮突然钻了出来,同那些难以置信的宫殿一道,同时照耀着这个正慢慢搬动他那巨大的舵、矗立在我那贡多拉小游船高高的尾部的船夫。突然,从他的胸部发出一声与动物嚎叫不无相似之处的,来自内心深处、逐渐增强的叹息声,而且这声叹息在一声延长的"啊——"之后,便融入简直就是音调铿锵的叫喊"威尼斯!"之中。接踵而来的还有一些声音,可是由于我所感到的巨大震惊,我对这些声音记得不清楚了。这儿最终令人感动的印象就是这样一些印象,这些印象在我逗留威尼斯期间,为我描述威尼斯的特性,对我忠诚不贰,直到完成《特里斯坦与伊索尔德》第二幕,甚至使我直接想到第三幕开始时牧人圆号那种已经在这儿构思,延得很长的悲叹方式。

不过,我的心情的这些结果并不是那么容易、那么持续不断地得到证实。肉体上的痛苦和久已习惯的、从未完全摆脱的忧虑,反复多次、持续不断地对我的工作带来妨碍和干扰。我在自己那套坐南向北、经常遭到龙卷风侵袭、差不多等于根本就没有暖气的住所里,安排得还算舒服。另外,我还经受住了痢疾使人十分气馁的影响,现在正开始把修改我的第二幕的那条被如此残酷无情切断的线,重新连接起来。这时由于气候和空气的巨大变化,由于腿上长了一个可恶的疖,出现了一种很特别的威尼斯病。由于这种开始时低估了的疾病很快就让人异常疼痛,我不得不接来一位医生,他要仔细认真地给我治差不多4个星期之久的病。这是在深秋,大约在11月底。这时,里特尔正好离开我,去德累斯顿和柏林看望他的亲朋好友。所以在这段比较漫长的生病期间,我是彻头彻尾的孑然一身,只有依赖于同我那家只供下榻和早点的饭店那些头脑简单的仆役交往。不能工作,我只有通过阅读达鲁伯爵的威尼斯历史来消遣。我在这儿当场就对它产生了巨大兴趣。特别是我由此丢弃了我对古威尼斯专制统治方式的一些普遍流行的成见。臭名昭著的十人委员会和国家宗教法庭在我看来,也许突出了一种独特的、肯定是可怕的幼稚。公开宣布国家政权的保障就在于它那行动方式的秘密。在我看来,这种宣布是十分坚定地使这个引人注目的共和国的每一个成员,都对保守这个秘密感到兴趣,以十分理性的方式,把不让得知任何情况变成自己对共和国应尽的义务。因此,这个国体与货真价实的伪善相去万里,尽管国家也如此令人敬畏地包含着教会的因素,但是在这里,就像在意大利其他地方一样,从未对公民的性格形成产生使人蒙受耻辱的影响。国家利益至上原则那些可怕的、肆无忌惮的斤斤计较被培养到最高值。这些最高值本身就具有一种没有任何真正的阴暗色彩、完全是古希腊罗马异教牌坊的性质,生动鲜明地使人想起雅典人同样的最高值。就像我们在修昔底德①著作中所读到的那样,这些最高值被这些雅典人直截了当地说成是男性的美德原则。

此外,我为了振作精神,像每次已经做过的那样,就是现在也再一次拿起一本叔本华的著作,我重新在内心里同它结成知己。这时,我心中豁然开朗,甚至得到这种令人振奋的认识,从一种十分重要的方面来看,当然只是凭借他本人给我指出的辅助手段,才能填补他那体系令人担忧的漏洞。

我那为数不多的对外交往在这段时间越来越令人欣慰,只是有一天,韦森东克的一封来信使我悲伤,他在这封信中告诉我,他 4 岁的儿子古多夭折了。这时,使我感到心情沉重的是,我临时找了一个借口,说我会给他带来不幸,收回了对这个孩子的教父监护责任。这种情况

① 修昔底德(约公元前 460—前公元前 400):希腊最伟大的历史学家,著有《伯罗奔尼撒战争史》。

使我十分激动。既然我在各种关系中那么渴望宁静,所以我很快也就在想象一次翻越阿尔卑斯山的短途旅行,以便同我的老朋友们一道欢度平安夜,而且是真心诚意、舒舒服服地欢度。我把这个想法告诉维莱太太。我没有得到这位太太的答复,却很奇怪地收到她丈夫的一份极其出乎意料的,关于那次很大的、令人极不愉快的轰动事件的报告作为回答。这次轰动事件是由于我突然离开苏黎世,尤其是由于我妻子用来解释这与她的关系的方式引起的,这次轰动事件成了韦森东克一家的负担。由于我也因此再次听说,相反地,韦森东克的举止行为如何聪明,如何干练,所以在这方面就重新自行出现了某些友好的、对于形成好的传闻大有裨益的接触。——这使明娜同我的关系有了很大的好转。她这时在德累斯顿同老熟人的交往中表现得心平气和,总受到我的亲切照料。她在自己的通信中表现得既聪明机智,又体贴入微,并以此给她在那个令人感动的夜晚出面时给我留下的那个印象,输送一种顺从的营养。就连我也乐意答应她将来同我重新实现家庭团聚。不过这一次应当建立在答应长期安家的基础上。我现在可能想象到的安家只能在德国,尽可能在德累斯顿。关于这些可能性,为了在这方面形成一种看法,我也抓紧时间向封·吕梯绍先生本人请教,因为我通过明娜——她自己去探望了我这位老上司——得到了关于这位先生和善行为,甚至是对我热情亲近的一些十分令人愉快的报告。我确实是走得很远,给他写得详详细细,推心置腹。而与此相反,后来又使我很受启发的是,偶尔有一次,才收到他用公事公办的语气写成的几行干巴巴的字句。他在信中向我宣布,目前关于我所希望的返回萨克森一事,没有任何人感兴趣。——另一方面,我通过威尼斯警察局获悉,萨克森驻维也纳公使竭尽全力,要把我本人赶出威尼斯。这件事没有得逞,因为我由于有一本瑞士联邦护照——使我感到十分高兴的是,奥地利官方极其尊重这本护照——受到足够的保护。因此，在我希望返回德国的问题上，我唯一剩下的，就是指望巴登大公爵对此事的热心帮助。我向爱德华·代夫里恩特详细打听有关情况，尤其是也与我们那个首场演出《特里斯坦与伊索尔德》有关的计划。他告诉我，大公爵认为在这场演出时我无论如何肯定要在场；假如大公爵在萨克森国王面前请求恩准此事的直接努力会一无成效的话，那他是否会想到在这里擅自走出对联邦不利的一步，或者说像他平日那样，打算设法办成此事，他不清楚。因此我看出，我希望马上就移居德国的想法，目前只能是一个十分偶然的打算罢了。

另外，总是那些为了弄来在这段时间，特别是由于家庭分裂的缘故，要花同样力气筹措的生活资料的信件往来，几乎持续不断地在耗费我的精力。幸好迄今为止，有几家比较大型的剧院对待我的歌剧仍旧态度倔强，所以还可以指望从这些剧院得到稿酬，可是这些热心的剧院却已经财力枯竭。所以，斯图加特剧院也就作为最后一家剧院，表示需要《唐豪瑟》。对于这个地方，出于业已说明的理由，我在那时有一种特别的偏爱，这种偏爱还传布到维也纳。维也纳先上演《罗恩格林》，在该剧获得成功之后，还觉得必须去抓《唐豪瑟》的演出。我同剧院经理卡尔·埃克尔特的谈判进展很快，取得了令我高兴的结果。

所有这一切都在当年冬天至1859年春天期间内进行。除此之外，我十分典型地在极其幽静、极有规律的方式中继续生活下去。在治好我腿上的溃疡后，我还在12月份又能踏上我有规律的贡多拉小游船航程，前往圣马可广场，然后伴着夜色返回，终于又能够凭着几分毅力，专心致志于我的音乐工作了。我十分孤独寂寞地度过圣诞节和除夕夜。只有在夜晚，我往往才置身于较大型的社交聚会中，也就是在梦幻中——这些梦幻当时十分热闹地出现在我脑海里。

1859年1月初,卡尔·里特尔突然又在习以为常的晚上拜访时间跨进我的房间。在此期间,对上演一个由他撰写的剧本的关心直至促使他前往到波罗的海海岸。这牵涉到一个由他在不久前完成的剧本《阿尔米德》。从这个剧本来看,有很多东西再一次证明了这个年轻人的巨大才华。当这个整体的倾向确实让吓人的目光看透诗人的心灵,因此也就对讲述的个别情节避免做出有利的评判时,却以富有诗意的热烈感情感受和表现别的东西,主要是里纳尔多同阿尔米德相遇和他们爱情关系的迅猛产生。这样一些作品归根到底往往都有半瓶醋仓促而就的弊端。尽管它首先有望在舞台上产生影响,但是同所有这类作品一样,甚至在这个剧中也有很多地方需要改动,需要进行更好地润色加工。卡尔对此充耳不闻。与此相反,他以为发现什切青的一位聪明的剧院经理就是那种也许能够不理会我是怎么会有这些顾虑的人。他在这件事情上也估计错了,现在也由于这方面感到失望又返回威尼斯。正如他所热切希望的那样,从此以后便糊里糊涂地生活。身穿托钵僧的僧衣游遍罗马,一个小时又一个小时地观看艺术宝藏,他觉得这就是命运,是比起其余所有的人生目的来,他更为喜欢的命运。他再也不想听到有关改写《阿尔米德》的任何事情。与此相反,他宣布,想着手加工一个新的戏剧素材。他从马基雅弗利①的《佛罗伦萨史》中摘引这个素材。但他又不愿意详细说明,因为他担心我会劝阻他,因为这个素材只有情景,根本就没有倾向性。尽管在我看来,他一到威尼斯就写下的那首钢琴幻想曲,也从这个方面使这个年轻人完全显得有吸引力,但他现在似乎再也不想沉浸于音乐作品之中了。——所以,卡尔对现在终于

---

① 马基雅弗利(1469—1527):意大利政治家、思想家,他的著作包括历史、政治、小说和喜剧。

由我继续不断进行修改的《特里斯坦与伊索尔德》第二幕一事表现出更加懂行的兴趣。我经常同温特尔贝尔格尔，还有特萨林一道，给他演奏晚上完成的乐曲，而且总是把这些倾诉引向热情洋溢的兴奋激动。在我先前长时间中断我的工作期间，黑尔特尔这些人已经将总谱的第一幕刻印出来，比洛则把它改编成钢琴曲。所以另一方面，当我还沉浸于完成整部作品的分娩激动状态中时，一部分作品却已经犹如纪念碑似的，完美无缺地摆在了我面前。在最初的几个月中，就连这一幕的配器工作——我往往都以成册的方式将该乐曲交给出版商付印——接近尾声，3 月中旬，我就可以将其中的最后一批乐曲寄往莱比锡。

现在又必须为我下一步的生活做出新的决定了，因为我现在会在什么地方谱写第三幕，还是一个问题，因为我无论如何，只想在我有希望也能够不受干扰地完成这一幕的地方开始这一幕的谱曲工作。看来，在威尼斯不可能是这种情况。我的工作会使我一直忙到仲夏。由于健康原因，我已经认为，在威尼斯这段时间对我不合适的气候中，没法度过夏天。我已经从十分不利的方面，感受到增强体质的徒步旅行的缺点所产生的坏影响。只是为了好好地跑步锻炼一次，我在隆冬时季坐火车前往维泰博，以便在那里大步流星地走上几里路，走到山里面去。这时，寒风刺骨的天气对我不利，别的不利情况促使我再一次对这次郊游，留下了只对泻湖岛上这个城市有利的印象——我在这里宛若避难般，躲避马路上的灰尘和遭到虐待的马匹。除此之外，现在也证明，在有关我下一步是否在威尼斯停留的问题上，不再仅仅取决于自己的意愿。最近，我接到一位警官十分彬彬有礼的通知。此人直截了当地告诉我，萨克森驻维也纳公使馆方面不断进行宣传鼓动，反对我在奥地利所属各国当中的一部分国土上逗留。由于我宣布，只想把我逗留的期限再延至春天，开始时，有人劝我，依据一张医生证明，考虑到健康方面的原因，去取得当时作为总督在米兰居住的马克斯大公爵关于此事的许可。我这样做了，大公爵立即电报通知威尼斯当局，别来打搅我。

可是这时我很快也就明白了，很可能由于那些使奥地利管辖的意大利惶恐不安的政治情况，再次引起人们对外地人的戒备。意大利皮埃蒙特区同法国之间的战争一触即发。在意大利居民中，一种明显可见的大骚动表现得越来越明显。有一天，我同特萨林在河岸上散步时，我们陷入了相当拥挤的一堆外地人当中，这些人怀着好奇和崇敬的心情，站在马克西米利安大公及夫人的出口处，盼望一睹在威尼斯短期访问的马克西米利安大公及夫人的风采。我最初是由于我那位威尼斯钢琴演奏师使劲地一拉知道此事的。这位老兄尽量拽住我的胳膊，把我拉走，正如他所说的那样，为的是不必向那位大公爵脱帽致敬。在我看到这位年轻的王侯魁梧高大、十分讨人喜爱的身影走过去之后，我哈哈大笑着把我的朋友赶走，由于能够通过我的问候，以异乎寻常的方式向我这位友好的保护人表示感谢，我感到由衷的喜悦。——可是很快，一切都有了一种更为严肃的、迟钝、郁闷的性质，因为这时，河岸每天都被新上岸的部队挤得满满的，致使河岸根本就没法用来散步了。这些部队的军官大多给我留下一种十分愉快的印象，他们并无恶意的闲聊时令人愉快的德语使我感到十分亲切，简直就像在家里一样。而我却不可能赢得全体士兵的信任，因为我在他们那里，多数情况下见到的是奥地利君主国某些斯拉夫主要部族那种麻木和外貌拘束的品性。在这里，有某种强有力的力量却是一目了然的。与此相反，同样一目了然的是，完全缺乏像意大利人民如此亲切称赞的那种质朴的才智。我不得不极不情愿地看到那个种族战胜这个种族。当我在同年秋天，在巴黎只能不由自主地把法国的精锐部队——他们的樊尚和朱阿夫轻步兵同那些奥地利士兵进行比较时，这些部队的外貌表情，又清晰地浮现在我的脑海里。这时,我在不具备任何战略知识的情况下,突然弄懂了马真塔战役和索尔费里诺战役。——现在我终于听说,米兰被围,几乎已经完全隔绝外地人来访。由于我已经决定在瑞士的四森林州湖畔寻找我的夏季避难所,这个消息促使我提前起程,可不要由于战事断绝我避难的去路。这样以来,我便收拾行李打好包,把"埃拉尔"牌钢琴再次经过戈特哈德寄走,准备同我为数不多的几个熟人告别。里特尔已经决定继续留在意大利,而且打算前往佛罗伦萨和罗马,与卡尔有特殊交情的温特尔贝尔格尔已经在里特尔之前赶往那里。因为此人声称,从一个兄弟那里可以得到足够在意大利食用花销的钱财,除此之外,这个兄弟还给他娱乐消遣和休养——我当然不知道这些事——提供必要的方便。所以里特尔估计在极短的时间内同样可能离开威尼斯。我同那位善良的多尔戈鲁科夫——我愁容满面地离开他——亲切告别,在火车站拥抱卡尔,这也许是最后一次吧,因为我自那以后就没有直接得到他的任何消息了,而且时至今日,仍然没有再见到他。

3月24日,我到达米兰时遇到一些麻烦。这些麻烦都是由军方对外地人进行检查引起的。我在米兰有幸停留三天,去参观名胜古迹。没有任何人对此进行引导,我满足于那些最简单的说明,就去参观布雷拉宫绘画陈列馆、安布罗斯图书馆、列奥纳多·达·芬奇的《最后的晚餐》和大教堂。我在大教堂里朝四面八方爬上爬下,爬上各不相同的屋顶和尖塔。最初的印象往往是最生动的,我在布雷拉宫绘画陈列馆里主要是只盯着两幅油画不放。我一进门就见到这两幅画:一幅是凡·戴克①的《圣婴耶稣面前的圣安东尼乌斯》,一幅是克

① 凡·戴克(1599—1641):佛兰德斯画家。

雷斯皮①的《施特凡的殉道》。这时,我认识到自己根本就不适合去评判这两幅画,因为这个对象一旦在我眼里显得清晰明确和讨人喜欢时,它即刻就会像我刚才那种情况一样,以独特的方式来支配我。可是,当我站在达·芬奇的《最后的晚餐》前,自己也体验到所有的人都有过的经验时,对于一幅绘画作品纯艺术意义所产生的影响的理解,我一下子便豁然开朗了。在人们用修复的复制品——这些复制品在那里总是对它有所帮助——对这幅作为油画几乎遭到彻底毁坏的艺术作品进行更详细的研究之后,如果那位后来只是对文学艺术感兴趣的观看者从现在起,撇开那些复制品,又把目光投到那幅遭到毁坏的原作上,而且现在突然在这里极其清楚地觉察到这种绝无仅有、无法模仿的独特性的话,这幅原作就会按照这位观看者的眼光创造出来。——晚上,我立即又跑去观看我已经喜欢上的喜剧。在这里,喜剧在小得可怜的帝王剧院给寥寥无几的末流观众演出,在如今的意大利人当中占有一个很可惜是十分受人鄙视的位置。就是在这里,人们也演出哥尔多尼的剧本,我觉得演出技巧十分精湛,质朴、高超。与此相反,我后来在斯卡拉歌剧院,又不得不在极其光辉灿烂的外表下,目睹了证明意大利人艺术欣赏能力一落千丈的一幕。在这个硕大无朋的剧院里给人们所能希望拥有的那些极其引人注目和极其活泼的观众演出的,却是一位新作曲家的一部糟糕透顶、极其拙劣的歌剧作品。这个作曲家的名字我已经忘记。可是我在当晚却听说,对于十分热衷于歌唱音乐的意大利观众而言,芭蕾舞也已经变成了最重要的事情;因为看来,作为前导的无聊歌剧只不过在为一场大型芭蕾舞演出作准备罢了,这场演出同样把《安东尼和克娄巴特拉》作为题材。我在这

① 克雷斯皮(1575/76—约1632),17世纪伦巴底主要画家之一。

里甚至还看到那个冷酷无情的政治家屋大维——此人直到现在甚至对任何一部意大利歌剧都没有如醉如痴的感觉——恰如其分地保持着外交官的庄重，像在演哑剧似的打着手势。不过重要的仍然是克娄巴特拉的葬礼。这次葬礼给芭蕾舞中那位非同寻常的人物提供了身着极有个性的服装，进行极为丰富多彩的演变的机会。

根据所有这些在孤独寂寞中获得的印象，我在春天的一个风和日丽的日子，经过繁花似锦的科莫，经过我早就熟悉的卢加诺和戈特哈德——我必须乘敞篷小雪撬，路过高高的雪壁才能到戈特哈德——前往卢塞恩。与在意大利所享受的那个繁花似锦的春天相反，我是在寒风凛冽的气候中到达卢塞恩的。我打着在这个地方待下来的如意算盘。这个如意算盘基于这种假定：当地的"瑞士庭院"大饭店在这段时间直至真正的夏季旺季开始，全部是空的，因此我在那里立即就会找到一个宽敞、隔音的住处。对这一点也许我不会看错吧。乡村客栈老板泽格塞尔上校分配给我左边附属建筑物中整个一层楼，我可以随意选择一套住所。在这套住所的主要房间里，我花不了多少钱就可以住得十分舒服。因为这家客栈在这段时间配备的东西极其有限，至于服务方面，我只好随遇而安。我为此找到一个对我关怀备至、为了我生活舒适考虑得十分周到的女人。因为她的服务，尤其是在后来客栈的生意越来越好时，她给我提供的服务，我把她铭记在心，所以过了好多年后，我还把她召到身边来做女管家。很快，我从威尼斯寄出的东西就到了。"埃拉尔"牌钢琴确实不得不再一次在冰天雪地中经过阿尔卑斯山。这架钢琴在我这间宽敞的客厅里摆放好之后，我就自言自语道：之所以付出所有这些努力，支付这笔费用，都是为了我现在终于要完成《特里斯坦与伊索尔德》的第三幕了。有时候，我感到仿佛这是一个过分的无理要求，因为在完成我这项工作时所遇到的那些困难，看来肯定会使这项工作几乎无法进行。我把自己同勒托①相比。勒托为了找到生下阿波罗和阿尔忒弥斯的栖身之地，被迫东奔西跑，四处漂泊，直到最后海神波塞冬满怀同情地让提洛荒岛从海上给她显露出来。我现在就把卢塞恩看成是这个"提洛荒岛"。只是寒风刺骨、阴雨连绵的天气的可怕影响直至 5 月底，好长一段时间都以极其不愉快的方式控制住我的心情。既然这个新的避难所要人做出这么大的牺牲，所以我认为，为了达到那个目的，我每天都在做徒劳无益的努力，做出这些无谓的牺牲。在这里，我根本就没有从事我的谱曲工作。除此之外，我为了第三幕这比较多的主要部分，还要使用一种令人感到极其忧伤的题材，所以就出现这样的情况：我对这次暂时移居卢塞恩的最初几个月，所能记得的就只有恐惧。

在我到达几天之后，我已经去苏黎世看望韦森东克一家了。我们的重逢虽然忧伤，却丝毫不感到拘束。我在我朋友们家里待了几天，犹如从一个梦中观看另一个梦一般，在那里也再次见到了我那些苏黎世的老相识。在我眼里，一切都确确实实变得空洞无物。我在自己逗留卢塞恩期间又重复了几次这样的拜访，我有两次在卢塞恩甚至也得到了回访，有一次是在我生日那天。

除了现在郁郁寡欢地从事我的工作之外，还要为我和我妻子的生计操心。还在威尼斯时，我就已经感到有必要，既是自愿，同时也是由于考虑到在这个对我十分友好的家庭中出现的情况，而被迫放弃里特尔一家迄今为止对我所提供的真诚援助。从我迄今为止能够上演的歌剧中可以抽取的那一点点微不足道的报酬，现在也接近山穷水尽的地

---

① 勒托是希腊神话中的一个巨人，阿波罗和阿尔忒弥斯的母亲。在寻找一块栖身之地以便分娩时，来到提洛荒岛。据说，这是一块在波涛中漂浮不定的岩石，因为她要分娩，才固定下来。

步。由于我在完成《特里斯坦与伊索尔德》之后指望重新进行《尼伯龙根》的创作，所以我认为必须再一次尝试，打算凭借这部作品——魏玛的大公爵按照他去年对我私下表白的心迹，还一直对该作品怀有好感——减轻我未来生计的负担。因此我给李斯特写信，再一次求他，郑重其事地给大公爵提出建议，把整个作品包括全部的所有权都买下来。这样以来，甚至就连以后这作品的出版所得——只要能够为此从一个出版商那里得到某些好处——都会归他所有。我在这里把我过去同黑尔特尔这类人那些磕磕绊绊的谈判，作为在一定程度上做成一笔交易的廉价招贴的基础。很快，李斯特就用惴惴不安的暗示告诉我，这种事不大合殿下的口味，因为这使我对这种事有了充分的了解。

另一方面，这样一些情况也在催促我——现在，关于我放在德累斯顿梅泽尔那里的三部老歌剧的倒霉的版权，终于快要到期了，这时尤其是我的一个主要债主——演员克里特哭哭啼啼地嚷着，要求偿还他的资产。德累斯顿的律师施密特自告奋勇，来处理好这件事。在经过多次令人讨厌的书信往返之后，事情到了这样的地步：最近去世的梅泽尔的继任者、某位名叫H.米勒的人经管这家出版社的全部财产。而收入却无法弄清楚，那位律师只得对我承认，当然，去世的梅泽尔一定是积蓄了几千塔勒，可是现在却无法重新得到这笔钱，因为他没有给他的继承人留下丝毫资产。为了使哭哭啼啼的克里特安静下来，我不得不同意最后以我正好欠这个款项较少的第二债权人的资金数，也就是以3000塔勒出售我的版权。至于未结清的利息以及这些利息的再生利息方面，我仍然是克里特的私人债主。这笔款项在1864年总共达到1800塔勒，这笔钱在那时如实地通过法律的强制措施，由我冻结。为了我最大的债主普西内利——此人这时只用偿付微不足道的一点钱就可以得到回报——我为自己保留了那三部歌剧在法国的所有权，也就是说，假如通过我的努力，这些音乐作品有朝一日会在那里上演，能够出售给一位法国出版商的话。按照律师施密特一封信中的说法，这个保留条件得到德累斯顿现在的出版商承认。由于普西内利在有关偿还他过去借给我的资金的问题上——他宣布再也不想要我偿还这笔钱——友好地放弃了这些他从中得到的也许是并不明显的好处，因此，如果我的歌剧真的会进入法国的话，那就在将来为我提供了绝非用我这些作品来赢利的、唯一的可能性，而是提供了偿还我花在这上面的、必须由我来赔偿的这些资金的、唯一的可能性。后来在我与巴黎音乐作品经销商弗拉克斯兰德之间真的签订一项合同时，那位德累斯顿的梅泽尔继任者却声称自己是我的歌剧的绝对所有者，而且他确实得以阻止弗拉克斯兰德在其法国商店中经销我的作品，使得此人不得不通过向那位老兄友支付6000法郎来买得安宁。这样以来，弗拉克斯兰德当然也就有可能拒绝承认我拥有我那些作品在法国的所有权了。针对这种情况，我现在再次祈求那位律师阿道夫·施密特的证明，我对他没有别的要求，只希望自己得到一件与那个通过卢塞恩的谈判而变得有效的保留条件有关的书信往来的副本。对在这件事情上给他写的所有书信都没有回音，但我仍然在顽固坚持。后来，我从维也纳的一个懂法律的人那里也听说，我必须放弃要得到这样一种证明的想法，因为如果那位律师不打算做这种事的话，我手里没有法律措施强迫他这样做。

当我采取这种方式，能够稍微调整一下我对于未来的希望时，至少我会满意地看到，《唐豪瑟》的总谱后来还是出版了。由于我过去那些石板复制的样本，特别是通过梅泽尔的贱价抛售，业已告罄，所以我从威尼斯已经能够让黑尔特尔那些人出版这部总谱。因为现在梅泽尔这个继任者将整个出版社到底占为己有了，所以不将这部总谱的出版权转让给另外一个出版商，就成了他的名誉标志。因此，他自负盈亏，承担该总谱的出版。但是很可惜这时命中注定,刚好在一年之后安排我作一次彻底修改,重新谱写头两场。令人遗憾的是,时至今日,我仍然不能将业已出版的总谱的这部分新作品补进去。

黑尔特尔那些人一直都在设想《特里斯坦与伊索尔德》会让剧院做一笔赚钱生意,当我还在谱写第三幕时,他们就已经让人抓紧刻印第二幕的总谱了。

另一方面,当我在如此令人心醉神迷的第三幕乐曲的最难之处谱曲时,由此进行的修正校对就给我留下了极其特别、几乎是令人毛骨悚然的印象,因为正是在这一幕的前面几场,我的意识才终于清楚地表明:我把自己曾经写过的那种最大胆、最奇特的东西,都正好放进了这个按照一个独特的错误设想,被看成轻而易举就能上演的歌剧之中。当我从事《特里斯坦与伊索尔德》这伟大的一场的创作时,我不得不经常情不自禁地问自己,我到底是不是发疯了,要把这种东西交给出版商为剧院付印出版。尽管一切都把我自己折磨得要命,但我不想牺牲任何一个使人痛苦的重点。

此外,我还试图通过使用中等大小的盒装基辛格药水来对付我下腹那种不舒服的状况。由于在这儿,尤其是清晨必不可少的散步把我弄得很累,使我无法工作,我便忽然产生了要用短时间的骑马来代替使人疲乏的散步这么一个想法。我那家客栈的店主把一匹有20年马龄、名叫利泽的老马转让给我去完成这项家庭作业。我每天早上,在有兴趣继续往前走时,就骑在这匹马上,骑很久很久。这匹马丝毫不理会我的骑师警告,驮着我从不走很远,而是在某些地方有规律地往回走。

4月、5月这两个月,还有6月份的大部分时间就这样过去了,而我在同忧郁的情绪抗争时,却只谱完第三幕的一半乐曲。现在旅游旺季终于来临。这家客栈及其分店都人满为患,此后要保持迄今为止有关我使用那些房间的例外情况,根本就不可能。有人建议我搬到主楼三楼去,因为那儿通常只有那些待一个晚上便匆匆离去的瑞士旅游者下榻,而在各家分店里,那些移居者要得到寓所,待比较长的一段时间,所以这些人就连整个白天都要使用他们的房间。实际上,这些设备证明是非常非常好的——从现在起,我在自己这套带卧室的小起居室里,在我工作的 9 个小时内,不受丝毫干扰,因为这层楼那些只为外地人晚上睡觉才被占用的房间在白天正好是空着的。甚至还终于出现了整整两个月持续不断、晴空万里、气候宜人、地地道道枝繁叶茂的夏季天气。当我只有晚上才能从我那个小阳台上去沉醉于夏季空气的影响时,我却在自己房间里通过小心翼翼保持下来的凉爽和昏暗来抵挡烈日炎炎这独具特色的魅力。在那里,有几个优秀的圆号手使我感到十分高兴。这些号手坐在湖上的一条小船里几乎是定期通过演奏一些简单的民歌来挣钱。——幸好我现在也在自己的工作中超越了那个货真价实、极其糟糕的交叉点。我现在还得完成我这个剧本那一部分比较缓和的气氛,尽管具有忧伤的性质,却使我陷入一种几乎是欣喜若狂、心醉神迷的状况。我在 8 月初就已经带着这种状况完成整个作品的工作——其中现在只有一些地方还需要配器。

尽管我十分孤独寂寞,但是意大利战争当时如此激动人心的过程却给我提供了足够的消遣。我怀着既赞成又反对的那种恰如其分的急切心情,伴随着这个基本上是既出乎意料又意义重大的事件。但是我也并非完全没有任何社交活动。7 月份,那位我迄今尚不认识的费利克斯·德赖泽克到卢塞恩进行一次为时长久的访问。他在由李斯特举行的演出中听过《特里斯坦与伊索尔德》前奏曲之后,几乎是紧接着就做出决定,要亲自同我接触。我被他的到来弄得惊慌失措,我说明自己不知道该如何同他打交道。另外,由于他用某种开玩笑的方式给我讲述不少我不再感兴趣的人和情况，他几乎使我感到讨厌，而首先使我讨厌的是，他自己都感到惊讶，居然这么绘声绘色地给我说明：他以为自己过不了几天又得离我而去。这时，这件事又使我感到震惊。现在我是真心诚意地关心消除他对我也许已经产生的糟糕评价这件事。我可以很快就喜欢上他，直到我离开卢塞恩前不久，有比较长一段时间，他每天都同我有交往，由于我必须同一位才华横溢、并非没有教养的人打交道，所以我也得到不少欢乐。

就连我的苏黎世老相识威廉·鲍姆加特纳为了让我高兴，也在卢塞恩待了几个星期。为了能够在我附近度过一些时光，最后来到这里的还有来自彼得堡的亚历山大·泽罗夫，这是公开表示支持李斯特和我的一个很特别的聪明人。他在德累斯顿听过我的《罗恩格林》，现在希望听到有关我的详细情况，我不得不用我特有的、马马虎虎的演奏方式，通过演奏我的《特里斯坦与伊索尔德》乐曲来满足这个愿望。我同德赖泽克甚至还登上皮拉图斯山，在那时，我不能不再一次怀着同情之心，为一位感到头晕目眩的旅伴担惊受怕。分别时，我还邀请他去布伦嫩和格吕特利郊游。在这之后，我们现在就要分手，因为他那数量不多的现金不允许他再待下去，而我也在认真考虑自己动身的问题。

这时我只是在一个劲儿地问自己，我到底该往何处去。我这一次通过爱德华·代夫里恩特用书信，最后干脆直接向巴登大公爵求助，得到大公爵的许诺，允许我尽管不是在卡尔斯鲁厄本地，那也是在周围的任何一个小地方安家，因为能够满足我现在可以同一个乐团和一批歌唱演员打交道，甚至只是听听他们演出这样一些最终是无法驳回的需要，这会使我感到心满意足。我后来听说，大公爵确实曾经就此事向萨克森国王书面求助过。据说，从那里传来的消息总是讲：对我不能大赦，而只能减刑，就是说，如果我在这之前接受法庭调查的话，便有可能减刑。所以,我的愿望不可能得到满足,现在我担心的是,应当怎样才能让一直处于筹划中的、我的《特里斯坦与伊索尔德》的演出,在我个人的参与下得以实现。据说,大公爵会为此采取他的严厉措施。只是抱着对时限的几成希望,为了实现这终于又在盼望的安家落户,我又该向哪儿求助呢?在左思右想、考虑很久之后,我只好决定前往巴黎,即便只是为了使自己确信,我偶尔能够听到一个优秀的乐团一曲出色的四重奏的演奏吧。因为在苏黎世,缺乏这些刺激,终于使我变得无法忍受了。可是除了巴黎——另一方面,我在那里可以不受干扰地待下去——我在任何地方都不敢说有把握指望,能够以足够高贵的方式使我恢复这种艺术生命。

我终于感到也有必要就我妻子的事情做出决定。我们现在分居已经整整一年。根据她——从我这儿受到的,按照她信中的说法,不会不给她留下深刻印象的——那些惨痛教训,我也许可以假定,从现在起,重新和她共同生活还是可以忍受的。另一方面,这次的共同生活看来似乎已经随着一种特殊情况的出现,具备了消除赡养她的巨大困难的条件。因此,我同她达成协议,她应当在晚秋时节同我在巴黎会合。到时,我要为能够在那里安居下来操心。为此,我要负责把我们留在苏黎世的家具连同所有的家用器具搬到那里去调度指挥。为了实施这一计划,我无论如何都迫切需要财政方面的救济金,我没法在自己即将得到的某些收入中为这类救济金找到财源。最后,我试图通过魏玛大公爵在有关《尼伯龙根》版权方面得到的东西,也就是让我获得出版该作品的版权,我现在把它提供给韦森东克。此人毫无异议地满足我的愿望,而且准备为我业已完成的每一部分作品,支付给我那样一笔差不多与后来能够希望从出版商那里得到的、同等数量的稿费,作为把版权转让给他的酬谢。

现在，我能够确定自己的动身日期了。我于9月7日出发。这时，我先用三天的时间去拜访我那些苏黎世朋友。我在韦森东克家度过的这些日子被照顾得很周到。我在那里见到了过去的熟人，尤其是赫尔韦格、泽姆佩尔和戈特弗里德·凯勒。我同他们度过了一个夜晚。这个夜晚由于同泽姆佩尔进行的一场关于当时政治事件的热烈争论变得有声有色。因为泽姆佩尔在不久前战败的奥地利国内看到了作为基础的德意志民族原则；而在以路易·拿破仑为代表的罗马语族的因素中，他却看到了亚述的暴政。对于这种暴政，他不管是在艺术中，还是在政治上，都表示憎恨。他对此发表的意见言辞十分激烈，他甚至把平常沉默寡言的凯勒都刺激得参与热烈讨论的地步。这场讨论又对泽姆佩尔火上浇油，致使他最后确实满怀绝望之情，指责我发起邀请，让他到韦森东克家来，诱使他落入了怀有敌意的圈套。最后我们倒是又作为朋友告别。从那以后，我们后来又见过一次面，我们的讨论再也没有变得这样热烈了。我从苏黎世出发，还去温特图尔拜访了一次苏尔泽尔一家。我没有见到我的朋友本人，却见到了他的夫人和她以前给他生的那个男孩。两个人都给我留下了十分感人的、亲切友好的印象。之所以留下这样的印象，是因为我可以认为这个不同寻常的、未老先衰的朋友，如今在我眼里，看来是一个幸运的父亲。

现在，在9月15日，我到达巴黎。关于住所嘛，我的目的是香榭丽舍大街周围。所以我首先在那里寻找一个住宿处。我把这个下榻处选在马提翁林荫大道。我的主要目的是：在一个地区偏僻、单家独户的小房子里，找到一个我早就向往的、幽静的避难所。现在我首先要尽力去找到这个避难所。我认为，为此必须利用每一位我能记得的熟人。奥利维埃一家这时不在巴黎，德·阿古夫人生病了，正出发去意大利，无法接待我；为此，她叫我去找她女儿夏尔纳丝伯爵夫人。我去探望此人，却没法使她明白我此行的目的。我也去找埃罗尔那家人，这一家在我上一次访问巴黎时，曾经十分友好地接待过我；可是，我在埃罗尔夫人身上却见到一种奇怪的、病态激动的扩散，所以看来我没法说出自己的请求，只好想到通过如下办法来安慰自己——我尽量设法不用任何一种过分要求来引她生气。所以，我就准备百倍努力地去设法实现住所的要旨。这时，在没有把握的情况下，最终能够给自己在香榭丽舍大街的一条按照过去的规划、尚未修复完工的支路上，在佩托伊勒城门附近，也就是在牛顿街上，找到一个漂亮的带小花园的园亭式小房。我租到这座小房，租期 3 年，每年租金为 4000 法郎。至少我可以在这里有望得到十足的安静，能够完全远离街道的嘈杂声。仅此一点就引起我对这个收获的好感。在这个小房里，最后是著名的、当时受到皇室宫廷提拔的作家奥克塔夫・弗耶住过。使我感到奇怪的只是，尽管我在这里没有见到旧建筑物，但是内部却已年久失修。无论怎样，说不动房主为使这个小房适于居住，进行任何修复工作，甚至在如果我以提高租金作为条件的情况下，都不行。当然，没过多久我就明白了其中的原因：就是说，由于巴黎新建筑物计划的缘故，这个地区本身很快都要拆除。但是，现在还未到官方把这一意图正式通知物主的时候，因为这样以来，这些人立即就会提出赔偿生效的问题。因此，就连我都诚心诚意地相信，我会用来进行这块地皮上的内部打扫和修复的东西，有可能在若干年内向我证明是十分有用的。因此，我毫不气馁地着手进行为此所必不可少的订货工作，让人把我的家具从苏黎世运来。我现在认为，既然命运迫使我一度做出这样一个选择，我就可以一生都把自己视为在巴黎安家的居民。

在进行这种安排时，我现在从另一方面试图打听到，可以从迄今为止，我所熟悉的、有益于重视我的艺术作品的各种迹象中，为我未来的境况所能获得的东西。我首先又找到那个最后受委托改编的《黎恩济》的年轻人德·夏尔纳先生，好让他告诉我情况。因为这时候出现这种情况：抒情剧院经理卡尔瓦略先生只是一个劲儿地听《唐豪瑟》，除此之外，什么都不想听。现在，我能够请这个人本人在我这儿做客，同他讨论这件事情。他证实，他极其喜欢上演我的一部歌剧；只是这部歌剧必须是《唐豪瑟》，因为正如他所说明的那样，这部歌剧的名字在巴黎人看来，同我的名字是一码事。所以，如果有人要想上演"瓦格纳"的作品，而这部作品又不是《唐豪瑟》的话，这种情况就会被视作荒谬绝伦。在关于我对这部歌剧台本的改编者所做的选择方面，看来他似乎抱有很大的怀疑，怀疑我是不是会失误。现在，我试图更详细地了解德·夏尔纳先生的成就，然而使我大吃一惊的是，看出这个年纪轻轻、十分讨人喜欢的人——此人夸耀自己上一次参加写作一部歌剧《申德尔汉内斯》（他认为是一部德国浪漫派题材）——对摆在面前这项工作的性质一无所知。由于他的热情感动了我，尽管如此，我还是试图同他一道只去完成一些用于谱曲的诗行，但我却在这儿徒劳无益地浪费辛劳，疲于奔命。

现在，比洛给我推荐了一个年轻的、不再是真正意义上的开业医生——奥古斯特·德·加斯佩里尼。比洛在巴登认识这位医生，他还从该医生身上看出，他对我的音乐有引人注目的好感。就连这位医生，我也立即去走访了。因为我在巴黎没见到他，所以我就写信向他求助。现在，他也同样采用书信推荐的形式，把他的朋友勒鲁瓦——一个受到良好教育的巴黎音乐教师打发到我这儿来。此人由于他那讨人喜欢的性格，立即就赢得我的好感，尤其是通过下面的事情，引起我的信任：他马上就劝我别委托一个名声不好的戏剧杂志作者——德·夏尔纳先生最终向我证明，他就是这种人——而向我推荐罗歇，推荐这个才华横溢、有经验、精通德语，迄今为止在巴黎十分受人喜爱的歌剧演员。这样以来，我心里的一块石头真的落了地。我接受由于另一位朋友意外到来帮忙弄到的邀请。由于这次邀请，我有一天被领到罗歇的庄园，同他本人会面。我忘记了这个迄今为止备受欢迎的巴黎男高音歌唱家这个宏伟壮观的庄园的名字。一个侯爵的一座具有苏丹风格的宫殿，被一个巨大的狩猎场环抱。正是那种因为这个猎场，也喜欢摆弄猎枪的兴致，使这个受喜爱的歌手在不久前遭到那个可怕的事故，这次事故击断了他的右臂。我现在见到罗歇是在那次不幸之后几个月，伤势已经痊愈，只是他右臂的下半部分已经截去。现在的问题是，一位著名机械师的处理方法是否会有效。这位机械师答应也为他的舞台动作提供一种能够完成替代失去的胳膊的代用品。正如我在经过一段时间的观察之后所确信的那样，这一愿望确确实实是圆满实现了。我看到罗歇在大歌剧院给他提供的一场义演中粉墨登场，他对自己的右臂运用自如，正因为如此，他赢得极其热烈的鼓掌喝彩。但是，他后来听说，有人认为他是"残疾人"，他在巴黎大歌剧院飞黄腾达的生涯从此便已告终。现在，在由于我的请求给他开辟的这条道路上，使他能够指望在文学方面发挥某种作用一事，看来使他感到很高兴。他十分愉快地接受我那个尝试实际翻译《唐豪瑟》的建议①。他按照其中几个主要段落业已由他译好的法语歌词，亲自给我演唱了好几首他认为是译得十分出色的歌曲。我在他那儿度过了一天，休息了一夜之后，就这样，在亲切友好、充满希望的气氛中，离开了这位迄今为止如此讲究，而现在却行将十分悲痛地潦倒下去的歌手的宫殿。这时，特别是他对我的作品鞭辟入里的研究，使我对法兰西精

① 在科西玛手迹的这一段开始写着："1872 年 7 月 31 日。"

神有了一个令人愉快的理解。——尽管这样,我很快却不得不放弃罗歇的工作,之所以如此,是因为这个人为了首先是由于他自己的环境,由于这在自己陷入的这些悲惨的情况下,想给这种处境找到一个新的立足点的尝试,较长时间都需要全力以赴,所以对于我的询问,很难给予回答。因此,我暂时同他完全失去了联系。

可是,甚至就连同罗歇合作这一尝试,我也是偶然为之,因此,我自己本人并不感到是受人催促而为。我只有一直抓住这个计划不松手,在巴黎务必为自己找一个合适的居住地点。针对这种情况,我那些严肃认真的活动总是考虑到在另一方面依旧不让进入的德国。——但是很快,在我一直盯着不放的《特里斯坦与伊索尔德》在卡尔斯鲁厄的演出最终被彻底取消后,一切都来了个180度的转变。我不得不对此感到狐疑不决,取消这个从前被认为是显得如此郑重其事的计划,真正的原因在哪方面呢?爱德华·代夫里恩特通知我,他所有那些恰如其分地分配角色的努力,最后都由于我那个针对女歌手加里古(当时已经嫁给那个年轻的施诺尔)的声明落空了。他对其他的一切事情都一筹莫展,更何况就连那个甚至在我眼里显得如此出色的男高音歌手施诺尔,都对他的任务最后部分的可行性不抱希望。我当即就看出,这里存在着干扰,如果允许我本人,哪怕只是到卡尔斯鲁厄待很短一段时间,我都会即刻消除这一干扰造成的有害影响。我重新表明这个愿望。看来,偏偏是这个愿望在我刚一把它表达出来时,就引来对我的一阵咬牙切齿的怨恨。特别是代夫里恩特在这方面显得那么激烈,那么强硬,使我随后不得不首先在他个人的厌恶,厌恶把他那个剧院的经理视为使我反感的人当中,去查找把我同卡尔斯鲁厄隔离开来的原因。在这方面,我看到了比较缓和的情况:大公爵过去向我吐露的、指望我去他的卡尔斯鲁厄官邸做客一事不能实现,他为此感到尴尬。现在他几乎感到，如果出于别的原因，从天上自己掉下个进行那次访问的理由，那就如愿以偿了。我现在通过再次待在卡尔斯鲁厄的比洛，得到关于代夫里恩特在上述问题上的价值观念的、绰绰有余的暗示。要彻底弄清这个问题，那我只有留待以后再说了。现在我要做出的最重要的抉择是，必须认识到，我同德国的路完全被截断了，特别是为了我时时刻刻挂在心上的《特里斯坦与伊索尔德》的演出，只好考虑到另外一个地方。我很快便起草了为巴黎甚至安排一次德语戏剧活动的计划，就像这样一些活动在前些年，特别是在爱德华·代夫里恩特参与下已经得以实现那样。因此，我自认为可以确定无疑的是，如果我邀请自己熟悉的那些德国剧院的杰出歌手来巴黎参加这样一项活动的话，那他们都会乐于接受邀请的。我也立刻得到蒂夏切克、米特武策尔，男高音歌手尼曼以及在维也纳的女歌手路易丝·迈尔对我有幸在巴黎为德国歌剧节圆满成功的活动奠基的这一情况的允诺。这样以来，暂时剩下来使我大伤脑筋的，当然是在巴黎亲自寻找适合从事此项活动，而且自己要为实行我的计划承担风险的人。于是，这个人从停止意大利歌剧演出起，就去租下文塔多尔歌剧院，在即将开始的春季演出旺季，为期两个月，由一批挑选出来的德国歌手和合唱队员，首先演出《唐豪瑟》和《罗恩格林》，最后演出《特里斯坦与伊索尔德》，既给巴黎人、也给我，而且主要是给我自己演出。

现在，我脑海里带着这个打算，陷入一种迥然不同的、与我重新移居巴黎这一最初意图很不一样的忧虑和努力的倾向之中。我现在十分重视结交朋友，尤其是那些有影响的朋友。出于这个原因，我很希望见到先前在巴黎时很可惜同我只有点头之交的加斯佩里尼，想通过他——我即刻就把自己的新计划告诉了此人——在那时候以极其友好的方式，同在马赛的总承租人，同一个对他特别友好的、富有的，而且正如他给我所说的那样,是一个不无影响的、名字叫作吕西的先生认识。由于我们反复讨论的缘故,不能不总认为,当务之急是找到这个人。此人会作为绝对必要的经济担保人,承担这一业已规划好的活动所需要的费用。我的朋友加斯佩里尼没法否定我这种做法——这纯粹是我自然而然突发奇想,在由他本人给我提供的前提下,把吕西先生视作这个必不可少的人物。只是他认为可取之处在于,在给他的朋友提出我们那些过分要求时要当心点,因为他虽然怀有巨大的"满腔热情",但他首先是一个生意人,对音乐知之甚少。因此当务之急是,甚至于大张旗鼓地在巴黎使人们熟悉我和我的音乐作品,以便能够凭借这种方式取得成功,为我们下一步的活动奠定基础。出于这种考虑,我现在决定,首先举行几场比较大型的音乐会演出。为了实现这一计划,我甚至也把我的老朋友、李斯特过去的秘书贝洛尼吸收到我迫切需要维护的熟人圈子里来。此人立即让我们结交了他的同伴,一个非常聪明——正如我只能听说过的那样——温顺听话的人,名字叫作贾科梅利。这个贾科梅利负责编辑出版一本戏剧杂志,特别是由于这个人"漂亮的法语"以及他在其他方面异乎寻常的精力旺盛,贝洛尼首先把他推荐给我。我的新庇护者那间奇特的编辑室从现在起,成了最重要的、几乎是每天被我频繁用来同所有奇奇怪怪的人约会的一个场所。在巴黎为了戏剧方面的事情和类似的目的,必须同这些人来往。

最最主要的是,这关系到为我打算举行的音乐会弄到最适合的音乐厅的问题。很明显,如果我能够为此获得大歌剧院的音乐厅和乐队的话,我就会极其光彩照人地出现在巴黎观众面前。因此,我得向拿破仑皇帝求助。我在一封由贾科梅利编辑的、令人信服的公函中提出了求助的请求。但是在这里首先必须注意到当时的财政与国务大臣富尔德[1]由于他同麦耶贝尔的友好关系而对我抱有敌对情绪和敌视态度。拿破仑的秘书——正如奥利维埃所声称的那样——皇帝演讲稿的撰写人莫克卡尔先生的影响要对抗富尔德那令人担忧的坏影响。在这个问题上，吕西先生凭着一腔激昂慷慨的“热情”，怀揣一封推荐信，亲自向他青年时代的朋友——作为年轻朋友生活在他记忆中的莫克卡尔先生求助。由于甚至此后没有从杜伊勒利宫传来任何回音，我在同我那些比较能干的贝洛尼和贾科梅利商量时，对我们对抗那位国务大臣的力量陷入了与日俱增的怀疑之中。针对这种情况，我现在便开始同意大利歌剧院经理卡尔扎多谈判。最主要的是，我们在这儿得到了地地道道的降价优待，随后，我终于开始亲自同这个人谈判了。在这里，通过我的一种甚至连我自己都感到惊异的谈判艺术，特别是也通过假称我将来要由意大利人来演出的最新歌剧《特里斯坦与伊索尔德》可能取得的巨大成功，我确实得到了至少是在 8 天的间隙中接下来的三个晚上出租文塔多尔歌剧院的让步。晚上的租金价格为 4000 法郎，也就是说仅仅只花场地费和照明费。但是最后就连我那热情激昂的口才都没法再把这个价格给杀下来。对我这种口才，贾科梅利在回家路上赞赏不已。

现在看来，已经没有任何事情比给我介绍一个优秀乐队，为我的音乐会聘用这个乐队更重要的了。为了这件事，我的两个代理人有很多工作要做。由于他们在这件事情上所做的种种努力，我现在也得到迄今为止尚未估计到的、我的老朋友柏辽兹对我和我的活动采取敌视态度的最初迹象。

我同柏辽兹于 1855 年在伦敦的相遇给我留下美好的印象，他本

① 富尔德（1800—1867）：法国第二共和国和第二帝国时期有影响的政治家。

人通过同我友好的书信往来，又将这些印象维持了一些时候。我还怀着这样一些美好印象，在我这次来到巴黎后，便立即前往他的住所。因为我在这儿没有见到他，我便回到大街上。这时，我在大街上遇到正往家走的柏辽兹。我要说明，我这副样子会使他大吃一惊，这种惊恐在他的面部表情和他的全部举止行为中确实是以可怕的方式表现出来的。对于他与我之间存在的这种状况没有片刻怀疑，我把自己的惊恐掩饰起来，另一方面却自然而然地担心起他的健康状况来。关于健康状况，他也当即向我保证：真是极其痛苦，因为要防止神经痛急性发作，只有使用起电机，我才能坚持下来。他刚好要回家来用起电机。为了不增加他的痛苦，我请求立即离开他。但是这样做又使他感到羞愧难当，所以他迫切请求我，再一次同他一道往上攀登，去他的住所。在这里，通过开诚布公地吐露自己来巴黎的打算，我使他对自己友好一些了。就连一个也许会由我来实现的音乐会计划也只能派上这样的用场——使自己能够在为上演一部德国歌剧所必需的那种程度上，受到观众必不可少的注意。通过这部歌剧，我希望让我那些版权尚不属于自己的作品也能上演。与此相反，我却完全放弃了看来是按照卡尔瓦略经理的意图上演的、《唐豪瑟》法语版的演出。——因为这些解释的缘故，我好些时候都同柏辽兹取得了一种完全是过得去的、甚至看来是绝对友好的谅解。所以我也相信在为规划中的音乐会弄到乐队乐师这个方面，能够很好地指导我的代理人，在这件事情上求助于我这个有经验的朋友肯定是十分内行的建议。那些人也告诉我，柏辽兹开初显得漠不关心，可是有一天，在柏辽兹夫人走进房间来同他们谈判，而且突然发出十分不愉快的惊叫声：“怎么样，我还认为您会给瓦格纳先生的音乐会提些建议呢。”在这之后，这种情况突然改变了。关于这位女士的情况，柏辽兹打听到，她刚收到麦耶贝尔寄来的一只贵重手镯。“您别指望柏辽兹!”我那个有经验的代理人用这个劝告就把这整个事情都理顺了。

从现在起,我看见善良的柏辽兹那容光焕发的外表,除了蒙上极其惊恐不安的乌云之外,再也没有任何东西了。他以为从中发现了,整个巴黎“报刊”都对我怀有极大的敌意。在这里,他不让人对此产生丝毫怀疑,不怀疑这就是麦耶贝尔如今在柏林无法忍受的那种巨大的惊恐不安的结束。他很善于同巴黎杂志最主要的小品文作家们一起,报道从哪儿来的、热情洋溢的通信,其中就报道过:那个出色的佛罗伦萨人已经充分利用了麦耶贝尔对我那个巴黎计划的惊恐,他威胁麦耶贝尔,不准对我的音乐作品产生好感。这势必理所当然地再次引起这个人去进行极其神秘的贿赂。柏辽兹由于这种情况,越来越担心,他建议我,首先要关心对我的计划提供强有力的经济援助,但如果我在这方面没有希望的话,那我就只能试着去依靠皇室了。他说明,那些从各个方面来看,都是我冒着危险举办的音乐会,不该不顾忌经济状况去冒风险,尤其是他这番说明——肯定也促使我重新谨慎起来,因为我所有经济上的辅助财源由于搬迁和在巴黎布置新居,已经完全枯竭。所以我此后不得不再一次回过头去,求助于当初业已进行过的,同杜伊勒利宫关于免费转让大歌剧院及其重新恢复活力的乐队的谈判。对此,奥利维埃现在大力支持,提出很多建议和富有意义的劝告。遵循这些建议和劝告,使我陷入尽管来去极其匆匆却是十分奇特的跑腿联系之中。所以我甚至也跨进了卡米耶·杜塞先生(富尔德那个部里的一个主管,同时也是剧作家)的小房间,总是打算通过这样一条渠道,靠近那个难以接近、令人畏惧的国务大臣和麦耶贝尔崇拜者本人。但是,由于这些推荐之中绝无仅有的一次推荐,我建立了虽然对于我们的近期目的毫无用处,却是持续不断、十分友好的关系,也就是同朱尔·费里先生的关系。皇帝及其秘书顽固透顶,默不作声。就是说,甚至后来我还从巴黎大公爵那里动用了他在巴黎的公使,最后就连瑞士公使克尔恩博士也被动用来为我说话。不管他们鼓足多大的劲,要通过那个令人畏惧的富尔德给我,可能也是给皇帝设法解释清楚,但都枉然:所有的人都默不作声。

在这种情况下,我把这视为命运对我的境遇的一种十分奇特的干预——明娜通知我,她准备到巴黎来,住在我这里,我可以指望不久她就会到来。不管是在选择,还是在布置牛顿街那个小家时,我的出发点都是要特别考虑到同明娜将来共同生活的问题。我的住房同她的住房被一个楼梯隔开,我曾经为之操心的是,就连这个分给她的住所也不会让人感到不舒适。不过我首先也是陷入了自从我上次在苏黎世重新同她和好之后培育起来的好感中。这种好感促使我通过室内陈设的特别舒适,舒适到可能会责备我喜欢奢侈豪华的地步,把各个房间布置得让我喜欢,犹如为了通过这种办法,把和在我眼里变得越来越陌生的妻子的共同生活,变成一种可以过得去的机会一般。除此之外,在牛顿街的这个小家中,也提供了建立一个沙龙的机会,但我又决不想为此毫无节制地花钱办事,所以最终出现这样的情况:我在忍受同这么不可靠的巴黎工人没完没了地打交道这样一些巨大的辛苦劳累之外,还遇到了先前未估计到的大笔开销。不过,我却以这样的话来安慰自己:既然现在这一次就该如此,那么明娜由于迁入她从此以后有权管理的这座房子,心情会感到舒畅的。所以我认为尤其是必须想到也给她雇一个女护士,于是便让埃罗尔夫人给我推荐一个她觉得特别适合这项工作的人。除此之外,我一到巴黎又给自己雇了一个仆人,此人虽然是一个相当幼稚可笑的瓦莱州人,是教皇以前的卫队队员,但是看来很快就满怀好意,对我留恋有加了。

除这些人之外，现在明娜把她过去那个苏黎世厨娘也带来了。在他们陪同下，11月17日，我终于可以在火车站的月台上迎接她了。在这里，明娜立即就把那只鹦鹉和小狗菲普斯交给我，这使我情不自禁地回想起了十年前那次她到达罗尔沙赫港的情景。正像当初那样，她现在也是在立即向我暗示，她并非不得已才到我这儿来的，要是我对她不好的话，她会十分清楚自己该回到何处去。再说，我或许也该承认，同当初相比，在她身上先前也发生了并非微不足道的变化；她对我承认，说恰似一个必须接任一个新职位，却又不十分清楚自己是否会找得到头绪的人一般，她充满了类似的恐惧和忧虑。针对这种情况，我试图通过熟悉我在外面的情况——我不会误了允许她参与其间——让她散心消遣。很可惜，她对此却甚至既无兴趣，也不理解。相反地，她的注意力却立即被我们家的内部安排完全吸引着了。她面带嘲讽的神情，注意到我给自己雇了一个仆人这件事。可是我冒用婢女的头衔给她雇了一个我确实认为对她十分必要的女护士一事，却即刻使她勃然大怒。关于这个女人，埃罗尔夫人在推荐时向我保证，她用天使般的耐心，护理埃罗尔夫人病卧在床的年迈母亲。就是这个女人很快就被明娜对待她的态度弄得变坏了，致使我没过多久便亲自操办，又坚持把她给解雇了。遇到这种情况，我给自己招致对于此事的谴责，谴责我使这个女仆得到一笔小小的额外补贴。我的仆人也彻底变坏，坏到了变本加厉的程度。此人最后宣称，再也不愿接受我妻子的指挥，而且又反过来利用我的矛盾，甚至对我也采用漫不经心的态度来对付，这个人同样也得在最短的期限内打发走。他给我留下一件十分结实、没有缺陷的号衣。我立即花了大价钱把这件号衣从他那里购买下来。从此以后，它就闲着挂在那儿，因为我对让某个仆人又穿上这同一件号衣不感兴趣。可是与此相反，我却不得不因为那个施瓦本女人特蕾泽所做出的成绩，给她出具极其出类拔萃的证明。这个特蕾泽从此以后,在我整个的巴黎逗留期间,独自一人负责服侍我这个家。这个女人具有一种异乎寻常、自然而然的理解力,就是说,她对我在她的女主人面前那种狼狈处境完全熟视无睹,尤其理解这种处境的糟糕的性质,善于通过一种从不使人疲乏的活动,从对我有利,比如对我的家庭本身有利的角度,把它变得对我毫发无损。

就这样,这段时间由于这最后一次同明娜重归和好,完成了一次现在由我再次经受到的循环,以便看来是再次从头开始。这一次我可以认为是一种幸运,现在谈不上退到清静的隐居生活中去休息的问题,而是涉及开始无穷无尽的一系列的外部联系和打架斗殴。我再一次完全违背自己的选择和爱好,被命运驱使去从事这些活动。

随着①1860年新年的到来,现在出现了对我那些活动获得成功的可能性来说,是完全出乎意料的转折。维也纳乐队队长埃塞尔把美因兹音乐商绍特想为自己的出版社购买我的一部新歌剧的愿望转告给我。为此,我现在只有提供《莱茵的黄金》;这部只是打算作为大型《尼伯龙根三部曲》前奏的作品的特殊性质,使我在这次订购中没有详细暗示的情况下,难以把它只作为"歌剧"提交出来。尽管如此,绍特无论如何把我的一部新作编进他的出版目录的热情显得如此之高,致使我终于消除了一切顾虑,在不隐瞒这部作品传播困难的情况下,把该作品提供给他支配。他即刻就要为此付给我1万法郎,对此,我当然答应他购买后面的三个主要部分,用同样价格购买三个剧本中的每一个剧本。我立即就制定计划,如果绍特同意我的要求,就利用这笔由此得来的、

① 在这段开头,边上有科西玛的手迹:"1873年3月4日重新开始,拜罗伊特水堤林荫大道。"

这么出乎意料的收入来促进我的巴黎活动。被皇室内阁顽固坚持的默不作声弄得疲惫不堪，我现在交给我的代理人的任务是：同卡尔扎多先生做成在意大利歌剧院开三场音乐会的交易，招募必要的乐队和所需要的歌唱演员。这件事正在进行时，我又为绍特那些犹豫不决的反建议感到担心；为了使他不对我产生错误想法，我已经书面委托在法兰克福的音乐指导施密特，根据我这方面大为降低的要求，继续同绍特谈判。这封信刚寄出，绍特的信就到了，他在信中最后通知我，乐意接受我那个1万法郎的要求。这促使我给施密特发出一封电报。通过这封电报，我极其紧迫地撤回给他的那个委托。

现在，我和我的代理人兴高采烈，密切注视这业已开始的音乐会活动。筹备这次活动变成了我的全部工作。我得照管一个合唱队。我认为，必须为此通过一个德国歌咏团来加强意大利歌剧院代价很高的人员配备。有人给我介绍由某位名叫埃曼特的先生指挥的这个歌咏团。为了使这个歌咏团的团员同情我，有一天晚上，我去他们在圣殿街的歌咏团团部造访，高高兴兴地去习惯啤酒水汽和烟草的烟雾。在这儿的烟雾缭绕中，忠实可靠的德国艺术愿望会向我敞开心扉。可是除此之外，我也同一个法国民间歌咏团的教师和指挥谢雷——该歌咏团正在医学院进行训练——取得联系，在这里遇到一个奇特的狂热爱好者，此人期待着从他让人们在背谱演唱的方法中恢复法国的民间传统。但是，使人极其难堪的申诉迫使我现在才让人复写由我完成的那些片断绝大部分的乐队声部。我为此雇用了好些德国的穷乐师。这些人现在从早到晚都坐在我的住所，在我的指导和监督下，去进行那些往往是难度很大、习以为常的活动。

现在，汉斯·冯·比洛在满怀热情进行这些工作。正如其特别是在成就方面所表明的那样，证明比洛差不多不是作为开音乐会的钢琴演奏名家从事自己本来的事情，而是来给我的活动帮忙。他已经到巴黎比较长一段时间了。他住在李斯特母亲家，但是白天的大部分时间却在我这里度过，哪儿需要，就在哪儿帮忙，所以现在暂时帮忙制作复制件。从各个方面看，他的协助都是非同寻常的。不过尤其是在他看来，已经被视为己任的是：要使他去年访问巴黎时在他太太指导下建立起来的社会联系对于我的活动有所帮助。这方面的效果逐渐显露出来。目前他在为举行音乐会帮忙，现在已经开始音乐会排练。

这些排练当中的第一次排练在赫尔茨大厅举行，这次排练引起乐师们针对我的群情激愤，这种激愤几乎等于一次暴动。我不断地同他们就他们那些习惯进行争论，我在自己方面由于理智的原因，努力证明自己不能对这些习惯听之任之，放任自流。我的八大拍使他们特别气愤。我按四四拍的模式给他们打八六拍的拍子，而他们在吵吵嚷嚷的抗议声中却声称：这种拍子必须按照二二拍的模式来打。由于我这方面大声疾呼，要遵守一个秩序井然的乐队的纪律，所以有人给我表明：他们不是普鲁士士兵，而是自由人。我终于看清楚了，这一次的一个主要缺陷就在于乐队的组建不完善。现在我为下两次排练制定自己的计划。在同我的朋友商量之后，我一早就为此来到音乐厅，亲自安排按照要求竖起乐谱架，主要是为所有的乐师订了一份丰盛的早餐。在排练开始时，我按照以下方式邀请人们用餐：我对乐师们讲，我的音乐会得以举行，取决于我们今天集会的成果；在我们对此没有完全弄清楚之前，我们不能离开这个大厅；因此，我恳求先生们，首先进行一次两个钟头的排练，然后在邻近的沙龙里用已经备好的简便早餐；早餐后，我们就要立即进行第二次排练，这次排练我也会付钱给你们的。这个提议的效果简直是非同凡响：气氛融洽得闲聊使大有裨益的乐队组建变得容易多了。现在演奏的《罗恩格林》前奏曲给所有的人留下的好印象，终于让热情迸发出来了，还在第一次排练结束时，所有的人——演奏人员和听众，其中也有加斯佩里尼，就已经对我宠爱有加了。现在，这尊善神在意大利歌剧院舞台上举行的这次彩排时发表的意见确实令人高兴。在这里，我已经有可能措辞严厉地把一个马马虎虎的小号手赶出乐队，而在这时却不会受到伙伴之情的丝毫妨碍。

第一场音乐会终于在(1860年)1月25日举行；对我从自己若干歌剧直至《特里斯坦与伊索尔德》中选出来的所有乐曲的反应，从观众方面来看，完全是好意的，甚至是热情的。我在这里经历到这种情况：一首乐曲、《唐豪瑟》中的进行曲被暴风雨般的掌声打断，而且就好像是发自对这种情况感到惊异的喜悦似的——我的音乐、我这种人们声称有如此之多对立因素的音乐，呈现出如此连贯的长旋律。

我非常满意，既对音乐会的举行，也对音乐会得到的反应感到心满意足，在接下来的几天中，去消除由于报纸上对此发表的长篇大论在我心中引起的相反印象。现在证明，贝洛尼看得很准，恰恰是我们由于他的预见，不邀请新闻界，才只会给对手的怒气火上浇油。但是既然在整个活动中，目的在于为那些精力充沛的朋友提供一种刺激，而不是获得评论家的赞扬，所以这些大人先生们的狂怒远不如从那个方面来的最新征兆的缺失更使我不安的了。然而主要使我担心的却是，这看似挤满了听众的音乐厅赢得的收益却并不比可以得到的多。我们的进账在5000到6000法郎之间，但是开支却超过1.1万法郎。在举行第二场开支更少的音乐会时，一有可能指望尽量提高收入，现在这些开销就能够抵销一部分。可是贝洛尼和贾科梅利都耷拉着脑袋，他们认为不能不考虑这种认识：音乐会不是法国人的文学艺术种类，法国人为了使自己感到心满意足，绝对要求戏剧因素，也就是说戏装、舞台布景、芭蕾舞以及诸如此类的东西。2月1日举行的第二场音乐会寥寥无几的订票数使我的代理人甚至为了拯救这种现象,被迫费尽心思用造假的办法来填满音乐厅。我不得不在这方面完完全全听之任之。后来我惊讶万分地听说,他们开始用一种使所有的人,甚至使我们的敌人都被迷惑住的方式,把这个贵族剧院的二楼楼厅挤得满满的。而实际收入却只有2000多法郎。现在所需要的,当然是我的顽强和我对为了不取消已经预告2月8日举行的第三场音乐会,可能由此出现的一切困难的蔑视。

我从绍特那里得到的稿酬已经用完。我从这笔稿酬中当然必须取出一部分,用于我现在又更加困难的家庭生活的需要。我必须寻求援助。我先是费了九牛二虎之力,通过加斯佩里尼介绍,从这样一个人那里得到这种援助。对我来说,目的其实在于得到此人的好处,这个意义比整个音乐会活动重要。这个人就是已经提到过的、来自马赛的总承租人吕西。此人在我举行音乐会这段时间应当来到巴黎,我的朋友加斯佩里尼认为可以设想,我这方面在巴黎观众面前取得的一次意义重大的成功会激励他,宣布承担实施我在巴黎演出德国歌剧这一规划的费用。然而,吕西先生在第一场音乐会时根本就没到场,只来听了第二场的一部分演奏,在听演奏时呼呼入睡。现在恳请他为举行第三场音乐会预支好几千法郎,这看来对于防止我们这方面对他继续提出任何一个过分要求,是十分自然的,所以他为保住这次借钱的代价,以免继续接受我的计划,感到某种程度的满足。即使在我看来,现在举行这第三场音乐会其实肯定无济于事,但是现在这却使我高兴,既由于演出的良好精神状态本身,也由于观众方面反应的热烈,虽然就连这一次,我的代理人也还得帮这些观众制造一种更加完美的假象,但是其中却包含着花钱买票的观众数量明显增加的因素。

但是在这时,不是对这次从表面上看是失败的音乐会活动感到气恼,而是觉察到我给个别人留下的特别印象,影响到我的情绪。显而易见,既有这种印象直接,也有对此发表意见的新闻界间接把一种特别的兴趣转移到了我身上。我给所有的报刊没有寄发邀请函一事,看来从各个方面都被理解为一种值得钦佩的勇敢精神。评论家们的态度总的说来,肯定都被我预见到了;只不过使我感到遗憾的是,甚至就连诸如《祖国》杂志的记者、一位名叫弗朗克·玛丽的先生——此人在第一场音乐会结束时曾经极其激动地向我表示感谢——这样一些人必然也只得跟着喊团结一致的口号,最后被弄到否认他们那种实际上是喜欢我的思想意识的地步。不过,柏辽兹用一篇开始时以隐晦的表达方式费尽心力,最后却不厌其烦地诉说那些显而易见的阴险假定的、发表在《辩论报》①上的文章,引起了一次实在令人生气的轰动。我下定决心,不会如此轻易地就容忍这个人作为我的老朋友这种令人不快的行为,于是便用一封信来回敬他。我费了九牛二虎之力,把这封信译成漂亮的法语,也费了一些劲儿才让它登在《辩论报》上。现在看来,正是这封信使我的音乐会本身已经对其产生过重大影响的那样一些人纷纷倒向我这一边。在这些人中,我知道有一位名叫佩兰的先生,是过去的喜歌剧院经理,现在是富有的文艺爱好者和画家,但是后来又成为大歌剧院经理。这个人在德国听过《罗恩格林》和《唐豪瑟》,不厌其烦地诉说那些要让我接受的意见。他说:如果他能够办成此事,他会十分荣幸地把这些作品移植到法国来。——一个名叫富歇·德·卡雷尔的伯爵也是同样通过在德国的演出接触到我的歌剧的。这位伯爵同样和我开始了持续不断的友好交往。此人由于各式各样德国哲学的出版物,尤其是出版莱布尼茨②的著作而声名大振。因此,通过同他交往,使我接触到

---

① 《辩论报》是以前的《巴黎日报》,创刊于1789年,是19世纪法国报界最有影响的喉舌之一。

② 莱布尼茨(1646—1716):德国自然科学家、数学家、唯心主义哲学家。

值得尊敬的、法兰西精神实质迄今为我所不知晓的方面，这对我来说，不能说是没有益处的。

如果说我可以忽略几个点头之交的熟人的话——这段时间把这些人带到我身边来，其中，一个名叫托尔斯泰的俄国伯爵特别出众——那我现在还记得小说家尚弗勒里①给我留下的美好印象。尚弗勒里由于一本引人入胜、令人爱不释手，以我和我的音乐会作为其对象的毛装小书给我留下这一美好印象。在这里，在看似寥寥数语、匆匆写就的格言中，对我的音乐，甚至对我的个性的十分深刻的感受都极其明显。我先前只在李斯特关于《罗恩格林》和《唐豪瑟》的长篇大论中见到过类似感受，可是从那以后，就再也没有见到过以这种简明扼要、生动活泼的方式来表现的感受了。我接下来同尚弗勒里的私交把一个朴实无华、从某种意义上讲是平易近人的人带到我面前，像他这样的人通常很少遇到，更何况他还是法国居民中正在灭绝的类型哩。

不过，诗人波德莱尔同我的接近在其方式上却更加意味深长。这种接近通过写给我的一封信展示出来。他在信中给我谈到我的音乐给这样一个以为只有色彩感、却没有丝毫乐感的人留下的印象。他在极其罕见的印象中，凭着有意识的勇气，对此发表的那些伸展自如的长篇大论，起码是立即就给我展现他就是一个具有极为独特思想的人。这种人劲头十足地追随那些从我这里获得的、具有极为深远影响的印象。他给自己的签名不附上自己的住址，正如他所解释的那样，是为了不使我去想到他对我有何要求。至于我也会找到他，并把他列入熟人那个圈子这种事——我从现在起，每星期三晚上都要通知这些熟人，在我这儿接待他们——也是不言而喻的。

① 尚弗勒里(1821—1889)：法国小说家、新闻记者。

这件事是我的巴黎老相识，其中有对我忠心耿耿的加斯佩里尼建议我做的，以适应巴黎人的习惯；所以我做到在我牛顿街的小房里，完全按照时尚，举行“文艺聚会”。在这时，明娜尽管没有办法，只能用几句蹩脚法语来应付，但她却感到自己正处于一个十分令人尊敬的位置。就连奥利维埃一家也十分友好地来参加的这种文艺聚会好些时候都挤满了越聚越多的人群。在这里，就连一个老熟人——马尔维达·封·迈森布格也再次来到我家，而且从那以后，整个一生都成为我亲近的朋友。在此之前，我个人只见过她一次，而且是在我逗留伦敦期间(1855年)，那已经是在她过去以狂热赞同的口气，在书信中对我表示自己对我的书《未来的艺术作品》的态度之后。当时在伦敦，有一天晚上我们在一个名叫阿特豪斯的人家中聚会，我见到她时还充满着为使人类完美无缺的各种愿望和构想。我通过那本书已经声明，自己信奉这些愿望和构想。可是现在，尤其是在叔本华著作指引下，由于认识到世界的巨大悲剧及其现象的毫无意义，我却几乎是神经过敏地避开这些东西。使我感到难堪的是，在我讨论这一问题时得不到这位热情朋友的理解，在她看来，我简直就是一项高尚事业的叛徒。我们在情绪十分不好的情况下分手。现在我几乎是大吃一惊，又在巴黎见到了马尔维达。但是很快，对于那些伦敦人的辩论的任何一种不愉快回忆都已忘得一干二净。这时她立即就向我走来，说明当时引起不和的争论对她有着决定性的效果，这个效果使她立即就去了解叔本华的哲学。在她通过极其认真的学习，对叔本华的哲学有所了解之后，当然也就认识到，她由于自己的浅薄，当时所发表的、关于世界幸福的那些言辞激烈的看法，一定使我感到十分烦恼。她宣称自己现在是我极其热情的拥护者，而且立即按照一个对我所有的幸福安康最最担心的女友的思路来理解这种表白。我按照礼节，暂时把她放到一位女友的地位去面对我的妻子，如果说她一眼就能注意到我们这种只是表面上的夫妻共同生活令人吃惊的不愉快，而且用真心诚意的关怀为清除这些被觉察到的东西引起的弊端，操尽了心，那么，这种情况随即也就瞒不住她了——我在自己几乎漫无目的的活动中，在我的生计完全缺乏物质保证的情况下，在巴黎处于何等艰难的景况。举行三场音乐会给我带来的巨额开支，最终是没有一个关心我的人不知道，就连马尔维达很快也就猜出来我处于何等困难的景况了。这时，任何方面都不能出现一种可以视作我迄今为止活动的一种实际成果，视作对给这些活动带来牺牲的一种补偿的希望。完全出于自愿，她感到有义务想到为我提供一种帮助，而且采用使我认识一位富有的英国商人遗孀、一位名叫施瓦贝夫人的办法，寻找这种帮助。她以前在这位夫人家里找到一个充当该夫人大女儿家庭教师的职位。她并不对自己和对我隐瞒，在维护这种相识时，给我提出了多么令人恶心的过分要求这一事实。尽管如此，她仍然向她所认为的这位相当滑稽可笑的夫人的好心，以及该夫人的虚荣心求助——此人肯定会试图酬谢我，给我一笔参加我的社交聚会的奖金。实际上，我所有的生活费都全部花光了。为了否认这种倒霉状况，我只有从我所感到的厌恶中得到勇气。当时我听说，在巴黎的德国人中，有人打算通过进行一次募捐来补偿我那些音乐会的开销。听到关于募捐的消息时，我立即就发表声明，制止那种由于我的贫困，根据一种错误谣传而认为失败的假设，制止关于我必须在这个意义上拒绝任何努力的说法。施瓦贝夫人经常出席我的文艺晚会，同样总在演奏时呼呼入睡。可是她现在却感到有必要让人通过小心谨慎的迈森布格夫人，给我提供她私人的帮助。这笔捐助涉及大致3000法郎。这些钱此时此刻对我而言，当然是雪中送炭。由于我不愿接受这笔赠款，我自愿给这位对这笔赠款不提任何要求的女士，开出了一张有接受钱款数额、为期一年的票据。她之所以好心好意接受这张票据，只不过是考虑到我的感情罢了，但并不是想要确保她那方面要求偿还的权利。当后来这张票据的到期时间真的到来时，因为另一方面，我的景况也根本不可能让我兑现这张票据，我便向这位留在巴黎的迈森布格夫人求助，在从那以后再次住在外地的票据持有人那里，为将这张票据的期限延长一年说情。这位夫人这时用极其肯定的语气回答我，要我不必多此一举，因为施瓦贝夫人把交给我这笔钱从来都只看作祝贺我那些巴黎活动成功举办的一笔自愿捐助，她认为自己对这次成功极感兴趣。我们后来听说，情况就是如此。

既使我惊异，也使我感动的是，在这个极其激动的时候，收到一位名叫里夏德·魏兰德的德累斯顿市民寄来的致敬礼物；这是颇有艺术技巧的银制工艺品，一个被月桂树环绕的乐谱，上面刻着我的歌剧直至《莱茵的黄金》和《特里斯坦与伊索尔德》中正主题的开始节拍。这个谦逊的人后来有一次来看我，给我说明：他几乎是一次不落地紧跟我的歌剧在各地的各场演出，他记得是在哪些场合从《唐豪瑟》在布拉格的演出中得到这个印象。在那里，序曲持续了20分钟，而它在德累斯顿由我指挥时却只用了12分钟。

用另一种方式表明我感到十分愉快兴奋的是同罗西尼的接触。报刊上的一个流行笑话把一句俏皮话强加于罗西尼头上。按照这个笑话的说法，当他的朋友卡拉法表示赞同我的音乐作品时，据说，他就在一个侍者上鱼这道菜，却又没上调味汁时，用这种方式解释这种情况：就连他的朋友也喜欢没有曲调的音乐。现在，罗西尼在一封公开信中十分正式、十分严肃地对此提出抗议，他宣布那句强加在他头上的俏皮话是一个“恶作剧”，而且与此同时，还表示：他决不会允许自己对于他看见正在扩展自己艺术领域这样一个人开这类玩笑。在我得知此事之后，我毫不犹豫地去拜访罗西尼，就像我后来在自己的一篇回忆罗西尼的文章中对于此事的描述那样，受到他的友好接待。——我也同样感到愉快的是，听到有关我的老朋友阿莱维的情况，他在关于我的音乐作品的争论中，友好地站在我这一边。关于我拜访他的情况以及在这种场合习以为常的谈话情况，请参阅我过去那篇业已事先发表的报道。

尽管如此，但是所有这些多方面友好的、鼓舞人心的相遇却毫无成效，对于改善我的景况好像没有任何靠得住的指望。我不得不一刻不停、迫不及待地期望，是否会对我呈交拿破仑皇帝的申请给我一个答复，是否会把大歌剧院的资金分配给我再开几场我的音乐会。因为只有出现这种情况，也就是说如果我不用承担任何费用，才能给我带来一种变得越发必要的好处。依旧确定无疑的是，富尔德大臣在皇帝面前给我拼命制造障碍。由于我现在对此已经有了令人喜出望外的体会——马南元帅出席倾听了我整整三场音乐会，我可以在皇帝自 12 月 2 日那个时期以来对其特别客气的这位先生身上，看出一种并非毫无用处的、可以利用的对我的同情。因为我的目的完全是要去指责那个变得让我极其反感的富尔德先生，所以我就要求去拜访那位元帅，而且因此得到那个巨大的惊喜，有一天看见一个穿匈牙利式制服的轻骑兵骑马来到我家门口。此人翻鞍下马，拉门上小铃，然后把马南的那封信交给我那个惊讶的仆人。马南在这封信中邀请我去他那里。因此，这位身材魁梧、体重过量的军人便在巴黎司令部里接见我：此人同我谈得很投机，他毫不掩饰地给我证明他对我的音乐的兴趣，确实是全神贯注地倾听我讲述我在皇帝那里所做的、如此引人注目、漫无目的的尝试，以及我对富尔德有怀疑的表白。有人后来告诉我，他于当晚就在杜伊勒利宫就有关我的问题十分明确地质向富尔德。

至少可以肯定的是，我从现在起，从这方面体验到我的事情出现转机的那些越来越明白无误的征兆。可是，在从迄今为止被我毫不理睬的方面出现一种对我有利的举动时，那个至关紧要的事情就发生了。比洛被参与所有这些事情的扫尾工作缠身，一再延长他在巴黎的逗留时间。他当初曾经怀揣普鲁士当时的公主一女君主给公使普塔莱斯伯爵的推荐信来到此地。他期望看到这位先生最后亲自表达把我介绍给他的愿望。他的期望迄今尚未实现。为了迫使他同我认识，他终于使用手段，邀请普鲁士公使及其专员保罗·哈茨费尔德伯爵莅临第一流的小母牛饭店共进午餐。我应当陪他前往。然后，他面带一丝特别的微笑，给我展示两位伯爵的便条，这两位伯爵在便条上表示非常乐意接受这次邀请。比洛首先要担心的是，这种他设想的、使这两位先生顺从的主要兴奋剂，也就是特别美味可口的酒菜是否会失效。这次会见的成果当然是如愿以偿了。普塔莱斯伯爵由于他的闲聊以及他对我的态度十分朴实、极其热情，尤其使我感到高兴。从现在起，哈茨费尔德伯爵也来看我，还参加我的星期三招待会，终于带来在杜伊勒利宫的宫廷里正在采取一个有利于我的举动的消息。他终于请我同他一道去拜访皇帝的司库大臣巴塞奥基。然后从这个人那里，我得到回答我过去向皇帝呈交的申请的初步表示，据说这里有：我到底为什么要坚持在大歌剧院开一场音乐会；认真说来，这样一场音乐会甚至不会有人感兴趣，也不会给我带来别的效果；有人奉劝这个皇室机构的经理阿尔方斯·鲁瓦耶先生，同我就一部为巴黎谱写的歌剧达成谅解。因为我对此忠告一点也听不进去，所以这样的磋商好几次都毫无效果；可是比洛却陪我去参加其中的一次磋商。在这种场合，我们就拿贝洛尼声称在其青少年时代就认识的那位在米兰斯卡拉歌剧院担任查票员的、脾气古怪的伯爵先生开玩笑，对其评头论足，说他很可能由于不十足光彩的身体残疾，只有尽量通过不断挥舞一根小棒，才能将他手部某些下意识的抽搐动作掩盖起来。他用本身看似具有艺术性的手法，让这根小棒上下跳动。甚至就在这样开始同皇室当局直接打交道之后，我的事情看来几乎毫无进展。这时，有一天上午，哈茨费尔德伯爵带来的消息使我喜出望外：皇帝于昨晚发布上演我的《唐豪瑟》的上谕。促成此事的关键性诱因是由梅特尼希侯爵夫人引起的。当人们正好在皇帝周围聊到我时，这次侯爵夫人也参加进去。当皇帝征求她的意见时，曾经在德累斯顿看过那部歌剧的她，用这样一种挑衅性的热情，发表对《唐豪瑟》的看法，致使皇帝立即答应她，发布上演该剧的上谕。皇帝的谕旨当晚就送达富尔德，虽然富尔德对此大发雷霆，但是拿破仑向他暗示：他不能收回成命，因为他已经答应了梅特尼希侯爵夫人。现在我又被带到巴塞奥基那里。此人这一次神情十分严肃地接待我，但是首先提出的却是询问我的歌剧题材这一奇怪问题。我不得不简明扼要地告诉他这一题材。当我说完时，他满意地站起身来："啊！神父没有出场吗？好了！有人曾对我们说过，您曾经让圣父出现过，而这一点将永远不会成为过去。您明白吗？再说，大家现在都知道，您具有非凡的才能，皇帝已经下令演出您的戏剧了。"他向我保证还要做别的事情，为了满足我的愿望，从现在起，我应当就这个问题同鲁瓦耶经理达成谅解。

事情的这种转折把我弄得茫然不知所措，这时我内心的呼声最先给我描述的只是我应当因为这种转折而对之表示感谢的这些奇怪的误会。当然，对我而言，要看见实现我那个由一个经过挑选的德国剧团在巴黎上演我的作品的原始计划的任何希望都破灭了。我无法掩饰自己现在依靠一个冒险家交上好运的想法。同鲁瓦耶经理进行几次商谈，就足以使我对给我带来的这个新行动的性质有所了解。他没有更为迫在眉睫的担心，发愁的只是要说服我改动第二幕的必要性，因为在这里引入一场大型芭蕾舞是绝对必要的。对于这些以及类似的过分要求，我几乎都根本不予回答，只是在回家路上考虑，如果我干脆放弃在歌剧院演出《唐豪瑟》，那我现在该怎么办。

此外，另外那些直接触及我这种景况的忧愁也够紧迫地促使我，为补救我这种景况，首先要转变我整个活动的方向。按照这个意思，我决定最先实行由贾科梅利提出的，在布鲁塞尔重新举行我的音乐会的计划。与当地的金融街剧场达成一项举行三场音乐会的协议，音乐会除去一切费用之外，剩下的一半应当归我所有。当时在我的代理人陪同下，我于3月19日前往这个比利时的首都，去试一试自己是否能够在那里为我在巴黎音乐会中丢掉的钱得到一些补偿。在我的顾问指导下，我觉得必须去探望各种各样的报纸编辑，但除了比利时其他那些权威人士之外，也去探访费蒂斯·佩雷先生。从这个人那里，我知道他已经在几年前被麦耶贝尔让人收买来对付我。现在这使我感到很有趣，同这个以权威姿态出现的人进行一种类似讨论的商谈。在商谈中，他最后表明，他的观点同我的完全一致。——但是在这里，也同枢密院成员克林德沃特奇怪相识。克林德沃特的女儿，或者正如某些人所想知道的，他的夫人，从前，当我在伦敦逗留时，就已经由李斯特给我介绍过。然而当时她并未到那里。我现在很高兴，看到在此地，在布鲁塞尔为使我感到意外惊喜，由她来邀请我。当她极其友好地照顾我时，克林德沃特本人则只顾喋喋不休地聊他作为外交官那段奇特生涯的经验，涉及各种各样我已经不清楚的切身利益。我多次在他们那里就餐，在那里认识了康登霍韦伯爵和伯爵夫人，该伯爵夫人是我的老朋友卡勒尔吉斯夫人的女儿。克林德沃特先生这时总是显得对我极有好感。他声称同梅特尼希侯爵的父亲特别要好，认为有必要非得给我写一封交给侯爵的推荐信不可。——只是在上一次闲聊中，他在谈到生活准则所有往常的轻率时，令我惊讶地援引操纵一切的"天意"，促使我做出气呼呼的答复。这时，他失去了所有的自制力，致使我已经认为，他准备同我彻底决裂。这是一种担心，不过这种担心看来现在不能，甚至今后也无法成为现实。——可是，除了这个有趣的熟人外，我在布鲁塞尔净遇到一些苦恼和劳而无功的事。第一场音乐会在保留预订的情况下，观众如潮，剧场满座。只是由于合约中的一条被我误解的附加条款，落到我个人头上的真正音乐会演出的费用，被剧场管理部门狠狠一算，弄得几乎没有一分一厘落到我的赢利部分上。这种情况现在应当由第二场音乐会来补救。可这场音乐会正在预订戏票之中。有人给我讲到那些预订入场券的人，说他们本来要把整个剧场都包下来。因为除了这些预订入场券的人之外，看来付钱买票的观众来到现场的寥寥无几。就连这一次我的收益也并不是那么多，我无法以此来抵偿由于有一个代理人和一个仆人陪同而增加的旅行和逗留花销。于是我终究决定，放弃开第三场音乐会的尝试，得到施特雷特夫人，就是克林德沃特那个女儿赠送的一个波希米亚玻璃花瓶，怀着并非特别高兴的心情返回巴黎。然而这次停留却由于一次从这里出发，前往安特卫普、旅途十分短的出游，倒使我算是散了心。我绝不是怀着把为此给予我的一点点时间用来参观艺术宝藏的心情，满足于这个城市的外部景象。这种景象提供给我的那种古色古香的意味，比我先前估计的还要少。可是由于自己对这个著名城堡的状况感到失望，我的心情十分烦闷。为了我的《罗恩格林》第一幕那场戏，我认为，我想象为安特卫普老城堡的那座城堡会在斯海尔德河彼岸呈现出一个不管怎样都是出色的亮点；现在没有那个亮点，只能看见一片毫无差别的地面连同埋入地里的防御工事。在后来我所在场的《罗恩格林》演出中，我这时不得不习惯性地对剧场制景人员那个在背景中矗立在雄伟的高山上的城堡付之一笑。

3 月底返回巴黎，也许我首先应当考虑的并非别的事，而是我这一贫如洗、因而毫无希望的处境。在这些忧愁的压力下，我不得不显得比在自己家里更古怪。在家里，由于我那耸人听闻的状况，出现一种十足的时尚，所以我对此不露声色。星期三招待会变得越来越有声有色，引人注意的陌生人来参加招待会，是为了通过我接近同一幸福女神。青年汉斯·封·布龙萨尔特后来的夫人英格博格·施塔克小姐打扮时髦、楚楚动人地来到我们那儿演奏钢琴；来自魏玛的阿莉妮·洪德小姐谦逊地去帮她；一个法国极有天赋的年轻音乐家卡米尔·圣-桑以十分令人愉快的方式参加音乐消遣。除我其余的法国熟人之外，还有一个极其高贵的朋友，弗雷德里克·维洛那位熟人。有一天，我在与之开始了并非无关紧要的交往的音乐商弗拉克斯兰德的店铺里，遇到这位卢浮宫绘画保管人——一位弱不禁风、很有教养的先生。当时，他正好在那里打听由他预订的《特里斯坦与伊索尔德》总谱是否到货；在把我介绍给他，而且我被告知，他已经有我过去那些歌剧的总谱，尽可能从我那些戏剧音乐作品中获得一种享受之后，我对此感到非常吃惊。因为我没法理解，我就问他，在不会德语的情况下，他怎么能够弄清正好就是这种与台本关联十分密切的音乐作品。他对此给予十分风趣的回答，说恰恰是我的音乐作品可以作为理解我的台本的最佳说明。在他回答之后，我便对这个人产生了极大的好感，而且从那以后都一直为能够同他保持令人兴奋的接触感到高兴。所以后来我认为，为我的歌剧台本译文写的一篇十分详细的前言只能献给他，除他之外，没有人能够配得上。他自己不会演奏的那些歌剧的总谱，他让人由先前提到过的、看来是受到他提携的年轻音乐家圣-桑来演奏。现在我在这方面见识了圣-桑的熟练技巧和天赋，这甚至使我确实感到惊讶。这个年轻人既具有在总揽极其复杂的乐队总谱方面极其杰出的熟练程度和速度，也兼有同样值得钦佩的记忆力。他不仅能凭记忆演奏我那些乐曲总谱——现在又加上《特里斯坦与伊索尔德》——而且这时还能把这些总谱中那些重要的以及不太重要的细节都表现得这样精确，致使人们以为他一直在仔细盯着总谱哩。后来，他可能听说，他身上深入的创造性不能发展成为在掌握音乐作品所有技巧资料时的这种单调的感受性，所以我在他持续不断地尝试作为作曲家粉墨登场的情况下，就逐渐逐渐，同他完全失去联系了。

现在我到底又同大歌剧院经理鲁瓦耶取得了进一步的谅解，而且是就有关托付他上演《唐豪瑟》的问题取得谅解。在我弄明白对整个事情同意还是不同意之前，两个月就在这种情况下过去了。在同那个人的商谈中，没有一次不提及让人想起在第二幕中的一场芭蕾舞的劝告；我把他说得头昏脑涨，却从未由于我的口才说服他。——不过首先我无法拒绝想到台本的一种适用的译文。

关于这项工作，已经搞得特别让人心神不宁。正如我过去已经讲过的那样，在德·夏尔纳先生证明自己难当此任，罗歇老是在我面前消失不见，可是加斯佩里尼也向我表示要担任这项工作不用十分严肃认真之后，在我身边出现了一位名叫林道的先生（我好像记得教名是保罗）。此人满怀信心地向我宣布：他延请年轻的埃德蒙·罗歇一道，就敢完成对《唐豪瑟》进行完美无缺的翻译。这个林道出生于马格德堡，逃避服普鲁士兵役，当那个由贾科梅利聘请在我的一场音乐会中演唱《金星》的法国歌手突然回绝时，贾科梅利就把他作为训练有素的代理人推荐给我。他当即就表示准备不用排练就担任那首歌曲“对他而言是耳熟能详的演唱”，这样做会促使我认为他是一个上天给我派来的天才。对此，没有任何东西会与我对这个人这种闻所未闻的狂妄所感到的名副其实的惊讶相似的了。这个人用完全是半瓶醋的羞羞答答，不让人听清楚歌曲的任何一个节拍,在音乐会那天晚上,采用如下方式完成他的任务:看来,只是观众对这个无法理解的事情发展过程感到的惊奇,遏制了众人怒气的大声发泄。尽管如此,这个很会为自己的罪行作各种各样解释和辩解的林道,很善于在我家里,尽管不是作为幸运的歌手,却是作为有同情心的朋友初次亮相,特别是由于他很快就赢得明娜的喜欢,几乎成了每天的常客。尽管我对认识他内心总感到别扭,但我仍然对他宽大为怀。可是,他并不把这种宽容归功于他关于自己有些很大的靠山的保证,而是归功于自己尽可能在处理所有事情时特别讨人喜欢。

但是现在促使我想到要让他参加翻译《唐豪瑟》的,却是他恳求那位年轻的埃德蒙·罗歇参与合作共事。

我刚到巴黎时(去年 9 月份),就以异乎寻常、令人喜欢的方式认识了此人。为了收到我当时从苏黎世给自己事后送来的家具,我来到海关办公室。在那里叫我去找一个面色苍白、衣衫褴褛、却显得十分活泼的年轻人,我同此人一起办完了我的事情。当我想要给他说出自己的名字时,他十分热情地打断我的话:“啊,我认识里夏德·瓦格纳先生,因为在我的钢琴上方挂有他的肖像。”我非常惊讶地询问这位朋友,得知他确实通过仔细研究我那些歌剧的钢琴改编曲成了我热情的追随者。在他首先怀着富于牺牲、乐于助人的精神,帮忙解决了我在海关那些伤脑筋的事情之后,他只好答应我,要来看我。他来了,我现在可以更清楚地看到这个可怜的人穷困潦倒的景况。按照我对这种状况斗胆做出的评判,此人给我为一个富有诗意的高贵天才提供了证明。除此之外,他还给我讲,他还作为小型歌舞剧院乐队的小提琴手试图自己克服困难。可是在这时,从各方面来看都很不幸,他为了照顾自己的家(因为他已经结婚),不得不宁可选择一个收入虽然微薄，却有固定薪金，而且还有晋升希望的办公室职位。他声称，这个职位给他提供了抚慰他那悲惨生活的唯一慰藉。关于他那些诗作，加斯佩里尼和其他那些权威人士都只能说，这些诗作至少会提供漂亮的诗句。我已经想到由他来翻译《唐豪瑟》，因为现在肯定会妨碍他从事这项工作的唯一缺陷，也就是他对德语的一窍不通看来会由于林道请他加盟得以消除，于是我宣布达成这样一个协议的可能性，立即接受林道的建议。

我们首先达成协议，将一篇我当然是单独交给林道的、关于整个主题的、简单的散文译文放到作品中去。在我拿到这篇译文之前，出现了一种奇怪的犹豫，其原因后来是这样给我解释的：林道甚至连这种枯燥乏味的翻译都不会做，他把这项工作硬塞给一个穷人，一个懂德语的法国人，花了一笔现在骗去的和逐渐从我这儿榨取的稿酬。与此同时，罗歇则把我台本中几个主要诗段译成我十分喜欢的诗。我现在带着我的合作者精明干练的这两个证明，出现在鲁瓦耶身旁，指望取得他的同意，接受对那个人的委托。我要在这里为此委托两个无名小卒这件事，看来并不合鲁瓦耶的心意。但是我断言，无论如何必须先进行认真细致的试验。我致意坚持，心里想的是不要收回给罗歇的委托。我很快就确信，林道根本就没有丝毫能力帮任何忙。我本人也极其紧张地参加了这项工作。这两人仅仅为了译好几行诗，在我这儿要坐上 4 个钟头之久。遇到这种场合，通常都想把林道赶出门去。这个林道看来对于德文歌词甚至可以说是一窍不通。尽管如此，他却每时每刻都可以信手拈来，提出一些极其厚颜无耻的建议。只是因为我现在不知道，自己怎样才能给可怜的罗歇保住他分摊的那份工作，所以我才在连续不断生气的情况下，保留了这种荒唐的组合。

这项令人痛苦的工作持续了好几个月。在这段时间，我在另一方面同鲁瓦耶现在关于筹备上演《唐豪瑟》的事宜，尤其是关于歌剧中的角色分配问题，得有更进一步的联系。不能不使我感到奇怪的是，没有一个大歌剧院的歌剧演员被经理推荐来出演角色；就连我自己都确实不喜欢他们所有的人，但是一位名叫盖伊马尔德的夫人除外，我很想用她出演维纳斯，但是（出于我至今不明的原因），我被拒绝了。另外，为了认真仔细地观察现有人员，我现在多次观看诸如《宠姬》、《游吟诗人》和《赛密拉米德》这些歌剧的演出。在这样的场合，内心的呼声当然在十分清楚地给我指点，我感到受人驱使踏上的迷津，以致我在回家途中总以为自己下定决心，坚决放弃这整个计划。与此相反，直言不讳的坦率在一再引诱我。那个被授权这样做的鲁瓦耶凭着这种坦率，表示愿意把我所希望的任何一个歌手给我拉过来。就这方面而论，首先涉及一个主要角色的男高音歌手。为此，我猛然想到的并非别人，而是从各个方面来看，都备受赞赏的、汉诺威的尼曼。就连诸如富歇·德·卡雷尔和佩兰这些正好听过他演唱我那些角色的法国人，都证明他特别出色；在经理看来，对于他的剧院来说，这样一种获得真是求之不得的。这样以来，现在尼曼便应邀来巴黎签订一个聘用合同。除此之外，鲁瓦耶先生还希望，我能表示赞同聘用一个名叫泰德斯科夫人，因为他没法推荐比她更好的人选来扮演维纳斯。泰德斯科夫人是“悲剧演员”，特别是由于她的美貌，对于这部歌剧的全部节目会大有裨益。我虽然不认识这位女士，却对这个非常好的建议表示赞同。另外，我还表示同意聘用一位名叫萨克斯的小姐、一位嗓音十分甜美、仍然玉洁冰清的年轻女歌手，以及一位名叫莫里尼的意大利男中音歌手。莫里尼洪亮的嗓音在那些我所观看过的一场演出中，同这一类法国歌剧那些病态歌手相反，使我感到由衷的喜欢。因此，我现在采取了一切认为有必要的预防措施，就自己所知，看似如此，但实际上内心深处并不相信这种事。

在这类交往期间,我的47周岁生日就在极不愉快的气氛中悠然而逝。只是在当天晚上,木星特别明亮,闪闪发光,使这种气氛成了预感不祥的转折。新年伊始的美好季节从来都不利于巴黎的业务交往,它使我的困难有增无已:我过去不指望,现在仍然继续不指望,有可能去弄到承担我那业已变得费用相当巨大的家务开支的金钱。在其余所有这些令人郁郁寡欢的精神重压下,坚持不懈地努力为此向人求教,我也同音乐商弗拉克斯兰德打交道,与他一起参与出卖我那些尽可能用于法国的,对《漂泊的荷兰人》、《唐豪瑟》和《罗恩格林》这些歌剧所享有的版权。对此签订的契约表明,出版商应当立即为三部歌剧中的每一部支付给我1000法郎,而其余款项则于该歌剧在巴黎一家剧院上演之后才支付。也就是答应在最初10场代理之后,付给我1000法郎,再一次是在第20场代理之后,再付给我同等数量的金额。关于偿还我的老朋友普西内利过去为出版我的歌剧借给我的资金这一问题,我在向梅泽尔的继任者卖出这些歌剧时,已经就这一点达成有利于他的协议。我立即将这个合约通知普西内利。与此同时,我又请求他,免去我偿还弗拉克斯兰德的第一批部分付款,因为我正为了使那些歌剧在巴黎还有赢利的可能性,现在不得不身无分文地东奔而忙。这个朋友同意一切听我支配。与此相反,那个德累斯顿出版商的举止行为却更加令人反感。此人当即就抱怨损害了他在法国的版权,因此也就采用这种方式来纠缠弗拉克斯兰德:那个人从此以后能够借口有理由,再次给我制造麻烦。

不能给自己弄到一笔不管是哪样的一种足够的资助,我甚至在这条路上差不多只有陷入新的讨厌事中了。这时,保罗·哈茨费尔德伯爵有一天出现在我身边,请求我去拜访刚到达巴黎的卡勒尔吉斯夫人,从她那里得到消息。我是自1853年我同李斯特一道在巴黎停留以来，第一次再见到这位女士。她在接待我时说明，她感到十二万分的抱歉，没能出席我在去年冬天举行的那几场音乐会，这样就失去了在困境中及时帮助我的机会。她听说，我在这里蒙受了巨大损失，有人告诉她有1万法郎。她现在请求我接受由她为此做出的补偿。要是我事先就不得不认为，得体的做法是直截了当地对哈茨费尔德伯爵否认那些亏损的话——因为有人采用那种令人反感的教堂募捐的办法，也去向普鲁士公使馆求助——那我现在就感到没有丝毫理由在这位慷慨大方的夫人面前假装。我感到，仿佛只有我向来有理由以为可以期待的东西才能实现。对此，我立即就只感到唯一需要的是同样回报这位少见的夫人，至少能够使她有所感觉。昔日同她的交往使得我心神不安宁。我所有这些忧虑都源自这样一个愿望未能如愿以偿。这位夫人奇怪的性格和生活不安定的履历使我一直怀着这个愿望。现在我却立即试图向她证明，某种给她证实那种愿望是一种真诚的愿望的东西。我特意为她即席演奏《特里斯坦与伊索尔德》第二幕的一场试演，在这场试演中，要我借此机会更加亲近的维亚多夫人同我一道担任歌唱角色。这时，我又自己掏钱，让克林德沃特从伦敦来给我弹钢琴。这场十分奇特的秘密演出在维亚多夫人家中进行。除了为其举行专场演出的卡勒尔吉斯夫人之外，到场的只有柏辽兹。维亚多夫人特别支持请他参与，看来是怀着非常明确的意图，要消除我与柏辽兹之间业已出现的不和谐气氛。在这样的环境中进行的这个古怪片断的演出给参加演出的人和在场的人留下何种印象，我始终不清楚；卡勒尔吉斯夫人默然不语；柏辽兹只是对我演唱的“热情”表示认可。我的演唱当然可以同我的女助手大多轻声暗示的演唱足以明显区分开来。看来，特别是克林德沃特被由此出现的状况弄得大为不满。他虽然出色地完成了自己的任务，却声明，在注意到维亚多夫人的行为时，气得要命。很可能是顾及在场的柏辽兹，才促使维亚多夫人在演唱她那个角色声部时采用了那种冷淡的态度。与此相反，我却感到比我们有一天晚上在我家里演出的《女武神》第一幕还要满意，那一次演出时，除了卡勒尔吉斯夫人之外，还有歌唱家尼曼在场。

尼曼因为应鲁瓦耶经理的邀请，由于签订合约的缘故前来巴黎。很可惜，这一次他给我留下的印象在初次重遇时，就不像当初那样好。当时，在好几年前，他第一个在苏黎世来看过我。我对他那特有的粗野放肆、玩世不恭感到大吃一惊，他立即就采取这种站在房门口，用"怎么，您要不要我?"这个问题自我介绍。与此相反，他在我们一道在经理办公室做客时却极其克制自己，以便给人留下一个好的印象，这种印象竟不会遗忘，因为所有的人都对见到这样一个身材过于高大的男高音歌唱家这个奇迹感到惊讶。尽管如此，他还是终于同意进行一次假试演。他为这场试演选择了唐豪瑟朝觐途中的叙述，在大歌剧院的舞台上由他登台表演和演唱。秘密观看这次排演的卡勒尔吉斯夫人和梅特尼希侯爵夫人同剧院领导部门的成员一样，立即就对尼曼产生了狂热的好感。他受聘 8 个月，月薪 1 万法郎。这次聘用只针对《唐豪瑟》的演出，因为我认为，必须对该歌唱家此前在其他歌剧院的登台演出提出抗议。

考虑到这些异乎寻常的状况——在这些情况下，就连这种事都能办到——这种聘用合约的签订，使我充满着一种迄今为止从不知晓的、一种突然赋予的神秘力量的感觉。这里正好在订立这种合约。梅特尼希侯爵夫人没法不被显而易见地视为整个计划的赞助人。我现在也同这位赞助人开始了更为密切的交往，感到自己受到她的丈夫以及公使馆里的大多数人——两人都属于公使馆这些人群——十分热情的接纳。看来人们尤其得劝说侯爵夫人在法国的皇室宫廷施加一种威力无比的影响。那个平时很有影响的国务大臣富尔德在涉及我的那些事情上,对她再也没法说任何坏话。我按照她的规定,为了我所有的愿望,永远都只向她求助:她会有办法实现挂在她心上的一切,更何况她很可能看到我自己对这整个活动还心存疑虑哩。

受到这些赞助,从夏天到秋天,在这个应当开始排练的时候,看来我有了一个十分令人高兴的开端。对我而言,值得一提的是,正好现在能够从容不迫地照顾明娜的健康,迫切地劝她在法兰克福附近的索登疗养。她于 7 月初出发前往该地。我答应她,在她疗养期满后,趁现在让我能够访问莱茵地区的机会,把她从那里接回来。

萨克森国王迄今为止出于"法律方面的原因",顽固坚持反对赦免我。因为现在,在我同这个国王的关系中出现了向好的方面的变化。我要为这种变化,感谢其他那些德国公使馆,尤其是奥地利公使馆和普鲁士公使馆对我与日俱增的同情。萨克森公使、我的大公爵朋友卡勒尔吉斯夫人的一个堂姐妹的夫君封·泽巴赫先生对我同样十分真诚、十分关心。他看来是再也没法继续忍受被他的同事们问及我这种作为"政治逃亡者"的、如此不成体统的景况。因此,他把在萨克森宫廷作对我有利的介绍视为己任。看来也由于当时的普鲁士公主-女君主,另一方面也是通过普塔莱斯伯爵的介绍——好意协助才玉成此事。我听说,在德国王侯与拿破仑皇帝在巴登进行会晤时,这位公主就在萨克森国王面前说出一句举足轻重的话。在消除了封·泽巴赫先生不得不给我说明的那些各式各样的可笑的顾虑之后,他终于向我透露,约翰国王虽然不能赦免我,也不能允许我返回萨克森王国,但是对于我在其余德意志联邦国家想要进行的诸如旨在从事艺术活动的访问所作的停留,从那些诸侯国方面对此不产生顾虑时起,不会再提出任何异议。封·

泽巴赫先生劝我自己，在我初次访问普鲁士公主-女君主的莱茵地区时去作自我介绍，表示我对她为我说情的谢忱，萨克森国王本人看来对此很重视。

在我实现这个意图之前，我还得同我那些《唐豪瑟》的译者一道经受这极其令人痛苦的劳累。我在这种以及先前所有的辛苦劳累中，再次处于我过去的痛苦状况。这种痛苦的疼痛点看来特别集中在下腹。针对这种情况，人们给我规定了那个骑马疗法。遇到了一个友好的年轻人——画家切尔马克。迈森布格小姐将此人带到我面前，他现在自愿在给我规定的骑马练习时帮忙。我这时必须在一个马匹出租商那里预订。由于事先预订了，有一天，就把两匹符合要求的、极其驯服的马从马厩牵到我和我的伙伴面前。我们现在敢于骑在马上，尽可小心翼翼地向布洛涅树林走去。另外，我们选择上午几个小时，以免碰到上流社会那些穿着考究的绅士。我信得过切尔马克的经验，所以我现在感到惊讶的是，尽管不在骑术方面，但无论如何也是在胆量方面超过他，当我忍受住了我这匹马那种当然是极其劳累的小跑时，他却大声道歉，表示反对重复这种练习。大胆去干，现在我决定翌日单独骑马外出。那个给我牵马来的马夫一直注意观察我，一直到星状城门处，肯定是在密切注意，看我是否会超越这个地区。当我接近皇后林荫大道时，就连我这匹白马都顽固坚持，拒绝往前迈步，避到一边，然后往回走，再次停下步来，直到我终于下定决心掉转头往回走。幸好那个头脑冷静的马夫预先迎了上来。他帮助我在空地上下马，然后面带笑容把马牵回家。我想在骑马时弄出点什么名堂来的最后一次尝试就此永远结束。这次尝试花去了我业已得到的十次预订票，这些票残留在我的斜面桌里，没有使用。

从此以后，在布洛涅树林里孤独寂寞的散步就作为补偿，使我消除疲劳。在散步途中，小狗菲普斯活蹦乱跳地陪着我，而我也在散步时重新学习估计这个文化设施的杰出之处。要不然，就像巴黎的夏季总会造成的这种情况一样，我的周遭变得更加安静了。比洛自从共同经历了按照皇帝命令上演《唐豪瑟》，在小母牛饭店举行的他那场午餐音乐会取得的闻所未闻的成果以后，早已经返回德国去了。就连我现在也要在8月份踏上这次准备充分、前往德国莱茵地区的旅途。在莱茵地区，我先经过种隆，前往科布伦次，去探望很可能在那里的普鲁士皇后奥古斯塔①。可我听说，她在巴登停留，因此就选择了经过索登这条路。我在索登接明娜，然后同她前些时候征集到的女友玛蒂尔德·席夫纳一道继续旅行。这时，我们到达法兰克福。在这里，我与自己从德累斯顿分手以来同样周游各地的哥哥阿尔伯特第一次重逢。

在这里，我意识到自己正在阿图尔·叔本华的居住地。一种奇特的胆怯妨碍我去拜访他。我的情绪使我过于心不在焉，远离所有在同叔本华的一次交谈中——即使在我感到能真正敌得过他的情况下——能够成为唯一议题的东西。另一方面，为此同叔本华见一次面对我而言，肯定是十分重要的。就像在我生活中遇到那么多的事情一样，我把自己生活中一件最重要的事情推迟到朝思暮想、期望得到的另一时刻。现在，这一时刻也许终于很快就会到来了。关于叔本华，我自以为我在法兰克福这次匆匆拜访之后一年——当时我在这个地区住下来，待了比较长一段时间，以便上演我的《纽伦堡的名歌手》——现在这个时刻已经到来：但是叔本华偏偏在这一年辞世。这件事促使我对命运的无常进行一次自怨自艾的反思。

---

① 奥古斯塔（1811—1890）：普鲁士皇后，萨克森-魏玛公主。1829年与普鲁士王子、后来的威廉一世皇帝结婚。

与此相反，现在我的另一个希望已经破灭，因为我自以为能够促使李斯特在这儿，在法兰克福同我会见。可是我在那里只找到那封信。他在信中通知我，他不可能答应我的请求。我们从这里出发，直接往巴登—巴登进发，在那里，正当明娜及其女友受到轮盘赌诱惑的刺激时，我借助普塔莱斯伯爵写给王族殿下的宫廷贵妇哈克伯爵夫人的一封介绍信，谋求得到我高贵的女资助人接见。经过几许犹豫之后，我得到她的答复，我可以在下午5点钟在冷饮亭探望她。这是一个又湿又冷的日子。当我朝着富有希望的冷饮亭走去时，这个地方的四周这时都仿佛已经空无一人。奥古斯塔同哈克伯爵夫人在冷饮亭里走来走去，当他们从我身边走过时，便态度谦和地停下步来。当她的丈夫把我介绍给她时，她那个晚上在柏林宫廷剧院他们包厢里给我留下的那种极其优雅的印象，我现在再也无法重新获得。她说起话来装腔作势，引人注目。她使我在这方面想起她那自命不凡的兄弟魏玛大公爵来，我几年前在卢塞恩认识此君。除此之外，她的讲述几乎全是声明自己在各个方面都没有丝毫权力。针对这个申明，我一不小心，提到萨克森国王方面给我的暗示，由于给我提供的好处，要向她致谢。后来，这件事似乎使她生气了，她显得相当不以为然，用十分平庸乏味的言辞把我打发走。后来我的老朋友阿尔维娜·弗罗曼给我说，她不知道是什么事会使公主对我反感，也许是我的萨克森口音吧。——因此，这一次没有留下任何令人愉快的印象，我就离开巴登这个平日赞不绝口的天堂，同明娜一个人，在曼海姆登上那条带着我们破天荒第一次沿着莱茵河航行的轮船。这时我想起了，自己曾经多次横渡莱茵河，却对德国中世纪的这条如此有特点的纪念水道毫不了解。我经过科隆匆匆返回，结束这次只有8天的旅行，以便从现在开始，致力于解决这次巴黎行动那个业已变得令人难堪的严重问题。

看来似乎能够减轻我所面临的辛苦劳累的东西，就是年轻的银行家埃米尔·埃尔朗热所关心的那种同我结成的友好关系。有一个特别的人物阿尔贝特·贝克曼，昔日的汉诺威革命家，路易·拿破仑亲王后来的图书馆馆员，现在是为我不清楚的各种利害关系服务的报刊代理人，自称我的同党，很有办法同我认识，而且证明在这方面总是特别讨人喜欢。他现在向我说明，就连他同样在新闻业务方面为之服务的埃尔朗热先生也希望同我认识。我准备采用圆满的方式拒绝他这个建议，我给他解释，从一个银行家那里，除了急需钱之外，什么也不需要。对于这个玩笑，立即就得到用严肃认真的保证做出的回答：正是从这个看来对我是必不可少的意义上来讲，埃尔朗热希望能对我有所帮助。所以我也就认识了一个确实非常讨人喜欢的人。此人最初从对他在德国经常听到过我的音乐作品确确实实的喜爱，变得对我同情关心。他直言不讳地向我陈述他的愿望，要从我这里得到我移交给他的经济业务。对此，首先恐怕只能理解为，他想要答应长期对我进行必要的支援，而我则应当将我从巴黎行动中得到的全部收入交他管理，他感兴趣的是——他这样说——在巴黎被视为我的银行家。这种自愿效劳对我来说这么新鲜，因此从另一方面来看，又十分适合我这特有的景况。从我的经济承受能力直至对我整个的巴黎状况做出决定这方面来看，我确实再也用不着去经受任何烦扰了。如果说就连同埃尔朗热先生的交往都是一些仅仅只凭一个人的善心无法消除的各种辛苦劳累的话，那么，我倒是发现他随时随地都是一个忠实谦恭、为了我的幸福以及为了我的行动的成功尽心尽力的人。

可是，这种在别的情况下也许适合赋予我以极大勇气的、极其令人心满意足的转变，面对这样一个计划——几乎在每一次同他接触时，我都不得不清清楚楚地领悟到该计划地地道道的空洞无物，对我根本不适合——无法使我获得任何一种令人愉快的心情。我闷闷不乐地去做这次行动应当支持的所有事情，因为这次行动从另一方面来说，成了向我表示的那种信任的基础。只是有一个借此机会带到我面前来的新相识能够以令人愉快的方式，再次就我的计划的性质，使我进入一种鼓舞人心、莫名其妙的状态。鲁瓦耶先生给我解释，他无法承认我花费了九牛二虎之力由我的两个实习生弄出来的这个译本，劝我赶紧找笔名为努伊泰尔的夏尔·特律伊内先生，彻底修改这个译本。这个依然年轻、性格极其讨人喜欢、友好、坦率的人几个月前已经由于埃米尔·奥利维埃推荐——奥利维埃的同事是巴黎的职业律师——来过我这儿，愿意为我在翻译我那些歌剧时提供帮助。可是我曾经以自己同林道的关系感到自豪，拒绝了他。不过现在是时候了，现在由于鲁瓦耶先生那些说明，必须考虑重提特律伊内的自愿效劳了。他不懂德语，却声明自己在这方面可以得到他的老父亲足够的支持。他父亲比较长时间在德国游历，掌握了有关我们的语言的一些必要知识。但实际上从这方面来看，并不需要特别的知识，因为看来重要的只不过是赋予那些诗行以一种更为自由的法语外观而已。可怜的罗歇受到在各方面都要极力证明比别人更胜一筹的林道厚颜无耻的主宰，曾经谨小慎微拼凑的，就是这些诗句。很快，那种持久的耐性引起了我对这最后一个合作者的好感。为了适应我那些也在音乐方面提出的要求，特律伊内把这种耐性发挥到了一再重新改动上面。从此以后，我们都不得不避开那个被认为毫无能耐的林道对这次重新修改的各种干预，而罗歇则由于他的工作成为重新用诗表达的基础，所以作为合作者被保留下来。很难从他的海关办公处脱身的罗歇继续免除了各种麻烦，因为特律伊内完全有空，每天都可以保持联系。我现在看出，他的律师头衔对他来说，只不过是一种摆设而已，他从不想去接一个案子。与此相反，他却把自己的兴趣主要转向大歌剧院的行政管理，除此之外，他还作为大歌剧院的档案保管员协助大歌剧院工作。但他很快就和这个或者那个同事一道，也为沃德维尔剧场①和下等剧院，甚至还为巴黎意大利剧院写小型剧本，可是总善于很难为情地回避就他这一部分工作情况做出任何答复。如果说我非常感激他把我的《唐豪瑟》的歌词最后改编成一种可以演唱、被普遍评为能接受的歌词的话，我倒不会想到自己是被他那诗意的、甚至是美学的素质吸引住了。与此相反，他的价值可以越来越清楚地被视为对任何时代，特别是对极其糟糕的时代都很在行的、热心和无条件顺从的朋友。我几乎就想不起，在什么时候又遇到过一个面对最困难的事情具有如此敏锐的判断力，而且在这时态度十分坚决、心甘情愿，最后为由我坚持的观点承担责任的人。

我们首先应当推动一项全新的工作。就是说，为了适合一种总是由我感觉到的需要，我抓住这个精心准备《唐豪瑟》这场演出的诱因，扩展和完善具有重要意义的维纳斯的第一场。为此，我写下不拘形式的德语诗的歌词，好给译者留下用合适的法语表达的充分自由。有人给我证明，特律伊内的诗句不错，很奇特。然后，我按照这些诗句，首先用音乐对这一场进行阐释，以便于今后使德语歌词最终能适应音乐。除此之外，我同剧院管理部门关于一场大型芭蕾舞的、令人生气的辩论，促使我把“维纳斯山”开始那一场的规模同样比过去扩大了好多，这样以来，按照我的意见，应当给芭蕾舞演员提出一个如此放纵的芭蕾动作设计的任务，使得人们在这一方面不会再来抱怨我这种令人不快的漫不经心。现在，在 9 月份，我全神贯注，专心致志于这两场的音乐

① 在 19 世纪，沃德维尔指穿插有流行歌曲的短喜剧，如同法国的活报剧。因此，沃德维尔剧场亦可译为活报剧场。

构思。这当儿,我也同时在大歌剧院的休息厅里开始《唐豪瑟》的钢琴排练。

那部分为此目的新聘用的人员现在聚集在一起。我现在感兴趣的是,见识在法国歌剧院排练一部新作品的特性。这种特性简直可以称之为:在寻求异乎寻常的精确性时显得极其枯燥乏味;在两个方面特别突出的是歌唱指挥沃特罗先生。沃特罗先生是这样一个人:因为我从未赢得他的一种热情表示,因此以为必须认为他对我怀有敌意。可是他却从另一方面由于对这种事极其认真细致向我证明,他对这件事是如何严肃认真的。他还坚持对歌词进行重大修改,以利于配上曲调歌唱。我通过熟悉奥柏①和布瓦尔迪厄②的总谱,被鬼使神差地导致这种看法,认为法国人对于强调诗歌和歌曲中不发声的音节抱着完全无所谓的态度。沃特罗断言:这只是那些作曲家才这样,但是优秀歌手不会这样。我用这样一种看法来回答他那各式各样有关长音节方面的顾虑。我的看法是:我不理解,在人们已经习惯于对现在在那里经常上演的罗西尼《赛密拉米德》感兴趣之后,怎么会害怕在歌剧中用某种东西来使观众感到无聊哩。他在这里沉思默想,同意我的观点:既与情节的,也与音乐的单调有关。只是我忘记了,在这样一些演出中观众所考虑的,既不会是情节,也不会是音乐,而是观众所有的注意力都全部集中在歌手技巧高超的演唱上了。现在当我在别的情况下,不管怎样也会取得这种成绩时,在《唐豪瑟》演出中,观众的注意力也同样集中在歌手的演唱上。我那些人员中唯一的名家是一位相当慷慨大方却又十分放肆的犹太女人泰德斯科夫人,此人从意大利歌剧盛行的葡萄牙和

---

① 奥柏(1782—1871):法国作曲家,曾任巴黎音乐学院院长。

② 布瓦尔迪厄(1775—1834):法国作曲家。

西班牙回来。她看来似乎非常满意,由于我听人摆布的选择,能够受聘巴黎歌剧院扮演维纳斯。她也做出一切可能的努力,尽可能地去完成这个对于她来说是完全陌生的、仅仅为一个地地道道的悲剧确定的任务。这种情况有一阵看来确实是取得了丰硕成果。当时,在同尼曼的多场专门排练中、显而易见的是在“唐豪瑟”与“维纳斯”之间引起了一场热烈的爱恋。由于尼曼也十分熟练地掌握了法语的发言,这些排练——在这些排练中,就连萨克斯小姐也在高高兴兴地经受考验——在继续进行,它们确实唤起了希望。现在排练尚未受到干扰,这是由于这时我同迪奇先生刚相识,关系还不是十分亲近。因为这个人作为乐队指挥和歌剧未来的指挥,临时协助工作。他按照学院的传统,首先只进行钢琴排练,以便在排练中详细了解歌手的意图。歌剧导演科尔蒙对我的干扰还要少。他在排练时同样在场,用法国人习以为常的眼明手快的灵巧,顺便指挥那些所谓的“跳越排练”,在这些排练中,舞台上的演奏已经约定并且安排好,即便是在这个人或者还有别的人对我的意图不理解时,他们还是心甘情愿地服从我的决定,因为我总还是被视为无所不能的,每个人都认为我可以通过梅特尼希侯爵夫人做到我所想做的一切事情。有些事就适合去增强这种信念。我就听说这么回事:波尼亚托夫斯基亲王以重新上演他那些不受欢迎的歌剧中的一个歌剧相威胁,要给我们排练的继续进行制造麻烦。这位无所畏惧的侯爵夫人立即通过一道上谕的作用来满足我对此的抱怨。根据这个谕旨,亲王的歌剧被撤回。这样做当然无法使我赢得这位先生的友谊。关于这一点,在他家的一次拜访向我做出了十分清楚的说明。

除了忙于这些事情之外,与此同时,我姐姐路易丝及其家庭一部分成员的一次来访让我散了散心。我之所以只能在家里极其麻烦地招待他们,其原因在于,现在到我的住所总而言之有生命危险。因为现在已经真相大白，为什么在我租这套住所时，房东虽然同意订立一个长期合约，但决不同意在他房里进行任何修缮。因为巴黎改建当局已经决定，挖掉牛顿街及所有附属建筑物，为的是能够从诸多桥梁中的一座桥开始，修一条通往星状城门的宽广的林荫大道。可是直到最后一刻，这个计划却遭到官方否认，以便用这种方法尽可能长期省下对这些被征收地皮支付的赔偿。使我感到惊讶的是，我注意到，在紧靠我房门的地方，那条街道被挖掉，挖得越来越深，挖到这种地步：如果说开初人们没法乘车到达这条街的话，那么现在终于连步行也没法到达我的住所了。房东在这种情况下对我离开这个住所提不出任何反对的理由，只是要求我要为赔偿的事控告他，因为这是他能够两次得以控告行政当局的唯一途径。我的朋友奥利维埃在这段时间由于一次议会违法事件，被禁止从事开业律师职业3个月。他现在把我那个案子交给他的朋友皮卡尔，此人正如我从后来法庭审理案件时看到的那样，完成自己的任务时显得十分幽默。尽管如此，对我的每一笔赔偿都未到位（是不是给房东的赔偿，我不知道），我只好满足于解除我的租约。这样以来，我就得到允许，搬到另外一套住所去。我现在寻找一个离歌剧院更近的住所。在奥马尔街找到的这套住宅既寒酸，又阴冷。我们在深秋时节的一个阴冷天气，完成这次辛苦劳累的搬家工作。搬家时，路易丝的女儿、我的外甥女奥蒂丽厄这个能干的孩子，热心地帮我的忙。但是很遗憾，我这时得了重感冒，而我在这儿也不保重自己，又重新使自己陷于排练时与日俱增的激动之中，直到最后伤寒般的发烧终于把我撂倒在床。

我们到了11月份，我那些被迫返乡的亲戚在我处于昏迷状态中离开我。我现在仍然让我的朋友加斯佩里尼来治疗。可是在我高烧发作时，我却要求把所有能够想得到的助理医生都拉到他这儿来。在这些医生中，至少哈茨费尔德伯爵甚至真的弄来了普鲁士公使馆那位医生。

就此做出的这件对我这位极其细心的朋友不公正的事情之所以发生，绝不是由于对他不信任，而是由于这是我的高烧性谵妄的一种畸形产物。这种高烧性谵妄使我头脑里只充满着极其放肆、极其丰富的幻想。在这种情况下，梅特尼希侯爵夫人和卡勒尔吉斯夫人给我建立了一套完整的皇室管理体系，就连拿破仑皇帝也被我邀请参加管理。除此之外，实际上我也坚持，要埃米尔·埃尔朗热给我提供一个在巴黎的别墅。人们应当把我搬到里面去，因为我在自己确确实实正躺在里面的这个昏暗的窝里，不可能再恢复健康。可是最终我还是坚定不移地坚持，把我弄到那不勒斯去，我在那里可以指望在同加里巴尔迪无拘无束的交往中立即康复。针对所有这些胡闹，加斯佩里尼都勇敢地坚持下来了。他和明娜制服我这个疯狂反抗的人，好把需要贴的芥末膏药贴到我的脚掌上。在我晚年那些不平静的夜晚，我经常重复类似的沾沾自喜——高傲自大的幻想。我在苏醒过来时，万分恐惧地把这些幻觉视为与来自那种发烧状态类似的情况。5天之后，我们制服了高烧，只是我现在看起来好像就要失明了，我的虚弱非同一般。最终就连视力的疾病也很可能都消失了。几个星期后，我又敢于蹑手蹑脚地走过几条大街，一直走到歌剧院，去考虑由我来照管排练的进展情况了。

在这里，人们就这种事而言都怀着极其独特的感情，似乎认为我已经死亡。我听说，迄今为止，排练完全是毫无必要地被中断了。现在我进一步越来越多地觉察到这种事情内在情况的每况愈下。因为我太需要休养了，所以我暂时强制自己尽力隐瞒这件事情。与此相反，我怀着一种特别的情绪，对我迄今为止已经完成的4部歌剧台本译本的出版感到高兴。我为这个译本写了一篇致弗雷德里克·维洛的、十分详细的前言作为导言。夏尔梅尔·拉库尔先生给我操办所有这些东西的翻译事宜。拉库尔先生是这样一个人，我在苏黎世赫尔韦格那里与他这个过去的政治逃亡者偶然相识，他现在作为有修养的翻译家给我帮了这么大的忙，使所有的人都对他工作的价值做出好评。我把前言的德文原著交给莱比锡出版商J.J.韦伯，用《未来音乐》这一标题出版。就连这本小册子现在也到了我的手边，作为很可能是我整个的、外表显得如此辉煌灿烂的巴黎行动唯一的收获吧。与此同时，我现在还能够全部完成为《唐豪瑟》新谱的乐曲：在这首新乐曲中，还剩下维纳斯山上那场大型舞蹈没有谱曲，我在有一天早上3点钟，在经历彻夜不眠的夜晚之后谱完了剩下这一场，当时正好明娜在同一位女友一道参加了城市饭店大型舞会后，从那里返回时跨进住所。除此之外，我还给她弄到品种相当繁多的圣诞节礼物，而我本人这时则按照我的医生的建议，继续通过早上的牛排和睡觉前的一杯巴伐利亚啤酒，在我拖得很久的康复期间增强体质。可是，我们今年不过除夕节，相反地，我安安静静地睡着进入1861年这个新的年头。

1861年。新年伊始，就连由于我生病松弛下来的对排练《唐豪瑟》的促进工作，在更为坚决地开始完成计划演出的所有额外零活中发生变化。但与此同时，我也得注意到，所有参加者的情绪基本上都发生了变化。不适当的大量排练给我造成这种印象，仿佛剧院管理部门那些人更多的是求助于严格执行一道命令，而不是通过希望取得好的成绩来引导似的。当然，我现在越来越清楚地认识到这些事情的真实情况。我早就从完全由麦耶贝尔一手操纵的报刊方面得知自己可以指望什么。就连剧院管理部门现在很可能也在做出各式各样的努力，使报纸杂志的主要头目变得灵活之后，得到这样的信念，从这方面来看，我的《唐豪瑟》的风险只不过是会收到怀有敌意的反应罢了。就连最高层人士也情不自禁得出这种认识。从这方面来看，人们现在似乎在寻思，为我争取在歌剧院中起决定性作用的那派观众。梅特尼希侯爵有一天邀请我,由他把我介绍给国务大臣瓦勒夫斯基伯爵。这次会见相当隆重,尤其是伯爵针对我的那番很有说服力的讲话更显示出这种隆重意味。当时,此人试图说服我,相信人们无论如何是希望有好运,他们打算给我准备极大的成功:我一旦下定决心,在我的歌剧第二幕中补进一场芭蕾舞——他结束讲话时这样说——那我就稳操胜券了。在这里肯定不会涉及任何钱的问题:建议我起用彼得堡和伦敦那些最有名的女舞蹈演员,我只要在其中进行挑选;我一旦愿意把自己的成功托付给她们的合作,那就立即决定对她们的聘用。我相信,当我拒绝所有这些提议时,我可以用同样具有说服力的理由来回答。我这样以来那可是完完全全徒劳无功了。这种情况之所以出现,是由于我看来没有明白这位大臣先生的意思。当时他给我解释,第一幕中一场芭蕾舞根本算不上什么,因为在一场歌剧晚会只对芭蕾舞感兴趣的那些常客近来要8点钟才用晚餐,所以习惯于在10点钟左右,也就是歌剧演出中间来看戏。我提出反对的理由是,如果我不能使这些先生对我承担义务,我也许能为此在真正的意义上对另外一部分观众发挥影响。他毫不动摇、郑重其事地反驳我提出反对的理由,说这些先生是我可以借助其帮助,指望大获成功的唯一依靠,因为他们拥有足够的力量,甚至与报纸杂志的恶劣行径对抗。当我甚至对于这种体贴充耳不闻,自动提出,宁可把我的作品全部撤回来时,他又一次十分严肃地向我保证,通过所有的人都必须执行的皇帝的谕旨,我能控制住这件事;人们会在所有的问题上满足我的愿望,对此,他认为必须给我提出一个友好的建议。

这次商谈的结果现在很快就有很多迹象表明,有人注意到我。我像玩火似的孤注一掷,演出第一幕那些古怪的大型舞蹈。为了演出这些舞蹈,我现在也试图去争取芭蕾舞教练珀蒂帕斯。我要求一种闻所未闻的东西,一种同习以为常的芭蕾舞性质相去甚远的东西。我让他注意到狂野女人和酒徒的舞蹈,就这样使他对此只会感到惊奇:好像我以为他十分在行的这类东西必须由他那些娇小玲珑的舞蹈学校学生来上演似的——因为他这样给我透露,说我因为把我的芭蕾舞放到第一幕开头,倒是很可能自动放弃歌剧院原来那些女舞蹈演员;对此,他现在大概只能为美惠三女神提供三个迄今为止在圣马丁城门的梦幻剧中跳舞的匈牙利女舞蹈演员的聘用合同。如果说同那些狂妄的芭蕾舞女演员没有任何关系符合我的心愿的话,那么我现在却更加强烈的要求,将原来的芭蕾舞团投入到一次重要的活动中去。我想了解把男演员放到重要岗位上去的情况,但是听说,除了几个裁缝之外,在这方面什么人都弄不到。这些裁缝每月得到50法郎,在那些独舞女演员翩翩起舞时,站在舞台侧面,狼狈不堪地扮演没有台词的角色。最后我想通过服装来强迫促成这事,而且为此请求得到有价值的样品;可是我现在却由于我忠实的朋友特律伊内坦率的通知,在我被某些诡计弄得疲劳不堪之后,剧院管理部门决定,不为这种完全没有希望的芭蕾舞支付一个苏①。这是那些征兆中的第一个征兆。这些征兆很快就向我说明,《唐豪瑟》甚至在管理部门的人士中都被视作无效劳动和白费力气。

那种由此产生的情绪从现在起,以与日俱增的压力,重重地压在所有着手准备这次总被推迟的演出的人员心上。排练在年初已经进入舞台布置和乐队练习阶段:在这里,所有的人都小心翼翼地往前进。这种小心谨慎最初特别使人喜欢,最后却变成了我的负担,因为我看出,由于不断重复,所有的人员都疲劳不堪,而我现在——如果我一切都按照自己的方式来办理的话——就敢于使这件事很快就能真正达到目的。但是这并非由此产生的疲劳,这种疲劳使我的作品的主要演员——歌

① 苏是从前法国的一种低值钱币,犹如中国的一个铜板或一分钱。

唱家尼曼最后对他开初用满怀希望的劲头完成的任务感到乏味。他认为有必要敢于把他巴黎薪金的一部分分给巴黎那些主要评论家。他由于这些贿赂尝试后来查明,发誓要使我的作品遭到灭顶之灾,他本人只有通过开小差以及通过在麦耶贝尔的歌剧中粉墨登场才能拯救自己。从现在起,他陷入一种郁郁寡欢的境地。他在我面前尽力扮演魔鬼的角色。他声称只看到黑暗,在这里说出了一些非常理智的心里话,也就是对歌剧院的整个机构和它的观众的一种评论,我们那些歌唱演员的素质——在这些演员中,肯定没有一个人适合扮演自己的角色——另外还有那些,一旦我感到自己是在同歌唱指挥,同导演,同芭蕾舞教练和合唱队队长,尤其是同乐队指挥就我的作品打交道,我很可能连对自己都无法隐瞒的事情。首先是尼曼坚持要压缩。就是此人,开始时完全有意识地把演出歌剧角色最大限度的完美无缺作为自己的准则。对我对此感到的惊讶,他的回答是:我真的只不过是不愿意相信,重要的会是这个或者那个手段;我们正在行动中,这种行动不能被草率地视为无足轻重。他要求重新去除第二个终场柔板中我认为十分重要的乐段——开始时在几次排练中,他都满怀激情地演唱所有这些乐段——我并不听这一套。这时,他书面通知我,他没有兴致为了我的缘故,拿自己的嗓音和自己的声誉去冒险;如果我不划掉这个乐段,那就让我把它交给我感兴趣的人来唱吧。我从现在起,知道自己得同一头由于胆怯变得疯狂的野兽打交道。我不理会我这位甚至不再有勇气同维纳斯谈情说爱的骑士,不再同他就他履行义务的问题继续联系。

在这种并不令人振奋的情况下,对《唐豪瑟》的排练一直拖到临近所谓的彩排时。我过去的朋友从四面八方向巴黎蜂拥而来,以便分享这次翘首以盼的首场演出的"荣光"。在这些人当中,有奥托·韦森东克、费迪南德·普雷格尔、不幸的基茨——我还得为他支付旅费和停留期间的费用——但幸好也有来自埃佩尔奈的尚东先生。他带来一篮子“园中花”。这种香槟酒是他最好的一种酒,这种酒将会为《唐豪瑟》的幸运成功祝福。但是就连被自己生活的艰辛弄得沮丧和悲伤的比洛也来到巴黎,而且希望能够从我的行动获得的成功中得到鼓舞和焕发精神。我不敢干巴巴地通知他我所看到的事情的糟糕状况。相反地,由于我看见他这么心灰意懒,所以我给他显出一副对不遂心的事逆来顺受的样子,只是在他参加的第一次排练时,他就已经觉察到,这儿的一切处于何种状态。就连我现在对他也什么都不再隐瞒了。因此,我们在直至总是一再推迟演出的这段时间,始终处于一种令人伤心的交往中。仅仅从他那方面所做的锲而不舍的努力,就给这种交往以一种对我利的、生机勃勃的推动。不管在何处,只要是我们着手从事我们这个怪诞活动的地方,我们到处都遇到不相宜的事,遇到力不胜任的事情:要在大城市巴黎,把在德累斯顿这么大胆地让第一幕的狩猎呼唤声响起来的 12 把森林圆号都搜集起来,这是不可能的。关于这件事,我不得不同一个令人无法容忍的人、那个著名的乐器制作家萨克斯①打交道。此人得用各式各样的萨克斯管和萨克斯号代用品帮我一把。除此之外,他还负有后台乐队管理的职责。要让人有朝一日正确演奏这种音乐,那是不可能的。

可是,真正给我们造成主要痛苦的,在很大程度上却是我们现在主观臆测、而先前并未估计到的乐队指挥迪奇先生的无能。在迄今为止进行的无数次乐队排练中,我已经习惯于像使用一台机器那样使用这个人。我从自己平常在舞台上那个位置,在紧靠他的乐谱架前,同时指

---

① 萨克斯(1814—1894):比利时乐器制作家。他以发明萨克斯管和萨克斯号著称于世。

挥他和乐队，在这时首先是要用如下方式保持我的速度——我不能对弹出的所有标准音甚至在我离开协作之后也会固定不变有任何怀疑。与此相反，我现在感到，一旦迪奇使得自己孤立无援时，一切都在摇摆不定，甚至连一种速度或者音调的一种细微差别都不能有意识、有把握地抓住。如果说没有一位歌手适合自己的任务，因而通过这些任务的正确解决，能够保证产生一种真正的影响；如果说现在巴黎演出真正的命根子——芭蕾舞，甚至连豪华的舞台布景这一次都根本不能，或者说只能对整体起到微不足道的一点点作用；如果说台本的整个精神和就连在德国最糟糕的演出中，我的作品在那里都会在一定程度上使观众感到亲切的某种东西，在这里只能感到陌生，充其量使人感到奇怪，那么，这种情况毕竟是音乐作品通过乐队确切表达出来的特性。如果这种特征表现得充满活力，那它肯定会给巴黎观众留下印象。可是现在，我正是在这里看到一切都消失在单调平淡的混乱之中，这幅图画的每根线条都变得模糊不清。除此之外，那些歌手都越来越没有把握，甚至连那些跳芭蕾舞的可怜女孩都找不到适应她们平常舞步的节拍。因此我终于认为，必须采取有力措施，而且声明，这部歌剧需要另外一位指挥，在必要的情况下，我会自愿出山，代替他的位置。这个声明现在把发生在我周围的混乱现象推向极端。就连早就看出其指挥的无能而且大声说风凉话的乐队，如今在涉及他们经授权的指挥时，都站在反对我的一边。那些报纸杂志对我的“狂妄自大”怒不可遏。面对所有由此引发的举动，拿破仑三世也不知道该给我提出别的什么建议，只好放弃我的请求，因为我由于这个请求，只会使我的处境和我的作品的前途遭到极大的危险。对此，却又向我承认，我可以重新开始排练，练多少次都可以，直到我满意为止。

这条通过按照重新开始排练的指示找到的出路，除了给我和所有积极排练的人员带来极度的疲劳之外,什么也没有。而这时从另一方面而言,存在的问题依旧是,迪奇先生对这种速度不能负责。当我以后强行装作通过对正确演奏的种种要求,能对不可避免的演出有所益处时,首先在乐队那些性情急躁的乐师中爆发了反对排练的“平民百姓”的行动。我从中清楚地看到,我那种相对而言如此理解的“权力”的保证,在剧院总经理看来,并不十分真诚。面对从各个方面逐渐增强的过度疲劳的活动,我终于做出决定——就像人们所提到的那样——索回我的“总谱”,也就是说,放弃这部歌剧的演出。我按照这个意思,向国务大臣瓦勒夫斯基提出了一个非常特别的要求,却得到这样的答复:不可能满足我的要求,而且这样做确实也是由于迄今为止为准备演出我的歌剧而引起的巨额费用的缘故。我不能对这个通知表示满意,我召集那些对我的事情比较感兴趣的朋友——其中有哈茨费尔德伯爵和埃米尔·埃尔朗热——前来磋商,同他们一道商讨针对阻止在歌剧院上演《唐豪瑟》这一做法,我可以使用的手段(碰巧的是,就连奥托·韦森东克也参加了这次商讨。他一直在巴黎等待参加首场演出这件赏心乐事;他在这里也许相信这件事是多么没有希望了,然后就立即逃回苏黎世去了。普雷格尔早就已经是这种情况了。只有那个为了自己能在这个世界上继续生存下去,努力在巴黎挣点钱的基茨在困难重重的情况下,为达到目的,忠诚不贰地坚持到底)。如果说就连这次商讨的结果也是给拿破仑皇帝传递一种新的想法,那么,那种与回复我时所提供的优待同样的优待,就一再表明,这无异于重新进行排练的许可。直到我终于心力交瘁时,我决定,就是从表面上看,也对我现在已经抱着悲观的心情弄明白的这项事业放任自流。

当我现在抱着这种心情,同意终于开始我的歌剧的首场演出时,我也被从另一方面遭到逼迫,被逼到这个事件中最奇特的境地。我的每个朋友和每个伙伴都为这次首演要求一个好的座位。可是剧院管理部门暗示我,恰恰是在这种场合,音乐厅的分配权完全掌握在宫廷及其附属机构手中。这些座位优先分配给谁,我很快也就够清楚的了。我现在要经受的,只有无法按照愿望为我许许多多的朋友效力的巨大痛苦。在这些朋友中,有一些人对这种以为是我使他们遭到的冷遇极其敏感:尚弗勒里在一封信中抱怨公然绝情寡义;加斯佩里尼同我公然绝交,因为我没有给他的赞助人和我的债权人——总收款人吕西保留一个最体面的包厢。是呀,就连在她所参加的歌剧排练中对我的作品充满亲切热情的布兰迪妮,当我只能给她和她丈夫奥利维埃几张正厅前排座位时,她最后都没法阻止那种说我对自己最要好的朋友态度冷淡的猜疑。这需要埃米尔的从容不迫,才能为对这种闻所未闻的境遇的种种保证——在这种境遇中,我不得不表现出遭到四面八方出卖的样子——在这位误以为深受伤害的女友这里,获得应有的照顾。只有可怜的比洛明白这一切,他与我共患难,做出各种努力,在所有这些讨厌事件中帮助我。观众对 3 月 13 日首场演出的反应现在很可能使一切都昭然若揭,尤其是我那些朋友明白了,我在这种场合无法立即邀请他们前来分享我成功的喜悦。

关于这场晚会的经过情况,我在另外的地方已经作过充分的报道。我可以不揣冒昧地说,对我的歌剧感到兴趣最后保持了优势,因为我的对手的真正意图肯定是旨在这场演出的彻底夭折,而这恰恰又是他们无法实现的。使我感到悲哀的只是,第二天受到我的朋友们——在这里以加斯佩里尼为首——对此的一味谴责,说我把首场演出时整个剧院座位的分配权全部拱手让给了别人。对此,麦耶贝尔有不同的理解。此人自从在巴黎得到自己初期的经验以来,在不答应保留演出厅直至大厅最僻远的角落的情况下,从未允许过别人塑造他的某一部歌剧角色。可是由于我没有照顾到我最要好的朋友，譬如吕西先生，我现在就不能不把亲身体验过的那场晚会的失败归咎于自己。遇到这些和类似的事情，我现在成天别的事不干，就得写信，为形形色色的调和努力操心。现在，人们首先给我带来种种建议，在下面几场演出中应当如何把那次疏忽弥补起来。因为剧院管理部门只能给我提供极其少量的免费座位，所以现在必须弄来购买入场券的资金。令我反感的是，在这种受到朋友们热心至诚催促的、令人讨厌的事情上，去请求埃米尔·埃尔朗热或者别的某一个人。可是贾科梅利已经发现，韦森东克的一个有商务往来的朋友——商人奥夫莫尔特提供了他那旨在帮忙的大约500法郎的援助。我现在让这些为我的幸福操心的人完全按照我的意图行事，我急于想知道，这些过去被我耽误、而现在又补救过来的成果会有什么作用。

这第二场演出于3月18日举行，第一幕确实开了一个了不起的好头，序曲受到众口一词、雷鸣般地鼓掌欢迎，当终场的所谓“七重奏”再次受到热烈地鼓掌欢迎时，那个最后由于戴上一个扑上金粉的假发，使人们对她的维纳斯角色赞不绝口的泰德斯科夫人朝坐在剧院经理包厢里的我得意扬扬地大声叫喊。现在一切正常，我们胜利了。与此相反，当第二幕中突然可以听见尖锐刺耳的口哨声时，剧院经理鲁瓦耶带着一种万念俱灰的表情，转过头来对我说：“这些人是驯马骑师，我们输了。”很可能受皇帝的委托，同这个职业赛马骑师俱乐部的先生们——这些先生行使对剧院起主导作用的权利——就我的歌剧的命运进行过全面的谈判；我们只听从他们的要求，任其自便地演了三场歌剧，在三场之后，我们向他们保证按照下述方式压缩这部歌剧，我们以后在演出这部歌剧时，为了演出接踵而来的一场芭蕾舞，只好“去掉一幕”。可是那些大人先生不同意这种做法：在已经进行过这样激烈争论的第一场演出时，人们绝对没有在我身上真正注意到一个人的行为，此人会对已经答应让人所其自便的处理方法表示同意；因此，更确切地说，令人担忧的是，如果还要让歌剧顺顺当当地演两场，这部歌剧可以争取到这么多的支持者，人们就会接连三十次，不断把它奉献给芭蕾舞爱好者，对此，他们决定表示反对。现在，这位杰出的鲁瓦耶先生看出，这些大人先生把这件事看得很严重；从现在起，虽然有皇帝及其皇后的支持——两人对他们自家表兄弟的狂怒淡然处之——他还是放弃了各种反抗。

在这种情况下获得的印象对我的朋友们产生了令人震惊的影响。比洛在演出后抽泣着拥抱明娜，明娜本人免不了受那些认出她作为我妻子身份的邻居的气，我们忠心耿耿的女仆施瓦本人特蕾泽遭到一个怒气冲冲的喧哗者的冷嘲热讽，但是因为她发现这个人懂德语，她能够用一句粗野的“猪猡”让他安静一些时候；基茨变得一声不吭，尚东的“园中花”（香槟酒）在储藏室里“虚度光阴”。

因为我听说，尽管如此，仍然准备安排第三场演出，现在摆在我面前的只有两条出路，其中一条是再一次试图撤回我的总谱，而另一条则是要求在一个星期天，也就是说在预订长期戏票之外演出我的歌剧。这时我认为，这样一场演出该不会被视为是对那些常客的一种挑衅吧——这些人在这些日子都习惯于把自己的包厢让给那些偶尔表示需要付钱买票的观众啊。剧院管理部门和杜伊勒利宫看来都喜欢这个有计谋的建议；他们同意这样做，只是拒绝我的要求，将这场演出称作第三场和最后一场演出。无论我，还是明娜，都不参加这场演出。知道我的妻子作为歌手在舞台上遭到侮辱，同样使我感到厌恶；有关歌手的情况，虽然我从尼曼身上体会到，他懂得如何摆脱困境。在遭到观众持续不断的侮辱时，他会耸耸肩，抱歉地指着估计我坐在里面的舞台前部侧面的内包厢。因此，我确实只对莫雷利和萨克斯小姐表示同情，他俩证明对我是绝对忠诚的。在第一场演出后,我就已经在往家里走,在走廊上遇到萨克斯小姐,开玩笑似的嘲笑她,说她被观众喝倒彩。对此,她神情自豪、态度认真地回敬我:"我会像今天一样忍受一百次。啊,可怜的人们。"当莫雷利不得不经受住喧哗者的暴怒时,他陷入了一种奇特的自我矛盾之中。他在第三幕伊丽莎白消失时直至开始向着金星歌唱时的表演,都由我预先给他极其详细地规定好,他决不能越"雷池"一步。他从这里把半个身子转向观众,可以把自已的问候转赠给那个死去的女人。在这里,顺从使他感到困难,因为他声称:反对对歌剧的所有使用方法——歌手演唱这么重要的一个唱段时不是完全站在舞台前部,直接面向观众。当他现在在弹起他的竖琴,开始歌唱时,观众中有人叫道:"啊!他又弹竖琴了!"紧接着,所有的人都发出了狂笑,随之而来的是持续不断的新一轮嘘声,致使莫雷利终于决定,大胆地把他的竖琴放到一边,按照通常的习惯往前走,站到舞台前部去。现在,在没有任何伴奏(因为迪奇在第十个小节时才找到头绪)的情况下,决定歌唱他的《夜晚幻想曲》。这时,大家到底都安静了下来,终于屏气谛听,最后对歌手报之以掌声。

因为歌手们以此证明,有勇气迎击新的风暴,所以我对此丝毫不反感,可我却再也不能维持一个受苦受难的演员在遇到这样有失身份的事情时那种不主动的状况。正如已经说过的那样,所以我在进行这次在取得成功的可能性方面把握不大的第三场演出时就待在家里。可是这时,在演出若干幕之后,又来了信使。这些信使告诉我们:特律伊内在演完第一幕之后完全同意我的意见,无论如何要把总谱撤回来。事实已经证明,那些"常客"不像往常避开这场星期天的演出,而是从一开始就强调要准时出席,不让任何一场演出没有喧哗就悄然过去。就像人们给我保证的那样,在第一幕时,就由于持续15分钟之久的格斗,演出完全中断。绝大部分观众在不能对我的作品说出任何看法的情况下,面对那些喧哗者像顽皮男孩般的行径,始终坚持站在我这一边;他们只是用自己的声明对付进攻者,所以处境不利。当所有的人都由于鼓掌、喝彩以及防御性的叫喊弄得疲惫不堪,现在看来又要安静下来时,那些“常客”便开始不费吹灰之力、兴致勃勃地吹起他们的狩猎口哨和弗拉佐莱哨笛,所以决定权无论如何都得操在他们手中。在一次幕间,那些先生当中的一位先生走进一位高贵的女士包厢,该女士气得大发雷霆,用这种话把他介绍给她的一位女友:“这是一个混蛋,我的堂兄弟。”这位老兄则相反,露出一副十分轻松愉快的表情:“你想干什么?我开始喜欢上音乐本身;不过你以后会明白,人们必须信守诺言。我想,我要重新开始工作了!”他用这番话告辞。翌日,我兴高采烈地遇到平易近人的萨克森公使封·泽巴赫先生,他以及他所有的朋友由于昨夜的喧嚷,已经完全失声。——梅特尼希侯爵夫人待在家里,她已经在前两场演出经受过我们的敌对者公开的、侮辱性的嘲笑。她向我这样描述在这种情况下到了何等愤怒的程度,她提到她在这个问题上与之陷入如此毫无节制的争执中的那些最要好的朋友。她对他们说:“同你们的自由法兰西一道滚蛋吧!在到底是有真正的贵族存在的维也纳,如果有一个名叫利希滕施泰因或者施瓦策贝格的王侯从自己的包厢里吹着口哨,要求在《菲岱里奥》①歌剧中加进一场芭蕾舞,那是不可思议的。”我相信,她也按照这种想法对皇帝纠缠不休,根据皇帝的意旨,考虑人们是否能够通过警察规定,给那些很遗憾大多数都属于皇室朝臣的先生的无礼行径,定下一个目标。这件事情传了出来。我的朋友们在第三场演出时看见剧院的走廊里布满警察。这时,他们确实相信胜

① 《菲岱里奥》为贝多芬作曲的二幕歌剧。

利在望。只是后来证实,这样小心谨慎都是为了保护那些"常客",因为人们推测,为了惩罚他们放肆的行为,他们可能遭到来自正厅的攻击。看来,这场到底是再一次演完了的演出,毫无例外地始终伴之以从不间断的喧哗。在演完第二幕之后,就连匈牙利革命部长封·塞梅霍的夫人也来到我们当中,也就是说,她的精神完全崩溃了,她这副样子让我们确信,剧院里的情况再也无法忍受了。从第三幕开始,没有人能告诉我一点与此不同的事情,看来,这就同硝烟弥漫的战场一样。

第二天早上,我约请朋友特律伊内,同他一道润色加工给剧院管理部门的"照会"。根据该"照会",为了保护歌手——我也许知道怎样使这些歌手不再替我受到皇帝行政机构无法对其采取防御措施的那一部分观众的糟蹋——我会撤回我的总谱,作为作者禁止再进行任何一场演出。令人惊异的事情是,我根本就不用这封挂号信吹任何牛,因为第四场和第五场演出确实已经开始。那个行政机构反驳我,说它对那些不断蜂拥而来观看这些演出的观众也要尽自己的义务。对此,我通过特律伊内,请他于次日立即将我这封信刊登在《辩论报》上。这时,经过几番犹豫之后,出现了那个行政机构的声明,声称他们同意撤回我的音乐作品。

现在,随着这个结局的出现,就连迄今为止奥利维埃为我提起的、对那位林道先生所进行的诉讼也已告终。这位林道先生曾经申请分享歌词的"著作权",而且声称他在"著作权"方面是第三位享有同等权利的合作者。他的律师——玛丽大律师说明他对一个以为是由我提出的原则提出索赔要求的合理性。按照该原则,对我而言,重要的并不是旋律,而仅仅是朗诵般歌唱这些歌词的正确性。对此,不管是罗歇还是特律伊内,看来都确实会关心此大事的,因为他们俩都不懂德语。针对这种情况,奥利维埃如今在辩护时显得如此激昂慷慨,看来他几乎到了要通过演奏《金星》来为我的旋律的精华举证的地步。因此令人高兴的是，法官驳回了我的对手的要求，却要我承担少量赔偿，因为此人好像参与了开初的部分工作。我无论如何不会用《唐豪瑟》在巴黎的演出收入来清偿这笔债务，因为我在撤回这部歌剧时，立即就同特律伊内达成协议，把既包括歌词，也包括音乐该著作权的全部款项转让给可怜的罗歇。由于我的音乐作品演出失败，罗歇改善自己贫困景况的唯一希望也就付诸东流了。

在这些事情遭遇这个结局之后，还有一些别的关系也都立即烟消云散。因为迄今为止，在前几个月中，甚至还有一个艺术俱乐部曾经使我尽心尽力——就像在德意志各邦国公使馆通力合作时那样，这个俱乐部在极其高尚的人士中形成，旨在剧院之外成功演出优秀的音乐作品，以便在恰恰是很有教养的人士中激发人们对这些音乐作品的兴趣。不幸的是，它在自己的宣言中把自己扶持优秀作品的努力同"常客俱乐部"饲养良种马的努力进行比较。不管怎样，人们都希望为自己争得所有负有音乐盛名的东西：我不得不每年捐款200法郎，让人把我吸收为会员，为此，我同古诺先生及另外好几位巴黎名流被选进艺术委员会，奥柏被选为该委员会主席。我们凭借这个团体，在一个活跃的年轻人多斯蒙伯爵经常举行会议。这个年轻人在决斗中失去一条胳膊，音乐是其业余爱好。我在这里以同样方式认识了一个年轻的王子波利纳克，此人之所以引起我的兴趣，主要是由于他的兄弟，人们都不得不感谢他兄弟译出了《浮士德》的一套完整译本。有一天早上，我不得不在他那里用早餐，他作为音乐空想家的面目在这儿暴露无遗：在他看来，重要的是使我相信他对贝多芬《A大调交响曲》理解的正确性。他断言，他能够在该交响曲的最后一个乐章中明确指出船沉的所有阶段。我们共同的这些会议首要任务是要安排和筹备一场大型古典音乐会，甚至连我都要为该音乐会谱写点什么曲子。这些会议只是由于古诺学究式的热情才变得活跃。古诺凭借孜孜不倦、满嘴甜言蜜语的啰唆劲儿主持会议，而奥柏则往往宁肯只用三言两语，显而易见是催促结束讨论的、并不总是十分脍炙人口的俏皮话来中断会议，而不是主持会议。甚至在经历了《唐豪瑟》的惨败之后，我确实再一次收到参加这个委员会那些会议的邀请，但我再也没去参加会议，而且还对协会主席说明，由于估计很快就要出发前往德国的缘故，我要完全退出该团体。

就是此后，我也只同古诺保持友好关系。古诺告诉我，他在协会内处处都在热情地支持我；听说他大声宣告："因为上帝赐给我这么精彩的结尾！"我送给他一部《特里斯坦与伊索尔德》的总谱，对此表示报答之意，因为他的行为使我感到高兴，尤其使我高兴的是，并非出于顾及朋友面子，才驱使我去倾听他的《浮士德》。

总而言之，现在我认识了不少坚决维护我的事业的捍卫者，尤其是在尚未受到麦耶贝尔重视的小报上，我确确实实备受欢迎，这时出现了好些十分动听的废话。在某个地方，我看到我的《唐豪瑟》成了"歌唱交响曲"。——波德莱尔以一本妙趣横生、笔锋犀利的小册子在同类事件中出类拔萃；而最终甚至就连于勒·雅南也由于他在《辩论报》上那篇小品文使我感到惊异。他在该小品文中按照自己的方式，怀着满腔怒火，有点远离正题地报道了全过程。——在剧院里，模仿《唐豪瑟》的讽刺滑稽作品为观众表演助兴，米萨尔德认为，除了他每天都用特大号铅字为《唐豪瑟》序曲登广告外，不可能把更多的观众吸引到他的音乐会中去。就连帕德卢①也经常示范性地指挥我的乐曲。——奥地利军事全权代表的夫人勒文塔尔伯爵夫人终于举行了一次大型日场演出，

① 帕德卢(1819—1887)：法国指挥家。

维亚尔多①夫人要在该场演出中演唱《唐豪瑟》中的多首歌曲，她为此得到500法郎。——奇怪的是，还有人把我的命运同一位名叫德拉瓦凯里的先生的命运混为一谈，此人以其剧本《荣誉的毁灭》同样遭到骇人听闻的失败。他的朋友们设宴招待他，就连我也应邀赴宴。我们俩在这种场合受到热情祝贺；人们听到有关观众"堕落"的热情谈话，把某些事情归到政治领域，由于他同维克多·雨果的亲属关系，我的这位庆典伙伴轻而易举就被牵涉到这一领域中。只可惜，我那些特别亲密的热情爱好者购买的是一架小钢琴。我现在不得不被迫使劲在上面弹奏《唐豪瑟》中一些备受欢迎的乐曲，最后为大家助兴。因此，这个庆典也就完完全全变成了一次向我个人表示敬意的活动。

当人们开始根据赋予我的那种特有的盛名来筹划比较大型的演出活动时，看来这显得还要有意义一些。抒情剧院经理在听完《唐豪瑟》的一个男高音声部之后，使尽全身力气环顾四周，只是由于他没找到这个男高音歌手这件事就迫使他放弃立即再上演我的歌剧的打算。喜歌剧院经理德·博蒙先生正处于破产的边缘，他希望用《唐豪瑟》来拯救自己。他抱着这个想法，带着种种建议，对我软硬兼施纠缠不休。当然，他同时也希望梅特尼希侯爵夫人在这方面能在皇帝那里帮他一手——皇帝会使他摆脱困境。当我不同意他那些我当然没有理由会感兴趣的、冠冕堂皇的借口时，他骂我冷酷无情。当我听说此后不久，现在在喜歌剧院任职的罗歇把《唐豪瑟》最后一幕的一部分插入一场可以为他的表演助兴的演出时，这倒不能不使我感到兴趣。他这样做引来大型报刊极其愤怒的攻击，然而在观众中却大受欢迎。可是现在种种规划有增无已。以一个腰缠万贯的大富翁为首的社团的名义，一位

① 维亚尔多(1821—1910)：西班牙裔法国次女高音歌唱家。

名叫德夏布罗的先生——作为新闻记者时使用的名字是洛巴克——要求建立“瓦格纳剧院”。除了有人说会争取到一个很有名望、很有经验的人当院长之外，我对剧院的事充耳不闻。挑选出佩兰先生担当此任。此人好多年来都满怀信心，满以为有朝一日会被任命为大歌剧院经理，因此认为不能丢丑。虽然他把《唐豪瑟》的失败完全归咎于鲁瓦耶先生，而此人的事业当初也许恰恰就是去取得报刊对该活动的支持。要为此提供证据，证明：要是他负责此事，一切都会立即改观，《唐豪瑟》会获得成功。因此这件事很有诱惑力，引诱他去参与其间，可是他十分冷静，极其小心，他认为看出了洛巴克先生那些建议有明显的缺陷。因为洛巴克同他就某些手续费进行谈判，佩兰立即就以为看清了一个并非无可指责的投机活动的性质，而且宣称，如果他要建立一个瓦格纳剧院，那他一定会以自己的方式为此找到必要的资金。按照这个意思，他确实也真的打算有朝一日为这样一家剧院购进一座“摩尔人风格的公共建筑物”——一个大咖啡厅，以后再购进“新女仆市场”。为了他这项活动，现在看来，似乎还要找到合适的富翁。埃尔朗热先生认为招徕10个银行家是不成问题的，在这些银行家中，每人用3万法郎参与这项活动，这样以来，就会有一笔50万法郎的资金交给佩兰先生支配。可是，当那个人发现，受到自己恳请的那些先生要把自己的钱很可能用到供他们本人消遣的一座剧院，却并非为了使我的作品在巴黎扎下根来这一严肃的倾向时，他很快就丧失了勇气。

由于这个令人垂头丧气的经验，就连埃尔朗热都放弃了他对我的命运进一步的同情，他用商人的眼光，把同我订立的合约看成是一种现在根本就没有获得成功的交易。因此，现在我的经济状况的清理看来得由另外的朋友来进行，德意志各邦国公使馆都用十分委婉的方式，纷纷表示要为此尽力。这些公使馆曾经委托哈茨费尔德伯爵，在我这儿打听我的需要。对此,我把自己的境遇干脆理解为:由于皇帝要上演我的歌剧的那道谕旨,我的时间都浪费在那样一种活动上了——这次活动徒劳无益并非我的过失。我的朋友们并非毫无理由地促使我注意到自己的疏忽大意。由于疏忽大意,我一开始就错过了确定某些赔偿协议的时机,而这些协议对于法国人的务实性格而言,也许是非常熟悉、一目了然的。实际上我没有要求对我付出的辛劳和时间进行赔偿,所以我就干脆依靠对我极为有利的著作权。因为我觉得不可能由于要补回被耽误了的东西,而去向歌剧院的管理机构或者向皇帝本人求助,所以我也就听之任之,让梅特尼希侯爵夫人来替我说情。普塔莱斯伯爵正好在柏林停留,以便在那里说动普鲁士摄政王发布一道有利于上演《唐豪瑟》的命令。但是很可惜,这位摄政王面对他那个对我怀有深仇大恨的剧院经理许尔森先生,却无法贯彻执行自己的命令。因为我面对的是长时期彻底的孤立无援,所以我只好委托我的女保护人——侯爵夫人帮忙,维护我提出赔偿的那些要求。这时,我便于4月15日(因为自从演出《唐豪瑟》以来,在一个月的短暂时间内,就产生了所有这些不愉快的后果)前往德国作短期旅行,以便在那里为我的前途打下一些基础。

那个唯一能完全理解我的真正需要的人在我之前,已经通过同样的渠道,从巴黎演出的混乱中走了出去——比洛现在从卡尔斯鲁厄通知我,大公爵一家为我做了种种很好的安排。这时我很快就制定计划,现在就在那里真正开始进行我的《特里斯坦与伊索尔德》那场十分不幸、一拖再拖的演出。然后,我到了卡尔斯鲁厄。如果说有某种东西能够促使我去实现这个仓促制定的计划的话,那么这种东西就是我在这里受到巴登大公爵极其真诚的接待。看来,这位上司似乎真心诚意地需要唤起我对自己由衷的信任。在就连他的夫人也参加的那次极其推心置腹的商谈中，大公爵非常关心地劝导我，说他由衷同情的对象，既不是我，也不是他相信自己感到既不爱好、也不具备这方面的知识来评判的歌剧作家，而是那个由于其德国人的自由观念的缘故，不得不历经风霜的男子汉。因为我出于完全是理所当然的原因，不能对我这番经历的政治意义做出特别的评价，所以在他看来，这就是令人怀疑的克制。对此，他用这种保证来鼓励我——他说，如果在这个领域出现一些错误，甚至出现一些大错，那么这种情况更多的是伤害那样一些人，这些人甚至连待在德国都不会感到幸福，肯定也会同样通过内心的痛苦来为此忏悔；现在，这些有过错的人对此应尽的义务就是，纠正他们对当时被赶出去的人犯下的错误。他很乐意将自己的剧院提供给我支配，并为此对该剧院的经理下达了必要的命令。这位经理——我的老“朋友”爱德华·代夫里恩特由于我的到达使他陷入的那种难堪的拘束，为比洛告诉我的那些有关迄今为止被他伪装成对我十分同情的思想意识的一钱不值的说法辩解。但是怀着在公爵家受到热情接待所引起的极其愉快的心情，我很快也就明白代夫里恩特至少表面上是我要他干什么，他就干什么。他现在不得不同我认真研究《特里斯坦与伊索尔德》预期的演出。因为他并未想到要否认尤其是自从施诺尔离此而去，前往德累斯顿以来，他没有为演出我的作品所必不可少的歌手这一事实，所以他让我去维也纳。这时，他并不克制自己对此感到的惊异——我根本就不想在那里，在恰恰是万事俱备的地方上演我的歌剧。费了我好多唇舌来让他弄明白，为什么我宁肯在卡尔斯鲁厄举行我的作品的几场特别演出，却放弃这些作品有可能排到维也纳歌剧院保留剧目中的机会。因此，我的计划得到批准：除了应当为此作为客人被拉到卡尔斯鲁厄来的施诺尔之外，还要在维也纳为卡尔斯鲁厄这场预期的“示范演出”挑选我还需要的其他歌手。

因此，我也就依靠维也纳了。现在我得回到巴黎去，在那里料理好我的事情，包括我为了实施自己进一步的规划要有足够的精神武装这一点。很可惜，在这里，在我离开了6天之后又返回的地方，我终日考虑的除了诸如我为自己的境遇所需要的资金之外，没有任何别的东西。在这种情况下，甚至就连像封·泽巴赫夫人怀着更高的热情对我的某些满怀同情的亲近和保证，都既让我感到不安，也同样使我觉得无所谓。当那些可以理解为用另外的标准来为提供我的一笔赔偿所做的运算程序，从梅特尼希侯爵夫人方面以神秘莫测的缓慢速度进行时，有一个名叫施蒂尔的商人——我过去在苏黎世也就认识他，他在巴黎一直怀着真诚的同情之心继续照顾我——由于他的帮助，使我现在能够把我的房子照料成第一流的房子，使我本人前往维也纳得以成行。——李斯特已经说了好久要到巴黎来。在已经过去的那段倒霉日子，我经常热切盼望他的到来，因为这也许会让人们相信，正是他处于只赋予他的那种巴黎生活名流的地位，有可能对这种如此糟糕的、错综复杂的关系的清理，产生极为有益的影响。一种神秘莫测、书面表示的无可奈何，就是对我由于他推迟到达而提出的各种询问的回答。当我正好现在，在我已经整装待发准备踏上前往维也纳之旅时听说，李斯特将于最近几天到达巴黎时，这听起来好像有一种讽刺的意味。因为我现在只能听命于所处的困境——这种困境绝对要求我为自己的人生计划接上新的关系——所以我不等我的老朋友到来，就于5月中旬离开了巴黎。

我首先期待同大公爵在卡尔斯鲁厄重新进行一次商谈。我受到同样友好的接待，获准在维也纳为我在卡尔斯鲁厄剧院举行的一场《特里斯坦与伊索尔德》示范演出，招聘由我挑选出来的歌手。所以我现在就前往维也纳，在卡尔大公爵那里下榻，等待乐队队长埃塞尔履行他先前在信中给我许下的诺言，给我演出我的几场歌剧。这儿到底是我第一次听到上演《罗恩格林》的地方。尽管这部歌剧已经频繁演出，所有演职员还是如我所愿，首先来进行一次完整的彩排。乐队立即那么热情奔放地奏起前奏曲，歌手们的歌声和他们的好些优秀品质把这部他们已经烂熟于心的作品演绎得这么令人惊异的悦耳动听，致使我陶醉于给我留下的印象之中，失去了对总的效果评头品足的爱好。看来，有人似乎注意到我深受感动的心情，汉斯力克①博士先生觉得这是向坐在舞台上侧耳倾听的我作友好的自我介绍的大好时机。我像对一个萍水相逢的陌生人那样，态度冷淡地向他问好。紧接着，男高音歌手安德尔再次把他介绍给我，而且还加上说明，说汉斯力克是我的老熟人。我淡淡地回答说，我非常清楚地记得这位汉斯力克先生，说完，便又专心致志于排练了。看来，现在我这些维也纳朋友同我过去那些伦敦朋友的情况没有两样，这些人不喜欢我对那个极其可怕的评论家表示重视的任何尝试。此人那时作为未来的大学生，观看了《唐豪瑟》在德累斯顿最初的一场演出，当时他凭着火一般的热情作关于我的作品的专题报告，从那以后，就像这一次借在维也纳演出我的歌剧之机所决定下来的那样，他就变成了我尖酸刻薄的对手。从现在起，歌剧院那些对我心怀好意的演职员看来别的都不担心，只担心我不像他们所理解的那样，同这个评论家握手言和。既然这一点做不到，那很可能这些人的看法并没有错。这些人把我后来在每一次以维也纳为出发点来考虑的活动中遭到的不幸，都归咎于我这次重新招惹来的敌视态度。

可是现在，对我有利的舆论洪流看来似乎大有将一切令人厌恶的东西都冲刷得一干二净之势。《罗恩格林》演出时我在场。这次演出引起了持续不断、热情洋溢的掌声，也只有在维也纳的观众中才体验到这

---

① 汉斯力克(1825—1904)：祖籍捷克的奥地利音乐评论家、美学家。

样的掌声。人们还希望我以同样方式演出我的两部歌剧，可是我感到有点害怕，怕重复那天晚上经历的事情。除此之外，因为我也了解《唐豪瑟》演出的巨大缺陷，所以我只同意再演出一场更为朴实无华的《漂泊的荷兰人》，尤其是因为我对结识在这部歌剧中出类拔萃的歌手贝克感到兴趣。就连这一次，观众也流露出同样兴高采烈的神情，我现在获得来自各方面的好感，可以想到去办我真正要办的事情了。大学生们准备举行一次火炬游行，对我表示敬意，可是我谢绝了这种敬意，我这样做特别引起埃塞尔对我极大的好感。他以及歌剧院的最高当局这时都在考虑可能以何种方式来利用这些成功。我向皇帝的宫廷总管兰斯科隆斯基自我介绍。在我眼里，此人可以说是一个古怪的、对艺术及其要求一窍不通的先生。我把我的申请递给他，希望他为了由我规划的《特里斯坦与伊索尔德》在卡尔斯鲁厄的演出，在一定的时间内能给他那个歌剧院的主要演员，尤其是杜斯特曼夫人（过去的路易丝·迈尔）和贝克先生，也许还有安德尔先生一次比较长的休假。当我把这个申请交给他时，这位老先生干巴巴地回答我：这不可能。而他感到要理智得多的做法是：我可能更愿意在维也纳演出我的新作，因为他答应把他的演职人员交给我调用。我立刻就失去了对抗这种假象的勇气。

当我脑海里想着我的事情的这种新的转折，沿着胡浮堡皇宫的台阶逐级而下时，在大门口有一个身材魁梧、仪表堂堂的人向我走来，愿意陪同我坐车到旅店。此人就是约瑟夫·施坦德哈尔特纳尔，一个在上流社会中备受喜爱的医生、一个伟大的音乐狂热爱好者，决定永远做我忠诚的挚友。——甚至就连卡尔·陶西格也跑到我这儿来了。此人当时一头扑向维也纳，通过去年冬天由他引入并亲自指挥的几场管弦乐音乐会，开始了对李斯特音乐作品这个领域的故意强占。他给我带来同样来到维也纳的、诡计多端的彼得·科内利乌斯。我只是1853年在巴塞尔那次相遇时才认识此人。两人当时都热衷于不久前由比洛改编的《特里斯坦与伊索尔德》的钢琴改编曲。陶西格在我的旅店房间里弄到一架伯森多弗尔三角大钢琴。他很快就在房间里热火朝天地搞起音乐来,而且无论如何也要劝我采取首先在这儿演奏我的作品的建议。最后我答应几个月后再回来,立即开始排练,然后才离开维也纳。

我感到有几分忐忑不安地把我这个改变了的决定告诉巴登大公爵,因此我乐于受这个念头的驱使,首先绕一次奇怪的弯路,然后再到卡尔斯鲁厄。我生日时正在归途上,所以我决定在苏黎世庆祝生日。我马不停蹄地经过慕尼黑前往温特图尔,我打算在那里会见我的朋友苏尔采;很可惜,苏尔采不在,我只见到他的夫人,——她对我关怀备至——以及他的小儿子,一个生性活泼、讨我喜欢的男孩。我了解到翌日,正好在本月22日,便可以在苏黎世见到他本人。这样,我就在这里,在一个狭窄的旅店房间里度过这一天并非毫无意义的剩余时光。在房间里,我的旅行读物《威廉·迈斯特的漫游时代》破天荒第一次以对这首奇妙乐曲的全面理解吸引着我,尤其是对那些满师徒工出发时的奇特描述可圈可点。在这段描述中,这部作品几乎成了一首怪诞的抒情诗。由于这首抒情诗给我留下的印象,诗人的才智也使我对这部作品更加亲近。翌晨天刚破晓,我就到了苏黎世。一个奇特、明朗的早晨促使我绕了很远的弯路,去寻找锡尔谷中那些熟悉的、一直通向韦森东克庄园的散步小径。我在这儿完全是突然来访。我打听这一家的习惯,听说韦森东克这时要从楼上来餐室,独自一人用早餐。我在那里的一个角落落座,现在就等待这个好心肠、高个子的人,看着他默不出声地端起咖啡,发现我在这儿,最后竟感到由衷的惊讶。这一天过得十分亲切友好;苏尔采、泽姆佩尔、赫尔韦格,还有戈特弗里德·凯勒也被请来了。我享受着对于在如此奇特的情况下获得一次十分成功的意外惊喜所感到的满足。正是这种情况还使我的命运成为朋友们今天激动万分的中心话题。

然后，我便于翌日行色匆匆地赶往卡尔斯鲁厄。在那里，我的报告受到大公爵友好的赞同。我确实可以理直气壮地报告，就是我要求给歌手假期的申请遭到拒绝，所以先前所计划的在卡尔斯鲁厄的演出也就不可能。爱德华·代夫里恩特并非忧心忡忡，而是带着毫不掩饰的舒适感接受这种转变，他预告我在维也纳有光辉灿烂的前途。——现在，陶西格在这里追上我。此人在维也纳已经决定做一次去巴黎的旅行，在那里同李斯特会面，他现在同我一道从卡尔斯鲁厄出发，经过斯特拉斯堡，继续往前行。

又到了巴黎，我见到自己在那里的家室已经接近解体。就这种情况而论，我现在感兴趣的，不外乎是弄到在巴黎继续待下去以及下一步掌握一种毫无希望的前途所需要的资金。可是明娜暂时还有机会展示自己家庭宴请的才干。李斯特在巴黎已经陷入自己旧日的潮流中，只能在行驶于一次又一次拜访途中的车上同自己的女儿布兰迪妮交谈。出于自己的好心，李斯特也找到时间，应邀光临我家品尝“牛排”。确实，他光临我家，把整整一个夜晚都给了我。在这个夜晚，很友好地达成了我那些具有小小约束力的协议，他供我支配。他在这个夜晚也为我过去那些困难时期的几个朋友弹钢琴。在这儿出现这样的事：可怜的陶西格前一天在感到寂寞时给我弹了李斯特一首关于“巴赫”这个名字的幻想曲，使我确实感到惊奇。他现在，当李斯特好像出于偶然给我们创作了这首乐曲时，他在李斯特面前却感到身子在逐渐萎缩，产生一种面对这个令人惊奇不已的庞然大物，感到无能为力，确实是遭到灭顶之灾的感情。——除此之外，我们还在古诺家聚会，共进早餐。这次早餐极其无聊，只是由于可怜的波德莱尔犹如在绝望的轨道上施展出来的机智才使早餐的气氛活跃起来。就像他给我所说的那样,这个人"负债累累",每天都不得不想出一些怪招来养活自己。他一再试图用一些要充分利用我这次享有盛名的、失败的、极其冒险的建议来同我套近乎。我根本就无法接受这些建议中的任何一个,我现在不能不感到高兴的是,见到这个聪明人躲到了李斯特"巨大影响"的山雕翅膀之下。李斯特带着他四处奔波,去到在某些情况下幸福女神在驻足窥听的地方。这样做是否对他有所帮助,我无法得知,而只是听说,他在此之后,更确切地说——我认为并非由于异常幸福——很快就死了。——除了这个欢乐的早晨之外,我在去奥地利公使馆饭店赴宴时又同李斯特聚了一次。我的朋友极其彬彬有礼地利用这次宴请机会,通过弹钢琴时对《罗恩格林》中几个乐段的暗示,在梅特尼希侯爵夫人面前,表示他对我的同情。在人们也许并不认为在这时我的陪同是有必要的情况下,他也被拉去参加杜伊勒利宫的宴会。他从那儿告诉我,拿破仑皇帝同他谈到有关我的《唐豪瑟》在巴黎的那个事件的一次十分得体的闲聊。看来,这次事件的结局要强调说明的是,我同我的作品偏偏是在"大歌剧院"中没有合适的位置。李斯特是否也就此事同拉马丁办过交涉,我不得而知;我只知道,他多次被这位老朋友挡驾,不满足我同他这位老朋友会一次面的愿望。开始时在多数情况下都跑到我这里来的陶西格,最后陷入了依赖自己的大师的这种自然而然、一成不变的从属地位,所以当他同李斯特一道出发去布鲁塞尔拜访施特雷特夫人时,就连他最后也在我面前彻底销声匿迹了。

我现在极为热切地希望能离开巴黎。由于送给看门人 100 法郎,通过成功转租,我离开了我在奥马尔街那套住所。这样以来,我只好等待最后会从自己的保护人那里得到何种通知。既然我在这里无法催促,我的境况便以极其痛苦的方式继续拖了下来。可是在此期间,也不乏看起来令人愉快的意外事件嘲弄般的插入。因此,我赢得了麦耶贝尔有点老气的侄女艾伯蒂小姐奇特的爱慕。她怀着对我的命运几乎是怒气冲冲的同情,经历了《唐豪瑟》演出那些令人反感的体验,看来现在是在热情关心,要使我令人难受的生活状况变得轻松愉快。所以,她就在春天的一个风和日丽的天气,在布洛涅树林的一家上等餐馆,为我们和我们还没有失去的基茨举行了一次十分讲究的宴会。——我以前由于出版《唐豪瑟》的事情同弗拉克斯兰德一家有些不和。现在就连他们一家都竭力从各个方面给我提供方便。对于这种种方便,我当然是希望它们没有理由存在。

但是无论如何都要坚持这一点:我们必须立即离开巴黎。对于明娜来说,预计需要在索登浴场继续她去年的疗养。在此之后,她要去德累斯顿拜访她的老熟人,而我则会等待我的时机,以便在开始排练我的《特里斯坦与伊索尔德》时前往维也纳。我们决定把我们所有的家用器具包扎好,保存在巴黎一个承运商那里。当我们就这样考虑这次如此狼狈、一再推迟的出发时,我们也在考虑通过铁路运送我们的小狗菲普斯的麻烦。有一天,6 月 22 日,我妻子外出回家时抱回这条在这种场合遭到以一种说不清、道不明的方式引起致命伤害的狗。按照明娜说的情况,我们只好认为,这条狗在大街上吞食了撒在那里的一种剧毒毒药。它的情况十分可怜:看不见任何外伤,它只是一个劲儿地喘粗气,喘得这么厉害,以至我们都不能不认为它肺部受到了严重损伤。这条狗在意外事故之后初次的剧痛中,狠狠地咬了明娜的嘴,所以我现在赶快把医生接来。不过这位医生立即就解除了我们关于很可能在这儿是被疯狗咬伤的种种担心。只是对于这只可怜的宠物,却根本无能为力了,因为它只是静静地蹲伏在那里,呼吸越来越短促,气喘得越来越粗。大致夜里 11 点,它好像在明娜床下沉沉入睡了。当我把它弄出来时,它已经死了。这次“丧事”的印象在我和明娜之间一直未说出口来。宠物在我们没有子女的共同生活中获得了十分重要的意义。这个如此活泼可爱的宠物的突然死去犹如最后一道裂痕,进入一种早已无法维持下去的共同生活之中。现在我不用操更多的心,也就是说不用比把这条死狗扔到巴黎平常的一堆死狗当中,早上被垃圾清理工全部捡起来操更多的心。施蒂尔梅尔先生在我们附近,在贵妇城楼大街自己的房后有一个小园子,我想第二天把菲普斯安葬在这里。费了好多唇舌才说服那位刚外出旅行的房主的女管家,允许我同我家的看门人一道,在小花园的灌木丛下面挖一个尽可能深的墓穴来埋这条可怜的小狗。出现了这悲惨的一幕:我极其小心地盖上这个墓穴,试图把这个地点尽可能变得无法辨认,因为我预感到,施蒂尔梅尔先生会对埋葬死狗感到厌恶,很可能会让人把这条死狗弄走,因此我防止了此人确实在搞的这种倒霉事。

哈茨费尔德伯爵终于极其令人愉快地通知我,一些与我素不相识、喜爱我的艺术、对我受到冤枉的境遇表示同情的朋友联合起来,为了使我摆脱所承受的种种困境,要给我提供必要的资金。我认为,为了这次的成功,理应对我的恩人梅特尼希侯爵夫人表示感谢。我现在着手收拾整理,以便最后结束我的巴黎居住生活。我感兴趣的是,一切有关这方面的努力一结束,明娜立即就会动身,踏上她去德国疗养的旅途。而我则相反,在那里除了拜访在魏玛的李斯特之外,暂时没有下一个目的。在魏玛,8 月份要举行一场德国音乐家的李斯特音乐作品告别演出会。除此之外,那位曾经鼓起勇气,甚至还用法文出版我其余歌剧的弗拉克斯兰德希望我在巴黎再坚持一阵,直到我同特律伊内一起完成《漂泊的荷兰人》歌词的翻译。为此,我还得待上几个星期。在这几个星期,我再也无法在我们这个东西全部搬光的住所度过——听说这种情况的普塔莱斯伯爵这时邀请我这段时间在普鲁士公使馆饭店住下。我怀着充满预感的感激之情，接受这种被认为是一种罕见的，甚至从未以同样方式遭遇到的协助的做法。7 月 12 日，我让明娜去索登。我于当天返回公使馆饭店。在饭店里，人们分给我一个令人愉快、可以眺望花园、远眺杜伊勒利宫的小房间。在那里的池塘里，有两只黑天鹅在戏水，我感到自己在神思恍惚中被引向它们身边。当年轻的哈茨费尔德在这里找到我，以我恩人的名义询问我的需要时，我很长时间以来第一次充满一种十分激动的感情，一种在一无所有、同人们通常所理解的长期生活环境的一切都彻底决裂的情况下感到舒适惬意的深沉感情。

我不让人把我的埃拉尔钢琴同剩下的家具都包装起来。我想请求能够在我留下来这段时间，把这架钢琴给我搬来。为此，把位于好楼层的一个漂亮房间让给了我。我早上在这儿翻译《漂泊的荷兰人》，谱写两首《纪念册页》音乐作品，其中为梅特尼希侯爵夫人写的那首乐曲以后一直到发表，都有一个我好久以来心里就想着的美好主题，而为封·普塔莱斯夫人谱写的一首同样的《纪念册页》乐曲又被我丢失了。——同我的东道主一家的交往不仅使我感到放心，而且也确实使我感到满意。我们每天都一道进餐，而且家庭午餐经常都扩展成著名的“外交宴会”。我在这里结识了普塔莱斯伯爵夫人的父亲、昔日的普鲁士大臣贝特曼-霍尔韦格，同他进一步讨论我在有关艺术与国家关系方面的种种倾向性。当我能够使这位大臣弄清楚这类事情时，立即就出现了甚至是绝望的说明：同国家元首永远也无法达成类似的谅解，因为对于这个人来说，艺术只能归入娱乐领域。——除了哈茨费尔德之外，经常参加家庭聚会的，甚至还有另外两位外交使团的专员：罗伊斯王子和登霍夫伯爵。罗伊斯王子好像是公使馆的政治家，由于他在皇室促进我的事情中巧妙周旋、作用巨大，有人在我面前对他赞不绝口；

而登霍夫伯爵则干脆由于他的外貌特征和他那受人欢迎、忠诚可靠的和蔼可亲，使我感到十分满意。我在这里的社交往来中甚至又同梅特尼希侯爵和侯爵夫人济济一堂。我不能不注意到，在我们相互询问中出现了某种偏见。由于他们对《唐豪瑟》的命运极为同情，保莉妮侯爵夫人有一段时间不仅被报纸杂志方面多次极其粗暴的提及，而且还受到来自所谓上流社会方面很不仗义、心怀恶意的对待。她的夫君看来出色地忍受了所有这一切，可是毫无疑问，不得不经历那些十分令人反感的时刻。我现在难以弄明白的是，侯爵夫人为了所有这些由于真心诚意同情我的艺术而忍受的不愉快，得到了何种意义上的补偿哩。她只不过被所有的人看成是一个极其任性、能不断给人留下印象的、训练有素的妇人。甚至就连我也不可能，在我以前同她的交往中，找到任何一条能真正接近她的路径。就她的性格而言，我所能证明的一切，都只不过是一种洒脱自如的自我意识，一种建立在这个基础上的、肆无忌惮的能量和一种在评判现实关系时十分熟练的机智。有一天，她带着一种差不多是稚气的羞怯给我保证，说她很喜欢听《赋格》。她用这种保证想要给我说什么，至今我仍不明白。看来，把按其天性是相当可怜、相当冷漠的侯爵吸引到我身边来的东西，是我从他甚至要学会作曲这种爱好中看出来的。但是他很聪明，不会在这方面成为我的负担，而我对此也找到机会，评价对于政治事务进行评判的得体分寸。我感到，这种分寸不是由于对他天资的培养，而是出于他那天生的和他那种地位的本能。——在我经常同我那些亲切可爱的东道主在亲密无间的交往中度过那些夜晚，甚至有理由试图在这里教人熟悉叔本华的著作之后，举行了一次使人心醉神迷、激动万分的大型社交晚会。在这里，在对我十分亲切友好的朋友圈中，气氛热烈地演奏我的各种音乐作品；圣-桑弹钢琴，我遇到这件离奇的事，一位那不勒斯的侯爵夫人卡姆波-雷亚尔凭着漂亮的德语发音和音调令人惊异的准确无误,合着这位能干的音乐家的伴奏,给我们演唱了《特里斯坦与伊索尔德》的最后一幕。

当我就在这里的三个星期中十分舒适地休息时,普塔莱斯伯爵在他要为我弄到一本萨克森护照的努力由于封·泽巴赫先生的胆怯遭到失败之后,又在设法为我即将实现的德国之行弄到一本高贵的大臣级护照。在我这次——我以为是永远——告别巴黎之前,我还得向为数不多的几个忠实地同我患难与共的法国朋友亲切告别。我同加斯佩里尼、尚弗勒里和特律伊内在拉菲特街的一家咖啡店里聚会;我们在这儿一直聊到夜深人静,当我正想踏上去往郊区热尔曼街的回家路途时,那位住在蒙马特尔高地的尚弗勒里宣布,非要陪我回家不可,因为我们确实都不知道是否还会见面。我这时因为巴黎现在空无一人的街道在明月皎皎的夜晚给我留下的这种奇妙印象感到愉快。看来,只有那些巨额业务往来一直上升至最高楼层的公司——就像这种业务往来在黎塞留街特别繁忙一样——似乎以富有诗情画意的方式,将白昼的喧嚣带进了夜晚。尚弗勒里抽着他的小烟斗,讲法国政治成功的希望为我解闷:他父亲是一个地地道道的老牌波拿巴主义者;可是因为他每天都在看报,不久前有人促使他表示:"然而,在死之前,我想看看别的作品。"我们在公使馆饭店门口十分友好、神情激动地告别。

不过同我迄今尚未提到过的一位年轻的巴黎朋友,也有一次类似的友好告别。居斯塔夫·多雷还是我在巴黎登台演出初期就由奥利维埃派到我这儿来的。他曾经打算勾画一幅我在指挥乐队时的幻想画。当然,出于我也不清楚的原因,这一计划没有实现,也许是因为我对于同意这一计划并不特别感兴趣吧。可是多雷仍然继续对我大献殷勤。现在,他就是那样一个人,这些人对施加给我的侮辱怀着满腔的愤怒,老想着要向我表示他们的友情。这个很有创造性的人打算把《尼伯龙根》也收入他所完成的那些为数众多的插图中。为此,我希望他熟悉我对这套神话丛书的理解。这一点当然十分困难。但是由于他向我保证,他有一个十分精通德语和德国文学的朋友,所以我敢于把不久前出版的《莱茵的黄金》钢琴改编曲——从该作品的歌词中,可以十分清楚地给他说明我对这个素材进行塑造的基本特点——作为礼物送给他。同时,我也以此作为对他不久前献给我的、他刚出版的《但丁》插画样书礼品的回礼。

那些美好、愉快的印象可以视为我这次如此艰难的巴黎活动具有真实价值的真正收获。我脑海里装满这样的印象,于 8 月份的第一个星期离开我那些普鲁士朋友的这个舒适的避难所,动身经过科隆,首先前往索登疗养浴场。我在这里又发现明娜在前面提到过的玛蒂尔德·席夫纳那一伙人当中。看来,玛蒂尔德作为可以轻易折磨的女友,似乎成了她不可缺少的人。我在这儿待了极其难受的两天,我用这两天来使可怜的妻子明白,她必须在我现在还不能待的德累斯顿住下来,而我则会在德国,首先是在维也纳寻找一个从事那些活动的新基础。她边特别满意地望着她的女友,边听我的打算和我的保证,无论如何也要考虑到每年给她 1000 塔勒。从此以后,这个协议一直到她生命尽头,都是我对待她的行为准则。她还陪我到了法兰克福。我在那里同她告别,以便首先前往维也纳。不久前,叔本华在此溘然长逝。

第四部

就这样[1],我又一次穿越图林根,路过瓦尔特堡。因此,看到或者游览这些地方,就同我告别或者返回德国有了一种奇特的关联。我在夜里两点钟到达魏玛,好在第二天被人领到由李斯特在阿尔滕堡给我准备的住所去。此人意味深长地告诉我,我被安排住进玛丽公主的房间。另外,这一次宴请时所有的夫人都不在;卡萝莉娜侯爵夫人已经在罗马,她的女儿嫁给康斯坦丁·霍恩洛厄侯爵,到维也纳去了。只有安德森小姐留了下来,好在李斯特宴请他的客人时帮忙。此外,我发现阿尔滕堡正要被人封闭。李斯特年轻的叔叔爱德华从维也纳来到此地,就是为了这个目的以及接收所有财产的财产清单。不过除此之外,这里也是高朋满座,因为这时正举行一次音乐家大会,李斯特在自己家里安排了相当一部分客人。在这些住客当中,首先是包括比洛和科内利乌斯在内;所有的人,尤其是李斯特本人给我呈现出一种特别的景象,看见他们的头上都只戴旅行便帽。我立即就可以用这次筹划的魏玛乡村音乐节的无拘无束来解释这种状况。在这栋房子楼上,弗兰茨·布

① 科西玛在手稿边的附注"1876 年 1 月 10 日继续",而其中涉及的内容是"1861 年 8 月"。

伦德尔偕夫人说了几句客套话之后在此下榻。很快就挤满了音乐家。在这些人当中,我遇到了我的老相识德赖泽克和一个名叫魏斯海梅尔的年轻人。有一次,李斯特曾派此人来苏黎世看过我。就连陶西格都来了,但他多数情况下都不参加我们这些无拘无束的聚会,好去同一位年轻女士谈情说爱。在短途郊游时,李斯特把埃米莉·格纳斯特派给我当伴同,由于她很有头脑,很幽默,我对此没有什么好抱怨的。我也结识了小提琴家和音乐家利奥波德·达姆罗施[1]。能够在这儿——尽管同李斯特的关系有点紧张——再次向我的老朋友阿尔维娜·弗罗曼问好,我感到十分高兴。因为最后就连布兰迪妮都同奥利维埃从巴黎来到这里,在阿尔滕堡住在我旁边。这些本来就轻松愉快的日子,又增添了一种令人激动的兴高采烈。我发现在演奏李斯特的《浮士德交响曲》时被分配担任乐队队长的比洛最爱闹着玩。他的活跃非同寻常;他把总谱背得滚瓜烂熟,他同这个绝非由德国乐师中的精华组成的乐队一道,极其准确、细腻、神情激昂地给我们演奏这首交响曲。除了这首交响曲之外,最成功的就是《普罗米修斯》的音乐。不过特别感人,使我感动万分的却是埃米莉·格纳斯特演唱的一首由比洛谱曲的组歌《断念女》。除此之外,这次节庆音乐的演出没有提供多少令人愉快的东西。其中,魏斯海梅尔的康塔塔《布森托河中的坟墓》可以指望给人带来欢乐。与此相反,德赖泽克的一首《德意志进行曲》却惹起了一次真正的大麻烦。这个往常如此才华横溢的人这首确实是拙劣的乐曲,这首看似以嘲讽的口气写成的乐曲出于难以理解的原因,受到李斯特怀着挑衅性热情的提携。由于德赖泽克证明自己作为他的乐曲的指挥,是非常可笑的,李斯特面对全体朋友的劝告,坚持由比洛指挥,演奏完

---

① 利奥波德·达姆罗施(1832—1885):德国指挥家、作曲家、小提琴家。

进行曲。汉斯最后执棒指挥，把这首乐曲演奏完了，而且是凭记忆指挥。可是情况终于引起了闻所未闻的麻烦。这个李斯特在自己本人的乐曲受到人们欢呼雀跃般欢迎时，都无法使他出一次场向观众致谢，这一次在德赖泽克的进行曲结束演奏时，却出现在舞台前部侧包厢中，伸出双手，用雷鸣般的喝彩声，为他的受保护人的作品，为这部遭受到折磨的听众最后抱着厌烦的心情拒绝的作品拍掌叫好。关于此事，逐渐发展成一场火药味十足的争斗，一场由李斯特独自一人气得满脸通红地同观众进行的争斗。坐在我身边的布兰迪妮同我一样，对她父亲这种闻所未闻的挑衅行为深感绝望，这种状况持续了好久，一直到就连我们都对这件事淡忘之时。从李斯特本人那里很难得到对此做出的说明；我们只听到有几次怒气冲冲地流露出来的、对观众蔑视的口气——这首进行曲对这些观众来说，还太好了一点。另一方面我也听说，这种事很奇怪，是出于对真正的魏玛观众的敌意才发生的，而那些观众却与这里的事毫不相干。就是说，李斯特把这件事当成是为科内利乌斯报一箭之仇来处理了。科内利乌斯的歌剧《巴格达理发师》在前些时候由李斯特亲自担任指挥演出，被魏玛观众喝倒彩。除此之外，我现在也清楚地注意到，李斯特在这些日子不得不忍受以另外方式出现的大麻烦。正如他向我本人承认的那样，对他来说重要的是，要促使魏玛大公爵对我采取一种赞赏的态度。他希望大公爵会邀请我同他共赴宫廷宴席。因为大公爵对宴请一位至今仍被萨克森王国拒之门外的政治逃亡者心存顾虑，所以李斯特至少以为可以为我争取到那枚白鹰勋章。就连这件事他都遭到拒绝。由于他为我做出的所有努力在宫廷遭到如此糟糕的对待，京城的市民至少会尽力庆祝我的到来。已经决定为我举行一次火炬游行。当我听到这件事时，我竭尽全力阻止这个计划的实施。我毕竟做到了这一点。可是也不能在完全不表示致敬的情况下就悄然而去呀。有一天上午，来自耶拿的司法顾问吉勒带着6个大学生来到我的窗下，哼唱一首愉快的协会歌曲，我对他们的盛情表示最衷心的感谢。针对这种情况，举行了一次盛大宴会——所有音乐家在这次盛宴上济济一堂，连我也出席这次宴会，坐在布兰迪妮和奥利维埃之间——对这位如今又在德国受到欢迎、在其被放逐期间变得受人喜爱、闻名遐迩的《唐豪瑟》和《罗恩格林》的作曲家表示十分热烈的欢迎。李斯特的讲话虽然简短，却铿锵有力，对这样一种特别的祝词，就连我都得更为详细地去倾听。在李斯特餐桌旁用午餐时的好几次经过挑选的集会都十分愉快。在这样的一次集会时，我也想起了阿尔滕堡那位不在场的老板娘。可是有一次我们却在花园里吃饭。我在这里很高兴，看见就连那个同奥利维埃聊得十分投机的、好心的弗罗曼夫人也同李斯特握手言和。

在度过十分丰富多彩、激动人心的一个星期之后，我们大家分手的日子就这样来临。这是命运的一次令人愉快的安排，使我能够在布兰迪妮和奥利维埃陪同下，走完我已决定的前往维也纳之旅的大部分旅途。他俩决定去拜访待在赖兴哈尔的科西玛。科西玛是因为要疗养才待在那里的。当我们在火车站共同向李斯特告别时，我们也想起了比洛。比洛在前几天的表现十分出色，他已提前一天离去。我们都对他赞不绝口，只是我在开一些亲密的玩笑时注意到：他也许用不着娶科西玛。紧接着，稍微鞠了一躬，然后补充道："这是奢侈。"

这时，我们这些旅行者，也就是说尤其是布兰迪妮和我很快就有了一种兴高采烈轻松愉快的感觉。这种心情特别是由于奥利维埃夫妇在每一次哈哈大笑时，在我们这方面又重复一遍，而且使这个好奇的问题逐步升级：他在说什么？奥利维埃不能不耐着性子忍受我们继续用德语开我们的玩笑。可是他打听看来是成为他那些营养品主要成分的补药或者生火腿的问题却总是由我们用法语来回答。我们在午夜之后很晚才到达我们迫不得已在那里下榻的纽伦堡,费了九牛二虎之力才被带到一家客栈,可是这家客栈让我们等了好久之后才开门。一个年纪有点大、长得胖乎乎的客栈老板应我们的请求,决定在这么晚的时候还给我们安排房间。为了办到这件事,他却让我们在经过反反复复的谨慎考虑之后,在前厅里等一会儿,他则离此而去,穿过后面的走廊。我们听到他在那里,在一间小屋门前用怯生生的、和蔼可亲的口气,叫着"玛加蕾特"这个名字。他重复喊叫多次,同时说明有客人来。有一个女人用一顿臭骂来回答他。在经过老板多次苦苦哀求之后,身穿晨服的玛加蕾特终于走了出来,在同老板经过谨慎考虑之后,把我们带进那些为我们挑选出来的房间。这时,这次意外事件的奇特之处就在于:我们三个人不断发出的、毫无节制的狂笑,看来都既未被客栈老板,也未被他的女仆发现。第二天,我们参观该城的一些稀奇古怪的东西,最后也参观了日耳曼博物馆。这家博物馆由于它当时很蹩脚,受到我这位法国朋友的蔑视。可是大量收藏的刑具——在这些刑具中,有一个用钉子铺衬的箱子特别突出——却引起布兰迪妮充满同情的厌恶。

我们晚上到达慕尼黑。第二天,在又设法弄到"补药"和火腿之后,尤其是奥利维埃心满意足地对这个慕尼黑进行了一番观察。他发现,特别是路德维希建造的那些艺术建筑物显得具有仿古风格。这种仿古风格同路易·拿破仑喜欢用来塞满巴黎,使得奥利维埃十分生气的那些建筑物相比,要出色得多。在这里,我又与一位当时的年轻朋友封·霍恩施泰因先生偶然相遇。我把他作为"男爵"介绍给我的朋友们:他那滑稽的外表和笨拙的举止引得他们开怀大笑。这种开怀大笑又反过来变成了一次货真价实的节日庆典。当时,"男爵"在我们夜里出发前往赖兴哈尔之前，为了使我们也从这一方面了解慕尼黑，还不得不把我们所有的人都带进一家位置相当偏远的啤酒酿造坊。这件事发生在漆黑的夜晚。除了“男爵”本人必须拿在手里照着进入酒窖，给我们把啤酒取出来的一截蜡头儿外，没有任何灯光照明。可是这种啤酒看来酒味非常好。在霍恩施泰因多次前往酒窖，来回往返之后，我们在如今不得不匆匆忙忙完成的，穿过田地和壕沟去往火车站的，极其艰难的旅程上发现，这种异乎寻常的提神饮料把我们弄得有点糊涂了。布兰迪妮登上车厢之后立刻就沉沉入睡，在拂晓时她才从睡梦中醒来。这时我们已经到达赖兴哈尔。在这里，科西玛也来迎接我们，把我们领到业已收拾好给我们留宿的住所去。

我们首先对这个妹妹的健康状况感到高兴。我们看出，这种状况比先前，特别是我所获悉的情况要使人放心得多。医生给她在这儿开了一种乳清疗法处方。我们也确实于翌晨参加了一次前往乳清疗养院的散步。可是看来，科西玛所注重的是在空气这么清新、令人精神这么振奋的山风中漫步和停留，而不是这儿所用的药物本身。可是，奥利维埃和我多数情况下都被排斥在甚至在这儿也即刻出现的那种相聚的喜悦之外，因为这两姐妹为了对她们由于不断哈哈大笑，直至远处都可以觉察到的对话更加保密，通常都走进她们房间，把我们拒之门外。这样以来，我差不多就只好同我政治上志同道合的朋友进行法语交谈了。可是有几次我却有办法进入两姐妹的房间，此外也把我的打算告诉她们。因为她们的父亲不再照顾她俩，打算“领养”她们——这种事与其说是抱着信任的态度，还不如说是怀着喜悦的心情接受下来的。有一次，我对布兰迪妮抱怨科西玛的粗野。开初，布兰迪妮没法明白我的意思，她甚至把我的话理解成——她认为我的说法本身指的就是“一个野蛮人的胆怯”。但是没过几天，我终于不得不想到继续我直到现在由于过得如此优雅而被中断的旅行。我在前厅告别,在这里同科西玛的一种差不多是羞怯、探询的目光相遇。

我乘一辆单驾马车首先沿着山谷往下走,前往萨尔茨堡。在奥地利边境,我不得不经受同海关的一次冒险。李斯特在魏玛送给我一小盒极其珍贵、由西纳男爵敬赠给他本人的雪茄。从我在威尼斯停留以来就见识了那些闻所未闻的刁难,由于这些刁难,使把这种物品带进奥地利遇到困难。鉴于这种情况,我猛然想到,把这些雪茄分散藏到我的衣物下面,藏进衣兜里。可是那个关员是个老兵,看来对这些预防措施有思想准备,动作麻利地从我那个小旅行箱所有的褶皱中抽出违禁物品。我试图用小费来行贿。他也确实收下了小费。因为他这时在海关告发我,所以我感到更加气愤。我在这儿必须缴纳巨额罚金,不过现在我得到允许,可以赎回雪茄,可是我怒气冲冲地放弃了雪茄。然后,在将我缴纳罚款的收据交给我时,人们却把我先前塞给那个海关士兵的普鲁士塔勒,也同时交还给我。当我现在又登上马车,准备再继续旅行时,我看见这个关员平心静气地坐在一个仓库前,吃着一个涂上奶酪的面包。他边吃边向我彬彬有礼地致意。现在我又送给他一个塔勒,可是这一次他拒绝收下这个塔勒。后来我还老为这件事生气,我当时竟没有让人告诉我这个人的名字,因为我老有这种想法,他肯定是我以后会乐于雇用的一个优秀、忠实的仆人。

我在倾盆大雨、洪水泛滥的时候到达萨尔茨堡,而且在那里过夜。翌日,经过萨尔茨堡,我终于到达我暂时的目的地维也纳。在这里,我打算接受从待在瑞士以来就对我十分友好的科拉契克的盛情款待。这位早就被奥地利赦免的人在我以前逗留维也纳时就来探望过我,在我如果回来待的时间比较长的情况下,为了避免我待在旅店里感到不舒适,把他的房子提供给我使用。就是出于节约的原因——这段时间迫使我不得不非常节约——我也十分乐于接受这一建议，这时就带着我的小件行李，立即坐车赶往给我描述过的那栋房子。使人感到惊讶的是，我立即就看出，我在极其偏僻的郊区，同维也纳本身几乎没有什么联系。除此之外，这栋房子也根本就无人居住，因为科拉契克及其全家已经迁往许特尔多夫的一个夏季居住地。我好不容易才发现一个老女仆，此人相信通过她的主人，大概听说过我到来的消息。她指给我一个小房间，只要我愿意，我就可以在里面睡觉。看来，事先既未规定她洗衣物，也未规定她要侍候别的事情。由于这种失望感到很不愉快，我首先回到城里，在施特凡广场边的一个咖啡店里——根据女仆的说法，科拉契克在某一时刻应当在那里出现——等待科拉契克。我在那里坐了好长一段时间，一再打听有关我所等待的那个人，一直到我终于看见施坦德哈尔特纳尔为止。在这儿见到我，他感到极其惊讶。更使他感到惊喜的是，他给我解释，自己这一生还从未进过这家咖啡店，而且只是一种十分特别的偶然信念在今天、在此时此刻把他带到这里来。他听说我现在的处境，立即就对此火冒三丈，我在市中心的工作这么紧迫，却叫我住在维也纳极其荒凉的郊区。他当即就把自己的住所提供给我作为临时住处。他同他全家现在就要离开该住所6个星期。一位同其母亲和姐妹住在同一栋房子的漂亮侄女会提供所有必要的服务，甚至还提供早餐，等等，所以我可以在整个住所极其舒服地放松下来休息。他立即兴冲冲地把我带进他的房子。他家里的人已经先走一步，去萨尔茨堡度夏，这栋房子已经空了出来。科拉契克被告之，把我的行李拿到这儿来。我还在施坦德哈尔特纳尔的社交聚会中享受了几天舒适惬意、热情好客的愉快。可是这时，我却从我朋友那里得知，我的处境所遇到的困难。去年夏天为现在（我于8月14日到达维也纳）拟订的《特里斯坦与伊索尔德》的排练计划，必须无限期地推迟，因为男高音歌手安德尔嗓音有毛病，必须请病假。根据这个消息，我确实认为，必须立即认识到自己待在维也纳毫无必要；只是没有人能给我出主意，为了达到某种目的，我该去往何方。

正如我这时才清楚意识到的那样，我的处境十分凄凉，因为我好像是被所有的人抛弃了。如果说我在几年前还能够以此自夸，在类似的情况下，在寄居魏玛的李斯特那里为了等待，得到一个令人愉快的居住地点的话，那我现在正如我已经提到的这种情况一样，在返回德国时，就只有参加他那栋房子的封闭仪式了。因此，我当务之急就是忙于寻找一处熟悉的栖身之地。所以，我几乎只有按照这个意思向巴登大公爵求助。大公爵甚至在前不久还十分友好、十分关切地欢迎过我。我在一封富于表现力的信中请他能考虑我的需求，我向他保证，对我而言，重要的是首先有一个即便十分简陋的避难所，我恳求他，在卡尔斯鲁厄城里或郊区，通过提供一笔 1200 古尔登的养老金，给我弄到这样一个避难所。此后得到的是一封不再由大公爵亲笔所书，而只是由大公爵签名的复信，我是多么惊讶啊！在复信中给我说明，在满足我的请求时，必须预见到我会对当地戏剧事务进行干预以及很容易就可以估计到的、同卡尔斯鲁厄剧院经理——我这位现在证明是如此出类拔萃的老朋友爱德华·代夫里恩特的分歧。由于在这样的情况下大公爵不能不看到，正像他所说明的那样，“去履行伸张正义的职责”，也许对我不利，所以他在深思熟虑之后不得不表示遗憾，必须拒绝满足我的愿望。——梅特尼希侯爵夫人认为在我离开巴黎时也从这方面猜出了我的需求，语重心长地指点我在维也纳去找纳科斯伯爵一家，特别是她意味深长地给我讲起纳科斯伯爵的夫人来。这时，在我搬进施坦德哈尔特纳尔的住所之后，我就马上通过施坦德哈尔特纳尔，在他出发前的短短几天中还结识了年轻的侯爵鲁道夫·利希滕施泰因，在他的朋友当中,他以“鲁迪”这个名字著称。他被他十分亲近的医生作为我的音乐作品的热情崇拜者,以讨人喜欢的方式介绍给我。在施坦德哈尔特纳尔现在同他的家里人分开之后,我经常在“卡尔大公爵”那里吃饭时见到他。我同他商定了去纳科斯位置偏僻的施瓦曹庄园拜访纳科斯伯爵的计划。这段一部分是坐火车的旅程有侯爵年轻的夫人陪同,过得十分惬意。现在,我在施瓦曹庄园被他们介绍给纳科斯:我在这里见到的伯爵是一个仪表堂堂的美男子,而她则相反,是一个文雅的吉卜赛人。她的绘画才能通过对凡·戴克画作的巨大复制品以引人注目的方式显示出来——那些墙壁都因为这些复制的绘画十分显眼。而她弹的钢琴却使人难受。在弹钢琴时,正如她所说,她只演奏那些最真实的、被李斯特错误演奏的吉卜赛乐曲。《罗恩格林》的乐曲看来是从另一方面引起了所有的人对我的极大好感。其他那些拜访时在场的贵族也给我证实了这一点。在这些贵族中,我甚至发现那个自威尼斯开始就已认识的伯爵埃德蒙德·齐许。我在这里见识了坦率的、匈牙利式热情好客的倾向,可是对谈话的内容却并不感到特别高兴。很可惜,我很快就不得不考虑,我在这些人当中能够有什么作为。为了这一夜,分给了我一间像样的客房。翌日,我及时探寻这座雄伟宫殿非常优美、整洁的环境的范围,边探寻边考虑,这座宫殿的哪个部分也许会提供给我作为较长时间的客居之地。不过,我们对这座建筑物的范围的那些赞赏性评语在用早餐时得到了肯定;很可惜,这仅仅只够满足伯爵一家的需要,因为尤其是年轻的“伯爵小姐”及其仆役需要大量挥霍浪费。这是一个冷丝丝的9月早晨,我们借这个机会,在野外度过这个良辰。我的朋友“鲁迪”看来心情不佳。我感到冷,于是很快便有意识地同贵族宴席告别,我还很少同如此彬彬有礼的人们聚集一堂,却一点儿也不明白,自己与他们会有什么共同之处。这种感情折磨着我,使我更感到恶心。

我和好几个“绅士”一同乘车前往默德灵火车站，而且在这个时候我看到自己不得不永远沉默。这时，他们确实只在进行那次变得如此著名的有关马匹的交谈。

我在默德灵下车，在这里去拜访男高音歌手安德尔。在他那里，我曾经要求自己在这一天特意演出《特里斯坦与伊索尔德》。天还很早，这是一个晴朗的、逐渐变得暖和的上午。我决定在寻访安德尔之前，先散散步，走进那个风景秀丽的沼泽地。我在那里让人在环境优美的客栈花园里准备第二次早餐，在十足的寂寞中享受十分舒适的一个时刻。林中的鸟儿已经沉寂。于是越来越多的一大群麻雀便结伴而来，围在我的早餐四周。因为我用面包屑喂它们，所以它们最后都十分听话，它们倏地一下落在桌子上，就在我面前抢食。这使我想起在蒙莫朗西饭店老板霍莫小酒店里那个早晨。就是在这里，在我流下了几滴眼泪之后，我终于哈哈大笑起来，然后踏上我要走的那条通往安德尔先生夏季寓所之路。很可惜，我感到这一点得到了证实——他的嗓音毛病情况不妙只不过是一个借口而已。无论如何我不得不很快就承认，这个虽然在维也纳被人尊之如神的可怜人根本不能胜任扮演“特里斯坦”的任务。不过我要尽力而为，因为我就是要在这里用我激动不已的方式，给他演示完整的《特里斯坦与伊索尔德》。这时他声称，这个角色声部好像是为他量身定做的。我在维也纳又一次遇见陶西格和科内利乌斯，我约请他们这一天一道去安德尔那里，傍晚时分，我同他俩返回维也纳。

这两位朋友对我热情关心，试图尽量使我开心，我同他俩交往甚多。只是我在怀有某些高尚抱负的陶西格面前要更多地克制自己。一是就连这位年轻的朋友都频频接受邀请，这些邀请把我召集到当时正在希青避暑的杜斯特曼夫人那里去。在这里，有几次在宴会上甚至还研究已经构思好的伊索尔德的个别歌曲。对于伊索尔德这个角色声部而言，这位女歌手既不缺好嗓音，也不缺心灵的敏感性。我在那里还再一次朗读了《特里斯坦与伊索尔德》的台本。我一直认为，我仍然会凭着耐心和热情，使演出《特里斯坦与伊索尔德》的计划成为可能。现在最需要的是耐心，而光凭热情则一事无成。安德尔嗓音有毛病，而且一直有毛病，没有医生能够准确地确定他何时会摆脱疾病。

我度过的这段时间过得很顺利，我突然想到要把为巴黎演出的《汤豪瑟》法文台本中新的一场倒译回德文。科内利乌斯必须为此给我复制一份损坏严重的原文总谱。我占有了他的抄本，却没有继续打听留在他手上的原文下落，由此出现的问题，我们以后会知道。

同我们交往的还有我早就认识的音乐家温特尔贝尔格尔，我同他在一种很使我羡慕的情况下相遇：在李斯特的一位老朋友班菲伯爵夫人那个十分令人愉快的家里，他在希青受到十分热情的接待。他在那里过得舒舒服服，无忧无虑，因为这位善良的女士认为，让这位不然就毫无收入的人什么都不缺是自己的义务。这时，我从他那里又得到有关卡尔·里特尔的消息。我能够从这些人那里得知的就是：温特尔贝尔格尔花卡尔的钱在罗马和那不勒斯耍绅士派头，同年轻的伯爵夫人们调情私通，采用这种方式把他朋友的钱财耗得精光，致使里特尔如今在那不勒斯不得不以给一位钢琴制作人的孩子上课为条件，在该家免费吃住。在一切都花光之后，看来温特尔贝尔格尔揣着李斯科的几封推荐信，准备去匈牙利冒险。可是这次冒险的结果看来并非那么令人愉快。为此，他现在在善良的伯爵夫人家得到了补偿。在这位女儿这里，我遇到了同样作为家庭常客的一位杰出的竖琴演奏家默斯纳小姐。这位小姐按照伯爵夫人的安排，得在花园里弹拨弄竖琴，她在这里拨弄自己的乐器时，方式十分独特，看起来非常令人高兴，致使我对此留下了令人愉快的持久印象。很可惜，我同这位年轻女士在我不愿意为她的乐器谱写独奏曲的问题上反目：在她遭到我的断然拒绝，拒绝醉心于她的虚荣心之后，她对我就不再理会了。

现在，就连诗人黑贝尔①也成了维也纳在这个对我而言是如此艰难的时期使我得到的一个特殊的熟人。由于我也许会长时间把维也纳作为我发挥作用的地点这件事在我看来并非不可思议，所以我认为同当地文学界知名人士进一步认识是可取的。我通过事先熟悉黑贝尔的剧本这一个比较麻烦的方式为与他相识作准备。与此同时，我怀着最美好的愿望，觉得这些剧本很好，认为进一步同黑贝尔交上朋友是值得追求的目的。我尤其是在这些剧本设想的不自然以及虽然往往都是搜索枯肠才找到的，但多数情况下却又是十分粗俗的用语的矫揉造作中，看出了他的剧本很大的弱点。觉察到这个弱点现在并不能吓倒我，使我不去实现自己的意图。我只去拜访过他一次，在这种场合我也没有同他进行特别长久的闲聊。那种在他的戏剧人物形象身上好像爆炸开来的离心力，我在这个剧作家的性格中看不到任何迹象。在此之后没几年，当我听说黑贝尔患软骨病去世时，对于在这方面使我感到很不痛快，惊讶万分的事情，我突然觉得恍然大悟了。他怀着一个漫不经心的，但是做起自己的事情来却又是公事公办的半瓶醋的心情，同我聊起维也纳的戏剧事业。我并不感到有特别需要去再次拜访他，尤其是自从他对我回访不遇，给我留卡通知以来更是如此。他在这张卡片上自称“黑贝尔，几枚骑士勋章获得者”。

我在这里又发现我的老朋友亨利希·劳贝早就是胡浮堡皇家剧院训练有素的经理了。还在我去年春天第一次拜访时，他就已经将把我

① 黑贝尔（1813—1863）：德国诗人、剧作家。

介绍给维也纳文学界知名人士视为自己的义务。他对文学界知人士的理解非常实际，主要是指新闻记者和评论家。对我而言特别有趣的是，在一次盛大的宴会上，他甚至还邀请了汉斯利克博士。他立刻就对此感到奇怪，我同汉斯利克不说一句话，他从中找到了这个预言的原因：如果我考虑到艺术影响的范围，我在维也纳的日子会很艰难的。我这次返回时，我简直就成了老朋友受到他的欢迎。只要我有兴致，他都会给我提供他作为热心的猎手用新鲜猎物准备的丰盛午餐，与我共同享用。但是我很少利用这种邀请，因为闲聊那种来自极其枯燥乏味的戏剧工作例行公事的、唯一能活跃起来的思想，很快就对我失去了吸引力。饭后，在喝咖啡和抽雪茄时，演员和文学家通常都聚集在一张较大的桌子四周，因为劳贝只是默默无言地抽他的雪茄休息，他的夫人多数情况下都在桌旁献殷勤。这位夫人可以说是完完全全为了取悦于她丈夫，成了剧院女经理，而且还认为，用讲究的言辞来谈论她一窍不通的东西是必要的。这时，只有我从前那么喜欢在她身上感觉到的巨大的同情心才能又使我感到高兴，因为她——如果说没有一个宫廷侍从敢于反对她的话——对我那些不受任何约束的更正往往都报之以毫不掩饰地爽朗大笑。因为她和她夫君的严肃态度对我而言，根本就无关紧要，所以我同他们的交往通常都只有逗乐和开玩笑。我也许主要的是把他们只不过视为天才的饶舌鬼罢了，所以当我后来在维也纳举行我的音乐会时，劳贝夫人对此感到善意的惊讶，她让我知道：我真的能够指挥得非常好，按照报纸上某篇关于我的报道，根本就估计不到会有这种情况。

劳贝对情况的具体认识，也就是由于熟悉胡浮堡皇家剧院高级管理机构要人的人品，在有一点上对我来说并非无足轻重，因为由此可以得知，枢密顾问封·赖蒙德在这儿举足轻重；老伯爵兰斯科隆斯基，这个平时凭借自己的威望，十分嫉妒的宫廷总管。如果没有这个尤其是在财政方面被认为十分内行的人，谁都不敢放心大胆地做出独自的决定。我很快就作为没有教养的典型认识的这个赖蒙德本人，被持续不断地把贬低我、阻止我实施上演《特里斯坦与伊索尔德》计划的维也纳新闻界弄得畏缩不前，甚至被迫去搞阴谋诡计。我同官方的交往，往往仅限于歌剧院原来的经理、索菲大公爵夫人侍女过去的歌唱教师萨尔维先生。此君是一个毫无能耐、没有知识的人物，他这时在我面前不得不装出一副按照最高有关当局的命令，在他心中没有任何事情比促使《特里斯坦与伊索尔德》上演更为紧迫的样子。因此，他试图通过不断显示出来的热情和友好，来对我掩盖那种在演职人员中蔓延开来的、越来越令人忧虑的气氛。

有一天，当我们这些歌手同我结伴，应邀去作为热情的资助人介绍给我的一位名叫杜姆巴的先生的庄园时，我就听说此地的情况是怎么样的了。安德尔先生带来了他的特里斯坦角色声部，就好像是要表示，他同这个角色声部一天也不能分开似的。杜斯特曼夫人对此怒气冲冲，她指责安德尔用来欺骗我的伪善表演；因为平时几乎谁都了解安德尔，知道他不会演唱这个角色声部，只不过找准时机，把以某种方式阻止《特里斯坦与伊索尔德》演出的责任转嫁到她——杜斯特曼夫人身上罢了。针对这些如此令人讨厌的感觉，萨尔维这时一再试图犹如在热心促进那样干预此事。他给我推荐男高音歌手瓦尔特。因为我拒用这个令我十分讨厌的人，他就要求去找另外那些他准备聘任的陌生歌手。在这里确实举行了几次试验性特约演出。在这些演出中，一位名叫莫里尼的先生看来显露出最美好的前景。我确实是情绪十分低沉沮丧、一心一意只想着，不管付出何种代价都要演出我的音乐作品——我同科内利乌斯一起观看一场多尼采蒂的《拉美莫尔的露契亚》的演出，试图亲自听到我的朋友对这位歌手的好评。科内利乌斯沉浸在严肃认真的谛听之中，当我焦急万分地观察他时，他突然脱口而出，蹦出一句话来："恶心，恶心！"对此，我俩都不得不会心地一笑。随后，我们的的确确是欢天喜地地离开了剧场。

最后，我只有同被称为剧院老实人的乐队队长亨利希·埃塞尔交往。他十分认真地熟悉了对他来说是十分困难的、排练《特里斯坦与伊索尔德》的工作。他严肃认真，从未失去倒是还有可能使其演出的希望。要是我愿意选出瓦尔特这个男高音歌手就好了。尽管我总是拒绝利用这种帮助，我们依旧是好朋友。由于他也是一个能干的步行者，所以我们经常在我热情的闲聊和他十分认真的谈话中，遍游维也纳周围。

当这次《特里斯坦与伊索尔德》事件犹如一种难以估量的慢性痛苦缓缓向前移动时，9 月底，施坦德哈尔特纳尔及其家人回来了。首先与此有关系的是，我要寻找一个住所，我给自己挑选了一家名叫"伊丽莎白女皇"的旅店作为住所。这时，在同我朋友一家持续不断的友好交往中，我也同他夫人连同其头婚生下的三个儿子和一个女儿，以及她第二婚时同施坦德哈尔特纳尔生下的一个小女孩熟悉了。关于我先前在那个令人愉快的寓所寄居的情况，我首先要表示惋惜的是那舒适惬意的照料，那个所谓的侄女泽拉菲妮以及通过她持之以恒的细致周到，还有她那令人愉快、滑稽有趣的交往给予我的照料。她由于其娇小玲珑的身材和那总是细心梳理的"儿童"般卷曲头发的缘故，被我称作"玩具娃娃"。现在，我待在阴暗的旅店客房里更难应付日子。我的生活费用也在令人忧虑地增加。我想起在这段时间，《唐豪瑟》从不伦瑞克得到的剧院酬金只有 25 或 30 金路易①，而我却得到明娜从德累斯顿寄来

---

① 1641 年法国路易十三发行的金币名。

的几片银箱花环。几个女友在 11 月 24 日赠给她这些花环,向她祝贺银婚。她在这次寄来这些东西时,免不了充满怨恨的发泄,这并不使我感到奇怪。对此,我试图使她对金婚充满希望。——现在,当我就这样束手无策地待在一家费用巨大的维也纳旅店里时,我还在竭尽全能,再去为自己争取到演出《特里斯坦与伊索尔德》的希望。我去德累斯顿向蒂夏切克求助,当然不可能得到允诺。我试着做同样的事,这一次是同施诺尔的遭遇。所以我到底不得不对自己讲,我的事情相当糟糕。

在一封偶尔寄给苏黎世的韦森东克一家人的书信中,我对此毫不隐讳:看来,为了让我开心,他们邀请我去威尼斯会面,他们立即动身去作一次旅游。我就这样出于偶然,在灰蒙蒙的 11 月,真的坐上火车首先前往的里雅斯特,再从那里乘对我的身体毫无益处的轮船出发前往威尼斯,在“达尼利”饭店搬进我的小屋。当我这样做时,天知道我想要做什么。我在十分幸运的情况下见到的这些朋友都沉浸于绘声绘色的描述中,看来,其目的就在于:通过我沉醉于同样的享受中,驱走我的忧郁情绪。对于我在维也纳的处境,看来他们一点儿也不理解。总而言之,情况就是这样:在我抱着如此伟大的希望所注视的巴黎活动惨遭失败之后,我不得不越来越清楚地认识到在我的大多数朋友当中,正默默无言、无可奈何地放弃对我还会取得成功的希望。总是带着一副巨大的观剧望远镜,随时准备参观艺术展的韦森东克,只带我去参观了一次总督府。我过去待在威尼斯时,只从外面见识过这座总督府。在我对一切都无动于衷时,我却不得不承认,在总督府大厅里,提香①的《圣母升天》给我留下了极其庄严崇高的印象,致使我自从见到这幅童贞女受孕以来,感到在我身上过去所有的力量几乎都突如其来地重新复活了

① 提香(约 1489—1576):意大利画家。

一般。

我决定完成《纽伦堡的名歌手》(以下简称《名歌手》)。

在我同我的老相识、我邀请前来此地的特萨林和韦森东克一家,再一次在“圣马可”饭店吃了一顿便餐,甚至又与我过去的女保护人卢伊吉娅在“正义宫”重逢,为她的友谊感到高兴之后,又过了从外表看确实是郁郁寡欢的4天。使我的朋友们感到奇怪的是,我突然离开威尼斯,坐火车从陆路绕道,踏上我那返回维也纳的、漫长而渺茫的归程。在旅途上,我首先从音乐的角度来领会《名歌手》,关于它的剧本,我只记得提纲。我立即就开始极其清楚地构思C大调序曲的主要部分。

脑海里留着最后这些印象,我确确实实怀着愉快的心情到达维也纳。我在威尼斯为科内利乌斯买了一条贡多拉小游艇,我给它配上我用毫无意义的意大利词语生造出来的一个词“Canzona”。我通过寄送这样一条威尼斯贡多拉小游艇,向科内利乌斯预告我即将返回。得到我计划立即完成《名歌手》的消息,他欣喜若狂。直到我最后离开维也纳,他始终都十分醉心于这项工作。我立即要求我的朋友给我弄来表现《名歌手》主题的素材。我首先想起去仔细研究格林①关于工匠歌手②歌曲的论战文章。可是这时需要把老瓦根赛尔的纽伦堡编年史弄到手。科内利乌斯陪我去皇家图书馆。但是,我的朋友首先必须通过一次由他给我描述成极其难堪的、对明希-贝林豪森(哈尔姆)男爵的拜访,才能获得许可,把这本有幸找到的书借出来。现在,我十分勤奋地坐在旅店里,获取编年史中的摘录。我很快就会利用这些摘录了。

---

① 雅各布·格林(1785—1865)和其弟威廉·格林(1786—1859),兄弟俩均为德国语言学家、民间文学研究家。

② Meistersinger一词应译为(德国14—16世纪行会)工匠歌手,因此瓦格纳的歌剧《名歌手》按理应译为《纽伦堡的工匠歌手》。《名歌手》这一译名流传久远,故沿用旧译。

我的剧本中有这么多缺乏知识之处，令人惊讶。

可是当务之急是，要确保我在完成自己的作品期间维持生活费用所需金钱。我猛然想起美因兹的音乐商绍特，我以需要预支稿酬为条件，答应把《名歌手》的曲谱交给他。怀着只需要尽可能长时间供给我钱的强烈欲望，我自动提出，不仅仅把我这部作品的文学版权，而且还把戏剧演出权，以两万法郎转让给他。绍特的一封表示拒绝的电报暂时打破了所有的希望。当我不得不想其他办法时，我当即决定前往柏林。从那里，从比洛总是十分友好地尽力照顾我的地方，比洛告诉我，有可能通过一场由我指挥的大型音乐会，获得很大一笔收入。由于我与此同时也在朝思暮想，希望在朋友当中寻求一个栖身之地，现在看来，柏林作为最后的援救，在向我招手。中午，在绍特那封表示拒绝的电报之后，随即来了他的一封信。在收到信后的一个晚上，我就已经打算出发了。绍特那封信当然是给我展示令人欣慰的前景，也就是说，他愿意立即接受《女武神》的钢琴改编曲，暂时预付 1500 古尔登，晚些时候结账。科内利乌斯对于被认为因此可以说是被他拯救的《名歌手》所感到的喜悦无法溢于言表。除此之外，比洛也不得不用怒气冲冲、情绪低沉的口气告诉我，他在着手为我的音乐会做筹备性的尝试中那些令人难受的体会。封·许尔森先生对他宣布：他在柏林不会接待我这个客人。比洛仔细一想，不能不认为，不该在克罗尔巨大的吸烟室里开音乐会。

当我现在正积极拟定《名歌手》详细的舞台表演草案时，由于梅特尼希侯爵和侯爵夫人莅临维也纳，看来是出现了一个对我有利的转机。

我巴黎那些保护人对我和我的境遇的关心显然是十分认真的。为了再次表示对他们的友好情谊，我促使歌剧院管理部门允许我，让我可以在上午的几个钟头，邀请这个杰出的乐队进入剧院。仿佛是在排练一般，自始至终地演奏《特里斯坦与伊索尔德》中的一些乐曲。乐队以及杜斯特曼夫人极其热情，准备满足我的愿望：梅特尼希侯爵夫人以及她的几位朋友应邀参加这场音乐会。在这场音乐会中，我用乐队和迄今为止支持歌唱部分的杜斯特曼夫人，十分幸运地一鼓作气就演完这部作品的几个大型片断——第一幕的前奏曲和第二幕开头直至差不多是中间的部分。这样，我就能够在没有任何错觉的情况下，保持一个美好的印象。甚至就连安德尔也在这里出现，但是他一个音符也不熟悉，而且也不试图去熟悉。我这两个侯爵朋友，以及奇怪的是，曾经偷偷跑来观看排练的一流女舞蹈家库基小姐，他们都对我表示热情祝贺。——有一天，梅特尼希伉俪在知道我为了完成一部新作品，要不受干扰地隐居的愿望之后，这时向我透露，他们正好可以把巴黎这个安静的避难所十分愉快地提供给我使用：侯爵现在已经把他那十分宽敞的公使馆饭店布置妥帖，可以给我提供就像我感到是在普鲁士公使馆饭店里那样的一套通向宁静花园的舒适寓所。我的埃拉尔钢琴倒是还放在巴黎的，如果我年底要到那儿去的话，那我就应当做好接纳我和开始我的工作的一切准备。我怀着毫不掩饰的喜悦之情，心存感激地接受这个友好邀请，接下来要操心的只是，把我的事情安排好，使我能够体面地从维也纳动身，体面地迁居巴黎。对此，看来一个由于施坦德哈尔特纳尔帮助才得到的、剧院管理部门支付给我业已约定的《特里斯坦与伊索尔德》的一部分稿酬的建议可以帮上我的忙。可是，由于我只能在这样一些补充条件下——这些条件看起来同完全放弃毫无二致——现在才能得到支付的500法郎，我当即拒绝了这一建议。可是，这样做并不妨碍同剧院管理部门一直有联系的新闻界发表这样的消息，说我接受了剧院支付的不上演《特里斯坦与伊索尔德》的补偿费。对此，我幸而到底能够用证明我举止行为的事实来表示抗议。现在，就连同绍特的那些谈判也拖延了一些时候，因为我现在不能接受他就《女武神》提出的建议。我依旧坚持我的第一个关于提供一种新歌剧《名歌手》的建议，最后终于从他那里得到1500古尔登的一笔提供给我的《女武神》部分付款，作为对我的新作品的支持。我得到这笔汇款后，就立即收拾行李。这时，我收到已经返回巴黎的梅特尼希侯爵夫人的一封电报，在电报中请我将我的出发日期推迟到1月1号。我打算只是暂时离开维也纳，以免我的计划受到妨碍。我首先前往美因兹，去同绍特继续谈判，然后做出一些决定。特别是由于科内利乌斯的缘故，火车站的告别使我感到很开心。他犹如怀着神秘莫测的热情般，对我低声说出我已经告诉他的一节萨克斯[①]的诗。这节诗是这样的："今日歌唱的鸟儿，歌声婉转自然，令在场的工匠们心神不安，它却讨得汉斯·萨克斯满心喜欢！"

在美因兹，我现在进一步熟悉了在巴黎时就已经给我留下印象的绍特一家。就连那个年轻音乐家魏斯海梅尔也作为这里的常客，经常可以见到，此人在其职业生涯的初期是当地剧院的音乐指导。在一次吃午饭时，另外一位年轻人——法学家施泰德尔用范围很广、使我感到意外的讲话，确实是在意味深长地举杯祝酒。尽管如此，我同这个十分古怪的人——同现在不得不认为是这种人的弗兰茨·绍特的谈判却进行得极其艰难。我始终坚持实现我的第一个建议，这个建议的目的就是，在两年期间逐渐为我提供必要的资金，以便能够顺利完成我的作品。他用冠冕堂皇的话来掩饰他对这个建议的反感情绪，他说：他不管用任何代价都应当买下我的作品，也好充分利用我这部作品戏剧演出

---

① 萨克斯（1494—1576）：德国鞋匠、诗人、歌手。因瓦格纳把他写进《纽伦堡的名歌手》而不朽。

的著作权，所以同像我这样一个人仿佛是在做生意似的，这使他感情上受不了。对此，我使他考虑到，他至少应当按照所要求的方式，支付必要的预支款。对此，我保证通过迄今抵押给他的今后剧院的收入，偿还可以作为作品版权稿酬计算的那部分款项。他慢慢腾腾的，终于同意大体上按照由我“提供的音乐作品”来支付我终于乐意接受的预支款，但又一直坚持，我总共能够指望得到一笔逐渐支付的两万法郎金额。由于我在搬出我那个维也纳旅店之后，现在又急需用钱，绍特这就把给我的汇票开到巴黎。现在，我收到梅特尼希侯爵夫人从那里寄来的一个书面通知，由于她只告诉我她的母亲桑多尔伯爵夫人突然仙逝，以及由此出现的、她的家庭状况的变化，所以这个通知的意思始终让我感到莫明其妙。

现在我再一次考虑，碰碰运气，姑且在卡尔斯鲁厄城内或者城郊试着找一个便宜的落脚之处是否更为可取。这个居住地随着时间的推移，也许会逐渐成为一个安静的久居之地。我按照自己的承诺，每年得负担明娜在德累斯顿 1000 塔勒的生活费。要是我把自己的妻子接到身边同我一道住在这里的话，就她那难以支撑的生活费用而言，我觉得这样做更为明智，而且也要节省得多。那时候我收到她的一封来信，这封信除了试图挑拨那些同我有交情的朋友的关系之外，没有别的内容。这封信吓得我立即打消了任何一种要同她重新团聚的想法，它促使我抓紧我的巴黎计划，尽可能远远地离开她。

因此，我于 12 月中旬动身去巴黎。我在那里暂时在伏尔泰码头不显眼的“伏尔泰”饭店里，搬进了一个虽然十分简陋，但是可以眺望宜人美景的房间。直到新年伊始，我才能够像梅特尼希侯爵夫人先前所希望的那样见到她。在这之前，我希望在这里至少可以集中心思从事我的工作，让自己长时间保持不引人注目的状态。为了不至于因此使得同梅特尼希夫妇有交情的普塔莱斯和哈茨费尔德感到难堪，甚至对这些人，我就当作自己根本没有来巴黎，我只去探望我那些在那件事情上毫不相干的老相识特律伊内、加斯佩里尼、弗拉克斯兰德和画家切尔马克。我同特律伊内及其父亲晚餐时又定期在“英国饭馆”内聚会。我在暮色黄昏时分能够神不知鬼不觉地悄悄穿过熟悉的街道到那里去。在那里一下子打开报纸，普塔莱斯伯爵突然去世的消息使我大吃一惊。我感到痛心疾首，我感到特别惋惜的是，由于特别顾及梅特尼希家，迄今为止，疏忽了去拜访这位如此可靠的朋友。现在，我当然要立即去探望哈茨费尔德伯爵。哈茨费尔德首先给我证实了这个噩耗，不得不告诉我如此突然死去的情况。死亡是由一种直到最后一刻都对医生隐瞒的心脏疾病引起的。但我同时也从他那里听到在梅特尼希饭店里发生的那些事情的真实情况。保莉妮侯爵夫人告诉我桑多尔伯爵夫人去世。桑多尔伯爵夫人去世具有如下意义：迄今为止，为了全家人的利益，伯爵——那个“顶呱呱的”匈牙利怪人被当作精神病人，受到他夫人的照料。在她死后，全家人这时都对这个现在不再受到监护的人引起的极大干扰心存恐惧。因此梅特尼希夫妇认为有必要立即把他接到巴黎，接到自己身边，使他在他们的保护下得到必要的照料。为此，侯爵夫人立即确定把先前提供给我的那套住所作为唯一合适的地点。所以我现在才看出，已经根本就不再考虑在奥地利公使馆饭店接待我的问题了，我也得考虑命运这次奇特的捉弄。这一次命运的捉弄又把我抛向了倒霉的巴黎。

我暂时没有别的办法，只好保着我在“伏尔泰”饭店那个费用不是很高的临时住处，直到完成我的《名歌手》剧本为止；在此期间还要边仔细考虑，边守候着，看我现在该去往何处，去发现那个为了完成我的新作而历尽艰难寻找的避难所。要设法弄到住所并非易事。看来，我的名字和我本人——但是每个人情不自禁地用巴黎演出失败后令人忧虑的眼光看到这个名字和我本人——头上乌云笼罩,这层乌云看来甚至使老朋友们都无法认出我来。我差一点就要推断出对我在奥利维埃家最近受到接待的一种类似的、令人怀疑的想法:人们肯定都认为在这里十分令人忧虑的是,又看到我这么早就出现在巴黎的舞台上。我不得不说明,是何等特别的情况暂时把我又带到了这里,我根本不想在此长期停留。撇开这个带有某种程度的虚假印象不谈,现在我可是很快就看出,这个家庭内部已经发生的变化。祖母身患一种在她这样的高龄无法治愈的腿部骨折,卧病在床;奥利维埃在他那本身就并不宽敞的住所里承担起照料她的工作,我们在小房间里聚集在她床边吃午饭。从这个夏天开始,感到布兰迪妮变化巨大,流露出一种悲伤的严肃神情。我认为应当说明的是,她有喜了。埃米尔只是枯燥乏味、十分粗略地告诉我一些非常有用的东西:就是说,当那个里夏德·林道因为他虚构的参与《唐豪瑟》翻译,法院判给他补偿一事,通过他的诉讼代理人,用督促的口气向我求助时,我把这封信出示给奥利维埃看,然后问他,我该怎么办。"不予答复",这就是全部回答。他的建议既有用,又便于实施。我以后就再也不用去听来自这个方面的任何声音了。我怀着惴惴不安的心情,打算不再去麻烦奥利维埃一家了。布兰迪妮用一种无限忧郁的目光望着我,同我告别。

与此相反,我现在几乎是定期聚会,尤其是同切尔马克聚会。每天晚上除了总是同特律伊内一家在"英国饭馆"共进晚餐外,我还同切尔马克去找别的价廉物美的类似饭馆。通常我们在饭后都要去一家小剧院,我由于自己以前工作繁忙,完全忽视了这些小剧院。我认为那个"健身房"剧院是这些剧院之冠,在那里,那个极其杰出的剧团几乎仅仅只上演优秀剧本。在这些剧本中,记得特别清楚的是一个扣人心弦、感人至深的独幕剧《我在我妈家里吃晚饭》。在如今当然不再构思精巧的“皇宫剧院”以及“德雅泽剧院”，我得见识所有这些喜剧在这里展现的原汁原味的原型。对这些喜剧进行粗制滥造的改编并将它们不恰当地限制在一定范围内。年复一年，就用这样的喜剧来为德国观众取乐。——除此之外，我偶尔也同弗拉克斯兰德家共进午餐，这家人很奇怪，对我今后会在巴黎获得成功毫不怀疑。现在，我的巴黎出版商在继续出版《漂泊的荷兰人》以及《黎恩济》。因为他在那笔初次交易中未附带任何先决条件，所以他为此支付我一小笔稿酬1500法郎。

这一次我能够怀着一种几乎是轻松愉快的心情，将我在巴黎所处的这种如此令人厌恶的境遇甚至变成后来的一种愉快的回忆。当然，之所以有这种差不多是轻松愉快的心情，原因就在于，现在我每天都能够使我的《名歌手》剧本增加大量诗句。每当我边考虑我的《纽伦堡的名歌手》那些美妙的诗句和格言，边从纸上抬起目光时，我心中就一定会充满诙谐幽默的情绪，从我那家饭店四楼凭窗远眺，望见临江大街的车水马龙，越过无数的桥梁，眺望杜伊勒利宫、罗浮宫，目光往下，直到城市饭店，看见这一切都从我身边掠过。

当倒霉的1862年新年到来，我现在实现自己保留至今的这次对梅特尼希侯爵夫人的拜访时，我已经在第一幕的写作中大有进展了。我在这里遇到一种十分自然的困境。她对于在我已经知道的情况下不得不撤回自己的邀请表示歉意。面对她表示歉意的那些郑重其事的保证，我只好怀着轻松愉快的心情尽量去安慰她。——我请哈茨费尔德伯爵能够告诉我，如今已成遗孀的普塔莱斯伯爵夫人何时会感觉好一些，能够接受我的拜访。——因此，在1月份这一个月当中，我就继续在正好30天内完成我的《名歌手》的剧本。我突然想起为萨克斯关于宗教改革的戏剧诗的片段谱写的曲调。在最后一幕中让民众用这个片段来对他们所喜爱的大师表示欢迎。这是我在去"英国饭馆"路上穿越皇宫长廊时想起来的。我发现特律伊内已经在等我,我向他要了一张纸条和一支铅笔,把我与此同时悄悄唱给他听的这首曲调记下来。我通常都同他父亲一道,陪他走过林荫大道,到他位于郊区奥诺奥大街的住所去。特律伊内简直是在为我欢呼:"亲爱的大师,这个想法多么令人高兴啊!"

但是,我的工作越接近尾声,我这时就越为自己的下一个住处担心。我一直在想象,我也许注定要得到某种类似于我在李斯特离开阿尔滕堡时所失去的东西。这时我到底想起来了,我在去年还收到施特雷特夫人极其热情的邀请,邀请我去布鲁塞尔,在她和她父亲那里作较长时间的逗留。因此这时,当我现在向这位女士询问,她是否可以给我提供一个简陋的住处,让我在她那儿住上一段时间时,我就援引这个邀请。她感到"伤心",不得不拒绝我的愿望。我也用类似的询问,将目光投向柏林,向科西玛求助。看来,科西玛确实对此感到吃惊,我在后来访问柏林时,由于比洛安家的特性,我当然知道该给自己做出什么样的解释。与此相反,十分引人注目的是,我的表妹夫阿文纳里乌斯——关于此人我听说,他的景况非常好,同样在柏林操持家务——非常认真地对待我的询问,首先至少是请求我在那里下榻,说服我本人,相信在他家里有可能较长时间和睦相处。我的表妹采齐莉厄只是不允许明娜一道来,但是她认为,可以为一次可能出现的拜访,给明娜在附近安排很好的住处。使明娜感到不幸的是,她这个最可怜的女人现在除了给我写封对我表妹伤害感情的行为表示愤怒的信之外,再一次感到没有别的任何办法。无论在任何情况下都会很快就再次陷入旧时那些煽动性言行之中的可能性,立即就吓得我不敢去接受我表妹夫的建议。这样以来,我到底终于想起,有绍特经济上的保障,在美因兹周围去给自己挑选一个安静的停留地点吧。绍特给我谈过在那个地区有年轻的男爵封·霍恩施泰因的一座漂亮庄园。当我给他往慕尼黑写信,请求允许在他位于莱茵高地区的庄园住宿一段时间时,我相信确实是在向此人表示敬意。然而这时使我极为震惊的是,作为回复,得到的同样只是对于我的过高要求大吃一惊的表示。现在我到底决定直接去美因兹,我已经把我从现在算起,很快就已经在巴黎放了一年的全部家具和家用器具带到那里去。在我按照这些决定离开巴黎之前,我还得到一个安慰,安慰我听从高尚的劝告,要毫无奢望、坚定不移。我也向韦森东克夫人述说了我的境遇和我所担心的主要对象,但是仅仅按照人们向有同情心的朋友诉说衷情的意图讲述。她寄来一方小小的铸铁镇纸作为对这种情况的回复,这方镇纸还是她当时在威尼斯时就作为给我的礼物买下来的。该镇纸表现的是圣马可广场那头狮子用爪子抓在书上,它应当提醒我,在任何事情上也都要竭力去仿效这头狮子。无论如何人们都不会突然想起要给我提供他们自己身边那种矫揉造作的东西。——对于这种情况,普塔莱斯伯爵夫人最后还是同意我在她那里做客。但是,这位遭到如此沉重打击的女士尽管自己很悲伤,却掩盖不住对我发自内心的同情。因为我告诉她,我正在从事什么创作,所以她询问我的剧本写作情况。她现在肯定不可能对了解我的《名歌手》轻松愉快的特性感到兴趣,我对此感到惋惜。她对我这种惋惜之情,十分友好地报之以倒是要通过我去见识《名歌手》的愿望。她还邀请我共进晚餐。她是第一个我可以对其朗读我现在业已杀青的剧本的女士,这给我俩都留下一个并非无足轻重的印象,使我们经常能够对此爆发出会心的笑声。

2月1日,在我出发当晚,我还邀约了我的一些朋友——加斯佩里尼、切尔马克和特律伊内父子俩在我住的饭店共进最后一餐。大家的情绪都很好,特别是由于我自己的好心情,使得大家都很开心,尽管没有人想要真正理解,这种题材是怎么一回事。我现在就根据这个题材来完成我的剧本,我指望该剧本的继续完成会为德国提供如此众多美好的东西。

一直在为我现在如此迫切需要的避难所挑选合适的地点操心,我首先把自己的旅行目的地再一次锁定在卡尔斯鲁厄。我又一次受到大公爵伉俪的友好接待。他们还问及我下一步的重大决定。可是人们并未给我暗示,我所寻找的落脚地点,譬如说在卡尔斯鲁厄的寄居地可能已经准备停当。我感到引人注目的是,大公爵满怀同情地显示对于此事的忧虑;尽管他要计算的只是我的旅费,但是我到底能够用何种办法来支付我现在如此艰辛的生活费用呢?对此,我试图露出一副高兴的样子,而且还通过暗示我同绍特订有合同关系来安慰他。直到我完成自己的《名歌手》,绍特必须用对我的作品提供预支款的形式,向我提供必要的生活费用援助。看来这一点对他是个安慰。后来我从阿尔维娜·弗罗曼那里听说,大公爵有一次表示,在他对我本人就像对一个朋友似的,想要慷慨解囊,提供帮助之后,我对他的态度显得冷淡。当时我对此自然毫无觉察,更确切地说,只是谈到我很快又想再一次来到卡尔斯鲁厄,以便重新排练和指挥我的一部歌剧,譬如说《罗恩格林》。

现在我继续自己前往美因兹的旅行。我于2月4日,在遭遇大洪水时到达那里。莱茵河由于冰层提前破裂,洪水大肆泛滥。我差不多只好冒着危险才到达绍特家。尽管如此,我已经预先通知于这个月的5日晚上,还要在这里举行一次《名歌手》朗诵会。为此,我从巴黎来到这里,科内利乌斯也应当从维也纳赶来,我给他出100法郎路费。我没有得到他的答复。因为我这时听说,就像我在美因兹遭遇到洪水那样,同样的洪水也在德国的所有流域泛滥,使所有的铁路交通受阻。虽然我不再指望科内利乌斯会到来，但我还是将朗诵开始的时间延至给他规定的到达时刻；确确实实，到7点钟时，科内利乌斯来到了我们身边。他不得不历尽艰险，甚至在路途上丢失了他的双排纽扣男大衣，几个小时前还被冻得半死不活，刚刚到达他姊妹家。就这样，甚至在这里，关于我的剧本的报告也使得我们的心情极其舒畅。使我感到悲伤的只是，科内利乌斯不能取消他第二天又要立即返回的打算。他认真实行自己的计划，仅仅为了朗诵《名歌手》才到美因兹来。他认为认真实行自己的计划对于使事情的全过程保持他那奇异的特征是绝对必要的。尽管有大块浮冰，再加上洪水泛滥，但他第二天确实又踏上了返回维也纳的旅程。

根据约定，我现在立即同绍特一道去对岸的莱茵河边为我寻找一套住所。我们特别把比布里希当作我们的目的；由于这里的条件根本不合适，所以我们甚至考虑到威斯巴登；我最终决定暂时在比布里希的“欧洲宫廷”里弄到一个住宿处，以便从这里出发，去打听别的住处。因为我心里老在想着要居住在偏僻的地方，尤其是要远离听到非音乐噪声的各种可能，所以下定决心，在一个由建筑师弗里克赫费尔新建的、紧靠莱茵河的较大型夏季简易住所里，租一套虽然非常小、对我却十分适合的住所。为了布置这套住所，我不得不等着从巴黎把我的家具运来。家具到了。在海关仓库卸货时不知道花了我多少费用和力气。我现在首先把我布置房间最急需的东西弄到手。

总而言之，我只能在比布里希留下我在这里使用的东西，而大部分家具则应运往德累斯顿，给我妻子。我已经把这个情况告诉了明娜，这时她立即便忧从中来，担心我胡乱打开包装，会弄坏所有家具，或者丢失部分东西。当明娜突然来到比布里希，出现在我身边时，我刚好在8天之内勉勉强强布置好那架重新得到的埃拉尔大钢琴。我首先确实是对她很好的气色和她在操作具体事务时的那种锲而不舍的毅力,感到由衷的高兴。我第一眼见到她时甚至认为,最好还是我让她在这里,在我身边布置房间吧。很可惜我的好心情为时不久,因为旧日的争吵又立即出现。当我们在海关仓库对现在考虑到的所有权发生争论时,她对此气愤得无法控制自己,怪我没有等她到来,就擅自从包裹里把对我有用的东西取走。由于她不顾这一切认为,给我准备一些经济实用的物件是合乎情理的,所以她甚至把四套刀、叉、匙餐具,几个杯子和与此配套的碟子用到我的布置上,然后又负责把其余那些并非毫不起眼的家用器具包扎结实。在所有这一切都按照她的意思收拾停当之后,过了一个星期,她便返回德累斯顿了。她现在可以自夸,说她在当地的寄居地配备了足够的家具,可以如她所希望的那样,很快就在她那里接待我。为此,她已经在那些为她获得大臣声明的高级官吏那里迈出了那样的几步——我可以向国王正式申请赦免我。这么说,我现在返回德累斯顿的事马上就要实现。

在这方面有什么事要做的呢,我现在还举棋不定,依然在反复考虑。明娜的出现使我本来就由于前段时间的惶恐不安受到影响的情绪更为糟糕;阴冷的天气、不热的火炉,做起家务来笨拙不堪,无法估计的巨额开支,特别是因为明娜的布置,使我暂时对完成在“伏尔泰”饭店开始的作品感到大为扫兴。也许是为了让我散散心吧,绍特一家邀请我,去达姆施塔特观看尼曼演出的《黎恩济》。到达那里,当时的大臣封·达尔维克先生——此人担心大公爵的莅临在剧院里是为我所做的一次有点伤人的演示——就已经在火车站向我作自我介绍,把我领进他自己的包厢。在那里,他可以非常聪明地装出一副样子,仿佛他是在代表大公爵把我本人介绍给观众似的。从这个意义上讲,甚至一切都做得彬彬有礼、热情友好。另外,尼曼以他所扮演的一个最佳角色给我展示的这场演出本身，也由于下述原因使我感到兴趣，这就是：人们在剧中尽可能地延长，也许是为了迎合大公爵的爱好吧，对此，通过重复一些平庸乐曲，给予芭蕾舞一个特别的范围。——我甚至在这次旅行途中，也不得不再次穿过大块浮冰才回到住地。在心情十分恶劣的情况下，我现在试图使我的家庭变得舒适一些。为此，我雇了一个也得给我准备早餐的女仆。我在“欧洲宫廷”用我的一日三餐。

于是，由于我还一直没有心情工作，还感到某种不安，我便表示，按照我的许诺，愿意在再次拜访时为巴登大公爵朗读《名歌手》。大公爵十分友好地回了我一封由他亲自签名的电报。我便于3月7日到达卡尔斯鲁厄，给大公爵伉俪朗读我的手稿。有意思的是，在这次朗诵之外，还决定举行一次社交聚会。这次社交聚会用我的老朋友佩希特的一个具有伟大历史意义的舞台造型作装饰——年轻的歌德在给大公爵家的祖辈朗诵他的《浮士德》的第一部。我的剧本受到十分热烈的欢迎。大公爵夫人在结束时特别劝我要注意那个杰出的波格纳的音乐阐释，她这样做显得彬彬有礼。一个公民比某些王侯更热心为艺术尽力——像这样友好地承认对此感到的羞愧，看起来就是这副样子。再一次讨论上演由我担任指挥的《罗恩格林》事宜。为此再次规定我要同意和爱德华·代夫里恩特合作。此人这时通过一场为我演出的《唐豪瑟》，在剧院里诚惶诚恐地向我推荐自己时倒了霉。我不得不坐在他旁边观看这部作品，而这时，我也不能不惊讶地看出，这个平时被我极力推荐的戏剧顾问沉湎于戏剧事业极其普遍的陈规陋习之中。针对我对表演中骇人听闻的违规行为所感到的惊讶，他也对此感到惊讶，而且与此同时还故作气呼呼的惊讶状来回敬。他认为我对这种事是大惊小怪，因为我本来就知道，在剧院里无非就是如此。尽管如此，在即将到来的夏季，在施诺尔夫妇的参与下，商定了一场估计会成为典范的《罗恩格林》的演出。

在旅途上,法兰克福剧院的一场演出给我留下了一个比较愉快的印象。在那里,我看到一场妙不可言的喜剧。在该喜剧中,我的维也纳女歌手杜斯特曼的妹妹弗里德里克·迈尔通过准确细致、柔情脉脉的表演,在我还很少在德国演员身上发现这一点这个意义上来讲,引起了我的注意。这时,在有可能在比布里希同几个人分散交往这方面,我抱着可以勉强和睦共处的意外希望,以免我的交往范围仅仅局限于绍特一家和我的客店老板一个人。所以我已经去探望过威斯巴登的拉夫一家。拉夫太太是我在魏玛时就很熟悉的埃米莉·格纳斯特的一个姊妹。她是威斯巴登剧院的演员。有人给我讲述她的出色之处,说她由于极其节省和爱好整洁,把她那位迄今为止在这一点上完全不修边幅的夫君变成了一个出类拔萃、卓有成效的人。通过有关他过去在李斯特庇护下胡作非为的各种报道,拉夫以一个古怪天才的形象浮现在我眼前。当我对这个枯燥乏味、普普通通、因自己的理解力而自夸,但与此同时应付起事情来却毫无远见的人有了进一步了解时,拉夫本人却立即在这方面使我感到失望。他现在以为,从他太太的细致周到使他所处的这种优越境遇出发,就我现在所处的境况而论,通过友好的劝告,就可以把我管起来。他误以为,为了我的戏剧乐曲,要更多地顾及情况的真实性这种劝告对我肯定会有所益处。他在这个意义上暗示我的《特里斯坦与伊索尔德》总谱是一种理想主义恣意妄为的怪物。当我偶尔在往威斯巴登徒步漫游途中,有时也喜欢顺便去看望一下他那总的说来也许是微不足道的太太时,拉夫本人在我眼里倒是很快就变得根本就无关紧要了。可是,当他对我也有了进一步了解时,他就逐渐对自己的聪明才智感到有点沮丧了。看来,他最终甚至提防起我这种他对其感到无能为力的、诙谐风趣的情绪来。

在比布里希，就连历来同我只有点首之交的文德林·魏斯海梅尔现在都越来越频繁地对此提出异议。魏斯海梅尔是奥斯特霍芬一个富裕农民的儿子。令他父亲惊讶的是，他再也离不开音乐。他把介绍我同他父亲认识，以有利于促使其父同意自己儿子选择艺术家生涯一事看得很重。这件事也带上去往那个地区的旅程，因为这时我通过奥芬巴赫①《地狱中的奥尔菲斯》的演出，看到了年轻的魏斯海梅尔担任乐队指挥的才能，而在此之前，他只在美因兹的剧院里居于一个无关紧要的职位。我确实是吃惊地看到由于同情这个年轻人，使自己降尊俯就，直到去协助这样一种令人厌恶的事情，所以我也就没法不显而易见地把魏斯海梅尔当作我厌恶的对象，长时间对此耿耿于怀。与此相反，我通过我寄往法兰克福向弗里德里克·迈尔提出的一个书面请求，给自己寻求一种更为高尚的消遣，希望她能告诉我，何时再演我很晚才看到演出广告的卡尔德隆的喜剧《公开的秘密》。她很高兴我对此感到兴趣，她告诉我，这个喜剧很可能近期内不会再演，但是预计我有希望看到卡尔德隆的《唐·古特雷》。为了观看这个剧的演出，我再次动身去法兰克福，而且现在亲自结识了那位有趣的女艺术家。尽管这位很有修养、担任女主角的女演员只能胜任她那个任务中比较柔情脉脉的部分，而要表现昂扬的激情，她却力不从心。但是，她总的说来却有各种理由对演出卡尔德隆的喜剧感到十分满意。她给我讲，说她经常去看望一个很有交情的人家。我对此寄予希望，请求她借这样一些机会，或许也会路过比布里希：她答应我有一次会这样做。

绍特一家为他们那些美因兹的朋友举办的一次大型社交晚会使我能同玛蒂尔德·迈尔愉快相识。正如玛蒂尔德·迈尔所说，由于她“聪

① 奥芬巴赫(1819—1880)：法国作曲家、指挥家、大提琴家，原籍德国。

明”，被绍特夫人特别挑选出来，在晚宴时作为邻座陪伴我。她那聪慧、真诚，同时又使用美因兹方言独具特色的表达方式的天性，使她在毫不惹人注目的情况下，就在其他所有的社交界朋友面前显得十分出众。我答应她，去她家探望她，现在见识了一种和谐宁静的城市情景。迄今为止，我还很少注意到这类情景。玛蒂尔德是一位业已去世、留下一小笔遗产的公证人的女儿。她同她母亲、两位婶婶和一个姊妹住在虽然狭窄，倒是整洁的小房子里，她那个在巴黎学会经商的兄弟却在不断地给她制造麻烦。因为她那精明干练、讲求实际的性格看来就是要设法使全家的事情让所有的人都感到心满意足。每当我由于自己的事情到美因兹去时——这种事也许每个星期都有一次——我在这里都受到极其热情的款待，而且每次都必须品尝他们的小吃。此外，由于她交游甚广，其中甚至还认识美因兹的一位老先生、叔本华唯一的朋友，所以我经常在别的地方遇到玛蒂尔德，譬如说在威斯巴登的拉夫夫妇家。她从威斯巴登出发，同一位中年女友路易丝·瓦格纳一道，有时候在回家路上陪伴我，我有时也同样护送她继续前往美因兹。

在美好的季节日益临近之时，在比布里希宫殿美丽的花园里经常散步，使这个季节给我留下舒适惬意的印象。由于有这样的印象，我终于又感到了有工作的心情。余晖让我从我住所的阳台，观察在万道霞光辉映下，“金色的”美因兹瑰丽的景色以及在她眼前滚滚北去、蔚为壮观的莱茵河。在这夕阳残照的美好时刻，在我郁郁寡欢时曾经看见犹如遥远的海市蜃楼般浮现在眼前的我那首《名歌手》前奏曲，突然又近在咫尺、清晰可见地浮现在我脑海里。我开始记下这首前奏曲，而且同如今总谱中的前奏曲一模一样，因而也就极其准确地把握住了整个戏剧的主导动机。由此出发，我立即继续撰写了歌词，完全按照顺序依次继续写出后面几章。——我的心情十分舒畅，也有心情去拜访拿骚大公爵。这位大公爵是我的邻居，我经常独自一人在花园里散步时遇到他，所以我感到向他作自我介绍是得体的。很可惜，在这里进行的商谈收效甚微。我不能不同一位目光十分短浅，但是又非常善良的人打交道。此人请求原谅，原谅他在我面前不断抽雪茄，因为他如果没有雪茄就受不了。另外，他还给我说明他对意大利歌剧的偏爱，我由衷地让他保持自己对意大利的爱好。可是，当我试图促使他对我友好时，我却怀有一个秘密意图。在他花园的后面，在一个池塘旁有一座显得古色古香的小宫殿。这座小宫殿作为风景如画的遗址受到利用，现在充作一个雕刻家的工作室。希望能够知道把这个差不多已经历尽风吹雨打的小建筑物分配给我度过一生的大胆愿望，在我心中油然而生，因为现在我已经感到恐惧不安，担心自己是否能够在我迄今为止的住所里继续坚持下去，因为我只占用了两个小房间的这一层楼的大部分房间已经在即将到来的夏天租给了一"家人"。关于这一家人，我听说他们搬进来时会配置一架钢琴。可是很快就有人劝我，别再枉费心机，让拿骚大公爵对我的空想大发慈悲，因为那座小宫殿由于其潮湿的环境，对我的身体极为不利。

顺便提一下，我可是不为所动，依旧再跃跃欲试，去寻找梦寐以求的那间位置偏僻的花园小屋。在我为此目的而经常进行郊游时，除了魏斯海梅尔之外，还有那个年轻的法学家施泰德尔博士经常陪伴我。施泰德尔在绍特那里曾经用已经提到过的美好祝词为我举杯祝酒。他是一个怪人，我有时不得不通过以下事实给自己解释他那往往是十分激动的天性。这个事实就是：他是威斯巴登轮盘赌的热情玩家。此人介绍我同另外一位朋友，与一位来自威斯尼登、同时也是训练有素的音乐家的许勒博士认识。我同他俩一起考虑获得或者只是找到我那座小型未来宫殿的所有可能性。有一次，我们怀着这个意图去游览宾根，并在那里登上那个著名的古塔楼建筑。在这个塔楼里，过去曾经囚禁过亨利希四世皇帝。塔楼位于山岩上。在爬到相当高的山岩上之后，我们在塔楼第五层进入一个占据建筑物全部面积的厅堂。从这个厅堂只有一个凸窗伸向莱茵河。我看出这个房间就是符合我关于住房的所有想象的典范。我要用帘子将它分隔成必不可少的小型住房，打算就这样为自己准备一个永久性的豪华避难所。施泰德尔和许勒都认为帮我实现这些愿望并非不可能，因为他们同这座遗址的所有者有交往。过了一些时候，他们确实向我透露，那位业主对于以廉价租金转让这个厅堂不会有丝毫异议，只是立即有人向我暗示，要实现我的计划是完全不可能的：有人这样认为，没有人会在那里，也没有人愿意在那里服侍我，因为除此之外，这个地方没有水井，必须从城堡地牢的一个深不可测的地下蓄水池里打水质很差的水。在这样的情况下遇到的困难足以使我立即放弃这样一些超出常规的方案。——我在莱茵高地区一个属于舍恩博尔恩伯爵的地主庄园也遇到同样情况。因为主人根本就不住在庄园，所以我才注意到这个庄园。我当然在这里找到不少空房间，我一定能够把其中的几个房间布置得适合我的要求；可是，在向管理员进一步打听之后——该管理员因此也向伯爵询问——我却只能听到表示拒绝的回答。

在这时，一个奇特的意外事件再一次在某种程度上干扰我业已开始的工作：弗里德里克·迈尔信守自己的诺言，有一天下午在其通常的美因兹旅行归来时，由一位女友陪同来拜访我。在短暂停留之后，她突然感到恐惧万分。她的解释使所有的人都感到恐怖。她说，她担心得了猩红热。实际上，这种状况很快就变得令人惊恐不安，使她不得不暂时在“欧洲宫廷”找一个过夜的地方，请一位医生。她立即就十分明确地看出自己染上的这种疾病，这种通常往往只有在小孩受到传染以后才会出现的疾病。这种明确无误倒是引起了我的注意。可是,第二天一大早,我得到有关消息之后,法兰克福剧院经理封·克埃塔先生便来到病人身边,对她的情况表示担心,而这种极其担心的程度恐怕不仅仅来自剧院经理的利益。这时,我的惊讶更是有增无已。由于他立即就万分忧虑地来守护弗里德里克,我开始冷静下来,面对非常认真的参与这种罕见情况的局面,心里感到十分轻松。我同封·古埃塔先生就我的一部歌剧在法兰克福演出的可能性打了一点交道。第二天,我觉得好像是这位封·古埃塔体贴入微、慈父般小心周到地陪伴着,把病人运送到火车站。——紧接着,著名女歌手奈的夫君,一位名叫比尔德,现在是法兰福剧院演员的先生来我这儿自我介绍。此外,我同此人也谈到弗里德里克·迈尔的才能。他告诉我,她被视为封·古埃塔先生——一位在城里由于其显贵的地位而备受尊敬之人的情人,她得到这位先生馈赠的一座房子,她就住在该房子里。由于封·古埃塔先生无论如何没有给我留下令人愉快的印象,而相反地,却给我留下了一个令人可怕的印象,这个消息使我心里感到某种忧虑。与此相反,当我在5月22日,在我生日那天晚上在我住所接受这一小部分社交界朋友款待时,靠近我那个比布里希避难所的周遭那些人的举止行为都十分亲切友好。在这次聚会中,玛蒂尔德·迈尔及其姊妹和女友使用起我那可怜巴巴的一点厨房器具来十分得心应手,而且几乎就是以女主人身份接待宾客。

只是很快,同明娜日益恶化的通信关系又来干扰。由于我把她固定在德累斯顿,但同时又想避免发生极其明显的、家中同我分离的丑事,所以我终于觉得必须在萨克森司法大臣那里,完成由她采取的这一步骤:我申请最终对我实行彻底赦免。现在凭着同意对我的彻底赦免,我得到允许,可以在德累斯顿安家。这样以来,明娜现在也觉得自己有权去租一套更大的住所，很好地布置分配给她的家具，而且这样做也是假定，我过一段时间会同她一道，至少是定期地分享这套住宅。我必须一声不吭，试图去满足她为此提出来的对于钱的种种要求，另外还得弄来她为此要求的900塔勒。我在这个问题上的态度越冷静，看来我那些书信平心静气的冷漠对她的伤害就越大。她觉得对于昔日种种臆想的疾病以及各式各样的诽谤所进行的谴责，比以往任何时候都更加频繁。因此我最后只好向我的老朋友普西内利求助，此人为了取悦于这个很难对付的女人，总是诚心诚意地帮助我，通过他的介绍，给她开药性很强的药品。我的姐姐克拉拉在前不久还把它作为治疗患者的特疗良药向我推荐。我请求我的朋友让明娜把离婚的必要性放到心上。看来，要十分认真的完成这个诸如这种情况的任务，对于这个可怜的朋友来说并非易事。他告诉我，她非常吃惊，但是明确无误地拒绝自愿离婚。正如我姐姐所预见的那样，现在明娜的态度当然发生了十分明显的变化。痛苦有了尽头，看来她顺应了自己的境遇。普西内利为了使她的心脏疾病得到一些缓解，给她开了在赖兴哈尔进行疗养的药方。我为她去疗养筹措经费。接下来，她就在我一年前碰到科西玛同样去疗养的同一地点，看来情绪还算可以地度过这个夏天。

干扰一排除，最使人开心的是，我重新开始工作。有一个夜晚，一个奇特的意外事件又来干扰我。我在一个轻松愉快的晚上设计了波格纳致辞的那个令人愉快的主题“美好的施洗约翰节”。这时，我在半睡半醒中一直让这个主题在我眼前飘过，我突然被房里在我头上的一阵女人兴高采烈的哄堂大笑声彻底唤醒。这种越来越疯狂的笑声终于变成一阵令人恐怖的呜咽和可怕的哀号。我惊恐万分地站起身来，现在发觉，这种现象是由我的女仆莉丝兴引起的，她在屋里就睡在我的上铺，她神经质痉挛发作。我房东的女仆帮助她请了一个医生来。当我惊恐万分地担心这个女孩很快就会咽气时，我不能不对其余那些助手地地道道的沉着和镇静感到惊奇。我听说，这样的痉挛在年轻女孩身上，尤其是在尽情跳舞之后经常发生。尽管如此，这个带有种种可怕现象的过程还是长时间把我吸引住，促使我去观察，因为我在这里，按照潮涨潮落相互交替的方式，通过一个备受折磨、被罚入地狱的女人由肆无忌惮地哈哈大笑向大喊大叫的所有转变，多次看到在我眼前有一种貌似孩子气的兴高采烈在不断变换。当这种病症稍微平息下来时，我又躺在床上，这时波格纳的"施洗约翰节"重新出现，它将先前感受到的可怕印象逐渐驱逐殆尽。

当我有一天在威斯巴登赌场里观察年轻的施泰德尔时，我觉得就连他很快也同那位可怜的女仆不无相似之处了。我同他和魏斯海梅尔在疗养地花园里轻松愉快地喝过咖啡之后，施泰德尔有一些时候就不见了。为了找到他，魏斯海梅尔把我带到赌场。当我现在看到这位沉溺于赌博狂热中的先生时，我觉得好像还很少见到这样一种可怕的外貌变化。就像以前那个可怜的莉丝兴一样，现在这个人也中了邪，就像民间所说，这个人是恶魔附身。没有任何劝说，甚至没有任何使人感到羞耻的劝告能够促使这个受到赌输折磨的人，不管用何种方式去聚集自己的道德力量。由于我本人还记得自己作为小青年曾经有一段时间沉溺于赌博狂热之中，所以我就谈到这类事给年轻的魏斯海梅尔消遣，而且还自愿给他展示，我可能会怎样敢于去碰巧，但不是碰运气。当轮盘赌新的一轮赌博开始时，我从容不迫、毫不含糊地给他讲，押11点对头。果真如此。我为下一轮赌博预报27点，给对这种幸运的偶然事件感到的惊奇火上加油。这时，我自然就回想起极度兴奋的心醉神迷来，我就处于这种状态：这个号码确实又押对了。这时，我的年轻朋友惊讶得迫不及待地劝我真的要去押我所预见的那个各数号码。我不得不再一次回想起那种奇特的、十分从容不迫的心醉神迷来。我带着这样的状态给他说：我这时一旦将自己个人的兴趣放到赌博上去，那我迄今为止经过考验的才能立即就一定会消失殆尽。我立即把他从赌台上拉回来；紧接着，我们便趁着夕阳西下的良辰美景，踏上了返回比布里希的归途。

我现在同可怜的弗里德里克·迈尔陷入十分令人痛苦的接触中。她告诉我，她开始康复，她请求我去看她，因为她觉得需要为那些给我带来的辛苦向我表示歉意。由于我能够经常去法兰克福作短途旅行消遣散心，所以我乐于满足她的心愿。我感到这个康复期的病人还十分虚弱，便尽力去防止她对我产生令人不愉快的想法。她谈到她同古埃塔先生的关系，就是同一个几乎是对自己关怀备至的父亲的关系。她很年轻时就离开了自己的家，尤其是同她的姐姐路易丝更是不再往来。由于姐姐同令人反感的杜斯特曼先生结婚——她现在就改用她先生的姓——弗里德里克认为她丢了面子。尽管她到了法兰克福，却感到十分孤独。在法兰克福，她十分欢迎已届中年的封·古埃塔先生的热心保护。很可惜，她不得不以十分令人难堪的方式忍受这种关系，因为她尤其是遭到她那个保护者的家里人——他们认为这个保护人简直就是想要娶她——用十分令人反感的方式的迫害，特别是对她的名誉的损害。对这番诉说，我确实不能不促使她注意，我已经觉察到这种敌意的某些后果。这时，我也就把话说到这个份儿上，谈到所谣传的事——她那栋由古埃塔赠送的房子。看来，这件事对这个刚刚康复的弗里德里克产生了极其异乎寻常的影响。尽管她好久以来可能都认为，不得不猜想对她散布了这一类造谣中伤的言辞，但她对这些谣言不是表现出极大的愤怒。这些谣传说：她已经经常在考虑做出决定，放弃法兰克福的舞台，而且现在态度比以往任何时候都更加坚决。我感到在她的言谈举止中，我没有理由不相信她的陈述。另外，由于我觉得封·古埃塔先生无论是就其人品，还是就其当时让我根本无法理解的举止行为而言，都越来越令人产生疑问，我在自己后来对这个很有天分的女孩的态度中，无条件地站在她那遭到显而易见的非正义行为逼迫的利益一边。我劝她，现在就在莱茵河边找一个停留地，休一段比较长时间的假，以利于身体康复。

现在，就连爱德华·代夫里恩特也按照大公爵给他下达的指示，就商谈《罗恩格林》由我指挥在卡尔斯鲁厄上演的有关事宜，向我求助。为了给我以其十分疏远的方式，证明这个当时受到如此盲目尊重之人，在他那封书信中直截了当地表现出来的那种令人讨厌、盛气凌人的指责——指责我极力想证实一下那部未经压缩的《罗恩格林》——是完全恰如其分的。他写信告诉，他一开始就让人按照乐队队长里茨为莱比锡演出给乐队引入的压缩版本抄出总谱，这样以来，要费很大的劲，才能把我想要恢复原样的所有乐段插入各个声部中去，而他却认为这种要求简直就是我这方面在刁难。这时我不能不回想起，《罗恩格林》绝无仅有的一场演出——由于这场演出毫无成效，几乎根本就没法重演——恰恰是由乐队队长里茨在莱比锡举行的。虽然代夫里恩特由于他认为里茨是门德尔松的接班人和“当今”有扎实根底的音乐家，正好是为了把我的作品引进卡尔斯鲁厄而进行的这种改编被认为是恰到好处的，所以我大概也就不能不对这种盲目性感到毛骨悚然，我这么长时间几乎都在拼命维持对这个人的盲目相信。我简明扼要地通知他我对此感到的愤怒和我的决定，不在卡尔斯鲁厄上演《罗恩格林》，对此，届时愿意当面向大公爵表示歉意。紧接着，我现在听说，尽管如此，要在卡尔斯鲁厄按照惯常的方式，同作为宾客的施诺尔夫妇一道演出《罗恩格林》。这是一个很高的要求，促使我最终去了解施诺尔及其成就。因此我未经通报就去卡尔斯鲁厄,通过卡利沃达给我弄了张车票,立即就这样神不知鬼不觉地出席观看演出。我现在得到的印象,尤其是对施诺尔的印象,我在我那些公开发行的《回忆录》中对他有比较详细的叙述。在我眼里,他立即就成了一个讨人喜欢的人。我请他在演出之后到我的旅店房间再聊一会儿。——我听到过那么多有关他的病态状况,我确实感到高兴的是,在这么晚的夜里,看到他在并非毫不费力的劳累之后,能够精神焕发、目光炯炯地出现在我面前。对于我为了爱护他,通过阻止各种方式的纵情欢乐这一途径表现出来的忧虑,他以乐于接受我的建议,愿意为我们重新享用香槟酒举杯庆祝作为回答。我们在极其轻松愉快的气氛中,对我来说,特别是在关于代夫里恩特性格的、十分富有教育意义的交谈中,度过了这个夜晚一段美好的时光,直到我打算第二天再待上一天,以便能够应他的邀请,在他和他夫人那里进餐。由于我在这次较长时间的卡尔斯鲁厄逗留期间也许不能不认为,大公爵会知道我就在当地,所以我第二天就向他通报,受到约请,下午的某一时刻会面。我了解到施诺尔夫人在各方面都是伟大的、富有教养的戏剧天才。我在吃午饭时也从施诺尔夫人那里,听到有关代夫里恩特在《特里斯坦与伊索尔德》事件中的举止行为的那些极其奇特的情况。在这之后,紧接着我就在大公爵宫殿里,带着几分相互矛盾、忐忑不安的心情进行商谈。我直言不讳地告知收回我就上演《罗恩格林》一事所许下的承诺,以及我确有把握地猜到代夫里恩特阻挠过去业已规划好的《特里斯坦与伊索尔德》的演出的理由。这时,由于代夫里恩特一向都十分聪明的举止行为,使大公爵相信代夫里恩特内心里真正是在替我担心的友好态度,所以这一次看来使大公爵感到极为尴尬。但是看来,他似乎还是希望这样认为,这仅仅只不过是我和他的剧院经理之间艺术观点上的分歧而已,因为他告别时向我表示,通过和睦相处，还能设法消除那些臆想出来的误会。对此，我不假思索就回答说，我不相信同代夫里恩特还会有什么结果。现在大公爵真的是勃然大怒了：他不相信，我忘恩负义地去对待一个可靠的朋友，竟会感到如此轻松。面对这种责备的严重性，我首先为此，为我以一种当场认为合适，却并不是太认真的方式说出自己的决定表示歉意。但是大公爵由于他认为这种事情十分严重，看来现在是要我同样十分严肃认真地表达我对那个主观臆想的朋友的真实想法。这样以来，我也就不得不以与此相应的、十分严肃认真的态度对他宣布，不想再同代夫里恩特有任何关系。对此，大公爵试图用重新显露出来的宽容向我暗示，他不想把我的声明看成不可撤回的最后决定，因为他很可能确实是有权从另一方面对使我采取和解的行为产生影响。我带着神情严肃的遗憾表明，我认为按照我的资助人的意思所做的任何尝试都是徒劳无益的。——后来我听说，当然是通过大公爵才得知事件全过程的代夫里恩特把这看成是我试图把他拉下马，然后取而代之。因为大公爵仍然抱着这样的愿望，想了解由我举办的一场演出我最新作品片断的音乐会的情况，所以过了一些时候，代夫里恩特又不得不就此问题给我正式来函。他借此机会，以击败我针对他玩的那些阴谋诡计的胜利者自居。与此同时，他向我保证，他那高贵的资助人仍然希望看到那场业已商定的音乐会演出，因为他按照大公爵那高尚的意愿，知道"要把事与人很好地区分开来"。我对此做出的回答是断然拒绝。

我同施诺尔夫妇多次聊起这次意外事件。我同他们现在还约定，他们应当立即在比布里希来看我。紧接着，我自己便返回比布里希，以便首先接待比洛已经通知我的这次访问。比洛于 7 月初到达，也是为了给过两天随后就到的科西玛找住处。我们都为我们的重逢感到异常高兴。现在，这次重逢要用来在令人喜爱的莱茵高地区进行各式各样的休养郊游。这时,就连施诺尔夫妇也随即来到“欧洲宫廷”客厅。我们定期在客厅里聚餐,也就是说,多数情况下是在极其兴高采烈的气氛中聚餐。晚上在我这儿搞器乐合奏。就连路过此地的阿尔维娜·弗罗曼也来参加《名歌手》的朗诵会:公布我这部最新剧本,尤其是有关迄今为止尚未被我运用过的、备受欢迎的、轻松愉快的风格,看来给所有人都留下了令人惊异的印象。就连正在威斯巴登巡回演出的女歌手杜斯特曼也来拜访。不幸的是,我在她身上发现,她对自己的妹妹弗里德里克极其反感。她指责妹妹那种令人愤恨的关系。另外,这种情况也向我证实了这件事情:对于弗里德里克来说,大概也是该到避开她那些法兰克福义务的时候了吧。——由于比洛的支持,我才有可能给朋友们展示《名歌手》乐曲业已完成的那些部分。在此之后,还朗诵了《特里斯坦与伊索尔德》当中的好多内容。这时,施诺尔夫妇不能不展示,他们对这项任务已经熟悉到何种程度。我感到总的说来,两人还十分缺乏表现此类内容时的清晰性。

现在,夏季把越来越多的客人带到我们这个地区来,其中也有一些我认识的人。来自莱比锡的首席小提琴达维德带着他年轻的学生、威斯巴登律师的儿子奥古斯特·威廉明来到我这里。这时,正好进行真正意义上的器乐合奏,就连来自什未林的首席小提琴阿洛伊斯·施米特也像他声称的那样,通过演奏其乐曲的一条“老火腿”,为器乐合奏做出了特别的贡献。有一天晚上,当施诺尔夫妇也来同我另外那些朋友凑在一起时,这便成了十足的社交晚会。在这里,施诺尔夫妇由于朗诵《罗恩格林》第三幕中所谓的爱情场面,使我们都感到十分开心。——勒克尔突然闯进饭店里我们共用的餐厅,使我们所有的人都激动不已。此人这时就在那里挨过了13个年头之后,被从瓦尔德海姆监狱释放出来。令人感到惊讶的是,在我这位老熟人身上,除了现在那头灰白头发外，根本就看不出任何重大变化来。他本人给我解释这种情况，他自认为是从他被拘留在其中，以便将他保存下来的外壳中钻出来。当我们考虑他现在应当开始从事何种职业时，我认为必须劝他，应当在像巴登大公爵这样一个亲善友好、具有自由思想的王爷那里寻找一个有用的差使。他认为，不管在哪个部里，由于他缺乏法律常识的缘故，都不可能在职业上有进展。要是人们把他交给监狱长的话，那他就能指望自己对此所起的作用会大获成功，因为他在这方面获得了极为详尽的知识，同时也看清楚了在这里需要进行哪些改进。他动身去参加这时在法兰克福举办的德国射击比赛，在那里，承认了他经受的苦难和他坚定不移的行为，免不了在公开场合向他表示那种阿谀奉承的喝彩。他在那里和在那周围地区逗留了一些时候。

此外，一个受奥托·韦森东克之托，由他付账为我画像的画家恺撒来纠缠我和我那些比较亲近的朋友。因为沉浸在他夫人新近幸运分娩的喜悦中，韦森东克产生了这样的念头，用我的肖像给这次分娩做一个表现力丰富的小礼物。很可惜，这位画家没法让人正确认识我的相貌。尽管如此，科西玛差不多每次在我坐着供人画像时都在场，细致入微、费心费力地去指点那位艺术家，最后没有办法，只好十分粗暴地把我的侧面像递给他，凭着这张侧面像，至少倒还可以看得出一些相似之处来。在画家使这幅画达到使他满意的效果之后，他还心存感激地画了一个复制品作为礼物送给我。我立即将该复制品寄往德累斯顿，给明娜寄去，通过她的手，后来复制品转到了我姐姐路易丝那里。这是一幅极其糟糕的画，后来该艺术家在法兰克福开画展时，我又一次见到这幅画。

有一天晚上，我同比洛夫妇和施诺尔夫妇前往宾根，做了一次赏心悦目的郊游。我从河对面的吕德斯海姆把现在正在那里度假的弗里德里克·迈尔接到这里来,介绍她同我的朋友们认识。在这些朋友中,尤其是科西玛对这个非同寻常、才华横溢的女人,感到令人愉快的兴趣。在野外举杯喝葡萄酒时,由于一个出人意料的场面,我们更加兴高采烈了:一个游客从比较远的一张桌子举着盛满酒的杯子毕恭毕敬地向我们走来,他向我表示十分热情、十分真诚的问候。他是柏林人,是我的作品十分狂热的爱好者。他还以他两个朋友的名义向我敬酒。这两位朋友也一起坐到我们桌旁。这时,这种好心情终于诱得我们都开怀畅饮,喝起香槟酒来。美好的夜晚随着美妙绝伦的月出带来绝妙的心情。我们在夜阑人静时才怀着这种心情,结束这次令人愉快的郊游,返回家里。——在我们也怀着类似的心情,游览了阿尔维娜·弗罗曼停留地施朗根巴特之后,现在,纵情欢乐又诱使我们继续出发,前往罗兰茨埃克。这时,我们的第一个停留地是在雷马根。在雷马根,我们游览了那座位于风景如画的环境中的教堂。在教堂里,在拥挤不堪的人群中,有一位年轻的修道士在布道。我们在莱茵河岸边的花园里用午餐,在罗兰茨埃克露营。翌日,我们从那里准时爬上德拉亨山。与这次登山有关联的是一次愉快收场的冒险。在我们下完山到达莱茵河对岸的火车站之后,我发觉自己的小皮夹子丢失了。这个皮夹子连同里面装的一张100古尔登的钞票从我上衣口袋里滑落出来了。从德拉亨山开始加入我们这一伙的两位先生立即自告奋勇地沿着这条并不好走的路往回走,去寻找那个丢失的皮夹子。几个小时后他们确实回来了,而且将那个其中物品一个不少的皮夹子交给我。在山顶上,有两个在那里忙着敲打石头的人找到这个皮夹子,立即就把它交了回来。我当即就做出决定,要付给这些诚实人一笔数量可观的交还失物的酬金。现在,这次冒险的这种令人愉快的结局在兴高采烈的进餐时,得用最好的葡萄酒来庆祝。但是,在过了好些年后有一年,我还应当补上同样的遭遇:

1873年,当我在科隆的一家餐馆休息时,餐馆老板向我作自我介绍,说自己就是11年前在莱茵河边那家饭馆款待过我们的那个老板,从我那里得到那张已经提到的、用来换零钱的100古尔登钞票。就像他现在告诉我的那样,这张钞票还发生了如下故事:他当天还给一位英国人讲过这个意外事情。这位英国人自动提出,要以双倍的钱从老板手里买下这张钞票。老板对这笔交易根本不感兴趣,但他却把这张钞票交给了那个英国人,不过有这样一个义务,要招待这件事情讲到的那些人,那些正好在场的社交界朋友喝香槟酒,这件事也被极其慷慨地全部照办了。

魏斯海梅尔一家邀请我们前往奥斯特霍夫,促使我们进行一次不太令人满意的郊游。在有人一再邀请我们在前一天的任何时候去享用一次农家婚礼的流水席之后,把我们安排在那里住了一夜。科西玛是唯一的一个能对这儿发生的这些事保持好心情的人——在这方面我尽力帮助她——而比洛则好长一段时间都对生活给他带来的所有遭遇感到越来越生气,甚至被弄得勃然大怒。我们想以此类事情再也不会发生来宽慰自己。当我次日边回想对自己生活状况感到生气的其他理由,边准备返回家时,科西玛试图在寻找沃尔姆斯的老教堂中寻求消遣和开心,便鼓励汉斯继续往前走,到沃尔姆斯去。后来,她从那里出发,随我来到比布里希。

我记忆中还有一次小小的冒险。这次冒险是我们在威斯巴登赌场共同经历的。这些日子我因为一部歌剧得到了一笔20金路易的剧院酬金。用这笔数额不多的钱来做什么,我不是很清楚,因为从另一方面来说,我的境遇越来越糟。因此我便去请科西玛,用一半的钱来玩轮盘赌,试试我们共同的运气。我带着惊奇的目光在一旁观看,看着她在哪怕是对赌博的形式都一无所知的情况下,把金币一个接一个地扔到赌台上，既不确定各数号码，也不确定颜色，不去下注，所以在赌台主持人集拢赌金的耙子耙走之后，这些金币便都定期消失不见。我感到惶恐不安。我很快就离开这里，到邻近的一个赌台去弥补科西玛的愚笨和不幸带来的损失。在这场十分经济的奋斗中，我那么快就交了好运，我在这里立刻就把女友输掉的10个金路易赢了回来，这顿时使我们都开怀大笑。在威斯巴登共同观看一场《罗恩格林》的演出时，也不乏令人赏心悦目的东西。第一幕使我们感到相当满意，心情愉快。在这之后，表演在继续演出过程中，走上了我认为不可能发生的、令人万分愤慨的歪曲原作的轨道。还在结束之前，我就怒气冲冲地离开剧院，而这时，虽然汉斯和科西玛比我还要气愤，但汉斯还是听从科西玛要顾及礼貌的劝告，在经受听完终场的折磨。

另外一次我听说，梅特尼希伉俪到了他们的约翰尼斯贝格城堡。老受到我要设法弄到一个安静住处完成我的《名歌手》这一主要忧虑困扰，我立即考虑到那座通常都空着的城堡，向侯爵通报我要进行一次拜访，他很快就给我发出了进行拜访的邀请。比洛夫妇陪我到火车站。我应该对我的资助人那方面接待我时的亲切友好表示满意。甚至就连他们都已经在考虑我在约翰尼斯贝格城堡的临时住处的问题，他们想到，他们完全可以在城堡管理人那里让给我一套小住所，只不过他们不得不提醒我注意到为我提供食物的困难。但是，比这个问题更使侯爵操心的是另外一个问题，是在维也纳给我谋得一个长久职位的可能性。他想——他如是说——下一次在维也纳停留时，在那里同他认为对这种事情最适合的施梅尔林大臣就有关事宜达成协议：此人会理解我，或许还能够找到一个真正适合我的职位，能够使皇帝对我感到兴趣。要是我再去维也纳的话，那我只需要直接去找施梅尔林，在这方面，要以侯爵把我引见给他作为前提。应公爵府的邀请，梅特尼希伉俪很快就动身去威斯巴登,我一直陪同他们到达那里,以便在那里同比洛夫妇再次重聚。

施诺尔夫妇在停留两个星期之后,已经离开了我们。在这之后,如今就连比洛夫妇动身的时间也已临近。我陪他们到法兰克福,我们在那里待了两天,以便观看歌德的《塔索》的演出。这场演出应当由演奏李斯特的同名交响诗开始。我们带着种种特殊的感受观看这场演出。在演出中,扮演公主的弗里德里克·迈尔,尤其是一位扮演塔索,名叫施奈德的先生通过他们的演出,使我们感动,十分满意,而这时汉斯却特别受不了管弦乐队指挥伊格纳茨·腊赫内尔对李斯特作品糟糕透顶的演奏。弗里德里克·迈尔在演出前请我们在植物园的餐厅里用午餐。最后就连那位神秘莫测的封·古埃塔先生也来用餐。我们在这里惊讶地注意到,从现在起,所有的谈话都变成了使我们感到莫名其妙的、在那两个人之间的交谈。这种交谈只有通过封·古埃塔先生怒气冲冲的猜忌和弗里德里克诙谐幽默、冷嘲热讽的拒绝,才使我弄明白是怎么回事。可是当他向我提出他的请求,要在法兰克福举办一场由我执棒指挥的《罗恩格林》的演出时,这位激动的仁兄倒是冷静一些了。我在这方面考虑的是一个新的、与同比洛夫妇和施诺尔夫妇再次相聚彼此兼顾的目的,我对这个方案产生了好感。比洛夫妇答应我要来,我向施诺尔夫妇求助,希望他们答应合作。尽管可怜的、看来是总感到备受折磨的汉斯与日俱增的、往往是过度的闷闷不乐,有时引起我无能为力的叹气,但我们都应当觉得,我们这次会高高兴兴地分手。在科西玛身上则相反,一年前在赖兴哈尔来看我时我所感到的羞怯,似乎已经极其友好地消失殆尽。在我有一天以自己的方式给朋友们演唱完《沃坦的告别》后,我发觉在科西玛的面部,出现当初在苏黎世告别时表现出来,令我感到惊讶的同样表情:只不过这一次,这同样心醉神迷的表情变得兴高采烈、容光焕发罢了。在这里,缄默和秘密就是一切,只是我对她属于我的信念如此坚定不移,致使我在稀奇古怪的激动中,甚至将其推到兴高采烈、忘乎所以的地步。当我现在在法兰克福陪同科西玛穿过一个空旷的广场,走向旅店时,我突然想到要请她坐进停在那里的一辆空着的独轮手推车里去。这样,我就可以用这种方式将她送进饭店。就在我由于再次对此感到惊讶,失去实现我这个发疯般打算的勇气时,她却即刻准备坐进车里去。在我们后面尾随而来的比洛看到了这个过程。科西玛落落大方地给他解释,这应当是什么意思。很可惜我不敢认为,他的情绪同我们的情绪一样好,因为他用怀疑的口气给他太太表明对此的看法。

回到比布里希,我首先就不能不遇到各种棘手的忧心事。在拖延了比较长的一段时间之后,绍特最终明确拒绝把以后的援款支付给我。当然,自我离开维也纳以来,我在不久前才完全用我的出版人的预支款,支付了我为我妻子迁居德累斯顿、为我自己迁往比布里希支出的所有费用,而且这些费用还是通过巴黎——在那里,我还得向某些看不见的债主还清债务——来支付的。当然,这一开始很可能就要花掉应付给我的《名歌手》议定酬金数额的一半。尽管有这个艰难的开端,我现在仍然能够指望用那笔所要求的稿酬余下的钱,可以安安静静地完成自己的作品。从这以后,绍特就用种种空话让我等到同书商结算的某个时期。我不得不十分艰难地试图自救:我感到,似乎一切都取决于我会很快就把《名歌手》业已完成的一幕交给绍特这一情况。在这方面我已经写到波格纳想把瓦尔特·封·施托尔青介绍给众名歌手这一幕。这时,大致在8月中旬,比洛夫妇还在这里时,我遇到一个本不足道的事故,但是这个事故却使我整整两个月无法写作。我那个郁郁寡欢的房东养了一条名叫“莱奥”的斗牛狗作为警犬,它的主人对它的残酷无情、漠不关心引起了我持续不断的怜悯。因此有一天，我想把它身上的害虫弄掉。为了使它不至于吓坏那个做这件事的女仆，我就抓住它的头。尽管这条狗对我十分信任，它还是不由自主地张口咬了一下，把我右拇指的前关节咬伤了，看样子伤口实在是微不足道。看不见伤口，只是很快就显示出来，里面的骨膜由于被压伤在发炎。在使用这根手指时，疼痛越来越厉害，医生嘱咐我，直至彻底痊愈，再也不能使用我的手，特别是不能用来写字。如果说各种报纸都已经说到我被一条疯狗咬伤的话，那么情况就是这样的，尽管并非如此骇人听闻，却始终是适于让我对于人的脆弱进行严肃认真的反思。由此可见，为了完成自己的作品，我不仅仅需要精神健康、好的想法以及其他那些业已获得的技巧，而且还需要一根用来写字的健康拇指，因为我在这里不是要口授剧本，而是要记下不能口授的乐曲。

为了给绍特只是交一点“货物”，我按照拉夫的建议——他认为我的一本歌曲小册子要值1000法郎——突然想到，把我的女友韦森东克的5首诗提供给我的出版人作为临时顶替。我在研究当时正在创作的《特里斯坦与伊索尔德》时，已经为她这5首诗当中的大多数诗配上了乐曲。这些歌曲被接受，而且也出版了，但是看来我似乎并没有因此而对绍特的情绪产生对我有利的影响。我不能不推测这个人是在进行某种煽动，煽动人们来反对我。但是在进行煽动时他处于劣势。为了把这件事弄个水落石出，然后再做出我下一步的决定，我亲自前往基辛根。那个人就待在那里疗养。顽固阻止我同他进行一次交谈，因为作为保护神安置在他房前的绍特太太对我声称他肝病严重发作，作为阻止她丈夫来交谈的理由。因此我知道这已经足够了，我暂时设法通过年轻的魏斯海梅尔——此人依靠他那富有的父亲，十分乐意自愿帮我这个忙——设法弄到一些钱。这时我在考虑下一步该做什么，因为我不再指望绍特，因此也就再也不可能想到一帆风顺地去完成《名歌手》了。

在这种情况下，得到维也纳歌剧院剧院管理部门重新发出的上演《特里斯坦与伊索尔德》的简单邀请，使我感到惊喜万分。有人告诉我，所有的困难都已排除，因为安德尔的嗓音毛病已经痊愈。这种事确实使我感到奇怪，进一步打听，我以如下方式，弄明白了从那时起在维也纳在有关我的问题上所发生的那些事情。还在我上次离开维也纳之前，看来确实是对伊索尔德的角色声部感兴趣的路易丝·杜斯特曼就试图通过以下办法，来搬掉在那里同我的行动唱对台戏的真正障碍：她去参加一次社交晚会，甚至还鼓动我也去。她想在这次社交晚会上重新给我介绍汉斯利克博士。她知道，如果不从有利于我这方面去说服这位先生，就别想在维也纳为我做成任何事情。我的好心情使我轻而易举，就在那个晚会中这么长时间地对付汉斯利克这位点首之交的朋友，直至他把我拉到一边去做一次私下交谈。在这次交谈中，他声泪俱下地向我保证，他无法忍受看到自己再被我误解下去了。在他对我的评判中，我也许能明显感到的东西，肯定不是怀有恶意的意图，而只能归咎于个人的局限性。为了扩大个人的认识范围，除了得到我的劝导之外，甚至没有任何东西是他热切渴望的了。在激动的感情如此强烈爆发的情况下进行这些说明，致使我感到除了抚慰他的痛苦，答应他，无条件地参与他以后的活动之外，实在是没有别的办法了。我还在离开维也纳前不久，就真的听说，汉斯利克对我那些朋友说起我和我的和蔼可亲来，真是不厌其烦，没完没了。现在，这种变化就像对歌剧院的歌手一样，尤其是对那位宫廷枢密顾问、宫廷总管的顾问赖蒙德也以这种方式产生了影响：终于居高临下地要求把上演《特里斯坦与伊索尔德》视为维也纳的一件义不容辞的事情。这就是我现在重新受到聘任的原因。

与此同时,年轻的魏斯海梅尔从莱比锡——他已经前往那里——告诉我,如果我愿意在这时用演出我的《名歌手》新前奏曲以及《唐豪瑟序曲》来支持他的话,他就敢于在那里举办一场出色的音乐会。他认为,由此引起的轰动会那么大,大到他可能会提高票价,他估计所有入场券的销售在扣除仅有的费用之后,大概可以给我提供一笔数额颇为可观的款项。除此之外,又出现这件事:虽然施诺尔夫妇不得不取消他们的合作,但是我却没法一帆风顺地再去收回我给封·古埃塔先生许下的,在法兰克福演出《罗恩格林》的诺言。对所有这些建议的考虑这时在我脑海里形成了这样一个计划,试图搁下《名歌手》,作为补偿,通过种种外部活动给自己赢得如此之多的好处,使能够从明年春季开始,不用管绍特的情绪如何,就地重新拾起现在中断的工作,并把它进行下去。因此我决定,不管付出何种代价,在比布里希都要保留那套另外答应给我的住宅。另一方面,由于明娜催我,把我的床和我已经习惯使用的另外几件由我保留的家具补到德累斯顿由她布置的寓所里去,使寓所变得完美无缺——"要是我去参观这个寓所的话,好让我感到一切都恰到好处,井井有条。"——我不愿违背那个曾经做出的、让同我分开会使她轻松一些的约定,我把她所要求的东西都给她寄去。现在,一位威斯巴登家具厂主同意给我提供长期贷款。凭借他的帮助,我把我的莱茵河住所布置一新。

9月底,我现在动身前往法兰克福,为期8天,去实际接管《罗恩格林》的排练工作。在这里,我已经多次亲身体会到的那种经验到底是又一次得到了证实:在同歌剧院人员初次接触之后,我就准备立即放弃这项计划。这时,通过要以感觉到的惊慌不安和对我的、却又只好去忍受的恳求,出现了对此做出的反应。后来,我又屈从这种反应,直到我终于开始有兴趣，至少是去体验未被窜改歪曲的正宗、恰当的速度以及完全是另一回事的、正确的舞台安排的效果，但是要除开一个可怜的歌手。然而弗里德里克·迈尔却很可能是绝无仅有的一个感到恰恰是这种效果才是完美无缺的人。观众通常的“兴奋激动”虽然也并非荡然无存，但是后来有人只是告诉我，那些接踵而来、由一个在法兰克福受到精心照料、拙劣透顶的指挥和半瓶醋伊格纳茨·腊赫内尔指挥的演出，从其效果的顶峰向后倒退，倒退到为了维持这家歌剧院，不得不为此再次用上从前那种搅局的调式。

当我自己不得不在我的客人当中白白地等待比洛夫妇出现时，他们所有人的印象使我更加镇静。正如我现在听到的那样，科西玛这时已经行色匆匆地从我旁边经过，赶往巴黎，以便短时期在一旁帮忙照顾长期患病、卧床不起，现在又遭到令人痛心的打击的祖母。布兰迪妮已经去世，而且是由于她应当在圣特罗佩挺过去的一次分娩中死去。现在，我有好些时候，在突然来临的阴冷天气，都把自己关进我这套比布里希寓所，从我这只必须十分小心翼翼对待的拇指这里获得能力，去为下一次在音乐会中即将使用的《名歌手》已完成乐曲中的个别乐曲配器。我立即将前奏曲寄给魏斯海梅尔，让人在莱比锡把它抄出来，还答应为乐队配上《名歌手的聚会》和《波格纳致辞》。

我终于万事俱备，在10月底甚至踏上我的莱比锡之旅。在旅途上，我受一种特殊方式的怂恿，又一次在瓦尔特堡逗留：我在埃森纳赫下车待了几分钟。在那里，当我还想急匆匆地上车时，列车刚好启动；我不由自主地尾随疾驶而去的列车，向火车上的售票员急促叫喊，但是无法让火车停下来。一位王子起程使火车站上聚集了相当多的人群。这时，这群人都对我的言行发出一阵哄堂大笑。我问他们：我遇到这种事大概使你们感到高兴吧？“是呀，这使我们感到高兴。”他们答道。这一事件使我头脑里产生这样一个假设：人们到底至少可以通过自己的损失，使德国观众开心。由于要在5个小时之后才等得到另一趟驶往莱比锡的列车，我通过电报告诉我的姐夫赫尔曼·布洛克豪斯——我已经通报要在他那里做客留宿——我晚点到达，我被一个自称向导的人鼓动：在瓦尔特堡休息。我在那里参观由大公爵进行的瓦尔特堡部分修复工程，也参观有施温德①绘画的大厅。我感到所有的人都十分冷漠，于是便在这个埃森纳赫游览地的餐饭里休息。我在这里遇到各式各样手里忙着编织袜子的女市民。后来，魏玛大公爵向我保证，《唐豪瑟》会在整个图林根地区直至最卑贱的农家子弟当中得到普及——但是看来，不管是餐馆老板，还是我的向导，对此都一无所知。可是我却在旅客登记簿上写上了我的全名，而且在上面讲述在火车站上给予我的那种美好的问候。我从未听说过这种事会受到重视。

在莱比锡，我在深夜受到变得相当苍老、已经发福的赫尔曼·布洛克豪斯极其愉快的迎接，他把我领到他的住所。在那里，我同奥蒂丽厄及其全家会面，受到令人舒适愉快的接待。我们彼此都有好多事可谈。我姐夫参与这样一些交谈的那种独特的好心情，使这些谈话往往把我们给吸引住，一直要拖到将近中午时分。我同完全是默默无闻的青年作曲家魏斯海梅尔的关系引起一些思考：实际上他那个音乐会节目单上的大部分乐曲都是他自己的乐曲，其中就有刚完成的交响诗《吐根堡骑士》。如果我保持冷静的情绪参与这方面的排练，那我也许就会对完整无缺地演出这个节目单上的节目提出异议。而与此相反，为此而花在音乐厅里的这些时光却变成了我一生最亲切、最愉快的回忆，更确切

① 施温德（1804—1871）：画家，奥地利和德国早期浪漫派重要人物。曾为瓦尔特堡大教堂创作一组历史题材的连环画。

地说，是由于我同比洛夫妇的重逢。就连汉斯也感到自己同样坚定地站在我的一边，对魏斯海梅尔首次演出做出贡献，他在音乐会上演奏了李斯特的一首新钢琴协奏曲。如果说我仅仅是进入莱比锡音乐厅早已熟悉的大厅，而且还向我感到如此疏远的乐队成员问候——我不能不作为一位完全陌生的人首先向他们作自我介绍——使自己大为扫兴的话，那么，当我看到科西玛在大厅的角落里，十分悲痛、面如死灰，却又亲切友好地向我微笑时，我就突然感到，仿佛所有的人都消失不见了一般。她不久前从巴黎，从她那久病在床、无法治愈的祖母床边，怀着对她姊妹莫名其妙猝死所感到的无限悲痛回到这里来，因此甚至连我也觉得，仿佛她是从另一个世界重新向我走来似的。萦回在我们心中的一切都是那么严重和深不可测，只有通过无条件地尽情享受我们的重逢，我们才能越过那些深渊。在我们看来，排练的所有事情都变成了一出奇特、开心的皮影戏，我们就像哈哈大笑的孩子般观看这出皮影戏。同我们一样兴致勃勃的汉斯——因为我们所有的人都犹如处于堂吉诃德式[①]冒险中一般——提醒我注意布伦德尔，此人就坐在离我们不远处，看来是在等我打招呼。现在，我不得不去缓解由此出现的急切心情，我装出一副好像我没认出他的样子。看来这样做伤透了这个可怜人的心，所以我在回忆自己在这里做下的不公平之事时，利用我后来公开讨论《音乐中的犹太精神》的机会，特别突出布伦德尔的功绩，仿佛是在向现在已经故去的亡人敬献赎罪牺牲品一般。——就连亚历山大·里特尔同我侄女弗兰齐丝卡的到来也为我们的欢乐心情增添了光彩。这种心情同样被不断谈及，而且被魏斯海梅尔的乐曲推波助澜。

① 堂吉诃德是西班牙作家塞万提斯·萨维德拉（1547—1616）代表作《堂吉诃德》的主人公。

已经熟悉我的《名歌手》台本的里特尔用“孤独的馋鬼曲调”来描述《吐根堡骑士》中低音部十分忧伤、莫名其妙的旋律。但是,如果这种心情不是从另一方面通过好的印象,按照一种高尚的思想得以焕然一新的话,也许这种好心情也就最终结束了。终于成功演奏的《名歌手》前奏曲以及比洛以精彩的钢琴演奏演绎的李斯特那首新乐曲留下了这样的好印象。现在,音乐会最后的演出本身终于证明了这种冒险幽灵般的特性。由于有这种预感,所以我迄今依然保持着如此开心、惬意的心情。使魏斯海梅尔吃惊的是,所有的莱比锡观众都未到场,看来很可能是得到预订长期票音乐会负责人对此发出的指示。我在类似的场合还从未遇到过这样一种空荡荡的情况。除了我的家人——在这些人当中,我的姐姐奥蒂丽戴一顶十分古怪的女帽显得出众——可以看到在几条长椅上只稀稀落落坐着几个观众,这些观众都是从外地来观看这场音乐会的。在这些观众中,我魏玛那些朋友显得很突出:乐队队长拉森和行政专员弗兰茨·米勒以及从不缺席的里夏德·波尔和司法顾问吉勒都忠实地来捧场。除此之外,我还十分惊讶地发现老枢密顾问、柏林宫廷剧院过去的经理屈斯特讷。我只好心情愉快地走过去对他表示欢迎,接受他对音乐厅不可思议的空旷所感到的惊异。另外,在那些莱比锡人当中,到场的只有我们家特别亲密的朋友。这些人通常是从不去听音乐会的,其中有洛塔尔·米勒大夫,此人是从我少年时代起就与我成为莫逆之交的对抗疗法医生莫里茨·米勒对我十分忠诚的公子。坐在大厅正中间的只有音乐会资助人的新娘及其母亲。我在音乐会进行时同科西玛在她对面不远处坐下,也就是说,就好像是要惹我家里那些从远处观察我们的人生气似的。那些甚至是气得要命的人无法理解,我们几乎是笑声不断。——就《名歌手》前奏曲而言,它的成功演出对为数不多、构成全部观众的几位朋友产生了十分好的影响,致使我们——甚至使乐队感到高兴的是,又不得不立即将前奏曲重新演奏一遍。总而言之,在这种情况下,人为造成的对我抱有怀疑的坚冰看来是融化了,因为当我决定举行《唐豪瑟序曲》音乐会时,乐队用一个十分响亮的乐器吹奏声来庆祝我所要求的再次登场。乐队表示致敬的这种响亮的吹奏声尤其使我姐姐奥蒂丽感到欣喜若狂,因为她断言,迄今为止,只对詹尼·林德①表示过这样的尊敬。那个确实是不负责地使大家都感到无法忍受的朋友魏斯海梅尔从这时起,正面临陷入一种后来出现的不愉快的感觉之中:他自以为必须说明,如果他不是支持我那些辉煌耀眼的管弦乐作品,而只是把他自己那些乐曲用便宜的票价提供给观众的话,那他是会好得多的。现在,令他父亲感到十分失望的是,他要负担这些额外开支,他得为此经受毫无必要的、为不能给我带来赢利感到的羞愧。

但是我姐夫却并不因为这些令人难堪的印象而退却,他继续举行在事前确定的、庆祝我所指望的胜利的家庭庆典。就连比洛夫妇都参加了一次宴会。举办了一次社交晚会。在这次社交晚会中,我给数量可观的一大群教授朗读《名歌手》,而且得到充分肯定。在这里,我还重新同我青少年时代就对他同我叔叔交往十分感兴趣的魏斯教授认识。这位教授表示,对我的朗诵技巧感到特别惊讶。

很可惜,比洛夫妇现在回柏林去了。我们彼此又一次在十分寒冷、阴雨连绵的情况下在大街上见面,因为他们得进行礼节性拜访。在大街上,在我们匆匆告别时,使我们感到心情沉重的这种共同的精神负担,看来比前几天那种稍纵即逝的好心情还要意味深长。就连我的朋

① 詹尼·林德(1820—1887):瑞典女高音歌唱家,其嗓音以音质纯正和演唱华彩段与装饰音的婉转灵敏著称,被称为"瑞典夜莺"。

友们都很理解，我处于何等孤苦伶仃、令人厌恶的境地：我确实是十分愚蠢，居然指望莱比锡音乐会的收入至少能解我的燃眉之急。在这方面首先使我陷入窘境的是，我在比布里希现在就该支付的房租不能按时支付给我的房东，因为另一方面，我尽一切力量，把这个避难所给自己再保留一年，而且除此之外，我这时是在同一个固执己见、郁郁寡欢的人打交道。另外，我误以为要继续保有这套住所，只有通过预支房租才能争取这个人。由于与此同时，还得再给明娜设法弄到她一个季度的用度，所以行政专员米勒受魏玛大公爵委托给我寄来的一笔资助真的犹如从天而降。在绍特完全放弃之后，我在困境中也向那位老朋友求助，请他将我的处境告诉大公爵，以便说动大公爵比方说为我的新歌剧预支稿酬，作为对我的一种支持。十分引人注目，意料之外的是，通过由米勒转交这种方式，现在给我寄来了这笔数额为500塔勒的款项。我相信自己只是后来通过如下事实才说明这种慷慨的由来：就连大公爵对我这种友好举动也是对他的朋友李斯特怀有某种意图的，因为他要不惜任何代价把李斯特重新拉到魏玛来，而且在这方面肯定不会弄错，他考虑到对我采取一种有约束力的、慷慨大方的态度，会对我们双方的朋友产生非常好的影响。

这样以来，到底使我能够暂时去德累斯顿待上几天，在我重新给明娜提供生活费的同时，也让她得到我这次看望认为必要的、对维持其困难处境的尊敬。——在这里，明娜陪我从火车站来到那套位于瓦尔普尔吉斯大街，由她搬迁和布置的寓所。当初，在我离开德累斯顿时，这套住所根本就不存在。她对这套寓所十分麻利地重新布置了一番，而且无论如何也是意图让我喜欢住在里面。在入口处，迎接我的是一小块隆起的地毯，她把“你好”绣到了地毯上。我立刻就在红色丝窗帘和家具上又认出了我们的巴黎沙龙，为我准备的一个相当大的卧室以及在另一侧的一个十分舒适的工作室，连同那个客厅都只供我支配，而她则在朝庭院的方向，为自己单独布置了一个带有凹室的小居室。工作室装饰成那种有桃花心木家具的大型工作室。我曾经让人给我这个德累斯顿乐队队长布置时配备这样的工作室。可是自从德累斯顿逃亡以来，这间工作室就被里特尔家买下来，后来又被转交给他们的女婿库梅尔。现在，明娜只是从库梅尔那里借来。是否用60塔勒又把它买回来，她听凭我决定。由于我表示对此没有兴趣，她的情绪变得忧郁起来。因为担心自己陷于这种同我在一起显得孤立无援、令人惶恐不安的尴尬境地，她邀请我姐姐克拉拉从开姆尼茨来做客，现在同她一起合住她这套小寓所。克拉拉在这里显得也像从前一样，极其聪明和充满同情心。也许是明娜引得她的怜悯吧，她很乐意帮助明娜渡过难关，然而往往其目的只不过是要使她坚信继续分离的必要性罢了。清楚认识到我这种极其困难的处境必须有助于看到：为钱发愁是最主要的，所以明娜只能得到分担这种忧愁的份儿，以便通过这一途径对她惶恐不安的想象起到均衡作用。另外，我也成功地做到了避开同她的所有争论。这种事之所以能够办成，也是由于我们多数情况下都在其他朋友的社会聚会中度过这些时光。促成这些社交聚会的起因主要是在弗里茨·布洛克豪斯家里同他已婚的女儿克拉拉·克辛格以及普西内利重逢，然后又在老海涅家，最后在施诺尔夫妇家里与他们再次相聚。——我每天上午都在去各处登门拜访中度过。我由于感谢对我的赦免的缘故，去拜见贝尔大臣。我为了这些拜访，现在第一次又穿越德累斯顿的大街小巷。这些街道首先给我留下的是一种十分荒凉的、空荡荡的印象，因为我最后看到的是这些街道布满街垒的奇异景象。当时，这些街道都显得十分有趣。我不认识我在路上遇到的任何人。我过去通常都老要在一个手套商那里购买我的必需品，现在我又找到了他的店铺。就连这个手套商都没有把我认出来。后来有一个同样也往那儿去的一个上了年纪、激动万分、眼泪汪汪的人从街上向我追来。这是现在年事已高的室内乐师卡尔·库梅尔，那个才华横溢的双簧管吹奏者。我曾经遇到过他，由于这个人的这种素质，我对他几乎是充满深情，疼爱有加。我们相互高兴地拥抱在一起。我问道，他是否一直把他的乐器吹得那么美妙。对此，他却给我解释说，自从我离开以后，双簧管再也不能给他带来真正的欢乐了。他已经退休好长一段时间了。按照我的询问，我听说，我那个小乐队的老队员，不是去世就是退休，就连那个瘦高个子的低音提琴手迪茨、我们的剧院经理封·吕蒂肖、乐队队长赖西格尔都已去世，利平斯基早就回波兰去了，首席小提琴舒伯特身体不行，无法继续履行职责。贝尔大臣对赦免我一事一直表示存有很大的疑虑。他当然敢于亲自在这个赦免令上签字。但是他对此一直担心，我作为歌剧作曲家可能会由于深受大家爱戴，轻而易举地就使人伤脑筋的游行。就这个问题，我首先通过以下办法使他放心：我向他保证，我只在这里待几天，而且不上剧院。他深深叹了一口气，用忧郁的目光看着我，打发我离开。——与此相反，封·博伊斯特先生对我的接待却很不一样：他面带笑容、举止优雅地同我闲聊，聊到当我现在看来似乎意识到这一点时，但愿也许不会感到自己是那么无辜的吧。他提醒我注意自己写的一封信。这封信是那时候在勒克尔的口袋里找到的。这对我是新鲜事，我很愿意让人明白，我感到这次认为是原谅做过的一些欠考虑之事而给我的赦免叫人伤心。我们彼此在极其愉快友好的气氛中分手。

我们还在明娜的客厅里举办了一次社交晚会。在那里，我再一次给那些对《名歌手》还不熟悉的人朗读这部作品。在我过了好一会儿再次把钱拿给明娜之后，在第四天，她又陪我去火车站。在那里，她怀着很可能再也见不到我这样一种惶恐不安的预感，十分抑郁不安地同我告别。

在莱比锡,我还在一家客店住了一天。我在那里再次同亚历山大·里特尔见面,同他一起喝潘趣酒度过了一个愉快的夜晚。促使我作这次短暂停留的原因是:有人曾向我保证,如果我要独自一人举行一场音乐会,这场音乐会也许会观众如潮。出于要给我带来必要的现金收入的考虑,我也想到要证实这个许诺,但这时却发现,这个计划没有保证,于是现在便匆匆地赶回比布里希。在比布里希,我得把那套住房的事情料理好。在这里,使我感到很不愉快的是,我看到我的房东的脾气越来越怪。我觉得好像他没法忘记,我因为处治他那条狗的事情责备过他,还有由于我的女仆同一个裁缝发生男女关系,我在他面前为我的女仆辩护。尽管付了款,而且也答应了,但他仍然愁眉苦脸,还扬言,为了他的健康,下一年春天自己必须搬进由我占用的这套住所。而当我由于预付了房租,迫使他至少到复活节时,要原封不动地保留我的家用器具时,我在许勒博士先生和玛蒂尔德·迈尔女士的指导下,又一次动身前往莱茵高地区,去寻找一套下一年居住的合适寓所。由于时间短暂,这一次虽然没有成功,但是我们的朋友答应,要不断寻找理想居所。

在美因兹,我再一次同弗里德里克·迈尔见面。看来,她在法兰克福的情况越来越糟。当她听说我拒绝了封·古埃塔先生的导演——他在不久前把这位导演派到比布里希,委托此人为《罗恩格林》的领导部门支付给我 15 个金路易——之后,她十分赞同我的做法。她自己同那位先生已经彻底决裂,她坚持辞职,现在正准备开始进行她答应过的、在皇宫剧院①的巡回演出。由于这种行为方式和她的决定,她重新赢

① 皇宫剧院指维也纳皇宫剧院(或维也纳国家剧院),建于 19 世纪。

得我的同情,因为我不能不把这视为对她所遭遇的诽谤进行的一次强有力的反驳。由于就连我也准备动身去维也纳,她很高兴能同我共走一段路程,因为她打算在纽伦堡待一天,然后我们会在那里相会,继续前行。事情也果真如此。我们一起到达维也纳。在那里,我这位女友在“人”饭店下榻,而我则在我已经熟悉的“伊丽莎白女皇”投宿。这是11月15日的事。我立即就去探望首席小提琴埃塞尔,从他那里听说,确实在辛勤排练《特里斯坦与伊索尔德》。而我则由于自己轻易误解了杜斯特曼夫人同其妹妹弗里德里克的关系,很快就同她陷入了很不愉快的反目成仇的境地。杜斯特曼夫人根本就无法弄明白这些事情的这种状况,因为当她妹妹正同封·古埃塔先生保持一种令人愤慨的关系时,她把妹妹排斥于自己的家庭之外,而且在此之后把她举家迁往维也纳视作使自己丢了面子。此外,这时还出现这种情况:弗里德里克自己的情况很快就给我惹来很大麻烦。她结束了为皇宫剧院进行的三场巡回演出,却没有注意到,她恰恰是现在多么不适合幸运地出现在剧院舞台上,尤其不适合出现在维也纳观众面前。她只是在极其激动的情况下才得以痊愈的那场被战胜的大病,特别是瘦弱不堪使她人形大变,因此就连她的头都几乎变成了秃头,可她在这种情况下还十分讨厌使用假发。她姐姐的敌对情绪使皇宫剧院的工作人员对她敬而远之。由于所有这一切,另外还因为她不同意角色选择,她登台演出之事未获成功,至于她在这家剧院受聘之事,那根本就不可能了。虽然身体越来越弱、经常失眠,但尽管如此,她还是一直羞羞答答地对我隐瞒自己处境的艰难。在一家比较便宜一点的“法兰克福城”旅店,她想暂时等待尽可能将息自己的神经获得的成效,因为看来她在钱的方面尚未陷入窘境。按照我的愿望,她聘请施坦德哈尔特纳尔看病,看来这个人对她也没有多少帮助。由于现在正值11月底12月初,气候变得极其阴冷,可是很值得给她推荐在室外活动，所以我产生了劝她在威尼斯待上比较长一段时间的念头。看来就是做这件事她也不会缺钱的。她遵从我的忠告，在一个冰冷的早晨，我陪她去火车站。在火车站上，我把她和一个陪同她的忠实婢女，现在交给了希望得到的一种比较好的命运。我感到满意的是，很快就得到来自威尼斯的、有关她的那些令人欣慰的消息，尤其是关于她的健康状况的消息。

当这种关系一方面使我陷入十分惶恐不安时，我仍然同我那些维也纳老朋友在继续交往。在这里，一开始就发生了一种奇怪的意外事件。就像现在这种事比比皆是那样，我给施坦德哈尔特纳尔一家朗诵我的《名歌手》。因为人们都认为汉斯利克先生现在对我很友好，所以就以为也邀请他参加这种做法很好。我在这里，在朗诵过程中发现，这位文艺批评家越来越生气，脸色越来越苍白。引人注目的是，在朗诵结束后，他并非停留一会儿才站起身来，而是立即用一种显而易见是激怒的声调告辞。我的朋友对此都一致认为，汉斯利克把这整个台本看作一篇针对他的诽谤文章，感到我们邀请他来参加这次朗诵会就是在侮辱他。从这个晚上开始，这位文艺批评家对我的态度确实有了十分明显的变化，变成了一种尖锐的对立。我们很快就能看到由此引起的后果。

科内利乌斯和陶西格又一次来到我这里。我首先由于他们去年夏天的行为使得我确实感到不快而对他俩耿耿于怀。当时，在我有希望在比布里希，将比洛夫妇和施诺尔夫妇联合起来时，我对这两位年轻朋友真心实意的同情促使我也同样邀请他们来我家做客。我也有确实即刻就得到科内利马斯的应承，然而更使我吃惊的是，有一天得到他从日内瓦寄来的一封信。在信中，这位看来似乎突然之间就有可支配基金的陶西格，已经去那里进行了一次无论如何都是更为重要、更为愉快的夏季旅游。他绝口不提对于今年夏天不来同我会面表示歉意之事，只是告诉我，刚才有人兴高采烈地“为我的健康抽了一支奇妙的雪茄”。当我现在又在维也纳与这两位相遇时，我不能不让这两个人把他们举止行为中使人伤心的东西铭记在心。对此，他们看来并不明白，他们把这次去瑞士法语区的愉快旅行放在来比布里希拜访我之前，我会有什么好反对的呢。他们公然把我视为暴君。除此之外，陶西格在我旅店的一个奇怪的举动引起了我的怀疑。我听说，他习惯于在那里，在下面的饭馆里用餐，然后再爬上来，跳过我这一层楼，连续不断地在五楼一个名叫克罗科夫的伯爵夫人那里做客。当我向他问及此事，而且听说那位女士也同科西玛关系密切时，我对此表示惊异的是，他并未同样介绍我同这位女士认识。他用特别含糊其辞的表达方式不断回避我的过分要求。当我认为可以拿这种猜测的恋爱关系来戏弄他时，他却说，根本就谈不上有这层关系，因为那位女士年事已高。因此我到底还是让他听其自便，只是我对陶西格的奇怪举动所感到的惊异却依旧与日俱增。在过了好些年之后，我终于对克里科夫伯爵夫人有了更进一步的了解，确信她是在真心实意地关心我。我听说，她当时除了也要认识我之外已经不再有任何愿望。可是陶西格却总是拒绝促成此事，而且还借口说我不喜欢同女人交往。

尽管如此，当我现在认真实现我在维也纳举行音乐会的意图时，我们终于又在频繁友好的交往了。而当我将这件事交给那位十分认真的为此操心的乐队队长埃塞尔，看来是在持续不断、认真刻苦的钢琴练习中，音调铿锵地排练《特里斯坦与伊索尔德》那些主要角色声部时，我对这些排练的真正成功一直持怀疑态度，更确切地说，并不是出于对这些乐队队员能力的怀疑，而是出于对他们良好意愿的怀疑，尤其是杜斯特曼夫人荒唐可笑的举动使我对比较频繁地出现在排练现场失去兴趣。对此，我希望现在通过介绍我那些在维也纳还无人知晓的新作品的一些片段，一定会为此产生好的影响，因为我可以借此给我那些隐蔽的对手显示，除了他们轻而易举就可以挡住我的那条剧院演出的道路外，我还有另外的途径，将我的音乐新作送到观众面前。现在，陶西格为演出的一切具体事宜提供了卓有成效的帮助。我们一致认为，要租用“维也纳剧院”三个晚上，使12月底举行的这场音乐会每隔8天就在那里重办一场。现在首先是要全部写出这些片段的各个管弦乐声部，我要从自己的各种总谱中剪出这些声部来。这些声部就是《莱茵的黄金》中的两个片段，同样也是《女武神》和《名歌手》中的两个片段。对此，为了不同一直在预告的整个作品在歌剧院的演出撞车，我现在还扣下了《特里斯坦与伊索尔德》前奏曲。现在，科内利乌斯和陶西格同一些帮手开始进行这项工作。因为这项工作由于必须进行音乐方面的调整，所以得由熟悉总谱的读者来完成。同他们一起工作的还有魏斯海梅尔，此人为了最后能够参加这场音乐会，来到了维也纳。现在，陶西格还在我这儿为勃拉姆斯①报名。他把此人作为一个“非常好的小伙子”介绍给我。尽管勃拉姆斯本人已经声名显赫，但他仍然乐于承担他们的一部分工作。他得到分配给他的《名歌手》的一个片段。甚至就连勃拉姆斯都确实为人谦虚，十分听话。只是他显得不怎么活跃，所以他在我们相聚时往往几乎就不引人注意。我现在同样也与早就认识的弗里德里希·乌尔——此人现在同尤利乌斯·弗勒贝尔一道，在施梅尔林主持下出版发行一份政治性报纸《大使》——再次相逢。他把自己的报纸提供给我支配，鼓动我在该报纸副刊上刊登《名歌手》台本的第一幕，让我的朋友们注意到，汉斯利克变得越来越恶毒。

---

① 勃拉姆斯(1833—1897)：德国作曲家、钢琴家。生于汉堡，卒于维也纳。

当我和我的伙伴们过多地忙于音乐会的筹备工作时，有一天，甚至来了一位在巴黎通过比洛作为可笑之人已经给我介绍过的莫里茨先生。他通过笨手笨脚、令人讨厌的举动和幼稚可笑、肯定是编造出来的、关于比洛对我的种种托付的报告，促使我受到陶西格满不在乎的恶感驱使，在盛怒之下，把这个擅自闯入的打扰者赶出门去。对此，他以一种使比洛感到如此伤心的方式向科西玛报告，致使科西玛再一次感到有必要以书信的方式，就我这种如此肆无忌惮对待自己最可靠的朋友一事，对我表示极大的愤慨。我对这个如此不可思议、奇怪透顶的事件确实感到非常惊讶，十分沮丧，我一声不吭地把科西玛的信交给陶西格，只是问他，对这等荒唐事现在又该怎么办。他立即承担了这个任务，要给科西玛说明这次意外事件的真相，消除误会。关于此事很快应能听到所预期的好结果，我感到很高兴。

现在①，我们可以进行这次音乐会的排练了。宫廷歌剧院给我配备了我所需要的歌唱演员，以便能够让《莱茵的黄金》《女武神》《西格弗里德》《铁匠之歌》中的片段以及《名歌手》中《波格纳的致辞》上演。只是为那三个“莱茵仙女”，我就准备好了几个业余爱好者。就是在这方面以及其他各种事情上，首席小提琴黑尔默斯贝格尔也帮了我的大忙。这位首席小提琴在任何情况下都由于其出色的成绩和热情的表达，走在其余乐队队员之前。由于这里出现巨大噪声，这些彩排使科内利乌斯感到惊异。在歌剧院的一个小型音乐厅进行那些令人陶醉的彩排之后，我们得以登上“维也纳剧院”自己的舞台。在这里，我除了昂贵的场地租金之外，还得归还乐队组建费。尽管如此，那个由全是剧院舞台布景环绕的场地对于音响效果极为不利。但是看来，我花钱让人布

① 在手稿中，除了科西玛手迹的这一段开头外，还有“1880 年 3 月 20 日于安格里镇”。

置一道音障和一个顶盖，对我来说是太冒险了。尽管观众如潮，但是12月26日的第一场演出却表明，除了过大的开销和巨大的忧虑外，什么也没给我留下，而这种忧虑又是由于糟糕透顶的音响效果造成乐队效果很差引起的。尽管前景暗淡，我仍然决定，为了改善后面两场音乐会的效果，再承担建造一个共鸣箱的费用。在这种情况下，我自以为满可以指望从另一个方面尽量在最高层人士中唤起兴趣的努力获得成功。我的朋友利希滕施泰因侯爵认为这并非不可能。他认为可以试一试通过宫廷贵妇扎莫伊斯卡伯爵夫人，走向皇室宫廷建议这条路。有一天，他领着我穿过皇宫的无数通道，去见这位女士。后来我弄明白了，就是在这里，卡勒尔吉斯夫人事先也作了推荐。但是看来，她只赢得年轻的皇后对我的支持，因为在观看演出时，只有这位皇后独自一人，没有任何陪同。然而在第二场音乐会中，我却忍受了各种各样的失望。尽管有各种警告，可我还是把这场音乐会安排在1863年新年的第一天。大厅里观看者寥寥无几。我唯一满意的是，由于场地音响效果得到改善，知道乐队的演奏取得了出色的效果。所以就连这一次，演出的那些片段给人留下的印象十分美好，使我能够再一次为观众爆满的剧院举行于1月8日演出的第三场音乐会。我在这里体验到维也纳观众在音乐方面极有天赋那一面的美好明证："波格纳"对众名歌手致辞的那首绝对不会引人激动的前奏曲，尽管那位歌唱演员已经站起身来演唱过，却不得不顺应暴风雨般的喊叫，重唱一次。这时，我的目光遇到在一个包厢里对我的处境带来安慰的表示。我认出了卡勒尔吉斯夫人。她刚来到，要在维也纳待一些时候。我觉得，她此行并非没有也在此地再次助我一臂之力的私下意图。她同施坦德哈尔特纳尔也是朋友，她立即开始同此人商量，在我由于音乐会演出的开销再次陷入的危急境地中，怎样来帮助我。她本人向我们的朋友承认，自己不可能拥有任何资金,只能通过举债来偿还这些特别开支。因此应当招徕富裕的资助人。在这些人当中,人们首先要赞扬汉诺威公使夫人封·施托克豪森男爵夫人。这位夫人作为施坦德哈尔特纳尔非常亲密的朋友也对我充满同情,她就连布龙菲尔德夫人及其夫君——英国公使也为我争取过来了。就像在封·施托克豪森夫人家里多次举办社交晚会那样,在公使家里有一个社交晚会。有一天,施坦德哈尔特纳尔把500古尔登——在一位无名氏寄送给他之后——送交给我,作为支付我的费用的捐助。卡勒尔吉斯夫人为此想方设法弄到了1000古尔登。这笔钱现在同样通过施坦德哈尔特纳尔为下一步需要时提供给我支配。可是,在她为使宫廷对我感兴趣的努力中,尽管她同扎莫伊斯卡伯爵夫人是莫逆之交,她却一无成效,因为正在崭露头角、到处使我遭到不幸的萨克森柯内里茨家族的一个成员作为当时的公使来到这里,尤其在对所有的人都有影响的大公爵夫人索菲那里。他很善于把各种对我有利的活动都通过如下办法压下去:他声称,说我在那个时候烧掉了萨克森国王的宫廷。

但是,我这位资助人依旧孜孜不倦地从我所需要的各个方面帮助我。为了满足我那个安顿到一个安静的寓所一些时候的最大愿望,我突然想到去设法把英国公使馆随员、著名的布尔沃·利顿①的公子那套寓所给自己弄到手,因为此人要被召回,可是他还有好长一段时间都保留着他对自己家务的支配权。我通过卡勒尔吉斯夫人同这位既年轻、又十分乐于助人的公子认识。有一天晚上,我同科内利乌斯和卡勒尔吉斯夫人在他那里共进晚餐。在晚餐后,我终于开始朗读《众神的黄昏》,但是看来,似乎并未因此给我赢得洗耳恭听的听众。因为我注意

① 布尔沃·利顿(1803—1873):英国作家、政治家。

到这一点，便戛然而止，同科内利乌斯一道退席，而卡勒尔吉斯夫人则还单独同布尔沃继续留了下来。科内利乌斯自以为这一次不外乎意味着，我们在那里对需要进行一次更为亲密的交谈有妨碍。我自己承认，我被过去固然是非常错误地引起的怀疑导致这样的地步，使这一次只不过是在开玩笑似的对付我这位朋友发出的狂笑。回家路上天气很冷。我们觉得就连布尔沃房间的炉子也烧得不够暖和。我们躲进一家餐馆，在那里喝一杯潘趣酒暖和一下身子。那件事情留在我的记忆中，因为我在这里破天荒第一次在科内利乌斯身上看到一种完全无法控制的、极其古怪的情绪。当我们就这样听凭自己顺其自然时，也许正如我所意识到的那样，卡勒尔吉斯夫人利用自己作为重要的、不容拒绝的女性代言人的权利，引起布尔沃对我尽可能坚定不移的同情。关于此事，有那么多的人对我说，此人把他的寓所无条件提供给我使用3个季度。仔细一想，我只是感到不大明白，自己会从中弄到什么好处，因为从另一方面来讲，我在维也纳没有希望能够找到维持自己生活的收入。

对此，一封邀请信对我的决定起到了关键性的作用。这封邀请信是从彼得堡给我发来的，邀请我3月份在那里指挥爱乐协会的两场音乐会，酬金为2000银卢布。卡勒尔吉斯夫人——我得承认她在这方面也为我做出了努力——十分恳切地劝我接受这个邀请。与此同时，她答应我，为了增加我的收入，要独立举行一场无论如何也要带来重大物质成果的音乐会。可能会妨碍我接受这次邀请的，也许只是确信，在最近几个月内要在维也纳上演《特里斯坦与伊索尔德》了。可是男高音歌手安德尔新近生病又使这次演出的筹备工作停顿下来。总而言之，我到底失去了对曾经指点我又一次去维也纳的那种许诺的任何信任。在我这次到达维也纳之后，我对施梅尔林大臣拜访的结果对此有所帮助。当我凭着梅特尼希侯爵的一封介绍信去拜访他时，这次拜访却十分令人惊异，因为按照这位大臣信誓旦旦的说法，侯爵对他只字未提我的事情。不过，他还是十分彬彬有礼地给我说明，我也根本用不着这样一封介绍信，就足以使他对一个有我这种功绩的人产生兴趣。当我现在告诉他，梅特尼希侯爵在就我的事情帮忙时所持有的，关于皇帝在维也纳会赐予我一个特别职位的那些想法时，对于此事，他赶忙告诉我，他对皇帝的任何决定都毫无影响。为了使我明白侯爵本人这一举动，封·施梅尔林先生的这个自白大有裨益，我认为，那个人为有利于重新上演《特里斯坦与伊索尔德》，不愿在这位大臣身上花费毫无成效的力气，而宁可去活动宫廷总管。

据说，就连这个希望都被推迟，遥遥无期，所以我现在答复接受彼得堡的邀请。可是在此之前，我还试图筹到足够的钱。一场由亨利希·波尔格斯在布拉格为我筹备的音乐会应当帮我达到这一目的。因此，我于2月初前往布拉格，在那里有各种理由为我的演出感到高兴。年轻的波尔格斯——一位李斯特和我的坚定追随者无论是其人，还是由于他那给我证实的热心，都十分令我喜欢。那场除了贝多芬的一部交响曲之外，演出我一些新作片段的音乐会在索菲岛的大厅里举行，取得良好效果。当波尔格斯第二天还在保留了一部分补交款的情况下，寄给我1000古尔登时，我边哈哈大笑，边宣布，说这是我通过个人成就给自己挣来的第一笔钱。除此之外，我还以令人十分满意的方式认识了德国和捷克追随者中几个十分忠实、有文化教养的年轻人，在这些人当中有一个名叫利布莱茵的数学教员和一个名叫穆西奥尔的作家。令我感动的是，过了那么多年之后，又遇到了我幼年时代就认识的玛丽·勒。她现在从歌唱完全转行，转为弹竖琴，在乐队中弹这种乐器，参加我的音乐会的演出。《唐豪瑟》在布拉格第一场演出之后，她就已经怀着巨大的热情向我报告有关情况。这种热情现在有增无已，好多年之久，它始终都以令人感动的专注，倾注到我身上。就这样，心满意足，满怀重新唤起的希望，我现在又一次赶回维也纳，为《特里斯坦与伊索尔德》的事宜达成一个尽可能固定的协议。当我无法阻止自己充分肯定杜斯特曼夫人出色地演唱难度很大的歌唱声部时，一次由于我在场才再次有可能进行的两个第一幕的钢琴排练，使我确实对那位男高音歌手颇为不错的成绩感到惊讶。因此，可以确定，我的作品大致在复活节后就会上演，这同估计我从俄国返回的时间完全一致。

这时，怀着对在那里会给我带来较多收入的希望，促使我重新开始实行自己那个完全移居幽静的比布里希的计划。由于我在去俄国旅行前还有时间，我现在便回到莱茵河地区，在那里尽快把一切都安排好。我再一次在弗里克赫费尔的寓所下榻，在玛蒂尔德·迈尔及其女友路易丝·瓦格纳陪同下，又一次跑遍莱茵高地区，寻找理想的寓所。可是由于就连这一次都一无所获，我甚至开始同弗里克赫费尔为了在他别墅附近购到的一小块地皮上为自己建造一座小房子之事进行商谈。我通过年轻的施泰德尔认识的那位许勒先生应当作为通晓法律和交易的行家接手这件事。算出成本估计，是否会在春天实现这个计划，现在要看我在俄国的那些收入有多少。由于我无论如何得在复活节离开弗里克赫费尔家这套寓所，我已经让人把我的全部家用器具搬出这套寓所，把它们包装好，寄给威斯巴登的家具商。我还欠下这个家具商必须为提供给我的设备支付的大部分款项。

因此，我就满怀希望、兴致勃勃地首先前往柏林。在那里，我立即去比洛的住所。很快就要分娩的科西玛与我重逢很高兴。她不顾一切，执意要陪我首先到音乐学校去。在那里，我们可以找到汉斯。我在那里进入一个长方形的大厅，比洛正在大厅尽头上钢琴课。由于我较长时间一声不吭待在门口，那个人怒气冲天地责骂这个扰乱课堂秩序的闯入者。

现在，当他认出我来时，却爆发出了一阵更加欢天喜地的哈哈大笑。商量我们共进午餐之事，然后我同科西玛单独乘“俄国饭店”的一辆漂亮马车，心情十分舒畅地去兜风。我们对马车上那个有灰色缎子的弹簧坐垫一直不停地感到高兴。比洛曾经担心，把他的太太在怀有身孕的情况下领到我面前，因为我有一次在提到我朋友当中的另一位太太时，曾经流露出我当时对此所感到的厌恶。使我们感到心情愉快的是，在现在这种情况下，完全可以使他放心，因为在科西玛身上没有任何东西能够妨碍我。就是在这种情况下，我在柯尼斯堡火车站告别与我分享希望、对我命运的转变感到由衷高兴的朋友们，走进黑夜，继续前行。

我在柯尼斯堡得度过半个白天和一个夜晚。我丝毫未受到重新寻找这个地方那些当初对我是如此危险的场所吸引，我悄悄地在一家我对其状况根本就不关心的旅店的一间屋子里度过了那个夜晚，以便在清晨继续我那越过俄国边境的旅行。因为我过去曾经非法越过这条边界，我有些拘束，仔细观察在我长途旅行时那些旅伴的相貌。在这些人当中，我发觉有一个祖籍德国的立窝尼亚①贵族由于下述情况特别引人注目：他用极其生硬的德国贵族腔调，对俄国皇帝解放农奴表示很不高兴，对我直言不讳地说：俄国那些始料未及的、争取自由的努力，由于有我们这些居住在他们中间的德国贵族，不会得到大力支持。使我惊慌不已的是，在越来越临近彼得堡时，列车突然停了下来，看见宪兵在检查。有人给我讲，这次检查针对的是几个参与最近爆发的政治暴动的嫌疑犯。可是在离首都本身不远处，车厢的空位上就挤满了好些人。当我被那些戴着高高的俄式皮帽的人目不转睛地盯着时，这些人高高的俄式皮帽就更引起我的怀疑。但是突然间，有这样一个人的脸上充

---

① 立窝尼亚高地，现称维泽梅，拉脱维亚中部高原。

满喜悦的表情。这个人十分热情地向着我转过身来，把我当作他同皇家管弦乐队的几个别的队员前来迎接的那个人来欢迎。这是清一色的德国人，这些人这时在管弦乐队无数别的代表到达彼得堡火车站后，以爱乐协会委员会为首，兴高采烈地把我接走。人们给我推荐了一个坐落在“新闻展望”的房里的一家德国膳宿公寓作为合适的临时住处。我在这里受到一位德国商人的夫人昆斯特太太的友好接待，非常荣幸地被安排在一个可以眺望繁华街道的客厅里，得到十分舒适的照料。我和这个膳宿公寓其余的房客和搭伙人一道用餐。我多数情况下都把我过去在卢塞恩时就认识的亚历山大·泽罗夫作为我的客人，拉到他们那些人身边来。我在这里了解到这个立即就来到我住处的人，就在这里充当德国报刊审查员，地位十分卑微。他的外表显得不修边幅，弱不禁风、捉襟见肘。他之所以获得我的尊重，首先是他那伟大的独立信念和诚实，由于这一些以及他那极好的理解力。正如我很快就听说的那样，他也脱颖而出，成了一位最有影响、最可怕的批评家。当最高层方面恳求我，运用我对泽罗夫的影响，希望他从此以后少带一些愤恨追踪这个在那里受到痛苦提拔的安东·鲁宾斯坦①时，我以后很快就了解了这一点。当我为此恳求他，而他也给我解释他的理由时——根据这些理由，他认为作为俄国艺术家，鲁宾斯坦的影响十分有害——我请他至少看在我的分儿上，停止他对鲁宾斯坦的追踪，我这个人在这次短暂停留彼得堡期间，不想被人视为鲁宾斯坦的对手。对此，他带着一个痉挛症状患者的激动情绪，对着我大声嚷道：“我恨他，我不能让步。”对这件事情，他同我联系，以求得我们内心深处的融洽。他完全理解我和

① 安东·鲁宾斯坦(1829—1894)：俄国钢琴家、作曲家。1862年创建圣彼得堡音乐院，后自任院长。

我这种处理方式，所以我们彼此打交道时差不多只不过是开开玩笑而已，因为我们对所有重大问题的看法都完全一致。没有任何东西比得上他的关怀备至。他关怀备至地从各个方面来帮助我。他为我那些在我的音乐会上应当演唱的歌剧片段的歌词以及我那些解说式的节目单进行必要的翻译，译成俄文。为了找到合适的歌手，他尽量根据所知道的情况行事。为此，看来他通过协助排练和演出，到底得到了丰厚的回报。他那容光焕发的神情到处都向我发出鼓舞人心、令人振奋的光芒。——我在贵族协会又大又漂亮的大厅里聚集在自己周围的那个管弦乐队本身使我感到极为满意。这个乐队是通过从皇家管弦乐队 120 个队员当中挑选之后组建而成的，它的大多数队员都是能干的艺术家。这些艺术家通常都只为意大利歌剧和芭蕾舞伴奏，现在却十分高兴地舒了一口气，终于能够在非我莫属的这样一个人指挥下，仅仅从事更为高尚的音乐的演奏了。

在第一场音乐会取得重大成果之后，这时甚至有圈子中人表示要告诉我，说就像我很能理解的那样，我由玛丽·卡勒尔吉斯夫人向这些圈子的人进行了悄悄的但又是举足轻重的推荐。由我的秘密女赞助人极其小心谨慎地把我引荐给海伦妮大侯爵夫人。我首先得利用由施坦德哈尔特纳尔交给我的一封他写给他在维也纳时就有交情的大侯爵夫人侍医阿尔内特大夫的推荐信，以便通过此人，再把我介绍给大侯爵夫人最亲密的宫廷贵妇封·拉登小姐。对我来说，只是同这位女士认识也许就已经完全足够了，因为我把她视为一个受到完美无缺的教育、很有头脑、举止高尚的夫人，她对我越来越大的兴趣带着某种程度的谨小慎微显露出来。看来，这种谨小慎微似乎是针对与大侯爵夫人有关的一种担心。我觉得，仿佛她感到，对于我来说，得出现某种比可以对她的女主人的思想和品格有所指望更为重要的东西。就是现在，我都还未被直接领到大侯爵夫人面前，而是我首先得到邀请，去侯爵府宫廷贵妇那里参加一次社交晚会。除了别的人外，甚至就连大侯爵夫人都亲自参加了这次晚会。安东·鲁宾斯坦在这里接待艺术界贵宾。在鲁宾斯坦把我介绍给那位宫廷贵妇之后，这位贵妇才敢于把我引到她的女主人大侯爵夫人本人面前。这时，这件事看来到底在完全可以忍受的情况下结束了。因此，我很快就得到去参加大侯爵夫人家知己朋友晚茶社的直接邀请。在这里，除了封·拉登小姐之外，我还遇到她最亲密的宫廷贵妇封·施塔尔小姐，以及一位平易近人的老先生，人们把他作为封·布雷贝尔恩将军和侯爵夫人多年的家庭常客介绍给我。看来，封·拉登小姐做出了对我有利的巨大努力。现在，这些努力的成果就是：大侯爵夫人要求通过我，熟悉我的《尼伯龙根的指环》的台本。由于我没有随身携带该剧台本的样本，而由韦伯在莱比锡担任的该台本印刷出版工作想必正好完成，所以人们坚持立即向莱比锡发出电报，请求将已经完成的印张尽快寄到大侯爵府。现在，我这些资助人就只能满足于我朗诵《名歌手》了。对此，就连以其生活方式有点狂热的大侯爵夫人玛丽——尼古拉皇帝那个身材极其高大却仍然长得漂亮的女儿也应邀参加朗诵会。关于这位女士对我的台本的理解，我通过封·拉登小姐只得知，她非常担心汉斯·萨克斯最后要娶埃娃为妻。

没过几天，我的《尼伯龙根的指环》校样到底也零零星星地寄到了，大侯爵夫人这个知己朋友茶社还接着举行了四次活动，大家都乐于围在我四周倾听我的朗读。就连布雷贝尔恩也定期前来参加这些活动，正如封·拉登小姐告诉我的那样，为的是在越来越香的酣睡中“犹如一朵玫瑰花般开放”，这种做法尤其是给那个非常开朗、楚楚动人的封·施塔尔小姐兴致勃勃的冗长叙述提供了素材。每当我夜里陪同两位宫廷贵妇走出那些宽敞的大厅，爬上楼梯，走过没有尽头的走廊，进入她们位置偏僻的住房时,都会听到这些叙述。

在很有影响、身居高位的人士中,我仅仅只认识维尔霍尔斯基伯爵。此人在皇室宫廷身居高位,深得信任,主要充当音乐保护人发挥作用,正如他以为甚至可以通过自己的大提琴演奏出名一样。看来,这位老先生对我十分友好,完全赞同我进行音乐演出。因此,他向我保证,他是通过我的音乐演出才熟悉贝多芬的第八交响曲(F大调)的。他认为,他就连我的《名歌手》前奏曲也全部理解了。对此,他认为大侯爵夫人玛丽——她感到对这首曲子无法理解,可是对《特里斯坦与伊索尔德》前奏曲却极其热衷于发表自己的看法——矫揉造作,因为他本人那可是再一次使尽自己所有的音乐知识来理解这后面一首曲子啊。当我把这件事告诉泽罗夫时,他兴奋得叫了起来:“啊!故事中的蠢货!这位夫人懂得爱情!”——这位伯爵为我举行了一次豪华宴会,就连安东·鲁宾斯坦和阿巴扎夫人都出席了这次宴会。由于我在宴会后希望鲁宾斯坦弹奏一些乐曲,所以阿巴扎夫人就坚持演奏鲁宾斯坦的《波斯人之歌》。这看来使这位作曲家很生气,因为他很可能以为自己另外还创作了一些美妙乐曲。尽管如此,无论是乐曲还是这两位的演奏,都使我对这两位艺术家的才能有了十分清楚的理解。这位女歌手以前在大侯爵夫人府里任职,搞自己的本行,现在嫁给一位高贵、富有、有教养的俄国先生。我也通过这位女歌手被引进阿巴扎先生自己家里,在那里受到赞扬。除此之外,甚至还有一位名叫菲廷霍夫的男爵在我这里自称是音乐业余爱好者和狂热爱好者,十分荣幸地邀请我。在接受其中的一次邀请时,我同英格博格·施塔克——同那位漂亮的、我在巴黎时就已认识、演奏钢琴和谱写奏鸣曲的瑞典女士相遇。她那极其放肆的兴高采烈使我感到惊讶。她就这样边兴高采烈地哈哈大笑,边弹奏男爵先生的乐曲。除此之外,她还给我弹奏了一首庄重的咏叹调,因为就她告诉我的那样，她同汉斯·封·布朗萨特①已经订婚。——我同鲁宾斯坦相互进行友好拜访。鲁宾斯坦自己也表现得十分得体，可是我却感到他在我面前总显得有点愁眉苦脸，因为他确实向我保证，他打算放弃他那个在彼得堡特别是由于泽罗夫的敌视使他感到扫兴的职位。为了有利于我首先举行的慈善音乐会，有人认为，必须把我也引入彼得堡商人的圈子。为此，我便去观看一场在商会大厅举行的音乐会。还在楼梯上时，在那里就已经有一位喝得酩酊大醉的俄国人来迎接我了。此人给我作自我介绍，自称管弦乐队指挥。此人指挥精心选拔的皇家管弦乐队队员以及别的人演奏罗西尼的《威廉·退尔》序曲和韦伯的《奥伯龙》序曲，在演出时，定音鼓被一个小的军用战鼓取代，这一点尤其是在《奥伯龙》序曲优美的神化乐段中产生了一种奇妙的效果。

如果我为自己个人的音乐会在乐队的问题上考虑很周到的话，那么与此相反，对于歌手我却要费很大的劲才能应付。比安希小姐扮演女高音歌手十分勉强；而男高音声部，我却不能不将就着使用一个名叫泽托夫的先生，此人虽然很有勇气，却几乎就不能唱这个声部。尽管如此，他还是使《齐格弗里德》中的《铁匠之歌》得以演出，因为他至少由于自己的出场给我提供了一种歌唱假象，尽管乐队独自承担了产生效果的事实。在爱乐协会这两场音乐会结束后，我开始筹备在皇家歌剧院举行这场音乐会物质方面的准备工作。此君当着泽托夫的面，往往在我这个火炉烧得很暖和的房间里，一待就是好几个小时，却不脱去他那件极大的皮大衣。另外，由于我们因为他的无能，遇到很大的困难，所以我们感到，他是“披着狼皮的羊”。音乐会本身超过所有的期望，大获成功，当这里的情况就是如此时，我总不相信会受到观众如此热情的

---

① 汉斯·封·布朗萨特(1830—1913)：德国钢琴家、作曲家，歌剧院管理人员。

欢迎,因为第一次受到观众暴风雨般持续不断的掌声欢迎——平常很不容易出现这种情况——使我不知所措。我觉得,管弦乐队的热情忠诚本身对于激起观众这种狂热的情绪起了很大的作用,因为我这120位乐队队员主要都是那些一再激起鼓掌喝彩狂热风暴的人物。看来,这种情况在彼得堡也许是一番新的经历吧。我从他们当中听见譬如说这样的惊呼:“我们要承认,我们现在才知道什么是音乐!”迄今为止,乐队队长舒伯特相当礼貌地通过他业务方面的建议来帮助我。这时,他利用这些极其有利的爱好,请求我参加他不久即将举行的一场独特的慈善音乐会。这叫人心里有点不愉快,因为我清楚地看出,对他来说,重要的是要变戏法,把一笔肯定可以指望即将得到的、引人注目的收入从我的口袋里变到他的口袋里去。可是我认为,听从我其他那些朋友的劝告,必须满足他的愿望。所以我到底在8天之后,在同样人数众多的观众面前又演出了一次我节目单上那些最受欢迎的乐曲,而且取得同样的效果。只不过这一次那笔3000卢布的丰厚收入算到了一个体弱多病之人的需要名下罢了。还在当年,由于此人一命归天,导致突如其来的、为这种贬低我的行径所做的报复行动。

与此相反,我现在通过一个与当地剧院总监尔沃夫将军签下的合约,有望在莫斯科取得新的成功和收入。我得在这里,在大剧院里举行3场音乐会,每场音乐会稳拿收入的一半,合1000卢布。在一个新的霜冻相互交替出现的融雪天气,我得了感冒,在闷闷不乐、备受身体不适折磨的情况下,来到一家位置偏僻的德国膳宿公寓。在我同一个虽然脖子上挂满勋章,但在我眼里却显得微不足道的剧院经理就进一步的事宜打完交道,也取得一位俄国男高音歌手和一位退休意大利女歌手对难以挑选的歌曲的赞同之后,我立即就开始进行乐队排练。在这里,我首先同年轻的鲁宾斯坦——安东的弟弟尼古拉认识。此人作为“俄国音乐协会”会长,在他这一行代表莫斯科的主要权威,对我的态度通常都是既谦虚又殷勤友好。管弦乐队由100名队员组成,这些人得为皇室效劳,为意大利歌剧和芭蕾舞伴奏,平均水平要比彼得堡那些乐队队员差得多。不过我在他们当中又遇到了少数十分能干、对我极为忠诚的四重奏演奏者。我在他们当中找到一个里加时代的老相识,这个当时尤其是由于其诙谐出名的大提琴演奏者封·卢曹。不过他的兄弟,一个名叫阿尔布雷希特的小提琴手却特别使我感到高兴,此人在我到达彼得堡之前,由于他那顶俄式皮帽使我吓了一跳。可是,这为数不多的几个人却无法让我不把同莫斯科管弦乐队的交往认为是艺术上的降格以求。我在对此并不喜欢的情况下,绞尽脑汁。再加上对我的一个俄国男高音生气。此人在排练时穿一件红衬衣出场,以便让人觉察到他对我的音乐的那种爱国主义的反感情绪。当时,他得用从那些意大利人那里学来的、单调乏味、矫揉造作的格调,用俄语演唱齐格弗里德的《铁匠之歌》。在举行第一场音乐会那天早上,我由于前一天晚上强烈发作的感冒高烧的缘故,不得不请病假,让人取消这场音乐会。在积雪融化后污水四处泛滥的莫斯科,要举行各种活动来把这种情况通知观众,看来是不可能的。我听说,那些极为引人注目的华丽马车白白地跑一趟——这些马车不得不太晚才被拒于门外——引起了很大的、令人恼怒的轰动。在我休息了两天之后,我却坚持在6天之内演出按合约规定的三场音乐会,尤其是去完成我觉得有失身份的这种发送工作的热情也驱使我去做这方面的努力。尽管大剧院总是座无虚席,更确切地说是被一次看起来如此壮观的集会,我觉得不会再次出现的这种集会挤满了人,但是,由于皇家剧院经理室的计算,我无法得到向我保证的数额。对此,我感到由于我的成就总是受到十分引人注目的欢迎,不过首先还是由于也在这里再次激起的管弦乐队队员们的热情,自已也得到了补偿。乐队队员们派出一个代表团，请求举行第四场音乐会。由于我拒绝了这个请求，人们就试图说服我至少再进行一次"排练"，这个试图同样不得不被我利用微笑来拒绝。可是这个管弦乐队仍然举行一次向我表示敬意的宴会来祝贺我。在宴会上，在尼古拉·鲁宾斯坦十分得体、十分热情的讲话中让人听见了自己的心声之后，最后出现了差不多是人声嘈杂的愉快神情的流露。有人背着我穿过大厅。这时出现了一阵大喊大叫声，因为大家都要来背我。在这里，甚至还用乐队队员凑的钱给我做了一个向贵宾赠送的金鼻烟盒的珍贵礼品。在这个鼻烟盒上刻着《女武神》中西格蒙德歌曲中的一句话："一个人果真来了。"我回赠这个礼品的是我的一幅献给这个乐队的大型肖像照片，我在肖像上写着那个乐段前面的一行诗："没有人走开。"——除了这个乐师圈子之外，我由于一次十分重要的劝告和暗示，通过卡勒尔吉斯夫人认识了一个名叫奥多耶夫斯基的侯爵。按照我这位女朋友的暗示，我看出这个人就是那种可能会百分之百地理解我的、极其高尚的人。在我经过几个小时极其艰难的旅程，到达他那朴实无华的住所之后，实际上我在他家午餐桌上受到备受尊敬的俭朴款待。我感到很难使他了解我的性格和我的意图。相反地，他却把能够成为他所期望的印象的一切，都倾注到对一架类似管风琴的大型乐器的观察效果上。他让人按照他的指示，在一个比较大的房间里创造和制作这种乐器。很可惜在那里没有人能弹这种乐器。可是我却必须想象出那种按照一种独特的体系安排的礼拜仪式。他每个礼拜天都要在这里借助这种乐器表演礼拜仪式，给他家的亲戚朋友助兴。我一直在挂念我的女资助人，尽管如此，我还是试图使这位平易近人的侯爵了解我的处境和我这些努力的目的。他用看起来是受到感动的样子向我喊道："我有你需要对沃尔夫松谈论的东西！"——后来一打听，我才听说，这个给我指派来的保护神根本就不是银行家，而是一个犹太-俄国小说家。

尽管如此，尤其是我在彼得堡还可以指望可能另外有一大笔收入的情况下，看来我的收入足以表明，可以实施我在比布里希的建房方案，因此我还从我这时在此停留10天之后就要离此而去的莫斯科，向我那位在威斯巴登的全权代表就此事发了一封电报。现在，我甚至还给抱怨其移居德累斯顿花销的明娜寄去了1000卢布。

与此相反，我一到彼得堡，便立即遇到许多使人十分烦心的事。人们都劝我不要举行我已决定在复活节第二天的第二场慈善音乐会，因为按照风俗习惯，俄国社会团体要将这一天用于私人交际。再说，我也不能不答应为了彼得堡在押囚犯，举行一场按照我业已宣布的、定在复活节第三天的音乐会，因为特别是大侯爵夫人海伦妮迫切要求我这样做。对于这场音乐会，整个彼得堡都已经作为一种荣誉，表态支持，因为它受到上层保护。当这场音乐会的所有座位都在预售时，我却不得不面对贵族俱乐部的一个空荡荡的大厅，满足于一笔幸好至少是可以补偿开销的收入。为此，音乐会也就更加隆重：苏沃洛夫将军——一个完美无瑕的美男子，同时也是彼得堡最高行政长官，交给我一个加工十分精美的银质角状酒杯，表示囚犯们的谢忱。——这样，我便起身告辞。这时，封·拉登小姐由于表示对我十分同情，显得很出众。为了补偿我最后所期待的收入，大侯爵夫人通过她转交给我1000卢布，而且暗示，直到我外面的境遇好转，愿意每年送给我同样的礼物。在遇到为我所做的这么好的安排时，我只能表示遗憾，这种就此出现的关系不可能有更为彻底、更为有益的结果。我通过封·拉登小姐给大侯爵夫人建议，让我每年来彼得堡待几个月，以便在那里将我的全部才能既在音乐会方面，也在戏剧演出方面派上用场。她只需要为此支付我一笔足够的年薪就可以。对我这个问题，她避而不答。因此还在我出发的当天，我就把自己在比布里希定居的计划告诉了这位乐于助人的代言人。这时，我在她面前并不掩饰自己对此感到的担心：要是我把在这里挣得的钱花在那上面，那我的境况还是会同从前一样。使我感到忧虑的是，我是否要宁可搁下我那个已经规划好的房屋建筑。对此，我得到这个热情的回答："您就建吧，您有希望！"在我出发前往火车站的最后一刻，我以同样方式心存感激之情地回答她说：我现在知道自己该做什么了。就这样，我于4月底带着由衷的祝福，告别泽罗夫和管弦乐队热情的队员们，穿越俄罗斯的荒凉地带，却没有路过有人邀请我去举行一场音乐会的里加，走过漫长的路程，以便首先在边境，在维尔巴伦车站收到封·拉登小姐随后发来的一封电报。她在电报中，认为必须就我最后留下的那封短信大声对我说："别太大胆！"这给我说得够清楚的了，它足以让我对实施自己那个建房计划，再一次产生怀疑。

我马不停蹄，直奔柏林。在那里，我立即就去比洛的住所。我在前几个月压根儿就未得到有关科西玛情况的任何消息，现在我十分忐忑不安地去敲门。女仆不让我进门去："夫人身体不舒服。"——"她真的病了？"我问。当我得到对此做出的一个笑而不答的回答时，使我感到高兴的是，我明白了这是怎么回事。我赶忙高高兴兴地去向科西玛问好。她已经生下她的女儿布兰迪妮好久了，现在正处于完全康复期，只拒绝一般客人来访。看来一切都不错，就连汉斯都很开心，因为他由于我在俄国的成功，好长一段时间都可以认为我摆脱了忧愁。但是我总认为，只有在我那个每年受聘去彼得堡待上几个月，再次发挥作用的愿望卓有成效地受到重视时，这种假设才有可能实现。可是现在，封·拉登小姐的一封在那个电报之后寄出的、内容更为详细的信教会了我这件事，那就是我不能指望任何允诺。这一明确无误的指示造成的后果是，我现在得认真计算我这次俄国收益的剩余。在扣除我停留的费用和我的旅费，以及已经给明娜寄出和支付给我那个威斯巴登家具商的钱之后，现在合计不超过 4000 塔勒。在这种情况下，当然只有放弃购买地皮和建造房子的计划。不过，科西玛极好的健康状况和极为开朗的情绪现在倒不令人担忧。我们又坐在一辆豪华马车里，兴高采烈地穿过动物园的林荫大道，在“俄国饭店”随心所欲地用午餐，认为那些倒霉的时候已经过去了。

无论如何我首先得到维也纳去。不久前，我虽然已经从那里得到这个广告，说这一次由于杜斯特曼夫人感到疲劳，很可能《特里斯坦与伊索尔德》又不得不往后延。为了更仔细观察这一重大事情，不过也很可能是因为我同德国别的任何地方，都还没有像同维也纳这样取得如此密切的艺术上的联系，所以我现在就抓住这个地方不放，把它作为最适合我的停留地。我现在这里，在百花盛开的季节再次遇到的陶西格在这个问题上极其热心地认同我的想法，而且还通过他自告奋勇的行动，促使我也能够最好是刚好在维也纳郊区给自己弄到我特别注意的一套舒适、幽静的住所。借助他的房东，他完全如愿以偿地办成了这件事。一位老先生——彭青的封·拉科维茨男爵这座十分舒适宜人的房子给我提供了一个十分令人高兴的住处，一年房租为 1200 古尔登。在这座房子里，上面的整个空间归我支配，还独自享有一个规模可观、树影婆娑的园子。——我认识了房屋管理员——一个十分可亲的人弗兰茨·姆拉采克先生。我立即就雇用了这位先生和他的妻子安娜——一个很有天分、很会奉承人的女人。

他们有好多年，不管是顺境还是逆境，都一直留用。为了把我渴望已久、环境幽静、适于工作的避难所布置得舒适惬意，现在意味着又得花钱。我让人把那些剩下的家用器具以及购置齐全的家具，连同埃拉尔牌三角大钢琴一起，从比布里希运来。在风和日丽的春天，我于 5 月

12 日迁入舒适宜人的寓所。由于为布置舒适惬意的住房操心，我心情激动，耗费了些时间。我在这里同菲利普·哈斯父子建立了联系，这些联系逐渐地出现了值得忧虑的状况。现在，我为这视作充满希望的安家落户所做的各项努力，感到心情极佳。当于 5 月 22 日庆祝我的 50 岁生日时，音乐室里布置好了已经运到的三角大钢琴和属于我的各种仿拉斐尔铜版画。晚上，我就在这里听到商界歌咏协会提着灯笼唱的一首小夜曲。一个大学生代表队也参加了这个歌咏协会。我受到他们用极其热情的致辞所表示的欢迎。我已经准备了葡萄酒，所以一切都进行得十分出色。我的家务由姆拉采克夫妇照料得井井有条。由于安娜的厨艺，甚至可以使我能够经常在家招待陶西格和科内利乌斯。

可惜现在又一次出现了巨大干扰，这是由于明娜强烈斥责我所做的一切而造成的。因为我曾经打算，再也不亲自给她回信，所以我这一次也只给她那个一直隐瞒身份的女儿纳塔莉亚写信，使其注意到去年的决定。当我向在美因兹的玛蒂尔德·迈尔倾诉那个油然而生的愿望，希望她到我这儿来，以适当方式替代我所缺少的东西时，我自己心里明白，我在另一方面，而且恰恰是现在，多么需要有一位女性对家庭的照料和管理啊。我不能不认为这位要好的女朋友是十分通情达理的，所以她不会感到任何羞涩，会正确理解此时此刻我的想法。我在这种事情上看来也很可能并未弄错。只是我并未正确无误地考虑到她母亲和通常的市民环境。看来，我的要求弄得她异常激动。她的朋友路易丝·瓦格纳终于说服她，使她凭着平民百姓的理解力和准确性，向我提出很好的建议：首先让我同我妻子离婚，然后剩下的一切问题都会迎刃而解。我对此感到吃惊，当即认为这种做法欠妥。我撤回自己的要求，试图尽可能地将那些业已出现的兴奋平息下来。另外，犹如迄今为止的那样，甚至现在弗里德里克·迈尔接下来，尽管完全违背自己的意愿，却都由于她那让我无法理解的命运，使我感到十分不安。她去年冬天看来是为了使身体康复而在威尼斯度过几个月，此后，我从彼得堡向她表示了希望她在柏林比洛夫妇家同我会面的愿望。这同时，我要表达出友好的关怀——科西玛认为这种关怀指的就是她，同她一道共同斟酌，采取何种方式才能对安排好这位女友明显受到干扰的生活状况有所帮助。这位女友并未出席这次聚会。对此，她告诉我，她现在，在她那备受折磨的健康状况还对她的戏剧生涯有很大妨碍时，在科堡的一位女友那里住下来，试图在那里的小剧院里偶尔粉墨登场。出于诸多理由，我恐怕没法让她得到像我曾经给玛蒂尔德·迈尔发出的那样一种邀请，而她却怀着在短期内同我再次相会的强烈愿望。这一次她向我保证，从此以后，她就永远不会来打搅我了。我不得不感到，立即就答应她的请求是毫无目的的，也是冒险的；不过我过一段时间却会答应这个请求。她在这个夏天从各个不同的地方重复提出这同一个要求，一直到我在晚秋季节，决定在卡尔斯鲁厄举行一场音乐会，答应她此时此地是理想的时间和地点时为止。此后，我从这位既奇特、又活泼的女友那里，再也没有得到哪怕是一丁点儿消息。这样以来，我看到同她的任何联系都已断绝，对她的居住地点我也同样一无所知。只是在事隔多年之后，我才知道她那当然是极其艰难的处境的秘密。我不得不从有关她那种处境的种种消息中，推断出她羞于向我说出关于她同封·古埃塔先生之间关系的真相。据我猜测，后来那个男人向她提出了一些绝对是更为可怕的要求。现在看来，她由于自己的境遇所迫，不得不把自己交给这个被视为最后一个朋友，她紧紧依赖的男人。我听说，她——有人甚至认为，她同封·古埃塔先生"悄悄"结了婚——同两个小孩离群索居，不仅仅同剧院，而且也同人世完全断绝了来往，在莱茵河边的一个小庄园里悄悄度过自己的一生。

可是现在我并未得到工作所需的真正的安静。小偷破门而入，将莫斯科那些乐师送给我的一个金鼻烟盒偷走了。这个被窃经历又唤起我要有一条狗的愿望。我那友好的老房东为此将他那只已经被他十分冷落的老猎犬转让给我。这只猎犬叫波尔，是别人送给我的宠物中一条极其讨人喜爱、极其出色的动物。我每天都同它一道去做大运动量散步。为此，这景色十分宜人的环境使我感到心满意足。除此之外，我现在依旧相当孤独，陶西格由于身患重病，长期卧病在床，科内利乌斯同样由于访问彭青下公共汽车时不小心把脚给弄伤了。我始终同施坦德哈尔特纳尔及其全家保持着友好往来。亨利希·波尔格斯的弟弟弗里茨作为未来的医生和十分讨人喜欢的人，借他所安排的商界歌咏协会演唱小夜曲的机会，也到我这里来聚会。

我曾经确信，再也别想在歌剧院里重新上演《特里斯坦与伊索尔德》了，因为我听说，杜斯特曼夫人的疲劳只不过是一个借口而已，而安德尔先生的完全失声才是最后中断演出的真正原因。诚实的乐队队长埃塞尔虽然总是试图说服我，要我把《特里斯坦与伊索尔德》的声部角色交给剧院的另一位名叫瓦尔特的男高音歌手。可是这个人叫我十分反感，我自己没法下定决心，去倾听一次他在《罗恩格林》中的演唱。因此我现在也就把这件事完全抛到了九霄云外，试图促使自己只去重新拾起我创作《名歌手》的工作。这样，我就首先开始又为第一幕已经谱好曲的部分配器。在这一幕中，我以前只完成了几个片段放在那里。可是与此同时，随着夏季的临近，为我未来的收入感到的忧虑又悄悄潜入我现在所有的情感之中。在履行我的种种义务，尤其是对明娜的义务时，我看到，我很快又得考虑去从事挣钱的活动了。

所以，佩斯[1]民族剧院领导部门的一封邀请信令我感到惊讶，他们邀请我在那里举行两场音乐会。现在对我来说，这来得恰逢其时。因此，我便于7月底动身前往匈牙利首都，在那里受到剧院经理拉德诺特法伊十分奇特的接待，通过赖梅尼[2]，一个当时受到李斯特提携，实际上也颇有才华的小提琴技巧名家——此人对我热情得不得了——得到这样一种解释：我的聘请完全是由他促成的。因为我准备声明，关于这两场音乐会，我每一场有500古尔登收入就满足了，所以虽然我在这里挣的钱并不多，我却对音乐会本身的成功和观众对音乐会的巨大兴趣感到高兴。我在这里，在人们还生活在匈牙利人极其强烈反对奥地利的地方，认识了几个身材魁梧、才华横溢的年轻人。其中，罗斯蒂先生铭记在我那令人愉快的回忆中。这些人用一次在多瑙河一个岛上由几个知己举行的盛宴，给我准备了一次田园牧歌式的庆祝会。在那个岛上，我们坐在一棵古老的橡树下，好似在举行一次家庭式庆祝会。一位年轻律师——可惜我忘了他的名字——致祝词。在这里，他不仅通过他那演讲中火热的激情，而且特别是通过他那些想法确实崇高的严肃性——这些想法都建立在充分认识我所有的工作和影响的基础上——使我感到惊讶，激动万分。返程走的是水路，在多瑙河上我又坐在划船运动员联合会快速行驶的小船上。我那些东道主都是该联合会成员。在这里，我们现在经历了一次飓风般的雷雨风暴。这种风暴使湍急的河流变得波涛汹涌。这时，唯一的一位女士贝特-加博尔伯爵夫人陪着我们，她同我乘坐在罗斯蒂和一位朋友一道作为划手的狭长小船上。这两个人吓得魂飞魄散。洪水把我们冲向一个木筏，他们的小船很可

① 匈牙利首都布达佩斯由布达和佩斯两个部分组成。

② 赖梅尼（1830—1898）：匈牙利小提琴家。

能就会在这个木筏上被击成碎片。因此，他们使尽吃奶的力气，避开这些木筏。而这时我看到我们唯一得以获救，尤其是还要搭救坐在我身边这位女士的希望就在于：我们能够往这个木筏靠去。为了做成违背我们划手意愿的这件事，当我们从木筏边擦身而过时，我用一只手抓住木筏上那根凸出来的木桩，然后把船拴在上面。当两个划手喊叫起“埃莉达”不见了时，我赶忙把这位女士从小船上拉下来，举到木筏上。我让我的朋友放心大胆地去救“埃莉达”。这时，我跨过那些木筏，终于沿着河岸，冒着极其可怕的暴风雨，向城里走去。不过现在我倒是心里感到安全、踏实了。我在遇到这次危险时的举止行为不失体面，我在那些朋友当中享有的威望还有相当程度的提高。后来，还在一个公园里举行了一次隆重的宴会，大多数的划船活动参加者都出席了这次宴会。在这里，我真是受到十足的匈牙利风味的待遇。组建了一个庞大的吉卜赛乐队，这个乐队在我走近他们时，用《拉科西进行曲》来迎接我，伴随着这首进行曲的是这伙人暴风雨般的“掌声”。就是在这里，讨论也十分热烈，海阔天空地谈论着我和我那种远远超越德国的影响。这些讲话的开场白总是用匈牙利语，而且又不得不对此表示歉意：为了使客人感到开心，归入正题的讲话会使用德语。在这种情况下，人们不是把我称作“理查德·瓦格纳”，而是“瓦格纳·理查德”。

就连最高军事当局也不失时机，以陆军元帅科罗尼尼个人的名义向我表示敬意。我被伯爵邀请到奥芬宫殿，把我介绍给军乐队全体成员。我在奥芬宫殿受到伯爵和他的全家十分殷勤的款待。他们用冷冻食品来款待我，我被带到阳台去倾听所有合唱队的一场音乐会。——所有这些印象使我精神焕发，令我几乎感到遗憾的是，不得不从只有佩斯才显示出来的那种充满青春气息、生气勃勃的环境，重新回到我那沉默无言、发出霉味的维也纳避难所去。8 月初，在我的归途上，我有一段路同封·泽巴赫先生，这位在巴黎时就认识的、亲切友好的萨克森公使巧遇。泽巴赫先生抱怨那些巨大的损失。他现在刚从那些位于俄国南部的庄园回来。由于他对自己这些联姻的庄园难以管理，损失惨重。对此，我试图通过我自己的处境来安慰他，这样做使他感到很舒心。

我从佩斯音乐会的收入当中甚至只能收取一半的提成。在我展望未来时，这少量收入无法使我感到特别的安慰。正如我所猜测的那样，在把一切都花在长期安家上面之后，现在的问题是，要保证我每年有一笔稳定的、尽管并不丰厚的薪俸收入。当我为此感到不应放弃我同彼得堡的联系，放弃建立在这一基础上的计划时，我不应完全对赖梅尼做出保证不加考虑。赖梅尼向我说明，为我弄到具有和彼得堡类似义务的这样一笔养老金，在佩斯肯定不是什么大不了的问题，他夸耀自己对匈牙利贵族社会有巨大影响，人们对他不会不予理睬。他在我回到彭青之后，确实很快就来看我，而且还由他的养子、年轻的普洛特尼伊陪同。普洛特尼伊的堂堂仪表与亲切和蔼给我留下十分令人愉快的印象。他的继父虽然有一次用小提琴才华出众地演奏了《拉科西进行曲》而赢得了我的高度赞赏，但我很快就觉察到，他用他那些出色的许诺给我留下更多的是转瞬即逝的印象，而不是持久的影响。后来我随他的意愿，就同他再也没有联系了。

我不得不再一次忙于制订巡回音乐会计划，这时我在赤日炎炎的天气享用我那阴凉的花园，每天傍晚都同我那忠实的爱犬波尔去长时间溜达。每次散步回来，享用圣韦特牧场制酪场都妙不可言的牛奶使我精神焕发。这时，我那小小的交游范围往往仅限于科内利乌斯和终于重新康复的陶西格。但是陶西格由于同富有的奥地利军官交往，有好长一段时间又从我面前消失不见了。而与此相反，除了波尔格斯的弟弟偶尔也来之外，就连波尔格斯本人也经常来同我一道郊游。我那个住在亨利希·劳伯家的外侄女奥蒂丽厄·布洛克豪斯现在对我的看望,也使我感到高兴,她与劳伯的母亲十分要好。

可是,每当我真的着手工作时,惊恐不安的担心一再促使我去保持我这些日子的平静。由于下一次的俄国之旅估计要到明年复活节时才能成行,我暂时只想把一些德国城市作为我的目的地,从某些方面来看,譬如说,我就从达姆施塔特得到了断然拒绝的回答;从我直接向大公爵求助的卡尔斯鲁厄,现在迟迟未予答复。我以为,由于彼得堡接受我所呈报的计划,我保证会得到一笔固定薪俸。当我得到对我最后询问有关我在彼得堡呈报的计划所给予断然拒绝的回复时,我的信念彻底动摇了。在那里,现在正值今年夏季爆发的波兰革命。我相信,这场革命使所有从事艺术活动的人员都丧失了活动能力。从莫斯科传来的消息听起来比较令人高兴。在那里,人们答应给我在明年举行几场精彩的音乐会。现在,我也想起了一个可靠的暗示,这指的是基辅。歌唱家泽托夫把基辅作为极其值得一去的城市推荐给我。就是在这件事情上,我同他有通信联系。他同样让我等到明年复活节。在那时,整个乌克兰的贵族都在基辅济济一堂。如今,这都是一些遥远的计划。如果我现在考虑去实现这些计划的话,那它们的实现就已经可以使我心神不宁,无法工作了。不管怎样,到那时我已经有很长一段时间不得不既为我自己、也为明娜担心了。我只能极其谨慎地对待在维也纳可能获得一个职位的希望,所以我现在,在秋天即将来临时,没有别的任何办法,只有通过借钱来帮助自己。在这些事情上特别是得到陶西格对我的帮助。

我已经不能不想到,就连我在彭青安的那个家或许都该再次放弃吧;但问题总是:往何处去?如果说再一次萌发谱曲的欲望的话,那么忧虑也一再搅入其中,指点我去研读敦克尔的《古代史》,这只好日复一日地拖延下去罢了。我所有的时间最终都花在为举行音乐会的通信来往上了。享利希·波尔格斯暂时还得再次来布拉格工作。但是他也使我满怀希望地考虑到在勒文贝格由霍亨索伦家庭的当地侯爵精心安排的一场音乐会。也有人暗示我去找汉斯·封·布朗萨特。当时,布朗萨特在德累斯顿领导一个私人乐队。此人极其恭顺地接受了我的建议,在我们之间商定一场由我在德累斯顿指挥的音乐会的时间和节目单。由于现在还有巴登大公爵把他的剧院提供给我于11月份在卡尔斯鲁厄举行一场音乐会,所以我认为在这方面现在为另辟蹊径做好了充分准备。我为乌尔-弗勒贝尔的《信使报》撰写了一篇关于维也纳皇室宫廷歌剧院的长篇文章。在文中,我发表了对彻底改革这个被严重引入歧途的机构的建议。这些建议高明之处甚至为报纸杂志所公认。看来,甚至在高一级的管理层中,我都产生了一些影响;因为很快我就从我的朋友鲁道夫·利希滕施泰因得悉,人们由于他担任监督,从他那里知道一些至少是与此有关的事情,说甚至已经考虑委任我为宫廷歌剧院的领导。正如利希滕施泰因告诉我的那样,放弃这个计划的理由是,这样以来人们在他的领导下,就只能听到“瓦格纳的歌剧”了。

我终于感到心情舒畅,通过启程去举行我的巡回音乐会,把我从对自己境遇的惴惴不安中解放出来。我首先于11月初到达布拉格,在那里再一次试一下我的运气,看是否会有一大笔收入。在这里,很可惜这一次亨利希·波尔格斯无法将筹备工作掌握在手中。他的代理人,那些在学校里十分忙碌的教员不能同样胜任这项工作。费用上升,可收入却减少,因为人们再也不敢冒过去的高价票风险。我想通过几天之后举行的第二场音乐会,把损失捞回来。尽管有人劝我别这样做,但我执意坚持。事实证明,我的朋友们有道理。这次的收入刚够抵消费用支出。由于我不得不把第一场音乐会得到的钱寄去赎回我留在维也纳的一张汇票，现在我为了支付住宿费和继续旅行的路费，只好接受一个银行家的赞助，帮我摆脱窘境。我抱着与这些过程相应的心情，把我的旅行目的地转向卡尔斯鲁厄。更确切地说，这一次旅行是在极其艰难的情况下进行的，经过纽伦堡和斯图加特，时值严寒季节，总是耽误。在卡尔斯鲁厄，立即就有各式各样的朋友聚集在我周围，我那份计划的名声把他们吸引到了这里。从不缺席的里夏德·波尔从巴登赶来，玛蒂尔德·迈尔、我的女出版人贝蒂·绍特夫人，就连拉夫也从威斯巴登赶来，还有埃米莉·格纳斯特，甚至连在不久前才在斯图加特受聘担任乐队队长的卡尔·埃克尔特都来了。男中音歌手豪泽尔唱《沃坦的告别》和汉斯·萨克斯的《鞋匠之歌》有毛病，而不得不让一个已经失声、却十分有经验的喜剧歌手来代替，这使我立即为11月14日举行的第一场音乐会大伤脑筋。按照爱德华·德费林特的观点，这种事根本就无足轻重。顺便提一下，我只能是公事公办地与之打交道的这位德弗林特先生，对按照我的说明组建的，特别是这个乐队的结构所表现出来的忧虑是十分正确的。总而言之，从乐队方面来说，这场音乐会进行得十分顺利，使坐在自己的包厢里感到十分开心的大公爵希望在8天后再演一场。对此，我当即就说出自己的顾虑，因为我的经验已经教会我，这类音乐会之所以观众如潮，尤其是票价很高时，在绝大多数情况下，始终只能用那些往往从远道而来，在此济济一堂的听众的好奇心来加以解释，而真正的艺术行家和对这种事本身感兴趣的人，往往只是极少数。可是大公爵执意坚持，因为他要让他的岳母，几天之后就要到达的奥古斯塔女王欣赏到我的作品。玛丽·卡勒尔吉斯正好在这时嫁给穆哈诺夫。使我感到高兴的是，她同样也到了卡尔斯鲁厄。当我独自一人待在我那家卡尔斯鲁厄的旅店里，度过这段漫长时光，使我感到特别难受时，她十分友好地邀请我前往她现在下榻的巴登-巴登。我的这位女朋友立即就在巴登-巴登火车站迎接我,要陪我进城。我认为必须谢绝她的陪同,因为我戴着这顶“强盗帽”也许显得不够礼貌。但她却挽着我的胳膊保证说:“我们这儿所有的人都戴这种‘强盗帽’。”我们就这样来到保莉妮·维亚尔多的别墅。我们必须在别墅里用餐,因为我这位女朋友在她自己的房里尚未完全布置就绪。现在,我在我这位老相识身边还认识了俄国作家屠格涅夫。穆哈诺夫夫人把她的丈夫介绍给我时还心存顾虑,怕我会对这次婚姻说三道四。她尽量借助自己周围那些精于世故的人,在我们相聚时,开始进行一种并不使人难受的闲聊。我这一次怀着对我的女朋友和女赞助人的美好意图感到十分满意的感情离开巴登-巴登,利用这段时间去作一次前往苏黎世的短途旅游。在苏黎世,我再一次试图在韦森东克家休息几天。我推心置腹地向他们谈到了我的境遇,我看到这些朋友并未萌生帮我一把的念头,因此我便回到卡尔斯鲁厄。在那里,正如事先所料的那样,我于 1 月 29 日面对观众屈指可数的大厅,举行我的第二场音乐会。按照大公爵伉俪的看法,奥古斯塔女王会消除对我的一些不愉快的印象。我再次应邀进入宫廷包厢。我发现所有王公贵族都聚集在女王周围。女王额上戴着一朵蓝玫瑰,不能不对我表示一种赞许的意思。对此,巴登宫廷显贵都在毕恭毕敬地洗耳恭听。只是当这位女王在说了一些空话之后,转入比较详细的细节时,她却把对此问题的表态交给她女儿去办,因为她女儿在这方面比她更在行。第二天,我收到扣除费用之后,全部收入的一半份额,计有 100 古尔登。我立即就用这笔钱给自己买了一件要价 110 古尔登的皮大衣。不过我暗示自己的收入只有 100 古尔登,所以就压了 10 古尔登的价。现在,大公爵送给我的私人礼物也送来了。这件礼物是一个金盒子,里面放着 15 个金路易。我为此书面致谢,与此同时做出了一项决定:我在经历了前几个礼拜十分忧伤的劳累之后,是否还想通过在德累斯顿举行的一场音乐会徒然增添一系列令我感到的失望。关于我访问德累斯顿一事,必须考虑很多问题,甚至几乎是所有的问题,都促使我为此鼓起勇气,在最后时刻告诉极其友好的为此操心的汉斯·封·布朗萨特,取消所有业已准备就绪的活动,不要对我在德累斯顿有所期望,他要十分体面地接受虽然肯定会使他感到很不舒服的事情。

现在我还想试一试同美因兹的绍特公司取得联系,因此我乘夜车到那里去。在那里,玛蒂尔德·迈尔一家热情地强迫我,在我逗留当地那天,非得接受他们小小住所里的一个舒适的住处不可。我在卡尔特霍伊泽尔小巷里的一天一夜受到极其丰盛的膳食款待。我在那里产生了一个新的想法,去插手绍特的出版活动,但是不会获得巨大的收益,因为我拒绝零零星星地出版那些为音乐会从我的新作品里抽出来整理好用于音乐会的节目。

由于现在唯一能给我带来丰厚收入的,只有我在勒文贝格举行的音乐会。我现在就准备踏上去往那里的旅程。但是为了避开德累斯顿,我走上了经过柏林绕一个小弯的路程。我经过一个夜晚的行车之后,于11月28日一早,疲惫不堪地到达柏林。正如我所期望的那样,在那里受到比洛夫妇迎接。但是与此同时,我又被极其恳切地说服,中断一天我立即继续前往西里西亚的旅行。而是应当同他们待上一天。汉斯很可能首先是希望我还要出席一场当晚由他指挥的音乐会演出。这大概就是促使我也留下来的原因吧。我们在寒风刺骨、阴沉沉的天气里,尽可能心情舒畅地聊起我那令人讨厌的境遇。为了增加我的资金,我决定把巴登大公爵送给我的那个金盒转让给我们的老朋友、心地善良的魏茨曼。在我同比洛在用餐的“勃兰登堡”饭店,他给了我大约90个塔勒。这时免不了要开一些关于这种改善我生活条件的玩笑。

由于比洛得为他的音乐会做一些准备，我就再一次同科西玛单独乘坐一辆漂亮马车去兜风。这一次我们一声不吭，没有开玩笑。我们都默然不语，相对而视，对于承认真相的强烈要求迫使我们不需要任何言语来表白无穷无尽的使我们感到心情沉重的不幸。我们用眼泪和啜泣来铸就这种唯一属于我们彼此之间的表白。我们感到心情轻松了。深入肺腑的安慰让我们喜笑颜开，在参加音乐会时不感到心神不安。在音乐会中，甚至就连小型的《贝多芬协奏曲序曲（C 大调）》尽善尽美、热情洋溢的精彩演奏，以及由比洛改编得十分周到细致的格鲁克的《帕里斯与海伦》序曲同样精彩的演奏，都能够明确无误地吸引我的注意力。我看到阿尔维娜·弗洛曼，休息时在音乐会大厅的大阶梯上同她相会。下半场开始，在这个阶梯又空了之后，我们便在这个阶梯的一个台阶上坐下来。我还同我这位女友待了好长一段时间，无拘无束，谈笑风生。音乐会后，我们还得去魏茨曼家赴晚宴。这次晚宴菜肴的丰盛使我们这些内心深处需要平静的人几乎陷入极其绝望的境地。可是白天已经结束；在比洛家住所度过一个夜晚之后，我就踏上继续前行的旅途。在告别时，使人回想起在苏黎世同科西玛那第一次极其感人的分离。相比那些岁月犹如一场噩梦，在做出生命攸关的决定的两天之间，在我眼前消失不见了。如果说我当时迫使这充满预感的、不可思议的东西保持沉默的话，那么这也同样不可能对这种现在尚未说出来的却业已认识到的东西做出承诺。——乐队队长赛弗里茨在西里西亚火车站迎接我，陪同我坐上一辆豪华马车往勒文贝格驶去。

这位霍亨索伦——黑兴根的老侯爵由于他同李斯特是莫逆之交，对我也十分友好。他通过曾经在他那里受聘担任一段时间高级职务的亨利希·波尔格斯，得知我的处境，现在邀请我只是为应邀出席的客人在他那简朴的城堡里举行一场音乐会的演出。在这里，我在他楼房底层的一套住所里受到友好的接待——他坐着轮椅十分频繁地从他位于对面的房间到这儿去,我感到颇为舒适,甚至还可以说是充满了希望。我立即开始同侯爵那个颇为不错的私人管弦乐队排练我那些歌剧中的一些由我挑选出来的片段。我的东道主总是怀着十分满意的心情出席该乐队的排练。一日三餐都十分愉快地共同进餐;可是就在音乐会演出当天,却举行了一次官方形式的宴会。在宴会上,那位从苏黎世赶来,与我十分友好的亨里埃特·封·比辛——待在玛丽亚费尔德的维莱大夫夫人这位弟妹的到场使我感到意外。她就住在勒文贝格附近的庄园里。她也受到侯爵邀请,现在来向我证明她那热情忠诚的延续。她十分聪慧、诙谐,立即就成了我杰出的聊天伙伴。在音乐会颇为成功地结束之后,第二天我还得满足侯爵的一个愿望,单独给他演奏贝多芬的《c小调交响曲》。已经守寡一些时候的封·比辛夫人也出席了这次演奏会。她答应我,也要到布累斯劳去参加在那里举行的那场音乐会。在我动身离开勒文贝格之前,乐队队长赛弗里茨把侯爵专门送给我的那笔共计1400塔勒的礼物交给我,而且还为现在不能馈赠得更多表示歉意。按照我迄今为止得到的所有经验,这确实使我感到意外和满意,能够以令人难忘的方式,向诚实的侯爵表示我最衷心的谢意。

这样,我就去了布累斯劳。在那里,我上次访问魏玛以来就认识,而且是通过李斯特介绍认识的首席小提琴达姆罗施,同样设法给我举行一场音乐会。很可惜,这里的一切都使我感到十分伤心,彻底绝望:正如从另一方面来说也许就是所能期望的那样,整个事情都以小里小气的方式开始。一个通常只用作啤酒馆的,令人十分恶心的音乐会场地,舞台背景是一个在前面有放下来的、普通得要命的帷幕的小型蒂沃利剧院。在这个音乐厅里,我不得不让人首先给我为乐队搭一个升高的木地板。这样一个音乐会场地使我十分反感,我真想立即把这些看起来很糟的乐师打发走。我这位惶恐不安的朋友达姆罗施至少不得不答应我,让该酒馆可怕的烟草气味变得淡一些。但是由于他在有关收人的问题上根本不用给我提供保证,所以他只能考虑到,不让自己大出其丑。这种考虑到底还是促使我去举行这场音乐会。使我大吃一惊的是,我差不多看到这整个酒馆,尤其是这个酒馆的前面部分被犹太人占用了。第二天,当我出席一次由达姆罗施为向我表示敬意举行的只有犹太人参加的午宴时,我听说,总而言之,我得把音乐会的某种成功归功于居民当中这一部分人的热情参与。而与此相反,在离开音乐厅时,玛丽·封·布赫的出现,恰似从一个美好世界射出的一道光束,使我感到心花怒放。她同她祖母从哈茨费尔德庄园赶来协助我的音乐会,在一个用木板隔成包厢的房间里等候我,一直等到观众走散之后。这位年轻女士也在达姆罗施的宴会结束之后,身着旅行装,再次向我走来,用亲切友好、关心同情的保证,给我消除一些可能是觉察到我对自己的处境感到的悲哀。我在返回维也纳之后,还对此向她书面致谢,而她则以为她的纪念册得到一句题词的要求来回应这种感谢。我想起离开柏林时那个激动人心的印象,就仿佛在向一个颇为值得尊敬的女士倾诉我的心绪似的,我为她的纪念册写了一句卡尔德隆的话:“无法隐瞒和无法说出的东西。”我认为,用这句只有我明白的话,以幸运的含混不清,向一个对我友好之人倾诉了那种唯一活在我心中的东西。

与此相反,我同享里埃特·封·比辛在布累斯劳的再度相逢则产生了迥然不同的后果。这位女士尾随我来到此地,在我所住的同一旅店下榻。看来,她似乎也特别受到我那病态的外表影响,对我和我的处境极为同情。我大胆地给她描述我的处境。我在这时描述了自从我于1858年离开苏黎世以来出现的干扰,它妨碍了我和对我的职业唯一有促进作用的平静的生活秩序,以及我直到现在一再重复,也总是徒劳无益地竭力争取获得我的外部情况的一种有促进作用的、长期持续下去的秩序。我这位朋友敢于把责任归咎于韦森东克夫人对待我妻子那种——正如她所描述的那样——孩子气的、欠考虑的态度。现在她自己也感到有责任来为此赎罪。她赞成我住在彭青,只是希望我不要用任何对外活动来妨碍她对我的那种乐善好施的影响。关于我今年冬天因为钱的缘故,迫不得已要去俄国的计划,她根本就不想听。对此,她承担了从自己本人的,当然是很大的一笔财产中给我提供的一笔颇为可观的金额。这笔钱能较长时间地维持我的生活。有一段时间,我还必须试着自己帮助自己。情况又好又不好,因为她只有花费也许是很大的力气,才能将所许诺的钱提供给我使用。

这次相逢的印象使人欣慰。现在,我于 12 月 9 日返回维也纳。我已经从勒文贝格将侯爵的大部分馈赠当中的一部分寄给了明娜,一部分用于支付新出现的债务,寄到维也纳去了。现在我能揣着所剩无几的现金,但这时却充满希望,心情不错地款待我为数不多的几个朋友。在这些朋友当中,从此以后,彼得·科内利乌斯每晚都来我这里。在我们之间——现在参加进来的甚至还有亨利希·波尔格斯以及古斯塔夫·舍奈希——出现了一种亲切友好的习惯性交往。圣诞节晚上,我请他们所有的人都到我这里来,点燃在圣诞树上的小灯,我送给他们当中的每一个人一份小礼物。我现在也再一次有事情可做了,因为陶西格想请我参加一场由他在一个大型舞厅举行的音乐会演出。除了演出选自我那些新歌剧的片段之外,我也对这场音乐会感到特别满意,也就是说,完全按照我的意思演出了《神弹射手》序曲。由此得到的效果甚至对这个乐队来说,也是令人十分惊异的。可是要官方重视我的成就,却毫无希望;我始终未受到高层官方重视。封·比辛夫人的那些消息逐渐表明了她在履行自己的承诺时所遇到的重重困难。可是她依旧充满希望,所以我能够心情愉快地在施坦德哈尔特纳尔家度过除夕之夜,被科内利乌斯的一首既幽默又庄重的即兴诗弄得十分开心。

可是,1864 年这个新的年头却带着越来越严峻的表情向我走来。我害了一种痛得越来越厉害的黏膜炎疾病。这种病经常都要施坦德哈尔特纳尔照料。可是封·比辛夫人那些消息所起的变化对我造成的威胁更厉害。看来,如果没有她的汉堡家人、海船老板斯洛曼的帮助,她就无法提出答应给我的那笔钱。对此,她还得同那些看来也是掺和着对我进行诽谤的、极其激烈的劝阻做斗争。这些情况已经使我感到十分不安,致使我真希望能够完全放弃这位女朋友的帮助。为此,我又认真地拾起我从前那些俄国的计划。我又一次向封·拉登小姐求助。她不得不十分急切地劝我,取消去访问彼得堡的任何尝试,因为我自己不会畅通无阻地找到通往那里之路——由于在波兰各省区出现了战乱的缘故,而且总的说来,我在彼得堡根本就受不到尊重。不过她却向我说明,去访问一次基辅倒是完全有可能得到一笔 5000 卢布的好处。现在我把自己的心思都集中在那个方面,我同要陪我去那里的科内利乌斯制订计划,准备渡过里海到敖得萨,再从那里到基辅。为此,我们已经决定购置应当备有的毛皮衣物。在此期间,我没有别的办法,只好想到用总是新的短期汇票来支付同样是短期的旧汇票。因此,我也就陷入了这样一种经济体系,由于这种体系面临着显而易见不可阻挡的崩溃,所以它最终只有通过接受一种及时出现的帮助才能获救。在这一方面我终于感到需要迫不及待地请求我这位女朋友做出明确的说明,不是说明她是否能立即帮助我,而是说明她到底是否愿意帮助我,因为我再也无法阻止我的处境的每况愈下。当她下定了决心时,她不能不感到自己受到我所不熟知的那些极大的折磨,给我做出了大致是这样的回答:“您终于也想知道,我是否愿意吧? 那我就说了,以上帝的名义:不愿意!”我当时对此根本就无法解释,觉得只有通过她并不独立的性格的弱点才能理解,过了没多久,通过她的姊妹维莱大夫夫人,我十分惊异地弄清楚了此中缘由。维莱大夫夫人对我问及的那些问题感到十分痛苦,因为她极其激动地向我承认,她的姊妹心里想:“要是我救了瓦格纳,那他最终还是只喜欢韦森东克夫人!”……

就在风雨飘摇中,2 月份已经结束。当我同科内利乌斯正拟订我们俄国之行的计划时,我得到从基辅和敖得萨来的消息,今年那里对任何一种艺术活动都概不接纳。事情清楚地向我表明:在业已出现的情况下,再也别想维持我在维也纳的境遇以及我在彭青的家务;不仅仅没有给我显示出哪怕只是暂时挣钱谋生的任何希望,而且我的票据债务按照这种颇为著名的高利贷体系,高到令人发愁的程度。这些票据债务来势凶猛,把我逼到如此地步,如果没有特别帮助,我本人就要受到威胁。在这种情况下,我极其坦率地,首先是无论如何只有向皇室地方法院顾问、我的老朋友弗兰茨·李斯特年轻的叔父爱德华·李斯特求救。这位先生在我初次留在维也纳时,就已经使我认识了他这位热心忠诚、愿意为各种事情效力的人。当然,为了赎回这些票据,他看到没有别的路可走,只有找到一个腰缠万贯、会应付那些债权人的靠山来出面干预。他相信过一阵,一个非常乐意同时又十分富有的商人妻子舍勒夫人会拥有一笔金钱,并乐意去使用这些金钱。就连施坦德哈尔特纳尔都认为在这种意义上可以为我获得某种东西的,我对他什么都不隐瞒。这样以来,有好几个礼拜我的处境又陷入动摇不定之中,直到表明:我的朋友们充其量能够给我提供的,就是我绝对有必要逃到瑞士去;我在那里,而且从那里,必须同迄今为止受到保护的那个女人一道,为以后得以兑付我所开出的汇票找到金钱。在法院顾问爱德华·李斯特看来,这条出路也因此特别受到欢迎,因为他通过这种办法,可以做到让人惩罚那些向我放的闻所未闻的高利贷人。前几个月惊恐不安之时,一直充满着一种朦胧的希望。在此期间,同我为数不多的几个朋友的交往一直都十分频繁。科内利乌斯依旧十分准时,每晚必到。晚上来聚会的还有奥托·巴赫以及小伯爵劳伦金。有一次,甚至连鲁道夫·利希滕施泰因也来了。我同科内利乌斯单独重新拿起《埃涅阿斯纪》①阅读。当我翻到《船舶目录》这一章时,我想跳过去。只是彼得执意坚持,表示愿意自己来朗读这一章。我们是否把它全部读完,我再也想不起来了。作为补偿,我还有夏多勃里昂②的《朗塞伯爵的故事》中的一篇生僻的读物。这篇读物是陶西格给我带到家里来的。可是现在他却销声匿迹了。过了一段时间之后,他才作为一位匈牙利女钢琴师的新郎重新露面。在这整个一段时间,我总感到十分痛苦,受到疼痛异常的黏膜炎疾病的剧烈折磨。死的念头离我近在咫尺,致使我终于感到再也没有兴致去抗拒这些念头了。我开始赠送书籍和手稿,科内利乌斯分得其中的一部分。在前一些时候,我就已经把我在彭青往年里剩下的那些很可惜现在全都成了麻烦的财产,托付给施坦德哈尔特纳尔,将其防备性地保护起来。由于现在我的朋友都极其明确地劝我准备逃亡,我就向奥托·韦森东克求助——因为这条路是通向瑞士——请求在他家里留宿。韦森东克断然拒绝我的请求。对此,我不得不通过我的一个回答来促使他注意到自己的极为可悲。现在,我的出行被看成实现一次短暂的,估计是迅速的归来。施坦德哈尔特纳尔费尽心思,让我的离去神不知鬼不觉。他让我去他住所吃午饭,我的男仆弗兰茨·姆拉采克把我的旅行箱送到那儿去。我同他、同他妻子安娜,同那

① 《埃涅阿斯纪》是古罗马诗人维吉尔(公元前70—公元前19)的长篇英雄史诗。

② 夏多勃里昂(1768—1848):法国浪漫主义作家。

条乖乖狗波尔依依惜别。施坦德哈尔特纳尔的继子卡尔·舍奈希痛哭流涕,科内利乌斯则相反,怀着满不在乎的心情,陪我去火车站。在那里,我于3月23日下午出发,以便在慕尼黑就像我所希望的那样,首先神不知鬼不觉地从前段时间可怕的激动中恢复过来,得到两天休息。这两天我就在“巴伐利亚饭店”中度过。我偶尔也从那里出发,穿越城区走上几趟。今天是耶稣受难节。在寒风刺骨的天气里,这一天的气氛影响了所有的居民。我看见他们身着丧服,极其沉痛地从一个教堂走到另一个教堂。几天前,深受巴伐利亚人爱戴的国王马克西米利安二世驾崩。他留下自己那个如此年轻,但是已经到了就任政府职务法定年龄的十八岁半的儿子,作为王位继承人。我看见在一个橱窗上有一幅年轻国王路德维希二世的肖像。这幅肖像使我特别感动。这种感动在可能是极其艰难困苦的生活状况中,给我们唤起了美丽和青春。我在这里为自己写下了诙谐幽默的墓志铭,现在顺利渡过博登湖,再一次逃亡,要前往苏黎世避难。我从那里出发,立即前往玛丽亚费尔德,去维莱大夫的庄园。

我已经通过书信,向我那位平时都对我保持相当距离的朋友,那位我过去待在苏黎世时就已熟悉的夫人表示,我要在那里住上几天,以便有足够的时间在苏黎世湖边的一个村庄,寻找一个我感到合适的住处。她十分友好地满足了我这个愿望。我现在尚未见到维莱大夫本人,因为他正在前往康斯坦丁奥佩尔的旅游途中。要使这位女朋友理解我的处境并不难。我感到她非常乐于帮助我摆脱困境。她暂时在过去封·比辛夫人居住过的附属建筑里,给我腾出几间起居室。可是过去那些颇为舒适的家具却已经从里面搬走了。我有自备膳食的愿望,但又不得不屈从由她来操办这件事的请求。只是还缺家具。为此,她相信可以向韦森东克夫人求助。韦森东克夫人立即给她送来自己家用器具中的几件多余物品以及一架小钢琴。为了防止出现一种不好的假象，她还希望，我去拜访我在苏黎世的那些老朋友。很难生火的房间更使我体弱多病的身子雪上加霜。弱不禁风的身子好长一段时间都妨碍我去拜访老友。这种情况一直持续到奥托和玛蒂尔德·韦森东克亲自来玛丽亚费尔德拜访我们。看来，这对夫妇似乎正处于十分不可思议、十分紧张的状态。其中的原因我也并非完全不清楚，可是在我的举止行为中却未引起重视。恶劣的天气和万分的恼怒使我的黏膜炎疾病不断恶化。这种疾病甚至使得我无法去邻近的村庄寻找住所。我从早到晚都裹在我那件卡尔斯鲁厄皮大衣里，用维莱夫人一本接一本地派人给我离群索居时送来的那些麻醉人的读物来打发这些可怕的日子。我读让·保尔的《西本克斯》，腓特烈大帝的《日记》，陶格、乔治·桑、瓦尔特·司各特的小说，最后还有出自我这位富有同情心的女主人本人笔下的《福莉西塔斯》。① 从外面寄到我这里的，除了玛蒂尔德·迈尔的一首激动异常的哀歌之外，使我感到兴奋不已的只有由特律伊内的一笔75法郎的巴黎版税。关于此事，我同维莱夫人在既是诙谐风趣、又是痛苦幽默的商谈中谈到，为了把我从自己这种痛苦的生活状况中彻底解放出来，我可能得做些什么。我们彼此都想到，为了能够去娶一位富家小姐，同我妻子离婚的必要性。由于我感到一切都可行，没有丝毫不可取之处，所以我确实给我姐姐路易丝·布洛克豪斯写信说，不管她是否能够通过合情合理的商谈，说服明娜从此以后只留得住我答应的年金，却再也留不住我这个人。对此，有人给我激昂慷慨地出主意，可是首先还得考虑到对我的名声的评判。通过一部新的作品，使我有无

① 让·保尔（1763—1825），德国作家。陶格（1300—1361），法国神秘主义主教士。乔治·桑（1804—1876），法国女作家。瓦尔特·司各特（1771—1832），英国作家。福莉西塔斯是古罗马宗教所信奉的幸运女神。

可争议的信誉，而这一点以后甚至在不采取异乎寻常的措施的情况下，也可能会帮助我走上坦途。无论如何我都会好好干，去申请达姆施塔特业已空缺的乐队队长职位。我得到来自维也纳极其糟糕的消息：为了首先是保护我留在那边住所里的家具，施坦德哈尔特纳尔同维也纳的转让买卖商做成了一笔先出售，然后再买进同样物品的交易。对于此事，我在回复时表示极其愤怒，因为我看到，尤其是这样以来，会对我的房东带来不好的影响。我在最近几天要付他一笔房租。通过维莱大夫夫人，我得到一笔可以由我支配，用来支付这些房租的必要的资金。我现在立即将这笔钱寄给拉科维茨男爵。可是我遗憾地得知，施坦德哈尔特纳尔和爱德华·李斯特已经结清了账。用出售家具所得付清了房租。这样以来，就堵死了我返回维也纳的任何可能性。他俩认为，返回维也纳对于我来说是十分有害的。可是与此同时，因为科内利乌斯告诉我，曾经一起在一张汇票上签字的陶西格看到由于我而妨碍了他所希望的返回维也纳的打算（他当时在匈牙利），我为此感到十分吃惊，我决定冒各种危险，立即返回维也纳。我把这个决定通知我在那里的朋友们。不过我决定，事前先要试一试，看我是否能凑到那么多钱，使我能够同那些债权人和解。为此，我在向美因兹的绍特求助时，对他对待我的态度进行迫不及待的、颇为强烈的谴责。为了等待这些努力的结果，并进一步促进这种结果，我现在决定，离开玛丽亚费尔德，到斯图加特去。促使我实现这次转移的，还有另外一些动机，也就是如下一些动机。

维莱大夫已经回来。我立即从他脸上看出，我待在玛丽亚费尔德使他很担忧，因为他很可能害怕我会指望他对我的帮助。他带着几分由于我下述态度引起的羞愧，在一个十分激动的时刻向我承认，他对我受拘于这样一种情感，也与他同样的人之间进行密切接触时，产生自己完全陌生的屈居人下的感觉。“人们毕竟希望在自己家中也有点什么玩意儿,然而恰恰在这方面,人们却不愿意仅仅成为别人的垫脚石。”维莱夫人预先想到她丈夫的这种心情,已经同韦森东克家达成一个协定。按照该协定,在我逗留玛丽亚费尔德期间,韦森东克家应当使我得到每月100法郎的资助。当我得知此事时,我没有别的办法,只好写信告诉韦森东克夫人,说我即刻就要离开瑞士,极其友好地请求她取消对我的所有照顾,因为我准备完全按照自己的愿望来处理自己的事情。我后来听说,她把这封可能认为是大丢其丑的信原封不动地退回给维莱夫人了。

现在,4月30日,我出发前往斯图加特,因为我知道,卡尔·埃克尔特从前些时候起,在那里担任王室宫廷剧院乐队队长。按照他作为维也纳歌剧院经理时对我的那种极为友好的态度,也考虑到我去年在卡尔斯鲁厄举行音乐会时,他落落大方、态度谦恭地热心出席我的音乐会,我有理由要去看望这个大大的好人。我对他也没有别的期望,只希望他或许愿意在我为即将到来的夏季这段时间,在斯图加特附近,譬如在坎施塔特,寻找一个幽静的住处时,助我一臂之力。因为我在这里首先要尽快完成《名歌手》的第一幕,以便最终能够给绍特寄出一部分手稿。在我恳求绍特支付给我这么久都拒绝支付的预支款时,我使他注意到他很快就会收到这部分手稿。然后,正如我所希望的那样,我就想深居简出,暗处筹集我能够用来还清维也纳债务的金钱。我受到埃克尔特极其友好的接待。他的夫人是维也纳的一个大美人。她出于一种离奇的渴望,同一位艺术家结为百年之好。她放弃了外面非常有利的职位,依然十分富有,能给这位“乐队队长”支撑一个殷勤好客、舒适惬意的家。对此,我现在可以得到一个令人愉快的印象。埃克尔特把给我带来宫廷剧院经理封·加尔男爵一事完全视为自己的义务。男爵对我在德国的困难处境表示理解,对我态度友好。当分散在各地的萨克森公使和间谍可以试图用各式各样的猜疑来伤害我时,我在德国这么长时间很可能对一切都会闭目塞听。他认为在同我更为熟悉之后,自己有义务考虑到,通过符腾堡宫廷为我说情。当我于 5 月 3 日晚在埃克尔特家聊到这些事情时,夜阑人静,在这里有人递给我一位先生的名片。这位先生自称“巴伐利亚国王的秘书”。我感到惊讶的是,我待在斯图加特的事连过路旅客都知道了,非常不悦地冲口而出:“就说我不在这儿。”说完,我便立即回到我的旅店。在这里,又从旅店老板那里得知,一位来自慕尼黑的先生急于希望同我讲话。这时,我便约请那位先生明天上午 10 点钟会面。我随时做好倒霉的准备,度过了一个惶恐不安的夜晚。过了这一夜,第二天我就在房间里接待巴伐利亚国王陛下的内阁秘书普非斯特尔迈斯特尔。这位先生首先向我表示,他十分高兴,在维也纳到处徒劳无益地寻找我之后,甚至通过一些幸运的介绍,被引到苏黎世湖畔的玛丽亚费尔德,现在终于在这里遇到了我。他递给我巴伐利亚年轻国王的一张便条,与此同时,还把该国王的一幅肖像和一枚戒指作为礼物送给我。这位年轻的君主用寥寥数语,却是我一生中感人肺腑的几行字,向我承认他十分喜欢我的艺术,向我表明自己作为朋友,表明他坚定的意愿,帮助我摆脱命运对我的不公。与此同时,普非斯特尔迈斯特尔还告诉我,他受委托,将我立即接回慕尼黑,领到国王面前。他请求我允许他,将我明天到达的消息用电报告诉他的主人。中午,我应邀在埃克尔特家用午餐。普非斯特尔迈斯特尔不得不谢绝陪我去那里。我的朋友们——与之交往的甚至还有来自奥斯特霍芬的魏斯海梅尔——由于我给他们带来的这个消息,都陷入完全可以理解的惊喜。席间，给埃克尔特电报传来麦耶贝尔刚在巴黎去世①的消息。魏斯海梅尔对这个绝妙的偶然事件，发出一阵十分粗野的哈哈大笑。这位对我变得如此恶劣的歌剧大师偏偏不能再活过这一天。就连封·加尔先生也来到这里，带着十分令人愉快的惊讶向我承认，我现在当然不再需要他的介绍了。他已经订下《罗恩格林》，现在立即就把这笔为此约定的酬金付给我。下午 5 点钟，这时我同普非斯特尔迈斯特尔先生在火车站会面，然后同他一道乘车去慕尼黑。在那里，已经通报我将于次日拜谒国王。

在同一天，我得到从维也纳来的紧急劝我别返回那里去的劝阻信。从此以后，这样的惊恐在我一生之中就绝不会再次出现。如今，我的命运委托我为了极其崇高的目的而走上的这条充满危险的道路，绝不是说就不会有至今我仍然一无所知的那些忧愁和困苦；但是，在我这位伟大朋友的保护下，那种最普通的生活压力的负担绝不会再同我沾边了。

---

① 麦耶贝尔于 1864 年 5 月 2 日去世。